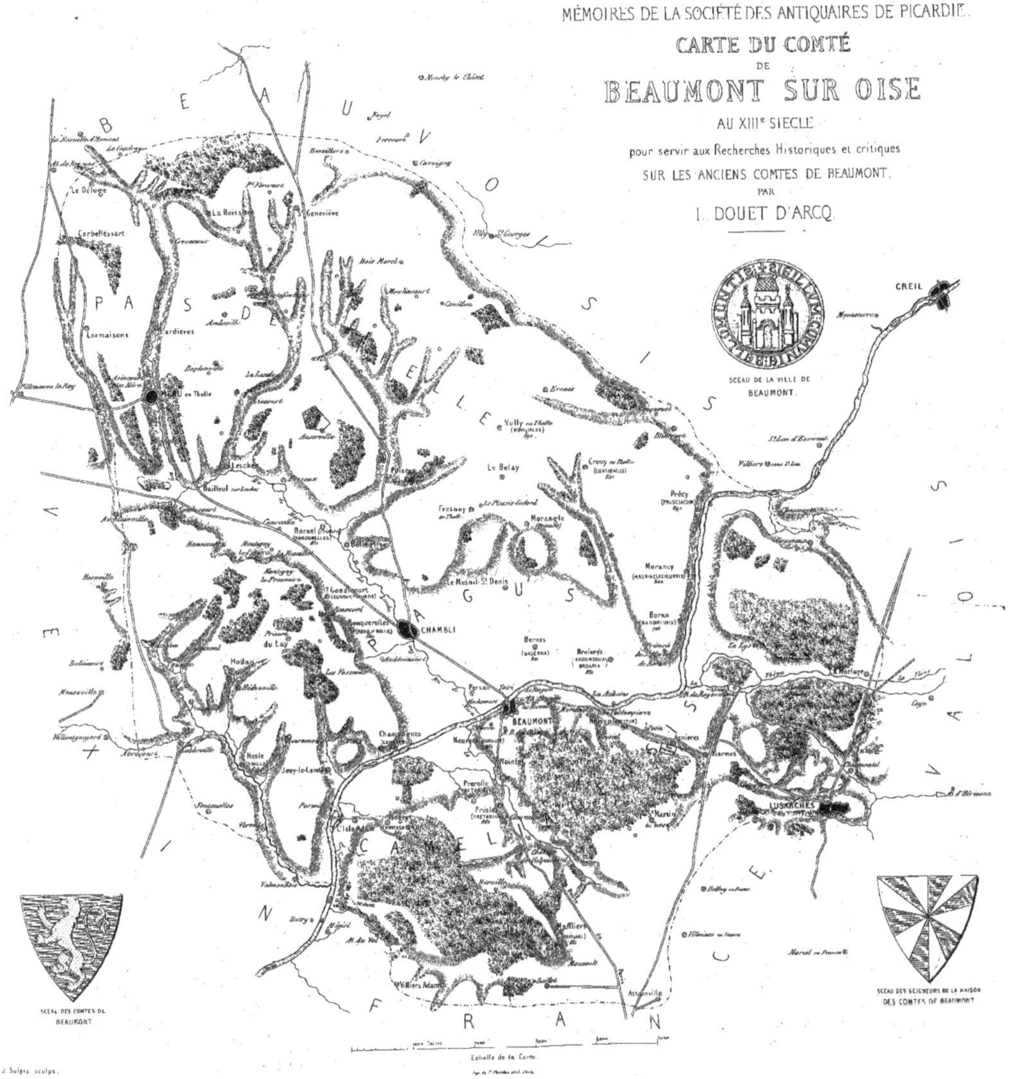

MÉMOIRES DE LA SOCIÉTÉ DES ANTIQUAIRES DE PICARDIE.

CARTE DU COMTÉ DE BEAUMONT SUR OISE

AU XIIIe SIÈCLE

pour servir aux Recherches Historiques et critiques SUR LES ANCIENS COMTES DE BEAUMONT,

PAR

L. DOUET D'ARCQ.

SCEAU DE LA VILLE DE BEAUMONT.

SCEAL DES COMTES DE BEAUMONT

SCEAU DES SEIGNEURS DE LA MAISON DES COMTES DE BEAUMONT

Echelle de la Carte.

J. Sulpis, sculps.

RECHERCHES

HISTORIQUES ET CRITIQUES

SUR

LES ANCIENS COMTES

DE BEAUMONT-SUR-OISE,

DU XI.e AU XIII.e SIÈCLE,

AVEC UNE CARTE DU COMTÉ,

PAR L. DOUET-D'ARCQ,

ANCIEN ÉLÈVE DE L'ÉCOLE DES CHARTES, MEMBRE TITULAIRE NON RÉSIDANT
DE LA SOCIÉTÉ DES ANTIQUAIRES DE PICARDIE.

AMIENS,

DE L'IMPRIMERIE DE DUVAL ET HERMENT, PLACE PÉRIGORD, 3.

1855.

PREMIÈRE PARTIE.

INTRODUCTION.

INTRODUCTION.

A huit lieues environ au Nord-Ouest de Paris, et à une distance à peu près égale de Beauvais, se trouve, à l'extrémité d'un plateau dominé par la forêt de Carnelle et sur la rive gauche de l'Oise, une petite ville à laquelle sa situation favorable a fait donner le nom de Beaumont-sur-Oise. Cette ville était vers le commencement du XI.e siècle le chef-lieu d'un comté, qui, après avoir été possédé successivement par sept comtes héréditaires est tombé, en 1223, dans la main puissante de Philippe-Auguste. C'est l'histoire de ce comté que l'on va étudier ici, à l'aide de quelques renseignements épars dans les historiens et d'un certain nombre de chartes inédites. Ce travail sera divisé en trois chapitres. On réunira dans le premier ce que l'on a pu recueillir sur l'étendue, la topographie et les familles du comté. On traitera dans le deuxième de ses comtes. Le dernier donnera l'historique de la vente du comté.

CHAPITRE PREMIER.

DU COMTÉ DE BEAUMONT-SUR-OISE.

Comme toutes les origines historiques, celle du comté de Beaumont est fort obscure. Ainsi, lorsqu'on rencontre pour la première fois, en 1022, le nom d'un comte de Beaumont, si l'on se demande d'où il venait et qui possédait la terre avant lui, on en est réduit à de pures conjectures. Etait-il le fils d'un des amis de cette puissante maison des ducs de France qui devint, en 987, la maison de France? Cela peut se supposer, et paraît même assez vraisemblable. Ce qu'il y a de sûr, c'est que les comtes de Beaumont-sur-Oise commencent à peu près en même temps que les plus grandes maisons féodales du parti Capétien, et qu'on les voit tout d'abord marcher de pair avec les comtes de Clermont-en-Beauvoisis, et primer les Montmorency.

Maintenant, quelles étaient les limites de ce comté de Beaumont-sur-Oise? Seconde question qui n'est guère plus facile à résoudre que la première. A la rigueur, il est permis de supposer qu'elles se renfermaient à peu près dans celles du doyenné de Beaumont, c'est-à-dire qu'elles embrassaient une dizaine de lieues en longueur, depuis le lieu du Déluge, au Nord-Ouest, jusqu'à Saint-Martin-du-Tertre, au Sud-Est, sur une largeur de quatre à cinq lieues, depuis Précy-sur-Oise jusqu'à l'Ile-Adam. Les lieux principaux qui se trouvent dans cette circonscription sont ceux de Méru, de Chambli et de Beaumont. Ils faisaient très-certainement, ainsi que beaucoup d'autres lieux du doyenné de Beaumont, partie du comté qui prit ce nom. Quant à Chambli en particulier, nos recherches peuvent monter beaucoup plus haut que l'époque du premier établissement de nos comtes de Beaumont. Car, dès le VII.e siècle, on trouve cette ville de Chambli faisant le chef-lieu d'un pays nommé le *Pagus Camliacensis*. C'est donc par ce *pagus* que nous commencerons ce que nous avons à dire de l'ancien comté de Beaumont-sur-Oise.

§. 1.er — Du Chamblois ou *Pagus Camliacensis*.

Nos recherches sur ce *pagus Camliacensis* nous ont donné en tout vingt-sept localités, que nous allons énumérer successivement dans l'ordre chronologique suivant lequel elles se présentent dans les monuments.

Dans une charte datée du 12 des calendes de mai, l'an 43 du règne de Clotaire II, ce qui revient au 20 avril 627, une dame nommée Théodetrude, ou Théodile, donne à Dodon, abbé de Saint-Denis, et à ses religieux, trois villages, dont l'un, nommé *Matrius*, situé dans le Chambliois : *Villa quæ vocatur Matrius, quæ est in opido Camliacense, cum domibus, mancipiis et vineis ad se pertinentes, in fundo Magacinse* (1). Il est à remarquer que ce Matrius, que l'Inventaire général des chartes de l'abbaye de Saint-Denis traduit par Matry, bien que qualifié de *villa*, se trouvait pourtant compris dans la ville de Chambli, *in opido Camliacense;* d'où il semble qu'il faut entendre ici par le mot *villa*, non pas un village à part, mais quelque quartier de cette ville de Chambli.

Il existe un diplôme de Clovis II qui confirme une donation faite par Dagobert I.er, son père, à l'abbaye de Saint-Denis, d'un lieu nommé *Cotiracus*, en ces termes : *In loco noncopante Cotiraco, quae est super f..... m Isera, in pago Camiliacense* (2). Ce diplôme est sans date, mais l'Inventaire de Saint-Denis le met vers l'an 640; ce qui a été suivi par tous ceux qui l'ont publié. Quant au lieu désigné, c'est bien certainement Crouy, dans le doyenné de Beaumont-sur-Oise, entre Précy et Nully-en-Thelle. Seulement, il ne faudrait pas prendre au pied de la lettre l'expression *super fluvium Isera*, car ce lieu est à environ une demie lieue de la rivière d'Oise.

On lit dans les *Gesta Dagoberti*, sous l'année 635, que ce monarque donna à l'abbaye de Saint-Denis : *Campania villa, quæ sita est in pago Camliacense* (3), qu'il tenait d'une dame (*Mater familias*) nommée Théodile, laquelle pourrait bien être la même que celle dont il a été question plus haut. Quant à ce *Campania villa*, c'est le village de Champagnes sur les bords de l'Oise, entre Beaumont et l'Ile-Adam. On le retrouve mentionné dans une charte de Charles le Chauve relative à un échange entre Louis, abbé de Saint-Denis, et un nommé Sigemundus, échange ayant pour objet quelques serfs du lieu de *Campania, in pago Camliacensi.* La Charte est datée du 4 des nones d'août, indiction IX, l'an 22 du règne de Charles-le-Chauve, ce qui revient au 2 août 861 (4).

Une charte d'un seigneur franc nommé Vandémire, de la dix-septième année du

(1) *Diplomata, chartæ*, etc. (nouv. édit., t. I, pag. 227.)

(2) Ibid., tom. II, p. 63. — L'original de ce diplôme, écrit sur papyrus et provenant des archives de l'abbaye de Saint-Denis, est actuellement conservé aux Archives de l'Empire, mais il est en si mauvais état, qu'on n'y peut plus lire qu'une partie de ce qu'y avait lu Mabillon.

(3) *Eodem autem tempore* (635) *devotissimus rex Dagobertus ecclesiam Christi martyrum Dionysii ac sociorum ejus heredem propriorum fecit præceptorum subscriptionibus de Campania villa, quæ est sita in pago Camliacense, quam eidem regi quædam materfamilias, nomine Theodila, tradiderat.* (*Gesta Dagoberti*, ap. D. Bouquet, t. II, p. 590.)

(4) A. I. *Inv. de Saint-Denis*, t. I, p. 123.

règne de Thierri III, c'est-à-dire de l'an 690, est datée de Chambli: *Actum Camiliaco vico publico* (1). Elle contient des donations faites à diverses églises, une, entr'autres, à une abbaye, dont le nom a disparu sur la pièce, mais qui consiste en une *villa cognomenante Ingolinocurti, in pago Camiliacensi.* Nous ne voyons guère, dans tout le doyenné, ou dans le comté de Beaumont, aucun autre nom de lieu qui puisse s'y rapporter que celui d'Agnicourt, situé entre Chambli et Méru (2). Il est question dans le même document d'un lieu nommé *Noviliacus*, lequel est donné à une abbesse nommée Landetrude: *Simile modo donamus ad domno Christivolo, monistirio puellarum in Parisius, ubi Landetrudis abbatissa præesse veditur... Noviliaco, in pago Camiliacinsi.* C'est Nully-en-Thelle. La même pièce mentionne encore un *Gundulfocurtis*, donné à Chainon, abbé de Saint-Denis: *In Dei nomine donamus Gundulfocurti in pago Camiliacinsi.* C'est probablement Gandicourt près Chambli, qui s'est dit aussi Gonducourt. Enfin, on voit encore, dans cette charte de Vandémire, si précieuse pour la topographie du Chambliois, un *Prisciacus* donné à un monastère de Saint-Martin, qui est dit être situé sur ce lieu là même: *Donamus in Dei nomine..... Prisciaco in pago Camiliacinsi, ad domno Martino in ipso Prisciaco, ubi venerabilis vir Farulfus abba præesse veditur.* Les mots qui suivent montrent que le donateur (Vandémire) avait choisi cette abbaye de Saint-Martin de Précy pour le lieu de sa sépulture: *Ubi sepulturas nostras ibidem habimus recondetas.* Ce *Prisciacus* est Précy-sur-Oise.

Clovis III, par un placite tenu dans son palais de Lusarches, le premier novembre de la deuxième année de son règne, c'est-à-dire en 692, confirma à l'abbaye de Saint-Denis la possession contestée d'un lieu nommé *Nocitus*, qui avait été donné à cette abbaye par une religieuse *(Deo sagrata)* nommée Angantrude: *Villa nuncopanti Nocito, sitam in pago Camiliacinse* (3). C'est Noisy-sur-Oise.

Il existe un diplôme de Childebert III (4), en faveur d'un certain monastère de Toussonval situé dans le Chambliois: *Venerabilis vir Magnoaldus, abba de monasterio Tusone-valle, que est in pago Camliaciacinse.* Mabillon conjecture que ce fut dans l'emplacement où s'éleva plus tard l'abbaye du Val. L'abbé Lebeuf, sans les signaler, dit que cela présente bien des difficultés. Quoiqu'il en soit, il est question du même monastère et du même abbé dans un second diplôme de Childebert III, de l'an 697 (5), par lequel ce prince adjuge au même Magnoaldus une *curtis* nommée *Nocitum, que ponetur in pago Camiliacinse.* Il semble qu'on ne peut guère voir là que ce

(1) *Dipl., chartæ*, etc., t. II, p. 208.

(2) D'*Ingolinocurtis*, Inglincourt, on aura pu faire Anglaincourt, et par corruption Agnicourt?

(3) *Diplomata*, etc., t. II, p. 227.

(4) Ibid., p. 236.

(5) Ibid., p. 242.

Noisy-sur-Oise dont il vient d'être parlé. Reste la difficulté d'expliquer comment le même lieu, donné en 692 à l'abbaye de Saint-Denis, peut l'être de nouveau en 697 à cette abbaye de Toussonval. A la rigueur on pourrait dire que la première donation doit s'entendre de la ville elle-même, et la seconde seulement d'une portion ou dépendance de cette ville. Et en effet, on peut remarquer que dans le premier diplôme, ce *Nocitus* est qualifié de *villa*, village, tandis que dans le second il n'est dit que *curtis*, ce qui peut s'entendre d'un simple manoir ou d'une ferme. D'un autre côté, il n'est pas impossible qu'il n'y ait eu deux *Nocitus* dans le *pagus Camliacensis*.

Un diplôme de Thierri IV, de l'an 726, confirme à l'abbaye de Saint-Denis la possession d'une *villa nuncopante Baudrino super fluvium Hyssera, sitam in pago Cameliacinse*, laquelle avait été vendue à cette abbaye par un grand personnage (*vir inluster*) nommé *Ermenteus*. Le lieu désigné dans ce diplôme est Boran.

Pépin, maire du palais, par une charte d'environ l'an 751, restitua à l'abbaye de Saint-Denis plusieurs lieux et domaines qui avaient été enlevés à ce monastère. Au nombre de ces lieux s'en trouve un situé en Chambliois : *Similiter in pago Camliacense, loco qui dicitur Bordonello* (1). C'est Bornel. Cette charte de Pépin fut confirmée par Charlemagne, en 775. On y retrouve ce lieu de Bornel, ortographié *Borderonello*, et un autre lieu du Chambliois nommé *Nialla*, qui est Nesle, près l'Ile-Adam (2).

Dans une donation faite à l'abbaye de Saint-Denis, l'an 799, par un comte Theudaldus, on trouve cinq localités du Chambliois. Le comte donne à l'abbaye divers de ses biens, savoir : *res proprietatis meæ cui vocabula sunt : in Brogaria, seu et in alio loco in Bagerna, immoque et in tertio loco in Lis super fluvio Hissera, nec non in quarto loco in Caugia super fluvio Tuva ; scilicet et in quinto loco in Villariculo, sitas in pago Camliacinse.* Le lieu dit *Brogaria* désigne une cure du doyenné de Beaumont appelée Bruières. C'est de ce lieu là même que la charte est datée, et cette date nous apprend qu'il s'y trouvait une église de St.-Vivian : *Actum in Brogaria ante basilica sancti Viviani*. Le lieu appelé *Bagerna*, est Bernes, également du doyenné de Beaumont. Le lieu de *Lis super fluvio Hissera*, doit indiquer le Lis près Royaumont, qui est situé en effet à une petite distance de l'Oise. Pour la quatrième localité qui est nommée *Caugia* et dite être *super fluvio Tuva*, on n'y peut voir que Coye près de La Morlaye. Ce Coye est situé sur un petit cours d'eau qui porte encore aujourd'hui le nom de la Thève. Quant au dernier lieu, celui de *Villariculum*, ce pourrait être Villiers près de l'Ile-Adam, appelé plus tard Villiers-Adam (3).

(1) *Diplomata*, etc., t. II, p. 419.

(2) Félibien, *Hist. de l'abb. de Saint-Denis*, pr., p. XXXV.

(3) Cette donation du comte Theudaldus a été publiée par Mabillon (*De re dipl.* p. 505) et il dit en note que *Brogaria* est situé dans le pays d'E-

Ce Bernes, dont il vient d'être question, reparaît dans une charte de Louis le Débonnaire de l'an 820, par laquelle il confirme un échange fait entre Hilduin, abbé de St.-Denis et un nommé Hahirrardus, pour des terres situées à Bernes, *Bagerna in pago Camliacensi* (1).

Une charte de Charles le Chauve, donnée à Compiègne, le 12 des calendes de février, dans la cinquième année de son règne (21 janvier 844) confirme une donation faite à l'abbaye de Saint-Denis par un de ses leudes *fidelis noster*, nommé Leuto. Cette donation consiste d'abord en une *villa* nommée *Maurinciagi curtis* située dans le comté de Chambli, et ayant pour annexes deux plus petites villas, *villulas*, qui se trouvaient sur le même lieu et portaient le même nom, ce qui désigne Morancy près Beaumont; deuxièmement, en une autre *villa* appelée *Croiacum*, qui est Crouy; et en troisième lieu, en une *villa* nommée *Trociacus*, dans le *pagus Belvacensis* (2). Il est à remarquer que dans cette charte de 844, le pays de Chambli n'est plus appelé *pagus Cambliacensis* comme dans les chartes précédentes, mais *comitatus Cambliacensis*. C'est qu'il avait alors un comte, sans doute institué par Charles le Chauve lui même, et qui pourrait bien avoir été ce Leuto dont on vient de parler, lequel aurait eu à son tour pour successeur un comte Ratboudus qu'on va voir, en 861, disposer de biens situés dans le pays de Chambli. Seulement il faut observer que, dans cette seconde charte, le *pagus Camliacensis* reparaît à l'exclusion du *comitatus Camliacensis*.

Sous l'année 852, nous trouvons dans l'Inventaire général des titres de l'abbaye de Saint-Denis l'analyse d'une charte qui est dite y exister en original, et par laquelle un Foulques, vassal de l'abbaye de Saint-Denis, échange avec l'abbé des terres situées à *Bronnaria villa*, dans le pays de Chambli, contre d'autres situées dans le même pays au lieu dit *Nialla*, qui désigne Nesle, comme on l'a vu plus haut. Quant à *Bronnaria villa*, nous pensons que c'est le même lieu que celui qui est nommé *Brogaria* dans la

tampes : *De Brogaria vide chartam Chrotildis, que parthenon condidit apud Brogarias in pago Stampinse.* Mais il est évident par le passage que nous avons cité, que le *Brogaria* dont il s'agit ici était situé dans le *pagus Camliacensis*. Mabillon aura été trompé par une similitude de noms. Et même on peut remarquer que dans la charte à laquelle il renvoie et qu'il a donnée lui même (p. 468), le lieu en question n'est pas appelé comme ici *Brogaria*, mais *Brocaria*.

(1) Voyez *l'Inv. gén. de l'abbaye de Saint-Denis.*

(2) Cette charte de Charles le Chauve se trouve transcrite deux fois au tome 1.er du *Cartulaire blanc de l'abbaye de St.-Denis*, aux pages 697 et 725. Nous donnons ici en entier le passage dont il est question, d'après la transcription de la page 725, qui est la meilleure : *Villam scilicet que nuncupatur Mauringiaci curtis, sitam in comitatu Camliacense super fluvium Isere, cum adjacensis suis ac pertinentiis, villulas videlicet duas ibidem suprapositas, prefato nomine nuncupatas, cum ecclesia ibidem sita; et in alio loco, villam nuncupatam Croiacum; et in tertio loco, in pago Belvacense, in villa que appellatur Trociacus, mansus duos.*

charte de 799, c'est-à-dire Bruières; les deux mots *Bronnaria* et *Brogaria* nous paraissant avoir assez d'analogie pour justifier notre attribution (1).

Le même inventaire rapporte sous l'année 860 deux chartes où il est question du Chamblíois. Voici l'analyse de la première :

« Confirmation par Charles le Chauve de l'eschange par lequel Hildegarde donne » au profit de l'abbé Louis et de son monastère de Saint-Denis, une ferme et autres » héritages scis aux lieux dits: *Broaria* et *Arginvillare*, dans le terroir de Chambly, » et en contr'eschange ledit abbé donne à ladite Hildegarde d'autres héritages scis à » Albanus. Du dix des calendes de septembre, indiction huit, l'an vingt-et-un de son » règne, revenant au 23 août 860. En original. (2) »

Broaria est bien évidemment le même lieu que *Bronnaria* et *Brogaria* nommés plus haut; en d'autres termes, c'est Bruières. Pour ce qui est de d'*Arginvillare*, ce serait être bien hardi que de le placer à Anserville, qui est cependant le seul lieu du doyenné de Beaumont dont le nom ait quelqu'analogie avec lui, et qui d'ailleurs est fort rapproché de Chambli. Quant à ces héritages situés à Albanus, il en sera question dans un instant.

Nous passons à la seconde charte de l'an 860, relative au Chamblíois; comme la première, nous ne la connaissons que par l'analyse qui s'en trouve dans l'Inventaire de Saint-Denis.

« Autre confirmation du même roi (Charles le Chauve) d'un eschange par lequel » Franco, prévost, et autres religieux de Saint-Denis donnent à Theodoldus plusieurs » pièces de terres et bois, au terroir de Chambly, aux villages d'Asnières, Ronquerolles, » *Frameriæ* et *Veterinæ*; et en contr'eschange ledit Theodoldus donne à ladite abbaye » vingt-neuf bonniers, trois arpens, trente-trois perches de terre et bois, scis aux » villages de *Corniacovillare*, Franconville, *Bihineiæ* et *Angulus Hildradæ*. Laditte » pièce mutilée est sans datte. Environ 860. En original. (3) »

Pas plus que l'archiviste de Saint-Denis, nous ne saurions traduire les noms latins

(1) Comme il ne reste de cet acte que sa mention dans l'*Inventaire de Saint-Denis*, nous croyons devoir la donner ici en entier.

« Contrat d'eschange par lequel Fulco, vassal » de l'abbaye de Saint-Denis, donne en eschange » à l'abbé Louis, au profit de son abbaye de Saint- » Denis, deux bonniers, partye en friche et partie » en vigne, deux bonniers, trois arpens de prés, » trente bonniers et demy arpent de terres labou- » rables, trente six bonniers de bois, scis au lieu » dit *Bronnariavilla* dans le Chambly; et en contr'es- » change ledit abbé donne audit Foulques, deux bon- » niers de friches et vigne, deux bonniers trois arpens » de prez, trente un bonniers et demy arpent de » terres labourables, et trente six bonniers de » bois scis au lieu nommé *Nialla* dans ledit pays de » Chambly. Du 30 may, l'an douze du règne de » Charles le Chauve, revenant à l'an 852. En ori- » ginal. » (A. I. *Inv. gén. de l'abbaye de Saint-Denis*, t. I, p. 112.)

(2) Ibid., p. 118.

(3) Ibid., p. 118.

qu'on trouve ici. Et si, comme lui, nous admettons que Ronquerolles se trouvait en Chamblios, il n'en est pas de même pour Asnières, qui, ainsi qu'on l'a vu plus haut, faisait partie du *pagus Belvacensis*.

Une autre charte de Charles le Chauve, de l'an 861 (1), confirmative d'un échange entre un comte Ratboudus et un nommé Théodoldus, mentionne les localités du Chamblios qui suivent: *Dedit itaque Ratboudus comes partibus Theodoldi quasdam res Sancti Martini de Prisciaco super fluvium Ysere, in loco qui vocatur Albanus, sitas in pago Cambliacinse, de vinea etc... Et contra dedit prefatus Theodoldus, ex rebus suis, partibus Sancti-Martini, seu jam dicti Ratbodi comitis* (2), *in jam dicto pago, in villa que vocatur Broarias, de terra arabili*, etc. (3). On voit ici que les biens qu'échangeait ce comte et qui appartenaient à l'église de Saint-Martin de Précy, se trouvaient dans un lieu du Chamblios nommé *Albanus*. Il faut entendre par là les Aubains, fief important possédé dans la suite par l'abbaye du Val, et qui se trouvait sur la rive droite de l'Oise vis-à-vis de Noisy. L'échange est fait pour des terres situées à Bruières, qui se trouvait aussi en Chamblios, comme il a été demontré plus haut.

De ce qui précède nous formerons le tableau suivant des noms de lieux du *pagus Camliacensis*.

Argenvillare.		*Mairia.*	Méru.
Bagerna.	Bernes.	*Matrius.*	à Chambli.
Baudrinus.	Boran.	*Maurinciagicurtis.*	Morancy.
Bordonellus. / *Borderonellus.*	Bornel.	*Murnum.*	Mour.
		Nialla.	Nesle.
Bronnoria. / *Broaria.*	Bruyères.	*Nocitum.*	Noisy-sur-Oise.
		Novigentum.	Nogent près l'Ile-Adam.
Camiliacus.	Chambli.	*Noviliacus.*	Nully-en-Thelle
Campagnia.	Champagnes.	*Pretariola.*	Prérolle.
Cortiracus.	Crouy.	*Pretarium.*	Presles.
Frameriæ.		*Prisciacum.*	Précy-sur-Oise.
Gundulfocurtis.	Gondicourt?	*Ronquerollæ.*	Ronquerolles.
Ingolinocurtis.	Anicourt ou Agnicourt?	*Tussonis-Vallis.*	
Mafflare.	Maffliers.	*Veterinæ.*	Les Vosseaux?
Mairiu.	Méru.	*Villariculum.*	Villers-Adam?

(1) Elle est ainsi datée : *Datam decimo sexto kal. februarii, indictione nona, anno vicesimo tercio, regnante Karolo gloriosissimo rege.* Or, pour faire concorder la 9.e indiction avec la 23e année du règne de Charles le Chauve, il faut faire partir le commencement de son règne de l'an 838, où il était roi de Neustrie et d'Aquitaine. On a ainsi pour date le 17 janvier 861.

(2) *Partibus Sancti Martini, seu jam dicti Ratbodi comitis.* Le second membre de phrase montre que ce comte, qui était sans doute, comme nous l'avons présumé, comte du Chamblios, possédait l'église de Saint-Martin de Précy.

(3) *Cart. blanc de Saint-Denis*, tome I, p. 725.

§. 2. — Du pays de Thelle.

Indépendamment du Chamblio is, ou *Pagus Camliacensis*, on trouve encore comme ayant été compris, du moins en partie, dans le comté de Beaumont, un petit pays nommé Thelle, ou Telles, dont le chef-lieu semble avoir été la ville de Méru, et dont il est resté les dénominations de Neully-en-Thelle, Fresnoy-en-Thelle, Crouy-en-Thelle et Jouy-sous-Thelle. Ce dernier lieu n'a pas dû faire partie du comté de Beaumont, car il est situé à trois ou quatre lieues à l'Ouest des limites que nous croyons pouvoir lui assigner de ce côté. Un peu plus loin on voit, sur la carte de Cassini, une forêt qui paraît de quelqu'importance, appelée la forêt de Thelle. Elle confine le pays de Bray, au Nord-Ouest du comté de Beaumont. Au reste, toutes nos recherches sur ce petit pays de Thelle ne nous ont fourni que deux actes où il soit mentionné. Le premier est une charte de Hugues, archevêque de Rouen, adressée à l'archidiacre et aux doyens du Vexin, dans laquelle il leur prescrit d'empêcher qu'on exige la dîme des moines de l'abbaye du Val pour la partie de la forêt de Thelle qu'ils avaient défrichée (1): *Ea propter dilectioni vestre mandando precipimus, ne fratres illos de loco qui dicitur Vallis Sancte Marie, vexari ulterius permittatis ut decimam reddant de terra illa quam de nemore extraxerunt et arabilem reddiderunt, in foresta de Tilis* (2). La charte est sans date, mais comme elle émane de Hugues d'Amiens, qui fut archevêque de Rouen de 1128 à 1164, et qu'il y est question d'un concile tenu tout récemment, *novissime*, à Rome, et dont un canon défendait d'exiger la dîme des moines qui vivaient de leur travail manuel, concile qui doit être le second concile de Latran tenu l'an 1139, notre charte peut se rapporter environ à l'an 1140. La seconde pièce est une charte de Milon, évêque de Beauvais, qui reconnaît n'avoir aucun autre droit sur la forêt de Thelle, que la chasse et la garde que le roi (Louis VIII) lui a concédées : *Concessit nobis chaciam et custodiam foreste Tele, tenendam quamdiu ipsi placuerit.* La charte est du mois d'août 1223 (3). Quoiqu'il en soit de cette forêt de Thelle, qui certainement n'a jamais fait partie du comté de Beaumont, les lieux de Neuilly, Crouy, Fresnoy et Méru, tous dits *en Thelle*, étaient incorporés à ce comté, qu'ils délimitaient au Nord du Chambliois.

§. 3. — Du comté de Beaumont.

Il semble, d'après ce que nous venons de dire, qu'on peut considérer le comté de Beaumont comme s'étant formé, d'une part du Chambliois en entier, et de l'autre

(1) Ils tenaient cette portion de la forêt de Thelle de la donation d'un Anculfe de Lenort. Voy. nos *Preuves*, p. 8.

(2) A. I. *Cartul. de l'abbaye du Val*, fol. 15.

(3) A. I. *Trés. des Ch.* Carton J. 731, pièce 36.

de la partie orientale du pays de Thelle. A quoi il faut ajouter une portion, très-minime il est vrai, du petit pays dont Saint-Denis était regardé comme la capitale, et qu'on nommait anciennement *France*, ou pays de France.

Duchesne dit que le comté de Beaumont relevait de celui de Beauvais. En effet, il est à croire que le comté de Beaumont en a été un démembrement. Ce comté de Beauvais fut donné par Eudes II, comte de Blois, à Roger de Blois, trente-neuvième évêque de Beauvais, en échange du comté de Sancerre, l'an 1013 suivant Louvet; donation ou échange confirmé par le roi Robert l'an 1015. Or, comme on trouve déjà un comte de Beaumont en 1022, il s'ensuit que ce dernier comté a dû se former presqu'en même temps que le premier. Quoiqu'il en soit de cette mouvance de notre comté de Beaumont, nous devons faire observer que nous n'avons rien trouvé dans les pièces qui nous sont passées sous les yeux, qui la démontre clairement. A la vérité, lorsque le comté de Beaumont est cédé à Philippe-Auguste, on voit bien l'évêque de Beauvais abandonner au roi tout ce qu'il y avait en fief à raison de son évêché; mais les termes de la charte de cession n'impliquent nullement que tout le comté de Beaumont relevât de l'évêque. En effet, ce qu'il y cède au roi, c'est seulement tout le fief, *totum feodum*, que le feu comte Jean tenait de l'église de Beauvais, *in toto comitatu Bellimontis*, et non pas ce comté lui-même. La preuve en est dans la faible compensation accordée par le roi, laquelle ne consiste guère qu'en une dîme à Boran. En outre, le roi, dans sa charte d'acquisition du comté, stipule expressément que si dans la suite il donne à Thibaut d'Ully, l'héritier du comté, des terres en compensation du comté de Beaumont, l'église de Beauvais n'aura rien à y réclamer, ni pour l'hommage, ni pour les services. De tout cela nous conclurons qu'il y avait bien quelques portions du comté de Beaumont qui relevaient de l'évêque de Beauvais, mais seulement quelques portions et non pas la totalité. Maintenant, de qui relevait le reste, ou, pour mieux dire, de qui en réalité les comtes de Beaumont relevaient-ils? Nous pensons que c'était de l'abbaye de Saint-Denis; l'Inventaire de Saint-Denis le dit positivement. Ce qui nous semble le prouver clairement, c'est que Mathieu II, dans une charte de l'an 1170, reconnaît tenir de l'abbaye de Saint-Denis, entr'autres choses, la tour du château de Beaumont (1). Or on sait que suivant l'usage constant des temps féodaux, la tour du principal manoir était regardée comme la tête ou le chef de tout le fief. Donc le comté de Beaumont proprement dit relevait de l'abbaye de Saint-Denis. Nous disons *proprement dit*, parce qu'indépendamment de ce qui constituait le comté même de Beaumont, nos comtes ont encore possédé d'autres terres et d'autres fiefs qui se trouvaient sous d'autres mouvances. C'est ainsi

(1) Voy. *Preuves*, p. 20.

qu'ils relevaient de l'évêque de Paris pour une partie de Lusarches, de Maisons et de Conflans-Sainte-Honorine. Ils relevaient aussi du roi. Car, d'une part, on les voit nommés dans une liste des vassaux de la couronne qui se trouve dans un des cartulaires de Philippe-Auguste (1), et de l'autre, on trouvera dans nos Preuves une charte de Philippe-Auguste qui donne à Mathieu III les fiefs d'Attainville et de Ronquerolles pour être réunis au comté de Beaumont, *in incrementum feodi Bellimontis* (2); ils possédaient, en outre, à Paris et à Montreuil, des biens relevant du roi. Enfin, un ancien registre de la Chambre des comptes désigne le comte de Beaumont parmi ceux qui tiennent des fiefs relevant de la châtellenie de Meaux et par conséquent des comtes de Champagne (3).

Il est assez difficile, du moins pour l'époque qui nous occupe, c'est-à-dire au XI.[e] et au XII.[e] siècle, de se rendre bien compte des diverses manières de posséder féodalement. Le plus souvent les exceptions cachent ou démentent la règle. On vient d'en voir quelque chose par ce que nous venons de dire de la mouvance du comté de Beaumont. D'ailleurs, ici comme partout, il faut bien distinguer l'apparence de la réalité, la forme du fond. Bien que nous ayons ainsi, ce nous semble, suffisamment établi que le comté de Beaumont relevait de l'abbaye de Saint-Denis, nous n'en pensons pas moins qu'au fond nos comtes de Beaumont étaient surtout et avant tout vassaux de la couronne. Car autrement que voudrait dire cette charge de grand chambrier de France dont trois d'entr'eux ont été revêtus. N'y avait-il pas là ce qui constituait l'essence du lien féodal, la fidélité et le service? Et puisque nous en sommes sur la question de la dépendance réelle, nous dirons que, politiquement parlant, nos comtes de Beaumont ne nous semblent

(1) C'est celui qui est conservé à la bibliothèque impériale sous le 9852[2]. Il fut rédigé en 1220, comme on le voit par la note suivante, qui se trouve au folio 160, à la fin d'une liste des rois de France: *Philippus, vir per Dei gratiam victoriosus, modo regnans, anno scilicet incarnationis M.° CC.°° vicesimo, (quo scriptum est registrum istud) per mandatum reverendi patris Guarini, Silvanectensis episcopi, et Stephano de Guallandia, clerico suo.* Quant à la liste des grands vassaux qui se trouve au folio 264, elle comprend six ducs et vingt-neuf comtes. Les ducs sont ceux de Bretagne, de Bourgogne, de Toulouse, de Narbonne, d'Aquitaine et de Normandie. Les comtes sont ceux de Saint-Gilles, de Flandre, de Troyes, de Châlons, de Mâcon, de Forez, d'Auvergne, de Nevers, de Sancerre, de Blois, du Perche, de Vendôme, de Dreux et Braines, de BEAUMONT, de Saint-Pol, de Boulogne, d'Aumale, de Ponthieu, de Rouci, de Soissons, de Dammartin, de Bar-sur-Seine, d'Eu, de la Marche, d'Alençon, d'Auxerre et Tonnerre, de Saint-Quentin, de Périgueux, et d'Angoulême.

(2) *Preuves*, p. 35.

(3) Il est intitulé: *Registre des noms des vassaux du comté de Champagne, de l'an* 1210. On lit au folio 57: *Ce sunt li fié de la Chastellenie de Miaux. Li contes de Vermandois. Li contes de Biaumont. Li évesques de Biauvais*, etc. (A. I. Reg. côté P. 1114.) C'est là probablement le plus ancien registre en français qui existe.

avoir dépendu que de la royauté. Mais, c'est assez nous arrêter sur la question de mouvance. Passons à la topographie.

En jetant les yeux sur la carte que nous donnons, on voit que le comté de Beaumont est traversé par l'Oise dans une direction du Nord-Est au Sud-Ouest, depuis Précy jusqu'à l'Ile-Adam. De petites rivières, ou plutôt de petits cours d'eau viennent s'y jeter. Ce sont : 1.° le Sausseron, près l'Ile-Adam ; 2.° la Thève, près Précy ; 3.° la Lesche, aujourd'hui le Ru de Méru, sous Persan. La seule forêt considérable est celle de Carnelle, et il est à remarquer qu'on ne la trouve sous ce nom que dans des titres postérieurs à l'existence de nos comtes. Auparavant elle est dite simplement la forêt du comte. Une prisée du comté, de l'an 1375, que nous donnons dans nos preuves, l'estime à 800 arpents de bois de haute futaye et 447 de bois taillis. Il y avait dans cette forêt un quartier nommé les Rondeaux, dont il est souvent question dans nos pièces, comme aussi des bois de Maffliers, qui paraissent avoir appartenu dans l'origine à l'abbaye de Saint-Denis. Quant à la forêt de l'Ile-Adam, on ne trouve pas dans nos titres de désignation qui s'y rapporte, non plus que pour celle du Lys, et pour le bois de Royaumont.

Comme nous l'avons dit plus haut, nous nous appuierons, pour ce qui est de la topographie du comté de Beaumont, sur les données fournies par le doyenné, en ayant soin pourtant de les contrôler et de les compléter par celles que nous offrent nos chartes.

Le pouillé du diocèse de Beauvais compte dans le doyenné de Beaumont, une abbaye, dix prieurés et quarante-trois cures. L'abbaye est celle de Royaumont, fondée par saint Louis en 1248, pour accomplir un legs de son père, dans un lieu qui s'appelait Cuimont. Elle était de l'ordre de Citeaux. Comme sa fondation est postérieure aux temps de nos comtes, nous n'avons rien à en dire. Les prieurés sont ceux de Baillon, Beaumont, Boran, Bernes, Bornel, Bouqueval, Chambli, Ercuis, l'Ile-Adam, Maffliers et Morangle. Le pouillé du diocèse de Beauvais ne porte que ces dix prieurés; il faut cependant en compter un onzième, qui est celui de Belléglise.

Le plus important de ces prieurés est celui de Saint-Léonor de Beaumont. Il ne faut nullement s'en rapporter à ce qu'en dit Louvet dans son histoire de Beauvais, où il met sa fondation à l'an 1185, fondation qui est certainement antérieure de plus d'un siècle (1). La verité est que le prieuré de Saint-Léonor fut fondé vers le milieu du XI.e siècle, par le premier comte de Beaumont, nommé Ives, dans l'enceinte de son château. Mathieu I.er, l'un de ses successeurs, bâtit le cloître et le réfectoire. Il décora richement l'autel de saint Léonor, et fit présent à l'église de vêtements

(1) Louvet. *Hist. et antiq. du pais de Beauvoisis*, t. I, p. 656.

sacerdotaux et de vases sacrés. Ce fut encore lui qui donna ce prieuré aux moines de Saint-Martin-des-Champs de Paris, donation qui fut confirmée par une bulle du pape Calixte II, de l'an 1119. Au reste tous les comtes de Beaumont donnèrent à ce prieuré de Saint-Léonor des marques de leur libéralité. Ils furent en cela imités par quelques évêques de Beauvais, et par plusieurs seigneurs du comté de Beaumont. C'est ainsi qu'en 1127 Pierre, évêque de Beauvais, donna à cet établissement l'église de Saint-Pierre de Beaumont (1). Il est à remarquer que cette pièce est la seule où l'église de Saint-Pierre soit mentionnée. Ce n'était certainement pas la paroisse, qui d'ailleurs était sous l'invocation de Saint-Laurent. Nous pensons que c'était une très-petite église, ou même une simple chapelle. Ce qui nous le fait croire, c'est qu'il est dit dans la charte de l'évêque que l'église a été donnée du consentement du vicomte Garnier, et de la récluse qui l'habitait. De plus, on trouve dans le nécrologe de Saint-Léonor la mention d'une donation faite à ce prieuré par un Eudes la Vache, consistant en un arpent de vigne situé *sub capella S. Petri* (2). Ce vicomte Garnier paraît avoir été l'un des bienfaiteurs de Saint-Léonor, comme l'indique la mention suivante : *Garnerius vicecomes, multum dedit huic ecclesie* (3). C'est aux moines de Saint-Léonor que Beaumont a dû, au XII.e siécle, son pont de pierre.

On trouvera dans nos Preuves trois pièces d'une certaine étendue se rapportant au prieuré de Saint-Léonor. L'une que nous appelons le petit cartulaire de Saint-Léonor, est une transcription faite en 1501 d'un certain nombre de chartes des donations qu'il reçut aux XII.e et XIII.e siècles. L'autre est une copie faite l'an 1735 par Dom Pernot, archiviste et bibliothécaire de Saint-Martin-des-Champs, du nécrologe de Saint-Léonor. Ce nécrologe peut être du XIII.e siècle, mais, comme toujours, avec des additions postérieures. La troisième pièce est un état des revenus et des charges de ce prieuré, état dressé vers le milieu du XIV.e siècle, et d'après lequel il y avait un prieur et six moines. Au reste, ce prieuré de Saint-Léonor devait être riche. On trouve, dans les pièces qu'on vient de signaler, qu'il possédait des terres et des dîmes à Asnières, Beaumont, Boran, Chambli, Champagnes, Crouy, Franconville, le Mesnil-Saint-Denis, Montigny, Morangle, Morancy, Neuilly-en-Thelle, Nogent et Persan. Il avait un manoir et une grange à Bernes, la seigneurie de Fresnoy-en-Thelle, etc., etc. Voici la liste des prieurs de Saint-Léonor, dont nous avons pu recueillir les noms.

(1) Voy. *Preuves*, p. 4.

(2) Ibid., p. 144 et 149.

(3) Ibid, p. 147.

Prieurs de Saint-Léonor de Beaumont.

En 1110.	Henri.	.....	Adam de Cérent, mort en 1298.
1151.	Normannus.	.....	Simon Dourmiaus.
Avant 1157.	Foulques.	.....	Fulbert.
De 1178 à 1184.	Adam de Beaumont.	1487.	Claude Parent.
1215.	Girard.	1495.	Jean Berchère, mort en 1512.
Vers 1240.	Eudes de Courpalais.	1513.	Michel Melot.
1270.	Jean du Temple.	1514.	Michel Marc, mort en 1520.
1279.	Pierre Portefleur.	1523.	Jean Probi, ou Preudhomme.
1287.	Rolland.		

Le prieuré de Saint-Aubin de Chambli, membre de l'abbaye de Saint-Martin de Pontoise, fut fondé en 1123 par Mathieu I.er, comte de Beaumont, comme on le voit par une charte de Pierre, évêque de Beauvais, donnée par Dom Estiennot dans ses *Antiquitates Velocassium* (1).

Le même ouvrage renferme quelques détails sur le prieuré des Bons-Hommes de Maffliers. Il était situé sur une colline près du château de Maffliers, à une lieue de l'abbaye du Val. Il fut fondé, vers l'an 1168, par Bouchard, seigneur de Montmorenci. Dom Grenier l'appelle. « *Monasterium B. Marie de Meynello, ordinis* » *Grandimontis, vulgo* les Bons-Hommes de Maflé. » Il donne une charte de Rainard, abbé du Val, de l'année 1172, en faveur de ce prieuré, dans laquelle on voit qu'il fut construit dans un bois nommé *Meynel* (2). Louvet dit que ce prieuré comprenait Claire-Fontaine près Beauvais, et qu'on l'appelait encore Coudray de Grammont ou des Bons-Hommes (3).

Saint-Martin de Boran était un prieuré de femmes dépendant de l'abbaye de Fontevrault. En 1228, saint Louis acquit de la prieuresse de Boran une grange au lieu *qui tunc dicebatur Cuimont et modo dicitur Regalis mons*, qui lui était nécessaire pour la construction de cette abbaye: *in usum abbatie quam nos pro anima felicis memorie Ludovici, patris nostri, in loco predicto edificavimus* (4), et lui donna en échange des terres à Bernes; ce qui fut approuvé par l'abbesse du Paraclet.

Le prieuré de Baillon avait pour patron l'abbé de Royaumont. On lit dans une déclaration de biens du 7 mars 1681 : « Dom Jean Gouin, prestre, relligieux profets » de l'ordre de Clugny, docteur ès saincts décrets de l'Université de Paris, prieur » du prieuré de Baillon, et de la chapelle sainte Anne fondée au chastel royal

(1) B. I. *S. Germ. lat.* 529, appendice p. 31.

(2) Ibid., p. 17.

(3) *Hist. et antiq. du pais de Beauvoisis*, t. I.er, p. 87.

(4) A. I. Carton K. 189, n.° 109.

» d'Asnières. » Il déclare que son prieuré consiste : « Premièrement, en une chapelle » où l'on dit et célèbre ordinairement la sainte messe, appelée la chapelle de » Nostre-Dame de Baillon, avec la maison prioralle y attenante, consistante en » plusieurs battiments et édiffices, pons-levis et fossez autour de ladite chappelle et » maison ; dans lesquelz fossez il y a eaue vive avecq poissons, jardin et enclos fermé » de fossez et haye vifve, contenans six arpans ou environ, dans lequel il y a du » bois et palissades, avec arbres fruitiers et autres. » Ce prieuré possédait en outre deux arpents de bois, quarante-quatre arpents de terre labourable et sept arpents de pré (1).

Le prieuré de Saint-Jacques de Belléglise dépendait de l'abbaye de Saint-Martin de Pontoise. Il consistait : « en une chapelle, logis, court, jardin, vignes et terres. (2). » Il avait entr'autres choses les oblations des grandes fêtes de l'église paroissiale de Saint-Martin de Belléglise.

Le prieuré de Bornel avait pour patron l'abbé de Vezelay. Celui d'Ercuis, écrit Arquy sur la carte du diocèse de Beauvais de Delisle, était de l'ordre de saint Benoît. Le prieuré de Sainte-Marguerite de Morangle était de l'ordre de Prémontré.

On ne compte dans le comté de Beaumont que les trois petites villes de Beaumont, de Chambli et de Méru. Nous en parlerons d'abord. Nous passerons ensuite aux autres localités du comté, que nous rangerons dans l'ordre alphabétique.

BEAUMONT-SUR-OISE.

Le nom de cette ville n'apparaît dans l'histoire qu'avec les premiers comtes qui l'ont possédée, c'est-à-dire au commencement du XI.e siècle. Il y avait à Beaumont un château, bâti nécessairement par Ives I, premier comte de Beaumont, puisqu'il est le fondateur du prieuré de St.-Léonor, compris, comme on l'a déjà dit, dans l'enceinte de ce château. Voici ce qu'en disait, au siècle dernier, Dom Estiennot : « On voit » des vestiges de l'ancien château des comtes de Beaumont qui excitent l'étonnement et l'admiration de ceux qui les considèrent. La situation à l'Orient, sur une » montagne, est des plus agréables. La vue s'étend presqu'à près de dix lieues dans » une belle plaine. La rivière d'Oise l'environne. Au septentrion est une plaine arrosée par une autre petite rivière qui se partage en plusieurs canaux. Mais que ce » lieu a changé de face ! (3) » Il subsistait encore des tours du château, lorsque Cam-

(1) A. I. Carton Q, 1457.

(2) Ibid.

(3) B. I. *Extraits de D. Grenier* (7.e paquet, n. 7). Il cite l'Hist. de saint Martin de Pontoise de D. Estiennot, t. II, Appendice des épitaphes.

bry écrivait ces lignes, en 1803: « Beaumont sur la montagne, ornée *de ses vieilles* » *tours*, de pavillons, de jardins ou terrasses, dont les écarts si bien boisés des- » cendent jusqu'à la rivière, se présente de la manière la plus pittoresque (1). »

L'église de Beaumont est sous l'invocation de saint Laurent. Elle a des parties du XIIIe siècle. Il y avait une chapelle de saint Jacques, qu'il ne faut pas confondre avec une autre chapelle du même nom, *(sub dio)*, qui se trouvait hors de la paroisse et qui était à la présentation du roi. Il faut encore compter une église, ou plutôt une chapelle de saint Pierre, qui fut donnée, en 1127, aux moines de Saint-Léonor, par Pierre évêque de Beauvais, mais elle était hors des murs. A défaut d'autres renseignements, nous avons tiré d'un assez grand nombre de déclarations de biens du XVIIe siècle quelques détails sur la topographie de Beaumont, que nous donnons ici en note, tout insuffisants qu'ils sont (2). On voit qu'il y avait à Beaumont quatre portes: celle de Saint-Jacques de Richebourg, celle de la Thibaude, celle de Senlis et celle du Pont; un beffroi et deux marchés, dont l'un dit le Marché-Jeudi, du jour où il se tenait. Quant à la rue Hideuse, son nom était certainement ancien et provenait sans doute d'une maison dite la Maison-Hideuse qui avait appartenu à Pierre de Chambli, chambellan de Philippe-le-Hardi, qui portait l'étrange surnom de Hideux. Beaumont possédait aussi une place qui est souvent nommée dans les actes et qui s'appelait la Sengle, en latin *Cingula*. Le pont sur l'Oise avait été construit en pierres, au XIIe siécle, par les moines de Saint-Léonor, comme nous l'avons déjà dit en parlant de ce prieuré. On reconstruisit en 1647 sa maîtresse arche qui s'était écroulée; cela résulte d'un procès-verbal qui se trouve dans les registres de l'Hôtel-de-ville de Paris (3). Au dehors de la ville était une église collégiale dite de Notre-Dame-des-Champs, que l'on retrouve sur les cartes. Dom Grenier dit qu'elle avait été fondée en 1180 (4), pour trois chanoines, et qu'elle existait encore en 1565 et 1566 (5). Louvet ajoute quelque chose à ces renseignements: « Il » y a, dit-il, six prébendes à la collation du roy en ladite église, et trois chapelles » dont une en la collation du roy et les deux autres du chapitre de ladite église. Elle

(1) *Description du département de l'Oise*, t. II, p. 65.

(2) Rue de la Vallée. — Rue et porte de Saint-Jacques de Richebourg.—Rue de la Heuse ou de la Tribaude. —Cour et porte de la Tribaude. —Rue et carrefour de l'Ormeteau, au faubourg.—Trois moulins, dessus et dessous le pont de Beaumont. — Le marché Jeudy.—Ruelle et grand chemin de Paris.— Rue de la descente du Perron.—Rue des Clercs.— Rue des Forges, près le carrefour de l'Ormeteau.— Rues Florence et Saint-Jacques. — Grande rue et marché au blé. — Eglise Saint-Laurent. — Rue et porte du Pont. — Rue et carrefour du Pot-d'Etain, ou de Paris.—Ruelle des Pressoirs, près le faubourg. — Rue du Four, conduisant à la rivière. — Rue de Veaux. — Rue d'Embas et carrefour du pont. — Rue Tirepoitron. — Carrefour du Beffroi. — Rue et porte de Senlis. — Rue joignant le Beffroi. — Rue Hideuse. (A. I. Carton Q. 1457.)

(3) A. I. Reg. H, 1808, fol. 48 et 140 v°.

(4) Ce serait alors par Mathieu III.

(5) B. I. *Extr. de D. Grenier*, 7.e paquet, n.º 7.

» est à présent (en 1631) quasi désolée, n'y ayans chanoines, ny chapelains lesquels » y facent le divin service comme porte son institution (1). » On trouvera dans nos Preuves la mention d'un don de quatre muids de vin fait par Mathieu III, à l'un de ces chanoines de Notre-Dame-des-Champs, nommé Pierre de Longueville (2). D'après la vie de Saint-Louis par le confesseur de la reine Marguerite, ce prince tint sur les fonds baptismaux, dans l'église du prieuré de Saint-Léonor, une juive avec ses quatre enfants (3).

L'an 1181, Mathieu III, comte de Beaumont, accorda une commune aux habitants de cette ville, comme on l'apprend par la charte de confirmation de Louis VIII (4). Plusieurs chartes de nos rois, et particulièrement de Saint-Louis, sont datées de cette ville. En 1228, elle lui prêta serment de fidélité (5). Un des évènements les plus remarquables dont elle fut le théatre, est l'assemblée qui s'y tint en présence de Saint-Louis, avant la saint Martin d'hiver de l'année 1233, pour chercher les moyens de concilier l'évêque de Beauvais avec les habitants de sa ville. Car l'année précédente la commune de Beauvais s'était soulevée au sujet de la nomination faite par le roi d'un maire qui n'était pas de la commune. Le roi s'était fait par lui-même justice des habitants, et l'évêque avait réclamé au nom de ses droits (6).

Les démêlés de Philippe-le-Bel avec la papauté, démêlés qui avaient commencé sur la fin du XIII.ᵉ siècle, prirent dans les premières années du siècle suivant de telles proportions, que le monarque français ne craignit pas d'en appeler à un concile général contre son adversaire, Boniface VIII. Philippe-le-Bel, dans cette situation critique, songea à s'appuyer, sur ce que nous appélerions aujourd'hui l'opinion publique. En 1303, il demanda, par un appel direct, au clergé, à la noblesse et aux villes, leur approbation préalable des desseins qu'il formait, en d'autres termes il convoqua les premiers Etats généraux. Dupuy et Adrien Baillet ont traité spécialement de ce point de notre histoire, mais ils n'ont pas suffisamment scruté une foule d'actes officiels qui se rapportent à cette grande affaire, et qui se trouvent au Trésor des Chartes. Une importante publication qui se prépare, comblera cette lacune, et fera connaître à fond l'organisation de nos premiers Etats généraux (7). Parmi les documents dont nous parlons, se trouvent un grand nombre d'actes d'adhésion du clergé, des seigneurs et

(1) *Hist. de Beauv.*, t. I, p. 88.

(2) *Preuves*, p. 172.

(3) *Hist. de Fr.*, t. XX, p. 66.

(4) *Preuves*, p. 172.

(5) Ibid., p. 181.

(6) Voyez à la suite de son *Histoire de la civilisation française*, l'important chapitre consacré par M. Guizot à la commune de Beauvais.

(7) Elle a été confiée à M. de Stadler, l'un des inspecteurs généraux des archives départementales, et doit faire partie de la collection des documents inédits sur l'histoire de France qui paraît sous les auspices du Ministère de l'Instruction publique.

des villes à cet appel au futur concile contre le pape Boniface VIII. Notre ville de Beaumont y tient sa place, et nous donnons dans nos Preuves (1) l'acte émanée d'elle dans cette occasion solennelle. On entrevoit dans la forme âpre et verbeuse de cette pièce une sorte de thême tout fait qui a dû être présenté à l'acceptation de chaque partie adhérente.

Charles le Mauvais, roi de Navarre, possédait les villes de Pontoise, Beaumont-sur-Oise et Asnières. Il s'engagea à les rendre au roi par un article du Traité de Mantes (22 février 1353.) Mézeray dit qu'en 1358 les Jacques ruinèrent le château de Beaumont-sur-Oise (2). Il est certain que ce terrible soulèvement commença dans ces parages, et notamment à Saint-Leu-d'Esserent. Cependant nous n'avons rien trouvé qui vienne confirmer le fait avancé par Mézeray. Ce qui est mieux avéré, c'est qu'en 1416 les Bourguignons s'emparèrent du château de Beaumont, comme on le voit par le passage suivant des registres du parlement : « Du jeudy, 13 août 1416. — Ce jour ne fut » point plaidoyé, pour ce que les Bourguignons . . . . . pillérent et roberent le » plat pays, puis la porte Saint-Denis jusques à Dompmartin et Beaumont-sur-Oise ; » et se retrahirent, comme l'on dict, audit Beaumont, et prindrent le chastel et » tuèrent grand nombre d'hommes et de femmes, et puis s'en allèrent par le pont (3). » Nous donnons dans nos Preuves des lettres de rémission de l'an 1434 accordées par Henri VI, roi d'Angleterre, aux habitants de Beaumont-sur-Oise qui avaient suivi Lahire dans son mouvement de retraite devant Talbot contre lequel il n'avait pu garder le château de cette ville (4). On lit dans l'histoire de de Thou (5), qu'en 1590 Poutraincourt rendit aux troupes d'Henri IV le château de Beaumont-sur-Oise, l'Ile-Adam et (Conflans) Sainte-Honorine. Dom Grenier avait trouvé dans des mémoires manuscrits les détails de cette reddition du château de Beaumont, que nous reproduisons ici : « En » 1590, la ville et le château de Beaumont furent assiégés par les troupes du roy pendant le siége de Paris. Il fut battu et miné, *mais il était si fort* qu'on n'y sut que » faire. Le sieur de Poutricourt y commandait. Ses parents et ses amis firent si bien » auprès de lui qu'ils le persuadèrent de le rendre à composition, ce qu'il fit. La garnison sortit bagues sauves. La place fut mise en la garde de M. de Marcilly, qui l'a » conservée en respect durant les troubles. Le roy s'en retourna au siége de Paris. Le » sieur de Poutricourt fit service au roy. Les troubles cessés, Beaumont passa à M. de » Liancourt. — Mém. MSS. de Jean Vaultier de Senlis, depuis 1588 jusqu'en 1598. » Chez M. Desmarest (6). »

(1) P. 219.

(2) *Hist. de Fr.*, t. VI, p. 206.

(3) Felibien, *Hist. de Paris*, pr., t. III, p. 562.

(4) *Preuves*, p. 128.

(5) *Hist.*, t. VII, p. 637.

(6) B. I. *Extr. de D. Grenier*, 7.e paquet, n.° 7.

Nous ne pousserons pas plus loin ces détails. qui sortent de notre cadre, et pour y rentrer nous donnons ici le sommaire d'un Etat des recettes et des dépenses de la ville de Beaumont-sur-Oise qui fut dressé en 1260 par ordre de Saint-Louis (1).

RECETTES DE LA VILLE DE BEAUMONT, EN 1260.

	liv.	s.
Les moulins	77	10
Les fours	57	10
Les prés et le jardin	45	
La mairie de Neuville	20	
Le vinage (2)	8	
Les mesures de vin	3	
Le tonlieu	6	10
L'ile	2	
Le forage (3)	16	10
Le forest de l'eau (4)	18	
L'avoir du bois	10	
Les pressoirs	64	
La cense de saint Remy	100	
Les cens de Noël et de la saint-Jean	57	
Les bans	20	
Total	505 liv.	

DÉPENSES.

	liv.	s.
Au roi	400	5
Au maire	10	
Au clerc de la ville	10	
Au sergent de la ville	5	
Au receveur de la ville	5	
Pour les réparations des pressoirs et des moulins	20	
Pour les revenus à vie	46	
Total	496 liv.	5 s.

D'après ce tableau, les dépenses de la ville de Beaumont, en 1260, dépassaient sensiblement ses recettes. L'article le plus fort aux recettes est celui de la cense de la saint Remy qui est de 100 livres. C'était probablement l'impôt annuel que la commune avait assis sur ses membres. La somme la plus forte des dépenses est celle de ces 400 livres dues par elle au roi, et qui sans doute représentait le cens mis sur chaque maison lors de la concession de la commune.

Nous terminerons ce que nous avions à dire sur la ville de Beaumont en particulier, par une liste de ceux de ses prévots dont nous avons pu recueillir les noms.

LISTE DES PRÉVOTS DE BEAUMONT-SUR-OISE.

1173. Reinolde. (5)
1243. Robert de Lusarches.
1261. Jean de Callois, bourgeois de Chambli.
1264. Pierre Foutel et Jean Guédier (6).

(1) Voyez *Preuves*, p. 178.

(2) *Vinage*, droit prélevé sur les vins à leur entrée chez le consommateur.

(3) *Forage*, droit perçu sur le vin vendu en détail dans les tavernes.

(4) *Foresta aque*. Le droit de pêche.

(5) Voy. nos *Preuves*, p. 21.

(6) « *Pierre des Foutiaus et Jehans diz li Guediers, prévoz de Biaumont-seur-Ayse.* » (S. 4359, pièce 28.) On remarquera ici la présence simultanée de deux

1278. Pierre Foutel.
1287. Robert de Champagnes.
1296. Jean des Moutiers.
1299. Pierre de Montigny.
1303. Aubery le Barbier.
1306. Robert de Montigny.
1329. Pierre de Précy.
1346. Jacques le Cordier.
1356. Gautier le Paticier.
1399. Mathieu Beauvais.
1456. Eustache Monier (1).

1558. Charles d'Eaubonne, bailli.
Abolition de l'office de bailli, en 1567.

CHAMBLI.

Nous avons fait mention, en parlant du *Pagus Camliacensis*, d'une charte d'un Vandémire de l'an 690, datée de Chambli. Mais la charte de Clotaire II de l'an 627 implique déjà l'existence de cette ville, puisqu'on y parle d'un lieu nommé *Matrius* lequel était situé *in opido Camliacense*. C'était donc une ville très-ancienne. Ce qui montre au reste qu'au temps de la formation du comté de Beaumont elle avait encore une certaine importance, c'est qu'on y trouve deux paroisses, indépendamment du prieuré de Saint-Aubin dont il a été question plus haut. Les deux églises de Chambli sont celles de Saint-Martin et de Notre-Dame. L'église de Saint-Martin de Chambli est nommée dans une charte de Pierre, évêque de Beauvais, de l'an 1123, en faveur du prieuré de Saint-Aubin. Dans une charte de 1260, il est parlé d'un Landri, curé de cette église : *Magister Landericus, decanus christianitatis de Bellomonte super Ysaram, et rector ecclesie Sancti-Martini de Chambliaco* (2). En 1254, on trouve un curé de Notre-Dame de Chambli, qui se nommait Gauthier de Nully : *Galterus de Nulliaco, presbiter beate Marie de Chambliaco* (3). Il y avait dans cette dernière église, au moins dès le XIV.e siècle, une chapelle de saint Michel, comme on le voit par le passage suivant d'un journal du Trésor pour l'année 1322 : *Capellanus sancti Michaelis in ecclesia beate Marie de Chambliaco, pro medietate Ascencionis* CCCXXXII, X. *l. p.*, *contate per se super regem* (4).

La maison des seigneurs de Chambli a été considérable. Il n'entre pas dans le plan de ce travail d'en donner ici la généalogie. Seulement nous devons au lecteur de le mettre à même de distinguer entre eux trois seigneurs de cette maison, ayant tous trois porté le nom de Pierre de Chambli, et ayant tous trois été successivement chambellans de nos rois. Le premier est un Pierre, dit le Hideux, qui paraît dans nos char-

prévôts pour une seule prévôté. La même chose se représente pour la prévôté de Paris. Il paraît que ce fut un usage général, mais momentané, et propre au milieu du XIII.e siècle.

(1) Il était en même temps prieur de Saint-Léonor de Beaumont.

(2) A. I. Carton S, 4359, pièce 15.

(3) Ibid., pièce 16.

(4) A. I. *Jornale thesauri*, KK, 1, pag. 110.

tes depuis l'an 1163, jusqu'en 1206. A cette dernière époque, il ajoute à son nom celui de Chambli et se dit Pierre le Hideux de Chambli. Maintenant, on trouve plus tard un Pierre de Chambli portant ce même surnom bizarre de Hideux, et qui se qualifie chambellan du roi dans une charte de l'an 1278 en faveur du prieuré de Saint-Léonor de Beaumont. Or, on verra dans nos Preuves un accord important conclu entre Philippe-le-Hardi et son chambellan, Pierre de Chambli (1). La charte est de l'an 1275, et il faut remarquer que Pierre de Chambli ne s'y donne pas le surnom de Hideux. Cependant les deux chartes, celle de 1278 et celle de 1275, regardent bien évidemment le même personnage, car on ne peut supposer qu'il y ait eu en même temps deux chambellans du roi, l'un nommé Pierre de Chambli tout simplement, et l'autre Pierre de Chambli, dit le Hideux. Mais d'où vient cette singularité qu'un seul et même personnage soit successivement désigné de ces deux manières. La chose n'est pas facile à expliquer. Pourtant on peut observer d'abord que c'est lui qui se donne ce surnom de Hideux dans la charte de saint Léonor, et qu'il n'est désigné de cette manière que dans les chartes qui se rapportent au comté de Beaumont, c'est-à-dire à son pays, tandis que dans les autres il est seulement appelé Pierre de Chambli. Ce surnom tenait-il à quelque circonstance de famille dont il ne craignait pas de rappeler le souvenir? Quoiqu'il en soit, il serait naturel de penser que ce Pierre le Hideux de Chambli, mentionné en 1275 et 1278, était le fils de Pierre le Hideux de Chambli, mentionné en 1202. Cependant, il n'en est rien, ou du moins cela souffre difficulté. En effet, notre second Pierre de Chambli nomme pour son père un chevalier dit Pierre de Laon, qui fut chambellan de Saint-Louis. Ce Pierre de Laon était, sans doute, fils de notre premier Pierre de Chambli, dont le second n'aurait été ainsi que le petit-fils. La différence des noms ne ferait pas une difficulté insurmontable, car on a des exemples au XIII.e siècle de fils portant d'autres noms que leurs pères. Pour en revenir à notre second Pierre de Chambli, il nous donne le nom de sa femme, dans sa charte pour Saint-Léonor de l'an 1278. Elle se nommait Marguerite. Il eut pour fils un Pierre de Chambli que nous nommerons Pierre II, chambellan de Philippe-le-Bel, et seigneur de Viarmes (ou Wirmes, suivant l'ancienne forme du mot) et de Neaufle-le-Chatel. Ce Pierre II était mort en 1311, comme on le voit par une charte de Philippe-le-Bel, donnée à Maubuisson, au mois de juin de cette année et qui contient un accord entre Isabelle de Rosny (2), veuve de Pierre de Chambli, chambellan du roi, et Pierrot de Chambli, écuyer, chambellan de Louis, roi de Navarre (Louis X), fils de ladite Isabelle, touchant son douaire (3). Dans cette charte, il est question d'Isabelle de

(1) *Preuves*, p. 120.

(2) Ou *Roony*, suivant l'ancienne forme du mot.

(3) A. I. *Tr. des Ch.*, J, 208. Chambli 24.

Bourgogne, femme dudit Pierrot de Chambli (1). En 1301 Philippe-le-Bel avait donné à son chambellan cinq cents livres de rentes assignables sur la terre de Flandre, dans laquelle, dit la charte, il veut mettre de bonne semence : *Quod nos in terra nostra Flandrie utilia serere semina cupientes que fructum suo tempore afferunt gratiosum*, et cela en considération des services qu'il lui avait rendus depuis longtemps, *a nostro primordio juventutis exhibuit*. Il l'appelle *Petrus de Chambliaco junior* (2). Dans une charte de l'an 1293, ce Pierre II de Chambli prend le titre de sire de Neaufle-le-Chatel (3). Son fils, Pierre de Chambli, III.ᵉ du nom, eut, après Isabelle de Bourgogne, que le P. Anselme dit être morte en 1323, une seconde femme nommée Jeanne de Machaux. Elle était veuve en 1326, époque où elle fit un accord avec le roi Charles-le-Bel, tant en son nom qu'en celui de ses enfants, Pierre de Chambli, archidiacre de Térouenne, Philippe de Chambli, Marguerite et Marie de Chambli (4). Nous ne pousserons pas plus loin cette généalogie des seigneurs de Chambli. Ce que nous avons dit suffira pour empêcher de confondre dorénavent les trois personnages en question : Pierre I.ᵉʳ de Chambli, chambellan de Philippe-le-Hardi, Pierrre II de Chambli, seigneur de Viarmes, son fils, chambellan de Philippe-le-Bel, et Pierre III de Chambli, fils de ce dernier, chambellan de Louis X. On sait que les grandes charges étaient souvent héréditaires dans les grandes familles, en fait, sinon en droit. On en a un exemple ici. Nos comtes de Beaumont, dont trois furent successivement grands chambriers de France, nous en offriront un autre.

L'an 1222 (V. S.), Philippe-Auguste confirma aux habitants de Chambli la commune qui leur avait été octroyée en 1173 par Mathieu III, comte de Beaumont (5). En 1228, ils prêtèrent serment de fidélité à Saint-Louis entre les mains de son bailli, Jean des Vignes (6). L'an 1259 la ville rendit ses comptes à M.ᵉ Eudes de Lorris, doyen de Saint-Aignan et à M.ᵉ Jean de Nemours, commissaires envoyés par le roi (7). La ville était alors chargée d'une dette de 1533 livres, sur lesquelles on lui en devait à elle-même deux cents.

Sous la domination anglaise, Jean de Villiers, seigneur de l'Ile-Adam, était capitaine de Chambli, comme l'apprend le passage suivant d'une lettre de rémission donnée l'an 1432 par Henri VI, roi d'Angleterre, à « Pierre de Boisraulin, escuier, » dit le Breton, lieutenant en la forteresce de Chambly, de nostre amé et féal conseiller

(1) Elle était fille de Hugues IV, duc de Bourgogne, et veuve de l'empereur Rodolfe Iᵉʳ. Par conséquent, elle épousa Pierre de Chambli postérieurement à l'an 1291.

(2) A. I. *Trés. des Ch.*, J, 208. Chambli, 14.

(3) *Tr. des Ch.*, J, 217, n.° 20.

(4) Ibid., Chambli, 17.

(5) Voy. nos *Preuves*, p. 165.

(6) *Preuves*, p. 182.

(7) Ibid., p. 179.

» et mareschal de France le sire de l'Ile-Adam, capitaine de ladicte forteresce de » Chambly (1). » Ce même Jean de Villiers, sire de l'Ile-Adam, fomenta la trahison de Perrinet-le-Clerc, qui livra Paris aux Bourguignons, l'an 1418.

Chambli est appelé le Hauberger dans Monstrelet, et on le trouve déjà désigné de cette manière dans des lettres de rémission de l'an 1358 (2). Cette épithète s'applique évidemment à quelqu'importante fabrication de hauberts ou haubergeons, qui se faisait dans ce lieu. Mais nous n'en avons trouvé nulle trace.

MÉRU.

On a vu plus haut que cette ville avait été le chef-lieu de ce petit pays de Thelle, enclavé, en partie, dans le comté de Beaumont-sur-Oise. Elle est appelée *Mairiu* dans un partage des biens de l'abbaye de Saint-Denis, de l'an 832, et *Mairia*, dans un second partage, de l'an 862 (3). Voici ce qu'en dit Cambry, dans sa *Description du département de l'Oise* : « Méru a toujours eu le nom de ville ; elle étoit autrefois » environnée d'épaisses murailles et fermée de quatre portes. Ses anciens seigneurs » portoient jadis le nom et les armes de Pontoise, parce qu'ils décendoient des Dreux, » comtes de Vexin, de Pontoise et d'Amiens, porte-oriflamme héréditaire de France. » Cette terre est passée de la maison d'Aumont dans celle de Montmorency. Elle a » appartenu à un batard de Rochechouart qui vint au secours de Beauvais en 1472. » Méru était jadis défendu par un chateau, détruit depuis peu d'années. Ce bourg est » placé dans le fond d'un entonnoir, où se rassemblent toutes les eaux des collines » voisines (4). » Cette assertion de l'auteur, que Méru a été anciennement possédée par les comtes de Pontoise, nous paraît assez vraisemblable. En effet, on trouve dans le Cartulaire de Saint-Martin des Champs une charte d'Anseau, évêque de Beauvais, de l'an 1099, constatant qu'à son instigation Raoul le Délicat, ou le Délié, avait donné à Saint-Martin des Champs les revenus de l'église (*altare*) de Méru, qu'il retenait, et cela *postquam cognovit quod laïci injuste possidebant altaria* (5). Or, ce Raoul était fils d'Amaury, dit le Délicat, lequel était fils de Dreux, comte de Vexin. Cette donation de l'église de Méru à Saint-Martin des Champs fut confirmée, en 1105, par Geoffroi, évêque de Beauvais, qui y ajouta l'exemption du droit de tournée épiscopale (*circata*) (6). Quoiqu'il en soit de ces premiers seigneurs de Méru,

(1) *Trés. des Ch.*, J, reg. 175, pièce 180.

(2) Ibid., J, reg. 86, pièce 342.

(3) Doublet p. 739. *De re dipl.* p. 392 et 519.

(4) *Descript. du dép*[t]. *de l'Oise*, par le cit. Cambry, Paris 1803. t. I, p. 162.

(5) A. I. *Cartul. de S*[t]. *Mart. des Ch.* fol. 72.

(6) Ibid.

il est certain que cette ville appartint dans la suite en toute souveraineté à nos comtes de Beaumont, puisqu'en 1191 Mathieu III lui accorda une sorte de commune, comme on le verra plus bas. Dans une bulle du pape Calixte II, donnée à Saint-Denis le 27 novembre 1119, bulle qui confirme toutes les possessions du prieuré de Saint-Martin des Champs, on lit: *Apud Meruacum villam, altare, atrium et decimam cum appendiciis suis, et altare sancti Audomari cum appendiciis suis* (1). Dans une charte de l'an 1140, Eudes, évêque de Beauvais donne entr'autres choses au prieuré de Saint-Martin des Champs les dimes des églises de Méru et de Viarmes (Wirmes) (2). Des contestations s'élevèrent entre le prêtre qui desservait l'église de Méru et le prieuré de Saint-Martin. C'est ainsi que, dans une charte de l'an 1148, émanée du même évêque Eudes, et dans laquelle il donne au même prieuré l'église de l'Ile-Adam, il ajoute : *insuper approbamus et sancimus compositionem factam inter priorem ejusdem monasterii (S. Martini) domnum Odonem II, et capellanum ecclesie de Meru, super medietate ejusdem ecclesie* (3). En 1224 nouvel accord entre le prieuré de Saint-Martin des Champs et *Johannem presbiterum de Meru*, touchant la dime du vin (4). Il est à remarquer que, dans la charte de 1148, l'église de Méru n'est encore désservie que par un chapelain, tandis qu'en 1224 c'est par un curé *(presbiterum)*. En 1248, un Hugues de Lormaisons donne au prieuré de Saint-Martin des Champs des vignes situées à Méru (5). Pour en revenir aux seigneurs de Méru, nous citerons une enquête de l'an 1259, qui les concerne. Elle fut faite par le bailli de Mantes et le prieur de Saint-Léonor de Beaumont, au sujet d'une petite guerre ou chevauchée (*cavalcata*) qui avait eu lieu entre les frères de Barthélémy de Méru et Brunel de Lardières. Les deux parties furent condamnées à l'amende, mais celle des seigneurs de Méru, comme ayant été les plus coupables, fut la plus forte (6). Ce Barthélémy de Méru était seigneur de Lusarches, et comme tel fit hommage à l'évêque de Paris, l'an 1260 (7). On trouve dans les Olim un arrêt de l'an 1267, qui donne à Barthélemy de Méru, chevalier, la justice sur les hommes de son frère, Thibaut de Méru, aussi chevalier, dont il était le seigneur

(1) A. I. *Cartul. de S^t. Mart. des Ch.* fol. 3.

(2) A. I. Carton S. 1359 n.° 3. *Orig.*

(3) *Cart. de S^t. Mart. des Ch.* fol. 69.

(4) Carton S. 1359 n.° 4. *Orig.*

(5) *Ibid.*

(6) *Olim.* t. I, p. 97.

(7) *Bartholomeus de Meru, dominus Luzarchiarum, fecit hommagium de omni eo quod habet apud Luzarches; et debet nominare partes in speciali, et tradere in scriptis infra quadraginta dies continue sequentes. Et fuit investitus per annulum aureum. Qui portavit dominum episcopum personaliter.* (Cartul. épisc. Paris.)

(A. I. Reg. L. 33 p. 930. C'est une copie, l'original se trouve à la Bibl. imp.) En 1269, sa veuve fait un semblable hommage (*Ibid* p. 951). Ce Barthélémy de Méru fut l'un des sept feudataires de l'église de Paris qui portèrent l'évêque Renaud de Corbeil à son entrée solennelle dans cette ville. Voy. Felib, *Hist de Paris* t. I, p. 415.

lige (1). Ce Thibaut eut à s'accommoder avec l'abbaye de Ressons, touchant certaines redevances, comme il paraît par un acte de l'official de Beauvais de l'an 1275 (2). Dans une charte de 1283 il nomme sa femme Agnès (3). Barthélemy et Thibaut de Méru avaient un frère, nommé Guyot de Méru, qui n'était qu'écuyer. Ils paraissent tous trois dans deux chartes des années 1261 et 1268, que nous donnons dans nos Preuves (4), et ils y nomment Thibaut de Beaumont, leur père, et Ermengarde, dame de Luzarches, leur mère. Elle était veuve en 1237, comme l'indique une charte de cette année, dans laquelle elle fait une donation au prieuré des Mathurins du Fay, et où elle qualifie son mari de seigneur de Lusarches et de Méru. Ce Thibaut de Beaumont, dont il est ici question, est celui qui vendit au roi Philippe-Auguste ses droits sur le comté de Beaumont. Il était fils d'Ives de Beaumont, avoué d'Ully, et cousin germain de Jean, dernier comte de Beaumont. Après ces seigneurs de Méru, issus de la maison de Beaumont, on en trouve d'autres, venus de la maison d'Aumont. Nous renverrons au P. Anselme pour leur généalogie (5). Nous nous contenterons de citer ici Pierre d'Aumont, II.e du nom, mort en 1413, Jean IV, mort en 1415, Jacques, mort en 147? et Ferry, mort en 1526. Il existe aux Archives de l'Empire un aveu de l'an 1450, rendu par Jacques d'Aumont, pour la terre de Méru, à Charles, duc d'Orléans, qui avait alors dans son apanage le comté de Beaumont-sur-Oise. Voici le commencement de cette pièce.

« C'est le dénombrement que je, Jacques, seigneur d'Aumont et de Méru en Telles, baille à puissant prince et mon très redoubté seigneur, Monseigneur le duc d'Orléans, de ma terre et seigneurie de Méru, tenue et mouvant de mondit seigneur le duc, à cause de sa comté de Beaumont. »

« C'est assavoir: une maison et lieu nommé l'Hostel de Luzarches, abouttant aux Coutures, et par devant, sur la rue qui mayne aux champs; et la chapelle. »

« Item, ung lieu, place et pourpris, où a une tour, maisons, salles, granches et jardins, si comme tout se comporte. Auquel lieu avait naguères chastel et place forte et fermée, et à l'occasion des guerres le fort a esté desmoly et abatu, et n'y est demeuré entier que les salles et les chambres, avec la granche qui est encorres droicte, séant au devant de l'église dudit Méru; et y a fosse entrée dudit lieu, etc (6). »

En 1537, le connétable Anne de Montmorency acheta la terre de Méru (7), pour

(1) *Olim* t. I, p. 669.

(2) A. I. Carton Q, 853*.

(3) Ibid., Carton S, 4988, n.° 49.

(4) *Preuves*, p. 119.

(5) T. IV, p. 872.

(6) A. I. Carton Q. 853*.

(7) Le comté de Beaumont-sur-Oise lui avait été engagé par François I.er depuis 1527

laquelle son fils, Henri, duc de Montmorency et de Damville, fit aveu au roi le 7 juin 1618. Quoique cet aveu soit fort étendu, comme il contient des détails utiles pour la topographie de Méru, nous croyons devoir en donner ici une partie.

Aveu et dénombrement de la terre et seigneurie de Méru, baillé au Roy, en sa comté de Beaumont, par Henry, duc de Montmorency et de Dampville, le 7 juin 1618.

« Et premièrement: Madicte ville et chastellainie de Méru. Laquelle est et consiste en un ancien fort et beau chasteau, contenant cuisines, salles, haultes et basses, chambres, antichambres et cabinetz. Aussi en une chappelle fondée à l'honneur de de l'Assomption de la Vierge Marie; en une belle court aussi, avec plusieurs offices à l'entour, et autres membres et aisimens; le tout entouré de murs. Aussi de cinq grosses et fortes tours et beaux fossez avec belles entrée et porte, à laquelle souloit avoir pont-levis, et au devant icelle y a ravellin. Ledict chasteau estant chef de ladicte ville, aussi de bailliage et de chastellainie, assis dans et au coing plus éminant d'icelle dicte ville de Méru.

» Item, en un grand corps d'hostel et logis contenant une belle court, et à l'entour d'icelle grange, escueries, bucher, bergeries, estables, et au millieu d'icelle grand coulombier à pied, avec jardin derrière ledit hostel, le tout joignant ledict chasteau, et dict la ferme ou bassecourt du chasteau, où demeure le fermier tenant les terres de mon doumaine; contenant, tant lesditz chasteau, bassecourt, que jardin dudit fermier, trois arpens ou environ. Le tout joignant, tenant et enceint de murailles.

» Item, en un parc complanté d'arbres fruitiers, aussi en pré et grand jardin derrière lesdictz chasteau et grange de ladicte ferme, appelé le parc dudit chasteau, dedans lequel est assis le pressoir qui est bannier, auquel tous les habitans et toutes les vignes qui sont en ladicte ville et banlieue sont banniers, et tenus pressoirer leur vin, vendanges et fruictz. Ledit parc fermé de murailles, et contient trois arpens et demy ou environ, tenant d'un costé le fossé dudit chasteau et grange de ladicte ferme, d'autre costé et d'un bout les rues et chemins tendans de ladicte ville à Gisors, et d'autre bout aux terres labourables de ma ferme et doumaine.

» Item, est et consiste en ladicte ville de Méru (laquelle est seigneurie, bailliage et chastellainie) assize sur la rivière dudit Méru, close d'anciens murs, avec quatre portes. L'une d'icelles appelée la porte de Ponthoise, estant au devant et proche dudict chasteau, la seconde appelée la porte de Luzerches, estant de l'autre costé dudit chasteau, la troisième appelée la porte de Beauvais, et la quatriesme appelée la porte de Beaumont; laquelle avec les deux tours qui estoient aux deux costez d'icelle furent desmolies par les grandes inondations de ladicte rivière, l'an mil six cens neuf, au mois d'aoust.

» Item, dans la dicte ville et près ledict chasteau est la grand église parroissielle Sainct-Lucien, avec un beau et hault clocher couvertz d'ardoize, dans laquelle y a et s'y faict ordinairement le service par le curé et quatre prestres, etc.

» Item, j'ay et m'appartient un jardin fermé de murs nommé de la Butte, contenant un quartier ou environ, assis au dessoubz et devant ledict chasteau, tenant d'un costé au presbitaire, d'autre à la grand place devant ledict chasteau, d'un bout au cimetière, et d'autre bout à la rue montant audict chasteau.

» Item, en ma dicte ville y a un grand lieu et place publique vers le millieu de ladicte ville où sont assizes les halles et treze bouticques, hors et du long du cimetiere de ladicte grand église, où se tiennent deux marchés, assavoir un le mardy, et l'autre, qui est très beau et bon marché tant de marchandises que denrées, le jour de vendredy de chacune septmaine, non francz, et deux foires l'an, sçavoir, une le 3.e jour de may, feste solempnelle de l'Invention saincte Croix, et l'autre le 7.e octobre vigille de la feste et solempnité sainct Lucien, patron dudit Méru, lesdites deux foires franches de toutes charges et impôts.

. . . .

» Sensuivent les droicts et debvoirs seigneriaulx que j'ay de droict et me sont deubz, s'exigent et levent de tout temps dans en madicte ville, baillie et chastellenie de Méru, sçavoir . . . .

» Item, j'ay et à moy seul appartient, en et par toute l'estendue de madicte ville, baillie et chastellainie de Méru, tout droict de haulte, moyenne et basse justice et police; et pour l'exercisse d'icelle, droict de faire, créer et commettre un bailly, aussi un procureur fiscal, un greffier, un tabellion, pour recevoir les contrats, obligations et autres actes publicques, et scel autantique à mes armes, pour plus grand validité et authorisation desdits contrats qui par ledit tabellion et notaires se font et passent en madicte ville.

» Quatre notaires aussi pour minuter et recevoir contractz, demeurans et résidans en madicte ville. Lesquelz après avoir receu et minuté lesdits contrats sont tenus mettre lesdites minutes entre les mains dudit tabellion qui les garde, les grossoie et délivre aux parties en estant requis.

» Et quatre sergens à verges pour l'administration de ladicte justice, laquelle est exercée par mondit bailly et officiers, les jours de mardy et vendredy de chacune septmaine, ensemble aussi des assises cy-après déclarées, dans une belle chambre auditoire au dessus de mesdites halles.

» Et aussi un receveur général pour faire la recepte de mes cens, rentes, champarts et autres droits et debvoirs seigneuriaulx et féodaux à moy deubz en madicte ville, baillie et chastellainie de Méru.

» Item, j'ay en madicte ville, baillie et chastellenie de Méru droict de nobles assises et de ressort, qui se tiennent de deux en deux ans en madicte ville, précisément le mardy dedans les octaves du Saint-Sacrement, par mondict bailly et officiers de Méru; pardevant lequel ressortissent les appellations verbales et procès par écrit jugés par les prévosts, gardes des justices et officiers haultz, moyens et bas juges des justices inférieures et subalternes dudict Méru, des sieurs hommes de fiefs et vassaux ayant justices, relevant de mondict chasteau et chastellenie de Méru. Ausquelles assises sont tenus d'assister et comparaître mesdits vassaux, tenans lesdits fiefs comme hommes jugeans, à leurs despens, avec mondit bailly, et iceulx, ensemble leurs dits prévost et gardes de leurs justices, greffiers et autres officiers, tenus d'y assister, respondre et comparoistre à peine de 60 s. p. d'amende contre chacun défaillant; subjects à la réformacion de mondict bailly tant esdictes assises que hors icelles, par appel et autrement, suivant la coustume du bailliage de Senlis.

» Item, droict d'exploits, etc.

» Item, de toutes confiscations, etc.

» Et aussi j'ay et m'appartient en madicte ville, baillie et chastellenie de Méru, généralement tous autres droits que à un seigneur chastellain, hault, moyen et bas justicier appartiennent et peuvent appartenir de droict, suivant la coustume du bailliage de Senlis, et comté de Beaumont.

» Item, aussi droict de prisons et en icelles faire mectre, tenir et garder, les constituer prisonniers, civilz et criminels, dans une grosse et forte tour de mondit chasteau. Ausquelles prisons lesdits vassaux sont tenus rendre, faire mener et mettre dedans leurs prisonniers, après les avoir gardés 24 heures, sans les debvoir garder ne tenir davantage.

» Et aussi j'ay comme seigneur chastellain et hault justicier droict de fourches patibullaires et quatre pillers pour la fin et dernier supplice des criminels jugés à mort, assises au lieu dict les Vallées Rodigues, proche et adjaçant le grand chemin royal tendant de Beauvais à Ponthoise, appellé le chemin de la Roine Blanche, jusques ausquelles de ce costé là s'estend ledict territoire de madicte ville de Méru.

» Sensuivent les fiefs tenus de moy, etc. (1). »

Nous passons maintenant aux autres localités du comté de Beaumont.

(1) A. I. Carton Q, 853².

Abrecourt. On trouve dans un ancien registre de la Chambre des Comptes, dans un dénombrement des fiefs de haute justice du comté de Beaumont sur Oise, pour l'année 1376, un aveu de Marguerite de Pacy, dame de Hédouville, pour un fief séant à Abrecourt près Labbeville (1). Le nom de ce lieu ne se trouve pas sur la carte de Cassini, mais on y trouve un Brécourt près Labbeville qui doit être le même.

Amblaincourt. Le dénombrement de 1376 dont on vient de parler, signale un Simon Achin demeurant à Amblaincourt en la paroisse de Chambli. Le prieuré de Saint-Léonor de Beaumont percevait quelques redevances à Amblaincourt (2)

Andeville. Une prisée des chatellenies de Beaumont, d'Asnières et de Chambli, de l'an 1331, que nous donnons dans nos Preuves, y compte 21 feux (3).

Anicourt ou Aniecourt. En 1377, Pierre Domont, chevalier et chambellan du roi, seigneur de Chars et de Méru en Thelle, fit aveu à la duchesse d'Orléans, comme comtesse de Beaumont, pour un fief à Anicourt dans la paroisse de Méru (4). Ce lieu est écrit Agnicourt sur la carte du diocèse de Beauvais de Delisle et sur celle de Cassini.

Anserville. Cure du doyenné de Beaumont. C'est ainsi que l'écrit Louvet, qui lui donne pour étymologie *Anserum villa* (5). La prisée de 1331, qui y compte 10 feux, l'écrit Anseurville, et la carte du diocèse de Beauvais, Ancerville.

Asincourt lez Méru. Nous n'avons trouvé mention de ce lieu du comté de Beaumont que dans la prisée de 1331, qui y compte 7 feux (6). Il ne faut pas le confondre avec Anicourt qui était aussi près de Méru.

Asnières-sur-Oise. Ce n'est plus aujourd'hui qu'un très-petit village; mais à l'époque qui nous occupe, c'était un lieu d'une certaine importance, puisque ses habitants obtinrent de Louis VIII une de ces chartes de franchise, semblables à bien des égards aux chartes de commune proprement dites (7). Il est à remarquer qu'Asnières ne fit pas partie du *Pagus Camliacensis*. Il fut compris dans le *Pagus Belvacensis*. Il fut donné ou confirmé à l'abbaye de Saint-Denis par un diplôme du roi Robert de l'an 997. En 1183, Philippe de Nanteuil, évêque de Beauvais, confirma à l'abbaye de Saint-Denis la possession de toutes les cures que cette abbaye avait dans le diocèse de Beauvais, et, parmi elles, celle d'Asnières (8). Trois ans plus tard, il se fit un partage des novalles et autres dimes de ce lieu (9). Dans une charte de Saint-Louis, du mois de

(1) A. I. Reg. Coté. P. 1893, pag. 233.

(2) *Preuves*, p. 140.

(3) Ibid. pag., 205.

(4) A. I. Reg. Coté. P. 1893, pag. 227.

(5) Louvet, *Hist. et Ant. du pais de Beauvoisis*, tom. I, pag. 88.

(6) *Preuves*, p. 205.

(7) Ibid., p. 174.

(8) A. I. *Cartul. bl. de St.-Denis*, t. I, p. 270.

(9) Ibid., p. 491.

juin 1260, relative au douaire de Marguerite, sa femme, il lui assigne entr'autres domaines « Asnières, o le parc, et o les autres apartenances » (1). Philippe de Valois, par des lettres données à Paris au mois d'avril 1339, avant Pâques, abandonne à l'abbaye de Royaumont tout ce qu'il avait à Asnières « excepté notre manoir, parc et forest, et la souveraineté et ressort, » moyennant cent quarante neuf livres, six sous, dix deniers, maille parisis, payables au receveur du roi à Senlis (2). Il est souvent question de ce parc royal dans les titres. La prisée de 1375 parle de son mauvais entretien (3). Il y avait au château une chapelle du titre de sainte Anne, dont le prieur de Baillon était chapelain. Nous donnons dans nos Preuves l'état des recettes et des dépenses de la ville d'Asnières sur Oise pour l'an 1260 (4). On y voit qu'elle devait d'assez fortes sommes aux bourgeois de Senlis, et aussi qu'elle était en procès avec l'abbaye de Royaumont.

Bailleul sur Lesche. Ce lieu ne se trouve sur aucune carte, quoique très-souvent donné par les actes. La Lesche, qu'on appelle aujourd'hui le ru de Méru, est une petite rivière qui prend sa source dans le vallon de Méru et qui passe à Chambli. Bailleul est au nombre des villes du comté de Beaumont cédées par Thibaut d'Ully à Philippe-Auguste (5). Une charte de Mathieu III est datée de ce lieu (6). Jean Poucin, chambellan du roi, en était seigneur en 1279 (7). Le dénombrement des fiefs du comté de Beaumont donne un aveu de Guillaume Poucin, écuyer, seigneur de « Bailleul-sur-Esche. » La prisée de 1331 y compte 55 feux (8).

Baillon, près d'Asnières-sur-Oise. Le dénombrement de 1376 donne un aveu de Marie la Bouteillière de Senlis, dame de « Cheuigy » (Seugy) et de Vigneul, pour ce qu'elle tenait à Baillon. La prisée de 1331 y compte 16 feux. Guiot le Bouteiller en avait alors la justice (9). On a vu qu'il y avait à Baillon un prieuré à la collation de l'abbé de Royaumont.

Belay (le). En latin *Beleium* et *Beletum*. Le comte de Beaumont, Mathieu III, y possédait une maison. En 1180, Avoise, dame de Monchy, lui permit d'y bâtir une forteresse (10). Les Templiers y avaient une maison de leur ordre.

Belléglise. En latin *Bella Ecclesia*, et quelquefois *Bereglisa*. Il en est question dans une charte de l'an 1199 (11). Cette ville est du nombre de celles qui furent cédées à Philippe-Auguste par Thibaut d'Ully (12). Thibaut de Beaumont, seigneur de Lu-

(1) J. 408, pièce 2.
(2) A. I. Carton K. 43, pièce 10.
(3) *Preuves*, p. 188.
(4) Ibid., p. 180.
(5) Ibid., p. 104.
(6) Ibid., p. 40.
(7) Ibid., p. 135.
(8) Ibid., p. 205.
(9) Ibid., p. 207.
(10) Ibid., p. 34.
(11) Ibid., p. 28.
(12) Ibid., p. 104.

sarches, qui est le même que ce Thibaut d'Ully, y avait pourtant conservé des biens, comme on le voit par une charte de l'an 1231 (1). Jean de Sainte-Geneviève, chevalier, y avait la suzeraineté d'un fief, en 1268 (2). On trouve en 1277, un Henri de Belléglise, écuyer (3). Ce lieu est nommé dans l'article XXIV de la charte de Méru (4). Sa justice fut réclamée par Barthélemy de Méru, en 1260 (5).

BERNES. On a vu précédemment que ce lieu avait fait partie du *Pagus Camliacensis*. Il est nommé *Bagerna* dans une charte de l'an 820. Dans des titres postérieurs il est écrit, tantôt *Baierna*, tantôt *Baerna*, et même *Baenna*. Le chapitre de Saint-Germain-l'Auxerrois de Paris possédait des terres sur le territoire de cette ville (6). Le comte Jean, dans une charte de l'an 1222, parle de son clos et de son pressoir de Bernes (7). Par un échange de l'an 1228, Saint-Louis donna à la prieuresse de Boran tout ce qu'il avait de terres labourables à Bernes (8). On trouve dans le petit cartulaire de saint Léonor l'extrait d'une enquête sur la justice qu'avaient les moines de Saint-Léonor sur leurs hôtes de Bernes (9). Il y eut en 1213 un accord entre le chapitre de saint Germain l'Auxerrois et un Pierre, fils de Noël, touchant la mairie de Bernes (10). Les Hospitaliers de saint Jean de Jérusalem y avaient une maison de leur ordre.

BLINCOURT. On trouve dans le dénombrement des fiefs du comté de Beaumont de 1376, un aveu de Jean de « Blaincourt » écuyer. En 1275, Philippe-le-Hardi céda à son chambellan, Pierre de Chambli, 1.er du nom, tout ce qu'il possédait à « Blaincourt (11). »

BOISSIÈRE (LA). En latin *Buxeria*. Au XII.e siècle, un Adam de la Boissière vendit aux moines de Saint-Léonor le parc de Tubeuf sous Beaumont (12). Les enfants d'une sœur d'Yves de Beaumont, avoué d'Ully, qui s'appelait Marie, sont nommés Jean et Thibaut de la Boissière. Ils étaient cousins germains et compétiteurs de Thibaut d'Ully, fils de cet Yves, lequel Thibaut vendit à Philippe Auguste le comté de Beaumont, comme on le verra plus loin (13). Ce Jean de la Boissière était chevalier; il avait pour femme une Isabelle et pour fils un Thibaut, dont il est question dans une charte de l'an 1219 (14). Un autre Thibaut de la Boissière, peut-être le mari de cette sœur de l'avoué d'Ully dont on vient de parler, paraît comme témoin à une charte de 1190 (15).

(1) *Preuves*, p. 115.
(2) Ibid., p. 120.
(3) Ibid., p. 131.
(4) Ibid., p. 163.
(5) *Les Olim*. t. I, p. 107.
(6) *Preuves*, p. 3.
(7) Ibid., p. 89.
(8) Ibid., p. 114.
(9) Ibid., p. 133.
(10) Ibid., p. 99.
(11) Ibid., p. 121.
(12) Ibid., p. 24.
(13) Ibid., p. 102.
(14) Ibid., p. 77.
(15) Ibid., p. 53.

Bonvillers. On trouve sur la carte de Cassini, vers la limite septentrionale que nous donnons au comté de Beaumont, un lieu du nom de Bonviller. C'est le seul qui se rapprocherait de celui de « Buviler » qui se trouve dans une charte de commune que renferment nos Preuves, et qui est émanée du comte Mathieu III. Cependant nous devons reconnaître qu'une telle attribution peut présenter une grave difficulté. En effet, il est dit dans l'article xviii de cette charte de commune que les habitants de Buviler devront aller moudre au moulin du comte, situé *inter Leue et Caumontel* (1); ce passage que nous proposons d'entendre : entre l'eue (l'eau) c'est-à-dire la Thève, et Chaumontel, indiquerait ce lieu de « Buviler » comme étant situé vers le midi du comté de Beaumont et assez près de Lusarches. Mais on ne trouve sur aucune carte un lieu du nom de Bonviller dans ces parages. Ce qui s'en rapprocherait le plus, ce serait le nom d'un bois avoisinant, appelé sur la carte de Cassini le bois de Beauvillers, nom qui à la rigueur pourrait être une corruption de celui de Bonviller, localité qui aurait disparu. Quoiqu'il en soit de cette hypothèse, elle est la seule qui satisfasse au passage cité, passage qui implique nécessairement le voisinage de ce Bonviller du lieu de Chaumontel, qui, lui, est bien connu. En outre, il est bon d'observer que la pièce dont nous parlons est tirée du cartulaire de Royaumont. Or l'abbaye de Royaumont est fort rapprochée de Chaumontel. Nous en concluons qu'il faut placer ce Bonviller de notre charte de commune, non pas au nord du comté de Beaumont, là où l'on trouve effectivement sur les cartes un lieu de ce nom, mais entre Royaumont et Chaumontel, près de ce bois nommé Beauvillers dont on vient de parler.

Boran. On a vu que ce lieu avait fait partie du *Pagus Camliacensis*, et que c'est le *Baudrinus* d'une charte de l'an 726. Dans les anciens titres, il est écrit: Borrenc, Borrent, Borrencum, Borrenum et Bosrengum. On voit dans une lettre de rémission de l'an 1360, que l'abbaye de sainte Geneviève y avait une prison (2). Il y avait, non pas à Boran même, mais à quelque distance, un prieuré de femmes dépendant de l'abbaye du Paraclet, et dont il est question dans nos Preuves. Il s'appelait Saint-Martin de Boran. La comtesse Eléonore lui fit une donation l'an 1195 (3). En 1228, Saint-Louis fit un échange avec la prieuresse de Boran (4). Un Jean de Ronquerolles, par son testament de l'an 1237, lègue à ce prieuré trois arpents de terre situés près de l'Oise (5). Un Pierre de Boran paraît fréquemment dans les chartes des comtes Mathieu II et Mathieu III. Il se trouve au nombre des chevaliers qui s'en-

(1) *Preuves*, p. 159.
(2) A. I. *Tr. des Ch.* J. Reg. 89, pièce 374.
(3) *Preuves*, p. 59.
(4) Ibid., p. 113.
(5) Ibid., p. 118.

gagent par serment à faire observer la charte de commune de Bonviller, et celle de Méru (1). En 1173, on rencontre un Arnoul de Boran (2) et un Richard de Boran dans des chartes des années 1191 et 1206 (3). Ce dernier est mentionné dans le Nécrologe de saint Léonor (4). Il signa avec Pierre de Boran la charte de Bonviller (5). La prisée de 1331 compte à Boran 202 feux (6).

Bornel. Ce lieu avait fait partie du *Pagus Camliacencis*. Il est écrit *Bordonellus* dans une charte de 751, et *Borderonellus* dans une autre de 775. On le trouve orthographié Boonel dans la charte de la vente du comté (7), et Boornel dans une charte de 1199 (8). La prisée de 1331 y compte 20 feux appartenant au prieur de Bornel, et 80 feux appartenant à la dame de Vallangoujard (9).

Boulonville. Le dénombrement des fiefs du comté de Beaumont, de l'an 1376, renferme un aveu rendu par Philippe de Beaumont, chevalier, seigneur de Lusarches, à la duchesse d'Orléans, comme comtesse de Beaumont, pour le fief de Boulonville. Il est question de ce lieu de Boulonville dans un accord de l'an 1206, entre Mathieu III, comte de Beaumont et Ansel, seigneur de l'Ile-Adam, touchant des droits de péage (10). La prisée de 1331 y compte 32 feux.

Bouqueval. Ce lieu ne paraît qu'une fois dans nos preuves. Du moins c'est lui que nous croyons reconnaître dans le Bouconvalcin de la page 142.

Bournonville, près Champagnes. Au siècle dernier il appartenait au prince de Conti (11).

Bruières. Compris dans le *Pagus Camiliacensis;* appelé *Bronnoria* et *Bronaria*, dans des chartes du IX.e siècle. Un Arnoul de Bruières est témoin à une charte de 1151 (12), et un Bernard de Bruières, à une charte de 1173 (13). En 1377, Jean, dit Tristan, de Chambli, chevalier, seigneur de Viarmes, reconnaît tenir de la duchesse d'Orléans, comme comtesse de Beaumont, le conduit des vins de la ville de Bruières. Le prieuré de Saint-Léonor y avait quelques biens (14).

Buchoy. En 1377, Erard de Lusarches y tenait un fief mouvant de Philippe de Beaumont, seigneur de Lusarches. Ce lieu ne se trouve pas sur la carte de Cassini; sur celle du diocèse de Beauvais on trouve un Buchy, situé entre Hesches et Anserville, qui semble être le même lieu que ce Buchoy.

(1) *Preuves*, p. 160 et 165.
(2) Ibid., p. 23.
(3) Ibid., p. 37 et 71.
(4) Ibid., p. 147.
(5) Ibid., p. 160.
(6) Ibid., p. 205.
(7) Ibid., p. 104.
(8) Ibid., p. 28.
(9) Ibid., p. 205 et 207.
(10) Ibid., p. 45.
(11) Ibid., p. 198.
(12) Ibid., p. 9.
(13) Ibid., p. 23.
(14) Ibid., p. 149.

Champagnes. Il avait fait partie du Chambliois, et une charte de l'an 635 l'écrit *Campagnia*. Mais les actes du XII.e siècle en font *Campaniæ*, ce qui nous porte à l'écrire par un *s*, tandis que les cartes portent Champagne, au singulier. Philippe de Beaumont, frère des comtes Mathieu III et Jean, fit au prieuré de Saint-Léonor diverses donations sur les cens de Champagnes, et il semble même ressortir des chartes que nous donnons à ce sujet, que ce lieu était en quelque sorte son apanage. Un Thibaut de Champagnes paraît dans plusieurs chartes de l'an 1190 (1). Il était chevalier d'Alfonse, comte de Poitiers, c'est-à-dire à ses gages (2). Un Adam de Champagnes donne en 1190, à l'abbaye du Val, une maison et des terres à Champagnes (3). Un Garin de Champagnes paraît comme témoin à une charte de Mathieu III, de l'an 1193 (4). Le nécrologe de Saint-Léonor compte au nombre des bienfaiteurs de ce prieuré un Simon de Champagnes (5). Nous avons le nom d'un curé de ce lieu dans une charte de 1190. Il se nommait Adam (6). L'église était sous l'invocation de la Vierge, *B. Maria de Campaniis*. Ce lieu avait de l'importance, car il est porté à 110 feux dans la prisée de 1331 (7). Un Thibaut de Champagnes, chevalier, dans son testament du mois de novembre 1271, ordonna entr'autres choses de distribuer aux pauvres de Champagnes 20 liv. p. en vêtements et en chaussures (8).

Chaumontel. Il en est question dans la charte de commune de Bonviller, où il est écrit Caumontel (9). Un chevalier nommé Pierre de Chaumontel fut l'un des exécuteurs testamentaires de Jean, comte de Beaumont (10). Il paraît aussi à une charte d'Alice de Lusarches, veuve de Mathieu II. (11).

Corbellessart. Sur les cartes ce lieu est écrit par corruption *Corbeil-Cerf* ou *Corbeil-le-Cerf*. Corbellessart est du nombre des villes laissées à Thibaut d'Ully dans son accord avec Philippe-Auguste pour le comté de Beaumont (12). On y comptait 20 feux en 1331 (13).

Courcelles. On trouve sur la carte du diocèse de Beaumont deux lieux de ce nom faisant partie du doyenné de Beaumont, l'un près de Presles, en-deçà de l'Oise, écrit *Courcelle*, et l'autre près de Bornel, au-delà, écrit *Courcelles*. Nous n'avons de données que sur le premier. Il en est question comme appartenant au sire

(1) *Preuves*, p. 53 et 68.
(2) Ibid., p. 131.
(3) Ibid., p. 67.
(4) Ibid., p. 40.
(5) Ibid., p. 146.
(6) Ibid., p. 68.
(7) Ibid., p. 206.
(8) A. I. Carton S, 4175, pièce 65.
(9) Ibid., p. 159.
(10) Ibid., p. 87.
(11) Ibid., p. 26.
(12) Ibid., p. 104.
(13) Ibid., p. 207.

d'Yvetot, dans un aveu de l'an 1377. La prisée de 1331 y compte 16 feux, et marque que Philippe-de-Trie y avait toute justice (1). Ce lieu appartenait à l'abbaye de Saint-Denis (2). On voit par une charte tirée du petit cartulaire de Saint-Léonor, qu'il y avait en 1238 un prieur, sans doute pour cette abbaye (3). Nous nous sommes trompés dans la note de la page 36 de nos Preuves, en attribuant au Courcelles d'au delà l'Oise la donation de Philippe de Beaumont au moine de Courcelles *monacho de Corcellis*. Il est clair que c'est le même personnage que ce *prior de Corcellis*.

Crèvecœur. Un Jean de « Crievecuer », chevalier, paraît dans une charte de l'an 1272, conjointement avec Jean de Beaumont, chevalier (4). On voit par la prisée de 1331 qu'il y avait 18 feux à Crévecœur, et qu'Adam de Méru y avait toute justice (5).

Crouy. C'est le *Cotiracus* ou *Cortiracus* du *pagus Camliacensis*. Cette ville appartenait à l'abbaye de Saint-Denis, comme on le voit par un chirographe de l'abbé Yves, de l'an 1170 (6). Le comte Jean y avait une maison relevant de l'abbaye (7). Dans une charte de 1275, Philippe-le-Hardi donne à son Chambellan, Pierre de Chambli, *domum nostram, seu manerium nostrum de Croy prope Bellummontem* (8). Le prieur de Saint-Léonor y percevait une redevance en blé (9). Le dénombrement des fiefs du comté de Beaumont, de l'an 1376, donne un aveu de Henri de Lihus, chevalier, seigneur de Lihus, à la duchesse d'Orléans, à raison de son comté de Beaumont, pour ce qu'il tenait d'elle à Crouy.

Déluge. (le) Au nord du comté de Beaumont. En 1180, Avoise, dame de Monchy, permet à Mathieu III, comte de Beaumont, de construire une forteresse dans ce lieu du Déluge, *in Dilugio* (10). Le nécrologe de Saint-Léonor mentionne une Sarrazine du Déluge, *Sarrazina de Dilugio*, comme ayant donné à ce prieuré la paille des blés de la dime de Belay (11). En 1377, Evrard de Lusarches y tenait un fief relevant de Philippe de Beaumont, seigneur de Lusarches.

Esche. Voyez Lesche.

Fontaine-Behu. En latin *Fons-Bohodii*. C'est le nom d'un lieu situé près de Maffliers, et qui fut, en 1153, l'objet d'une transaction entre l'abbaye de Saint-Denis et Mathieu II, comte de Beaumont (12). On lit dans une charte de l'an 1210, *nemus*

(1) *Preuves*, p. 207.
(2) Ibid., p. 20.
(3) Ibid., p. 137.
(4) Ibid., p. 98.
(5) Ibid., p. 207.
(6) Ibid., p. 20.
(7) Ibid., p. 74.
(8) Ibid., p. 120.
(9) Ibid., p. 142.
(10) Ibid., p. 34.
(11) Ibid., p. 151.
(12) Ibid., p. 11.

quod dicitur Li Faiz beati Dyonisii super Fontem de Buhu (1). Ce lieu de Buhu se trouve sur la carte du diocèse de Beauvais, entre Presles et Valpendant.

Franconville. En latin *Francovilla* et *Francorvilla (Francorum-villa)*, sur la lisière de la forêt de Carnelle. Le prieuré de Saint-Léonor y percevait des redevances (2). Le chapitre de Beauvais y avait une grange (3). Nous donnons dans nos Preuves la charte d'un payen de Franconville, de l'an 1218, touchant la vente faite par lui au comte de Beaumont, d'un bois appelé le bois de la Seuve (4). Un chevalier, nommé Raoul de Franconville, fit en 1238 une donation au prieuré de Saint-Léonor (5). La prisée de 1331 compte à Franconville 38 feux. Un chevalier nommé Gui d'Angleure en était alors seigneur (6).

Fresnoy-en-Thelle, ou Fresnel-en-Thelle, en latin *Fresneium*. En 1127, Pierre, évêque de Beauvais, donna aux moines de Saint-Léonor la moitié de la dime de Fresnoy, *de Fresneio* (7). En 1184, Mathieu III assure la liberté des hôtes du prieuré de Saint-Léonor habitant à Fresnoy (8). Il est question dans le nécrologe de Saint-Léonor d'un Mathieu de Fresnoy, chevalier (9). Il y avait à Fresnoy un fief mentionné dans une charte de 1180, nommé le Plessis-Godard (10). On trouve dans les Olim (11) un chevalier nommé Gervais de Fresnoy, enquêteur sur un débat mû entre la commune d'Asnières et l'abbaye de Royaumont.

Gandicourt. Nommé Gonducourt dans des titres du xiv.e siècle. Les Hospitaliers de Saint-Jean de Jérusalem y avaient une maison. En 1376, Raoul de Quarronay était commandeur de ce lieu.

Gouvieux. Un Eudes de Gouvieux, *Odo de Guviz*, paraît dans une charte de Mathieu II, de l'an 1152 (12).

Grinval, paroisse de Fosseuses. Ecrit Grineval dans une délimitation de péages entre Mathieu III, comte de Beaumont, et Ansel, seigneur de l'Ile-Adam, en 1206 (13).

Hamecourt. Dans un aveu de 1376, Guillaume Poucin, chevalier, seigneur de Bailleul-sur-Esche, comprend ce que Guillaume de Hame, seigneur de l'Estant, son oncle, tenait à Hamecourt. La prisée de 1331 y compte 25 feux (14).

(1) *Preuves*, p. 74.
(2) Ibid., p. 142.
(3) Ibid., p. 155.
(4) Ibid., p. 83.
(5) Ibid., p. 137.
(6) Ibid., p. 296.
(7) Ibid., p. 5.
(8) Ibid., p. 30.
(9) Ibid., p. 152.
(10) Ibid., p. 34 et 35.
(11) *Olim*, t. i, p. 228.
(12) *Preuves*, p. 9.
(13) Ibid., p. 45.
(14) Ibid., p. 206.

HARAVILLE. Aveu de Jean de Vallantgoujart, chevalier, seigneur dudit lieu, pour un manoir à Haraville (1).

HEDOUVILLE. Aveu de Marguerite de Pacy, dame de Hédouville, dans le dénombrement des fiefs du comté de Beaumont de l'an 1376. Le tauxement de Hédouville faisait partie des revenus du comté de Beaumont (2).

HODAN ou HODENC. En 1205, un Gilles de Hosdenc vend à Mathieu III, comte de Beaumont, tout ce qu'il possédait à Méru (3). La même année, Ansel, seigneur de l'Ile-Adam, reconnaît tenir du comte de Beaumont, entr'autres choses, le fief de Hodan, *feodum de Hodenc* (4). Il y avait à Hodenc une maladrerie, à laquelle un Thibaut de Champagnes, chevalier, fit un legs, en 1271 (5).

HOUDENCOURT. Ce lieu ne se trouve, ni sur la carte de Cassini, ni sur celle du diocèse de Beauvais. Cependant il devait faire partie du comté de Beaumont, car on a un aveu de Charles de Chambli, chevalier, seigneur de Livry et d'Houdencourt, rendu à la duchesse d'Orléans à raison de son comté de Beaumont, dans lequel il semble qu'il ne s'agisse que de ce lieu d'Houdencourt. D'ailleurs, on en trouve un autre, de l'an 1377, pour cet Houdencourt, rendu par Jean de Geury, écuyer, demeurant à Grand Ru près Noyon. Dans la prisée de 1331, on voit que Jean de Houdencourt, chevalier, tenait du roi cent livrées de terre et neuf arrière fiefs. (6).

ILE-ADAM. (l') Cette petite ville a tiré son double nom de sa situation et de son fondateur. Son berceau a été la petite île qui se trouve à cet endroit de l'Oise. Son fondateur fut un Adam. C'est le premier seigneur de l'Ile, *Adam de Insula.* Un de ses successeurs, Ansel de l'Ile, *Ansellus de Insula*, fonda l'abbaye du Val, tout près de l'Ile-Adam. On la trouve mentionnée à partir de 1137, et il était mort en 1162, au plus tard. Il avait pour successeur un *Adam de Insula* (Adam III.) Nous n'avons trouvé ce nom *d'Adam* ajouté à celui de *l'Ile*, qu'à partir de 1226. Le cartulaire de l'abbaye du Val mentionne sous cette année un *Ansellus de Insula-Adam*, *miles*, sans doute fils d'Adam III. Encore est-il bon d'observer qu'on trouve, jusques dans des chartes de l'an 1324, des seigneurs de l'Ile-Adam qualifiés seulement de seigneurs de l'Ile, sans autre désignation. On ne saurait douter que la seigneurie de l'Ile-Adam n'ait fait partie intégrante du comté de Beaumont, et pourtant on s'étonne de voir ses possesseurs si peu mêlés aux affaires des comtes de Beaumont. Nous n'avons trouvé que deux chartes montrant les rapports des deux maisons. L'une est un hommage-lige d'Ansel, seigneur de l'Ile-Adam à Mathieu III, comte de Beaumont,

(1) *Preuves*, p. 198.
(2) Ibid., p. 184.
(3) Ibid., p. 37.
(4) Ibid., p. 44.
(5) A. I. Carton S, 4175, pièce 65.
(6) *Preuves*, p. 204.

qui est de l'an 1205. L'autre est un accord entre les deux mêmes personnages touchant des droits de péage, et qui est daté de l'année suivante (1). La seule alliance qu'on trouve entre les deux maisons est celle d'Alice de Beaumont, fille de Mathieu II, avec Ansel de l'Ile-Adam. La forêt de l'Ile-Adam n'est mentionnée qu'une fois dans nos pièces, *boscus de Insula*, en 1210 (2). Il y avait à l'Ile-Adam un prieuré dépendant de Saint-Martin-des-Champs. Il y avait aussi une maladrerie, à laquelle un Thibaut de Champages fit un legs en 1271 (3).

Jouy, près Bernes. Ce lieu ne se trouve sur aucune carte. Il faisait partie des villes et domaines du comté de Beaumont cédés à Philippe-Auguste par Thibaut d'Ully, en 1223 (4).

Jouy-le-Comte, près l'Ile-Adam. Ce lieu, comme le précédent, fut cédé à Philippe-Auguste (5). L'an 1200, l'abbé de Saint-Vincent de Senlis vendit à Mathieu III, comte de Beaumont, trois arpents de terres labourables à Jouy (6). En 1377, Evard de Lusarches tenait en fief de Philippe de Beaumont, seigneur de Lusarches, la terre de Jouy. Les Templiers y avaient une maison.

Lardières. Au nord de Beaumont. La prisée de 1331 y compte 50 feux (7). Un Pierre et un Anculfe de Lardières sont au nombre des chevaliers qui s'engagent par serment à faire maintenir par le comte de Beaumont la charte de Méru (8). Louis, duc de Bourbonnais, comte de Clermont et de la Marche, chambrier de France, avait acheté de Jean Brunel la terre de Lardières, qu'il obtint de réunir à son comté de Clermont en Beauvoisis, par lettres de Philippe de Valois de l'an 1330 (9). On lit dans les Olim qu'en 1260 Barthélemy de Méru revendiqua un droit de rouage à Lardières (10). (*Voy.* l'art. de Chambli),

Lay (le), prieuré. Fondé en 1180 par Mathieu III, comte de Beaumont, et Eléonore de Vermandois, sa femme, qui le donnèrent à l'abbaye du Bec (11). Etienne de de Sancerre, qui fut le cinquième mari de la comtesse Eléonore, avait donné à ce prieuré une pièce de vigne située sur un territoire nommé le Ringuet près Beaumont, comme on le voit par une charte de Pierre, prieur de Lay, du mois de juillet 1229 (12).

Lesche. Ce lieu est écrit *Esche* sur la carte de Cassini, et *Hesches*, sur celle du dio-

(1) *Preuves*, p. 43 et 44.
(2) Ibid., p. 74.
(3) A. I. Carton S, 4175, pièce 65.
(4) *Preuves*, p. 104.
(5) Ibid.
(6) Ibid., p. 43.
(7) *Preuves*, p. 105.
(8) Ibid., p. 65.
(9) A. I. *Trés. des Ch.* Reg. J, 66, pièce 504.
(10) *Olim*, t. I, p. 105.
(11) Du Moustier, *Neustria Pia*, p. 461.
(12) A. I. *Cartul. bl. de Saint-Denis*, t. I, p. 710.

cèse de Beauvais. Dans les actes on le trouve écrit *Lesche* (1), et *Leiche*, et même *Loiche*. La prisée de 1331 y compte 40 feux, et porte que la dame de Bailleul y a justice, haute et basse (2). En 1376, Huet de Dampont, écuyer, seigneur de Lesche, fait aveu à la duchesse d'Orléans, comme comtesse de Beaumont, pour Lesche et pour Liecourt. Une petite rivière qui prend sa source dans le vallon de Méru, et qui, après avoir traversé Chambli, se jette dans l'Oise au dessous de Persan, se nomme aussi la Lesche ou la rivière d'Esches. Sur la carte de Cassini, elle est appelée le Ru de Méru.

LIECOURT. Il n'en est fait qu'une seule fois mention dans nos Preuves. C'est dans la prisée de 1375, où il est question d'un fief de Huet de Dampont, écuyer, assis à Lesche et à Licourt (3).

LORMAISONS. On le trouve aussi écrit Leursmaisons, et même Leumaisons. Aussi un official de Beauvais, dans une charte de l'an 1248 s'appelle-t-il *Magister Hugo de Lupidomibus*, *canonicus et officialis Belvacensis* (4). Un Anculfe de Lormaisons se voit dans nos Preuves parmi les témoins à une charte de 1155 (5). On voit dans une autre charte de l'an 1210, qu'un Guillaume de Lormaisons tenait un fief du comte de Beaumont (6). En 1245, un Jean de « Lormesons » chevalier, fit une donation au Temple. Sur son sceau se voit son écu portant 6 macles, posées 3, 2 et 1 (7).

LYS (LE). Un Girard du Lys, chevalier, *Girardus de Lis, miles*, est témoin à une charte de Mathieu III (8). Il est question de ce lieu dans l'art. XX de la charte d'Asnières (9). La prisée de 1331 mentionne un *Viès-Lis*, qui nous semble être une autre localité que celle-ci (10).

MACHECOURT. Dans une charte de 1220, il est question d'un verger situé à Machecourt, *planta apud Machecort sita* (11); en 1237, d'une vigne *que sita est in territorio de Machecort* (12). Dans ces deux citations, il semble qu'il ne soit question que d'un simple territoire. Cependant Machecourt était un village et nous en avons la preuve dans une charte qui se trouve au cartulaire blanc de l'abbaye de Saint-Denis. Elle est du mois de juillet 1240, et émane de l'official de Beauvais qui constate qu'en sa présence, Nicolas Maucion, bourgeois de Beaumont, a reconnu qu'il n'avait qu'à vie seu-

(1) « En la ville de Lesche, en la comté de Beaumont-sur-Oise. » (Lett. de rémission de l'an 1400. *Trés. des Ch.* Reg. 155, pièce 189.)

(2) *Preuves*, p. 207.

(3) Ibid., p. 196.

(4) A. I. Carton S, 1359, pièce 8.

(5) *Preuves*, p. 17.

(6) Ibid., p. 73.

(7) A. I. Carton S, 4988, pièce 29.

(8) *Preuves*, p. 40.

(9) Ibid., p. 176.

(10) Ibid. p. 206.

(11) Ibid., p. 101.

(12) Ibid., p. 117.

lement la mairie de Machecourt qu'il tenait de l'abbé de Saint-Denis : *Ita tamen quod in villa illa nullam potest vel debet facere saisinam sine assensu et voluntate dictorum abbatis et conventus vel eorum mandati* (1). De plus, on lit dans un accord de l'an 1401, entre le duc d'Orléans, comme comte de Beaumont et l'abbaye de Saint-Denis : « Di- » soient aussi (les religieux de Saint-Denis), que à cause de leur dicte terre et sei- » gneurie de Mour, leur appartenoit *une mairie que on dit Machicourt*, de laquelle es- » toient tenus et mouvans les vignes de Ringuet (2). » Ainsi il est bien prouvé que Machecourt était un lieu habité, une *villa*, et il faut rectifier dans ce sens la note de la page 101 de nos Preuves.

Maffliers. En latin *Maflare*. Ce lieu avait fait partie du *Pagus Camliacensis*, comme on le voit par la charte du second partage des biens de l'abbaye de Saint-Denis, de l'an 862. Il était situé à l'extrémité méridionale de la forêt de Carnelle, et il est souvent question dans nos Preuves des gorges ou détroits *(districta)* de Maffliers. On trouve dans les papiers de l'abbaye de Saint-Denis la ratification d'une vente de ces détroits de Maffliers faite par Jean de Fayel à l'abbé de Saint-Denis, l'an 1237 (3). Nous ajouterons ici quelques détails touchant ces bois de Maffliers, puisés dans une note qui est de l'année 1767. « Le fief du bois desdits détroits consiste en 240 arpens de bois, dont la moitié » appartenoit autrefois à l'abbaye de Saint-Denis, qui en jouissoit par indivis avec le » propriétaire de l'autre moitié, ce qui a duré jusqu'au 4 avril de l'année 1664, que » l'abbaye céda sa moitié au sieur Aug. Macé le Boulanger, seigneur de Mafflée, qui » étoit déjà propriétaire de l'autre moitié, à la charge de rapporter le tout à ladite » abbaye à une seule foy et hommage (4). » Il a été question plus haut du prieuré de Maffliers. On trouve dans l'un des cartulaires de Philippe-Auguste, une charte de Louis VIII, du mois de mars 1224, par laquelle il donne au connétable Mathieu de Montmorency tout ce qu'il avait à Maffliers *in terra arabili, hospitibus, et campipartem et boscos qui appellantur Districta de Mafliers* (5).

Mainecourt. La prisée de 1331 y compte 8 feux (6).

Mesnil-saint-Denis. (le) On trouve dans une charte de l'an 1152, un Guillaume du Mesnil qualifié de chevalier (7). Ce lieu est mentionné dans une charte de 1275 (8). Le prieuré de Saint-Léonor y avait un champart et une dîme (9). La prisée de 1331 y compte 120 feux (10).

(1) A. I. *Cartul. bl.*, t. I, p. 753.
(2) A. I. Reg. coté LL, 1171, fol. 25.
(3) Ibid. Carton S, 2311.
(4) A. I. Carton S, 2311.
(5) B. I. *Cod. reg.*, 9852, fol. 182.
(6) *Preuves*, p. 206.
(7) Ibid., p. 9.
(8) Ibid., p. 121.
(9) Ibid., p. 155.
(10) Ibid., p. 205.

Mesnil-sainte-Honorine (le). Il se trouve indiqué sur la carte du diocèse de Beauvais comme faisant partie du doyenné de Beaumont. Il est situé un peu au dessus de Chambli. Il en est question dans la prisée de 1375, où il est écrit Maisnil (1). Il faut le reconnaître dans le « Mesnil S. Oniere » de la prisée de 1331 (2).

Mesnillet (le). Ménillet sur les cartes. Il en est question dans la prisée de 1375, où il est écrit Maisnilet (3). La prisée de 1331 y compte 6 feux (4).

Montigny-la-Patière. La prisée de 1331 y compte 16 feux (5). Sur la carte du diocèse de Beauvais il est écrit Montagny-la-poterie.

Montigny-le-Prouvaire. La prisée de 1331 y compte 14 feux, et porte que la haute justice appartient aux héritiers de la dame de Viarmes (6). Il est écrit Montagny-Prouvelles sur la carte du diocèse de Beauvais.

Morancy. On a vu ce lieu mentionné dans une charte de l'an 844, sous le nom de *Maurinciagicurtis*, et comme faisant partie du Chambliois. Dans les titres postérieurs, il est dit *Morenciacum* et *Morencium*. Le prieuré de Saint-Léonor y percevait des redevances (7). On trouve un Richard de Morancy dans une charte du comte de Beaumont, Mathieu II (8). On trouve également un Joscelin et un Giraud de Morancy, dans une autre charte du même comte, dans laquelle il abandonne à l'abbaye de saint Denis ce qu'il appelle lui-même les mauvaises coutumes qu'il percevait à Morancy (9).

Morangle. Le dénombrement des fiefs du comté de Beaumont, de l'an 1376, donne un aveu rendu à la duchesse d'Orléans, comme comtesse de Beaumont, par Bertaut de Fresnoy, chevalier, pour ce qu'il tenait à Morangle. Il y avait toute justice, sauf en la terre du prieur de Morangle, lequel y avait la justice foncière. On verra souvent mentionné dans nos pièces un chevalier nommé Thibaut de Morangle; il paraît depuis l'an 1163 jusqu'en 1189. Le prieuré de Saint-Léonor jouissait de quelques redevances à Morangle. On voit dans le Nécrologe de ce prieuré qu'un écuyer nommé Pierre du Mont avait donné aux moines de Saint-Léonor les prés de Morangle, et qu'en récompense les moines s'étaient obligés à lui faire un service comme pour l'un de leurs prieurs (10). La prisée de 1331 compte 24 feux à Morangle (11). L'abbaye de saint Just, au diocèse de Beauvais, y possédait des terres. Vers 1750, Morangle appartenait à M. de Belloy, le vertueux évêque de Marseille (12).

(1) *Preuves*, p. 186.
(2) Ibid., p. 207.
(3) Ibid., p. 186.
(4) Ibid., p. 205.
(5) Ibid., p. 205.
(6) Ibid., p. 207.
(7) Ibid., p. 141 et 142.
(8) Ibid., p. 12.
(9) Ibid., p. 19.
(10) Ibid., p. 151.
(11) Ibid., p. 207.
(12) Ibid., p. 199.

MORTEFONTAINE. Le dénombrement des fiefs du comté de Beaumont donne un aveu de Guillaume de Chantemelle, écuyer, pour Mortefontaine. Il est du 1.er septembre 1376. La prisée de 1331 y compte environ 50 feux (1).

MOUR. Ce lieu est écrit *Mours* sur la carte du diocèse de Beauvais, mais il vaut mieux l'écrire Mour, car son nom latin est *Murnum*. Il s'était appelé auparavant *Cella beati Dyonisii*, comme on l'a dit à l'article du Chambliois. C'était l'une des plus anciennes possessions de l'abbaye de Saint-Denis. Des lettres de Charles, duc d'Orléans, comte de Valois, de Blois et de Beaumont, de l'an 1411, reconnaissent que les religieux de saint Denis sont seigneurs de Mour-les-Beaumont à cause de leur prévôté d'Ully (2). Dans une charte de Mathieu II, comte de Beaumont, où il énumère ce qu'il tient de l'abbaye de saint Denis, on trouve ce Mour (3). Un Thierri de Mour paraît deux fois dans les chartes du même comte (4).

NERVILLE. En latin *Nigravilla*. Ce lieu fut donné à l'abbaye de Saint-Denis par le roi Robert, ainsi qu'on l'a vu à l'article d'Asnières-sur-Oise. Dans la suite, il fut du nombre de ceux qui furent cédés à Philippe-Auguste par Thibaut d'Ully (5). La prisée de 1331 y compte 7 feux. « A Nerville, qui est de la paroisse de Praieres (Presles), a VII feus (6). »

NESLE. En latin *Nigella*, et *Nialla* dans une charte de l'an 775, qui le place dans le *Pagus Camliacensis*. Il est question de ce Nesle dans une charte de l'an 1206 contenant un accord entre Mathieu III, comte de Beaumont, et Ansel, seigneur de l'Ile-Adam, touchant des droits de travers (7).

NEUVILLE-LES-BEAUMONT. Ce lieu ne se trouve pas sur les cartes, mais il résulte évidemment du passage suivant d'une lettre de rémission de l'an 1400, qu'il était situé du côté de Beaumont qui regarde Noisy sur Oise « ... feussent venus tous ensemble » jusques au chemin de Nuefville, qui se fourche en deux parties, l'une alant audit » Noisy, et l'autre alant à un hostel appellé Ringuet (8). » Dans l'article XXXIX de la charte de commune de Beaumont, le roi afferme entr'autres choses, les revenus de Neuville, *redditus Noville et testamentum Bellimontis* (9). Il est question de la mairie de Neuville dans l'état des dettes de la ville de Beaumont, en 1259 (10), comme aussi dans la prisée de 1375 (11). En 1196, Mathieu III, comte de Beaumont donna à l'abbaye de Beaupré, une maison à Neuville (12).

(1) *Preuves*, p. 206.
(2) A. I. Reg. coté LL. 1171, fol. 94.
(3) *Preuves*, p. 20.
(4) Ibid., p. 12 et 21.
(5) Ibid., p. 204.
(6) Ibid., p. 205.
(7) Ibid., p. 44.
(8) A. I. *Trés. des Ch.* rég. 156, pièce 79.
(9) *Preuves*, p. 174.
(10) Ibid., p. 178.
(11) Ibid., p. 184.
(12) Ibid., p. 40.

Nogent, près l'Ile-Adam. *Novigentum.* Ce lieu est mentionné dans le partage des biens de l'abbaye de Saint-Denis de l'an 862, comme faisant partie du Chambliois, *Novigentum cum integritate in pago Camliacensi situm* (1). Le prieuré de Saint-Léonor y avait deux hôtes, dont l'un lui devait un setier d'avoine, deux chapons et deux pains, et l'autre, un setier d'avoine, deux gélines et deux pains, et tous deux douze deniers de cens (2). Ils lui avaient été donnés par une dame nommée Alice (3). C'est sans doute de ces deux hôtes qu'il faut entendre les deux *revenus* appartenant à ce prieuré à Nogent: *Item, apud Nogentum habet, in Nativitate Domini, duos redditus, valentes XXXII. s. VIII. d.* (4).

Nointel. En 1376, Gilles de Gaillonnel était seigneur de Nointel lès Beaumont, et comme tel, il rendit un aveu à la duchesse d'Orléans, qui possédait le comté de Beaumont. Ce lieu s'est aussi dit Noyentel, et l'on trouve dans la prisée de 1331 un Pierre de « Noientel » chevalier, qui tenait du roi quarante livres de terre, et quatre arrière-fiefs (5).

Noisiel. Il semblerait qu'il y ait eu un lieu de ce nom dans le comté de Beaumont, sans doute fort près de Noisy, et qui peut-être n'en aurait été qu'une dépendance, comme qui dirait le petit Noisy. En effet l'art. 2 de la charte de franchise d'Asnières, article relatif à la banlieue de cette ville, porte ces mots: *et inde usque ad portam de Noisiel extra parcum, et inde usque ad viam de Noisiaco* (6), termes qui semblent indiquer ce Noisiel et ce Noisy comme étant deux localités différentes. On trouve parmi les témoins d'une charte de 1173, un *Adam de Nucistella*, ce qui pourrait bien se traduire par Noisiel (7).

Noisy-sur-Oise. Dans une charte de 1173, ce lieu est écrit *Nuisi* (8), et ailleurs *Noisiacum* (9). La prisée de 1331 y compte 70 feux, et y nomme comme seigneur Adam le Bouteiller (10). En 1376, la moitié de cette seigneurie appartenait à Jean le Bouteiller, écuyer, fils de feu Adam le Bouteiller, chevalier, et de Jeanne de Chastel, alors remariée à Jean de Tournebu, chevalier, seigneur de Marbeuf et de Musy. L'autre moitié de la seigneurie de Noisy appartenait à Regnault de Marolles, écuyer. Il y avait sur la paroisse de Noisy trois fiefs ou terres importantes dont il est bon de dire ici un mot pour servir à l'intelligence de quelques unes de nos pièces. Ces trois lieux se nommaient Mortemer, Valdampierre et Les Aubains. Mortemer, qui se trouve sur la carte

(1) A. I. *Cartul. bl. de Saint-Denis*, t. I, p. 83.
(2) *Preuves*, p. 142.
(3) Ibid., p. 152.
(4) Ibid., p. 155.
(5) Ibid., p. 204.
(6) Ibid., p. 175.
(7) Ibid., p. 12.
(8) Ibid., p. 22.
(9) Ibid., p. 140.
(10) Ibid., p. 207.

de Cassini, à droite de Noisy, était le nom d'une maison appartenant à l'abbaye de Mortemer en Normandie. Elle consistait, d'après une déclaration de biens de l'an 1680, en « une maison et jardin assise sur le terroir de Noisy, tenant d'un côté à la rivière » d'Oise et d'autre costé au chemin de Ringuet (1). » Le Valdampierre était situé du côté opposé de Noisy. Nous en parlons plus bas. Quant aux Aubains, cette terre fut donnée à l'abbaye du Val par Mathieu III, comte de Beaumont (2). Elle était située sur la rive droite de l'Oise et vis-à-vis de Noisy. Elle est marquée sur la carte du diocèse de Beauvais, mais mal nommée les Obins. Un aveu et dénombrement du XVI.e siècle nous apprend quelle était sa consistance. « Sy enssuit en brief la déclaration des » hostes, terres, prés, vignes et aulnois appartenans aux religieux, abbé et couvent » du Val-Notre-Dame, scitués et assis en la paroisse de Noisy soubs Beaumont-sur-» Oyse. — Premièrement. Leur compecte et appartient une maison et lieu ainsy comme » il se comporte, nommé *Les Aubains*, qui soulloit estre fermé de murs. En laquelle » maison et fermeture soulloit avoir pressouoir et foullerie, et en icelle maison, pour-» pris, et en l'encynte d'icelle en compecte et appartient la justice ausdis religieux. — » Item, à cause dudit hostel lesdis religieux ont une petite maison assise près de l'é-» glise dudit Noisy, pour mestre cuves à fouller vin, nommée anciennement La Ber-» gerie, lequel lieu est franc et quicte de toutes charges et servitudes, et de roage et » de forage (3) » C'est évidemment de cette maison nommée la Bergerie qu'il est question dans le passage suivant d'une charte de 1251 : *Quamdam vineam sitam apud Noisiacum inter ecclesiam Sancti-Germani de Noisiaco et cellarium dicti monasterii Vallis, quod vocatur Albana* (4). Quant au lieu nommé Les Aubains, il était, comme on vient de le voir, situé sur l'autre rive de l'Oise. Il y avait pour passer de Noisy aux Aubains un bac dont il est question dans le passage suivant d'un aveu de 1377 rendu par Jean, dit Tristan de Chambli, chevalier seigneur de Viarmes. « Item je me » sui avisiez que ledit sire de Flavy, ces gens et officiers ont leur passer au bac des » Auboings franchement, sanz riens paier, avecques toutes justices, seignories, en la » rivière d'Oise, tant comme ma terre et la terre du sire de Flavy durent en justice et » seignorie, tant comme l'on pust giter une coingnée par le manche en ladicte ri-» vière (5). » Il y avait aux Aubains un clos appelé le *Clos l'Evêque* (6).

NULLY-EN-THELLE. Nous adoptons cette forme, que donne la carte du diocèse de Beauvais, préférablement à celle de Neuilly-en-Thelle, qu'on trouve sur la carte de

(1) A. I. Carton Q, 1457.
(2) *Preuves*, p. 37.
(3) A. I. Carton coté S, 4194.
(4) Ibid., S, 4194, pièce 41.
(5) A. I. Reg. coté P, 1873, fol. 224 v°.
(6) Voy. *Preuves*, p. 88, où il faut corriger, dans ce sens, le titre de la pièce CXXI.

Cassini et dans le dictionnaire des postes. Seulement nous laisserons à Louvet sa ridicule étymologie de *Nullus locus* (1). Le Nécrologe de saint Léonor mentionne un Herman de Nully, chevalier (2). Dans une charte de 1180, on voit paraître un Renaud *de Nullio* (3). Ce doit être ce Nully-en-Thelle. Ce lieu avait fait partie du *Pagus Camliacensis*. Il est écrit *Noviliacus* dans une charte de l'an 690.

Parmin, près l'Ile-Adam. Ce lieu faisait partie du doyenné de Beaumont. Une note moderne le donne comme faisant partie du comté de Beaumont (4).

Persan. Ce lieu est constamment écrit Persent ou Parcenc dans les chartes. Il est situé presqu'en face de Beaumont, à quelque distance de la rive droite de l'Oise. Persan a été en quelque sorte l'apanage des cadets de la maison des comtes de Beaumont. Le P. Anselme, à la suite de la généalogie de ces comtes, donne celle des seigneurs de Persan (5). Le premier qu'il mentionne est un Hugues de Beaumont, frère cadet de Mathieu I.er comte de Beaumont, et il lui donne pour fils Hugues, Ives et Guillaume de Beaumont. Ives fut avoué d'Ully et eut pour fils Thibaut de Beaumont, appelé aussi Thibaut d'Ully, qui obtint le comté de Beaumont par un jugement de la cour du roi, à la mort du comte Jean, son cousin germain, et qui le vendit presqu'aussitôt à Philippe-Auguste. Voici ce qui, dans les pièces que nous donnons, peut venir à l'appui de cette généalogie. Le comte Mathieu III, dans une charte de l'an 1194, parle d'un Hugues de Persan, *dilectus noster Hugo de Parcento* (6), qui doit être Hugues de Beaumont, seigneur de Persan, le fils du premier Hugues de Persan, et cousin germain du comte. Dans une charte de 1224, on voit paraître comme sa veuve, une *Ada de Parcenc* (7); et, comme sa fille, dans une autre charte de la même année, une *Margareta de Parsenco* (8). Le P. Anselme dit qu'elle épousa Gaucher de Thorote. Le comte Mathieu II donna aux moines de Saint-Léonor l'emplacement d'un moulin situé à Persan, lequel leur avait été vendu par un chevalier nommé Garnier de Bernes (9). Dans le dénombrement des fiefs du comté de Beaumont, on voit un aveu de Jean de Vienne, écuyer, seigneur d'Espaigny et de Persent. Il est de l'an 1376. En 1474 un autre Jean de Vienne, chevalier, seigneur de Listenois et de Persant, baron de la Ferté-Chaudron, maréchal et sénéchal de Nivernais, fit hommage pour la seigneurie et baronnie de Persent-sur-Oise (10). Le prieuré de Saint-Martin de Boran percevait quelques redevances

(1) Louvet, *Hist. et Ant. du pais de Beauvoisis*, t. I, p. 92.

(2) *Preuves*, p. 148.

(3) Ibid., p. 34.

(4) Ibid., p. 199.

(5) *Hist. gén. de la Maison de Fr.*, etc. t. VIII, p. 398.

(6) *Preuves*, p. 39.

(7) Ibid., p. 109.

(8) Ibid., p. 111.

(9) Ibid., p. 24.

(10) A. I. Carton T, 741 [18].

à Persan. Il est question de l'église de Saint-Germain de Persent, dans une charte de 1271 (1). On a des lettres de Philippe-le-Bel, du mois d'avril 1304, datées de « Parcent-les-Beaumont (2). »

Potin. Le nom et la situation de ce lieu ne nous sont connus que par une pièce de l'an 1228. C'est une charte de Hugues de la Truie, chevalier, *Hugo de Truia, miles*, qui confirme à l'abbaye du Val la possession d'une ville nommée Potin, située entre Noisy et Asnières, laquelle avait été aumônée à cette abbaye par un autre chevalier, nommé Payen du Bois, *Paganus de Nemore, miles*. A cette charte est appendu le sceau de celui dont elle émane. Il offre un des nombreux exemples de l'usage ancien des armoiries parlantes; il porte une *truie* (3).

Précy. En latin *Pressiacum* et *Preciacum*. Au nombre des villes du comté de Beaumont cédées à Philippe-Auguste par Thibaut d'Ully, on trouve *Pressiacum* (5). En 1342 le seigneur de ce lieu était un chevalier nommé Guillaume, comme on le voit par un accord daté de cette année et passé entre le prieur de Saint-Leu d'Esserent, celui de N.-Dame-du-Lay et Guillaume de Précy, chevalier, sire de Précy, d'une part, et les chanoines de Saint-Germain-l'Auxerrois de l'autre, accord contenant la liste nominale de tous ceux qui devaient la grande dîme à raison du fief des Estrées, sis à Précy et aux environs (6).

Prérolles. Ce lieu devait être une dépendance de Presles ; car son nom nous paraît un diminutif de Presles, comme celui de Noisiel semble venir de Noisy. Dans une charte de 1215, Ansel, seigneur de l'Ile-Adam, reconnait être homme-lige du comte de Beaumont, entr'autres choses, pour le fief de Prérolles, *feodum de Praeroles quod dominus Rogerus tenet* (7). On lit dans la prisée de 1331: « A Praierolles, » l'église de Saint-Denis a de la prévosté de Beaumont xxiiii feus, sur lesquiex li » roys a justice, haute et basse; et ne sont pas prisiez, pour ce qu'ils sont hostes » de Saint-Denis (8). » Ce lieu est nommé *Pretariola* dans une charte de l'an 862, qui le met dans le *pagus Camliacensis*.

Presles. Comme Prérolles, ce lieu a fait partie du *pagus Camliacensis*. Il est nommé *Pretarium* dans le partage de 862. Dans des pièces postérieures il est écrit *Praeriæ*, et quelquefois *Praeliæ*. Parmi les témoins d'une charte de l'an 1110, on trouve un chevalier nommé Adam de Presles, *Adam de Prateriis* (9). Dans une charte de Mathieu

(1) A. I. Carton S, 4175, n.° 65.
(2) Ibid. Carton K, 37, pièce 22.
(3) Ibid. Carton S, 4194, pièce 27.
(4) *Preuves*, p. 104.
(5) Ibid., p. 140.
(6) A. I. Carton S, 4169, pièce 3.
(7) *Preuves*, p. 44.
(8) Ibid., p. 206.
(9) Ibid., p. 4.

II, il est question de la petite rivière qui coulait à Presles: *Supra rivum Prateriarum* (1). Un chevalier, nommé Payen de Presles, paraît dans nos chartes, depuis 1184 jusqu'en 1222. A cette dernière date il nomme sa femme Régine et son fils Raoul de Presles, qui était aussi chevalier (2). Il ne faudrait pas croire que ce Raoul de Presles ait été l'un des ancêtres du confesseur de Charles V, qui portait le même nom, et qui traduisit pour ce prince *la Cité de Dieu.* Celui-ci était originaire du village de Presles-la-Commune en Valois, au diocèse de Soissons. L'abbaye de Saint-Denis avait des revenus à Presles: *In villis scilicet de Praeres, etc* (3). Dans une charte de Philippe-Auguste, de l'an 1190, qui confirme à l'abbaye du Val toutes ses possessions, il est question du cellier de Presles: *Cellarium de Praeriis, cum pertinenciis suis.* Ces celliers étaient souvent des propriétés importantes; car on voit, dans la même charte, que celui de Montmorency comportait des vignes, des terres labourables et des prés: *Cellarium de Montemorenciaco, cum vineis, terris, et pratis et ceteris appendiciis suis* (4). Presles fut au nombre des villes du comté de Beaumont-sur-Oise cédées à Philippe-Auguste par Thibaut d'Ully (5). Le prieuré de Saint-Léonor y avait un setier de blé: *Apud Praelias unum sextarium bladi* (6). Au XIIe siècle l'église de Presles, comme beaucoup d'autres, se trouvait dans des mains laïques. Un Simon Orphanus et sa femme Basilie la rendirent à Eudes III, évêque de Beauvais, qui la donna au prieuré de Saint-Martin des Champs. La charte de l'évêque est sans date, mais, comme les années de son pontificat ne s'étendent que de l'an 1144 à l'an 1149, elle ne peut pas dépasser ces limites (7). En 1154 un Payen de Presles se trouvait sous le poids de l'excommunication, à cause de ses usurpations sur l'abbaye de Saint-Denis (8).

Puiseux, près de Chambli, et que ce voisinage a fait quelquefois nommer Puiseux-le-hauberger (où l'on fabriquait des hauberts), et non pas le haut-berger, comme il est écrit par corruption sur la carte de Cassini. Un Raoul de Puiseux, chevalier, *Radulphus de Puseolis*, paraît fréquemment dans nos chartes, de 1184 à 1199 (9). Dans une charte de Mathieu II, on trouve un Jean de Puiseux, *Johannes de Puteolis* (10).

Renouval. Il est écrit Renonval sur la carte du diocèse de Beauvais de Delisle. On lit dans la prisée de 1331 : « A Renouval a xx feus, où ly rois a haute justice, » et Jehan de Dampont, la basse (11). » En 1376, Arnoul de Gaines, chevalier,

(1) *Preuves*, p. 23.
(2) Ibid., p. 30, 53, 70 et 139.
(3) Ibid., p. 74.
(4) A. I. Carton S, 4169, pièce 3.
(5) *Preuves*, p. 104.
(6) Ibid., p. 142.
(7) A. I. Carton L, 1440.
(8) *Invent. de Saint-Denis*, t. II, p. 356.
(9) Ibid., p. 30, 35, 38, 40, 41, 67, etc.
(10) Ibid., p. 24.
(11) *Preuves*, p. 206.

fit aveu à la duchesse d'Orléans, comme comtesse de Beaumont, pour la justice haute, moyenne et basse de Renouval.

Ronqueroles. Un des principaux chevaliers du comté de Beaumont se nommait Pierre de Ronquerolles. Il paraît fréquemment dans nos pièces. Pour donner en passant une idée des variations, ou pour mieux dire de l'absence totale d'orthographe dans les noms, nous allons reproduire celui-ci sous les formes différentes où il reparaît dans nos Preuves. En 1152, c'est *Petrus de Runcheroles* (1). En 1153, *Petrus de Runcherola.* En 1160, *Petrus de Runcherollis.* Dans une autre charte, à peu près du même temps, mais sans date, *Petrus de Renocerolles.* En 1166, *Petrus de Runkerolles.* En 1170, *Petrus de Roncheroles.* En 1173, *Petrus de Ronqueroles.* En 1177, *Petrus de Roncherolis.* Il a sa mention dans le Nécrologe de Saint-Léonor (2). On trouve un Thibaut de Ronqueroles, *Theobaldus de Ranquerolis* et *Ronquerolis*, dans nos chartes, de 1189 à 1199. Nous donnons dans la seconde Partie le testament d'un Jean de Ronqueroles, *Johannes de Ronkeroles*, en faveur des abbayes du Val et de Royaumont, et du prieuré de Saint-Martin de Boran. Il est de l'an 1237 (3). Ces trois personnages, dont le premier a pu être le père du deuxième, et celui-ci du troisième, ont été successivement les seigneurs du lieu. Guillaume Calletot, chevalier, seigneur de Fleury-en-la-Forêt, était seigneur en partie de Ronqueroles, l'an 1376, et comme tel rendit aveu, cette année là, à la duchesse d'Orléans, comtesse de Beaumont-sur-Oise. Il y est question d'une tuilerie. Ronqueroles a fait partie du *Pagus Camliacensis.* Il est écrit *Ronquerollœ*, dans une charte de 860.

Saint-Martin du Tertre. En latin *Sanctus-Martinus in Colle.* Ce lieu appartenait à l'abbaye de Saint-Denis, et il n'y avait pas encore d'habitants en 1153, ainsi qu'il résulte du passage suivant d'un accord de cette année entre Mathieu II, comte de Beaumont, et Eudes de Deuil, abbé de Saint-Denis : *Postulavit preterea idem comes ut sibi villam liceret construere, non longe illinc, in terra sancti Dyonisii inculta juxta locum qui dicitur Ad domnum Martinum in Colle* (4). Ce nom de Saint-Martin que portait ce lieu désert, peut pourtant faire présumer qu'il y avait eu là anciennement quelque petite chapelle consacrée à ce saint. Quoiqu'il en soit, ce qu'il y a de certain, c'est que le village fut bâti par Mathieu II. Dans la suite il appartint à l'abbaye de Saint-Denis, comme on le voit par la citation suivante : « Item en la » comté de Biaumont, ha, St.-Denys, le chastel de Saint-Martin du Tertre, enclox » de murs et de fossez. » Et un peu plus loin : « Ce sont les bois de Saint-Martin » du Tartre et des appartenances. Premièrement l'enchainte du chastel, qui fut

(1) *Preuves*, p. 9.

(2) Ibid., p. 144.

(3) Ibid., p. 188.

(4) Ibid., p. 10.

» couppée l'an M. CCC. XXV, contenant VII arpens et demi, et XXXII perches. » Il est ensuite question des fossés de la ville, et de ceux du comte (1). Saint-Martin du Tertre est au nombre des villes du comté de Beaumont sur Oise cédées par Thibaut d'Ully à Philippe-Auguste (2). En 1224, Louis VIII, pour récompenser l'abbaye de Saint-Denis de ce qu'elle lui avait fait l'abandon de ce qu'elle pouvait prétendre sur le comté de Beaumont, lui donna le chateau de Maffliers, avec un verger et un bois environnants : *Domum Sancti-Martini in Colle, cum virgulto et quinque arpennis bosci qui sunt circa domum eamdem* (3),

SAINTE-GENEVIÈVE. Ce lieu est situé dans la partie septentrionale du comté de Beaumont. Il est question d'un Jean de Sainte-Geneviève dans la prisée de 1375 (4).

SEUGY. Ce lieu est situé dans la partie méridionale du comté de Beaumont. Un Thibaut de Seugy, chevalier, fut l'un des exécuteurs testamentaires du dernier comte de Beaumont-sur-Oise, le comte Jean (5).

VALDAMPIERRE. Ce lieu est indiqué sur la carte de Cassini, tout près et à droite de Noisy-sur-Oise, mais il y est dit seulement le Val. Il en est question dans la prisée de 1375 : « Le fief Regnault de Marroles, *que on dist le Val Dampierre* (6). » On a vu plus haut que ce Renaud de Marroles était seigneur de la moitié de Noisy.

VALPENDANT. C'était un château des comtes de Beaumont (7). En 1261, il appartenait à l'abbé de Royaumont, qui le vendit, cette année là, au roi Saint-Louis (8).

VERVILLE. La prisée de 1331 y compte 11 feux (9).

VIARMES. Ce lieu est toujours écrit Wirmes ou Wiermes dans les anciens titres. On voit par un aveu de l'an 1377, rendu à la duchesse d'Orléans à raison de son comté de Beaumont, que Jean dit Tristan, chevalier, était alors seigneur de Wirmes. Une charte de Miles, évêque de Beauvais, de l'an 1225, porte qu'Ermengarde, abbesse du Paraclet, lui a vendu une maison qu'elle avait entre Viarmes et Asnières : *Vendidimus domum nostram inter villam de Wirmes et villam de Asnieres sitam* (10). Vers la fin du XII.ᵉ siècle, l'église de Viarmes fut donnée au prieuré de Saint-Martin-des-Champs, par un Renaud de Clermont, qui était peut-être l'un des six fils de Renaud II, comte de Clermont (11).

VILLIERS-ADAM. Ce lieu tire son surnom de son premier seigneur, qui était de la

(1) A. I. *Livre verd de l'abbaye de Saint-Denis*, t. II, p. 151 et 152.

(2) *Preuves*, p. 104.

(3) Ibid., p. 109.

(4) Ibid., p. 185.

(5) Ibid., p. 87.

(6) *Preuves*, p. 197.

(7) Ibid., p. 184.

(8) A. I. *Trés. des Ch.* Carton J, 160, pièce 7.

(9) *Preuves*, p. 205.

(10) Ibid., p. 113.

(11) A. I. Carton L, 1440.

maison des seigneurs de l'Ile-Adam. La prisée de 1331 y compte cent feux. Adam de Gaillonnel en était alors seigneur (1). En 1376, Jean de Gaillonnel, chevalier, seigneur de Villiers-Adam, rendit aveu pour cette seigneurie à la duchesse d'Orléans, à raison de son comté de Beaumont-sur-Oise. Peut-être faut-il reconnaître dans ce Villiers-Adam le *Villariculum* dont il a été question à l'article du Chambliois.

Il est souvent question dans nos pièces, de sous beauvoisins. Il paraît par un passage de la prisée de 1375, que c'était une monnaie d'un treizième plus forte que la monnaie parisis. Ainsi il fallait treize deniers parisis pour faire douze deniers beauvoisins.

On voit dans le même document que le muid de blé, à la mesure de Beaumont, contenait douze septiers, le septier deux mines, la mine deux pichets, le pichet deux quartes, et le quarte deux boisseaux; par conséquent le muid était de cent quatre-vingt-douze boisseaux. En 1375, il était estimé 6 liv. parisis, et le muid d'avoine, à la même mesure, 4 liv. 4 s. Le tonneau de vin, toujours à la mesure de Beaumont, contenait trois muids, le muid vingt-quatre septiers, le septier trois lots, le lot deux pintes, et la pinte deux chopines. Ainsi le tonneau de Beaumont contenait quatre cent cinquante-deux pintes, ou neuf cent quatre chopines. Il était estimé 6 liv. 8 s. p.

DES CHARTES DE COMMUNE DU COMTÉ DE BEAUMONT.

La plupart des grands feudataires se virent plus ou moins mêlés à ce grand mouvement communal dont les premiers symptômes se montrent au XI.ᵉ siècle, et qui prit de si grands développements dans le cours du siècle suivant, grâce surtout à l'intérêt politique de Louis-le-Gros et de ses successeurs. Nos comtes de Beaumont n'y furent pas étrangers, et, bien qu'on ne trouve dans les récits historiques rien qui constate d'une manière précise le rôle qu'ils ont pu jouer dans cette importante révolution, du moins pouvons-nous, à l'aide de quelques chartes qui nous sont restées, marquer jusqu'à un certain point la part qu'ils y ont prise. Ces chartes sont au nombre de six. Ce sont celles de Chambli (1173), de Bonvillers (1180), de Chauni (1186), de Méru (1191), enfin d'Asnières (1223).

On sait que toute charte de commune a deux caractères distinctifs. Elles doivent comprendre 1.° la conjuration, c'est-à-dire le serment de défense mutuelle que prêtent tous ceux qui y entrent; 2.° la rédaction des coutumes. A ce point de vue, nous n'avons ici que deux chartes de commune proprement dites, celle de Chambli et celle

(1) *Preuves*, p. 206 et 203.

de Beaumont. Celle de Chauni n'est qu'une simple confirmation de commune, et les trois autres ne sont que des chartes de coutumes, ou si l'on veut d'affranchissements généraux. Cependant comme ces dernières ont avec les chartes de commune les rapports les plus étroits, puisqu'elles stipulent toujours, comme celles-ci, d'un côté des concessions de la part du seigneur, de l'autre des obligations de la part des sujets, nous les rapprocherons ici les unes des autres, et nous chercherons à en tirer ce qu'elles peuvent donner de renseignements positifs sur l'état et la condition des villes qu'elles concernent.

La première commune que nous trouvions avoir été établie dans le comté de Beaumont-sur-Oise, est celle de Chambli. Elle date de l'an 1173, comme on le voit par la charte de confirmation de Philippe-Auguste qui nous est restée. Par conséquent, son établissement est dû au comte Mathieu II. Ce fut son successeur immédiat, Mathieu III, qui, en 1187, donna une commune à sa ville de Beaumont. Nous en avons deux confirmations, l'une de Philippe-Auguste, en 1222, l'autre de Louis VIII, en 1223. En 1186, le même Mathieu III confirma, conjointement avec sa femme Eléonore de Vermandois, la commune qui avait été accordée aux habitants de Chauni, en Noyonnois, par Philippe-d'Alsace, comte de Flandre, de son chef, et de Vermandois, du chef de sa femme Elizabeth. Précedemment, en 1180, Mathieu III avait donné une charte d'affranchissement aux habitants d'un lieu de ses domaines nommé Bonvillers, et postérieurement, en 1191, une autre, qu'il appelle Cense, *Censa*, à sa ville de Méru. Quant à la charte d'Asnières, qui est appelée Franchise *Franchisia*, elle ne fut octroyée que par Louis VIII, en 1223, mais elle se réfère à ce qui était en vigueur du temps des comtes. Au reste, et quoiqu'il en soit de ces différentes chartes, nous les considérerons ici toutes comme émanées de nos comtes, et nous les étudierons à ce point de vue, en prenant pour type et pour terme de comparaison la plus ancienne, celle de Chambli.

Ce qui frappe tout d'abord quand on étudie les chartes de la nature de celles qui nous occupent, c'est le peu d'ordre et de liaison qu'il y a dans leurs articles. Rarement l'intention logique s'y fait sentir. C'est ainsi, par exemple, que la juridiction n'y est le plus souvent qu'assez mal définie; que des crimes capitaux n'y sont guère mentionnés qu'en passant, tandis que les délits ruraux y sont l'objet de dispositions minutieuses et répétées, etc. A la rigueur on comprendrait un tel désordre dans les chartes primitives de communes qui, comme celles de Laon, de Beauvais, de Noyon, étaient nées au milieu des révolutions de leurs villes, mais comment se l'expliquer pour les autres, et c'est ici le cas, qui ont été dressées tout à loisir, et le plus souvent sur un patron tout fait? Quoiqu'il en soit de cette confusion qui est évidente, ce n'est qu'en la faisant disparaître que l'on peut tirer de ces chartes les utiles renseignements qu'elles contiennent.

En prenant dans la charte de Chambli, qui nous sert de type, ses articles par ordre d'importance, nous y trouvons d'abord ce serment de tous les membres de la commune de se faire droit les uns aux autres et de s'entr'aider selon leur pouvoir, ce qui est, comme on l'a dit, l'un des caractères distinctifs d'une charte de commune. Viennent ensuite les conditions d'admission dans la commune. A Chambli, sont admis dans la commune tous ceux que la loi sous laquelle ils vivent n'en excluent pas, *qui legitimi homines erunt, de cujuscumque terra sint*, excepté les hôtes et les hommes de corps du seigneur qui concéde la commune; exclusion qui s'explique en ce que ces hôtes et ces hommes de corps étaient par leur condition soumis à des redevances et à des services manuels dont leur entrée dans la commune les eût affranchis au détriment de leurs seigneurs. Ces conditions d'entrée et d'exclusion de la commune sont les mêmes dans la charte de Beaumont. On les retrouve également dans celles de Méru et d'Asnières (1). Il faut se rappeler que dans la charte d'Asniéres le terme de commune est remplacé par celui de Franchise, et dans celle de Méru par celui de Cense, ce qui vient à l'appui de ce que nous avons dit de l'étroite analogie qu'il y a entre les chartes de commune proprement dites et les simples chartes d'affranchissements généraux.

Au premier rang des concessions faites par les seigneurs aux communes, il faut mettre l'affranchissement de tous les gens de condition serve qui y entraient. Dans les chartes de Chambli, de Beaumont et d'Asnières, cet affranchissement est conçu en termes généraux: *volumus ipsos et heredes eorum liberos in perpetuum remanere* (2). Dans d'autres chartes on spécifie les tailles, redevances ou corvées dont les membres de la commune sont déchargés. Après l'affranchissement, il faut placer l'octroi des coutumes. Ces coutumes portent sur bien des points. Dans la plupart des chartes elles embrassent presque tous le droit criminel, et dans certaines elles contiennent de plus des réglements de droit civil. En général, les crimes et les délits, tant contre la personne que contre les propriétés sont désignés par le terme de forfaitures *forisfacta*, et l'on distingue les grandes et les petites forfaitures. Cependant il ne faut pas oublier que les crimes capitaux, tel que le meurtre, le vol à main-armée, le viol et l'incendie, forment des articles à part, et ne sont pas compris sous le terme générique de forfaitures. La seule peine que l'on voye appliquée pour toutes espèces de forfaitures, est l'amende, qui varie suivant le plus ou moins de gravité des cas. Au reste ce terme de *forisfacta* s'applique également au délit et à l'amende qu'il entraîne. Le produit de ces amendes devait être

(1). Cf. Beaumont, 1. Chambli, 2. Méru, 1. Asnières, 1.

(2) Cf. Chambli, 32. Beaumont, 22. Méru, 26. Asnières, 18.

considérable, et le seigneur de la terre auquel il revenait toujours, avait grand soin de ne pas le laisser s'amoindrir. C'est ainsi que dans la charte de Chambli, le maire et les pairs de cette commune devaient jurer chaque année au bailli ou au prévôt du roi *quod forisfacta sua non celabunt*, c'est-à-dire qu'ils ne négligeraient pas la poursuite des délits dont les amendes lui revenaient (1). Evidemment la même chose s'observait dans la commune de 1173 du comte Mathieu II. Dans les villes de commune, c'était aux magistrats municipaux, dans les autres, aux officiers de justice des seigeurs, qu'appartenait la connaissance de toutes les forfaitures, à l'exception toutefois des crimes capitaux dont le seigneur se réserve toujours la connaissance. Voici le taux des amendes dans les chartes qui nous occupent. A Chambli, les forfaitures où il y avait effusion de sang, mais sans homicide, étaient punies d'une amende de soixante sous, si le fait s'était passé hors de la banlieue de la commune, et de quinze sous seulement, si c'était dans les limites de cette banlieue (2). Singulier privilège de la commune que les crimes et délits commis dans sa banlieue ne fussent punis que du quart de la pénalité ordinaire, et où elle semble beaucoup plus préoccupée de protéger ses membres, même coupables, que de sauvegarder les droits de la justice. Au reste, dans les deux cas, s'il y avait *mehaing*, c'est-à-dire si un homme avait été estropié, il lui était dû des dommages et intérêts. Mêmes dispositions dans les chartes de Beaumont et d'Asnières. Seulement dans cette dernière l'amende, pour tous les cas, n'est que de quinze sous. A Chambli et à Asnières, si le malfaiteur a pris la fuite, ses biens sont confisqués au seigneur, et sa maison appartient aux pairs de la commune, suivant Chambli, et suivant Asnières, qui n'a pas de commune, aux habitants.

Si nous descendons aux petites forfaitures, en voici l'énumération dans les chartes de Chambli, Beaumont, Méru et Asnières: frapper quelqu'un de la main, mais sans effusion de sang; le prendre aux cheveux; lui dire des injures; lui déchirer ses vêtements. Pour tous ces cas, l'amende est de cinq sous.

Quant aux crimes capitaux, le guet-à-pens *(proditio)*, l'homicide, le meurtre, le viol *(raptus)*, l'incendie, le vol avec effraction *(furtum)*, ils sont punis de la peine capitale; et il est toujours dit du coupable qu'il sera à la merci du Seigneur; *in misericordia nostra erit*, ou bien: *noster erit*. En effet, on a dit plus haut que le Seigneur se réservait toujours la connaissance de ces cas capitaux. Seulement, là où il y a commune, si le coupable possède une maison, elle appartient à la commune. Relativement au viol, on trouve dans la charte de Chambli une disposition remarquable. C'est que le coupable, s'il est dans les conditions pour cela, doit épouser la femme. L'homicide, par une exception bizarre, n'est puni dans la charte de Bonvillers, que d'une amende de dix

(1) Cf. Chambli, 3. Méru, 3. Asnières, 2.

(2) Chambli, 4.

livres. Quant aux vols, les chartes de Chambli, de Méru et d'Asnières marquent la distinction entre le vol de nuit, ou avec effraction *furtum*, et les vols non qualifiés, *parva latrocinia*. Ceux-ci comprennent le vol d'une tunique, ou d'un manteau, ou d'une chappe, ou de chaussures telles que des patins, *patinos*, ou sabots, *lignipedes*, ou encore d'une pièce d'étoffe, drap ou toile. Si ces vols sont restitués par monitoire d'église, il n'y a pas de poursuites. Autrement, le voleur est puni comme pour les crimes capitaux, et là où il y a commune, sa maison appartient à la commune.

Les délits ruraux sont dans les chartes qui nous occupent, l'objet de dispositions multipliées et précises. A Chambli, si un homme est trouvé en délit dans une vigne, il paye une amende de six sous, dont douze deniers à celui qui aura saisi le délinquant, et le reste au seigneur. Même teneur à Beaumont (1). Pour un cheval, un âne, une vache ou un bœuf, l'amende est de six deniers; pour une chèvre, de deux deniers; pour un mouton ou un porc, d'un denier. Si l'animal a causé mort d'homme, il appartient au plus proche parent de celui qui a été tué (2).

Un point important de la police rurale est celui qui concerne les bornages. A Chambli, à Beaumont, à Méru, tous ceux qui possèdent des terres doivent en requérir le bornage, des baillis, des prévots ou autres officiers du seigneur. Les bornes doivent être posées dans les huit jours de la requête, et si elles ne le sont pas, les empiètements des labours sur la voie publique ne sont sujets à aucune poursuite. Dans le cas contraire, il y a amende de cinq sous (3).

Le droit de chasse est reconnu et défini dans plusieurs articles de la charte de Beaumont (4). Il n'en est pas question dans les autres.

Telles sont les principales concessions que nous trouvons dans les chartes de commune du comté de Beaumont. Examinons maintenant quelles étaient les obligations des sujets. On peut les comprendre sous deux chefs principaux, les redevances et les services.

Dans les chartes de Beaumont et de Chambli, toute masure *(masura)* était soumise à une redevance. Mais que doit-on entendre par ce terme de *masure?* Est-ce tout simplement une maison avec un terrain à l'entour comme l'a pensé Du Cange, et comme beaucoup de textes semblent l'indiquer ? Ou bien faut-il comprendre sous ce mot un tenement quelconque composé d'une maison, et de terres pouvant d'ailleurs en être éloignées ? Un article de la charte de Bonvillers viendrait à l'appui de ce dernier sens. Il porte que tout habitant aura pour faire sa demeure *mansionem*, un quartier de terre

(1) Voy. Chambli, art 23, Beaumont, art. 16.

(2) Chambli, 22. Beaumont, 14. Méru, 16.

(3) Chambli, 20 et 21. Beaumont, 13. Méru, 14.

(4) Voy. Beaumont, 33, 34, 35 et 36.

dans la ville, plus un arpent dans la campagne, et un autre à champart (1). Or, ici *mansio* nous semble l'équivalent de *masura*. Ce qu'il y a de certain, c'est que la masure pouvait se diviser, ce qu'on ne peut guère comprendre d'une simple habitation avec dépendances immédiates. Ainsi, l'article XXVIII de la charte de Méru porte que tous les habitants, soit qu'ils tiennent une masure entière, ou la moitié, ou le quart d'une masure, *sive quantumcumque terre tenuerint, ita quod in ea hospitati sint*, payeront cinq sous au comte. Louis, comte de Blois et de Clermont, donna en 1191 à sa ville de Clermont en Beauvoisis une charte d'affranchissement, dans laquelle on voit clairement spécifié ce cas de division de la masure, et aussi cette circonstance qu'elle comportait nécessairement une maison : « *Quod quicumque apud Claromontem mansuram habebit, quinque belvensis monete solidos, singulis annis, tantum persolvet; et pro unaquaque mansura quam habebit, preter illam in qua manebit, similiter quinque solidos persolvet. Si autem mansura divisa fuerit, quot mansure ex ea facte fuerint, pro unaquaque mansura quinque solidos persolvet. Et si aliqua mansura deciderit, ita quod vacua remanserit, ego nichil capiam, donec mansura redificetur* (2). » Quoiqu'il en soit de cette double définition qu'on peut donner de la masure, une simple maison, ou un tenement quelconque sur lequel il y a une ou plusieurs habitations, nous appliquerons la première aux chartes de Chambli et de Beaumont, et la seconde à celles de Méru et de Bonvillers. A Chambli et à Beaumont, toute masure déjà existante lors de l'établissement de la commune restera soumise au même cens qu'auparavant, cens qui du reste n'est pas spécifié. Quant aux masures qui s'élèveront à l'avenir, elles devront douze deniers de cens annuel. Les unes et les autres auront en outre à payer une autre redevance annuelle de cinq sous, cette seconde redevance considérée comme le prix de l'affranchissement des tailles et corvées auxquelles les habitants étaient soumis antérieurement à l'établissement de la commune. Ici, la charte de Chambli a une disposition pénale qui est à remarquer, et qui porte qu'au cas où les redevances de la masure ne seraient pas acquittées au terme fixé, il y aura, pour chaque vingt livres du capital de la dette, cinq sous d'amende par jour de retard (3). Pour le même cas, à Beaumont, le maire et les pairs de la commune pourront retenir pendant un an et un jour tous les biens du débiteur, passé lequel temps, s'il ne s'est pas acquitté, ils pourront faire de sa masure ce qu'ils jugeront convenable (4).

A Chambli, les pains de fournage, c'est-à-dire ceux qui sont dus au seigneur pour le droit de cuire, seront à l'avenir d'un poids fixe et invariable, poids qui n'est

(1) Bonvillers, art. 3.

(2) *Tr. des Ch.* Carton J. 167 pièce 1.

(3) *Preuves*, p. 168.

(4) Beaumont, art. 27.

pas déterminé dans la charte. Les autres chartes du comté de Beaumont n'ont pas cet article. Quant au droit de mouture, il est d'un boisseau par setier, et le droit de pressoir, d'un pot sur quatre: *ad pressorium nostrum ibunt ad quartam ollam* (1).

Au premier rang des services, il faut mettre celui qui est spécifié dans toutes les chartes de commune sous le nom d'Ost et Chevauchée (2). On entend par là l'obligation où étaient les habitants de suivre leur seigneur à la guerre, et cela à leurs dépens. Dans quelques chartes le temps de ce service est fixé (3); il ne l'est pas dans les notres. On en fixait aussi le lieu. A Beaumont, c'était dans tout le royaume, mais il faut observer que la charte est donnée par le roi. Sous le gouvernement des comtes, les habitants n'étaient sans doute tenus à ce service d'ost et de chevauchée que dans l'étendue du comté. Cependant dans la charte de Méru, qui est donnée par Mathieu III, il est déclaré que les habitants lui devront ce service, non seulement dans le territoire de Méru et de Beaumont, mais encore dans tout le royaume: *ubicumque eos infra regnum Francie ducere voluerimus* (4), mais avec cette distinction que pour les mener en guerre dans le comté il suffira d'un envoyé du comte, tandis que, si c'est au-delà, le comte lui-même ou quatre de ses chevaliers, devront se mettre à la tête de la commune. Une conséquence nécessaire de ce service, c'était l'obligation où étaient les habitants de s'armer. Dans les chartes de Méru et de Beaumont, il est dit que les habitants doivent se tenir munis de chapeaux de fer, de gambaisons (5), de glaives et d'arcs, ou autres armes semblables, et cela sous le contrôle des prud'hommes (6).

Une des charges qui pesaient sur les communes, c'étaient les crédits, c'est-à-dire que les habitants étaient obligés de fournir à crédit au seigneur les denrées qui lui étaient nécessaires. A Méru, le comte de Beaumont exige de ses fournisseurs, bouchers, regrattiers, pêcheurs, boulangers, taverniers, fabricants de plats et marchands de coupes, un crédit de quarante jours. Il est vrai que s'ils ne sont pas payés au bout de ce temps, ils ne sont plus tenus de rien fournir. On exigeait d'eux le serment de ne pas cacher ce qu'ils avaient de vin et d'aliments. La charte de Beaumont

(1) Chambli, art. 41. *Preuves*, p. 168.

(2) *Ost et Chevauchée*, ces deux mots vont toujours de pair, et semblent vouloir exprimer la même chose. Cependant on pourrait, si l'on voulait, y voir une différence, et entendre par *Chevauchée* une simple course en guerre, et par *Ost*, une expédition suivie et qui exigeait des campements, comme on le voit dans les chartes dont les dates portent ces mots: *Donné en nostre Ost.*

(3) L'article 7 de la charte de Seaus (en Gâtinais) porte que les habitants devront être renvoyés chez eux la nuit même. (*Ord.*, t. XI, p. 199.)

(4) Beaumont, 21.

(5) *Gambaisons*, sorte de plastrons ou de gilets fortement rembourrés.

(6) Beaumont, 32. Méru, 30.

ne mentionne pas ce droit de crédit, mais elle le sous-entend, en établissant des jurés appréciateurs de vivres (1).

Une partie des amendes appartenait aux communes, et en général elles étaient appliquées aux fortifications des villes. Cet emploi est spécifié dans les chartes de Chambli et de Méru (2). On trouve encore dans celles de Chambli et de Beaumont un article relatif aux expropriations pour cause d'utilité publique. Il porte que si l'on prend à un habitant un terrain ou un jardin pour y construire une masure ou pour y percer une rue, il lui sera accordé une indemnité en terre ou en argent (3).

Nous ne pousserons pas plus loin une analyse qui demanderait des développements considérables, et qui d'ailleurs s'éloignerait de notre objet. Ce que nous avons dit suffit pour montrer que nos comtes de Beaumont avaient fait à leurs sujets à peu près les même avantages que la royauté avait sagement faits aux siens.

Nous passons maintenant à l'histoire de nos comtes.

(1) Beaumont, 31.

(2) Chambli, 43. Méru, 37.

(3) Chambli, 36. Beaumont, 29.

CHAPITRE II.

DES COMTES DE BEAUMONT.

IVES I.er

C'est ici le premier comte de Beaumont-sur-Oise dont il soit fait mention dans l'histoire (1). Il apparaît pour la première fois dans les monuments, en l'an 1022. Il se trouvait alors à Orléans auprès du roi Robert, lequel assistait au septième concile d'Orléans, où furent condamnés les nouveaux Manichéens. Le roi, pendant la durée du concile, donna une charte en faveur de l'abbaye de Saint-Mesmin de Micy, et le comte Ives fut au nombre de ceux qui la souscrivirent (2). L'an 1026 il assista à un accord entre Francon, évêque de Paris et ses chanoines, d'une part, et un comte Hilduin, d'autre part, lequel avait été envoyé à Paris par Eudes, comte de Champagne et de Blois, pour terminer certains différents mus entre le comté de Champagne et l'église de Paris touchant l'avouerie de Rosai en Brie (3). Deux ans plus tard nous retrouvons le même comte Ives assistant à une charte du roi Robert en faveur de l'abbaye de Coulombs. Coulombs est situé sur les confins de l'ancien comté de Dreux, sur la rive gauche de l'Eure, en face d'une petite ville qui s'est appelée Nogent-l'Erembert jus-

(1) Du moins d'une manière certaine. Car on trouve dans une donation de Richard I.er, duc de Normandie, en faveur de l'abbaye de Saint-Denis, un personnage nommé *Ives*, qui pourrait à la rigueur avoir été le père de celui-ci. Cette charte est de l'an 968, et on y lit à la souscription : *S. Hugonis, archiepiscopi. S. Hugonis, Francorum ducis. S. Richardi, Normanorum principis. S. Osmundi. S. Rodulfi. S. Aganomis. S. Turinstingi. S. IVONIS. S. Walteri, comitis. S. Toraldi. S. Alberedi. S. Osberni. S. Theobaldi, comitis. S. Waleranni. (Rec. des hist. de Fr.*, t. IX, p. 732.)

A la vérité ce n'est là qu'une conjecture. Cependant elle nous semble tirer quelque vraisemblance de deux points, le rapprochement des lieux, et la nature des biens féodaux. Beaumont est assez rapproché de S.t-Denis, et ses comtes relevaient de cette abbaye.

(2) On lit à la souscription : *Sign : comes Ivo de Bellomonte*, etc. *Actum Aurelianis publice, anno Incarnationis Domini, millesimo vigesimo secundo, regni Roberti regis XXVII, et indictione V, quando Stephanus heresiarches et ejus complices damnati sunt et arsi sunt Aurelianis.* (Mabillon. *Ann. Bened.*, t. IV, p. 706. — Réimprimé dans D. Bouquet, t. X, p. 605.) Hugues Capet étant mort le 24 octobre 996, la vingt-septième année du règne du roi Robert s'étend du 24 octobre 1022 au 24 octobre 1023. Or comme l'indiction V que porte la date ne peut s'appliquer qu'à l'année 1022, suivant notre manière de compter, il s'ensuit nécessairement que notre charte est de la fin de cette année 1022.

(3) *Cartulaire de l'église de Paris*, publié par M. Guérard, t. I, p. 325.

qu'à l'acquisition qu'en a faite Philippe-Auguste, et qui depuis s'est nommée Nogent-le-Roi. Il y avait là une très-ancienne église, consacrée à la sainte Vierge, et qui était, au commencement du IX.e siècle, desservie par des clercs. Mais, dès la fin de ce siècle, elle était restée abandonnée. Roger, évêque de Beauvais, fils d'Eudes I.er deuxième comte de Blois, à qui elle était échue par héritage, avait conçu le dessein d'y établir des moines, lorsqu'il fut prévenu par la mort. Son neveu, Odolric, évêque d'Orléans, remplit ses pieuses intentions. Non seulement il confirma les donations qu'avait déjà faites son oncle, mais il y ajouta considérablement. Tout cela est rapporté dans la charte du roi Robert. Elle est datée de Paris, de l'an 1028 de l'Incarnation, et, suivant l'usage du temps, souscrite par un grand nombre d'évêques et de seigneurs. Parmi ces derniers se trouve notre Ives, et l'on remarquera qu'il est nommé avant Bouchard de Montmorenci : *S. Ivonis, comitis. S. Burchardi de Montemorenci* (1). Sous le régne suivant, Ives souscrivit à une charte de Henri I.er en faveur de l'abbaye de Saint-Maur-des-Fossés. Cette charte est datée du 13 des calendes de juin de l'an 1043 (2).

Il résulte d'une note que nous avons trouvée dans le recueil de Dom Grenier sur la Picardie, qu'Ives I.er visita, l'an 1036, l'abbaye de Saint-Germain-des-Prés. *An 1036, Ivo, comes Bellimontis altare Sancti-Germani Parisius, Igniacensis fisci, invisit* (3).

Quelques années plus tard, il assista avec les plus grands seigneurs de France à l'ouverture de la châsse de saint Denis. Voici à quelle occasion.

Vers l'an 1050, l'abbé de Saint-Emmeran près Ratisbonne faisait pratiquer dans son monastère quelques fouilles qui amenèrent la découverte d'un corps que l'on prétendit être celui de saint Denis. Il s'éleva à ce sujet de grandes contestations entre les religieux de Ratisbonne et ceux de Saint-Denis. Pour les terminer, les moines de Saint-Denis résolurent de faire l'ouverture de la châsse du saint qu'ils conservaient dans leur église. Cela donna lieu à une imposante cérémonie, qui se fit un 9 juin, que Mabillon rapporte à l'année 1053. Haimon, moine de Saint-Denis, qui nous a laissé une relation de ce qui se passa en cette occasion, compte notre Ives au nombre des grands personnages qui y assistèrent. *Isti autem astiterunt de ordine laïcorum : imprimis Odo, memorati regis frater atque fidelis nuncius, Walterius, comes Pontisariensis Willelmus, comes Corboilensis, IVO COMES BELLOMONTENSIS, Walerannus, comes Melledensis, et alii nobiles, multique devotæ fidei gregarii milites* (4).

(1) Duchesne. *Hist. de la Maison de Montmor.* pr. p. 15. *Ann. Bened.*, t. IV, p. 345. *Gall. chr.*, t. VIII, instr. col. 295.

(2) *Rec. des Hist. de Fr.*, t. VII, p. 578.

(3) B. I. Dom Grenier. *Picardie* CCLXII, fol. 123.

(4) Félibien. *Hist. de l'abb. de Saint-Denis* pr. II.e partie, p. CLXIX. Les *Grandes chroniques* disent la même chose, si ce n'est qu'elles donnent à Gautier le

C'est là le dernier fait de la vie du comte Ives qui nous soit connu par une date certaine. Mais il en est un autre qui est important, et que nous n'hésitons pas à lui attribuer, sans pouvoir pourtant en marquer au juste l'époque. Nous voulons parler de la fondation du prieuré de Saint-Léonor de Beaumont.

Saint Léonor est un saint de Bretagne dont l'histoire est au reste fort obscure. On met sa mort dans la seconde moitié du VI.ᵉ siècle, et l'on croit qu'il fut évêque régionnaire Lorsque vers l'an 996, les Normands danois, venus au secours de Richard, duc de Normandie, alors en guerre contre Thibaut, comte de Chartres, se mirent à ravager la Bretagne, les reliques de saint Léonor furent apportés à Paris par Salvator, évêque d'Aleth en Bretagne, avec celles de saint Mâlo, de saint Samson, de saint Magloire et de quelques autres saints. Hugues Capet les fit déposer dans l'église de Saint-Barthelémy, qu'il convertit, à cette occasion, en une abbaye qui prit le nom de Saint-Magloire. La paix faite entre le duc de Normandie et le comte de Chartres, les reliques de saint Léonor furent portées à Beaumont-sur-Oise. C'est ce qui donna naissance à notre prieuré. Mais en quelle année fut-il fondé? On l'ignore. Mabillon et Dubois, qui ont parlé de la translation à Beaumont des reliques de saint Léonor, n'ont rien dit de la fondation de ce prieuré, et Louvet, qui en a parlé, s'est évidemment trompé, comme nous le montrerons tout à l'heure. Il existe aux archives de l'Empire un document qui paraît avoir été inconnu aux auteurs que nous venons de nommer. C'est un nécrologe du prieuré de Saint-Léonor. Or, on y voit que ce prieuré fut fondé par un comte de Beaumont nommé Ives. Mais lequel? Car il y a eu de ce nom deux comtes de Beaumont. Voici le passage en question. C'est au mois d'avril. *II.° id. Ivo comes, fundator ecclesiæ S. Leonorii* (1). Nous avions d'abord pensé qu'il s'agissait d'Ives II, attendu que notre nécrologe, qui mentionne tous les autres comtes de Beaumont, n'en signale qu'un du nom d'Ives. Nous regardions donc le document comme postérieur à Ives I.ᵉʳ, puisqu'on n'y trouvait qu'un seul Ives sur les deux qui ont existé. Mais d'abord, on pourrait s'étonner de voir que les reliques de saint Léonor, apportées à Beaumont vers la fin du x.ᵉ siècle, fussent restées si longtemps sans église pour les recevoir; puis, un autre passage du même document s'oppose formellement à notre première conjecture et rend impossible l'attribution de la fondation du prieuré à Ives II. En effet, il y est parlé de présents faits à cette église par Geofroi,

titre de comte de Ponthieu, au lieu de celui de comte de Pontoise; « Des barons i furent cist présent: » Huèdes, li frère le roi, Gautiers cuens de Pontiu, Guillaume cuens de Corbuel, *Yves cuens de Biaumont*, Galeranz cuens de Meulanz, et maint » autre noble hommes, sanz le grand nombre des » simples chevaliers. » (*Rec. de l'Hist. de Fr.*, t. XI, p. 409.

(1) A. I. Carton S. 1410. C'est une copie moderne, sur papier, datée de 1735 et signée PERNOT. C'est Dom Pernot, le bibliothécaire de Saint-Martin-des-Champs.

comte de Beaumont, frère aîné et prédécesseur de cet Ives II : *IIII.° idus (Januarii) obiit Gaufredus comes, qui magnis muneribus ditavit ecclesiam istam* (1). Reste la difficulté de savoir pourquoi notre nécrologe, que nous supposons avoir ici mentionné Ives I.er comme le fondateur de Saint-Léonor, aurait complètement passé sous silence le second Ives. Nous avouerons ne pouvoir la résoudre. Car, en supposant même qu'Ives II soit mort loin de son comté, à la Terre-Sainte par exemple, cela suffirait-il à justifier une telle omission ? Nous en doutons. Quoiqu'il en soit, il ne nous en paraît pas moins prouvé que ce *Ivo comes, fundator ecclesiæ S. Leonorii* ne peut être qu'Ives I.er, puisque le comte Geofroi, son successeur immédiat, avait trouvé l'église déjà construite. Louvet, dans son histoire du Beauvoisis, attribue la fondation du prieuré de Saint-Léonor à un comte de Beaumont du nom de Mathieu, et il la fixe à l'année 1185 (2). Si cela était, ce serait Mathieu III qu'il faudrait reconnaître pour le fondateur de Saint-Léonor. Il résulte de ce qui précède que c'est là une grave erreur. Au reste, ce qui a pu le tromper, c'est qu'en effet un comte de Beaumont du nom de Mathieu a fait construire le cloître et le réfectoire du prieuré de Saint-Léonor, comme nous le verrons plus loin. Mais c'est Mathieu I.er et non Mathieu III.

Le P. Anselme, qui a imprimé dans son Histoire généalogique de la maison de France, une généalogie des comtes de Beaumont-sur-Oise (3), donne pour femme à Ives I.er, Gisèle, sœur de Milon de Chevreuse, et pour enfants : Geofroi, qui suit ; Ives II, qui succéda à son frère aîné, et une fille dont il ne dit pas le nom, mariée à Dreux, premier du nom, seigneur de Mello en Beauvoisis. Duchesne, dans son histoire de la Maison de Montmorenci (4), et Dupuy, dans son Traité du domaine du roi (5), ne commencent la série des comtes de Beaumont qu'à Ives II. Louvet, dans ses *Anciennes remarques de la noblesse Beauvoisine* (6) a confondu Ives I.er avec Ives II.

GEOFROI.

C'est le deuxième des comtes de Beaumont-sur-Oise. D'après le P. Anselme, il était fils d'Ives I.er, comte de Beaumont et de Gisèle, sœur de Milon de Chevreuse. Il dit qu'il mourut sans enfants (7).

On ne trouve qu'un seul document où il soit fait mention de ce comte Geofroi. C'est

(1) *Preuves*, p. 144.

(2) *Hist. et antiq. du pays de Beauvoisis*, t. I, p. 656.

(3) T. VIII. p. 396.

(4) P. 95.

(5) P. 719.

(6) Cet ouvrage a paru à Beauvais, en 1640 in-12. Il est inachevé, et s'arrête à la lettre I.

(7) *Hist. généal. de la maison de France*, t. VIII, p. 396.

une charte par laquelle le roi de France, Philippe I.er, confirme la donation du village de la Chapellaude en Bourbonnais, faite à l'abbaye de Saint-Denis par Archambaud, sire de Bourbon. Cette charte fut donnée à Paris, dans le palais du roi, le jour de la Pentecôte de la septième année de son règne, c'est à dire le 27 mai 1067 (1). On lit aux souscriptions : *Signum Gaufridi, comitis Bellimontis* (2).

Comme on l'a vu à l'article précédent, le nécrologe de Saint-Léonor mentionne ce comte Geofroi au 4 des Ides de janvier, et marque qu'il avait fait à cette église de riches présents. L'année de sa mort tombe entre cette année 1067, où nous le voyons nommé, et l'année 1070, où paraît son successeur. Il a donc gouverné son comté fort peu de temps.

IVES II.

Ives II, troisième comte de Beaumont-sur-Oise, était le second fils d'Ives I.er et de Gisèle de Chevreuse. Il succéda à son frère Geofroi, deuxième comte de Beaumont-sur-Oise, dans un intervalle de temps compris entre les années 1067 et 1070, ainsi qu'on vient de le voir. A cette dernière date, on le trouve signant la charte d'un échange entre Robert, abbé de Saint-Germain-des-Prés, et Geofroi, évêque de Paris : *Ivo, comes* (3). L'année suivante, étant à Paris, il souscrivit à une autre charte donnée par Bouchard, comte de Corbeil, en faveur du monastère de Saint-Spire et saint-Loup de Corbeil, et confirmée par le roi Philippe I.er On lit parmi les signatures : *Signum Ivonis, comitis Bellimontis*. Elle est du 2 novembre 1071 (4). Dans le cours de l'année 1075, Ives II se rencontra avec le roi de France dans le monastère de Saint-Médard de Soissons. C'est ce que nous apprenons d'un diplôme de Philippe I.er daté de ce lieu et de cette année, en faveur de l'abbaye de Tournus, et auquel souscrivit notre Ives : S. *Widonis, episcopi Belvacensis;* S. *Engelardi, episcopi Silvanectensis*; S. *Ivonis, comitis ;* S. *Willelmi, Suessionensis comitis*. Il est à remarquer qu'il signe avant le comte de Soissons (5). Le jour de Noël de l'an 1078, il souscrivit, dans l'église même de Saint-Pierre-de-Beauvais, à une charte de l'évêque Guï, portant réglement pour les chanoines de Saint-Nicolas-de-Beauvais (6).

La même année, il se trouva au siége de Gerberoy en Beauvoisis, à la suite du roi

(1) Et non pas 1066, comme le dit le P. Anselme, *loc. cit.*

(2) A. I. *Cartulaire blanc de Saint-Denis*, t. II. p. 446. Cette charte est imprimée dans l'*Histoire de l'abbaye de Saint-Denis*, de D. Félibien. pr. p. 86.

(3) A. I. *Suite des Pastoraux D.*, p. 142.

(4) Duchesne. *Hist. de la Maison de Montmor.*, pr., p. 25.

(5) Chifflet. *Preuves de l'Hist. de l'abb. de Tournus*, p. 325.

(6) Louvet. *Hist. de Beauvais*, t. I, p. 691.

de France. Robert, fils de Guillaume le Conquérant, était venu se réfugier dans cette ville, après avoir tenté de soulever la Normandie contre son père. Celui-ci, aidé du roi de France Philippe I.er, vint l'y assiéger. Pendant le siége, les deux rois donnèrent en faveur de l'abbaye de Saint-Quentin une charte dans laquelle notre Ives est nommé : *Comes Ivo de Belmonte*. Voici la date de cette pièce : *Actum publice in obsidione regum prædictorum, videlicet Philippi, regis Francorum, et Willelmi, Anglorum regis, circa Gerboredum, anno Incarnati Verbi* M. LXXVIII (1). Au mois de juin 1079, Ives II se trouvait à Beauvais. Le 29, il assista à une charte du même Gui, évêque de Beauvais, dont on a parlé plus haut, confirmant une donation faite à l'abbaye de Saint-Jean-d'Angély par un chanoine de son église. On y lit : *Ivo, comes de Bellomonte* (2). Une charte du cartulaire de S. Père de Chartres, sans date, mais antérieure à l'an 1091, nous apprend qu'Ives II était présent dans le palais du roi, à Etampes, quand Eustache, abbé de S. Père de Chartres, obtint de Mainier, frère de Simon de Montfort, l'exemption d'un droit de péage pour son monastère : *comitique Bellimontis Ivone* (3).

Dès l'an 1081, le comte Ives II et la comtesse Adèle, sa seconde femme, avaient donné l'église de Sainte-Honorine de Conflans aux religieux de l'abbaye du Bec. Cette sainte Honorine subit le martyre, suivant les uns en Cappadoce, et suivant les autres en Normandie. On ne dit pas à quelle époque. Ce qui est plus certain, c'est qu'elle était honorée depuis longtemps en Normandie quand survint l'invasion des Danois, sous Charles le Chauve, vers l'an 898. Le corps de sainte Honorine se trouvait alors inhumé dans le village de Graville. Pour le soustraire aux profanations des barbares, des clercs l'enlevèrent, le placèrent sur un cheval et le portèrent à Conflans, à l'embouchure de l'Oise, qui prit le nom de Conflans-Sainte-Honorine. Le corps de la sainte fut déposé dans l'ancienne église de ce lieu qui était alors consacrée à la Vierge. Après la donation du comte de Beaumont on y construisit une nouvelle église, et S. Anselme, abbé du Bec, y envoya, l'an 1082, des religieux de son monastère pour la desservir. Conflans relevait de l'évêque de Paris, qui donna son consentement à l'établissement de ce prieuré de Sainte-Honorine. Peu après sa fondation, Enguerrand de Boves, père de Thomas de Marle, qui avait été captif chez les infidèles et délivré miraculeusement par l'intercession de sainte Honorine, y vint déposer les chaînes dont il avait été chargé pendant sa captivité.

(1) Duchesne. *Hist. de la maison de Montmor.*, pr., p. 29. Orderic Vital dit que le siége de Gerberoy dura près de trois semaines et qu'il commença après Noël. *Orderic Vital.* (éd. de M. le Prévost), t. II, p. 387.

(2) *Ann. Ben.*, t. V, 144.

(3) *Cart. de S. Père de Chartres*, t. I, p. 236. On connaît les savants prolégomènes de ce cartulaire, dus à l'homme éminent dans la science, dont la perte récente est si déplorable.

Ives II eut deux femmes : Judith, qui fut mère d'Alice de Beaumont, mariée à Hugues de Grentemesnil (1), et Adèle, qui, d'après le P. Anselme, fut mère de Mathieu I.er, comte de Beaumont, de Hugues de Beaumont et d'Agnès de Beaumont, femme de Bouchard III, seigneur de Montmorenci. Mais il ne parle pas d'une autre fille d'Ives II et d'Adèle, laquelle porta le même nom que sa mère, et que l'on trouve nommée dans la chronique des comtes de Poitiers. C'est en parlant d'une donation faite à l'abbaye de Saint-Jean-d'Angély par Guillaume, chambrier du roi Philippe I.er : *Qui quidem memoratus Willelmus genuit Hugonem, Willelmum et Mahaudam, ex Adellia conjuge, Yvonis filia comitis Bellimontis atque Adelliæ comitissæ* (2).

Quant à cet Hugues de Beaumont, second fils d'Ives II, le P. Anselme dit qu'on n'en connaît que le nom. Cependant il ajoute qu'il a pu être le père d'un Adam de Beaumont dont il sera question plus loin. D'après Jean le Carpentier, dans son *Histoire du Cambresis*, notre Hugues aurait épousé Agnés de Croisilles, fille d'Alard, seigneur de Croisilles. « Alard, sieur de Croisilles donna à la même abbaye (de Saint-Aubert), l'an » 1103, plusieurs terres à Bertrice, près sa terre de Rongival, à la persuasion de son » épouse Havoise et de ses enfants, Alard, Jean, Amaury et *Agnès de Croisilles, femme* » *de Hugues de Beaumont*, fils d'Yves, comte de Beaumont-sur-Oise et frère de Ma- » thieu, premier du nom, comte de Beaumont, etc. (3) » Il ne faut pas confondre cet Hugues de Beaumont, fils d'Ives II, avec un autre Hugues de Beaumont dont il est fait mention dans nos pièces, et qui était fils de Mathieu I.er

C'est évidemment à l'une des deux femmes d'Ives II, mais nous ne saurions dire à laquelle, que s'applique le passage suivant d'une vie de Gautier I.er, abbé de Saint-Martin de Pontoise: *Comitissa Bellomontensis non longe a Pontisara ægrotans, per Gal-* » *terum abbatem visitari desideravit, sed ipse ægrotabat. Uterque, eodem die et anno* » *obierunt, scilicet anno* 1095 (4).

MATHIEU I.er

Jusqu'à présent nos comtes de Beaumont ne nous sont apparus que comme de simples témoins à des actes publics, ou comme auteurs de fondations pieuses. Nous allons voir celui-ci jouer un rôle dans quelques-uns des évènements importants de son temps.

(1). Orderic Vital la nomme, tantôt *Adeliza* et tantôt *Adelidis*. Il dit qu'elle mourut le 11 juillet 1091, et qu'elle fut enterrée dans la salle capitulaire de l'abbaye de Saint-Evrould. Il ajoute qu'elle eut six fils, et autant de filles. Mais dans un autre passage où il les nomme, il n'en compte que dix. Il vante la beauté de leur mère. *Ord. Vital* (éd. de M. le Prévost), t. III, p. 359.

(2) *Frag. Chr. comitum Pictaviæ. Ap.* D. Bouquet, t. XI, p. 373.

(3) Carpentier, *Hist. du Cambrésis*, t. II, p. 460.

(4) B. I. *Coll. Duch.*, vol. 60, p. 18.

Mathieu I.er, quatrième comte de Beaumont-sur-Oise, était fils d'Ives II, et d'Adèle, sa seconde femme. Dès l'année 1090, et probablement peu de temps après qu'il eut succédé à son père, nous le voyons engagé dans une de ces guerres féodales, si fréquentes à cette époque, et dont Ordéric Vital nous a donné le récit.

Robert de Bellesme, l'un des seigneurs les plus considérables du Hiémois, avait bâti un château sur un lieu élevé, nommé Fourches. Il y avait transporté, contre leur gré, les habitants d'un lieu nommé Vignats. De là il opprimait les populations voisines. Il avait encore, à Chateau-Gontier sur l'Orne, fait élever une forteresse au moyen de laquelle il comptait soumettre le Houlmois, portion occidentale de l'évêché de Seez. Il s'était par là rendu redoutable à ses voisins, qui résolurent de s'opposer à ses oppressions. Les plus rapprochés étaient Hugues de Grentemesnil, qui, comme nous l'avons vu, avait épousé une sœur paternelle de Mathieu I.er, et Richard, seigneur de Courci-sur-Dive. Ce furent aussi les premiers qui se mirent en campagne. Robert de Bellesme, qui se trouvait en forces, dévasta les terres de Hugues. Mathieu, comte de Beaumont, saisit cette occasion de montrer sa vaillance. Il embrassa le parti de son beau-frère, et marcha à son secours, avec Guillaume de La Varenne et plusieurs autres chevaliers (1). Robert de Bellesme, sentant qu'il ne pourrait, réduit à ses seules forces, venir à bout de tous ses voisins devenus ses ennemis, appela à son secours Robert, duc de Normandie. Le duc vint et mit le siège devant Courci-sur-Dive, au mois de janvier 1091. Mais, ne se souciant pas de pousser à bout ses seigneurs Normands, il n'attaqua la ville que mollement. Il n'en fut pas de même de Robert de Bellesme, qui, pendant trois semaines, multiplia ses attaques. Il fit dresser contre la place un énorme beffroi, que les assiégés parvinrent pourtant à incendier. Dans une des sorties, un des fils de Hugues de Grentemesnil fut fait prisonnier. Pendant la durée du siège, l'évêque de Seez, Girard, offrit sa médiation, qui ne fut pas acceptée. Les hostilités continuaient, lorsque, vers le milieu du mois de février, la nouvelle du débarquement de Guillaume le Roux en Normandie contraignit les assiégants à lever le siège.

Bien qu'Ordéric Vital ne le dise pas positivement, il y a lieu de croire que Mathieu I.er prit une part plus ou moins active à ce siège de Courci-sur-Dive, soit en s'enfermant dans la place, soit en tenant la campagne au dehors pour fournir des secours aux assiégés.

En 1096 on trouve Mathieu I.er parmi les signataires d'une charte d'Etienne,

(1) *Ad conflictus istorum convenerunt Matheus comes de Bellomonte, et Guillelmus de Guarenna, aliique plures, ut in tali gymnasio suas ostentarent probitates.* — Ordéric Vital, (éd. de M. le Prévost), t. III, p. 362.

comte d'Aumale, portant donation de l'église de Saint-Martin d'Achy aux moines de Saint-Lucien de Beauvais: *Signum Mathæi comitis de Bellomonte* (1).

Suger, dans le premier chapitre de sa vie de Louis le Gros, en parlant des fréquents combats qui avaient lieu entre ce prince et Guillaume le Roux, roi d'Angleterre, compte au nombre des prisonniers faits par l'anglais, Simon de Montfort, Payen de Montjai, et notre Mathieu, qu'il appelle le noble et vaillant comte de Beaumont. C'est en 1097. Il ajoute qu'ils furent longtemps captifs, et forcés, à la fin, de faire hommage au monarque anglais, et de s'armer contre le roi de France (2). Quoiqu'il en soit de cette longue captivité que Suger fait subir au comte de Beaumont, il est certain qu'il n'était plus prisonnier en 1101, et qu'il fit alors, de sa liberté, un usage assez dangereux pour lui.

Il s'était élevé entre l'abbé de Saint-Denis, Adam, et Bouchard III, seigneur de Montmorenci, une violente querelle au sujet de quelques coutumes et redevances féodales. Les choses en vinrent bientôt à une guerre ouverte dans laquelle Bouchard eut pour alliés le comte de Beaumont, son beau-frère, et Dreux, seigneur de Monchy-le-Chatel en Beauvoisis. Louis le Gros, qui était déjà couronné, prit chaleureusement parti pour la royale abbaye. Il ajourna Bouchard à comparaître devant le vieux roi, à Poissy. Bouchard y vint, fut condamné et se retira. Comme il refusait de se soumettre à la sentence, Louis le Gros marcha contre lui à la tête d'une armée composée en partie de Français, et en partie de Flamands que lui avait envoyés son oncle, Robert, comte de Flandre, et vint mettre le siège devant le château de Montmorenci, qu'il fit assaillir par ses trois portes. Tout semble prouver que Louis eut à essuyer devant ces murs un grave échec, échec que son panégyriste Suger nous a tu, mais dont parle Ordéric Vital, qui l'attribue à la défection d'une partie des troupes. Quoiqu'il en soit, il paraît qu'à la fin de la campagne Bouchard fut obligé de se soumettre et de donner satisfaction à l'abbé de Saint-Denis.

Forcé de renoncer au siège du château de Montmorenci, Louis le Gros alla faire celui du château de Monchy, où se trouvait ce Dreux de Monchy, l'allié de Bouchard, lequel, aux yeux de Louis, était coupable, non seulement de cette alliance, mais encore d'avoir depuis longtemps commis de nombreuses vexations contre l'église de Beauvais. A l'approche de Louis, Dreux de Monchy sortit de son château et marcha contre lui à la tête d'une troupe nombreuse d'archers et d'arbalétriers. Mais l'événement tourna contre lui. Il fut rudement reçu par l'armée royale. Louis le repoussa l'épée dans les reins jusque dans son château où il entra avec lui, et qu'il livra aux flammes.

(1) *Gall. Chr.*, t. XI, pr., col. 20.

(2) *Rec. des hist. de Fr.*, t. XII, p. 12 et 137.

Mathieu I.er fut pour le moins tout aussi batailleur que les autres grands feudataires de son temps. Nous venons de le voir engagé dans une querelle qui était devenue celle du roi, nous l'allons voir maintenant, et pour son propre compte, ne pas craindre d'entrer seul en lutte avec une armée royale.

Il nourrissait depuis longtemps une haine violente contre Hugues, comte de Clermont en Beauvoisis (1), dont il avait épousé la fille, laquelle lui avait apporté en dot la moitié du château de Lusarches. Il profita d'une occasion pour dépouiller son beau-père de l'autre moitié de ce château. Le comte de Clermont, que Suger nous dépeint comme un homme faible et irrésolu (2), alla trouver Louis le Gros, en lui demandant avec larmes et gémissements de prendre sa défense contre son gendre. Louis assigna le comte de Beaumont à sa cour, et sur son refus de comparaître, marcha contre lui, assaillit et prit le château de Lusarches qu'il remit entre les mains du comte Hugues.

Ce premier succès obtenu, il n'en poussa que plus vigoureusement sa guerre contre le comte de Beaumont, et alla l'attaquer dans le château de Chambli. Ce fut un siège en règle et où l'on employa des machines de guerre, mais qui fut marqué pour les assiégeants par un de ces terribles désastres qui laissent une longue trace dans la mémoire des hommes. Une nuit, un violent orage éclate tout-à-coup sur l'armée assiégeante. Des torrents de pluie inondent les tentes. Les éclats de la foudre, les sillonnements des éclairs jettent l'épouvante parmi les hommes et les chevaux. Au point du jour une partie de l'armée royale songe à la fuite. Le feu est mis aux tentes; le tumulte est au comble. Louis saute sur un cheval, et fait d'héroïques et d'inutiles efforts pour arrêter les fuyards. En vain il maintient le terrain, aussi inébranlable qu'un mur (3), tout plie et se débande autour de lui, et il se voit entraîné dans une déroute complète. Dans cette fuite éperdue, beaucoup des siens sont faits prisonniers, et parmi eux, le comte de Clermont.

De retour à Paris, Louis, furieux de son désastre et brulant de le venger, rassembla des troupes trois fois plus nombreuses que les premières. Sur l'avis qu'il en eut, le comte de Beaumont, qui d'ailleurs ne voyait pas sans peine la honte qu'avaient subi les armes de celui qui était son seigneur, mit tout en œuvre pour l'apaiser. Ce qui ne fut ni prompt, ni facile. Il ne fallut pas moins que les bons services de tous les conseillers de Louis, et même les prières du vieux roi. A la fin cependant, Louis s'apaisa, et pardonna au comte de Beaumont, à la condition qu'il réparerait tout le

(1) *Longo animi rancore* (Suger. Vit. Lud. Grossi).

(2) *Virum nobilem, sed mobilem et simplicem.* (ibid.)

(3) *Ipsa murus erat.* (Suger.)

mal qu'il avait fait à son beau-père pendant cette guerre, et qu'il vivrait désormais en paix avec lui.

Ces évènements se passent dans l'année 1102. Jusqu'en 1108, on ne trouve plus rien sur notre comte de Beaumont. Mais, cette année là, on le voit souscrire à une charte de Louis le Gros accordant aux serfs de l'église de Paris le droit de témoigner en justice contre les hommes libres. La présence de Mathieu I.er à cet acte important montre qu'il était rentré dans les bonnes grâces du roi. La même année, suivant Duchesne, il assista à une donation faite par Valeran de Villepreux au prieuré de Saint-Martin-des-Champs. Deux ans plus tard, en 1110, on trouve la première charte émanée des comtes de Beaumont-sur-Oise. En voici le sujet :

Les chanoines de Saint-Germain-l'Auxerrois de Paris possédaient des terres situées sur les domaines du comte de Beaumont. Les habitants de ces terres, et principalement ceux d'un lieu nommé Bernes, à une demie-lieue de Beaumont, avaient été soumis par les officiers du comte à d'injustes redevances. Ainsi, ils ne pouvaient moissonner sans la permission du prévôt du comte ; ils n'avaient non plus la permission de faire paître leurs troupeaux sur leurs propres terres. Les choses étaient en cet état, lorsqu'en 1110, les chanoines, ayant à leur tête leur doyen, Thibaut, allèrent trouver Mathieu I.er et lui demandèrent d'abroger ces mauvaises coutumes. Le comte accéda à leur demande, et statua qu'à l'avenir les hommes du chapitre auraient toute liberté de moissonner et de faire paître leurs troupeaux. En d'autres termes, il abandonna aux chanoines tout ce qu'il pouvait prétendre sur leurs hommes, se réservant pourtant la voierie sur les terres en question, une truie du prix de douze deniers, et deux sous de redevance, que le maire établi pour les chanoines à Bernes aurait à lui payer chaque année à la Saint-Jean. Cet accord se fit dans le prieuré de Saint-Léonor, compris dans l'enceinte du château de Beaumont-sur-Oise, en présence de plusieurs moines, de clercs et de laïcs. Une fois la charte dressée, elle fut envoyée à Beauvais pour y être revêtue du sceau de l'archidiacre de cette ville.

C'est là une pièce importante pour l'histoire de nos comtes de Beaumont ; non seulement parce qu'elle est la première, mais parce qu'elle sert à éclaircir leur généalogie. On y voit en effet qu'il y nomme sa femme, la comtesse Béatrix et ses fils, Ives et Mathieu. Cette comtesse Béatrix est sa seconde femme. La première avait été cette fille du comte de Clermont dont parle Suger, sans la désigner par son nom, mais qui s'appelait Emme, comme on le voit dans le nécrologe de Saint-Léonor (1). Quant aux deux fils du comte, le premier, nommé Ives, n'est connu que par notre

(1) *Preuves*, p. 149.

charte, et tous les généalogistes ont ignoré son existence, comme aussi celle de la comtesse Béatrix.

L'année même de cet accord entre Mathieu I.er et les chanoines de Saint-Germain-l'Auxerrois, on le voit encore souscrire à un autre accord qui fut conclu par Louis le Gros, entre Adam, abbé de Saint-Denis et Richard, avoué d'Argenteuil, touchant l'avouerie de cette dernière église. Comme toujours, il y signe avant le seigneur de Montmorenci : *S. Mathei comitis. S. Burchardi de Montemorenciaco* (1).

Un peu après, mais avant l'année 1112, il assista à une donation faite à l'abbaye de S. Père de Chartres (2).

Parmi les nombreuses chartes accordées par Louis le Gros à l'abbaye de Saint-Denis, il en est une qui permet à ces religieux de lever un droit sur tout charriot qui passerait sur les terres de l'abbaye, impôt dont les hommes du Vexin et ceux du comté de Beaumont sont exemptés : *Exceptis hominibus Vilcassini et comitis Bellimontis*. Ce qui dut être, surtout pour ces derniers si voisins des terres de l'abbaye, un avantage important. La charte royale est datée du 5 décembre 1118 (3).

Le 20 août 1119, Mathieu I.er se trouva, avec toute la noblesse de l'Isle-de-France et du Vexin, à une bataille qui se donna dans les plaines de la Normandie, entre Louis le Gros et Henri I.er, roi d'Angleterre. Cette bataille qui a été jusqu'à présent appelé la bataille de Brenneville, doit, d'après les raisons concluantes données par M. Auguste Le Prévost (4), prendre le nom de Brémule. Ordéric Vital, qui nous l'a racontée, ne fait que nommer en passant notre Mathieu I.er, sans nous dire si, après le mauvais succès de cette affaire pour le parti français, le comte de Beaumont rejoignit son roi fugitif aux Andelys, ou s'il regagna son comté de Beaumont, ce qui semble plus vraisemblable (5).

Ce combat de Brémule est le dernier évènement important auquel notre comte de Beaumont ait pris part. A partir de là, nous n'avons plus que quelques légers faits à consigner dans sa vie. En 1122, il obtint de Louis le Gros que les hommes de son comté seraient exempts d'une augmentation de péage que ce monarque avait permis aux religieux de Saint-Denis de prélever sur leur foire du Landit (6) : *Exceptis homi-*

(1) Duchesne, *Hist. de la Maison de Montmor.*, pr., p. 34.

(2) *Cartulaire de S. Père*, p. 632.

(3) A. I. *Cartul. bl. de Saint-Denis*, p. 386.—Elle est imprimée dans Doublet, p. 848.

(4) Dans son édition d'Ordéric Vital. Voy. t. IV, p. 356.

(5) Cette bataille, ou pour mieux dire cette rencontre de Brémule, ne fut, à ce qu'il paraît par le récit curieux d'Ordéric Vital, qu'une assez petite affaire. On s'y ménagea beaucoup de part et d'autre. Cependant des nobles du Vexin paraissent y avoir combattu vigoureusement.

(6) *Cartul. bl.*, t. I, p. 49.

nibus Vilcassini, et comitis Bellimontis, et pertinentibus ad castrum Montismorenciaci.

En 1126, Mathieu I.er fit un don à l'église de Saint-Fiacre en Brie. Voici ce que nous avons trouvé, à cet égard, dans les papiers de Dom Grenier. « An. 1126. Mathieu, comte de Beaumont, lègue à l'église de S. Fiacre, en Brie, où il était allé en pélerinage, une rente de 20 s. p. chacun an, à prendre sur son travers de Beaumont, pour l'entretien d'une lampe, jour et nuit, devant l'autel de S. Fiacre, ce qu'il dit avoir fait pour le salut de son âme, de celles de ses père et mère, frères et sœurs, sans les nommer (1). » On le retrouve encore, en 1136, témoin avec son fils Mathieu, à un jugement rendu en faveur du prieuré de Saint-Leu-d'Esserent contre les habitants de ce lieu (2). Il avait fondé, en 1123, le prieuré de Saint-Aubin de Chambli, comme il a été dit dans la première partie.

Le nécrologe de Saint-Léonor de Beaumont nous apprend que sur la fin de sa vie, qui fut longue, le comte Mathieu I.er se fit moine dans ce même prieuré, et qu'il y vécut encore quatre ans. Il met sa mort au premier janvier. Or, comme nous avons une charte de son successeur, datée du 6 juillet de l'année 1151, laquelle y est donnée comme étant la première de son gouvernement, il s'ensuit que Mathieu I.er mourut le 1.er janvier 1155. Il avait fait construire à ses frais le réfectoire et le cloître du prieuré de Saint-Léonor et avait fait à l'église de riches présents. C'est aussi lui qui donna le prieuré de Saint-Léonor avec toutes ses dépendances, aux moines de Saint-Martin-des-Champs.

Nous avons vu que dans sa charte de 1110, Mathieu I.er nomme sa femme, Béatrix et ses fils, Ives et Mathieu, lequel est Mathieu II, comte de Beaumont, qui suit ; à quoi il faut ajouter Hugues, nommé comme le frère de ce dernier dans la charte de 1151, et qui était par conséquent fils aussi de Mathieu Ier. Voilà tout ce que nous pouvons donner de certain sur sa généalogie. Le P. Anselme ne lui donne pour femme qu'Emme de Clermont, et pour enfants que Mathieu II, et Hugues de Beaumont, seigneur de Persan, tige d'une branche collatérale. Il omet, comme il a été déja dit, sa seconde femme Béatrix, et son premier fils Ives, mort nécessairement avant 1151, année où nous voyons son frère puiné, Mathieu II, lui succéder. Quant à Hugues de Beaumont, troisième fils de Mathieu I.er, comme il n'est pas nommé dans la charte de 1110, sa naissance doit, selon toute probabilité, être postérieure à cette année. Il est mentionné dans des chartes des années 1151 et 1153, comme frère du comte de Beaumont, qui était alors Mathieu II (3). Il eut deux fils, Hugues et

(1) B. I. *Dom Grenier,* Picardie, CCLXII, fol. 123.

(2) Ibid., *Extr. de Dom Grenier,* 7.e paquet, n° 7.

(3) Voy. nos *Preuves,* p. 9 et 12.

Ives (1), et deux filles, Béatrice et Marie (2). Ives fut avoué d'Ully et père de Thibaut d'Ully qui vendit le comté de Beaumont-sur-Oise à Philippe-Auguste, ainsi qu'on le verra dans la suite.

Avant de terminer cet article de Mathieu I.er, nous devons dire un mot de la charge de chambrier de France dont il a été revêtu, ainsi que deux autres de nos comtes de Beaumont, Mathieu II et Mathieu III. On sait que le chambrier (*camerarius*) était l'un des quatre grands officiers de la couronne, et qu'en cette qualité il signait les diplômes royaux avec le connétable, le sénéchal et le boutillier. Il n'est pas nécessaire de remonter, comme l'ont fait Du Tillet et André Favyn, jusqu'au *Præfectus sacri Cubiculi*, pour faire sentir l'importance d'une charge qui donnait nécessairement à celui qui en était revêtu, un accès journalier auprès de nos rois. Le chambrier avait la surintendance sur tout ce qui regardait l'habillement et l'ameublement du roi et de sa maison. De là sa juridiction sur les métiers qui se rattachent à ces objets, les merciers, les fripiers, les cordonniers, les pelletiers, les boursiers, les gantiers, etc. C'est pour cela que, lorsque nos rois se fixèrent à Paris, sous la troisième race, le chambrier y eut une censive, c'est-à-dire un quartier dont les maisons lui devaient un cens à raison de sa charge. Nous n'avons pas trouvé assez de renseignements précis pour pouvoir déterminer l'emplacement et l'étendue de cette censive. Cependant nous sommes porté à croire, d'après quelques indications fugitives, qu'elle était située vers le quartier Saint-Paul et celui de la Bastille ou de Saint-Antoine (3). Du Tillet dit que la charge de chambrier de France était un fief à vie (4). En effet, par un relevé que nous avons fait d'un certain nombre de diplômes royaux des XII.e et XIII.e siècles, nous avons reconnu que les comtes de Beaumont, Mathieu II et Mathieu III avaient été chambriers de France dans tout le cours de leur vie. Quant à Mathieu I.er, Du Cange (5) et le P. Anselme (6) ne le mentionnent comme chambrier qu'à partir de 1139. Mais il l'était déjà, au moins dans l'année 1137, comme on le voit dans une charte du cartulaire de S.t Victor (7). Bien que cette charge de chambrier ne fût qu'à vie et non pas héréditaire, comme c'était évidemment un poste de confiance et de haute faveur, il était naturel que, dans bien des cas, le fils en fût pourvu à la mort

(1) Ibid., p. 17.

(2) Ibid., p. 102.

(3) Dans une charte de Louis le Jeune, de l'an 1140, en faveur du prieuré de S. Eloi, on lit: *Apud S. Paulum, extra civitatem, hospites*, etc.— *Et super decimam annone et vini de tota terra camerarii.* (J. Carton 198, pièce 1.) Et dans une charte de 1230: *Sex arpenta terre arabilis inter sanctum Anthonium et muros Parisienses, prope cheminum de Charenton, in censiva nobilis viri Camerarii Francie ut dicitur* (Carton S, 5086, pièce 10.)

(4) *Recueil de Du Tillet*, p. 410.

(5) Au mot *camerarius*.

(6) *Hist. gén.*, t. VIII, p. 405.

(7) A. I. Reg. LL, 1450, fol. 125.

de son père. C'est ce que nous voyons être arrivé pour nos comtes de Beaumont en particulier, puisque Mathieu I.er qui posséda cette charge, au moins dès l'an 1137, la transmit à son fils Mathieu II, lequel la transmit à son tour à son fils Mathieu III (1). C'est sous les premiers rois Capétiens que l'usage s'introduisit de faire signer le chambrier au bas des diplômes royaux, et principalement sous Louis le Gros, Louis le Jeune et Philippe-Auguste. Cet usage cessa sous Philippe le Bel. Au reste, il ne faudrait pas ici, comme en bien d'autres points du moyen-âge, prendre les choses au pied de la lettre, et s'imaginer par exemple, que chaque fois que l'on rencontre le nom d'un chambrier au bas d'une charte, ce soit une preuve certaine de sa présence. Il n'en était pas toujours ainsi. Nous en citerons comme exemple une charte de Philippe-Auguste, donnée à saint Jean d'Acre, l'an 1191, laquelle porte le nom d'un chambrier nommé Mathieu, qui désigne Mathieu III. Or il est certain qu'il n'était pas alors à la Terre-Sainte, puisqu'il fit en 1206, à l'évêque de Paris, une donation pour se racheter de son vœu de croisé (2). La charge de grand chambrier de France fut abolie par François Ier.

MATHIEU II.

Mathieu II, cinquième comte de Beaumont-sur-Oise, était le second de ces deux fils de Mathieu I.er que nous avons vus nommés dans la charte de 1110. Mais, avait-il pour mère Emme de Clermont, la première femme de Mathieu I, ou Béatrix, la seconde, qui est nommée dans cette même charte ? C'est ce que, dans l'absence de toute donnée certaine, nous ne saurions décider. Nous penchons pourtant à croire que les deux fils de Mathieu I.er, Ives et Mathieu, nommés dans la charte de 1110, ont eu pour mère Béatrix, car aucun acte ni aucun témoignage historique ne prouvent qu'Emme de Clermont ait eu des enfants.

Grâces à une singularité de date, nous pouvons rattacher à une époque précise le moment où Mathieu II entra en possession du comté de Beaumont. En effet, nous avons une charte où l'année 1151 est donnée comme étant la première du gouvernement de ce Mathieu. C'est une donation de dîmes, faite par les religieux de Saint-Martin-des-Champs au prieuré de Saint-Léonor. Elle est ainsi datée : *Actum in capitulo sancti Martini, anno M. C. quinquagesimo primo ab Incarnatione Domini, pridie nonas julii,*

(1) On lit dans la dernière édition du P. Anselme, que Jean, comte de Beaumont, fut chambrier de France après la mort du seigneur de Roye. (Tom. VIII, p. 405.) Mais c'est une erreur. C'est un Jean de Beaumont, autre que le comte, qui fut chambrier. Au reste, il est à remarquer que cette erreur ne se trouve pas dans la première édition.

(2) Voy. nos *Preuves*, p. 46.

PRIMO ANNO CONSOLATUS IPSIUS MATHEI. Ainsi donc, Mathieu II succéda à son père, Mathieu I, l'an 1151 (1).

L'année suivante, il donna aux Templiers un four situé à Paris devant la porte de Paris, ou l'Apport Paris, près du Châtelet; plus, divers revenus qu'il percevait sur la terre de Reuilly (actuellement au faubourg Saint-Antoine), et enfin, une maison dite la maison de Frogier-l'Asnier, située devant les Barrés, près le port Saint-Paul, d'où est venu le nom de la rue, dite depuis Geofroi-l'Asnier. Le tout est donné de l'assentiment du roi, de qui ces divers biens relevaient. La charte est de l'année 1152. Trois clercs, parmi lesquels le notaire du comte, nommé Nicolas, trois chevaliers du comté de Beaumont, deux officiers du comte *(famuli)*, et deux templiers en sont les témoins. A cette époque Mathieu II était marié et avait plusieurs enfants. Car il nomme ici la comtesse Mathilde, sa femme, *cum liberis suis* (2).

Les comtes de Beaumont relevaient de l'abbaye de Saint-Denis pour une partie de leurs domaines, et l'on comprend sans peine qu'ils durent avoir souvent à débattre leurs intérêts avec elle. Aussi voyons-nous Mathieu II, peu de temps après avoir pris possession de son comté, entrer en arrangement avec l'abbé Eudes de Deuil, successeur de Suger. La charte de cet accord mérite une analyse étendue.

Elle porte que le comte est venu avec sa suite *(cum domesticis suis)*, trouver l'abbé à Saint-Denis, et qu'il lui a demandé la concession d'un terrain de tout temps inculte, situé dans un lieu dit Fontaine-Bebu, près de Maffliers, et cela pour y creuser un étang, ou y construire des moulins, à la condition que l'abbaye, sans contribuer en rien à la dépense, percevra le tiers du produit des moulins, et le tiers des droits de justice. En outre, l'abbé de Saint-Denis aura le droit de pêche dans l'étang, chaque fois qu'il se trouvera sur les lieux, ou bien encore, quand le souverain pontife séjournera à Saint-Denis. Si le comte bâtit un village *(villa)* près de l'étang, l'abbaye aura la moitié de ce que ce village pourra rapporter au comte. Nous remarquerons en passant que ces constructions de nouveaux villages sont assez fréquentes au XIIe siècle. L'abbé Suger, qui, en dehors et à côté des grandes choses qu'il fit pour l'Etat, se montra un administrateur si habile des biens immenses de son abbaye, en fit élever plusieurs, et entr'autres Cressonsart. Pour en revenir à notre comte de Beaumont, il obtint, par l'accord dont on parle, la permission de construire un village sur un terrain inculte de l'abbaye de Saint-Denis, à un lieu dit Saint-Martin du Tertre, à la condition que l'abbaye aurait sur ce village nouvellement créé la moitié des hôtes qui viendraient s'y établir, la moitié des tailles et des coutumes de toutes sortes, la moitié de la

(1) *Preuves*, p. 8.

(2) *Preuves*, p. 9.

voierie et la dîme entière, plus les cens, les champarts et les dîmes des terres cultivées à l'entour. L'accord spécifie que quant aux autres terres ou revenus de l'abbaye qui auraient été aliénés, soit par l'incurie des moines, soit par la malignité des hommes, l'abbaye rentrera intégralement dans tout ce qu'elle pourra recouvrer par elle-même, et que, quant à ce qu'elle ne pourra recouvrer qu'avec l'aide du comte, elle le partagera avec lui. Les meuniers, et autres préposés par le comte à l'administration des biens faisant l'objet de cette accord, prêteront serment à l'abbaye, et réciproquement. Si l'abbaye construit une grange en commun avec le comte, la dépense et le produit en seront partagés. Si l'une des deux parties se charge seule de la construction de cette grange, elle pourra y affecter deux arpents de terre. Tout ce que l'abbaye concède au comte lui est donné en accroissement de ce qu'il tient d'elle en fief, mais sous condition de ne l'inféoder à personne, pas même à ses héritiers, si ce n'est à celui qui sera comte de Beaumont après lui. Pour toutes ces concessions, le comte fait à l'abbaye l'abandon de tout ce qu'il possédait dans la ville de Saint-Denis. De plus, il lui restitue tout ce que lui ou ses prédécesseurs avaient usurpé sur elle, savoir : deux muids de vin sur le pressoir de l'abbaye, à Morancy, les droits qu'il percevait sur les serviteurs de l'abbaye, au travers de Conflans-Sainte-Honorine; enfin, tout ce qu'il prétendait sur les bois de Morancy et de Fontaine-Béhu, dans lesquels, ni lui, ni ses sergents n'auront plus désormais que le droit de passage et le droit de chasse. Enfin, il rend, après remboursement, les terres de l'abbaye qu'il avait achetées. « Car nous » ne voulons pas, dit l'abbé de Saint-Denis, que par achat ou par engagement, il » possède aucune de nos terres. »

Le comte jura solennellement, dans l'intérieur du monastère de Saint-Denis et devant le Saint-Sacrement de l'autel (*adhibitis sacris*), d'observer fidèlement toutes ces conventions, de les faire confirmer par sa femme, et jurer par son fils, lorsqu'il aurait atteint l'âge de discrétion. Huit chevaliers du comté de Beaumont, en tête desquels se trouve le frère du comte, jurèrent de l'obliger à garder cet accord, et cela par tous moyens, excepté par guerre ou par dépenses de guerre. Parmi les noms des témoins on lit ceux de Lambert, chambrier du comte, et d'Ermenfride, son cuisinier (1).

Cette pièce importante est sans date, mais l'Inventaire général des chartes de l'abbaye de Saint-Denis dit qu'elle est d'environ l'an 1153. Ce qu'il y a de certain, c'est qu'elle fut confirmée par une bulle d'Adrien IV, que le même inventaire dit être d'environ l'an 1155. Or, comme elle se rapporte incontestablement à Mathieu II, qui a commencé à gouverner en 1151, c'est donc entre 1151 et 1155 qu'il faut placer

(1) *Preuves*, p. 10.

la date de notre accord. Au surplus, l'Inventaire de Saint-Denis nous inspire assez de confiance pour accepter celle qu'il propose. Le seul point de cette charte qui pourrait engager à la faire remonter un peu plus haut que l'année 1153, c'est que le comte n'y parle que de son fils, *filium suum*, tandis que nous avons vu dans la charte de 1152 qu'il parle de ses enfants, *cum liberis suis*. Mais il est facile de voir par l'analyse que nous venons de donner de cet accord, qu'il n'eut besoin d'être confirmé que par l'aîné, c'est-à-dire par celui qui devait posséder le comté, et c'est ce qui eut lieu.

L'an 1158, Mathieu II donna aux hospitaliers de Chateaudun *(domui sancti Hospitalis)* vingt sous de rente à prendre sur ses revenus de *Novo-Burgo*, pour l'âme de la comtesse Mathilde, ou Mahaut, sa femme, qui était morte le 6 des calendes de juillet. La charte est datée de sa maison de Cuimont (1), *de Coctomonte*, et passée en présence de plusieurs de ses chevaliers, dont deux seulement sont nommés : Pierre de Boran et Pierre de Ronqueroles. Au nombre des témoins, on trouve son chambrier, Lambert, son clerc, Nicolas de Beauvais, qui écrit la charte, et son cuisinier, Ermenfride. On y voit paraître de plus son cordonnier, Gilbert. La comtesse Mahaut laissait plusieurs enfants, puisque Mathieu II dit dans cette charte de 1158, *ego et filii mei*. D'après le P. Anselme, elle en eut deux : Mathieu, qui fut Mathieu III, et Philippe de Beaumont.

Le cartulaire de l'abbaye du Val renferme une charte sans date d'une donation faite à cette abbaye par un comte de Beaumont, du nom de Mathieu. Il s'agit d'une vigne appelée la vigne de Croissant, sise sur les bords de la petite rivière de Presles. Le donateur veut que le vin en soit employé à célébrer la messe, et distribué aux moines, principalement au temps de la moisson, où, est-il dit dans la charte, ils ont à supporter de plus grandes fatigues. Car, dans ce siècle, les moines cultivaient encore leurs terres par eux-mêmes (2). Cette charte est évidemment de Mathieu II, puisqu'il y nomme ses fils, Mathieu et Philippe, et de plus son frère Hugues, la femme de celui-ci, Béatrix, et leurs enfants Hugues et Guillaume. Deux points sont ici à remarquer. Le premier que Mathieu II y donne à son fils aîné le titre de comte : *Quod ego Matheus, comes Bellimontis, assensu Mathei, comitis, et Philippi, filiorum meorum, dedi*, etc. Le second point, c'est qu'il y nomme comme son neveu un Ives : *Ivo nepos meus*, qui, d'après la teneur de la charte, ne saurait désigner un troisième fils de cet Hugues qui y figure comme frère de Mathieu II, et auquel à la vérité les généalogistes donnent trois fils dont un du nom d'Ives. Nous pensons que cet *Ivo nepos meus*

(1) C'est le nom du lieu où Saint-Louis bâtit plus tard l'abbaye de Royaumont.

(2) Et surtout ceux de l'ordre de Citeaux, comme c'est le cas ici.

peut être le fils de ce troisième fils de Mathieu I.er, nommé Ives, que le P. Anselme n'a pas connu (1).

On a de Mathieu II deux autres chartes, également sans date, qui sont des donations au prieuré de Saint-Léonor. Dans l'une il donne à ces moines le dixième de la dîme de Boran, *decimam decime mee, quod vulgariter redecimum dicitur*. De plus, il leur fait abandon d'un muid de vin qu'ils lui devaient chaque année. Dans la seconde charte, il confirme sa première donation, et y ajoute le don de l'emplacement d'un moulin que les moines de Saint-Léonor avaient acheté d'un chevalier nommé Garnier de Bernes. Enfin il leur confirme la possession du parc de Tuebeuf, aux bords de l'Oise, vis-à-vis de Beaumont, parc qu'ils avaient acheté d'un nommé Adam de La Boissière. Dans ces deux pièces il nomme ses fils, Mathieu et Philippe. Et l'on voit par la seconde, où il nomme la comtesse Adèle, qu'il était déjà remarié (2).

Ces moines de Saint-Léonor avaient, du vivant du comte Mathieu I.er, fait une chose grande et utile. Ils avaient construit un pont de pierre à Beaumont. En récompense, Mathieu I.er leur avait accordé cent sous beauvoisins de droit de travers à prendre chaque année sur ce pont, et dix mines de sel. C'est ce que nous apprenons d'une confirmation de ce don par Mathieu II (3), qui est de l'an 1160.

Cette même année, Mathieu II contribua à la fondation de l'abbaye d'Hérivaux. Car, de moitié avec Renaud II, comte de Clermont en Beauvoisis, fils de ce comte Hugues, dont la fille avait été la première femme de Mathieu I.er, il donna à un hermite nommé Ascelin, le bois d'Hérivaux, près de Lusarches. Cet hermite, après avoir défriché ce lieu, et y avoir attiré des moines, alla trouver l'évêque de Paris, Maurice de Sully, et lui soumit son monastère naissant. L'évêque le prit sous sa protection, l'érigea en abbaye, et la mit sous la règle de saint Augustin. Sa charte est de l'an 1160 (4).

Mathieu II était probablement beaucoup moins batailleur que son père. Du moins on ne trouve aucun évènement de guerre un peu remarquable où il paraisse qu'il ait pris part. Il n'en est pas de même pour ce qui est d'évènements d'un autre genre, et nous le trouvons deux fois mêlé à d'importantes négociations.

La première fois, c'est en 1160, année où il assista au traité de paix conclu entre Louis le Jeune et Henri II, roi d'Angleterre.

Vers la fin de l'année 1158, Henri était venu à Paris, et y avait arrêté le mariage de Marguerite de France, fille de Louis le Jeune et de Constance de Castille, sa deuxième femme, avec son fils, Henri au Court-Mantel. On lui avait même remis la

(1) *Preuves*, p. 25. Voy. aussi plus haut, p. LXXVI.
(2) Voy. nos *Preuves*, p. 23 et 24.
(3) Ibid., p. 13.
(4) *Gall., Chr.*, t. VIII, p. 271.

petite princesse qui n'avait alors que deux ans. Ce qui ne l'empêcha pas de continuer la guerre qu'il fit d'abord dans le Midi, où il prit Cahors et assiégea Toulouse qui fut défendue par Louis le Jeune. Henri porta ensuite ses armes dans le Beauvoisis. Enfin, une trève intervint, qui devait durer jusqu'au 22 mai 1160. C'est lorsqu'elle fut sur le point d'expirer, que fut négocié cet accord de 1160.

Ce traité était resté inconnu. Il s'en trouvait une copie dans un manuscrit de la Bibliothèque Harléienne. Cette copie fut signalée à Bréquigny, lors de son voyage en Angleterre. Bréquiqny l'imprima à la suite d'un mémoire qu'il composa à ce sujet. Par ce traité, Louis le Jeune cédait à Henri III tout ce que son aïeul Henri I.er avait possédé en France, Toulouse, le Querci et une partie du Vexin. Le reste du Vexin devait également lui revenir lorsque les dispenses nécessaires pour le mariage projeté auraient été obtenues. Elles le furent, et beaucoup plus tôt que Louis le Jeune ne s'y était attendu, car le mariage de Marguerite fut célébré le 2 novembre 1160. Les places du Vexin qui étaient restées en dépôt dans les mains des templiers, furent aussitôt remises par ceux-ci au roi d'Angleterre. De là le mécontentement de Louis le Jeune, et, par suite, le renouvellement des hostilités. Il n'entre pas dans le plan de ce travail de donner ici l'histoire de ce traité, qu'on peut lire dans l'excellent mémoire de Bréquigny. Tout ce que nous avons à y voir, c'est la présence de notre comte de Beaumont. Seulement, il faut observer que Bréquigny, par la manière dont il avait lu la pièce, y avait trouvé une difficulté qu'il convient de signaler. Arrivé aux noms des seigneurs assistant au traité, il avait trouvé : *Comite suessionensi. Comite Bellimontis Theodorico. Willeriano*, etc. Par sa manière de ponctuer, il trouvait là un Thierri, comte de Beaumont, et s'en étonnait avec raison. Voici ses expressions : « Je n'ai que des conjectures à proposer sur Thierry, comte de Beaumont, *comite* » *Bellimontis Theodorico*. C'est peut-être quelque frère de Rotrou de Beaumont, évê- » que de Lisieux, dont le nom se trouve parmi des prélats, et qui était fils de Henri » de Beaumont, comte de Warnick. Au moins ce ne peut être le comte de Beaumont- » sur-Oyse, car à l'époque dont il s'agit, le comte de Beaumont-sur-Oyse se nom- » mait *Mathieu* (1). » Si Bréquigny avait mis un point après les mots *comite Bellimontis*, comme rien ne s'y oppose, il eût évité son erreur. Dom Brial, qui dans le tome XVI du *Recueil des historiens de France*, a reproduit cette pièce, n'y est pas tombé. Il est vrai qu'il supprime le *Theodorico*, ce qui n'était pas nécessaire. Il suffisait de lire parmi les noms des assistants, celui du comte de Soissons, celui du comte de Beaumont, ceux d'un Thierri, d'un Waleran, etc., et de donner à ce comte de Beaumont son vrai nom de Mathieu II.

(1) *Mém. de l'Acad. des Inscript.*, t. LXIII, p. 382.

La seconde négociation où paraît notre Mathieu II, est de l'année 1164. Au mois de janvier de l'année 1163, Henri II, roi d'Angleterre, était partie de la Normandie pour se rendre en Angleterre, en laissant toute sa terre de France sous la garde du Roi. Celui-ci ayant eu, pour cause de forfaiture, à faire arrêter les comtes d'Auvergne, lesquels étaient hommes du roi d'Angleterre, il y eut réclamation de la part du monarque anglais. Dans les négociations qui s'en suivirent, le comte de Beaumont fut employé, conjointement avec les évêques de Beauvais et de Soissons. Ce dernier, dans une lettre qui nous est parvenue, rend compte à Louis le Jeune de ce qui s'était passé dans une entrevue avec les envoyés d'Angleterre. Nous nous sommes trouvés, dit-il, au jour marqué, l'évêque de Beauvais, le comte de Beaumont et moi, avec plusieurs autres députés de votre part. Il termine en disant : « L'affaire s'est terminée à votre honneur (1). »

Duchesne, et après lui les continuateurs du grand Recueil des historiens de France, ont donné une lettre de Louis le Jeune, *amico suo M. comiti Bellimontis* (2), ce qui désigne Mathieu II. Dans cette lettre, qui est forte courte, le roi l'engage à tout faire pour obtenir un répit dans une guerre privée d'un *Fulcaudus*. Nous n'avons rien pu découvrir sur ce personnage. Mais du moins la lettre du Roi témoigne que Louis le Jeune aimait à se servir de notre comte de Beaumont.

Plusieurs chartes de Mathieu II nous le montrent comme un protecteur des intérêts de l'abbaye du Val. C'est ainsi qu'en 1165 il garantit le rachat fait par cette abbaye à un nommé Payen de Malclavel d'un cens de six mines d'avoine et d'autant de blé, dues à ce Malclavel pour une terre que ladite abbaye tenait de lui, dans un lieu dit Beauvoir. Dans cette charte, il est question de Philippe de Beaumont, fils de Mathieu II (3).

Ce fut sans doute dans le même temps qu'il donna une autre charte où il se porte garant d'un accomodement entre Haimar d'Ambleville et la même abbaye du Val, touchant la dîme d'une terre que cette abbaye cultivait au même lieu de Beauvoir. Dans cette seconde charte, Mathieu II nomme son fils Mathieu, et ses neveux, Hugues et Ives (4).

Du temps d'un abbé du Val, nommé Etienne, Guilbert l'Ardent de Chambli, Robert de Noisy, son frère, et d'autres avaient aumôné à cette abbaye plusieurs pièces de vigne situées sur le territoire de Noisy. Mais sous l'abbé Reinard, successeur d'Etienne, les donateurs eux-mêmes avaient inquiété l'abbaye dans sa possession.

(1) *Rec. des hist. de France*, t. XVI, p. 111.
(2) *D. Bouquet*, t. XVI, p. 169.
(3) *Preuves*, p. 16.
(4) Ibid.

Mathieu II intervint dans cette querelle, fit venir devant lui l'abbé du Val et les donateurs, et arrangea les choses de manière à ce que l'abbaye resta en paisible possession de ses vignes. Sa charte est de l'an 1160. Il y nomme son fils Mathieu, son sénéchal Pierre d'Asnières, son prévôt Pierre le Hideux, Fromond de Chambli, son maire à Chambli, et Pierre de Noisy, son maire à Noisy (1).

L'année 1163, Mathieu II donna, toujours à la même abbaye, une charte portant exemption générale de péages sur les terres du comté de Beaumont, tant par terre que par eau. Dans la même pièce, il confirme la donation faite à cette abbaye par un Roric de Goussainville, d'une terre située dans ce lieu de Goussainville, laquelle relevait du comte de Beaumont. Sa charte est passée dans sa maison de Lusarches, *in domo mea*. Il y nomme la comtesse Adèle, sa femme, et ses fils, Mathieu et Philippe. Les témoins sont trois de ses chevaliers : Thibaut de Gisors, Raoul de Lusarches et Guillaume de Goussainville (2). Il est bon d'observer que l'expression dont il se sert, *quibusdam de militibus meis*, ne veut pas dire que ce soient là des chevaliers du comté de Beaumont, mais seulement des chevaliers qui tenaient des fiefs du comte de Beaumont. En effet, jamais Lusarches et Goussainville, et encore moins Gisors n'ont fait partie du comté de Beaumont.

Cette même année 1163, Mathieu II fit à l'abbaye de Beaupré du diocèse de Beauvais, la même grâce qu'il avait faite à l'abbaye du Val, c'est-à-dire qu'il lui accorda le droit de transit sur sa terre (3).

La prisée du comté de Beaumont mentionne la donation d'un muid de blé de revenu faite par le comte de Beaumont, Mathieu II, à la maladrerie de Chambli, l'an 1164 (4).

Nous avons vu sous l'année 1152, un accord entre Mathieu II et l'abbaye de Saint-Denis. Nous en retrouvons un autre, en 1170, que nous allons, comme le premier, analyser en détail. Car ce sont là deux pièces importantes pour l'histoire de ce comte.

La charte de 1170 émane d'Ives II, abbé de Saint-Denis. Il commence par y rappeler les longues querelles qui ont eu lieu entre son abbaye et le comte de Beaumont. Et, en effet, dix-huit années séparent leur premier accord de celui-ci. Puis il nous apprend que « le vénérable comte de Beaumont » se sentant gravement malade, averti par une voix d'en haut, et se rendant à l'avis des gens sages, a résolu de faire cesser ses usurpations et ses exactions sur les terres et les bois appartenant à l'abbaye. Qu'en conséquence il lui a rendu par une composition amiable les bois qu'on appelle les gorges ou détroits de Maffliers et de Fai-Ridel. Mais comme ces bois avaient été

(1) *Preuves*, p. 17.

(2) Ibid., p. 14.

(3) Ibid., p. 15.

(4) Ibid., p. 185.

affectés par le comte à la défense de son château, d'un commun accord on est convenu des points suivants : L'abbaye en aura l'usage pour tous ses besoins, ainsi que le comte. Aucune des parties ne pourra les vendre ou les donner, sans l'assentiment de l'autre. Lorsque le comte voudra faire quelque coupe dans ces bois, il en préviendra l'abbé, qui pourra, s'il le juge convenable, envoyer sur les lieux quelqu'un qui assiste à l'opération. Même obligation du côté de l'abbaye. Si l'une des parties diffère ou néglige d'envoyer son agent, l'autre partie pourra passer outre. Les forfaitures et tous les autres revenus de ces bois seront partagés entre l'abbaye et le comte. Ils pourront y mettre chacun leur sergent. Celui du comte prêtera serment à l'abbaye, et réciproquement. Un autre bois, appelé le bois de Rondel ou des Rondeaux sera également possédé en commun. Chacun y aura son sergent. Les revenus, tant en avoines, qu'en deniers et en forfaitures, seront partagés en commun. Les hommes de l'abbaye y auront leurs usages, et nuls autres, à moins de payer une redevance.

L'abbaye possèdera en toute liberté les lieux de *Belsa* et de *Roscai*, avec les bois environnants. Elle y aura tout pouvoir de vendre, de donner et d'enclore. Seulement elle ne pourra pas arracher les arbres sans la permission du comte. Si quelqu'un est trouvé arrachant des arbres, sa forfaiture appartiendra au comte ; mais l'abbaye aura les arbres arrachés.

Vient ensuite un accord touchant la ville de Morancy, située à environ deux lieues de Beaumont, sur la rive droite de l'Oise. Le comte remet à l'abbaye toutes les injustes et « détestables » coutumes qu'il percevait sur ce lieu, la taille, le moutonage, le lardage, l'herbage, le droit sur les moissons prélevé par les prevôts de Beaumont, et autres exactions. Il ne s'y réserve que la voirie, le tensement et la mouture. Quand au forage, qui lui valait un setier de vin, il n'en aura à l'avenir qu'une obole, selon l'antique usage. Les habitants de Morancy lui devront chaque année six corvées, savoir : deux pour les semailles, une pour les labourages, et les trois autres, dues par les hommes seulement, pour la garde des châteaux de Beaumont et de Chambli.

Ici se retrouve la clause déjà insérée dans l'accord de 1152, et portant que le comte, après restitution de prix, rendra à l'abbaye tous ceux de ses biens qu'il aura acquis. L'abbaye ne voulait pas qu'à aucun titre, soit d'achat, soit d'engagement, les comtes de Beaumont possèdassent à l'avenir quelque chose des biens de Saint-Denis.

La partie de beaucoup la plus importante dans ce second accord, est celle qui concerne les villages et les terres tenus par les comtes de Beaumont de l'abbaye de Saint-Denis. Pour éviter à l'avenir toute occasion de querelles et de procès, on en fait l'énumération exacte. Ainsi, le comte reconnaît tenir de l'abbaye : en premier lieu, la tour de son château de Beaumont et les avoueries d'Ully et de Cires, inféodées par lui au seigneur de Monchy-le-Châtel. Il reconnaît encore tenir d'elle tout ce qu'il a aux lieux de Morancy, de Crouy, de Mour et de Courcelles, qui tous appartenaient à Saint-Denis; de plus, tout ce qu'il a à Saint-Martin-du-Tertre, y compris une maison fortifiée; enfin, les étangs et les moulins de Fontaine-Behu, ainsi que les bois de Fai-Ridel et des Rondeaux.

Le fils du comte alla à Saint-Denis, jurer en plein chapitre, d'observer fidèlement cet accord (1).

Cette même année 1170, Barthélemy, évêque de Beauvais, se trouvant à Beaumont, dans l'église de Saint-Laurent, et en présence d'une foule de peuple, fit restituer par Anculfe de Haimonville à des moines de l'abbaye de Molesme, résidant à Moisselles, *apud Mustellum*, la dîme de Beaumont qu'il avait usurpée sur eux, et cela de l'assentiment de Mathieu II, qui est nommé, ainsi que ses fils, dans la charte donnée par l'évêque à ce sujet: *assensu Mathei comitis, et filiorum ejus, Mathei, jam militis, et alterius Mathei, ac Philippi, et Simonis de Campaniis, ad cujus feodum decima ipsa ab antiquo spectaverat* (2). Les mots *Mathei jam militis* nous montrent que ce fils de Mathieu II, du même nom que son père, et qui fut dans la suite Mathieu III, était déjà chevalier et par conséquent majeur.

En 1173, il y eut un accord entre les abbayes de Mortemer et du Val, d'une part, et le prieuré de Saint-Leu d'Esserent, d'autre part, touchant des vignes situées à Noisy-sur-Oise, accord dans lequel intervint le comte de Beaumont. L'accord primitif porte que le prieuré de Saint-Leu d'Esserent concède aux deux abbayes nommées la jouissance d'une vigne et d'un pressoir à Noisy, donnés en aumône aux dites abbayes par Renaud, prévôt de Beaumont-sur-Oise, qui lui-même les tenait dudit prieuré de Saint-Leu. Le prieuré se réserve un cens de douze deniers pour la vigne, et de trois muids de vin pour le pressoir, savoir, un muid et demi de bon vin, et un muid et demi de vin passable, le tout payable à Noisy. Que si les deux abbayes veulent aliéner le pressoir, elles le pourront, à la condition d'en avertir les religieux du prieuré, qui auront un mois pour se mettre sur les rangs comme acquéreurs, après lequel délai les deux abbayes pourront passer outre. Le comte de Beaumont, à la prière des trois églises, a promis de contraindre les hommes coutumiers à venir à ce pressoir. Cet accord a été muni des sceaux des trois églises et de celui du comte, en présence duquel il a été passé, ainsi que de son fils, Mathieu, et de la comtesse Adèle. Cette pièce est rédigée plutôt sous la forme d'une notice, que sous la forme d'une charte ordinaire. Elle est

(1) *Preuves*, p. 18.

(2) B. I. MS. Duchesne, vol. 60, p. 17.

sans date, mais en réalité elle se trouve datée par la pièce suivante, que nous traduisons :

« Au nom de la Sainte et indivisible Trinité. Moi, Mathieu, comte de Beaumont, » fais savoir à tous présents et à venir, que Reinolde, le prévot de Beaumont, a donné » en aumône à Dieu et à sainte Marie, aux frères de Mortemer et à ceux du Val-Sainte- » Marie, cinq arpents de vigne et un pressoir, qu'il tenait à cens de l'église de Saint- » Leu de Cérens ; ce qui a été concédé par le prieur et le couvent de Saint-Leu, sauf » leurs revenus, savoir : douze deniers beauvoisins pour la vigne, et trois muids de » vin pour le pressoir, c'est-à-dire un muid et demi de vin pour la vigne, et un muid » et demi de vin pour le pressoir. J'ai approuvé cette donation et concédé ces choses » aux susdits frères, et les ai pris sous ma défense et protection, De plus, à la de- » mande du prieur, je me suis engagé à contraindre les coutumiers de venir au pres- » soir. Cela a été également concédé par mon fils, Mathieu, et la comtesse Adèle ; » étant présents de ma maison : Daalin, le scribe, Pierre, chevalier de Ronquerolles, » Odon, l'huissier, Auverède, le chambrier, Reinolde, le panetier. Plusieurs autres » y assistèrent dont les noms suivent : Odon de Champagne, Robert l'Ardent, Payen » de Noisy et Gosselin, son frère. Afin que cela demeure ferme et inviolable, je l'ai » prouvé par le témoignage de cette charte, et scellé de mon sceau. Fait à Asnières, » l'an de l'Incarnation du Seigneur, 1173 (1). »

Par une autre charte de la même année, le comte Mathieu II confirma une donation faite à l'abbaye du Val par Pierre de Boran, donation consistant en une vigne à Noisy. Il est dit dans la charte que le donateur l'a déposée lui-même sur l'autel de la bienheureuse Marie, et qu'il a fait connaître en plein chapitre en quoi elle consistait : *Hanc vero elemosinam ipse Petrus in predicta ecclesia super altare beate Marie manu propria obtulit, eamque in communi capitulo ejusdem ecclesie conventui designavit* (2).

Nous placerons ici une charte sans date de Mathieu II, en faveur du prieuré de Saint-Léonor, charte que nous avons mise dans nos preuves sous l'année 1160, induits que nous y étions par une note moderne qui se trouve au dos de l'original. Ce qui surtout nous porte à la reculer jusqu'ici, c'est que Mathieu y nomme pour la première fois son fils Jean, qui était le dernier de ses enfants. Dans cette charte, le comte donne aux moines de Saint-Léonor un droit d'usage dans ses forêts, consistant dans la charge d'un âne, à prendre dans la partie affectée au bois de chauffage des comtes de Beaumont ; de plus un revenu de quinze sous beauvoisins, dont douze provenant de la location des étaux des bouchers de Beaumont ; plus un sommier pour le moulin des moines ;

(1) *Preuves*, p. 22.

(2) Ibid., p. 23.

et enfin, ce qui est à remarquer, il leur lègue son haras après sa mort: *Donavit etiam post decessum suum haras jumentorum suorum cum sequacibus suis*. Dans cette charte sont nommés la comtesse Adèle, ou Alice, le fils ainé du comte, qui s'appelait Mathieu, et ses autres enfants, Philippe, Mathieu et Jean (1).

La dernière charte que nous trouvions se rapporter au comte Mathieu II, est une pièce de l'an 1174, qui se trouve dans celui des cartulaires de Champagne qui est connu sous le nom de *Liber principum*. C'est une assignation par Henri I.er ou Henri le Libéral, comte de Champagne, à un comte de Beaumont du nom de Mathieu, sur le péage de Rebais, de vingt-cinq livres de revenu annuel qu'il lui devait pour un fief qu'il tenait de lui (2). Or ce comte est Mathieu II, comme le prouve évidemment une charte du comte Jean de l'an 1214, par laquelle il cède à la comtesse de Champagne, moyennant compensation, ces vingt-cinq livres de revenu: *Quas inclite recordiationis pater meus Matheus comes Bellimontis tenuit apud Rechbacum* (3). Mathieu II avait donné à l'abbaye de Ressons deux arpents de vigne au lieu dit Maciscourt, comme on l'apprend d'une confirmation de son fils Mathieu III, de l'an 1187, qui se trouve aux archives de l'Oise.

Mathieu II a eu deux femmes, Mahaut et Alice. Voici ce que le P. Anselme dit de la première. « Mahaut, que des mémoires disent avoir été de la Maison des vi» comtes de Chateaudun, était morte en 1168. » Quant à l'époque de sa mort, il se trompe de dix ans, puisque nous avons vu que Mahaut était morte le 6 des calendes de juillet de l'an 1158, comme le prouve la donation faite par son mari aux Hospitaliers de Chateaudun, cette année là. La descendance de Mahaut de la Maison de Chateaudun est parfaitement prouvée, non seulement par la donation aux Hospitaliers de Chateaudun, mais par une charte de Hugues, vicomte de Chateaudun, qui rachète de Philippe de Beaumont, son parent *(cognato meo)*, tous les fiefs qu'il tenait du mariage de sa mère (4). Mathieu II eut de Mahaut de Chateaudun deux fils, Mathieu III, et Philippe de Beaumont. Ce Philippe de Beaumont est nommé pour la première fois, dans une charte de son père, de l'an 1163 (5). Il l'est encore dans une charte sans date, aussi de son père, en faveur du prieuré de Saint-Léonor; puis dans une autre de son frère Mathieu III, de l'an 1177. En 1189, il traita avec le vicomte de Chateaudun, pour ce qui lui revenait de l'héritage de sa mère, ainsi qu'on vient de le dire. En 1190, il fit trois donations à l'abbaye du Val, toutes trois de biens situés au lieu de Champagnes (6). Il mourut avant son frère ainé, Mathieu III.

(1) *Preuves*, p. 13.
(2) Ibid., p. 25.
(3) Ibid., p. 78.
(4) *Preuves*, p. 66.
(5) Ibid., p. 15.
(6) Ibid., p. 67. De ces trois donations, il n'y

Mathieu II, dans une charte de l'an 1173, nomme sa seconde femme Adelaïde, *Adelays comitissa* (1). Dans une autre charte, sans date, elle est appelée Alice, *Aaleis comitissa* (2). Le P. Anselme la nomme Alix, dame de la Queue, et dit qu'elle se remaria à Amauri de Meulan, seigneur de Gournai. Ce que confirme une charte du cartulaire du prieuré de Gournai-sur-Marne, portant donation de trois muids de blé, faite à ce prieuré, par Amauri, seigneur de Gournai, dans laquelle il est dit que la charte fut déposée sur l'autel par *Agnes comitessa, mater ejus, et Rogerus, frater ipsius Amalrici, et Aales, uxor ejus, in cujus dote redditus istius annone hebebatur* (3). Ce cartulaire du prieuré de Gournai est du XIII.e siècle, mais il a été collationné sur les originaux par une main habile, au XVI.e siècle, et on lit en marge de la pièce qui nous occupe une note portant que l'original avait été scellé de trois sceaux, dont il ne restait plus qu'un, représentant une femme debout, tenant une fleur à la main droite, et un oiseau à gauche avec la légende SIGILLUM COMITESSE BELLIMONTIS (4). Ainsi le P. Anselme a raison de dire que la comtesse Alice s'est remariée à Amauri, seigneur de Gournai. Maintenant était-elle dame de la Queue comme il l'avance? Cela peut fort bien être, mais alors c'était précisément par son mariage avec le seigneur de Gournai, et non pas, comme le donneraient à entendre les expressions du généalogiste, qu'elle fût de cette Maison. Nous croirions plutôt qu'elle sortait de la maison de Lusarches. En effet, nous avons une charte d'elle, sans date, mais donnée nécessairement lorsqu'elle était déjà veuve de Mathieu II, dans laquelle elle se qualifie *Aales comitessa de Lusarchiis*, la comtesse Alice, de Lusarches (5). De plus, cet acte fait mention de son fils Mathieu, lequel était mort, et qu'elle appelle le seigneur de Lusarches: *Matheus filius meus defunctus Lusarcharum dominus* (6). Ainsi nous dirons que la seconde femme de Ma-

en a que deux de datées. La troisième qui consiste en un revenu de dix sous pour la réfection des moines, à prendre sur les cens de Champagnes, n'est point datée, dans la pièce que nous publions (p. 68) d'après le cartulaire de Saint-Martin des Champs; mais elle l'est dans celle que nous donnons (p. 137) d'après le petit cartulaire de Saint-Léonor. Il est vrai que c'est fautivement, car elle porte 1110, date impossible, comme nous le prouvons en note à la même page. Seulement nous nous sommes trompé aussi en supposant qu'il fallait lire 1199. Il y a tout lieu de croire que c'est 1190, qu'il faut lire. Cette rectification est importante, pour la généalogie des comtes de Beaumont, attendu que cette charte est confirmée par une autre du comte Mathieu III, aussi sans date, et dans laquelle il nomme, indépendamment de son frère Philippe, son père Mathieu II, sa mère Mahaut de Chateaudun, ses autres frères Jean et Mathieu, enfin ses deux sœurs, l'une et l'autre du nom d'Alice.

(1) *Preuves*, p. 22.

(2) Ibid.

(3) A. I. *Cartulaire de Gournai*, LL, 1417.

(4) *Visa et collecta fuit presens carta ad suum autographum, cui olim tria appendebant sigilla, utraque sub duplici cauda pergamena, e quibus unum restat oblongum, in quo figura principissæ, manu dextera florem, ut videtur, et sinistra avem tenentis, sub his verbis*: Sigillum comitesse de Bellomonte.

(5) Voy. aux *Preuves* la note 2 de la page 26.

(6) *Preuves*, p. 26.

thieu II a été Alice, dame de Lusarches, laquelle se remaria à Amauri de Gournai, duquel elle reçut, sans doute en douaire, la seigneurie de la Queue. La comtesse Alice eut de Mathieu II, deux fils, ce Mathieu, seigneur de Lusarches, dont il vient d'être question, et Jean, qui fut comte de Beaumont, après Mathieu III, son frère du premier lit. Le P. Anselme lui donne encore deux filles, Marie de Beaumont, dont il dit qu'on ne trouve que le nom, et Alix de Beaumont, première femme d'Anseau, seigneur de l'Isle-Adam. Ici, encore, il a raison sur un point et se trompe sur l'autre. Il a raison quant au mariage d'Alice, qui en effet épousa Ansel, non pas il est vrai seigneur de l'Ile-Adam, car son père vivait encore, mais fils d'Adam, seigneur de l'Ile *(Adam de Insula)*. Alice était morte en 1186, comme il se voit par une charte que nous donnons dans nos preuves (1). Quant à Marie de Beaumont, nous croyons que le P. Anselme s'est trompé, car nous ne la voyons figurer nulle part. Au contraire, nous trouvons une seconde fille de Mathieu II, nommée Alice, comme la première. C'est dans la charte sans date dont il a été question dans la note de la page xc où Mathieu III dit: *et sororum mearum quarum utraque dicta fuit Aelidis*. (2). En résumé, ce qu'on peut donner comme certain pour la généalogie de Mathieu II, c'est qu'il épousa en premières noces Mahaut de Chateaudun, qui lui donna Mathieu III et Philippe de Beaumont, et en secondes noces Alice de Lusarches, qui lui donna Mathieu, seigneur de Lusarches, Jean comte de Beaumont, Alice, femme d'Ansel, fils d'Adam seigneur de l'Ile Adam, et une autre Alice.

Nous avons vu que dans ses chartes Mathieu II mentionnait ses chambriers, Lambert et Auverède, son sénéchal Pierre d'Asnières, son panetier Reinolde, son cuisinier Ermenfride, son cordonnier Gilbert, son clerc Nicolas de Beauvais, et son scribe Daalin.

MATHIEU III.

C'est après Mathieu I.er, celui des comtes de Beaumont-sur-Oise qui a joué le rôle le plus important. Nous allons le suivre, ainsi que nous avons fait pour ses prédécesseurs, dans tous les actes où il paraît. Seulement, comme ces actes sont, par la nature même des choses et en raison du rapprochement des temps, beaucoup plus multipliés, nous ne nous astreindrons plus à un ordre chronologique aussi rigoureux ; et, pour plus de clarté, nous les grouperons autour de leurs centres communs. Par la même raison, nous rejetterons à l'article d'Eléonore de Vermandois tous les actes où son mari paraît conjointement avec elle, et ce sont les plus importants.

Mathieu III, sixième comte de Beaumont-sur-Oise, était fils de Mathieu II et de Ma-

(1) *Preuves*, p. 69.

(2) Ibid., p. 68. Voy. aussi p. 36.

haut, ou Mathilde de Chateaudun, sa première femme, morte, comme on l'a vu plus haut, l'an 1158. La comtesse Mahaut étant nommée avec ses enfants, *cum liberis suis*, dans une charte de 1152, il s'ensuit que la naissance de Mathieu III remonte au moins à quelques années plus haut, et qu'il avait assurément plus de vingt et un ans quand il succéda à son père. Ce fut entre l'année 1174, où son père apparait pour la dernière fois, et l'année 1177, où nous le voyons paraître lui-même pour la première fois dans l'histoire et dans les actes.

En effet, Gilbert de Mons, dans sa chronique de Hainaut, rapporte, sous cette année 1177, que le comte de Hainaut, (Baudouin V, dit le Courageux) eut une rencontre entre Vendeuil et La Ferté avec Raoul, seigneur de La Ferté, son beau-frère; Raoul, comte de Clermont; Simon, frère de celui-ci, et Mathieu, comte de Beaumont; que, bien qu'inférieur en nombre il triompha de ses ennemis, qu'il fit prisonniers ceux qu'on vient de nommer ainsi que plusieurs autres, mais qu'il leur rendit à tous la liberté (1). Or ce Mathieu, comte de Beaumont, dont parle ici Gilbert de Mons, est bien Mathieu III, car nous avons une charte de cette même année 1177, qui est évidemment de lui, puisqu'il y nomme sa femme, Eléonore de Vermandois.

Cette charte est un accord passé entre Mathieu III, comte de Beaumont, et Geofroi, abbé de Saint-Martin de Pontoise. Par cet accord, l'abbé donne au comte tout ce que son abbaye possédait dans un lieu voisin de Chambli, nommé le Belay, savoir : une grange, un bois et des terres, à l'exception de la dîme d'un autre lieu voisin nommé Fresnoy. De son côté le comte donne aux moines de Saint-Aubin de Chambli, prieuré dépendant de Saint-Martin de Pontoise, huit muids de froment et trois d'avoine, à prendre sur la dîme de Boran près Beaumont. Il y ajoute tout ce qu'il possédait à Chambli, en dîmes et champarts, avec toute la justice, et les droits de paste, de couvertures et de linge. Les moines pourront poser des bornes dans toutes les terres qui font l'objet de la donation. Ils auront les ventes, et les exploits jusqu'aux gages de bataille, mais non pas la voirie que le comte se réserve. Quiconque les troublera dans leur jouissance, será puni d'une amende de cinq sous beauvoisins. Le comte leur donne encore un arpent de terre libre de toute redevance et de toute voirie, et dix acres (*jugera*), dont cinq, contigus à cet arpent, et cinq, au lieu dit Maupertuis; de plus, toute sa culture de la vallée de Chambli. Partout il se réserve la voirie, sauf sur l'arpent énoncé plus haut, lequel servira aux moines à construire leur grange. Après la mise des bornes, les moines pourront faire leurs fossés et leurs clôtures en deçà de ces bornes. La charte, qui émane du comte, est donnée du consentement de la comtesse Eléonore, sa

(1) *Rec. des Hist. de Fr.*, t. XIII, p. 578.

femme. Parmi les témoins, on lit entr'autres noms celui de Philippe, frère de Mathieu III, *Philippus frater comitis*, qui figure parmi les témoins des moines (1).

Sous l'année 1199, on trouve un second accord entre les mêmes parties. Il s'agit d'une redevance de deux muids de blé à prendre sur le moulin de Belléglise, que l'abbaye de Saint-Martin de Pontoise réclamait au comte. Par transaction, elle lui abandonne tout ce qu'elle avait sur la dîme de Persan, et un muid de blé de rente sur la grange de Belléglise, qui lui avait été aumôné par Philippe, le frère du comte. De son côté, le comte accorde à l'abbaye trois muids de blé de rente à prendre, l'un sur sa grange de Champagnes, et les deux autres sur le moulin de Belléglise. Au nombre des témoins de cette charte, se trouve le chapelain de Mathieu III, nommé Erard (2). Passons aux rapports de Mathieu III avec l'abbaye de Saint-Denis.

Nous avons vu sous les années 1152 et 1170, le comte Mathieu II en querelle avec l'abbaye de Saint-Denis, principalement au sujet des bois de Maffliers, qui en effet étaient, si l'on peut parler ainsi, l'extrême frontière de leurs domaines respectifs. Il parait que son successeur ne tint pas les engagements portés dans les chartes qui furent données ces années là. Ce qu'il y a de certain, c'est que les plaintes de l'abbaye allèrent jusqu'au souverain pontife, qui chargea l'évêque de Senlis d'y porter remède, et de faire venir le comte de Beaumont à résipiscence. Sans doute que l'intervention de l'évêque, d'abord amiable, ne porta pas de fruits, car il se vit obligé à jeter l'interdit sur les terres du comte, ce qui amena celui-ci à un arrangement. Mathieu III comparut donc devant l'évêque dans son palais épiscopal, à Senlis, et là, ayant reconnu la validité des chartes produites par l'abbé de Saint-Denis, il lui paya un marc d'argent à titre d'amendement, consentant de plus à payer à l'abbaye dix livres parisis, au cas où lui, ou ses officiers, ne tiendraient pas cet arrangement. La charte de cet accord émane de l'évêque de Senlis, et elle est de l'année 1179 (3).

En 1189, Hugues, abbé de Saint-Denis, et Mathieu III, comte de Beaumont, donnèrent conjointement aux habitants de Mour et de Beaumont un bois appelé le bois des Rondeaux, à la charge d'une redevance en avoine. La charte de cette donation porte que les habitants de Mour pourront prendre, par chaque masure, un arpent de bois, moyennant une redevance annuelle d'une mine d'avoine. Il est à remarquer que les habitants de Beaumont sont moins bien traités. Leur redevance est portée à une mine et demie. Cette différence en faveur des premiers, provenait sans doute de ce qu'ils relevaient de l'abbaye, et celà de toute antiquité. Au reste, aucune partie prenante ne

(1) *Preuves*, p. 27.

(2) Ibid., p. 28.

(3) Ibid., p. 29.

pourra délaisser son arpent sans le rendre dans le même état qu'elle l'aura pris. L'avoine sera payée chaque année aux sergents de l'abbaye et à ceux du comte, pour Mour, à Mour, et pour Beaumont, à Beaumont. Quiconque ne se sera pas acquitté au jour marqué devra deux sous beauvoisins d'amende, qui seront partagés par égales portions entre le comte et l'abbaye. Les forestiers du comte et ceux de l'abbaye prêteront le serment de n'épargner aucun de ceux qu'ils trouveront coupant du bois, et de les amener aux prévots des deux parties. Pareil serment est exigé des habitants de Mour et de Beaumont. Les délits forestiers seront punis de cinq sous d'amende, dont le cinquième sera abandonné à celui qui aura arrêté les délinquants. Le reste sera partagé entre le comte et l'abbaye. Quant aux autres délits, l'amende en appartiendra au comte seul. Au bas de cette charte, on lit les noms de Hugues et d'Ives de Beaumont. Ils étaient fils de Hugues de Beaumont, frère de Mathieu II et oncle de Mathieu III (1).

Ce bon accord entre le comte de Beaumont et l'abbaye de Saint-Denis, dont semble témoigner cette donation faite en commun, ne dura pas. De nouveaux sujets de querelle se présentèrent. Il semble surtout que Mathieu III reconnaissait avec peine la suzeraineté de l'abbaye. Nous avons une charte de lui, de l'année 1208, par laquelle il renonce à une assemblée qu'il avait demandée à l'abbé pour y traiter de leurs différends, et qui devait se tenir près d'un enclos du bois de Maffliers, *apud spinam de Mafflers*, à l'endroit qui formait la limite des terres du comte et de celles de l'abbaye. Dans cette charte, le comte, qui nomme l'abbé de Saint-Denis « son seigneur », reconnaît qu'à raison de son hommage c'est à lui de se rendre à la cour de l'abbé, à Saint-Denis, pour y ester à droit. C'était là pour la puissante abbaye un point important. Aussi en réclama-t-elle la confirmation par Philippe Auguste, cette même année (2).

Avant d'aller plus loin, nous devons signaler l'année 1183 comme une époque fort importante dans la vie de Mathieu III. C'est celle où s'ouvrit pour lui, du chef de sa femme, Eléonore de Vermandois, la succession au Vermandois et au Valois. Nous en parlons plus loin dans l'article que nous consacrons à la comtesse Eléonore.

Sous les années 1184, 1189 et 1199, nous trouvons trois chartes de Mathieu III relatives au prieuré de Saint-Léonor. Par la première, qui est la plus importante, le comte affranchit ceux des hôtes de ce prieuré qui résidaient à Fresnoy-en-Thelle, de toutes corvées et de tous services. Il se réserve seulement la faculté de les mener à sa guerre partout où il conduira les habitants de Chambli. Ces hôtes de Fresnoy devront s'adresser au maire du comte pour le bornage de leurs terres. Les délits de voirie seront passibles d'une amende de cinq sous. Pour leur droit de pâture, et pour

(1) *Preuves*, p. 32. (2) Ibid., p. 33.

celui de ceuillir de l'herbe, ils payeront chaque année au comte une somme de douze sous. Quant au moines de Saint-Léonor, le comte, pour toutes ses concessions, ne leur demande que des prières. Car, la redevance annuelle de trois muids d'avoine, qui, dans la charte, est portée comme due par le prieur, ne pèse guère sur lui, attendu qu'ils doivent lui être remboursés par ses hôtes de Fresnoy (1).

La seconde charte, celle de 1189, est en faveur du chapelain du comte, qui desservait une chapelle de Sainte-Marie-Madeleine fondée dans l'église du prieuré de Saint-Léonor. Le comte lui donne un muid et demi de blé, à la mesure de Beaumont, à prendre chaque année sur un moulin situé à Chambli près du prieuré de Saint-Aubin, plus quarante sous de revenu sur les cens d'Asnières, et quatre muids de vin, par an, à prendre à Beaumont. Il veut en outre que ce chapelain et son clerc soient nourris à sa cour, chaque fois que lui ou ses successeurs se trouveront à Beaumont (2). Il est probable que les comtes de Beaumont, du moins Mathieu I.er, Mathieu II et Mathieu III, se trouvaient fréquemment à la suite du roi, en vertu de leur charge de grands Chambriers de France.

La troisième charte, celle de 1199, est un échange entre le comte et les moines de Saint-Léonor. Ceux-ci lui abandonnent leurs hôtes résidant au Mesnil-Saint-Denis moyennant quarante sous de revenu à prendre sur le travers du pont de Beaumont (3).

A ces trois pièces, l'on peut joindre une confirmation par Mathieu III, d'une donation faite par son frère, Philippe de Beaumont, de dix sous de revenu à prendre sur les cens de Champagnes, pour la réfection des moines de Saint-Léonor, à la charge d'un anniversaire pour le donateur et sa mère (4).

Enfin, pour terminer ce qui concerne les donations de Mathieu III au prieuré de Saint-Léonor, il faut encore mentionner celle de quarante sous de rente à prendre sur le travers de Beaumont, qui est de l'année 1189 (5).

En 1200, les moines de Saint-Léonor abandonnèrent à Mathieu III, un moulin à Persan, nommé le moulin de Merenjoye, qu'ils tenaient de la libéralité de son père. En récompense, le comte leur donna deux muids et neuf mines de blé, à prendre chaque année sur le même moulin, plus la libre mouture pour leur blé, et même il s'engagea à leur prêter ses sommiers pour leurs transports (6).

La maladrerie de Chambli, en 1190, l'Hotel-Dieu de Beaumont, en 1198, furent l'objet des libéralités de Mathieu III (7).

(1) *Preuves*, p. 30.
(2) Ibid., p. 31.
(3) Ibid., p. 33.
(4) Ibid., p. 68.
(5) Voy. *Pr.*, p. 190.
(6) Ibid., p. 136.
(7) Ibid., p. 185. et 191.

Dom Etiennot, dans ses *Antiquitates Velocassium*, rapporte une charte de Mathieu III, qui confirme à l'abbaye de Ressons la possession de deux arpents de vigne sis à Machecourt sous Beaumont, qui avaient été donnés par son père à cette abbaye. La charte de confirmation est de l'an 1187 (1).

Il y avait dans l'étendue du comté de Beaumont, et près de l'Ile-Adam, une abbaye de l'ordre de Citeaux, nommée le Val-Sainte-Marie, ou tout simplement le Val. On met sa fondation à l'an 1125. Ce qu'il y a de sûr, c'est que Louis le Jeune la confirma par une charte de l'an 1137. Cette charte, qu'on trouvera dans nos preuves (2), nous apprend que l'emplacement où l'abbaye fut construite, avait été donné par Ansel, premier seigneur de l'Ile. Cet Ansel eut un fils nommé Adam, d'où est venu le nom de l'Ile-Adam que porta cette seigneurie. Mathieu III avait donné aux moines de cette abbaye du Val un terrain nommé Les Aubains *(Albani)*, situé sur la rive droite de l'Oise, vis à vis de Noisy. Ils y plantèrent des vignes, dont le produit fut d'abord partagé entr'eux et le donateur. Dans la suite, par une charte de l'an 1192, le comte réduisit à cinq muids de vin la redevance qu'il s'était réservée sur cette vigne, et donna en outre à ladite abbaye une masure à Chambli. Par une autre charte de l'an 1194 il confirma la première, et spécifia que tout le vin de ces vignes serait exclusivement affecté à la consommation du couvent, sans pouvoir être vendu ni échangé. Une clause assez singulière, c'est qu'il ordonne, et cela, dit-il, pour la révérence de l'Ordre, *pro reverentia ordinis*, qu'il soit mêlé un setier d'eau à douze setiers de vin. Suivant l'usage du temps, il déposa lui-même sa charte sur le maître-autel de l'église de l'abbaye (3).

Dans les années 1194 et 1196, Mathieu III confirma deux donations faites à l'abbaye de Beaupré (4). L'une de ces donations, faite par une dame nommée Pétronille d'Aunai, consistait en une vigne appelée Le Clos-Bouchard, et portait pour condition que les moines recevraient parmi eux le fils de la donatrice (5). L'autre consistait en une maison située à la Neuville près Beaumont (6).

Une charte de Hugues de Beaumont de l'an 1206 constate, qu'en présence de Mathieu III, un nommé Adam le Clerc a amendé à l'abbaye de Beaupré le tort qu'il lui avait causé au sujet de cette vigne du Clos-Bouchard (7).

Nous avons deux actes de Mathieu III relatifs aux Templiers. L'un, de l'année

(1) *Antiq. Velocassium*, p. 233. — B. I. MS. *S. Germ. lat.*, 529.

(2) P. 8.

(3) *Preuves*, p. 37.

(4) Beaupré, abbaye de l'ordre de Citeaux, au diocèse de Beauvais, fondée en 1135, par Manassès de Bugles, seigneur de Milly.

(5) *Preuves*, p. 39.

(6) Ibid., p. 40.

(7) Ibid., p. 71.

1199, est une donation du bois de Verrines, au diocèse de Senlis, faite par lui aux Templiers de Paris (1). L'autre, de l'année 1208, est une sentence arbitrale rendue sur un différend mû entre le comte et les Templiers de Senlis, touchant une donation faite à ces derniers par Thibaut et Robert de Vinecel (2).

L'an 1188, Mathieu III avait assisté à une entrevue de Philippe Auguste avec Henri II, roi d'Angleterre, entrevue qui eut lieu entre Trie et Gisors, et à la suite de laquelle les deux monarques prirent la croix, ainsi qu'une foule de seigneurs des deux nations, au nombre desquels fut notre comte de Beaumont. Mais, comme il ne partit pas pour la Terre-Sainte, pour se racheter de son vœu il fit à l'évêque de Paris, l'an 1202, une donation qui donna lieu à la fondation de Saint-Denis de la Châtre. Il existe trois chartes relatives à cette fondation (3). L'une, du comte, qui est du mois de décembre 1206; les deux autres, la première de la même date, et l'autre du mois d'août 1207, sont de l'évêque de Paris, qui était alors Eudes de Sully. Les deux chartes du mois de décembre 1206, celle du comte et celle de l'évêque, sont absolument de la même teneur. Elles nous apprennent que le comte de Beaumont possédait à Paris, au lieu où l'on croyait que Saint-Denis avait été incarcéré, une chapelle dite de Sainte-Catherine avec un bâtiment contigu, sur un terrain qui n'était séparé que par une ruelle de l'ancienne église de Saint-Denis de la Châtre. C'est cette chapelle et ce terrain qu'il donna à l'évêque, à la charge d'y construire une église en l'honneur de Saint-Denis. L'évêque devait y mettre deux prêtres, et le comte, un troisième. Eudes de Sully fit effectivement bâtir une église sur l'emplacement concédé. On ne mit guère plus d'un an à sa construction, puisqu'au mois d'août 1207, date de la seconde charte de l'évêque, elle était déjà terminée. L'évêque y institua quatre chapelains, pour l'entretien desquels la comtesse Eléonore, femme de Mathieu III, donna la somme considérable de cent marcs d'argent. Cette église, si elle fut jamais sous l'invocation de Saint-Denis comme l'avait voulu le comte de Beaumont, ne conserva pas du moins longtemps ce titre, car dans un acte de 1214, elle est appelée Saint-Symphorien de la Châtre: *Ecclesia sancti Symphoriani de Carcere.* Mathieu III avait eu un différend avec un Gervais, prêtre de Saint-Denis de la Châtre, précisément au sujet de cette chapelle de Sainte-Catherine dont on vient de parler, différend qui fut jugé en sa faveur par une sentence de l'abbé et du prieur de l'abbaye du Val, et du prieur de Conflans-Sainte-Honorine. Cette sentence n'est pas datée, mais le différend qu'elle termine est nécessairement antérieur à la donation de 1206 (4).

L'an 1180, Avoise, dame de Monchy-le-Châtel, donna à Mathieu III, moyennant

(1) *Preuves*, p. 40.
(2) Ibid., p. 41.
(3) Ibid., p. 46.
(4) Ibid., p. 45.

un cens annuel de cinq sous parisis, un fief nommé le Plessis-Godard, assis à Fresnoy en Thelle. En outre, elle lui permit d'y construire telle forteresse qu'il jugerait convenable, comme aussi aux lieux du Belay et du Déluge. La charte, émanée d'Avoise, est donnée au Belay, dans la maison du comte de Beaumont (1). A la prière de la donatrice, Philippe Auguste confirma cette donation dans la même année (2).

Il n'est pas rare, à l'époque qui nous occupe, de voir ainsi des seigneurs terriens accorder de ces sortes de permissions de bâtir des forteresses sur leurs terres. Seulement ils se réservaient toujours de se les faire rendre par les possesseurs, à grande ou à petite force, c'est à dire ou sur une simple réquisition, ou par la voie des armes. Le cas advint précisément pour notre comte, l'an 1199. Un chevalier nommé Henri de Saint-Denis faisait bâtir une forteresse dans un lieu nommé La Morlaye, situé entre Lusarches et Chantilly. Le comte lui ayant contesté ce droit, l'affaire fut arrangée par Philippe Auguste dans la forme ordinaire. C'est à dire que le chevalier put achever sa forteresse, mais il s'engagea par serment à la rendre au comte de Beaumont sur sa demande (3).

Les terres des comtes de Beaumont et celles des seigneurs de Montmorenci étaient limitrophes. Il s'était élevé des différends entre Mathieu III, comte de Beaumont, et Mathieu II, seigneur de Montmorenci, au sujet des péages de la terre de Montmorenci. Ces différents furent terminées par un accord de l'an 1202, portant : 1.° que tous les marchands du comté de Beaumont ne payeraient sur les terres du seigneur de Montmorenci que la moitié des péages ; 2.° que les autres habitants du comté qui porteraient sur les terres du seigneur de Montmorenci des marchandises qui ne proviendraient pas du comté de Beaumont, payeraient de même la moitié des péages. Pour toutes les autres marchandises il n'était rien dû (4). Il est à présumer que les hommes du seigneur de Montmorenci jouirent sur la terre du comte de Beaumont d'avantages réciproques. Mais nous n'en avons pas trouvé de preuves.

L'an 1203, Mathieu III se signala par la part qu'il prit à une importante manifestation de plusieurs des grands feudataires de la couronne en faveur de Philippe Auguste. Ce monarque était alors dans le fort de sa guerre avec Jean sans Terre et lui enlevait la plupart de ses places de la Normandie qu'il soumit entièrement l'année suivante. Rome voulait lui imposer une médiation qu'il refusait, et qui lui fit faire un appel à sa noblesse, appel qui fut promptement entendu. Les plus grands seigneurs du royaume lui conseillèrent fortement de ne céder sous aucun prétexte à la pression que voulait exercer sur lui la cour de Rome. Ils lui promirent hautement de le seconder de toutes

(1) *Preuves*, p. 34.
(2) Ibid., p. 35.
(3) Ibid., p. 42.
(4) Ibid., p. 43.

leurs forces dans sa résistance, et de ne traiter dans aucun cas avec le pape sans son consentement. La plupart, sans doute, s'y engagèrent même par écrit. En effet, il existe au Trésor des chartes onze lettres relatives à cette affaire et qui contiennent l'engagement formel de la part de leurs auteurs de soutenir jusqu'au bout Philippe Auguste dans sa guerre contre l'Anglais et dans sa résistance au pape. Ces lettres émanent de Renaud, comte de Boulogne; de Gui de Dampierre; d'Hervi, comte de Nevers; de Raoul, comte de Soissons; d'Eudes, duc de Bourgogne; d'Enguerrand de Couci; de Guillaume, comte de Sancerre; de Blanche de Navarre, comtesse de Troyes; de Catherine, comtesse de Blois et de Clermont; de notre Mathieu III, et enfin d'Eléonore de Vermandois, sa femme. Elles sont toutes de l'an 1203. Celle du comte de Boulogne est datée d'Evreux, du mois de juin, celle du duc de Bourgogne, de Vaudreuil et du mois de juillet, celle du comte de Nevers, du même mois, mais de Mantes, celle du comte de Sancerre, de Fontainebleau et du mois d'août, toutes les autres du même mois, mais de Mantes (1). Il n'est pas inutile de faire remarquer que Mathieu III non seulement s'engagea par lui-même, mais qu'aussi sa femme Eléonore de Vermandois s'engagea de son côté, à titre il est vrai de comtesse de Saint-Quentin. Ce qui est une nouvelle preuve de ce qu'on verra plus loin, qu'à partir du Traité d'Amiens, la comtesse Eléonore semble s'être bornée uniquement à gouverner son comté de Saint-Quentin.

Au mois de novembre 1207, le comte de Beaumont se trouvait à Paris et assistait à l'hommage que Gaucher de Châtillon, comte de Saint-Pol, rendit alors au roi (2).

On trouve dans le cartulaire de Saint-Martin des Champs deux chartes sans date, que nous croyons pouvoir placer vers l'an 1208. Ce sont deux confirmations par Mathieu III, de deux donations de Philippe de Beaumont, son frère, l'une au prieuré de Saint-Léonor, l'autre à un moine, ou prieur de Courcelles (3). Ce sont là, à notre avis, les derniers actes de notre comte.

Du Moustier, dans sa *Neustria Pia* (p. 461) dit que Mathieu III fonda, l'an 1199, conjointement avec sa femme, Eléonore, le prieuré du Lay, et qu'au mois de juillet 1208, Guillaume, abbé du Bec, s'y rendit à la prière du comte, et y établit des moines, qu'il avait tirés, tant de l'abbaye du Bec que du prieuré de Conflans-Sainte-Honorine. Il ajoute que le comte mourut cette année, et fut enterré dans cette église de Conflans. Or, comme le nécrologe de Saint-Léonor met la mort de Mathieu III au 24 novembre, il en résulterait qu'il mourut le 24 novembre 1208. Cependant nous croyons qu'il faut la reculer d'une année, et la mettre au 24 novembre 1209. Il ne laissa pas

(1) A. I. *Trés. des Ch.*, Carton coté J, 628.
(2) *Preuves*, p. 48.
(3) Ibid., p. 36.

d'enfants de sa femme, Eléonore de Vermandois, et son frère, Jean, lui succéda au comté de Beaumont.

ÉLÉONORE DE VERMANDOIS.

Raoul IV, dit le Vaillant, comte de Vermandois, était mort en 1152, laissant de sa seconde femme, Pétronille de Guienne, une fille du nom d'Elizabeth, un fils du nom de Raoul, tous deux en bas âge, et un troisième enfant dont la naissance fut posthume. Cet enfant fut une fille qui porta le nom d'Eléonore de Vermandois. Son frère, Raoul V, dit le Lépreux, n'avait pas encore un an accompli lorsqu'il succéda à son père. Il fut d'abord placé sous la tutelle de Valeran, comte de Meulan, et ensuite sous celle d'Ives, comte de Soissons. Il se maria, et mourut sans postérité, le 17 juin de l'année 1167. Sa sœur ainée Elizabeth, qui avait épousé Philippe d'Alsace, comte de Flandre, fut son héritière et apporta ainsi le Vermandois à son mari, qui ajouta dès-lors à son titre de comte de Flandre celui de comte de Vermandois. Lorsque la comtesse Elizabeth mourut, ce qui advint en 1183 (1), la succession du Vermandois qu'elle laissait vacante, se trouva disputée entre le comte de Flandre, son mari, et sa sœur, Eléonore de Vermandois, alors femme de Mathieu III, comte de Beaumont.

Eléonore de Vermandois avait déjà eu trois maris lorsqu'elle épousa le comte de Beaumont. Elle avait été mariée, ou plutôt promise, peu après l'an 1160, à Godefroy de Namur, fils de Baudouin, comte de Hainaut, et qui mourut peu de temps après. Elle avait ensuite épousé, avant l'an 1167, Guillaume V, comte de Nevers, que la peste enleva à Saint-Jean-d'Acre, le 24 octobre 1168. Après la mort de ce deuxième mari, le comte de Flandre, mari de sa sœur, lui avait fait épouser, l'an 1171, Mathieu comte de Boulogne, son frère. Ce comte de Boulogne fut tué l'an 1173, au siége de Dreincourt, dans une guerre entre le roi de France et le roi d'Angleterre. Veuve pour la troisième fois, Eléonore épousa notre comte de Beaumont, bien peu de temps après son dernier veuvage, si nous nous en rapportons à l'historien du duché de Valois qui dit qu'elle vivait depuis près de dix ans avec le comte de Beaumont, quand elle perdit sa sœur Elizabeth, comme nous l'avons dit, l'an 1183. Ce qu'il y a de sûr, c'est que le mariage d'Eléonore de Vermandois avec Mathieu III, comte de Beaumont, eut lieu nécessairement entre l'année 1173, époque de la mort de son troisième mari, et l'année 1177, où nous la voyons figurer dans

(1) Colliette, dans son *Histoire du Vermandois*, met la mort de la comtesse Elizabeth au 18 avril 1182, et Carlier, dans son *Histoire du duché de Valois*, au 26 mars 1183.

une charte de Mathieu III. C'était au reste pour ce seigneur une grande alliance, quoiqu'il semble n'en pas avoir tiré tous les avantages qu'il devait naturellement s'en promettre.

La mort de la comtesse Elizabeth arriva précisément au moment où le comte de Flandre, son mari, après avoir joui pendant longtemps du plus grand crédit à la cour de France, était tombé en disgrâce (1). Aussi, à la première nouvelle de cet événement, Philippe-Auguste fit-il sommer le comte de rendre à la comtesse Eléonore, sa belle-sœur, les comtés de Valois et de Vermandois, qu'il ne tenait que du chef de sa femme. Comme Eléonore n'avait pas d'enfants, ces deux comtés devaient, suivant toute vraisemblance, revenir au roi, après sa mort. Vainement le comte de Flandre allégua-t-il la donation qui lui en avait été faite par Louis VII, et confirmée par Philippe-Auguste lui-même. On n'en tint pas compte. Déjà, avant la mort de la comtesse Elisabeth, les hostilités avaient commencé contre le comte, son mari. Le comte de Clermont, ennemi personnel du comte de Flandre, avait, du consentement du Roi, été surprendre le château de Breteuil. Le comte de Flandre avait pour sénéchal un capitaine habile nommé Hélin, qui lui gardait sa ville de Crépy. Cet Hélin conseilla à son maître d'aller chercher des renforts en Flandre, et pendant les apprêts mutuels du roi et du comte, il ravagea les terres du Clermontois, celles du sire de Coucy, et fit prisonnier le comte de Dammartin dans son propre château. Bientôt les deux armées, celle du roi et celle du comte de Flandre, se trouvèrent en présence dans une plaine située entre Senlis et Crépy. Chacune était forte d'à-peu-près vingt à trente mille hommes. Au moment d'en venir aux mains, il y eut, entre le roi et le comte de Flandre, une entrevue qui fut suivie d'une trêve. Cet Hélin dont nous avons parlé s'y était opposé en vain, et l'issue de l'évènement prouva qu'il avait raison. Après la trève, le comte retourna en Flandre, et, dès qu'elle fut expirée, Philippe-Auguste conduisit son armée dans l'Amiénois. Les deux armées étaient en présence entre Amiens et Gerberoy, quand les mêmes personnages qui avaient ménagé une première fois une entrevue entre les deux partis, les amenèrent encore cette fois à accepter une conférence qui se tint à Amiens. Les parties intéressées étaient le roi, le comte de Flandre, et le comte de Beaumont. On en vint à un accommodement qui portait en substance que Philippe d'Alsace, comte de Flandre, céderait au roi les comtés d'Amiens et de Vermandois, en recevant un revenu fixe en échange, et que la comtesse Eléonore entrerait en posssession du Valois, qui reviendrait au roi avec ce qu'elle tenait à Saint-Quentin, au cas où elle mourrait sans enfants. Ce traité fut conclu à Amiens, après les fêtes de Pâques de l'an 1184.

Quoiqu'il en soit de ce traité d'Amiens, il ne termina pas entièrement l'affaire de la

(1) Il avait été le tuteur de Philippe-Auguste.

succession du Vermandois. Car il existe une charte de Philippe Auguste, postérieure de sept ans, qui contient un accord définitif (*firmam pacem*) entre ce prince et notre Eléonore, touchant le Vermandois et le Valois (*de Viromanno et Valesio*). Cette charte est de l'année 1191, et il est important de remarquer que c'est l'année même de la mort du comte de Flandre. Par cet accord, le Valois, avec toutes ses appartenances demeure à la comtesse, ainsi que Chauny, Ressons, Lassigny, Saint-Quentin, Ribemont et Origny. De plus il lui est assigné un revenu annuel de deux cents livres de monnaie noire (*denariorum nigrorum*), à Roye, et un autre revenu annuel de cinquante marcs d'argent, poids de Troyes, à Péronne. La comtesse et le comte, son mari, tiendront le tout en fief du roi, lequel confirme toutes les aumônes faites par la comtesse, et lui permet d'en faire d'autres jusqu'à la somme de cent livres parisis. Dans le cas où elle entrerait en religion, elle pourra prélever trois cent livres parisis par an sur le revenu des terres énoncées plus haut, lesquelles trois cent livres retourneront au roi après la mort de la comtesse. Toutes les terres en question reviendront au Roi, si elle meurt sans enfants. De plus elle cède au roi, moyennant treize mille livres et l'abandon du droit de rachat qu'elle lui devait, *pro nostro rachato*, Péronne, Roye et Montdidier avec leurs appartenances, et toute la terre que le roi a en Vermandois, excepté Chauny, Ressons, Lassigny, Saint-Quentin, Ribemont et Origny. C'est à dire qu'elle ne lui en cède qu'une partie, et même la moindre. Enfin elle lui abandonne tout le comté d'Amiens, *totam comitivam Ambianesii*, à cette condition que si le roi meurt sans enfants, toute cette terre reviendra à la comtesse ou à ses héritiers (1).

On voit par cette pièce quelle était l'importance de la succession advenue à la comtesse Eléonore par la mort de sa sœur, puis qu'indépendamment du Valois et du Vermandois, elle comprenait encore les villes et territoires de Roye, de Montdidier, de Péronne, de Ribemont et de Chauny, sans compter l'Amiénois. Au reste, la comtesse Eléonore était si bien en possession du Vermandois à cette époque, qu'en 1192, dans une guerre qui se fit en Laonnais entre Nicolas de Rumigny et Robert de Pierrepont, elle envoya au secours de ce dernier la commune de Saint-Quentin. Ce qui pourtant ne l'empêcha pas d'être battu (2).

A partir du traité d'Amiens, la comtesse Eléonore s'intitule héritière du Verman-

(1) *Preuves*, p. 54.

(2) Hoc eodem anno, in parochia Lauduni Clavati fuit bellum inter Nicolaum de Rumigniaco et Robertum de Petraponte, milite generoso, ubi Nicolaus superior factus magnam adversariorum capit multitudinem, Roberto cum suis auxiliariis verso in fugam. Comitissa vero Viromandorum communiam Sancti-Quintini miserat in ejus adjutorium. Nobilis autem mulier domina de Marla in ejus adjutorium miserat communiam de Marla, quorum multitudinem Nicolaus, miles egregius egregie fudit et disconfecit. (Ex Chronico anonymi Laudunensis canonici. — *Rec. des Hist. de France*, t. XVIII, p. 710, A.

dois, comme on le voit dans une charte de l'an 1184 (1). Dans une autre charte de la même année, elle se dit dame et héritière de Valois. Enfin, de 1187 à 1213, elle s'intitule constamment comtesse de Saint-Quentin et dame de Valois. Il est vrai que les chartes qu'on a d'elle pour cette période, ne concernent, comme on va le voir, que le Vermandois et le Valois, et qu'elles ne contiennent rien qui se rapporte au comté de Beaumont-sur-Oise. Quant au comte Mathieu III, son mari, à partir de 1184 jusqu'en 1192, il ajoute dans ses chartes à son titre de comte de Beaumont, celui de seigneur du Valois, *dominus Valesii*. Dans une charte de 1186, il s'intitule comte de Beaumont et de Crépi. Au reste, dans toute cette affaire de la succession du Vermandois, il semble n'avoir joué, relativement à sa femme, qu'un rôle très-secondaire.

La comtesse Eléonore a laissé dans l'histoire la réputation d'une princesse très-pieuse, et c'est ce que confirme la nature des pièces que nous avons d'elle; presque toutes ont pour objet des donations à des églises ou à des hôpitaux.

Conjointement avec Mathieu III, son mari, elle avait bâti à Crépy, et près de l'Hôtel-Dieu de cette ville, une chapelle hospitalière en l'honneur de Saint-Michel. Comme l'emplacement de cette chapelle se trouvait compris dans l'enceinte de la collégiale de Saint-Thomas, les chanoines firent des réclamations auxquelles Henri, évêque de Senlis, fit droit par une charte de l'an 1184, qui contient l'accord passé entre ces chanoines et la comtesse. La même année, elle distrait, en faveur du chapelain de cette chapelle de Saint-Michel, onze livres de revenu sur les deux cents que Philippe, comte de Flandre et de Vermandois, et Elizabeth, sa femme, avaient précédemment données aux chanoines de Saint-Thomas de Crépy, moitié payable par la commune et moitié par le seigneur. Dans cette charte, qui est émanée d'elle et de son mari, elle s'intitule dame et héritière du Valois. Elle y qualifie de comte de Péronne Raoul IV, son père, que Carlier appelle comte de Crépy. Sa donation est faite pour le salut de l'âme de son père Raoul, de sa mère Pétronille, de Raoul le Jeune, (Raoul V son frère), d'un Hugues, sans doute son autre frère, que Carlier a confondu avec Raoul V, d'Elizabeth sa sœur, de Geoffroi, fils du comte de Hainaut (2), de Guillaume, comte de Nevers et de Mathieu, comte de Boulogne, ses trois premiers maris, de Henri, roi d'Angleterre, son parent, et d'Ives, comte de Soissons, qui

(1) *Preuves*, p. 19.

(2) Le texte porte *Godefridi comitis Henaldi*, mais c'est une faute. Il faut intercaler *filii*. Il n'y a pas eu de comte de Hainaut du nom de Geofroi, tandis qu'au contraire Baudouin V a eu un fils de ce nom, marié à Eléonore (Voyez le *Recueil des historiens de Fr.*, t. XIII, p. 566). Au reste, nous nous permettons facilement cette rectification, car nous n'avons ici qu'une copie moderne. (Voy. nos *Preuves*, p. 18.)

fut tuteur de Raoul V. Parmi les témoins, on remarque un Thibaut de Morangle, chevalier du comte de Beaumont, qui paraît souvent dans les chartes de Mathieu III (1).

Cette même année 1184, Eléonore donna à l'abbaye d'Ourscamp une terre labourable avec une manse ou ferme, située à Waescourt. Dans cette pièce elle nomme Mathieu III et rappelle ses trois premiers maris, *et maritorum quos prius habui.* Parmi les signataires se trouvent son chapelain, Anquetin, son sénéchal, Pierre de Vaux, et Arnould, son boutillier (2).

Une charte de Philippe-Auguste de l'an 1185 confirme une donation d'Eléonore à un nommé Robert de Chartres, de cinq arpents et demi de vigne, situés à Paris sur la montagne Sainte-Geneviève, *sitos Parisiis apud sanctum Stephanum.* Il est à remarquer que le Roi, dans cette pièce, ne la qualifie que de comtesse de Beaumont, ce qui semble indiquer qu'il ne la reconnaissait pas alors pour comtesse de Saint-Quentin, ni pour dame de Valois, à moins cependant, que le bien, objet de la donation, ne vint de son mari le comte de Beaumont, auquel cas il serait tout simple que le Roi ne lui eût donné que ce titre de comtesse de Beaumont.

L'an 1186, Mathieu III, qui se qualifie comte de Beaumont et de Crépy, confirme avec sa femme Eléonore la commune de Chauni, ainsi qu'on l'a dit plus haut.

L'année suivante, Eléonore, comme comtesse de Saint-Quentin et dame de Valois, accorde au prieuré de Saint-Arnoul de Crépy le droit de prendre chaque jour une charretée de bois mort dans la forêt de Retz. Sa charte nous apprend que son père et sa mère étaient enterrés dans l'église de ce prieuré (3).

En 1188, une charte émanée de Mathieu III, qui s'y qualifie de comte de Beaumont et seigneur de Valois, et d'Eléonore, sa femme, qui s'y dit légitime héritière et dame de Valois, accorde aux moines Cisterciens de Longpont la libre jouissance des novales ou défrichements qu'ils avaient faits dans les forêts et les fiefs des donateurs depuis le temps du comte Raoul le vieux; de plus, le droit de paturage pour leurs bestiaux, l'usage du bois mort, pour eux, et du bois vif pour leur église, mais sans pouvoir, à l'avenir, faire de nouvelles novales dans ces forêts, sans le consentement du comte et de la comtesse. L'abbaye de Longpont, fille de Citeaux, fondée vers le milieu du XII.e siècle par un seigneur de la maison de Pierrefonds, était située sur la lisière de la forêt de Villers-Cotterets, qu'on appelait alors la forêt de Retz. L'église, l'une des plus belles du Royaume, suivant Carlier, avait été construite par Raoul IV, comte de Vermandois, pour se racheter d'une excommunication qu'il avait encourue à cause de son divorse avec sa première femme. Le nom de Longpont avait été

(1) *Preuves*, p. 48.

(2) Ibid., p. 50.

(3) Ibid., p. 51.

donné à ce lieu parce qu'on y arrivait par une longue chaussée soutenue par des arches.

Sous l'année 1194, nous trouvons une charte que Carlier et Colliette appellent la Grande Charte aumônière de la comtesse Eléonore, et qui, en effet, contient ses dons à un grand nombre d'établissements religieux. On pourra voir dans nos *Preuves* (1) le détail des donations; nous nous contenterons d'énumérer ici les établissements auxquels elles sont faites. Ce sont les chapitres de Notre-Dame de Paris et de Saint-Quentin; les abbayes de Longpont, de Valseri, de Lieu-Restauré, du Charme, de Saint-Eloi-Fontaine, de Morienval et de Sainte-Geneviève de Paris; les prieurés de Longpré, de Collinances, de Saint-Jean-au-Bois, de Sainte-Agathe de Crépy, de Saint-George de Villers-Cotterets, de Saint-Léonor de Beaumont, de Boran, et de Noëfort; les églises de Saint-Vaast, de Saint-Wigneul, de Saint-Thomas de Crépy, de Saint-Arnoul de Crépy et de Sainte-Marie de Chauni; les Maladreries de la Ferté-Milon, de Houllon, de Crépy et de Chambli; les Hôtels-Dieu de Saint-Thomas de Crépy et de la Ferté-Milon; enfin les Templiers et les Hospitaliers. De tous ces établissements religieux, il n'y en a que trois qui soient du comté de Beaumont, savoir: les prieurés de Saint-Léonor et de Boran, et la maladrerie de Chambli. Tous les autres appartiennent au Valois ou au Vermandois. Il est à remarquer que Muldrac, dans son *Histoire de l'abbaye de Longpont*, donne la pièce dont nous parlons, sous le nom de testament de la comtesse Eléonore, et même qu'il nous en fournit deux versions qui diffèrent assez entr'elles. Au reste, il n'est pas rare de rencontrer, aux XII.e et XIII.e siècles, des chartes qui se présentent ainsi en double, et avec des différences assez marquées, bien qu'elles s'appliquent à des dates et à des matières semblables; c'est ce qu'il ne faut pas perdre de vue, car autrement on s'exposerait à douter sans raison de faits authentiques, sous prétexte qu'ils nous sont donnés en divers lieux, avec quelques circonstances différentes. Philippe-Auguste confirma, en 1195, cette grande charte aumonière de la comtesse Eléonore (2). La même année, elle renouvelle, par une charte séparée, la donation au prieuré de Boran comprise dans sa grande charte de 1194. Ce qui confirme ce que nous venons dire. Il en est de même de sa donation au prieuré de Saint-Léonor (3).

Le cartulaire de Saint-Martin-des-Champs contient une charte de la comtesse Eléonore, de l'an 1197, qui confirme une transaction passée entre les moines de Saint-Martin-des-Champs, et trois frères, nommés Barthélemy, Wibaud et Henri de Lergni, touchant la dîme de ce lieu et certains cens que ces moines y avaient (4).

(1) *Preuves*, p. 55.
(2) Ibid., p. 58.
(3) *Preuves*, p. 64.
(4) Ibid., p. 60.

N.

Eléonore est la fondatrice de l'abbaye du Parç-aux-Dames située dans la ville de Crépy. Voici ce que Carlier dit de son emplacement : « Il y avait dans le parc de Bou» ville (1) une chapelle, entourée d'eau comme une isle, et à côté de cette chapelle, » un corps de logis, occupé par des personnes qui faisaient l'office divin, hommes » ou femmes. La comtesse Eléonore changea cette communauté en un monastère de » Citeaux, rebâtit l'église, et lui annexa plusieurs dépendances en bois, en prés et en » terres, avec les viviers du parc, le cours de l'eau, et une bonne partie des batiments, » qui composoient le château de Bouville. L'église fut rebâtie dans un gout simple, » avec plus de solidité que de délicatesse, sur un terrain fangeux et aquatique. Au » siècle passé, on a été obligé d'élever de six pieds le sol de cette église, parce que » l'humidité du terrein la rendoit mal-saine (2) »

L'historien du Valois ajoute que l'on a deux chartes relatives à la fondation de ce monastère, l'une de Philippe-Auguste, de l'an 1203, et l'autre de la comtesse Eléonore, de l'an 1205. Cette seconde charte, qui fait à proprement parler le titre de la fondation de cette abbaye, est imprimée dans le *Gallia Christiana.* On y lit : *Ego Alienor, comitissa Sancti-Quintini et domina Valesii . . . . . . concedo ecclesiæ Sanctæ-Mariæ de Parco, quam de novo a fundamentis ædificavi, etc.* (3). Quatre ans plus tard, en confirmant la donation d'une rente de cent sous faite à cette abbaye par Philippe de Crépy, seigneur de Nanteuil, elle répète les mots : *quam fundavi* (4).

Nous avons tiré du Trésor des chartes une charte de Philippe-Auguste de l'an 1211, qui nous montre notre comtesse Eléonore en querelle avec les chanoines de sa ville de Saint-Quentin. Les chanoines se plaignaient, entr'autres choses, de ce que la comtesse ne voulait pas contraindre les bourgeois de Saint-Quentin à faire satisfaction pécuniaire au chapitre dans les cas d'excommunication, ce à quoi le roi les oblige, *sicuti fit per totum regnum.* Une singularité qui est à relever dans cette charte, c'est que la comtesse reprochait aux chanoines d'avoir aliéné un calice d'or enrichi de pierreries, qu'elle leur avait donné. Ils répondent qu'à la vérité ils avaient fondu et vendu l'or du calice, mais qu'ils en avaient gardé les pierres, qu'ils étaient prêts à lui rendre si elle voulait en faire faire une châsse pour le saint (5). Au reste, il y avait entre les bourgeois de Saint-Quentin, qu'on voit ici protégés

(1) Bouville était un très-ancien château compris dans l'enceinte de la ville de Crépy. Carlier dit qu'on le nommait aussi Trielle, ou Trouille, et que ce nom signifie un lieu où il y a de belles eaux. Il ajoute que Bouville, qui signifie un lieu de pâturages, a prévalu sur l'autre depuis le commencement du XIII.e siècle. (Voy. l'*Histoire du Duché de Valois*, t. I.er, p. 89.)

(2) Ibid, t. II, p. 1.

(3) *Preuves*, p. 60.

(4) Ibid.

(5) Ibid., p. 61.

par la comtesse, et le chapitre, des sujets de querelle bien autrement graves que ceux qui sont allégués dans cette charte, comme le prouve le sentence de l'an 1213, émanée d'arbitres pris, tant du côté de la comtesse, que de celui du chapitre, et qui ne va à rien moins qu'à chasser de la ville le maire et quelques-uns des principaux habitants (1).

Muldrac, dans son histoire de l'abbaye de Longpont, met la mort de la comtesse Eléonore au 21 juin 1214, et ajoute qu'elle fut enterrée dans le cloître de l'abbaye de Longpont : *Hoc ipso anno* 1214, 11 *calendas julii, piissima Elienor comitissa Valesiæque domina plena dierum atque meritorum carnalibus quidem infæcunda liberis, sed spiritualibus fæcundissima ut pote Longiprati ordinis Fontisebraldi, Parci Dominarum ordinis Cisterciensis fundatrix amplissima, ac in religiosa quæque suæ ditionis loca, præcipuè nostrum Longipontis cænobium munifica fæliciter obdormit in Domino, et in sepulchro marmoreo affabrè facto intra murum claustri collationis a latere portæ dicti Longipontis ecclesiæ decenter exciso cum Radulpho fratre Viromandiæ Valesiæque comite honorificè conditur duplici ibidem inscripto epitaphio, antiquo et recentiori.*

VETUS EPITAPHIUM.

Fratri juncta soror comiti comitissa Radulpho
Nobilis Elienor hic tumulata jacet.
Qui cum claruerint altis natalibus, altâ
Vicerunt morum nobilitate genus.
Sed quid honor, quid opes, quid gloria sanguinis alti,
Ecce brevis pariter tegit utrumque lapis.
In speculum, lector, tibi sint, pro temet et ipsis
Sors tua te moveat fundere vota precum (2).

ALIUD EPITAPHIUM.

Hic jacent Radulphus junior ejusque soror Elienor Viromandiæ atque Valesiæ comites Radulphi senioris hujus domus fundatoris liberi, qui obierunt, Radulphus quidem 15 *calendas julii* 1176, *Elienor autem* 11 *calendas julii* 1214 (3).

(1) *Preuves*, p. 63.

(2) D. Martenne (*Voy. litt.* t. II p. 9) a donné cette épitaphe avec quelques légères variantes. Ainsi, au premier vers, il lit *Radulfo*, au lieu de *Radulpho;* au lieu de *quid gloria sanguinis alti* du cinquième vers, il donne *quid denique gloria mundi;* au vers suivant, il met *claudit* au lieu de *tegit;* enfin, à l'avant dernier vers, il met *tibi sit*, au lieu de *tibi sint*.

(3) Muldrac, *Compendiosum abbatiæ Longipontis Suessionensis chronicon*, etc. p. 175.

Si un fait semble bien prouvé, c'est assurément celui-là. Il est rapporté dans l'histoire de l'abbaye même où la comtesse Eléonore fut enterrée, il est appuyé de deux épitaphes; aussi ne nous étonnerons nous pas de voir Carlier, écrivain d'ailleurs exact et instruit, s'en rapporter au témoignage de Muldrac. Eh bien, c'est ce témoignage qui l'a trompé. Car il n'est pas vrai, comme nous allons le démontrer tout à l'heure, qu'Eléonore soit morte en 1214. Au reste, si Carlier suit le sentiment de Muldrac, quant à la date de la mort d'Eléonore, d'un autre côté, il s'en écarte, quant au lieu de sa sépulture qu'il prétend avoir été à l'entrée de l'église du Parc-aux-Dames. « Muldrac, dit-il, assure que la comtesse a été inhumée dans le cloître de l'abbaye de » Long-pont, auprès de Raoul V son frère. Il rapporte pour preuve de son sentiment » la double épitaphe, *fratri juncta soror*, *etc*, que nous avons déjà réfutée comme » fausse et trop moderne (1). » D'abord, ceci n'est pas suffisamment exact, la seconde épitaphe peut fort bien être fausse, et elle l'est comme on va le voir, sans que la première le soit. Mais Carlier avait contre la date de 1214, une autorité dont il a eu tort de ne pas tenir plus de compte. Reproduisons ses propres expressions « Damien » de Templeux prétend qu'Eléonore survécut à son quatrième mari, et qu'elle épousa » en cinquièmes noces Etienne, comte de Sancerre, seigneur de Châtillon-sur-Loin, » avec lequel, ajoute cet auteur, elle vivait encore en l'an 1222. Cette dernière date » est seule une réfutation complète du sentiment de Templeux: on prouve que la » comtesse Eléonore est morte en l'an 1214 (2). » On prouve mal, et c'est Damien de Templeux qui a raison, au moins en ce qui est du cinquième mariage d'Eléonore. En effet, on trouve dans le cartulaire blanc de Saint-Denis, une charte de l'an 1216, émanée d'Etienne de Sancerre, (non pas il est vrai comte de Sancerre, comme le dit Templeux, ou Carlier qui le cite, mais fils d'Etienne comte de Sancerre) et d'Eléonore, jadis comtesse de Beaumont, *quondam comitissa Bellimontis*, sa femme, en faveur du prieuré du Lay, près Chambli. Il est donc bien certain qu'Eléonore n'était pas morte en 1214 comme le veut Carlier. Ce qui l'a fait tomber dans cette erreur, indépendamment de l'autorité de Muldrac, c'est une charte de Philippe-Auguste de l'an 1214, confirmative d'une donation de Mathieu III et d'Eléonore en faveur de l'abbaye de Saint-Josse-sur-mer, dans laquelle on trouve cette phrase : « *Matheus*, *quondam bonæ memoriæ*, *comes Bellimontis et de Crispeio*, *et Elienor*, *uxor ejus quondam comitissa* » *Viromandiæ.* » A la vérité, dans les chartes le mot *quondam* signifie presque toujours que la personne à laquelle il s'applique est décédée: mais ici il signifie seulement qu'en 1214, époque où il est certain que Mathieu III était mort, Eléonore, jadis comtesse de Vermandois, n'était plus comtesse de Vermandois. Aussi pour Mathieu, qui lui était

(1) *Hist. du duché de Valois*, t. II, p. 12. (2) Ibid., p. 11.

mort à l'époque de la charte, a-t-on soin d'ajouter les mots *bonæ memoriæ*, qui ne laissent aucun doute. Au reste, l'erreur a pu provenir du rédacteur de la charte. Ce qui nous le ferait croire, c'est que dans une autre charte de Philippe-Auguste, de l'an 1219, c'est-à-dire trois ans plus tard, il ne fait pas difficulté de donner à Eléonore son titre de comtesse de Vermandois, *comitissa Elienor Viromandie* (1).

Indépendamment de cette charte de 1216, qui constate la réalité du cinquième mariage d'Eléonore, nous en avons découvert une autre de l'an 1219, qui vient à l'appui. C'est une donation de soixante-quinze sous sancerrois de revenu, faite par Etienne de Sancerre, seigneur de Châtillon-sur-Loing, de l'assentiment d'Eléonore, sa femme, *de assensu et voluntate Alienor uxoris mee*, aux moines de l'abbaye de Fontaine-Jean, au diocèse de Sens.

Il est donc bien prouvé qu'Eléonore de Vermandois a eu un cinquième mari, et que ce mari a été Etienne de Sancerre, troisième fils d'Etienne I.er, comte de Sancerre. Comme elle n'a été veuve de Mathieu III qu'en 1208, et qu'elle était née en 1152, elle contracta ce cinquième mariage à l'âge de cinquante-sept ans passés. Maintenant, rien n'empêche de croire qu'elle vivait encore en 1221, comme le dit Damien de Templeux, et il en résulte qu'elle serait morte à l'âge de plus de quatre-vingts ans, sans laisser de postérité, après avoir été mariée cinq fois. C'est en elle que s'éteignit la maison illustre de Vermandois.

Carlier, dans son histoire du duché de Valois, et Colliette, dans son histoire du Vermandois ont beaucoup parlé de la comtesse Eléonore, et en font un grand éloge. Pour nous, qui ne marchons dans cette étude qu'avec des chartes, nous n'avons rien à nier, ni à affirmer sur elle. Tout ce qu'on a pu voir, c'est qu'elle fit de nombreuses donations aux églises, et aussi qu'elle semble s'être montrée favorable aux libertés des bourgeois de Saint-Quentin. Il paraît qu'elle aimait les lettres, témoin le roman de sainte Géneviève, qui fut composé à sa prière.

JEAN.

Jean, septième comte de Beaumont-sur-Oise, était fils de Mathieu II et d'Adèle, sa seconde femme. Il succéda à son frère, Mathieu III, au mois de novembre 1209. Du vivant de son frère, il portait le titre de seigneur de Lusarches. Il s'intitule ainsi dans une charte de l'an 1198, par laquelle il accorde aux moines de l'abbaye de Chaalis la faculté de prendre, sur le territoire de Lusarches, *in costumis de Lusarchiis*, toute

(1) *Preuves*, p. 66.

la terre à tuile dont ils auront besoin (1). Il s'appelle Jean de Lusarches dans une charte de l'an 1207, où se il porte garant de l'engagement du produit d'une dîme, fait par Arnould de Champagnes, à l'église de Saint-Pierre de Beauvais: *Ego Johannes de Lusarchiis, frater comitis Bellimontis etc.* (2). Dans d'autres chartes il se nomme seulement Jean de Beaumont, *Johannes de Bellomonte*, savoir : dans une charte de 1190, où il approuve la vente d'une pièce de terre faite par les lépreux de Lusarches à l'abbaye du Val (3); dans une autre de la même année, où il confirme, comme seigneur féodal, une donation faite à cette même abbaye du Val par Gachon de Goussainville (4) ; enfin, dans une troisième charte, de l'an 1200, par laquelle, et au même titre, il approuve la vente d'une dîme à Goussainville faite par ce même Gachon au chapitre de Notre-Dame de Paris (5).

On trouve au Cartulaire blanc de l'abbaye de Saint-Denis une charte du comte Jean, qui est l'un des premiers actes de son gouvernement après qu'il eut recueilli l'héritage de son frère. Il y constate qu'en faisant son hommage à l'abbé de Saint-Denis, il a traité avec lui de gré à gré pour les droits de relief. Cette charte est datée du mois de mars 1209 (V. S.) (6).

L'année suivante, le comte Jean donna trois autres chartes à l'abbaye de Saint-Denis. Dans l'une, il reconnaît qu'une maison qu'il a à Crouy, fait partie de ce qu'il tient en fief de l'abbaye (7). Dans l'autre, il déclare n'avoir ni cens, ni domaine sur des prés de l'abbaye situés dans un lieu nommé le Pont de pierre (8). La troisième est un accord passé entre lui et l'abbaye sur les objets suivants:

Le bois de Luat, *nemus de Luath*, ainsi que les détroits de Maffliers, seront en commun entre le comte et l'abbaye. Mour, avec tout ce qui s'étend depuis ce village jusqu'à l'Oise, appartiendra exclusivement à l'abbaye, excepté les trois fiefs que tiennent, Thomas, maire de Mour, Ansoult de Champagnes et Guillaume de Lormaisons, fiefs qui resteront au comte, dans quelques mains qu'ils viennent à tomber. Le comte conservera également un droit de corvées, *una corveia*, qu'il a à Mour, et pour lequel chaque habitant possédant un revenu entier, *redditus*, lui payait trois deniers beauvoisins, et chaque habitant ne possédant qu'un demi-revenu, trois oboles, le tout sous peine d'une amende de trois sous beauvoisins en cas de non payement. Le bailli de Saint-Denis touchera les redevances qui sont dues à l'abbaye aux lieux de

(1) *Preuves*, p. 71.
(2) B. I. *D. Grenier*, Picardie, CCXLII, fol. 124.
(3) *Preuves*, p. 71.
(4) Ibid., p. 72.
(5) Ibid.
(6) Ibid., p. 73.
(7) Ibid., p. 74.
(8) Ibid., p. 75.

Presles, de Prérolle et de Courcelles. En cas de refus, il s'adressera au comte, ou à son prévôt, lesquels le feront payer, et, de plus, prélèveront une double amende, celle du comte, et celle du bailli de Saint-Denis. Le comte abandonne à l'abbaye le bois du Fai près de Fontaine-Béhu, en se réservant seulement la voirie. En faveur de cette composition, l'abbaye donne au comte, en augmentation de son fief, trente arpents du bois des Rondeaux, voisin de sa forêt, *foresta comitis* (1). Il lui est en outre permis de creuser un fossé de quarante pieds de large, depuis le ponceau de Presles jusqu'au bois de l'Ile (Adam) *boscus de Insula*, à la condition que ce fossé ne nuira pas au cours d'eau qui alimente un moulin de l'abbaye, et à la charge, par le comte, de construire un nombre suffisant de ponceaux pour le passage des animaux. Cette charte est du mois d'août 1210 (2).

Ces querelles entre les comtes de Beaumont et l'abbaye de Saint-Denis, au sujet de leurs bois respectifs, renaissaient sans cesse. Deux ans après l'accord qu'on vient de lire, le comte Jean se vit citer devant l'abbé de Saint-Denis pour des délits commis dans les bois de Saint-Martin-du-Tertre. Il comparut. Mais, à la prière de Mathieu de Montmorency, de Guillaume de Garlande, de Manassès de Mello et de Robert de Poissy, l'abbé consentit à ce que l'affaire en restât là, sur la promesse formelle du comte de comparaître, lui ou ses successeurs, chaque fois qu'ils en seraient semoncés. Il en donna sa charte, qui est datée du mois de mars 1212 (V. S.) (3).

Le comte de Beaumont possédait, en commun avec l'abbaye de Saint-Denis, un bois nommé la Chateigneraie, situé à Saint-Martin-du-Tertre. L'abbaye ayant voulu vendre sa portion, il intervint entre les deux parties, à ce sujet, au mois de mai 1217, un accord portant que l'abbaye pourrait vendre tout le bois en question, sauf cinq arpents qui entouraient la maison du comte, lesquels devraient rester sans être coupés pendant vingt ans. Dès que l'abbaye aurait vendu, elle en préviendrait le comte qui aurait quinze jours pour présenter, s'il lui plaisait, un autre acquéreur qui surenchérît de cent sous au moins. Ce second acquéreur devrait être admis par l'abbaye. Seulement, il serait alors donné au premier acquéreur, comme compensation, quarante sous prélevés sur le prix de la vente, prix qui serait partagé également entre les deux propriétaires par indivis. Toute la récolte du bois, y compris les cinq arpents réservés, devait appartenir exclusivement à l'abbaye. Dans cette même charte, le comte Jean abandonne à l'abbaye tous ses droits sur l'avouerie de Cavillon, ainsi que la pêche du vivier d'Ully Saint-George, l'une des terres de l'abbaye de Saint-Denis dans le Beauvoisis (4).

(1) C'est la forêt de Carnelle.

(2) *Preuves*, p. 73.

(3) Ibid., p. 75.

(4) Ibid., p. 75.

A la même date, il se fit un arrangement semblable entre les deux mêmes parties, qui s'engagèrent à ne pas user de leurs droits d'usage dans leurs bois de Fai-Ridel et les détroits de Maffliers, pendant un laps de douze années, au bout desquelles les bois seraient vendus et le prix partagé (1).

On vient de voir, qu'en 1217 le comte Jean avait abandonné à l'abbaye de Saint-Denis tout ce qu'il possédait sur l'avouerie de Cavillon. Deux ans plus tard, il confirma la vente faite par Jean de la Boissière, chevalier, à ladite abbaye, de ce que ce chevalier possédait aussi sur cette avouerie, ce qui consistait en hôtes, en terrages et en champarts, avec un fief que Guillaume de Folanges, chevalier, y tenait du vendeur. Les champarts étaient situés entre Cavillon, Moulincourt et Bois-Morel. Nous ferons remarquer en passant que les abbayes avaient un grand intérêt à racheter ainsi leurs avoueries, qui, imaginées par elles dans l'origine pour sauvegarder leurs terres, avaient fini par en entraver la libre possession. Pour sa part la puissante abbaye de Saint-Denis n'y manqua pas, comme on peut le voir en maint endroit du riche cartulaire qu'elle nous a légué.

En 1210, c'est-à-dire peu de temps après qu'il eut pris possession de son comté, le comte Jean avait fondé à Beaumont, et probablement dans l'église de Saint-Laurent, une chapelle, et avait assigné pour l'entretien du chapelain deux muids de blé à prendre chaque année sur le moulin de Cuimont, lieu où Saint-Louis fonda plus tard l'abbaye du Royaumont (2).

Les comtes de Beaumont possédaient une partie des droits de travers qui se percevaient au passage de l'Oise, à Conflans Ste Honorine. En 1214, le comte Jean donna à Adam, seigneur du lieu de Villiers, appelé dans la suite Villiers-Adam, dix livres parisis à prendre, chaque année, à Noël, sur ce travers de Conflans. Ce revenu devait être tenu à foi et hommage lige du comte par le donataire, sauf la foi que celui-ci devait à Mathieu de Montmorenci et au comte de Nevers (3).

Cette année 1214 est celle de la bataille de Bouvines, à laquelle le comte Jean assista. Pour montrer la part qu'il y prit, il est nécessaire d'entrer dans quelques détails d'une nature toute différente de ce qui précède, détails pour lesquels nous demandons l'indulgence, car il n'est pas facile, avec la meilleur volonté du monde, de se faire une idée bien nette de cette journée fameuse, même d'après le récit d'un témoin oculaire, tel que l'était le chapelain du vainqueur (4).

L'empereur, Othon IV, Jean sans terre, roi d'Angleterre, et Ferrand, comte de

(1) *Preuves*, p. 77.
(2) Ibid.
(3) *Preuves*, p. 78.
(4) Guillaume le Breton.

Flandre, s'étaient coalisés contre Philippe Auguste. Tandis que le monarque Anglais faisait la guerre en Poitou, l'empereur avait rassemblé à Valenciennes une armée composée d'Allemands, de Hennuyers, de Brabançons et de Flamands. Renaud de Dammartin, comte de Boulogne, auquel le roi de France avait en 1212 confisqué son comté, était venu grossir l'armée de l'empereur, comme aussi quelques uns des plus grands seigneurs d'Angleterre. A la première nouvelle de cette concentration de forces, Philippe Auguste part de Péronne (21 juillet 1214) et arrive à Tournai. Othon était à Mortagne, à six lieues de là. Le roi propose à ses barons d'aller l'y attaquer, proposition qui n'est pas accueillie (25 juillet). En conséquence, le lendemain, l'armée Française prend la route de Lille, précisément au moment où Othon partait de Mortagne pour marcher à sa rencontre, marche qu'ignorait l'armée Française. Le vicomte de Melun s'était détaché du gros de l'armée royale à la tête d'une troupe de cavalerie légère. Il avait été suivi par l'évêque de Senlis, Garin, qu'on appelait le frère Garin parce qu'il était chevalier de Saint-Jean de Jérusalem. Lorsqu'ils furent à une distance d'environ trois milles de l'armée, et qu'ils eurent gravi un lieu éminent, ils virent les colonnes ennemies en marche, et prêtes au combat. Le vicomte de Melun s'arrêta et Garin retourna en hâte vers le roi, lui donner la nouvelle de l'approche de l'ennemi. Aussitôt le roi fit faire halte, et convoqua un conseil de guerre qui fut d'avis de continuer la marche sur Lille. L'ennemi, qui était alors en vue, exécuta un mouvement qui fit croire qu'il se retirait sur Tournai. Garin pensait le contraire et voulait qu'on se préparât à combattre. Mais il fut le seul de son avis; en sorte que l'armée continua sa marche vers le pont de Bouvines. Déjà une partie des troupes avait passé la petite rivière qui se trouve en cet endroit (1), quand on vint annoncer au roi qui se reposait de la chaleur du jour à l'ombre d'un fresne, que son arrière-garde était attaquée, et que le vicomte de Melun, avec ses arbalétriers, sa cavalerie légère et ses autres troupes, avait la plus grande peine à soutenir l'effort de l'ennemi. Le roi entra alors dans une petite chapelle voisine du lieu où il se trouvait, y fit une courte prière, puis en sortit avec un visage aussi serein que s'il se fût rendu à une fête. Aussitôt il monte à cheval, et donne l'ordre de faire rétrograder les colonnes qui avaient déjà passé le pont, et de rapporter l'oriflamme, qui devait toujours précéder les autres étendarts dans les batailles. Pendant ce temps l'ennemi exécutait un mouvement dont le résultat fut de le mettre dans la position désavantageuse d'avoir le soleil dans les yeux. Voici quelle était la position des deux armées. Du côté des Français, le roi s'était placé au centre, ayant avec lui Guillaume des Barres, Barthé-

(1) Elle se nomme la Marque.

lémy de Roie, Gautier de Mauny, Pierre Mauvoisin, Girard Scrophe, Étienne de Longchamp, Guillaume de Mortemer, Jean de Rouvray, Guillaume de Garlande, et une foule d'autres barons et chevaliers, tous prêts à lui faire un rempart de leurs corps. Galon de Montigny portait l'étendart royal. L'aile droite des Français était commandée par le duc de Bourgogne et le comte de Saint-Paul, et l'aile gauche par le comte de Dreux et le comte d'Auxerre. Le centre de l'armée ennemie était commandé par l'empereur en personne, qui se tenait dans les rangs compacts d'une gendarmerie formidable. Il avait à sa gauche les Flamands, commandés par leur comte, Ferrand, lesquels faisaient face à l'aile droite des Français, et à sa droite le comte de Boulogne, opposé à l'aile gauche des Français. Ce qui contribua à rendre la journée très-meurtrière, c'est que Ferrand, à la gauche de l'armée ennemie, et le comte de Boulogne, à la droite, tendirent, chacun de leur côté, pendant toute la bataille, à percer jusqu'au centre de l'armée Française, où se trouvait le roi, objet de leur haine personnelle. Le combat s'engagea à l'aile droite. Là se trouvaient, Eudes duc de Bourgogne, Gaucher, comte de Saint-Paul, Mathieu de Montmorenci, Jean, comte de Beaumont (1), et une foule d'autres chevaliers et seigneurs, et notamment cent quatre-vingt chevaliers de Champagne. Cette aile droite avait été massée en un seul corps, ou en une seule *bataille*, comme on disait alors, par l'évêque de Senlis Garin, qui, sans se battre par lui-même, dirigeait tous les mouvements. Il plaça les plus braves au premier rang. Le champ est vaste, leur dit-il, étendez vous afin de ne pas être enveloppés par l'ennemi; d'ailleurs il est honteux qu'un chevalier se fasse un rempart d'un autre chevalier (2). L'aile droite étant ainsi rangée en bataille, Garin, d'après le conseil du comte de Saint-Paul, détacha cent cinquante cavaliers *(satellites)* du Soissonnais pour commencer l'attaque. Les Flamands, qui pourtant brulaient d'en venir aux mains, indignés qu'on les fît charger par de simples cavaliers et non par des chevaliers, ne s'engagèrent pas, se contentant de les recevoir rudement, et de leur tuer tous leurs chevaux. Après quoi ils s'ébranlèrent et chargèrent un corps de cavalerie composé d'une partie des chevaliers de Champagne qu'on leur avait opposés. Ces chevaliers de Champagne eurent un premier succès qui fut appuyé par de vigoureuses charges du comte de Saint-Paul, du comte de Beaumont (3) et de Mathieu de Montmorenci. Le duc de Bourgogne, qui était lourd et pesant, les suivit, et eut un

(1) *Matthæum de Montmorenci, militem probissimum, Johannem comitem Bellimontis, et multos alios strenuos milites.* (Guill. le Breton. *Rec. des Hist. de Fr.*, t. XVII, p. 96 A.)

(2) *Non decet ut unus miles scutum sibi de alio milite faciat.*

(3) *Prosequitur illum* (comitem S. Pauli) *non minori audacia comes Bellimontis, Matthæus de Montmorenci*, etc.

cheval tué sous lui. Ses Bourguignons lui firent un rempart de leurs corps, et le remirent sur un autre cheval. A partir de ce moment, le duc, furieux de sa chûte, se jeta au plus fort de la mêlée. Pendant que le comte de Saint-Paul, le comte de Beaumont, et Montmorenci entamaient les Flamands, le vicomte de Melun les prenait en flanc et, à travers leurs rangs, perçait jusqu'aux Français vainqueurs. Après trois heures d'une lutte acharnée, Ferrand, épuisé et à demi-mort, fut obligé de se rendre. Tous ses Flamands étaient ou tués, ou prisonniers, ou en fuite.

Pendant que le combat s'engageait ainsi à l'aile droite, les légions des communes, et principalement Corbie, Amiens, Beauvais, Compiègne et Arras, arrivaient sur le champ de bataille, et allaient en toute hâte se ranger devant le roi, qui avait fort à faire à tenir contre Othon et sa puissante cavalerie Allemande (1). Les Allemands qui en voulaient surtout au roi, eurent bientôt culbuté les communes, et vinrent se heurter contre un gros de la gendarmerie Française qui s'était lancée au devant de son roi. Mais pendant qu'elle arrêtait ainsi l'effort de la cavalerie Allemande, des piétons de l'ennemi enveloppaient le point où se trouvait le roi et pénétraient jusqu'à lui. Quelques uns l'atteignirent, et à l'aide de leurs longues lances à crochet le tirèrent à bas de son cheval. Il courut alors les plus grands dangers. Grâce au dévouement d'un Pierre Tristan qui se jeta aussitôt à bas de son cheval et fit au roi un rempart de son corps, grâce aux efforts désespérés de Galon de Montigny et d'une poignée de chevaliers qui se trouvaient en ce moment les plus près du roi, on put dégager à temps la personne royale. En un instant toute cette infanterie ennemie fut renversée et tuée, et le roi, remonté à cheval, put recommencer le combat avec une nouvelle ardeur. Le danger qu'il avait couru porta au comble la fureur des Français. Rien ne put y résister. Cette gendarmerie Allemande si formidable fut enfoncée de toutes parts, et les Français s'ouvrirent dans ses rangs un chemin sanglant pour aller jusqu'à l'empereur. Un chevalier, nommé Pierre Mauvoisin, parvint à saisir la bride de son cheval. Dans le même temps, un nommé Girard Scrophe porta à l'empereur un coup de couteau que la bonté de son armure émoussa. Comme il redoublait, le coup porta sur la tête du cheval et lui entra dans l'œil. L'animal blessé à mort, se cabra et renversa son cavalier. On donna à l'Empereur un autre cheval, tandis que les plus vaillants de ses chevaliers se jetaient en avant pour rétablir le combat et lui donner le temps de fuir. Cependant il fut serré de près, et deux fois Guillaume des Barres le saisit par le cou. Mais la vitesse de son cheval, et la foule serrée de ses chevaliers le sauvèrent.

(1) *Supervenientes Communiæ specialiter Corbeii, Ambianenses, Belvaci et Compendii, Attrebatæ, penetraverunt cuneos militum, et posuerunt se ante ipsum regem.*

Pendant que ces choses se passaient au centre et à l'aile droite, l'aile gauche, où se trouvaient Robert, comte de Dreux, et Pierre, comte d'Auxerre, était fortement engagée. Elle avait à combattre Renaud, comte de Boulogne, qui fit preuve pendant toute l'action d'une valeur intrépide, ce qui ne l'empêcha pas de voir ses troupes enfoncées de toute part par l'armée Française ; lui-même fut fait prisonnier.

Tel est à peu près le récit que fait Guillame le Breton de la Bataille de Bouvines, dans sa chronique, et qu'il reproduit avec prolixité dans sa Philippéide. Son témoignage des plus honorables pour le comte de Beaumont nous est fourni en ces termes, par sa chronique, lorsqu'il parle de l'aile droite:

Erat ibi electus, non ut quidem pugnaret, sed armatos exhortabatur et animabat ad honorem Dei et regni et Regis, et ad defensionem salutis propriæ, videlicet principaliter Odonem, nobilissimum ducem Burgundiæ, Gaucherum, comitem Sancti-Pauli (qui quibusdam suspectus erat, tanquam aliquando favisset hostibus, unde et ipso dixit electo, se die illo futurum bonum proditorem), Matthœum de Montmorenci, militem probissimum, Johannem, comitem Bellimontis, et multos alios strenuos milites.

Et un peu plus loin, en parlant de la vigoureuse charge du comte de St.-Paul contre les Flamands, charge qui semble avoir été un des moments décisifs de la bataille, il n'oublie pas de mentionner encore le comte de Beaumont.

Satellites, ut diximus, ab electo præmissos secutus est, non minori levitate quam si aquila volaret in columbas, Gaucherus, comes Sancti-Pauli, cum suis militibus, electis ab ipso optimis, et perforavit eos, per medium eorum mira velocitate transiens, multos feriens, et a multis percussus, equos et homines indifferenter occidens et prosternens, et nullum capiens, et ita reversus est per aliam partem hostium, multitudinem eorum quam maximam intercludens quasi in sinu quodam. Prosequitur illum, non minori audacia, comes Bellimontis, Matthœus de Monte-Morenci cum suis, etc.

Voici les passages analogues de la Philippéide:

At dextro in cornu, spatiis a rege remotis,
Fulminat in Flandros acies Campanica, duxque
Allobrogum, et Sancti-Pauli comes, atque *Johannes*
Bellimontensis, et quos Medardicus abbas
Miserat, etc.

Dans le choc des Français et des Flamands :

> Hugo Malaunites accurrit, Reminidesque
> Petrus, quos sequitur acies Campana, *comesque*
> *Bellimontensis,* cum Sacrocæsariensi.

Les grandes chroniques de Saint-Denis, celles de Saint-Bertin et de Jean d'Ypres, et Guillaume Guiart mentionnent également la présence de notre comte Jean à la bataille de Bouvines. Duchesne, dans son Histoire généalogique de la Maison de Montmorency, donne un extrait d'un ancien rouleau contenant les noms de ceux qui avaient suivi Philippe-Auguste à la bataille de Bouvines. On y voit que le comte Jean y avait mené avec lui vingt chevaliers de son comté (1).

Deux ans plus tard, le comte Jean prit part à une grande affaire féodale, celle de la succession au comté de Champagne.

Thibaut III, comte de Champagne, était mort le 25 mai 1201, laissant sa femme, Blanche de Navarre, enceinte d'un enfant, qui fut Thibaut IV, ou Thibaut le Posthume. Cet enfant, quoique sous le bail ou la tutelle de sa mère, resta cependant, par droit de garde-noble entre les mains de Philippe-Auguste. La succession au comté de Champagne lui fut disputée par Philippine, seconde fille de Henri II, comte de Champagne, laquelle avait épousé, en 1214, et contrairement à la volonté de Louis, fils aîné de France, Erard de Brienne, seigneur de Rameru. Elle était cousine-germaine du jeune Thibaut. Elle demanda à Philippe-Auguste d'être reçue, conjointement avec son mari, à lui faire hommage pour le comté de Champagne. Le roi envoya alors Mathieu de Montmorenci et Guillaume des Barres citer la comtesse de Champagne, mère de Thibaut, à comparaître à sa cour. Elle s'y rendit avec son fils alors âgé de ~~dix-sept~~ ans. Erard de Brienne y vint également avec sa femme. Cette cour se tint à Melun, en présence du roi, au mois de juillet 1216. Elle était composée, en fait de pairs ecclésiastiques, d'un archevêque, celui de Rheims, de huit évêques, ceux de Langres, de Châlons-sur-Marne, de Beauvais, de Noyon, d'Auxerre, de Chartres, de Senlis et de Lisieux, et en fait de pairs laïques d'un duc, celui de Bourgogne, de sept comtes, ceux de Beaumont, de Ponthieu, de Dreux, de Bretagne, de Saint-Paul, de Joigny et d'Alençon, plus de Guillaume des Roches, sénéchal d'Anjou. On y prononça que le roi n'était pas tenu à recevoir Érard de Brienne et sa femme à l'hommage pour le comté de Champagne, tant que la comtesse Blanche et son fils reconnaîtraient sa

(1) *Matheus de Montemorenciaco, se XX, Comes Bellimontis, se XX. Willelmus de Gallanda, se XX. Guido de Rupe, se X. etc. Comes Sancti Pauli, se XXX, etc.* (Duch. pr., p. 80.)

suzeraineté. Car, fut-il dit, c'est la coutume en France que quand un vassal est saisi d'un fief par le seigneur de ce fief, celui-ci ne peut recevoir un autre à l'hommage, tant que celui qu'il a saisi du fief est prêt à lui faire droit en sa cour; que, puisque le roi avait reçu l'hommage du comte Thibaut III, et ensuite de sa veuve, la comtesse Blanche, et encore, depuis, celui de son fils Thibaut, pour le comté de Champagne, il ne pouvait le recevoir d'Erard de Brienne, tant que Blanche et son fils seraient prêts à répondre à sa cour, comme ils l'étaient en effet. Après le prononcé de ce jugement, Erard et sa femme se retirèrent de la cour.

Il y a au cartulaire de Champagne, et aussi dans les cartons du Trésor des chartes un grand nombre de pièces relatives à cette affaire. Nous ne donnons que celles où figure notre comte de Beaumont. Elles sont au nombre de deux, datées du mois de juillet 1216. L'une constate le jugement qu'on vient de voir, et l'autre porte qu'Erard de Brienne a accordé des trêves à la comtesse de Champagne, le jour même de ce jugement. Il est à remarquer que dans l'une et l'autre de ces pièces on semble ne pas reconnaître la validité du mariage de Philippine, puisqu'en parlant d'Erard de Brienne et d'elle, on dit: *que dicitur ejus uxor*. C'est qu'en effet ce mariage avait été contracté, comme on vient de le voir, contre la volonté de Louis de France. Or, tout seigneur féodal se regardait comme ayant le droit d'empêcher que sa vassalle ne se mariât contre son gré. Au reste on contestait encore à Philippine la légitimité de sa naissance, ce dont témoignent ces mots: *comes Henricus, quem Philippa patrem suum esse dicebat*. En effet son père, Henri II, comte de Champagne, avait épousé à la Terre-Sainte, l'an 1192, Isabelle, veuve de Conrad, marquis de Montferrat. Mais cette princesse avait été enlevée par Conrad à son premier mari, Rinfroy de Thoron, lequel vivait encore, quand elle épousa le comte de Champagne.

Nous trouvons, sous l'année 1216, une charte de Philippe-Auguste réglant les droits dus au comte de Beaumont pour les bateaux chargés de bois qui passaient l'Oise à Beaumont. Il semble assez étrange, au premier abord, de voir ainsi le roi s'immiscer dans des relations qui paraissent avoir dû être entièrement libres entre le comte et les marchands qui avaient à passer par ses domaines. Mais d'une part, comme nous l'avons déjà fait pressentir, nos comtes de Beaumont ont fort bien pu dépendre du roi beaucoup plus que les actes qui nous restent ne le montrent. D'autre part, on peut distinguer ici le droit du fait. En droit le comte pouvait percevoir ses péages, en fait peut-être ne le pouvait-il pas. Cela est d'autant plus vraisemblable qu'on trouve, à côté de la pièce que nous mentionnons, un petit tarif dressé pour faire cesser des différends survenus entre le comte de Beaumont et les marchands par eau. Par ce tarif, il lui était dû dix-huit deniers pour chaque bateau, grand ou petit, chargé de bois ou de foin, six deniers pour un pressoir fourni de toutes ses pièces, et trois seulement pour les autres, quatre deniers pour le millier de douves à tonneaux, et six pour tout bateau chargé de fruits. Le bateau de charbon ne payait rien. Quant à la charte de Philippe-Auguste il n'y est question exclusivement que de bois, soit brut, soit travaillé. A l'appui de l'opinion que nous avons émise que le comte était obligé pour se faire payer des droits dûs à Beaumont de s'adresser à l'autorité royale, il est bon de faire attention au lieu dont la charte est datée, qui est Compiègne. On comprend facilement l'importance du transit des bois de la forêt de Compiègne, obligés de descendre à Beaumont pour entrer en Seine.

On a vu, à l'article de Mathieu I.er, qu'à raison de son mariage avec Emme, fille de Hugues, comte de Clermont en Beauvoisis, il avait possédé la moitié du château de Lusarches. A partir de lui, les comtes de Beaumont ont dû retenir cette seigneurie en tout ou en partie. Il y a tout lieu de croire qu'Alice, la seconde femme de Mathieu II, l'a eue en douaire, puisqu'on la trouve après la mort de celui-ci s'intitulant *Comitissa de Lusarchiis*, et que Mathieu, le premier de ses deux fils, est qualifié de seigneur de Lusarches. Jean, avant d'être comte de Beaumont, avait pris aussi ce titre de seigneur de Lusarches, en l'année 1198, et cela évidemment après la mort de son frère Mathieu. Nous le retrouvons maintenant agissant en cette qualité dans une charte de 1220. Cette pièce a trait à l'usage si accrédité aux XII.e et XIII.e siècles et dont nous avons déjà parlé, usage qui autorisait le seigneur féodal à prendre, lorsqu'il était en guerre, la forteresse de son vassal. Elle nous apprend qu'il y avait alors à Lusarches deux seigneurs, celui qui possédait la Mote, et celui qui possédait le château. Nouvelle preuve, pour le dire en passant, de la complication des relations féodales. Le comte Jean était seigneur du château. Il statue que celui des deux seigneurs de Lusarches qui prendra pour sa guerre, *pro suo negocio*, la maison fortifiée de Mareuil, devra, sa guerre terminée, la rendre au possesseur dans le même état qu'il l'aura prise (1).

Au mois de septembre de l'année suivante, le comte Jean donna à l'abbaye de Marcheroux une vigne qu'il avait ôtée *(quam extorsi)* des mains d'un chevalier nommé Henri de Monsoult, lequel l'avait eue par usurpation (2). Dom Estiennot, dans ses *Antiquitates Velocassium*, a eu l'occasion de parler de cette abbaye, qui était membre de l'abbaye de Saint-Martin de Pontoise. Il dit qu'elle fut d'abord dédiée à Saint-Josse *(S. Judocus)*, et que ce ne fut que dans la suite qu'elle prit le nom de Saint-Martin. Il ajoute que ses fondements furent jetés par Ulric, disciple de Saint-

(1) *Preuves*, p. 83.

(2) Ibid., p. 85.

Norbert, le fondateur des Prémontrés, deux ans après l'établissement de cet ordre, dans un lieu qui lui avait été concédé par un seigneur de Monchevreuil, et où se trouvait une petite chapelle de Saint-Nicolas, ce qui fit donner à ce monastère le nom de Saint-Nicolas-en-Thelle, jusqu'à l'année 1145, qu'Ulric le transféra à Marcheroux. Dans notre charte le nom latin de cette abbaye est *Mercatum Radulphi*. Dom Estiennot l'appelle *Marchasium Radulphi*, et il rapporte, sans la défendre autrement, la tradition qui veut que ce nom lui soit venu de ce que le roi Raoul se trouvant dans cet endroit, à la poursuite de ses ennemis, entendit une voix céleste lui crier: *Marche Rou !* (1).

En septembre 1221, le comte Jean tomba gravement malade et fit son testament, ainsi qu'il nous l'apprend lui-même dans une charte en faveur de l'abbaye du Val. *Quod cum gravi egritudine laborassem rebus meis disposui, et testamentum faciens meum, legavi ecclesie Vallis Marie, etc.* (2). Dans le même temps il nomma ses exécuteurs testamentaires, qui étaient Guillaume de Joinville, archevêque de Reims, son neveu, le prieur de Saint-Léonor, qui se nommait Girard, et quatre chevaliers, Thibaut de Cormeilles, Jean de Charz, Pierre de Chaumontel et Thibaut de Seugi. Nous n'avons pas le testament du comte Jean, car sa donation à l'abbaye du Val n'en a aucun des caractères, et ne stipule qu'un legs particulier. Mais, si l'on peut s'exprimer ainsi, nous en avons en quelque sorte la monnaie dans plusieurs chartes des années 1221 et 1222, contenant ses nombreuses donations à diverses abbayes. C'est ainsi qu'il donne à l'abbaye du Val deux arpents de vigne de son clos de la Carrière, près Machecourt-sous-Beaumont (3); à l'abbaye de Mortemer, deux arpents de vigne situés au Clos-l'Evêque à Noisy-sur-Oise (4); à l'abbaye de Beaupré en Beauvoisis, un arpent de terre au lieu dit Le Ringuet (5). Au mois de mai 1222, il amortit à la même abbaye, quatre arpents et demi de terre, à Bernes, et un arpent de vigne en un lieu dit le Buisson, sur le territoire de Nointel (6). Il n'oublia pas ses serviteurs. Il donna à Henri le Flamanc, l'un d'eux, quatre muids d'avoine de revenu sur la dîme de Boran, et deux arpents de pré, à Cuimont (7), en septembre 1221. A Pierre de Champagnes, plusieurs arpents de terre, à la même date; et au mois de mars 1222 (V. S.) il lui inféoda la mairie de Champagnes (8).

(1) *Dictum autem esse territorium Marchasium Radulphi eo, quod cum Radulphus, Francorum rex, ibi castrametatus, hostes Gisortium usque insequeretur, de cælo vox audita est dicens :* Marches Raoul ! *Traditio est, nihil amplius requiras* (D. Est. *Antiq. Velocass.* B. L. S. Germ. lat. 529 p. 139.)

(2) *Preuves*, p. 87.

(3) Ibid.,

(4) Ibid., p. 88.

(5) Ibid.

(6) Ibid.

(7) Ibid., p. 85.

(8) Ibid., p. 86.

Les libéralités du comte Jean s'adressèrent surtout aux moines de Saint-Léonor. En 1221 il leur confirma toutes les donations que leur avaient faites ses prédécesseurs. Au mois de septembre de cette année, il leur permit d'établir un pressoir dans quelque lieu de leurs terres qu'ils voudront. Au mois de mai 1222, il leur fit abandon d'une redevance de deux muids d'avoine, à Fresnoy-en-Thelle. Enfin, en mars 1222 (V. S.), c'est-à-dire 1223, il leur donne encore une hostise à Bernes. C'est là le dernier acte que nous ayons de lui. Il mourut le 13 mars 1223, sans laisser de postérité. En lui s'éteignit la race des comtes de Beaumont, après deux cents ans d'existence.

Le P. Anselme donne au comte Jean deux femmes, Gertrude de Soissons, dont il fut, dit-il, séparé pour cause de parenté, et Isabelle de Garlande. La première de ces alliances est prouvée par un passage de la chronique d'Albéric. Gertrude était fille de Raoul III, comte de Soissons et d'Adélaïde, fille de Robert, comte de Dreux sa première femme (1).

Quant à la seconde alliance, c'est Jeanne, et non pas Isabelle de Garlande qu'avait épousée notre comte. Il est juste de remarquer que c'est à l'article de la généalogie des comtes de Beaumont que le P. Anselme commet cette erreur, et qu'il n'y retombe pas quand il passe à celle des Garlande. Là il donne à la femme de notre comte Jean son vrai nom de Jeanne (2). Cette Jeanne était la fille aînée de Guillaume de Garlande, cinquième du nom, seigneur de Livry-en-Launoy et d'Alix de Châtillon, dame de Clichy-la-Garenne. Il eut deux autres filles, Marie de Garlande, mariée, 1.° à Henri V, comte de Grandpré, 2.° à Geofroy de Joinville, 3.° à Ansćric IV, seigneur de Montréal, et Elisabeth ou Isabelle de Garlande, mariée, 1.° à Gui le Bouteiller, de Senlis, quatrième du nom, seigneur de Chantilly et d'Ermenonville, 2.° à Jean de Beaumont, chambrier de France.

Telle est la descendance de Guillaume V de Garlande, du moins comme la donne le P. Anselme. On voit que l'erreur où il tombe, à l'endroit de la généalogie des comtes de Beaumont, en donnant pour femme au comte Jean Isabelle de Garlande au lieu de Jeanne de Garlande, provient de ce qu'il a confondu Jean, comte de Beaumont, avec Jean de Beaumont, chambrier de France sous Saint-Louis.

Au reste, il faut bien le dire, rien n'est moins facile que de se reconnaître dans les généalogies un peu anciennes. On est sûr de se tromper si l'on s'en rapporte

(1) Elle était déjà veuve de trois maris : *De quarto, comite Suessionensi genuit duas filias, Gertrudem, uxorem comitis Johannis Bellimontis, de qua Mathæus de Montemorenci liberos habuit, et uxorem Stephani de Sancerra.* (*Hist. de Fr.*, t. XIII, p. 706.)

(2) *Hist. généal. de la Maison de Fr.*, t. VI, p. 33.

P.

aveuglément aux généalogistes; et, d'un autre côté, ce qui nous reste des actes du XIIIe siècle et des temps antérieurs concernant les grandes familles, est tout-à-fait insuffisant pour préciser leurs alliances et leurs filiations. C'est là un grave inconvénient. Car on peut affirmer hardiment que les sept huitièmes des erreurs historiques proviennent de la confusion des noms propres, confusion qui entraîne presque toujours après elle celle des noms de lieux. Que reste-il de sûr en histoire, quand on ne peut garantir, ni la certitude des noms, ni celle des lieux.

Le partage de la succession de Guillaume de Garlande entre ses trois gendres, Jean, comte de Beaumont, Henri, comte de Grandpré, et Gui le Bouteiller, de Senlis, fut fait en 1217. Chacun d'eux en fit dresser une charte en forme. Ces trois chartes se trouvent en original au Trésor des Chartes. Comme elles sont toutes trois de la même teneur, et qu'elles ne diffèrent que par les noms des héritiers, nous n'avons donné, dans nos *Preuves*, que la charte du comte Jean.

CHAPITRE III.

VENTE DU COMTÉ.

Le comte Jean étant mort sans postérité, sa succession tombait en ligne collatérale. Il avait pour cousin germain un Ives de Beaumont, avoué d'Ully, et fils d'Hugues de Beaumont, second fils du comte Mathieu I.er, aïeul du comte Jean. Cet Ives était mort, laissant un fils nommé Thibaut d'Ully. Ives avait deux sœurs, Béatrice et Marie. Béatrice avait été mariée à un seigneur du nom d'Andelli, et en avait eu Gui, Hugues, Raoul et Adam d'Andelli. Marie avait été mariée à un seigneur du nom de la Boissière, et en avait eu Jean et Thibaut de la Boissière. Ainsi ces sept enfants, le fils d'Ives, les quatre fils de Béatrice et les deux de Marie se trouvaient au même degré. Mais Thibaut d'Ully prétendait que la succession lui revenait comme étant le fils de l'héritier mâle, auquel, s'il eût survécu, tout l'héritage fût survenu. Gui d'Andelli et ses trois frères d'un côté, Jean et Thibaut de la Boissière de l'autre, demandaient que l'héritage fût partagé également entr'eux et Thibaut d'Ully, c'est-à-dire entr'eux sept, s'appuyant sur ce qu'ils étaient au même degré de parenté. Thibaut d'Ully soutenait que l'identité de degré ne faisait rien dans l'espèce, puisque si son père, et Béatrice et Marie vivaient, le comté serait échu à son père, à l'exclusion des femmes, selon la coutume de France. On en appela au jugement de la cour du roi. Cette cour se tint à Vernon, en présence du roi. Elle fut composée de l'archevêque de Tours, des évêques d'Angers et de Senlis, de Louis et de Philippe, les fils du roi, de Barthelémi de Roie, chambrier de France, de Mathieu de Montmorenci, connétable de France, d'Enguerrand de Couci, d'Archambaud de Bourbon, de Gui, comte de Saint-Paul, de Dreux de

Mello, de Raoul, vicomte de Beaumont et de Sainte-Suzanne, de Guillaume de Dampierre, de Gaucher de Nanteuil, d'Aubert de Hangest, de Jean de Rouvray, de Thibaut le Maigre, de Henri, trésorier de l'église de Beauvais, de Robert le Bègue, Jacques de Dinant et Milon de Créci, clercs, de Robert de Bove, Gilbert Louet, Milon de Luynes, Ursion le chambellan, Pierre Baron et plusieurs autres. Il y fut jugé que le comté de Beaumont, avec toutes ses appartenances, devait échoir au seul Thibaut d'Ully comme fils de mâle, et que quant aux censives et aux terres tenues en villenage, elles seraient partagées également entre les sept contendants.

Ce jugement, qui nous a été conservé dans un cartulaire de Philippe-Auguste, est sans date. Mais il est évident qu'il fut rendu entre le quinze mars 1223, époque de la mort du comte Jean et le mois d'avril de la même année 1223, puisque cette dernière date est celle de la charte par laquelle Thibaut d'Ully vend à Philippe-Auguste ses droits sur le comté de Beaumont.

On voit dans ce jugement que tout ce qui constituait à proprement parler le comté de Beaumont est adjugé au seul Thibaut d'Ully. Cependant, on trouve dans un autre cartulaire de Philippe-Auguste un passage qui démontre que les sept co-héritiers du comte Jean avaient fait au roi l'abandon de tous leurs droits sur ce comté: *Hec sunt nomina heredum Johannis, quondam comitis Bellimontis: Guido de Andelly, Hugo de Andelly, Radulphus de Andelly, fratres; Johannes de Buxeria, Theobaldus de Buxeria, fratres; Theobaldus de Ulliaco. Isti septem constituti in presentia domini Regis, apud Paciacum, quittaverunt omnino domino regi et heredibus ejus in perpetuum, totam eschaetam suam comitatus Bellimontis, et quicquid juris habebant in eadem, in eis videlicet que movent de feodo domini regis; et de illo saisierunt dominum regem, et super sacrosancta juraverunt quod ipsum aut heredes ejus, super hoc de cætero nullatenus impetent; et de hoc firmiter tenendo hos plegios tradiderunt. — Isti sunt plegii pro quatuor fratribus de Andelliaco et duobus fratribus de Buxeria. Guido de Andelly, pro se et aliis quinque, Gerardus de Valle-Engueusart, Theobaldus de Buxeria, Guillermus de Essartis, Adam de Villari, Gauterus de Villari, Symon de Pissiaco, Philippus de Roissiaco. — Plegii pro Theobaldo de Ulliaco. Anculfus, castellanus Oximensis, Guido de Pratis, Amalricus de Villari, vicedominus Silvanectensis, Guido de Bernulia, Matheus de Caumontel, Guillelmus de Uns, Bernardus de Giecort, Regnaudus de Ongnon, Hugo de Besteriis, Theobaldus Cornutus, Wernes de Berron* (1). On remarquera que cet abandon a été fait à Pacy-sur-Eure, et qu'il a dû évidemment précéder le jugement, qui fut rendu à Vernon. On peut

(1) B. I. *Cartul. de Ph. Aug.*, cod. reg. 9852 [2], fol. x.

par là suivre l'itinéraire de Philippe-Auguste, qui se rendit de Vernon à Mantes, où il mourut le 14 juillet 1223.

Nous donnons dans nos *Preuves* huit pièces relatives à la vente du comté de Beaumont. Ce sont 1.° la charte de Thibaut d'Ully sur la vente du comté, 2.° celle du roi sur le même sujet, 3.° la charte de l'évêque de Beauvais qui cède au roi tous ses droits sur le comté, 4.° celle du roi sur la précédente, 5.° une seconde charte du même évêque où il remercie le roi de la compensation qu'il lui a donnée, 6.° une charte de son chapitre sur le même point, 7.° une charte de l'abbé de Saint-Denis cédant au roi tous ses droits sur le comté, 8.° une charte de l'archevêque de Reims sur la même matière. Avant d'analyser ces huit pièces, il est nécessaire d'en bien fixer la chronologie.

Il résulte de l'étude de leurs dates que Philippe-Auguste traita d'abord avec l'évêque de Beauvais, et cela nous confirme dans l'opinion que nous avons émise que le comté de Beaumont relevait en partie de l'évêché de Beauvais, c'est-à-dire de l'évêque et de son chapitre. En effet, la charte dont il s'agit émane de Milon, évêque de Beauvais, du doyen Geofroi, et du chapitre de cette ville. Elle est datée du mois d'avril 1222 (V. S.) Or, comme l'année 1222, vieux style, a commencé le 3 avril 1222 et fini le 23 avril 1223 suivant notre manière de compter, il faut nécessairement que notre charte soit, ou des vingt-sept derniers jours d'avril 1222, ou des vingt-deux premiers jours d'avril 1223. Mais le comte Jean étant mort le quinze avril 1223, le doute ici ne peut exister, et il faut bien que la charte soit de l'un des vingt-deux premiers jours du mois d'avril 1223. Cela posé, voyons ce qu'elle contient.

L'évêque et son chapitre déclarent abandonner entièrement au roi tout ce que feu le comte Jean et ses prédécesseurs avaient tenu d'eux en fief dans le comté de Beaumont, tant en justices et amendes, qu'en services et autres droits féodaux , et qu'ils ne pourront réclamer par la suite aucun service ou aucune amende sur toutes les maisons des villes du comté, ni même sur celles, déjà construites ou qui se construiraient à l'avenir, dans les cimetières. Pour cela le roi leur a donné la dîme du vin à Boran, ainsi que la maison, avec son enclos, que le comte Jean y avait, à la condition de n'y pas construire de forteresse. Le roi leur a également donné la dîme du blé à Boran, les aumônes du comte Jean prélevées. S'ils peuvent faire révoquer ces aumônes, le roi ne s'y opposera pas, ni à l'acquisition qu'ils feraient, soit par achat, soit par donation, d'autres dîmes dans le comté. Le roi a, en outre, donné en propre à l'évêque, un fief à Buri. Au reste, ce qui prouve que cette charte précède celle par laquelle Thibaut d'Ully vendit le comté au roi, c'est qu'il y est stipulé que l'évêque, ni son chapitre ne pourront exiger ni droit de rachat, ni hommages, ni services de ce

Thibaut d'Ully, au cas où le roi lui assignerait quelque terre dans le comté, *donaret terram in comitatu Bellimontis* (1).

La charte de Philippe-Auguste contient absolument les mêmes dispositions. Elle est datée de Saint-Germain-en-Laye, du mois d'avril 1222 (V. S.) (2). Il faut placer à la suite la charte de remercîment de l'évêque au roi. Elle est sans date, et dans la forme d'une lettre missive (3). Par une autre charte, datée comme la première, d'avril 1222 (V. S.), mais qui la précède nécessairement, le chapitre de Beauvais s'était engagé vis-à-vis l'évêque de Senlis, à ratifier ce qui serait arrêté entre le roi et l'évêque de Beauvais, pour la compensation à faire à l'église de Beauvais (4).

Dans son traité avec l'église de Beauvais, Philippe-Auguste n'acquerait que l'hommage du comté de Beaumont. Avec Thibaut d'Ully, c'est le comté lui-même.

La charte de Thibaut d'Ully est datée du mois d'avril 1223. L'année 1223, vieux style, a commencé au 23 avril 1223, et fini au 14 avril 1224. Il ne peut pas y avoir de doute sur lequel de ces deux mois d'avril porte notre charte, puisqu'elle s'adresse à Philippe-Auguste, et qu'il est mort le 14 avril 1223. Elle est donc évidemment de l'un des sept derniers jours du mois d'avril 1223.

Voyons d'abord ce que Thibaut cède au roi. Ce sont les villes de Beaumont, Asnières-sur-Oise, Champagnes, Bailleul, Montigny, Crouy, Jouy près Bernes et Bernes, et les autres lieux qui sont entre Boran et Beaumont, plus Saint-Martin du Tertre, Nerville, Presles, Maffliers et Beloy. Tous les fiefs du comté de Beaumont appartiendront au roi, excepté quatre fiefs assis à Méru. De même pour les viviers, à l'exception de quatre, situés entre Jouy-la-Ville, l'Ile-Adam et Champagnes.

De son côté le roi laisse à Thibaut: Jouy-la-ville, Corbeilcerf, Houdeville, la mairie, le conduit, les menus revenus et la taille de Boran, avec la dîme du vin et du blé du même lieu, le roi s'en réservant le péage. Il lui abandonne encore Précy, Bornel, Belléglise et Méru, avec les bois de Bornel, de Précy et de Méru. Thibaut aura dans toute ces localités toute justice et les exploits. Il tiendra le tout du roi, ligement et à un service militaire de trois chevaliers (5).

En jettant les yeux sur notre carte du comté de Beaumont, il est facile de voir l'inégalité marquée des deux parts, inégalité qui ne semble pas combler suffisamment la somme, pourtant assez considérable, de sept mille livres parisis que lui donne le roi. Il est clair que Philippe-Auguste ne fit pas là un mauvais marché, non plus que Thibaut, qui, sans la protection puissante qu'il se méritait par cette facilité dans sa

(1) *Preuves*, p. 106.

(2) Ibid., p. 107.

(3) Ibid., p. 108.

(4) *Preuves*, p. 108.

(5) Ibid., p. 105.

transaction avec le roi, aurait sans doute eu fort à faire pour défendre contre ses six compétiteurs l'intégralité de son comté.

La charte de Philippe-Auguste n'est que la répétition de celle de Thibaut (1).

Evidemment l'accord avec l'abbaye de Saint-Denis portait sur des objets bien moins importants. Car, pour tout ce qu'elle cède au roi en fiefs et domaines, avoueries, forteresses, censives, justices et grueries, elle ne reçoit de lui qu'une maison à Saint-Martin du Tertre avec un verger et cinq arpents de bois. Il est vrai qu'elle se réserve ses cens, tels que les comtes de Beaumont les lui payaient, et l'abbé, le droit de pêche dans les deux étangs chaque fois qu'il séjournera à Saint-Martin du Tertre (2).

Philippe-Auguste était mort quand Guillaume de Joinville, archevêque de Reims, neveu du comte Jean, fit au Roi et à Thibaut, qu'il appelle Thibaut de Beaumont, l'abandon de tout ce que son oncle avait acquis dans le comté de Beaumont (3).

Nous pouvons suivre encore dans quelques-uns de ces actes ce Thibaut, nommé Thibaut d'Ully dans la vente du comté, parce que son père, Ives de Beaumont, était avoué d'Ully pour l'abbaye de Saint-Denis. Il s'appelle lui-même Thibaut de Beaumont et se qualifie de chevalier dans une charte du mois d'avril 1224 (V.S.) où il prend à ferme du roi les moulins de Bailleul (4). Au mois de mars 1230, il se constitue plége envers le roi pour Simon, comte de Ponthieu, et cela, comme le porte la charte, en cinq marcs d'argent : c'est-à-dire que le roi pourra exiger de lui cette somme, pour laquelle au reste il engage tous ses biens, au cas où celui qu'il cautionne manquerait à ses engagements (5). En 1231, il vend à l'abbaye de Royaumont, au prix de quinze cents livres parisis, tout ce qu'il possédait à Belléglise. Dans sa charte, qui est du mois de juin, il prend le titre de seigneur de Lusarches et y nomme sa femme, Ermengarde. Par une charte du mois de septembre de la même année, tous deux élisent leur sépulture dans cette même abbaye de Royaumont (6). Il ne vivait plus en 1237, comme on le voit par une charte de sa veuve, où elle l'appelle Thibaut de Beaumont, chevalier, seigneur de Lusarches et de Méru (7). Gaignières, dans une transcription qu'il a faite du cartulaire de Royaumont, note qu'il portait un lion sur son écu. Ce sont les armes des comtes de Beaumont.

(1) *Preuves*, p. 103.
(2) Ibid., p. 109.
(3) Ibid., p. 110.
(4) Ibid., p. 111.
(5) *Preuves*, p. 114.
(6) Ibid., p. 115.
(7) Ibid., p. 117.

TABLE GÉNÉALOGIQUE DES COMTES DE BEAUMONT-SUR-OISE.

1.er D.e	1022. Ives I,	femme: *Gisèle*, sœur de Milon de Chevreuse.				
2.e	1067. Geofroi.	1070. Ives II; 1.re femme: *Judith;* 2.e femme: *Adèle.*	*N. de Beaumont*, femme de Dreux I, seigneur de Mello.			
3.e	(1.er lit) *Alice de Beaumont*, femme de Hugues de Grentemesnil.	(2.e lit) Mathieu I; 1.re femme: *Emme* de Clermont; 2.e femme: *Béatrice.*	*Hugues de* *Beaumont.*	*Agnès de Beaumont*, femme de Bouchard III, seigneur de Montmorenci.		
4.e	(2.e lit) *Ives de Beaumont.*	1151. Mathieu II; 1.re femme: *Mahaut* de Chateaudun; 2.e femme: *Alice.*	*Hugues*, vicomte de Beaumont, seigneur de Persan.			
5.e	(1er lit) 1177. Mathieu III; femme: *Eléonore* de Vermandois.	*Philippe de* *Beaumont.*	(2e lit) 1209. Jean; 1re femme: *Gertrude* de Soissons; 2.e femme: *Jeanne* de Garlande.	*Mathieu*, seigneur de Lusarches.	*Marie de* *Beaumont.*	*Alice de* *Beaumont*, 1re *femme* d'Anseau, seigneur de l'Ile-Adam.

Nous aurions voulu clore ce travail par une généalogie exacte des seigneurs de la maison de Beaumont-sur-Oise. Mais après de longues et d'inutiles recherches il nous a fallu renoncer à la tâche impossible d'accorder entr'elles les différentes généalogies que Duchesne, La Roque et le P. Anselme ont données. Nous épargnerons au lecteur les fastidieux développements qu'entraînerait la critique de ces auteurs. Seulement pour ne pas perdre tout le fruit de notre labeur, et afin surtout qu'on puisse discerner parmi tant de personnages qui ont porté ce nom de Beaumont, quels sont ceux qu'on peut regarder en toute assurance comme se rattachant à nos comtes de Beaumont-sur-Oise, nous ajouterons quelques mots.

On peut ramener à deux branches principales tous les seigneurs issus de la maison de nos comtes de Beaumont. Les uns qui avaient conservé dans leurs armes le lion des comtes de Beaumont, et ce sont les seigneurs de Lusarches, les autres qui portaient un gironné et ce sont les seigneurs de Beaumont Sainte-Geneviève et de Clichy. Malheureusement la plupart des actes qui nous restent sont privés de leurs sceaux, en sorte qu'on est réduit le plus souvent à des conjectures fondées, soit sur la similitude des noms, soit sur le rapprochement ou l'éloignement des lieux. Or il y a bien des causes d'erreur. Examinons pourtant ce qu'à l'aide d'une étude attentive des titres on peut trouver de certain sur le point qui nous occupe.

Nous ferons d'abord remarquer que dans le jugement relatif à la succession du comte Jean, on n'a vu paraître en qualité d'héritiers légitimes que Thibaut d'Ully, descendant des mâles, et ses six cousins germains descendant des femmes, savoir les quatre du nom d'Andilly, et les deux du nom de La Boissière. Par conséquent le comte Jean n'avait pas de parents plus proches, et tous les autres seigneurs du nom de Beaumont qu'on trouvera seront plus éloignés de la tige. Les six cousins germains de Thibaut d'Ully étant sortis des femmes avaient par là même perdu leur nom, tandis que lui, avait conservé le sien, car il n'est nommé Thibaut d'Ully que dans le traité de 1223, et partout ailleurs il est nommé Thibaut de Beaumont. Il avait épousé Ermengarde, dame de Méru, dont il eut trois fils, Barthélemy de Beaumont, dit de Méru, chevalier, Thibaut de Beaumont dit de Méru, aussi chevalier, et Guiot de Beaumont ou de Méru, écuyer. D'après une généalogie manuscrite qui se trouve aux archives de l'Empire (Carton M. 222), Barthélemy de Beaumont avait épousé en 1260 une dame nommée Alice. Il eut pour fils Jean de Beaumont, dit de Lusarches, chevalier, seigneur de Lusarches, de Méru et de Jouy-le-Comte, mentionné dans les années 1283, 1302 et 1305, et qui épousa Isabelle de l'Isle-Adam. Leur fils Jean de Beaumont, dit de Lusarches, fut chambellan du roi, et se trouve mentionné dans les années 1323, 1333 et 1346. Un de ses descendants, Jean de Beaumont, chevalier, seigneur en partie de Lusarches vendit l'an 1491, à Louis, duc d'Orléans, ce qu'il avait dans la terre de Lusarches. On trouve dans l'histoire du diocèse de Paris de l'abbé Lebeuf (1), sur les seigneurs de Lusarches, des détails intéressants qui n'entrent pas dans

(1) T. IV.

notre sujet. Voici la tige des seigneurs de Lusarches issus de la maison de Beaumont-sur-Oise.

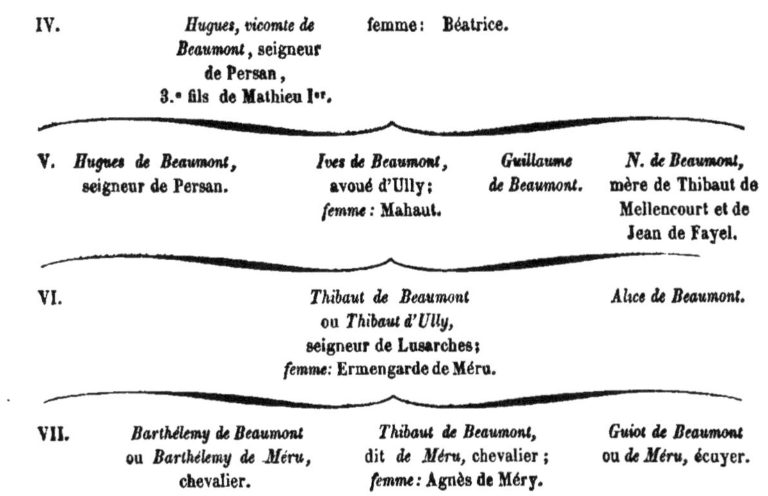

Comme nous l'avons déjà dit, ces seigneurs et leurs descendants portent dans leurs armes le lion des comtes de Beaumont. Quant à ceux qui ont porté le gironné, le premier que nous ayons trouvé est un Adam de Beaumont, que l'on voit paraître, en 1178, dans une charte relative à l'abbaye du Val. Nous n'avons pas trouvé le nom de son père. Seulement nous conjecturons qu'il a pu être le petit-fils de Hugues de Beaumont, frère puiné de Mathieu I.er. Par là sa descendance, lors de l'ouverture de la succession au comté de Beaumont, aurait été d'un degré plus éloignée que Thibaut d'Ully, qui, lui, descendait d'un autre Hugues de Beaumont, frère puiné de Mathieu II. Quoiqu'il en soit, et pour nous en tenir à notre Adam de Beaumont, nous le retrouvons en 1211, confirmant conjointement avec sa femme, Isabelle, une donation faite à l'abbaye Saint-Antoine (1). En 1217, il se constitua plège, vis-à-vis de Philippe-Auguste, pour Robert de Courtenai, qui avait été fait prisonnier à la bataille de Bouvines (2). En 1226, lui et Jean de Beaumont, son frère, prêtèrent à Louis VIII le serment de faire couronner son fils (3). En 1234, les deux frères assistèrent à un accord passé à Paris en présence du roi, par lequel la reine de

(1) *Preuves*, p. 90.
(2) Ibid., p. 91.
(3) A. I. *Trés. des ch.* J. Carton 363, pièce 1.

Chypre (1) confirma au roi l'acquisition que ce prince avait faite de Thibaut le Posthume, comte de Champagne, des fiefs de Blois, Chartres, Chateaudun et Sancerre (2). La même année, tous deux encore furent présents à un acte par lequel Galeran de Chateaugiron constata qu'il avait promis fidélité au roi (3). Dans les documents qui nous fournissent ces indications, Jean de Beaumont n'est pas dit expressément être le frère d'Adam, mais cela ressort évidemment d'un passage de Joinville, où il dit que Jean de Beaumont était l'oncle de Guillaume de Beaumont, maréchal de France (4). Or notre Adam de Beaumont eut deux fils, Guillaume de Beaumont, maréchal de France, et un autre Jean de Beaumont. Tous deux confirmèrent, en 1248, une donation que leur père avait faite à l'abbaye de Saint-Antoine (5). L'an 1232, Thibaut le Posthume avait donné à Adam de Beaumont trente livres de rente sur les foires de Saint-Ayoul à Provins (6). Il semble qu'il vivait encore en 1236, d'après une charte d'un chevalier nommé Gautier d'Aunay, en faveur de l'abbaye de Saint-Antoine. Mais il était mort en 1248, car la charte de Guillaume et Jean de Beaumont porte: *quod bone memorie Adam, pater noster, legavit* (7). Ce second Jean de Beaumont, le fils d'Adam, fut chambrier de France et joua un grand rôle sous le règne de Saint-Louis. Du Cange, dans une note de son édition de Joinville, à propos du passage que nous avons cité, dit que ce Jean de Beaumont est le même que celui que Saint-Louis envoya en 1239 contre les Albigeois. Il ajoute qu'on le trouve qualifié de chambellan du roi dans un titre de 1235. Cependant dans une charte de 1236, il ne s'intitule que *Johannes de Bellomonte, miles* (8). Ce qu'il y a de certain, c'est qu'il était chambrier, au moins en 1241 (9). On trouvera dans nos *Preuves* deux chartes des années 1214 et 1215, émanées d'un Jean de Beaumont, qui n'est certainement pas le même que celui dont nous parlons, c'est-à-dire le chambrier de France, puisque celui-ci avait pour femme Isabelle, tandis que celui-là nomme la sienne Adèle ou Alice, *Aelis*. Ce dernier pourrait être père d'un Pierre de Beaumont dont nous parlerons

(1) Alix, fille d'Amaury, roi de Chypre et d'Alix de Champagne.

(2) B. I. *Cartul. de Ph. Aug.* n.° 9852-3, fol.

(3) A. I. *Trés. des ch.* J. Carton 624, pièce 8.

(4) Dans un conseil tenu à Acre, où il s'était agi de savoir si le roi quitterait, ou non, la Terre-Sainte, Joinville s'était fortement prononcé pour rester, et avait parlé dans ce sens au légat « Après moy demanda le légat à Mons. Guillaume de Biaumont, » qui lors estoit mareschal de France, et il dit que » j'avoie moult bien dit ; et vous dirai reson pour- » quoy. Monseigneur Jehan de Biaumont, le bon » chevalier, qui estoit son oncle, et avoit grant ta- » lent de retourner en France, l'escria moult félon- » nessement et lui dit]: orde lengaigne ! Que voulez » vous dire ? Rasées vous tout quoy. Le roi li dit : » Mesire Jehan vous fêtes mal, lessiés li dire. » Certes, sire, non ferai. Il le convint taire. Ne nuls » ne s'accorda oncques puis à moy, ne mès que le » sire de Chatenai. » (*Rec. des Hist. de Fr.*, t. xx, p. 255 E.)

(5) *Preuves*, p. 93.

(6) A. I. Reg. LL, fol. 305 v°.

(7) *Preuves*, p. 93.

(8) Ibid., p. 92.

(9) Ibid., p. 93.

tout à l'heure. Jean de Beaumont, le chambrier de France, eut de sa femme, Isabelle de Garlande, veuve de Gui le Bouteiller de Senlis, trois fils : Thibaut de Beaumont, Jean de Beaumont et Nicolas de Beaumont, chanoine de Paris. Dans un titre de l'abbaye de Chaalis, du mois d'avril 1260, Thibaut de Beaumont se qualifie de seigneur de Pon-thermer (1). Il épousa une dame nommée Jeanne, de la maison des Bouteiller de Senlis, et en eut trois filles, Isabelle, Jeanne et Agnès. Une charte de lui, de l'an 1264, nous montre que son père, le chambrier de France, était mort à cette époque (2). Le second fils du chambrier, Jean de Beaumont, épousa Jeanne, dame de Clichy, et fut la tige des seigneurs de Clichy-la-Garenne. Il vendit au roi, en 1262, une place à Senlis. On trouve précisément à la même date, et pour le même objet, une charte de Nicolas de Beaumont, chanoine de Paris ; on a le droit d'en conclure qu'il était frère du premier. Ce qui suffirait à lever tous les doutes, c'est qu'à cette dernière charte il reste un fragment de sceau où l'on distingue encore un gironné (3). Voici donc d'après ce qui précède, quelle est la tige des seigneurs de Clichy de la maison de Beaumont-sur-Oise.

III. Hugues de Beaumont ?
2.e fils d'Ives II, comte
de Beaumont.

IV. N. de Beaumont.

V. Adam de Beaumont, mort après 1236 ? *Isabelle*, sa femme. — Jean de Beaumont, chevalier. *Adèle* ou *Alice*, sa femme.

VI. (enfants d'Adam) Guillaume de Beaumont, maréchal de France sous Saint-Louis. — Jean de Beaumont, chambrier de France, mort avant 1264 ; *femme :* Isabelle de Garlande, veuve de Gui le Bouteiller.

VII. (enfants de Jean le chambrier) Thibaut de Beaumont, seigneur de Pontharmé ; *femme :* Jeanne la Bouteillère. — Jean de Beaumont, seigneur de Clichy ; *femme :* Jeanne, dame de Clichy. — Nicolas de Beaumont, chanoine de Paris.

VIII. (enfants de Thibaut) Isabelle de Beaumont. — Jeanne de B. — Agnès de B.
(enfants de Jean, seigneur de Clichy) Jean de Beaumont, dit le *Déramé*, maréchal de France. — Guill. de B. seigneur d'Ons en Bray. — Gui de B.

(1) B. I. *D. Grenier*, Picardie CCXLII, p. 126.

(2) A. I. Carton S, 1568, pièce 1.

(3) A. I *Très. des ch.*, J, 229, pièce 54.

En dehors de ceux-ci nous trouvons encore d'autres seigneurs de la maison de Beaumont-sur-Oise portant le gironné. Ce sont d'abord trois frères qui paraissent dans une charte de 1264, savoir : Pierre de Beaumont, Geofroi de Beaumont et Dreux de Beaumont. Il semble que Pierre de Beaumont était mort en 1274. Il avait épousé une femme du nom de Jeanne, et en avait eu une fille nommée Marguerite qui fut mariée à Jean de Montfort, comte de Squillace, en Sicile. Quant à Dreux de Beaumont il était devenu seigneur de Sainte-Geneviève, par son mariage avec Marie, dame de Sainte-Geneviève. Il en avait eu Jean de Beaumont, seigneur de Sainte-Geneviève, Jeanne de Beaumont, femme de Robert de Courpalais, et Louis de Beaumont, qui s'intitulait aussi sire de Sainte-Geneviève. Trois frères qui commencent cette branche, ont pu être les fils de Jean de Beaumont, frère d'Adam de Beaumont.

V. JEAN DE BEAUMONT ?
chevalier ;
femme : Adèle ou Alice.

VI. PIERRE DE BEAUMONT ; *Isabelle*, sa femme.	GEOFROI DE BEAUMONT.	DREUX DE BEAUMONT, chevalier, *femme :* Marie, dame de Sainte-Geneviève.	
VII. MARGUERITE DE BEAUMONT. femme de Jean de Montfort, comte de Squillace.	JEAN DE BEAUMONT, seigneur de Sainte-Geneviève.	JEANNE DE BEAUMONT, femme de Robert de Courpalais.	LOUIS DE BEAUMONT, sire de Sainte-Geneviève ; *femme :* Jeanne le Bouteiller.

Après avoir montré que les seigneurs de Lusarches, les seigneurs de Clichy et ceux de Sainte-Géneviève forment les tiges des trois branches de la Maison de Beaumont-sur-Oise, nous revenons au comté.

Le comté de Beaumont-sur-Oise fit partie du douaire assigné à Bérengère, fille d'Alfonse X, roi de Castille, lors du traité de son mariage avec Louis de France, fils aîné de Saint-Louis, au mois d'août 1255. Elle devait avoir entr'autres domaines ce comté de Beaumont : *Nec non comitatum Bellimontis super Ysaram, cum parco et nemoribus ejusdem comitatus, feodis et domaniis, et aliis pertinenciis que habet in eodem comitatu, jure dotalicii, pacifice possidenda* (1). Mais cette assignation n'eut

(1) L'original au *Trés. des Ch.* J, 599, pièce 4.

pas d'effet, le jeune prince étant mort avant la conclusion de son mariage, à l'âge de dix-huit ans.

Par un seul et même acte, daté du mois de février 1284 (V. S.) Philippe-le-Hardi donna à son fils Charles, le comté de Valois, et à son fils Louis, celui de Beaumont-sur-Oise. « A Looys, nostre fill, le conté de Biaumont-seur-Aise et toutes les appar-
» tenances, en tel manière que nostre hoirs, rois de France, li soit tenus à parfère et
» à asseoir en terre jusques à dis mil livres de parisis par an, contée premièrement en ceste somme la value dou conté de Biaumont et des apartenances desus dites. » (1) Avec la clause de réversibilité à la couronne, à défaut d'héritiers mâles. Ce Louis, comte de Beaumont, fut la tige des comtes d'Évreux de la maison de France.

Philippe de Valois, qui avait tant à reconnaître l'appui que lui avait donné Robert d'Artois, au commencement de son règne, érigea en sa faveur le comté de Beaumont-sur-Oise en pairie. Les lettres d'érection sont du mois de juin 1328 (2). Ce comté fut englobé dans sa confiscation.

Dans le traité de Mantes, du 22 février 1353, (V. S.) il est porté que le roi de Navarre rendra au roi, Pontoise, Beaumont-sur-Oise et Asnières. Après lui avoir donné Beaumont-le-Roger et d'autres terres, on ajoute: « Item, que parmy les dites choses
» le dit roi de Navarre rendra et restituera au roy, la ville, chastel et chastellenie de
» Pontoise, la ville et conté de Beaumont-sur-Oise, Asnières et les autres terres,
» avec toutes leurs appartenances, qui de nouvel li avaient été baillées, pour ce que
» compensation li en est faite en baillant les dites choses (3). » Presqu'aussitôt le roi Jean, en échange du comté de Beaumont qu'il lui avait retiré pour le donner au roi de Navarre, donne à son frère Philippe, duc d'Orléans; « Le comté de Beaumont-sur-Oise, Asnières, ensemble la forêt de Carnelle, Chauny, etc. » Les lettres sont du 5 mars 1353 (V. S.) (4). Le roi Charles V, dans un traité qu'il conclut à Paris avec son oncle, au mois de janvier 1366 (V. S.) lui confirma la possession de ce comté de Beaumont-sur-Oise. Philippe, duc d'Orléans, était frère du roi Jean et oncle de Charles V. Il avait épousé en 1344 Jeanne de France, fille posthume de Charles-le-Bel, et mourut sans enfants, l'an 1375. A sa mort le comté de Beaumont-sur-Oise entra dans le douaire de sa veuve, et nous donnons dans nos *Preuves* la prisée qui en fut faite alors. Il semble donc que la duchesse douairière d'Orléans ait dû en jouir jusqu'à sa mort, c'est-à-dire jusqu'au 8 février 1392. Cependant des lettres de Charles VI, datées de Lille, novembre 1386, donnent à son frère Louis le duché de Touraine,

(1) *Preuves*, p. 122.

(2) A. I. Reg. J. 65¹, pièce 89.

(3) L'original au *Tr. des ch.*, Carton J, 615, p^ce 12.

(4) L'orig. au *Tr. des ch.*, J, 358, pièce 5.

à l'exception de Loudun, qui reste au roi de Sicile, plus les comtés de Valois et de Beaumont-sur-Oise, à l'exception de Créci qui reste au roi, et de Gournai, précédemment donné à Bureau, sire de la Rivière; le tout en apanage, avec la clause de réversibilité à la couronne. L'original de ces lettres, scellées en cire verte, se trouve aux Archives de l'Empire (1), et il est important de remarquer qu'on lit sur le repli qu'elles ne furent enregistrées à la chambre des comptes que le 19 juillet 1392, c'est-à-dire après la mort de la duchesse douairière veuve du duc d'Orléans, Philippe. Par d'autres lettres, du 4 juin 1392, Charles VI reprit à son frère Louis le duché de Touraine, et lui donna en échange celui d'Orléans. A la même date il lui donna encore main-levée des comtés de Valois et de Beaumont-sur-Oise, pour le moment où la duchesse douairière serait décédée. Quant à ce qui est du comté de Beaumont-sur-Oise, l'apanage assuré à Louis en 1386 n'était qu'une expectative, et ce ne fut qu'à la mort de Jeanne de France, veuve de Philippe et duchesse douairière d'Orléans, qu'il entra en réalité en possession de ce comté.

De Louis, duc d'Orléans, le comté de Beaumont-sur-Oise passa à son fils Charles, et de celui-ci à Louis XII. Mais il faut observer que sous la domination Anglaise il fut donné, l'an 1431, par Henri VI, roi d'Angleterre, à Robert, sire de Villugby (2).

En 1527, François I.er engagea le comté de Beaumont-sur-Oise au connétable Anne de Montmorenci, au lieu d'une somme de 40,000 écus qu'il lui avait promise en faveur de son mariage avec Madeleine de Savoie, fille de René, bâtard de Savoie, comte de Tende, somme dont l'état de ses finances ne lui permettait pas de disposer. Les lettres sont datées de Saint-Germain, du 5 janvier 1526 (V. S.) (3). Le roi s'y réserve la foi et l'hommage, le ressort et la souveraineté. Henri II, au commencement de son règne renouvela cet engagement (4), et depuis, le comté de Beaumont-sur-Oise a été presque toujours possédé de cette manière, c'est-à-dire à titre de domaine engagé. Cependant, en 1570, il fut compris dans l'apanage qu'Henri III constitua à son frère François, duc d'Alençon. Mais comme il était alors tenu à titre de domaine engagé par la veuve du connétable, le prince apanagé fut obligé de le racheter moyennant une somme de 24,000 écus. Le contrat de rachat est du 21 mars 1574. Quatre ans plus tard, le duc d'Alençon, pressé par des besoins d'argent, l'engagea de nouveau, à faculté de rachat perpétuel. L'engagiste fut Pierre Clausse, sieur de Marchaumont.

(1) Au *Trésor des Chartes*, carton K. 53, pièce 61.

(2) *Preuves*, p. 125.

(3) A. I. Reg. P, 1242.

(4) Par lettres patentes datées de Saint-Germain-en-Laye, du 12 avril 1547. (A. I. *Mém.* OO, fol. 14.)

Le contrat d'engagement fut ratifié par le duc, à Mons, le 2 décembre 1578, et par le roi, à Paris, le 4 avril 1579 (1).

En 1622, le comté de Beaumont-sur-Oise fut acheté par Antoinette de Pons, marquise de Guierseville, dame d'honneur de la reine, et payé 33,000 liv. Elle le vendit en 1630 à Roger du Plessis, sieur de Liancourt, pour le prix de 45,100 liv. De 1644 à 1654, on le voit dans les mains du maréchal de La Mothe-Houdancourt. Enfin, sa veuve, Louise de Prye, duchesse de Cardonne et gouvernante des enfants de France, le vendit à Louis de Bourbon, prince de Conti, par contrat du 14 novembre 1705.

(1) A. I. Reg. P, 1242.

SECONDE PARTIE.

PREUVES.

INDICATION DES CARTULAIRES

D'OU SONT TIRÉES UNE PARTIE DES PIÈCES COMPOSANT CES PREUVES.

CARTULAIRE DE L'ABBAYE DE SAINT-DENIS.—C'est un manuscrit de la fin du XIII.e siècle, connu sous le nom de *Cartulaire blanc*, et conservé aux Archives de l'Empire. Il forme 2 vol in-fol. vél., à deux colonnes, cotés L. 221 et 222.

CARTULAIRE DE SAINT-MARTIN-DES-CHAMPS. — Manuscrit du XIII.e siècle, conserve aux Archives de l'Empire. Un vol. in-4.o vél., à longues lignes, qui porte la cote L. 128.

CARTULAIRE DE L'ABBAYE DU VAL. — Manuscrit du XIII.e siècle, conservé aux Archives de l'Empire. Un vol. pet. in-4.o vél., à longues lignes et à rubriques, coté L. 208.

AUTRE CARTULAIRE DE L'ABBAYE DU VAL. — Copie moderne de Gaignières, conservée à la Bibliothèque Impériale, sous le n.o 5462.

CARTULAIRE DE SAINT-GERMAIN-L'AUXERROIS. — Manuscrit du XIII.e siècle, conservé aux Archives de l'Empire. Un vol. pet. in-fol. vél., à longues lignes, coté L. 87.

CARTULAIRE DE L'ABBAYE DE BEAUPRÉ. — Manuscrit de la fin du XIII.e siècle, conservé à la Bibliothèque Impériale, sous la cote Cart. 81. Un vol. in-fol. à deux colonnes.

CARTULAIRE DE L'ABBAYE DE ROYAUMONT. — Copie moderne de Gaignières, conservé à la Bibliothèque Impériale, sous le n.o 5472.

NOTA. Les pièces tirées des Archives de l'Empire, sont désignées par les lettres A. I., et celles qui sont tirées de la Bibliothèque Impériale, par les lettres B. I.

PREUVES.

I.

Mathieu I.er, comte de Beaumont-sur-Oise, à la prière des chanoines de Saint-Germain-l'Auxerrois de Paris, affranchit de mauvaises coutumes les hommes du lieu de Bernes, situé dans le domaine de son château de Beaumont.

† In nomine Sancte et individue Trinitatis. Notum sit omnibus tam presentibus quam futuris, 1110
quod canonici beati Germani Parisiensis, videlicet Tebaldus decanus, Daniel, Philippus, Hanricus, Odo, ceterique fratres ejusdem ecclesie (1), presentiam nostram humiliter adierint, et, quod terras ipsius sancti qui sub dominio castri mei Bellimontis videlicet habentur, et maxime eas que sunt circa villam que Baierna nominatur (2), pro amore patris mei et matris mee, et pro nostra ipsius anima, a consuetudinibus injustis penitus deliberaremus, devotissime postulaverunt. Scilicet ut agricole terrarum predicti sancti, sine redemptione et licentia prepositi mei, messas suas colligerent, et pascua ipsarum terrarum bestie eorum, libere et sine omni dominio, haberent.

Ego itaque Matheus comes, et uxor mea Beatrildis, cum filiis meis Ivone et Matheo (3), benignis-

(1) On trouve plus bas les noms de quatre autres de ces chanoines de Saint-Germain l'Auxerrois.

(2) Bernes, village de l'ancien doyenné de Beaumont à une demi-lieue de cette ville.

(3) *Uxor mea Bealtridis cum filiis meis Ivone et Matheo.* Ceci dérange la généalogie des comtes de Beaumont-sur-Oise telle qu'elle se trouve dans l'Histoire généalogique des grands officiers de la couronne du P. Anselme (t. VIII, p. 396), car il donne pour femme, à Mathieu I.er, Emme de Clermont, et pour fils, Mathieu et Hugues, tandis qu'ici nous voyons que sa femme s'appelait Béatrice et ses fils, Yves et Mathieu. Il est certain que Mathieu I.er épousa une fille de Hugues, comte de Clermont-en-Beauvoisis, mais il est à remarquer que ni Suger, dans sa Vie de Louis-le-Gros, ni aucune autre source contemporaine, ne désignent par son nom cette fille du comte Hugues. Il faut donc conclure de notre charte qu'elle se nommait Béatrice. Le P. Anselme n'a pas connu non plus, cet *Ivo*, l'aîné de Mathieu, puisqu'il est nommé avant lui, et qui sera mort avant son père Mathieu I.er, qui eut pour successeur son autre fils Mathieu.

sime eis condescendentes, terras prenominati sancti, a consuetudinibus injuste impositis, prout postulaverunt; scilicet ut rustici, sine omni redemptione et absque ullius licentia, messes suas colligerent, et pascua sua libere et sine omni dominio haberent, concessimus; nichil in manu nostra retinentes, preter viaturam, et porculam unam duodecim nummorum (1), et duos solidos, quos major predictorum canonicorum, in festivitate beati Johannis, singulis annis, de communi eorum michi persolvet.

Ut hoc autem ratum permaneret, excommunicatio in presentia nostra facta est in monasterio Sancti Leonorii (2), astantibus monachis, et clericis, et laicis fere omnibus totius castri mei. Cartam quoque istam ad confirmationem hujus rei fieri jussimus, et facte, manus confirmationis addidimus, eamque Belvacensi ecclesie transmisimus, ut eam suo sigillo muniret, et istarum injustarum consuetudinum omnes requisitores excommunicaret. Signa quoque nostra apposuimus:

Signum Mathei, comitis. Beatrildis, comitisse. Ivonis, filii. Mathei, filii. Testes etiam additi sunt:

Monachi : Hanricus, prior (3). Teobaldus, monachus.

Canonici : Rainaldus, Haimo Calzo, Ricardus.

Milites : Garnerus, vicecomes et advocatus predicte terre (4), Galterus frater ejus, Adam de Prateriis (5) et Paganus filius ejus, Petrus de Mesnil (6), Radulfus filius Oelardi, Petrus de Vallis, Garnerus Calzo, Robertus, Jouduinus, Ivo, cognatus eorum, Hugo, prepositus, Odo, major predicte terre, et filii ejus Arnulfus et Bernardus.

Actum est hoc anno ab incarnatione Domini M.° C.° X.° Indictione III.ª Epacta XX.ª VIII.ª Concurrente IIII.° (7) Regnante rege Lugdovico anno II.°, anno episcopatus Gaufridi V.°, Rogero archidiacono.

(A. I. *Carton coté S.* 189, *pièce n.°* 8.) — Orig. parch. avec sceau plaqué, de l'archidiacre de Beauvais, portant cette légende: SIGILLUM ROGERI BELVACENSIS ARCHIDIACONI. Cette pièce se trouve aussi dans le Cartulaire de Saint-Germain-l'Auxerrois. (A. I. Reg. coté L. 87, fol. XLIX.)

II.

Pierre, évêque de Beauvais, donne aux moines de Saint-Léonor de Beaumont, la moitié de l'église et de la dîme de Fresnoi, l'église et le porche de Courcelles, l'église et le porche de Saint-Pierre de Beaumont.

1127. Attenditur in monasteriis vigere servicium Dei, quia veri monachi temporalium amorem atque

(1) *Porculam unam duodecim nummorum*, une truie du prix de 12 deniers. Mabillon, dans sa Diplomatique, a remarqué cette acception du mot *nummus*. On trouve dans une charte de l'an 1141, en faveur de N. Dame d'Etampes: *De districto, gallinam nummorum duorum*. (Ord., t. XI, p. 192.)

(2) Le prieuré de Saint-Léonor, compris dans l'enceinte du château de Beaumont-sur-Oise.

(3) Henri, prieur de Saint-Léonor.

(4) Garnier, vicomte et avoué de Bernes.

(5) Adam de Presles.

(6) On trouve deux localités de ce nom dans le doyenné de Beaumont, le Mesnil-Sainte-Honorine et le Mesnil-Saint-Denis. Je penche pour le dernier.

(7) Toutes ces dates s'accordent avec l'*Art de vérifier les dates*, sauf le concurrent qui y est marqué 5 au lieu de 4.

sollicitudinem omnino abiciunt, et ideo solis divinis obsequiis mancipati, Deo liberius et devotius famulantur. Incumbit igitur ecclesiarum rectoribus, ut pro Dei amore, eorum provideant tranquillitati et paci, quos id suo regimine vident regulariter vivere et, in Christo, per omnia suis episcopis obedire.

Unde ego Petrus, Dei gratia, Belvacensis episcopus, bonam spem habens in Domino de monachis qui in ecclesia beati Leonorii de Belmonte serviunt Deo, ipsis et eorum successoribus, pro amore Dei, in perpetuum possidendam concedo medietatem ecclesie et medietatem decime de Fresneio (1), quam diu laica manus invaserat, assensu tamen illius, videlicet Petri de Vallibus, qui eam quoquo modo tenuerat, illius quoque de cujus feodo esse videbatur, scilicet donni Mathei, comitis Belmontensis.

Insuper, et ecclesiam et atrium de Curcellis (2) similiter, consensu laicorum qui injusta invasione diu ea tenuerant, videlicet Guarnerii Calcionis et Radulfi de Asneriis, et Odeline; salva tamen omnino justicia et reverentia, et omnibus reditibus quos predicte ecclesie mihi debent et archidiocono meo, ceterisque ministris meis, hanc concessionem facio. Ita etiam, ut quociens Belvacensis ecclesia pretaxatis ecclesiis, qui in hac concessione continentur, silentium indixerit, obedienter a divinis obsequiis cessent, quantum et quomodo eis fuerit imperatum, sicut faciunt cetere baptismales ecclesie hujus episcopatus, que ad monachos nullatenus pertinere noscuntur.

Ut autem hec concessio firma permaneat, eam scripti hujus assertione, sigillis quoque mei auctoritate assignatam confirmor.

Concedo similiter ecclesiam Sancti Petri apud Bellomontem sitam, cum atrio et omnibus ad eam pertinentibus, consensu atque rogatu Warnerii, vicecomitis, atque incluse ibidem commorantis.

Signum Petri, episcopi. S. Theobaldi, archidiaconi. S. Rotgeri, decani. S. Henrici, archidiaconi.

Actum Belvaci, anno incarnationis dominice, Millesimo c.° xxvii.° Indictione v.° secundi Honorii pape, ordinationis anno iii.°, Ludovico Francorum rege anno regni sui xx°, episcopatus donni Petri Belvacensis episcopi, anno xi°.

(A. I. *Cart. coté S.* 1410, *pièce n.°* 48.) Orig. parch. Se trouve aussi au Cartulaire de Saint-Martin-des-Champs, L. 208, fol. 69.)

III.

Guerre de Mathieu I.er, comte de Beaumont, avec Hugues, comte de Clermont en Beauvoisis.

(Extrait de la vie de Louis-le-Gros, de l'abbé Suger.)

« §. III. Interea Bellimontis comes Matthæus contra Hugonem Claromontensem virum nobilem, sed mobilem et simplicem, cujus filiam duxerat sponsam, longo animi rancore contendens, castrum nomine Lusarchium, cujus medietatem causa conjugii susceperat, totum occupare, turrim sibi armis et armatis satagit munire. Quid faceret Hugo, quam quod ad regni defensorem festinans, pedibus ejus prostratus, obortis lachrymis supplicat ut seni condescendat, gravissime

(1) Fresnoy-en-Thelle (département de l'Oise.)

(2) Courcelles, canton de Presles (Seine-et Oise.)

gravato opem ferat? « Malo, inquit, charissime Domine, te terram totam meam habere, quia a te » eam habeo, quam gener meus degener hanc habeat. Emori cupio, si eam auferat. » Cujus lachrymabili calamitate animo compunctus, amicabiliter manum porrigit, suffragari promittit, spe exhilaratum remittit; spes autem non confundit. Velociter si quidem de curia exeunt, qui comitem conveniant, extraordinarie expoliatum ordinarie vestiri ore defensoris præcipiant, de jure in curia ejus ratiocinando certa die decertent. Quod cum refutasset, ulcisci festinans defensor, collecto exercitu multo, in eum exiliit : præfatumque castrum aggrediens, modo armis, modo igne impugnans, multo congressu expugnavit, turrimque ipsam militari custodia munivit, et munitam Hugoni, sicut spoponderat, restituit. »

« §. IV. Movet itidem exercitum ad aliud ejusdem comitis castrum nomine Canliacum, tentoria figit, machinas impugnatorias instrui præcepit. Verum multo aliter quam sperabat evenire contigit. Mutata quippe grata aeris temperie, ingrata et turbulenta intemperies emersit, tantoque et tam horribili impluvio tonitruorum coruscatione totam terram in nocte turbavit, exercitum affecit, equos cæcidit, ut vix vivere quidam eorum sperarent. Quo intolerabili horrore, cum quidam de exercitu in aurora fugam matutinam pararent, dormitante adhuc defensore in papilione, dolose tentoriis ignis est applicitus : ex quo, quia signum est recedendi, subito exercitus tam incaute quam confuse exire festinant, inopinatam recessionem formidantes, nec quid alii aliis conferant attendentes. Quorum incursu præcipiti, multoque clamore Dominus stupefactus, quærens quid esset, equo insiliit : post exercitum festinans, quia jam circumquaque dispersi erant, reducere nullo modo valuit. Quid aliud faceret famosus juvenis, quam ad arma currere, quam cum paucis quos potuit retrocedere, murum se pro præcedentibus opponere, sæpe percuti, et sæpe percutere? Verum etsi illi, quibus pereuntibus (leg : præeuntibus) ipse murus erat, quiete et secure potuerunt fugere, tamen quia multi gregatim et disperse procul ab eo fugiebant, multi ab hostibus capti sunt. Inter quos excellentior captus fuit ipse Hugo Claromontensis, et Guido Silvanectensis, Herluinus Parisiensis et obscuri nominis quamplures gregarii, et pedestris exercitus multi. Hac igitur lacessitus injuria, quanto rudis et ignarus infortunii hujusmodi hactenus fuerat, tanto cum Parisius redisset moti animi insolentia intumescebat, et ut ejus ætatis mos est, si tamen sit imitativa probitatis, movet et movetur : et ut citò injuriam ulciscatur exæstuans, undecunque triplicato exercitu sagaciter æque ut prudenter, crebro ingeminat suspirio, decentius mortem quam verecundiam sustinere. Quod cum amicorum relatione comperisset comes Matthæus, ut erat elegans vir et facetus, impatiens verecundiæ accidentalis Domini sui, multiplicato intercessore, viam pacis affectare summopere investigat. Multa dulcedine, multis blandimentis animum juvenilem demulcere elaborat satis convenienter : nulla hoc factum deliberatione, sed ex contingenti accidisse, injuriam excusat, seque pronum ad ejus nutum satisfactioni præsentat. In quo quidem prece multorum, consilio familiarium, multo etiam patris rogatu, licet sero, viri animus mollescit, resipiscenti parcit, injuriam condonat, recuperabilia perdita, comite reddente, restaurat, captos liberat, Hugoni Claromontensi pacem, et quod castri præoccupati suum erat, firma pace reformat. »

(Rec. des Hist. de Fr. t. XII, p. 13, 14 et 15.)

Du contens qui mut entre le Conte de Clermont et Mahy le Conte de Beaumont.

(Extrait des Grandes Chroniques.)

« §. V. Entre ces entrefaites mut contenz entre Huon le Seignor de Clermont, qui hons estoit simples et sanz malice, et Mahiu le Conte de Biaumont, por ce que li Cuens Mahieu, qui sa fille avoit espousée, li toloit à force la moitié dou chastel de Lusarches : car l'autre moitié tenoit par la raisom de sa fame; si l'avoit tost saisi et bien garni. Au damoisel Looys s'en ala clamer, et se laissa chaoir à ses piez en plorant, et fit sa plainte en tex paroles. « Sire ayez merci de moi, qui sui vieuz et debrisiez, si me secor contre mon adversaire, qui me veut deseriter. Si vuel mieuz que tu aies tote ma terre, de cui ge la teign, que mes gendre l'ait. » Grant pitié out de li li defenderes dou regne, et li promist s'aide, et ensi l'an ranvoia tot asseuré de la promesse. Tantost manda au Conte Mahiu que il revestisit Huon de sa partie dou chastel, et puis les ajorna emmedeus à sa cort ; mes li Cuens Mahiu refusa tot, ne au jor ne daigna avenir ne contremander : et li Damoisiaus asembla son ost et ala asegier le chastel, que il avoit garni contre son seignor. Tanti asalli et par armes et par feu et par engins, que il le prist a force, la tor garni de chevaliers, et la rendi Huom, si com il li avoit promis.

De là se parti et ala asegier un chastel le Conte, qui a non Chambeli ; ses engins fist entor drecier : mais autrement avint de ce siege que il ne cuida. Une nuit ot feit cler tens et seri ; si avint que li tens se covri sodainement, et commença ung forz tens de tonoire et de pluies si horribles, que li plus des genz de l'ost estoient en desesperance de lor vies et cuidoient bien morir. Quant ce vint vers l'ainjornée que li nobles Looys se dormoit encores en son pavelon, plusor s'apareillierent, par le fort tens, de partir de l'ost ; si fu boutez li feus en une des parties des loges par desloiauté et par traïsom. Et por ce que ce est signe de partir ost de siège, si avint ensi que toz li oz s'estormi, et issirent des tentes folement et confusement, et commencierent à fuir, comme cil qui cuidoient estre pris por la temoste et por la noise, et mistrent a la fuite. De ce fu mult esbahiz li Damoisiaus Looys, et demanda que ce estoit ; lors s'arma et salli ou destrier, et corutapres l'ost por faire retorner ; mais por chose que il peut dire ne faire, ne les pot metre au retor, por ce maemement que il estoient ja tuit espandu et departi ça et la. Lors asembla tant de sa gent comme il pot avoir, et por les autres qui s'enfuioient garantir, se mist por mor mur et por deffense contre ses anemis, qui li corurent soure ; sovent i feri et sovent i fu feruz. Bien et seurement s'en porent fuir cil cui il estoit deffense ; mais asez en i ot de pris de ciaus qui estoient loign de li, et s'enfuioient espandus par tropeaus. La fu pris cil Hues de Clermont, li plus hauz hom et li plus puisanz, et Guis de Senliz et Herloins de Paris, sanz les autres, que chevaliers que serganz, qui pas n'estoient de grant non, et des gens a pié, dont il n'est nus contes. Mult fu li gentis Damoisiaus embrasez de ire, à Paris retorna, et de tant li angroissa plus li cuers de fierté de d'orguel, comme cil qui n'avoit pas apris a recevoir tel honte et tel meschaance. A Paris ne demora point por séjorner; mais por sa honte vangier asembla genz de totes parz, trois (fois) tanz que il n'avoit asemblé devant. Et sovent disoit en son cuer, que ce estoit graignor honors de morir prouousement, que honteusement vivre. Cete asemblée sot li Cuens Mahius par ses amis de la Cort, si douta mult, comme cil qui sages hons estoit, que la mescheance que ses sires avoit eue ne retornast par li. Lors prist de ses privez amis et les fit parler de la pais, par mult grant douçor et par mult grant blandissement, et mult se pena d'amollier le cuer et l'ire dou noble damoisel, et se purgoit en tel maniere, que par li ne par son porchaz ne li estoit cele mescheance avenue, se par aventure non, et comment que il fut avenu, il s'en metoit du tot en sa volenté et en son esgart. Mais avant que il s'en vousit de riens amollier, en ot mainte proiere, que dou Roi Phelippe son pere, que d'autrui. Mais totevoies a la parfin refrena son mautalent, et si fut a tart et a enviz : le tort que il avoit fait li fit amender, et rendre ce que il pot rendre, de ce que il avoit adomagié, et li fit rendre les prisons (les prisonniers). Apres fit la paix de li et de Huom de Clermont son seignor, et li fit rendre sa partie du chastel de Lusarches, que il li vouloit tolir. »

(Rec. des Hist. de Fr. t. XII, p. 139 et 140.)

IV.

Confirmation par Louis-le-Jeune de la fondation de l'abbaye du Val, faite par Anseau, seigneur de l'Ile-Adam (1).

1137. In nomine Sancte et individue Trinitatis, amen. Ego Lucdovicus, Dei gratia rex Francorum, et dux Aquitanorum. Notum fieri volumus cunctis fidelibus, tam futuris quam presentibus, quod Teobaudo abbati, et fratribus in loco qui dicitur Vallis Sancte Marie, domino famulantibus, pro anime nostre et parentum nostrorum remedio, in perpetuum concedimus, ut quicquid de feodo nostro, ex quorumlibet beneficio, adepti sunt, aut in futurum, largiente Domino, poterunt adhipisci, jure perpetuo habeant et possideant. Hec sunt autem que ante presentem concessionem nostram jam adepti erant, et que in perpetuum illis concedimus : sedem videlicet abbatie sue, que Vallis Sancte Marie appellatur, ex dono Anselli de Insula; Terram in foresta de Tellis (2), ex dono Anculfi de Lenort; Terram de Monte Arsitio (3), ex dono Hugonis Tirelli; Terram de Gunsenivilla (4), ex dono Rericii, ejusdem ville domini. Hec, et alia omnia, que predictis fratribus in futurum, de feodo regali, Deo actore conferentur, illis in perpetuum confirmamus et concedimus. Quod ut ratum et inconcussum permaneat, sigilli nostri auctoritate et nominis karactere subterfirmari precipimus.

Actum apud Fontem blaaudi, publice, anno incarnati verbi M.° C.° XXX.° VII.°, regni nostri I.° Astantibus in palatio nostro quorum nomina subtitulata sunt et signa :

Signum Radulfi, Viromandorum comitis, et dapiferi nostri, S. Guillelmi, buticularii, S. Hugoris, constabularii, S. Hugonis, chamerarii.

Data per manum Algrini, cancellarii (*avec monogramme*).

(A. I. *Cart. S.* 4175, *pièce n.°* 32), orig. parch.)

V.

Donation faite par le prieuré de Saint-Martin-des-Champs de Paris, à l'église de Saint-Léonor de Beaumont, de dîmes et d'hôtes à Moyencourt.

1151. In nomine Sancte et individue Trinitatis, amen. Notum sit omnibus, tam futuris quam presentibus, omnem decimam magnam et minutam, quam ecclesia beati Martini de Campis, apud vil-

(1) On donne ici cette pièce, bien qu'elle ne s'applique pas immédiatement aux comtes de Beaumont, à cause des nombreuses mentions de cette abbaye qu'on trouvera dans la suite. L'abbaye du Val, *abbatia Sanctæ Mariæ de Valle*, fondée antérieurement à l'année 1137, par Anseau, seigneur de l'Isle-Adam, a été réunie aux Feuillans en 1611. On a pu voir à l'Exposition des tableaux de 1853, une suite de dessins remarquables sur ce qui reste de cette abbaye. Ils sont dus à M. Hérard, architecte. Cette charte est imprimée dans le *Gallia Christ.*

(2) La forêt de Telles. Le petit pays de Thelle était situé en Beauvoisis, assez près de Chambli. Il en reste les désignations de Neuilly-en-Thelle et de Fresnoy-en-Thelle,

(3) Montarsis.

(4) Goussainville.

lam quam Mediancurtem vocant, antiquitus possidebat, ab ejusdem ecclesie conventu, traditam ecclesie Sancti Leonorii de Bellomonte jure perpetuo possidendam ; nec non et duos hospites et dimidium, ceteraque universa que in eadem villa predicta ecclesia Sancti Martini habebat, jam dicte ecclesie Sancti Leonorii ad possidendam tradita, dante pro his omnibus comite de Bellomonte, octoginta libras denariorum parisiensis monete, de argento illo quod pater suus, Matheus comes, filius Yvonis comitis, beato Leonorio in elemosinam dedit.

Ut hoc ratum permaneat, sigilli Sancti Martini de Campis impressione firmatum est.

Hujus rei testes sunt :

Symon, prior de Campis (1). Odo Senex. Normannus, prior de Bellomonte. Matheus comes. Hugo, frater ejus (2). Gaufredus de Baerna. Rericus de Andilli. Arnulfus de Usseio. Arnulphus de Brueriis (3).

Actum est in capitulo Sancti Martini anno millesimo centesimo quinquagesimo primo ab incarnatione Domini. Pridie nonas julii (4), primo anno consulatus ipsius Mathei (5).

(A. I. *Carton coté S.* 1410, *pièce n.° 50.*) Orig. parch. Cette pièce se trouve aussi dans le cartulaire de Saint-Martin-des-Champs. (Ibid. Registre L. 128, fol. 90.) Elle est imprimée dans l'histoire de Saint-Martin-des-Champs, de dom Marrier, p. 185.

VI.

Donation faite aux Templiers par Mathieu II, comte de Beaumont, d'une maison et d'un four, situés à Paris.

In nomine Sancte et individue Trinitatis. Notum sit omnibus Dei fidelibus, et insuper Sancte 1152.
Matris ecclesie prelatis, tam presentibus quam futuris, quod Matheus, comes Bellimontis, dedit Deo et fratribus templi Salomonis, pro redemptione anime sue et patris sui et matris sue et antecessorum suorum, furnum quem ante Portam-Parisiûs habebat, et omnia ad furnum pertinentia, in perpetuum, libere et quiete, possidendum ; et preter hoc, XL. I. solid. den. minus quos in terra de Ruilli (6) censuales habebat ; et insuper XVII sext. avene et unam minam et gallinas, que sibi, per singulos annos, ex eadem terra, reddebantur. Dedit quoque domum Frogerii Asinarii, ante Barras sitam (7), et omnem prefatæ domus justiciam que sua libera erat, et portum eidem domui adjacentem. Ut hoc autem firmum et inviolabile in perpetuum maneat, huic donacioni testes affuerunt : clerici, Hubertus, dechanus, Reinaldus, precentor Compendii, et Nicholaus, comitis notarius (8) ; milites : Petrus de Runcheroles, Willelmus de Mennilio, Petrus de Borrengo ; famuli : Petrus, major Cambliaci, Odo de Guviz (9). Et de fratribus Templi : fr. G. de Drusencurt, fr. Walerannus.

(1) Simon de Mello, 9.e prieur de Saint-Martin-des-Champs.

(2) Hugues de Beaumont, fils de Mathieu I.er et frère de Mathieu II, tige des seigneurs de Persan.

(3) Geoffroi de Bernes, Rericus d'Andilli, Arnoul de la Houssaye, Arnoul de Bruières.

(4) 6 juillet.

(5) Mabillon, dans sa Diplomatique a remarqué cet emploi du mot *consulatus*. (De re Dipl. p. 92.)

(6) *In terra de Ruilli*, actuellement la rue de Reuilly au faubourg Saint-Antoine.

(7) Ce Frogier Lasnier a donné son nom à la rue qu'on appela dans la suite rue Geoffroi Lasnier.

(8) Nicolas, notaire du comte Mathieu II.

(9) Pierre de Ronquerolles, Guillaume du Mesnil-Saint-Denis, Pierre de Boran, Pierre, maire de Chambli, et Eudes de Gouvieux.

Actum itaque hoc incarnati verbi M.° C.° L.° II.° anno, annuente rege L., de cujus feudo erant (1), annuente quoque Mathildi comitissa, uxore Mathei comitis, cum liberis suis.

(A. I. *Cart. coté S.* 5086, *pièce n.°* 1.) Orig. parch. avec frag. de sceau en cire blanche sur lanières de cuir blanc. Le sceau représente un homme à cheval tourné à droite, l'épée à la main et couvert de son écu : casque pointu.

VII.

Accord entre Mathieu II, comte de Beaumont, et l'abbaye de Saint-Denis, touchant les lieux de Fontaine-Behu et de Saint-Martin-du-Tertre.

1153 In nomine Sancte et individue Trinitatis, amen. Odo, Dei gratia, ecclesie beati Dyonisii abbas (2). Quum cura nobis est continua et studium speciale, commissa nobis bona, non solum augere vel emendare, verum etiam, ne in posterum alienari possint operam dare, iccirco, conventionem quendam, que inter nos et virum illustrem Matheum, Bellimontis comitem, statuta est, presentibus litteris dignum duximus firmare, atque omnem in futurum querimoniam exinde vel calumpniam, annotatis testibus, amputare. Sciant itaque tam futuri quam presentes, quod predictus comes Bellomontensis, presentiam nostram cum suis domesticis adiens, expetiit a nobis, quandam sibi concedi terram, quam supra memoriam hominum modernorum constat incultam fuisse penitus et infructuosam, in loco qui Fons Bohodii nuncupatur (3), prope villam que dicitur Maflers (4), ad stagna videlicet ibidem sibi construenda, vel molendinis edificandis (5), vel piscibus confovendis accommoda, eo scilicet tenore, ut ecclesia beati Dyonisii, absque omni prorsus expensa, terciam partem, tam in molendinis, quam molendinariis, vel omnimodo justicia, habeat. Nos autem, quotiens per locum ipsum transitum fecerimus, in stagnis eisdem piscari faciemus; similiter et quandiu Romanus pontifex apud Sanctum Dyonisium demorabitur, licebit nobis ibidem sufficienter piscari. Quod si comes villam prope stagnum extruxerit, ecclesia beati Dyonisii, in quibuslibet emolumentis medietatem per omnia consequetur. Postulavit preterea idem comes, ut sibi villam liceret construere, non longe illinc, in terra Sancti Dyonisii inculta, juxta locum qui dicitur *Ad domnum Martinum in colle* (6), ea scilicet conditione, ut in hospitibus et in villa, medietatem omnimode consuetudinis vel exactionis et tallie atque viature ecclesia beati Dyonisii accipiat et omnem ex integro decimam habeat. In terra autem arabili et culta, easdem consuetudines, quas primitus ecclesia Sancti Dyonisii possidebat, tam in censu, quam campiparte, vel decima, sive quibuslibet emolumentis, cum omni integritate possideat. De his vero que, vel negligentia monachorum, vel pravorum hominum malignitate alienata sunt, quicquid ecclesia per se recuperare potuerit sine particione aliqua, totum obtinebit. Ubi autem comitem in recu-

(1) Peut-être que le comte de Beaumont tenait ces biens à cause de son office de chambrier.

(2) Eudes II de Deuil : succéda à Suger en 1151 ; mourut vers 1162.

(3) Fontaine-Behu.

(4) Maffliers.

(5) Les titres de l'abbaye de Saint-Denis font mention d'un moulin appelé le Moulin-Behu.

(6) Saint-Martin du Tertre.

perando advocatum habuerit, inter se equaliter, tam comes, quam ecclesia, communicabunt. Servientes quoque comitis, sive sint molendinarii, sive quilibet ministeriales, qui ad hujus conventionis administrationem pertinebunt, facient fidelitatem nobis, et nostri similiter servientes idipsum comiti exhibebunt.

Si nobis placuerit ut grangiam simul, edificemus, simul; et in sumptu et in fructu, communicabimus. Sin autem, quisque nostrum duos terre arpennos ad edificandum accipiet, et juxta libitum suum edificabit. Porro hanc, in rebus nominatis, partem, comiti, in augmentum feodi sui, concessimus, ea tamen ratione, ut nichil horum liceat ei cuicumque hominum dare in feodum, sive extraneo scilicet, sive cuicumque heredum suorum, nisi tantum Bellimontis comiti. Denique quum hanc peticionem, tam nos quam fratres nostri favorabiliter exaudisse visi sumus, idem comes, quedam, que juris sui esse videbantur, pro remedio anime sue vel parentum suorum, seu prolis sue stabilitate, ipsis sanctis martyribus, quiete, et sine aliqua, vel sua, vel heredum suorum reclamatione, omnibus in futurum temporibus possidenda concessit. In burgo videlicet Sancti Dyonisii censum tredecim solidorum et octo denariorum, atque de feodo Rainardi de Lusarchiis, quantum infra bannum Sancti Dyonisii adjacere videtur, et quicquid apud Sanctum Dyonisium usque in presentem diem, ipse comes cernitur possedisse. Excepto quod annonam de molendino Henric de Poncello, tamdiu retinuit, donec filius predicti Henrici cum eo pacem componat, et sic ad ecclesiam feodus revertetur. Nec tacendum illud est, quod terras nostras, quas prius emerat, recepto precio, nobis reddidit. Nolumus ut, vel emptione vel vadimonio, terras nostras possideret. Quasdam etiam exactiones, quas, tam ipse quam predecessores ejus, in rebus fratrum violenter infra comitatum suum et ditionem usurpaverant, libere et quiete habenda nobis condonavit : duos videlicet vini modios, quos in torculari nostro apud Morentiacum villam (1) annuatim consequi videbatur, et quicquid sub castro Confluenti (2) pro transitu onerarie navis nostre, a servientibus nostris exigebatur, quietum clamavit, ita ut, nec ipse, nec heredes vel homines ipsius, aliquid exinde ulterius requirere valeant. Omnem preterea consuetudinem, quam in nemoribus beati Dyonisii violenter obtinebat, apud Morentiacum scilicet (3), sive juxta memoratum superius Bohodii-Fontem, prorsus remisit, ut liberam habeamus potestatem faciendi ex hiis quod voluerimus, vendendi, vel defendendi (4), excepta tamen eradicatione. Ipse vero, vel servientes ipsius, nullam in illis, preter venandi et viature, habebunt potestatem.

Juravit denique comes ipse, adhibitis sacris in conventu fratrum, et magna hominum frequentia, atque fide firmavit hanc se conventionem et elemosinam, et hanc societatem beato Dyonisio omni tempore fideliter conservaturum, promisitque quod idipsum ab uxore sua libere concedi et ratum haberi faceret, quodque filium suum in eadem jurare verba compelleret, quando ad annos discretionis perveniret (5).

Juraverunt nichilominus quidam ex parte ipsius, quod si quando comes ab hoc pacto et promissione resilire vellet, ipsi, quando super hoc requirerentur, ad hujus rei veritatem eum reducerent et cogerent pro viribus, excepto labore guerre, vel sumptibus. Quorum nomima hec sunt :

(1) Morancy, près Beaumont.

(2) Le château de Conflans Sainte-Honorine.

(3) Ici *Morentiacum* semble devoir désigner Montmorenci.

(4) *Bois de deffens*. Voy, Ducange, au mot *defensa*

(5) Ce qui désigne Mathieu III, alors fort jeune.

Hugo, frater Comitis (1). Arnulfus de Husseio. Rodulfus de Bella-Fontana. Warnerius de Cambliaco. Petrus de Borrenc. Petrus de Runcherola. Adam de Nucistella. Petrus de Vallis (2).

Testes vero sunt : Lambertus, camerarius. Ermenfredus, coquus (3).

Ex parte ecclesie testes sunt : Rogerius, frater abbatis. Willelmus Bateste. Wido Brito de Stampis. Willelmus Brustin. Adam de Logiis. Paganus Cambiator. Henricus hospiciarius. Suggerius frater ejus. Balduiuus de Barra. Teodericus de Murno. Ricardus. De Morenciaco. Petrus de Mafrers. Rodulfus de Petra frita.

(A. I. *Trésor des Chartes, carton coté J.* 168, *pièce* 31.) Orig. parch. avec deux sceaux pendants, celui du comte Mathieu II et celui de l'abbé de Saint-Denis. Cette pièce se trouve aussi au cartulaire dit le *Cartulaire blanc de Saint-Denis, t. I.*er, p. 698. (A. I. Reg. coté L. 221.)

Cette charte est sans date, mais l'inventaire général des chartes de l'abbaye de Saint-Denis, dit qu'elle est de l'an 1153 environ.

VIII.

Thibaut, évêque de Paris, constate que les 20 livres qu'il avait données à Nicolas, sous-prieur de Saint-Martin-des-Champs, pour ses bons services, ont été abandonnées par celui-ci au prieuré de Saint-Léonor de Beaumont.

1157. Sciant presentes et futuri Christi fideles, quod domnus Theobaldus, Parisiorum episcopus (4), dedit xx libras pariensis monetæ domno Nicholao, quondam subpriori hujus loci, qui a secundo episcopatus sui anno usque ad finem vitæ suæ, in dispensatione domus suæ, in rerum suarum susceptione et concordia satis honeste et fideliter ei servierat. Ipse vero Nicholaus has xx libras, insuper et centum solidos paris. ad emendum redditus, voluntate Willelmi prioris S. Martini et totius conventus, tradidit ecclesiæ S. Leonorii de Bellomonte, per manus Fulconis, ejusdem ecclesiæ tunc prioris (5), ea siquidem conventione, quod ab habitatoribus ecclesiæ S. Leonorii xxv solidi paris. singulis annis redderentur in manu subprioris Sancti Martini, de quibus fieret conventui plena refectio de piscibus Sequanæ, vel duæ de allecibus recentibus, si tempus fuerit : in die vero obitus sui et omni anno anniversarii sui. Statutum est, assensu totius capituli, quod qui hanc conventionem sive pactionem infregerit, anathema sit.

(A. I. *Cart. S.* 1410, *pièce n.*° 39.) C'est une copie moderne, prise sur le Nécrologe de Saint-Martin-des-Champs.

(1) Hugues de Beaumont, tige des seigneurs de Persan, déjà nommé dans la charte de 1151.

(2) Arnoul de la Houssaye, Raoul de Belle-Fontaine, Garnier de Chambli, Pierre de Boran, Pierre de Ronquerolles, Adam de Nointel et Pierre de Vaux.

(3) Lambert, chambrier, et Ermenfroid, queux du comte de Beaumont.

(4) Thibaut ; évêque de Paris, de 1143 à 1158.

(5) Foulques ; prieur de Saint-Léonor, avant l'année 1157.

IX.

Mathieu II, comte de Beaumont, confirme la donation faite par son père, Mathieu I.er, aux moines de Saint-Léonor de Beaumont, de 100 s. de revenu annuel sur le travers du pont de Beaumont, et de 10 mines de sel, en récompense de ce que ces moines avaient bâti le pont de Beaumont.

Carta de Ponte.

In nomine Sancte et individue Trinitatis, amen. Quum temporum diuturnitate et rerum instabilitate facta hominum deleri noscuntur, nisi litterarum apicibus denotata succedentium memorie tradantur, ego Matheus, dei pacientia comes Bellimontis, notum facio tam presentibus quam futuris, quod pie memorie Matheus comes, pater meus (1), voluntate mea et consilio, fratrisque mei Hugonis (2) assensu, dedi (3) Deo et ecclesie beati Leonorii et monachis ibidem Deo servientibus, pro salute anime sue et in compensatione operis pontis lapidei, quem ipsi a fundamento extruxerunt, centum solidos Belvacensium de transversu ejusdem pontis annuatim accipiendos, et decem minas salis. 1160.

Ut igitur hoc donum ratum et inviolabile in perpetuum maneat, litteris adnotari et sigilli mei auctoritate roborari feci. Insuper et terminos, in quibus predicta, à transversario pontis, quicumque ille fuerit, remota omni occasione et dilatione, sicut precepit pater meus, monachis persolventur, asigneri volui : ad Edictum (4), xx sol., in Assumptione Sancte Marie, xx sol, infra octabas Sancti Dyonisii, xx sol., infra octabas Innocentium, xx sol., in Adnuntiatione Sancte Marie, xx sol. Sal etiam infra predictos terminos reddetur.

Hujus rei testes sunt : Petrus de Borrencq, Petrus de Roncherollis, Arnulphus de Husseio, Petrus de Vallibus, Bireitus de Conflens, Odo, prepositus, Lambertus, cambellencus, Gislebertus Nicolai. Anno M. C. LX. ab incarnatione Domini.

(A. I. *Cartul. de Saint-Martin-des Champs*, *Reg. coté L.* 128, fol. 113 v.°)

X.

Don fait par Mathieu II aux moines de Saint-Léonor, d'un usage de bois dans ses forêts; de 15 s. pour la réfection des religieux; d'un sommier pour leur moulin; et, après son décès, de son haras.

Carta Bellimontis de Nemore (5).

Notum sit presentibus et futuris, quod Matheus, comes Bellimontis', assensu et voluntate Mathei, filii sui primogeniti, ceterorumque filiorum ejus, Philippi, Mathei (6) atque Johannis, 1160.

(1) Mathieu I.er, mort en 1155.

(2) Hugues de Beaumont, seigneur de Persan.

(3) *Dedi* (sic) lisez *dedit*.

(4) *Ad Edictum*, c'est-à-dire au Lendit.

(5) C'est la rubrique qui se trouve au Cartulaire.

(6) D'après le P. Anselme, il fut seigneur de Luzarches.

laudante Aelide comitissa, dedit, pro amore Dei, ecclesie Sancti Leonorii et monachis ibidem Deo servientibus, usuariam consuetudinem in nemoribus suis quantum quidam asinus ad usum eorum afferre potuerit, in loco quo ipse comes vel successores ejus sibi ad ardendum accipient quando apud Bellomontem manserint (1). Si vero alias mansionem fecerint, vel ubicunque abierint monachi, tamen consuetudinem suam in supra dicto loco semper accipient.

Dedit etiam xv sol. belvacensium, quos ipse assignavit ad refectionem fratrum in tribus festivitatibus sanctorum quorum corpora et reliquie in eadem ecclesia continentur, videlicet in festivitate Sancti Calixti et beati Cunuali, sanctique Etruetali. Quorum denariorum, xII sol. carnifices de Bellomonte de estallis suis annuatim persolvent. Tres vero solidi assignati sunt in censu quem ipse comes emit a Hugone de Cingula (2).

Preterea concessit summarium unum ad opus molendini Sancti Leonorii, ea scilicet conditione quod bannerios aliorum molendinorum monachi ad suum molendinum nullatenus recipient.

Donavit etiam post decessum suum, haraz jumentorum suorum, cum sequacibus suis (3).

Ut autem hec rata et inconcussa imperpetuum permaneant, sigilli sui auctoritate et testium annotatione firmare curavit.

Testes hi sunt: Petrus de Borengo et Petrus filius ejus, Renaudus Anguillons, Petrus de Renocerolles, Philippus Hideus, Hugo, nepos comitis (4), Hugo de Luci, Renoudus, panetarius, Odo Pilelard (5), Garnerus, piscator, Hugo de Sancto Martino.

(A. I. *Cart. coté S*, 1410, *pièce n.° 53*.) Orig. parch. La charte est mutilée vers la fin. Elle est sans date, mais on y voit, en tête, et dans une copie moderne, les mots : *Circa* 1160. Cette pièce se trouve également dans le Cartulaire de Saint Martin-des-Champs, fol. 113 v.°

XI.

Mathieu II, comte de Beaumont, accorde l'exemption de droit de transit dans sa terre, à l'abbaye du Val.

Matheus comes de Bellemonte concedit transitum per terram suam.

1163. Matheus, comes Bellimontis. Notum facio omnibus tam futuris quam presentibus, quod ecclesiam de Valle Sancte Marie (6), de transverso seu aliis consuetudinibus omnium rerum suarum, per totam meam ditionem, seu per terram, seu per aquam, meatum faciendum ad victum vel ad

(1) *Quando apud Bellomontem manserint*. Ceci semblerait indiquer que les comtes de Beaumont ne faisaient pas leur séjour habituel de cette ville ; ce qui au reste s'expliquerait facilement pour les comtes Mathieu I.er, Mathieu II et Mathieu III, qui furent tous trois chambriers de France et que leur charge devait retenir le plus souvent à la cour du roi.

(2) Hugues de la Sangle. Il avait une place de ce nom à Beaumont.

(3) C'est peut-être ici la première mention qu'on puisse trouver d'un haras.

(4) Fils de Hugues de Beaumont, tige des seigneurs de Persan.

(5) *Pipelard*, variante du cart. de S. M. des Champs.

(6) L'abbaye du Val. Voy. la note (1) de la charte de 1137. p. 8.

ecclesie edificationem, vel domorum, vel horreorum, vel carrucarum pertinentium, liberam et absolutam in perpetuum facio. Si vero mei ministeriales, quatinus res, que ducentur ad jam dictos usus ecclesie pertineant, non bene crediderint, aliquis ductorum, cui licebit, fide astringet quoniam res ducte ad prenominatos usus ecclesie addicte sunt et devote, et sic poterunt libere transire. Si autem affidare non poterit, consuetudinem reddet. Si vero fidem dederit quam non bene servaverit ratione convinci poterit, consuetudinem, cum forefacto instituto, reddere oportebit. Insuper ego Matheus confirmo, et sigilli mei autoritate coroboro, elemosinam illam quam Rericus de Gonsevilla (1) eidem ecclesie de Valle Sancte Marie dedit, terram scilicet illam quam in territorio ejusdem ville possidet, que de meo feodo erat. Actum est autem hoc Lusarchiis, in domo mea, Aelidi comitissa, uxore, astante et concedente, filiis quoque meis, scilicet Matheo et Philippo, astantibus et concedentibus. Astantibus etiam et testificantibus quibusdam de meis milititibus, scilicet Teobaldo de Gisorcio, Radulpho de Lusarchiis, Willelmo de Gonsenvilla (2). Anno incarnati verbi M.° C.° LX.° III.° Data per manum magistri Nicholai, notarii mei (3).

(A. I. *Cart. de l'abbaye du Val* L. 208, fol. 41 v.°)

XII.

Mathieu II, comte de Beaumont, accorde l'exemption de droit de transit dans sa terre, à l'abbaye de Beaupré.

Ego Matheus, Bellimontis comes. Notum fieri volo presentibus et futuris, concedente uxore 1163.
mea, filioque meo Matheo, dedisse in elemosinam ecclesie Sancte Marie Prato (4) *(sic)* fratribusque inibi Deo servientibus, et ut mei meorumque memores sint, ut quotiens eis, suisque rebus, per terram meam transire necesse fuerit, sine impedimento et absque ulla redditione consuetudinis transire liceat; ita plane, ut quod emerunt, et ad necessarios usus domus sue, cupiditate majoris lucri cuique hominum ultra vendere non liceat. Et quia minus vinee apud eos sunt que fratribus sufficere queant, vinum quod apud Morentiacum (5) emere solent, licite et absque contradictione ad domum suam perpetuo ducere concedimus. Et ut hoc firmum maneat, sigillum meum apponi precepi. Testes quoque hujus elemosine sunt : Petrus Horridus, Petrus de Vallibus, Theobaldus de Morangle. Ivo Macilentus, Walterus Sextarius, Fromundus, loricarius (6), Theobaldus, pincerna et magister Mathei filii mei.

(B. I. *Cart. de Beaupré*, *Cartul.* 81, fol. 102.)

(1) Goussainville, village situé auprès de Gonesse.

(2) Thibaut de Gisors, Raoul de Luzarches, Guillaume de Goussainville.

(3) Nicolas, notaire de Mathieu II.

(4) Notre-Dame de Beaupré, abbaye de l'ordre de Citeaux, fondée en 1135, au diocèse de Beauvais.

(5) Morancy, près Beaumont.

(6) *Fromundus, loricarius.* Cette épithète de *loricarius* peut s'entendre simplement d'un fabricant de cuirasses, ou bien d'un porte-cuirasse du comte. La place qu'occupe ce Fromond immédiatement avant l'échanson semble donner plus de poids à la seconde explication. Dans une autre charte de Mathieu II, également sans date, mais que je crois pouvoir placer vers l'an 1165, on trouve un Fromond, maire de Chambli, qui est sans doute le même personnage que celui-ci, de même que le *Ivo Siccus* de la même charte, est le *Ivo Macilentus* de celle-ci. Quoiqu'il en soit, comme la ville de Chambli était renommée pour ses fabriques d'armures, à ce point que Monstrelet l'appelle *Chambli le Haubergier*, il peut se faire que le mot de *Loricarius* ne désigne ici qu'un fabricant de hauberts.

XIII.

Mathieu II, comte de Beaumont, confirme la vente d'un cens annuel de 6 mines d'avoine et 6 de blé de mars, à prendre à Beauvoir, faite par Payen Malclavel, à l'abbaye du Val.

1165. Ego Matheus, comes de Bellomonte, notifico presentibus et futuris quod Paganus Malclavellus, me presente et audiente, et Johanne, fratre suo, volente et laudante, vendidit ecclesie de Valle Sancte Marie, pro centum solidos pariensis monete, censum quemdam quem illis annuatim reddere solebat de universa terra quam de jure suo et patris sui apud Bellum-Visum possidet; fuit census ille VI minarum de avena et VI de hyemali annona. Concessit hoc et laudavit Theobaldus de Valle-Engajart, de cujus feodo est illa terra, et Galterius, frater ipsius, et ipsi pro salute sua et suorum, benigne et bono animo promiserunt quod terram illam totam amodo libere omni tempore possidendam illi ecclesie firmiter et fideliter tenebuntur. Horum ita digestorum testes sunt: Philippus, filius meus, Ansculphus de Fleelu, Rodulphus de Plesseiz, Johannes, filius Reinaldi de Ponponia, Alveredus Anglicus, Lambertus Amplemus, Hugo de Canali, Ernoldus, sagittarius meus. Hanc etiam census, venditionem et liberam terre illius possessionem concesserunt cum Theobaldo et Galterio, Willelmus fratér ipsorum et Maria, mater eorum, et Matildis, uxor Theobaldi, audientibus et testibus, Willelmo, presbitero de Bohervilla, Gilleberto, preposito, Adam, parmentario, Helduino de eadem villa, Petro et Johanne. Quoniam ergo voluntatis mee est et propositi, prefatam ecclesiam diligere, et sua ei jura defendere, et Paganus Malclavellus rogavit et voluit tam me, quam heredem meum, custodem fieri et tutorem omnium que ecclesia illa de ipsius jure possidet, volens et statuens ut si ipse vel heres suus aliquando ex parte aliqua a tuitione eorum defecerit, ipse, ab omnibus que de meo feodo possidet, spoliatur necessarium duxi. Hec ita disposita scripto commendari et sigilli mei auctoritate communiri ut ipsa rata sint in perpetuum, et heres meus post me, ex omni tempore, firma et inconvulsa faciat permanere. Actum est hoc anno incarnati verbi, M.° C.° LX.° V.°

(A. I. *Cartul. de l'abbaye du Val L.* 208, fol. 22.)

XIV.

Mathieu II, comte de Beaumont, arrange un différend qui s'était élevé entre l'abbaye du Val et Heimar d'Amblainville, touchant la dîme de Beauvoir.

1165. Ego Matheus, comes de Bellomonte, notifico presentibus et futuris, quod, querela illa que fuit inter Heimarum de Amblevilla filiosque ejus, et ecclesiam de Valle Sancte-Marie, super decima terre illius, quam ipsa colit in montibus apud Bellum-visum, communi omnium assensu ad quos decima illa videbatur pertinere, hoc est ipsius Heimari, ad cujus dominium tercia pars illius decime pertinebat, et omnium filiorum ejus, scilicet Willelmi, Teobaldi, Radulfi, Galfredi, Walteri et filiarum, Isabel et Aalis, Isabel etiam, uxoris Theobaldi, et Beatricis, matris sue, ad quam specialiter spectabant due partes ejusdem decime, sed illas cum filia sua dederat Teobaldo, in hunc modum sospita est et ad pacis firmitatem revocata;

Hii omnes, quos supra nominavimus, communiter prefatam ecclesiam ab omni debito decime, in universa terra, quam in predictis montibus jam habet vel in posterum habitura est, cultam vel incultam, de qua ad illos aliqua decima pertineat, absolverunt et liberam fecerunt. Ita ut singulis annis reddat Teobaldo, filio Heimari, et heredi suo post ipsum, quasi in censum, pro mutatione illius decime, dimidium modium hyemalis annone et dimidium avene. Ipse autem Theobaldus et Willelmus, frater suus, sub fide sua promiserunt, quod ecclesie prefate adversus omnes homines sub hac conventione sufficientem prebebunt tuitionem, et preterea me ipsum plegeium fecerunt, et michi, quicquid de meo feodo possident, in contraplegium posuerunt.

Horum testes sunt : Matheus, filius meus (1), et nepotes mei, Hugo et Ivo (2), Petrus de Runcoroliis, Ivo Siccus, Petrus Hispidus, Fromundus, major de Chambli. Ex parte Beatricis, matris uxoris Teobaldi, Willelmus de Amblevilla, Anculfus de Lormaisons, Paganus Malclavellus (3), Gislebertus de Monasteriis (4).

Ut hec ergo rata et inconcussa permaneant, necessarium duxi illa scripto commendari, et sigilli mei auctoritate communiri.

(A. I. *Cart. M.* 573.) Orig. parch. sceau détruit. Cette pièce se trouve aussi dans le *Cartulaire de l'abbaye du Val*. (B. I. MS. n° 5462.)

XV.

Mathieu II, comte de Beaumont, garantit une donation faite par Gilbert l'Ardent, de Chambli, et Robert, frère de celui-ci, à l'abbaye du Val, consistant en vignes, situées à Noisy.

De vineis de Nuisi (5).

Ego Matheus comes de Bellomonte, notum fieri volo tam presentibus quam futuris, quod Gislebertus Ardens de Ihambli (6), et Robertus de Nuisi (7), frater ipsius, tempore abbatis Stephani, concesserunt ecclesie de Valle Sancte Marie, in perpetuam elemosinam, vineam de Fossa, et vineas illas quas ab ipsis sub manu sua habebat Theoboudus, fornarius de Ihambli; et datum est illis de beneficio ecclesie quantum convenit inter ecclesiam et ipsos. Defuncto autem abbate Stephano, et abbate Reignardo loco illius substituto, illi ecclesiam illam aliquandiu injuste fatigabant pro quibusdam conventionibus quas adversus illam querelabant. Sed tandem convocatis, tam abbate, quam illis, ante presentiam meam, omnis illa querela, hortatu meo et consilio, hoc modo est sopita et ad pacem firmam revocata. Dedit eis ecclesia, preter alia que jam illis dederat, IIII.or libras parisiensis monete; et ipsi sub fide sua promisserunt, quod omni tempore adversus

1166

(1) Mathieu III.

(2) Hugues et Ives, fils de Hugues de Beaumont, seigneur de Persan, frère de Mathieu II.

(3) Malclavel.

(4) De Monstiers.

(5) Rubrique au cartulaire de l'abbaye du Val.

(6) *Ihambli*. *Sic* dans l'original, mais il faut lire *Chambli*, comme porte le Cartulaire de l'abbaye du Val. Au reste, comme cette forme *Ihambli* se répète dans l'original, il faut y voir une intention d'aspiration du mot.

(7) *Nuisi*. C'est Noisy-sur-Oise près de Beaumont.

omnes homines sufficientem super omnibus illis vineis eidem ecclesie prebebunt tuitionem. Statuerunt etiam et me rogaverunt, ut si ipsi aliquando, aliquo modo, a firma defecerint tuitione illarum vinearum, ego, et heres meus post me, ipsos et heredes ipsorum ad sponsionem suam prosequendam cogeremus, et omnes illas vineas tanquam propriam nostram elemosinam firmiter tueremur, et eas contra omnes homines juri ejusdem ecclesie defenderemus. Horum omnium ita digestorum testes sunt :

Matheus, filius meus ; Petrus de Asneriis, dapifer meus ; Petrus de Bosranc ; Petrus Hispidus, prepositus meus ; Fromundus de Ihambli, major meus ; et Gislebertus de Monasteriis, frater ipsius ; Petrus de Noisi, major meus ; et Henricus de Noisi.

Hec autem omnia, sicut digesta sunt, concesserunt et rata habuerunt uxores Gisleberti et Roberti, omnesque liberi eorum, uxor Gisleberti, Helvis, et filie eorum, Isabel, Aalina, Maria, Isabel secunda, et Bernardus frater earum, et mariti Isabel et Aaline, et Hugo.

Testantibus his: Galfrido Hardeillun, Hugone, filio ejus, Hugone de Sancto Martino, Fromunde, majore de Ihambli, Gisleberto de Monasteriis, fratre ipsius, Petro Hispido, preposito, Theobaudo de Ronkeroles, Petro Buffe, uxor Roberti, Burgia, et filie eorum, Liiardis, Widie, Richeldis, et Johannes, frater earum. Testantibus his; Richardo, clerico, Guiardo de Portu, Bertranno de Bruieres, Reignoldo Berruiers, Odone, presbitero de Nuisi, Willelmo, presbitero de Asneriis.

Sciant etiam universi quod Theoboldus, furnarius de Ihambli, assensu uxoris sue Aaline et omnium liberorum suorum, scilicet Reignardi, Hervei, Roberti, Jeoberti, Florie, Johannis, vineas quas habuit a Gisleberto et Roberto, predicte ecclesie sub tali conditione in pace reliquit, ut tantum in vita sua habeat dimidiam partem vini quod de illis provenerit, post mortem autem suam, totus fructus earum, sine omni reclamatione, ecclesie illius erit.

Testantur hoc Petrus de Bosrenc, Petrus de Runkerolles, Petrus Hispidus, Lambertus, tunc prepositus, Fromundus, major de Ihambli, et Gislebertus de Monasteriis, frater ipsius. Quoniam ergo voluntatis est mee et propositi ecclesiam illam diligere, et sua ei jura defendere, et, tam Gislebertus, quam Robertus, voluerunt me et heredem meum custodes fieri et tutores omnium que eadem ecclesia de ipsorum jure possidet, necessarium duxi hec scripto commendari, et sigilli mei auctoritate communiri, ut ipsa rata sint in perpetuum; et heres meus, post me, ipsa, firma et inconvulsa omni tempore faciat permanere. Actum est hoc anno ab incarnatione Domini. M. C. LXVI.

(A. I. *Cart. S.* 4194 *pièce n.°* 1.) Orig. parch. avec fragment de sceau en cire blanche sur double queue. Se trouve aussi au *Cartul. de l'abbaye du Val*, f.° 31 r°.

XVI.

Chirographe d'Ives II, abbé de Saint-Denis, sur la composition faite entre lui et Mathieu II, comte de Beaumont, touchant les bois de Mallliers et autres, les droits dudit comte dans la ville de Morancy, et les fiefs qu'il tenait de l'abbaye de Saint-Denis.

1170. In nomine Sancte et individue Trinitatis, Amen. Ego Ivo, Dei gratia, Beati Dyonisii abbas (1),

(1) Ives II. Voy. le Gall. Chr. t. VII, p. 380, où cette charte est mentionnée.

Quoniam ea que temporaliter fiunt, nisi scriptis fuerint commendata, a memoria labantur humana et oblivioni traduntur, majorum nostrorum exemplis edocti, querelas et lites, que multis temporibus inter ecclesiam Beati Dyonisii et comitem de Bellomonte agitate fuerint, nec fine debito extiterant terminate, qualem, auctore Deo, per nos sortite fuerint finem, et ad quam devenerint composicionem, presenti scripto futurorum noticie mandare curavimus.

Noverit igitur universitas fidelium tam presentium quam futurorum, quod venerabilis comes Matheus de Bellomonte, dum proprii corporis molestia nimium vexaretur, divino admonitus respectu, ac sapientum usus consilio, saluti sue providens in futurum, sibi Dei ac Beati Dyonisii indignationem pertimescens, in certas occupationes et exactiones indebitas, quas in terris et nemoribus Beati Dionysii injuste et violenter fecerat, tum pro sua, tum pro patris sui anima, amicabili compositione ecclesie Beati Dyonisii in perpetuum dimisit nemora illa que dicuntur districta de Maflers et Leffai Ridel (1) de jure Beati Dyonisii esse, et se injuste tenuisse aperte recognovit. Sed quia predicta nemora ad clausuram et munitionem castri sui custodierat, sic de eis communi assensu composuimus.

Ecclesia Beati Dyonisii usuaria sua in eisdem ad quelibet opera facienda habebit, et comes similiter. Nemini nostrum, absque assensu alterius, aliquid inde vendere vel donare licebit. Cum aliquid ex eis comes accipere voluerit, abbati ecclesie significabit, ut si voluerit, mittat, et quid capere velit, videat. Similiter, cum ecclesia habere voluerit, comiti mandabit : quod si alter nostrum mittere aut distulerit, aut noluerit, nichilominus qui opus habuerit accipiet.

Forisfacta et quecumque ex eisdem nemoribus quoquomodo pervenerint, ecclesie et comitis communia erunt.

Servientem quem voluerimus in eisdem ponemus, et comes suum. Noster illi, et suus nobis, faciet fidelitatem.

Aliud quoque nemus quod vocatur Rundel (2), commune comitis et ecclesie erit. Servientem nostrum in eo habebimus, et comes suum, qui mutuam, nobis et ipsi, fidelitatem facient. Redditus autem hujus nemoris, tam in avenis, quam denariis et forisfactis, sicut de aliis diximus, communes erunt. Homines nostri, sicut solent, consuetudinem suam habebunt in eo, nec alii consuetudinem in eodem habebunt sine assignato redditu.

Belsam autem et Rosckai (3) cum interadjacentibus nemoribus, ecclesia libere et quiete, nullo obsistente, possidebit, et potestatem vendendi et donandi, vel defendendi (4), plenissime habebit. Excepto tantum quod eradicari, sine assensu comitis, poterunt; quorum etiam forisfacta, si extirpatorem invenerit, comitis erunt. Illud autem quod eradicatum est, vel eradicabitur, ecclesie erit.

Injustas etiam et pessimas consuetudines, quas in villa Morentiaco habebat, omnino ecclesie

(1) Dans des titres en français ils sont appelés les détroits de Maffliers et de Fai-Ridel. On trouve sur la carte de Cassini un lieu appelé Falel, prés de Maffliers.

(2) Le bois de Rondel ou des Rondeaux.

(3) Je n'ai rien pu découvrir sur ces deux localités, qu'on ne trouve au reste sur aucune carte.

(4) *Vel defendendi*, c'est-à-dire le droit d'y établir des *deffens*. On appelait *Bois de deffens*, ceux qui n'étaient qu'à l'usage des seuls usagers, ou bien encore ceux où l'on ne pouvait chasser sans la permission du propriétaire. (Voy. Du Cange, au mot *Defensa*.)

Beati Dyonisii dimisit. Videlicet talliam, moltunagium (1), lardagium (2), herbagium, messionem prepositi de Bellomonte, et quasdam alias perniciosas exactiones, nullam omnino consuetudinem in predicta villa retinens, preter viaturam et tensamentum (3), et molturam hominum ejusdem ville rationabilem et justam. Pro foragio (4) autem, unde vini sextarium habebat, obolum unum de cetero, secundum antiquam consuetudinem, habebit. Corveas etiam, singulis annis, predicte ville homines, VI diebus ei facient ; duas ad seminandum, unam ad gascherias (5), alias tres, homines soli (6), ad munitionam Bellimontis et Camliaci.

Terras nostras, quas a nostris hominibus emerat, accepto precio, vel nobis, vel hominibus restituet, et deinceps emptione vel vadimonio nullas sibi de nostris acquiret vel retinebit. Nolumus enim ut, vel emptione, vel vadimonio, terras nostras injuste occupet, vel invadat (7).

Ut autem omnis controversia vel litigandi occasio de medio deinceps tolletur, quicquid de feodo ecclesie Beati Dyonisii, a nobis et antecessoribus nostris tenebat, quatinus et nos et filium suum plenius instrueret, propria confessione coram cunctis qui aderant recognovit.

In primis turrim castri de Bellomonte, et advocationem villarum nostrarum Ulliaci (8) et Cires (9), quam dominus de Munciaco (10) ab eo tenet, sed etiam quicquid in villis nostris Morenciaco (11) scilicet et Chroy (12), Murno (13) atque Corcellis (14), habere dinoscitur. Ad hec, quicquid apud Sanctum Martinum de Colle (15), domum videlicet munitam, et sine exceptione aliqua, omnia que ibidem habet. Insuper vero stagna cum molendinis de Fonte Bohodi (16). Preterea partem illam, quam in prescriptis nemoribus, de districtis et de Fahi Ridel (17) et Rundel (18), ei habendam concessimus in feodo, a nobis et successoribus nostris tenebit.

Preterea sciendum est, quod partem illam feodi nostri, quam Petrus li Senglers predicto comiti ad censum dedit, nos eidem comiti habendum concessimus et collaudavimus.

(1) *Moltunagium*. Moutonnage, droit sur les moutons. On peut consulter sur ce droit, comme sur une foule d'autres redevances agricoles, l'excellent ouvrage de M. Léopold Delisle intitulé : *Etudes sur la condition de la classe agricole et l'état de l'agriculture en Normandie, au moyen-âge*. (Evreux. 1851 in-8.°)

(2) *Lardagium*, droit sur les porcs. Du Cange qui a donné une partie du paragraphe qui nous occupe, d'après une copie qui portait *Largagium*, a bien senti que c'était là une leçon vicieuse, car il a soin d'ajouter : « Nisi forte *Lardagium* legendum sit. » Par où l'on voit, pour le dire en passant, de quelle utilité sont les textes originaux.

(3) *Tensamentum*. Tensement. Du Cange définit ce mot : un droit payé par des vassaux ou des sujets pour la protection qui leur était accordée. Mais comment faire entrer dans cette définition le *tensamentum vini* qu'il cite dans la suite de son article ? Disons que ce mot, comme celui de Tonlieu, pouvait s'appliquer à des cas très-divers, et difficiles à définir exactement.

(4) *Foragium*. Droit perçu sur ceux qui avaient à percer ou *forer* un tonneau de vin, soit pour leur usage, soit pour la vente.

(5) Gaschières ou novales ; terres nouvellement défrichées, labourées et non semées.

(6) *Homines soli*. Et en effet il eût été par trop dur d'imposer aux femmes ce genre de corvées, qui consistait à travailler aux fortifications des villes.

(7) La même clause se trouve déjà dans le premier accord de 1153.

(8) Ully Saint-Georges.

(9) *Cir* aux faubourgs de Mello ou Merlou.

(10) Monchy-le-Chatel, entre Beaumont et Beauvais.

(11) Morancy.

(12) Crouy.

(13) Mours.

(14) Courcelles, près la forêt de Carnelle.

(15) Saint-Martin du Tertre, près la forêt de Carnelle.

(16) Fontaine-Behu, auprès de Maffliers.

(17) Le Fai-Ridel.

(18) Les Rondeaux.

Hec autem omnia presenti pagina comprehensa, prefatus comes se ecclesie fideliter et irrefragabiliter servaturum concessit. Filius quoque suus M. (1) in communi capitulo, multorum astante frequentia, prestito in manu nostra fidei sacramento, eadem se fideliter servaturum promisit. Atque laudavit.

Ut autem hec omnia inconvulsa permaneant, sigillorum ecclesie et comitis auctoritate, pari assensu, roborari fecimus.

Actum anno verbi incarnati M.° C.° LXX.° Indictione III.° Epacta prima, Glorioso Francorum rege Ludovico regnante, amministrationis nostre anno II.°

Testes hujus rei sunt : ex parte comitis, Hugo frater ejus. Teobaldus de Gisorz. Guerri de Marinis. Hernulfus de Hussai. Petrus de Roncheroles. Petrus de Bosreng. Petrus Senglers, et alii quamplures (2).

Ex parte nostra, Hugo, abbas Sancte Genofeve. Paganus, clericus. Fulcaudus de Sancto Dyonisio. Willelmus de Cornilo. Adam Coghin. Willelmus Bateste. Reinaldus de Spinogilo. Henricus Basseth. Adam, frater ejus. Adam des Loges. Petrus Aculeus. Petrus Justiciarius. Luvellus de Strata. Henricus Bonemin. Henricus Troun. Odo de Turnella. Willelmus Buor. Willelmus de Poncello. Herveus de Corcellis. Theodericus de Mur. Hubertus et Petrus de Maflers. Jocelinus et Giroldus de Morenciaco. Buchardus de Colle. Reinaldus de Ruolio. Berengerius et Ulricus. Simon de Argentoilo. Thomas Joce. Bartholomeus. Guido decanus.

(A. I. *Trésor des Chartes, cart. J.* 168, *pièce n.°* 1.) Orig. parch., scellé des sceaux de l'abbé de Saint-Denis et du comte de Beaumont. Se trouve aussi au *Cartulaire blanc de Saint-Denis*, t. I.er, p. 385

XVII.

Accord entre les abbayes de Mortemer et du Val d'une part, et le prieuré de Saint-Leu d'Esserent, touchant une vigne située à Noisy.

De vineis et torculari Renaldi prepositi de Bellomonte (3).

Omnium que temporaliter geruntur memoria diu stare non potest nisi per scripturam retinea- 1173
tur. Scribimus etiam ad noticiam, tam presentium quam futurorum, concordiam que facta est inter ecclesias Mortui maris et Beate Marie de Valle et fratres Beati Lupi de Hescerenz (4). Concessit itaque in perpetuum Hescerendis ecclesia prefatis duabus ecclesiis vineam et torcular que Reinoldus prepositus ab eadem ecclesia tenuerat, et post, duabus dictis ecclesiis in elemosinam contu-

(1) Matthieu III.

(2) Hugues de Beaumont, seign. de Persan, Thibaud de Gisors, Guerri de Marines, Arnoul de la Houssaie, Pierre de Ronquerolles, Pierre de Boran, Pierre le Sanglier.

(3) Cette pièce n'a pas la forme d'une charte ordinaire. C'est plutôt une notice. Elle est tirée du cartulaire de l'abbaye du Val, et sert à éclaircir la charte suivante qui est du comte Mathieu II, qui a le même objet, et qui nous donne sa date.

(4) Le prieuré de Saint-Leu d'Esserent, de l'ordre de St.-Benoît, au diocèse de Senlis. Il dépendait de Saint-Martin-des-Champs.

lerat, salvo censu vinee, XII videlicet denarios, et torcularis censu modio et dimidio vini puri, et altero modio et dimidio vini depressorio, non reprobandi. Quod si forte prescripti fratres voluerint torcular modo quolibet alienare, prius id fratribus de Hescerenz significabunt. Quod si infra mensem sicut alius retinere voluerint, licebit eis, alioquin sepedicte ecclesie de torculari facient quod voluerint, salvo tamen semper memorato censu, tam vini quam nummorum, ab dictis ecclesiis omni anno apud Noisiacum reddendo fratribus Beati Lupi. Preterea sciendum est quod comes de Bellomonte, rogatu trium ecclesiarum, promisit se coacturum consuetudinarios omnes venire ad torcular. Et ut hec conventio inviolabilis maneat, trium ecclesiarum sigillis et comitis, hinc inde munita est. Actum est hoc per manum comitis Mathei patris, et Mathei filii, et Aaleis comitisse, presentibus istis: Baalin, scriba, Petro de Roncheroles, Odone, hostiario, Auverendo, camerario, Reinoldo, panetario, Odone de Campaniis, Roberto Ardente, Pagano de Noisi et Guncelino fratre ejus; tempore Gaufredi abbatis Mortuimaris; item, tempore Reinardi, abbatis de Valle; item, Reinaldi subprioris Cluniaci et rectoris Sancti Lupi.

(A. I. *Cartulaire de l'abbaye du Val*, L. 208. fol. 50.)

XVIII.

Mathieu II, confirme la donation d'une vigne à Noisy, faite par Renaud, prévôt de Beaumont, aux moines de Mortemer et à ceux de l'abbaye du Val.

De vineis et torculari Renoldi, prepositi de Bellomonte (1).

1173. In nomine Sancte et individue Trinitatis. Ego Matheus, comes Belimontis, presentibus et futuris notum fieri volo, quod Reinoldus, prepositus de Bellomonte (2), dedit in elemosiam Deo et Sancte Marie et fratribus Vallis Sancte Marie, quinque arpennos vinee et unum torcular apud Nuisi (3), qui censualiter habebat ab ecclesia Sancti Lupi d'Escerenz (4). Hoc concessit prior et conventus Sancti Lupi, salvis redditibus suis, scilicet XII^im nummis (5) Belvacensibus, pro vinea, et tribus modiis vini pro torculari, modio et dimidio videlicet de vinea, et modio et dimidio de torculari. Hanc donationem ego approbavi et concessi predictis fratribus, et in protectione et defensione mea suscepi; rogatu etiam prioris (6), teneor cogere consuetudinarios ad torcular venire. Hoc etiam concessit filius meus Matheus, et Adelays comitissa; presentibus de domo nostra: Daalino, scriba, Petro, milite de Runqueroles, Odone, hostiario, Auveredo, camerario, Reinoldo, panetario. Interfuerunt et alii quorum nomina sunt hec : Odo de Campaniis, Robertus Ardens, Paganus de Nuisi et Guncelinus frater ejus. Quod et ratum permaneat et inviolabile,

(1) Rubrique du cartulaire.

(2) Brussel a prouvé que les prévots sont plus anciens que les baillis. Dans une charte de Henri I.er en faveur des habitants d'Orléans, de l'an 1051, on trouve déjà un prévot.

(3) Noisy-sur-Oise, près Beaumont. L'abbaye de Mortemer y possédait une maison qui s'appelait elle-même Mortemer. On la retrouve encore sur la carte de Cassini.

(4) Saint-Leu d'Esserent.

(5) *Duodecim nummis*. Nous avons déjà dit que ce mot signifiait denier. On en a une nouvelle preuve dans la pièce précédente où les douze *nummi* de celle-ci sont appelés *denarii*.

(6) Le prieur de Saint-Leu.

presentis karte testimonio, et sigilli mei impressione roboravi. Actum Asneriis, anno ab incarnatione Domini M.° C.° LXX.° tercio.

(A. I. *Cart. S.* 4194, *pièce n.°* 12.) Orig. sur parch., scellé du sceau équestre du comte, en cire verte, sur double queue de parchemin. *Légende* ✝ SIGILLUM MATHEI COMITIS DE MONTE. Cette pièce se trouve aussi au *Cartulaire de l'abbaye du Val*, fol. 50.

XIX.

Mathieu II confirme la donation d'une vigne à Noisy, faite par Pierre de Boran, à l'abbaye du Val.

De vineis quas dedit Petrus de Bosrang (1).

Ego Matheus, comes Bellimontis, notum fieri volo presentibus et futuris, quod Petrus de Bos- 117
renc (2), assensu Heluidis, uxoris sue, concedente etiam Petro, primogenito suo, cum reliquis omnibus liberis suis, dedit in elemosinam ecclesie de Valle Sancte Marie, vineam suam de Nuisi, quam emerat ipse ab Hildeburga Cigot. Hanc vero suam elemosinam, ipse Petrus, in predicta ecclesia, super altare Beate Marie, manu propria obtulit, eamque in communi capitulo ejusdem ecclesie conventui designavit. Ut igitur predicta ecclesia suum me sentiat esse dilectorem, et eorum, que sub meo dominio possidet, protectorem, volui hec scripto commendari, et sigilli mei impressione communiri. Hoc laudavit et ratum habuit Matheus, primogenitus meus, qui hujus elemosine testem se prebuit atque protectorem. Hec eadem testantur Petrus de Ronqueroles, Arnulfus de Bosrenc, Galterius major de Campaniis, Bernardus de Brueriis et Galterus de Ruella. Actum anno ab incarnatione Domini milesimo C.° LXX.° III.°

(A. I *Cart. S.* 4194, *pièce n.°* 40.) Orig. parch., sceau perdu, Se trouve aussi au *Cartulaire de l'abbaye du Val*, fol. 50 v.°

XX.

Mathieu II, comte de Beaumont, donne aux moines de Saint-Léonor, la dixième partie de sa dîme de Boran, et les tient quittes d'une redevance annuelle d'un muid de vin. (3).

De redicima de Borenc (4).

Quum pleraque negocia rerum veritate sepissime infirmari videntur, litterarum inditiis memorie posterorum dignum duximus intimandum, quod ego Matheus, comes Bellimontis, assensu

(1) Rubrique du cartulaire.

(2) Pierre de Boran.

(3) Cette pièce et la suivante sont sans date, mais elles émanent du comte Mathieu II, qui y nomme sa femme et ses enfants. Les deux chartes furent confirmées en 1225, par Miles, évêque de Beauvais, de qui Boran relevait.

(4) Boran, sur la rive droite de l'Oise, au-dessus et à peu de distance de Beaumont.

filiorum meorum, Mathei videlicet et Philippi, pro salute anime mee dedi Deo et Beati Leonorii (*sic*) et monachis ibidem Deo servientibus, decimam decime mee de Borranc, quod vulgariter redecimum dicitur.

Item, Deo et prefate ecclesie Beati Leonorii et etiam supradictis monachis, unum modium vini, quem singulis annis ex consuetudine vinearum suarum michi solvebant, pro remedio anime mee similiter quietum clamavi, etc.

(A. I. *Cartulaire de S. Martin-des-Champs*. L. 128. fol. 114 v.°)

XXI.

Mathieu II. comte de Beaumont, donne aux moines de Saint-Léonor, la dixième partie de sa dîme de Boran, l'emplacement d'un moulin à Persan, et le parc de Tuebœuf (1).

Carta de decima de Borrang et de molendino de Parcent et de prato de Tuebof.

Notum sit presentibus et futuris, quod ego Matheus, comes Bellimontis, assensu et voluntate uxoris mee, Aelidis comitisse, filiorumque meorum, Mathei atque Philippi, dedi Sancto Leonorio et monachis ibidem Deo servientibus, decimam partem decime de Borrengo. Concessi etiam aream quamdam molendini apud Parcenc (2) sitam, quam Garnerus, miles de Baerna (3), predictis monachis vendidit, consilio et assensu Johannis de Puteolis (4), de cujus feodo erat, annuentibus ejusdem Johannis fratribus, Petro et Alberico, et uxore Johannis ejusdem, que predictam aream in dotem suam habebat. Concessi insuper parcum de Tuebuef (5), quem emerunt predicti monachi ab Adam de Buxeria (6) et uxore ejus, Sarracena, annuente et laudante Girardo de Dilugio (7) ejusdem Sarracene filio.

Ut autem hec rata et inconvulsa imperpetuum permaneant, sigilli mei auctoritate et testium subnotatione, firmare curavi, etc. (8).

(A. I. *Cartul. de S. Martin-des-Champs*. L. 128. fol. 115.)

(1) Voyez la note 5 de la page précédente.

(2) Persan, à une demi-lieue de Beaumont; les puinés de la maison des comtes de Beaumont furent seigneurs de Persan. Le premier est Hugues de Beaumont, frère cadet de Mathieu II.

(3) Garnier, chevalier de Bernes.

(4) Jean, de Puiseux-le-Hauberger.

(5) Le parc de Tuebeuf, au bas de la ville de Beaumont. On trouve dans le Cartulaire de l'abbaye de Beaupré (f. 109) une donation de quatre arpents de vignes *in territorio de Tuebeuf subtus Bellum-montem, secus Ysaram, inter pratum quoddam ville Bellimontis et pratum domiscellarum de Mesnilio Sancti Dyonisii.*

Nous empruntons à l'ouvrage déjà cité de M. Delisle, le passage suivant qui établit bien ce que c'était que ces parcs. « Le *parc* était plus ordinairement placé aux environs du château. Il paraît qu'on le fermait surtout avec des palissades de pieux. Le parc servait à la chasse, à la pâture et à la garde des bestiaux saisis pour dettes ou pour délits forestiers. » (*Etudes sur l'agriculture en Normandie*, p, 347.)

(6) Adam de la Boissière.

(7) *Sic*, mais il faut lire *Delugio*, le Déluge. Le Déluge et la Boissière sont deux villages situés à l'extrémité Nord du doyenné de Beaumont.

(8) Le texte s'arrête là. Mais dans le Cartulaire de Saint-Léonor, on lit de plus : *Hujus rei testes sunt. Petrus de Borrenco. Petrus de Rocheroles. Yvo Siccus. Lambercus, camerarius. Dodo, corduanarius. Bernardus Papion. Regnaudus, panetarius. Regnaudus Belle filius.*

XXII.

Mathieu II, comte de Beaumont, donne sa vigne de Croisant, à l'abbaye du Val, à condition que le vin en sera dépensé, partie pour les messes, et partie en distributions aux moines, pendant le temps de la moisson.

Vineam de Croisant dedit Matheus comes Bellimontis.

Notum sit omnibus tam presentibus quam futuris, quod ego Matheus, comes Bellimontis, assensu Mathei comitis (1), et Philippi, filiorum meorum, dedi pro salute mea et patris mei et matris mee et antecessorum meorum, in perpetuam elemosinam, ecclesie de Valle Sancte Marie, vineam meam de Croisant, que sita est supra rivum Prateriarum (2). Testantur hoc, Petrus de Bosrenc, et Petrus de Runcheroles, et Ivo Siccus. Et volo et precipio ut vinum illius vinee expendatur ad missas, et in conventu, maxime eo tempore quo monachi majorem laborem sustinent in collectione frugum suarum (3). Similiter dominus Hugo, frater meus, assensu Beatricis uxoris sue, filiorumque suorum, Hugonis et Willelmi, dedit eidem ecclesie, in perpetuam elemosinam, decem et octo sextarios vini, qui sibi debebantur singulis annis in vinea illa. Concessit etiam eidem ecclesie, predicte uxoris et filiorum assensu, ut de ancino? vinee illius quicquid voluerit faciat. Horum testes sunt: Evrardus, major, Bernardus, molendinarius, Guerno de Maresiis: Hoc totum concessit apud Vallem, Ivo, nepos meus, testantibus, Petro de Bosranc et Petro filio ejus. Hanc meam elemosinam concessit Adam de Nuistel (4), de cujus feodo est vinea illa, salvo jure suo. Testantur hoc prefatus Petrus de Bosrenc et Petrus de Runkeroles et Simon de Campaniis (5). Ut hec ergo rata et inconcussa permaneat, volui ea scripto commendari, et sigilli mei auctoritate communiri.

(A. I. *Cart. de l'abbaye du Val. L*, fol. 53.)

XXIII.

Henri I.er, comte de Champagne, assigne au comte de Beaumont 25 livres de revenu sur le péage de Rebais.

Quod comes Henricus XXV lib., quas debebat comiti Bellimontis, annuatim ei assignavit in pedagio suo de Resbaco, in nundinis maii perpetuo habendas (6).

Ego Henricus, Trecensis comes Palatinus (7). Universis tam presentibus quam futuris, notum 1174.

(1) *Mathei comitis:* Ou c'est ici une faute du rédacteur de la charte, ou bien il aura voulu désigner par là que ce Mathieu était l'héritier présomptif du comté.

(2) La vigne de Croisant, au-dessus de la rivière de Presles.

(3) On voit par là que les moines cultivaient de leurs propres mains.

(4) Adam de Nointel.

(5) Simon de Champagne. C'est un village situé près de Beaumont.

(6) Rubrique du Cartulaire.

(7) Henri I.er, dit le Large ou le Libéral. L'*Art de vérifier les dates* le compte comme le IX.e comte de Champagne, et Baugier (*Mém. hist. de Champagne*), comme le X.e Quant au titre de palatins que prenaient les comtes de Champagne, on peut consulter Brussel (*Usage général des fiefs, etc.*), qui l'a fort bien expliqué.

facio, quod, Matheo comiti Bellimontis, viginti quinque libras annui redditus, quas illi de feodo debebam, assignavi in pedagio meo de Resbaco (1), annuatim in nundinis maii in perpetuum reddendas ipsi et heredi suo, quicumque Dominus Bellimontis fuerit. Hoc autem ut notum permaneat et ratum teneatur, litteris annotari et sigilli mei impressione firmari precepi. Testibus Ansello de Triangulo, Guillelmo, marescallo, et Ertaudo, camerario.

Actum apud Pontysaram, anno incarnati verbi. M.° C.° LXXIII.°

Datum per manum Guillermi, cancellarii. Nota Villermi.

(A. I. *Cartulaire de Champagne*. K. 915, fol. 9.) C'est celui qui est connu sous le nom de *Liber principum*.

XXIV.

La comtesse Alix, veuve de Mathieu II, comte de Beaumont, confirme une donation de 6 sous parisis, à prendre sur le tonlieu de Lusarches, faite par feu son fils, Mathieu, seigneur de Lusarches, au prieuré de Saint-Léonor de Beaumont.

Carta de Lusarchiis.

Ap. 1174. Ego Aales comitissa, de Lusarchiis (2). Notum volo fieri tam futuris quam presentibus quod Matheus filius meus, defunctus Lusarcharum Dominus, ecclesie Beati Leonorii de Bellomote (*sic*) VI sol. parisienses in theloneo de Lusarchiis singulis annis, Matheo, comite Bellimontis, et Johanne, fratribus suis annuentibus, pro anniversario suo faciendo IIIIta feria post festum omnium sanctorum reddendos, imperpetuum dedit. Ut autem hoc ratum teneatur sigilli mei auctoritate volui confirmare. Testes affuerunt ; Substannus de Jehonnes (3), Petrus de Chaumontel, Radulfus de Turre, Fulco, capellanus, Theobaldus de Morangle, Philippus de Bellomonte.

(A. I. *Cart. de S. Martin-des-Champs*. Reg. L. 128, fol. 114 v.°)

XXV.

Hugues de Beaumont, seigneur de Persan, donne à l'abbaye du Val le pressurage de la vigne du Croisant, laquelle avait été donnée à cette abbaye par Mathieu II, comte de Beaumont.

Ego. Hugo de Bellomonte (4) universis notum fieri volo — quod Hugo pater meus pro salute

(1) Rebais, en Brie, à six lieues de Meaux.

(2) Je ponctue ainsi afin qu'on lise : la comtesse Alice, de Lusarches, et non pas : Alice, comtesse de Lusarches. Car Lusarches n'a jamais eu le titre de comté, tandis qu'Alix avait le droit de s'appeler comtesse puisqu'elle avait été mariée au comte de Beaumont, Mathieu II.

(3) Substannus de Jagny.

(4) Hugues de Beaumont, fils de Hugues de Beaumont, seigneur de Persan, lequel était le second fils de Mathieu I.er, comte de Beaumont.

anime sue dedit ecclesie B. Marie de Valle pressoragium (1) clausi de Croissant, quod Matheus comes Bellimontis dederat eidem ecclesie — ego concessi.

Sans date.

(B. I. *Cartulaire de l'abbaye du Val. MS.* n.° 5462, p. 303.)
C'est une copie de Gaignières.

XXVI.

Echange de biens entre Mathieu III, comte de Beaumont, et Geoffroi, abbé de Saint-Martin de Pontoise.

In nomine sancte et individue Trinitatis, amen. Notum sit omnibus tam presentibus quam futuris, quod ego Matheus comes Bellimontis, Helienor comitissa, uxore mea, et Philippo, fratre meo concedentibus, et Gaufredus abbas cenobii Beati Martini Pontisariensis, concedente conventu ejusdem loci, tali tenore commutationem facimus : 1177.

Abbas et conventus dant mihi granchiam suam de Beleio (2) et nemus, et omnes terras, et quicquid in eis possidebant, excepta decima de Fresneio. Pro hac autem commutatione, ego M. Bellimontis comes, do monachis Sancti Albini (3), in perpetuam elemosinam, VIII modios frumenti et III modios avene in decima de Borrenc (4). Quicumque eamdem decimam servaverit, singulis annis, eam partem decime que monachos contingit, reddet, et fidelitatem faciet ad Sanctum Albinum, coram monachis, quod annona decime non pejorabitur. Quocumque autem modo decima defuerit, in molendino quod est ante Sanctum Albinum, omni occasione remota, restaurabitur. Preterea do eis quicquid habeo decime et campipartis apud Cambliacum. In hac campiparte et decima omnem habebunt justiciam, pastum, culcitras, linteamina, in augusto metas ponent, venditiones habebunt et placita, usque ad vadimonia belli, excepta viaria mea. Si quis de hac campiparte vim monachis intulerit, per V sol. belvacenses (5) eis emendabit. Quod si noluerit, ego faciam eis terras tenere in pace, donec emendatum fuerit. Do etiam eis unum arpennum terre totum liberum et ab omni varia quitum, et V jugera terre juxta predictum arpennum, et V jugera terre ad Malum Pertusium (6), et omnem culturam meam que est in valle Cambliaci. In omnibus his terris, retineo mihi viariam meam, preter uno arpenno, in quo granchiam suam facient. In his terris, metis positis juxta viam, infra metas fossata et clausuras suas facient.

Quod ut ratum permaneat, ego et comitissa, et abbas et conventus, auctoritate sigillorum nostrorum communivimus hanc cartam.

Actum est hoc publice, anno incarnationis dominice M.° C.° LXXVII.°

Ex parte comitis hi sunt testes : Petrus de Borenc; Teobaudus de Morenglo ; Petrus de Roncherolis ; Natalis de Baerno ; Robertus, clericus ; Gantierus, filius Guiardi.

(1) *Pressoragium.* Pressurage, droit sur les pressoirs, qui se payait en nature.

(2) La granche du Belay, près Fresnoy-en-Thelle (dans Cassini : Fresnel-en-Thelle.)

(3) Le prieuré de S. Aubin de Chambli.

(4) Borsn.

(5) Le sou beauvoisin valait un treizième de plus que le sou parisis.

(6) Maupertuis. Ce lieu ne se trouve, ni sur la carte du diocèse de Beauvais de Delisle, ni sur la carte générale de Cassini.

Ex parte monachorum : Philippus, frater comitis ; Guillelmus de Platea ; Petrus Hisdosus ; Petrus Bernuinus ; Guillelmus, nepos abbatis ; Geroudus, famulus.

(A. I. *Trésor des Chartes*, *Carton J*, 168, *pièce* 2.) Orig. parch. auquel sont appendus deux sceaux ; le premier, du comte de Beaumont, Mathieu III, ayant pour contre-sceau le sceau de sa femme, Eléonore de Vermandois ; cas rare, mais dont on trouve pourtant quelques exemples. Le second sceau est celui de l'abbé de S. Martin de Pontoise. Le mot *chirographum* est écrit au haut de la charte, et il s'y trouve dessiné la moitié d'un crucifix. Cette charte est fac-simile en partie dans le *Nouveau traité de diplomatique*, t.er, p. 379. Elle l'est en entier dans la collection de fac-simile de l'Ecole des Chartes.

XXVII.

Accord entre Mathieu III, comte de Beaumont, et l'abbaye de Saint-Martin de Pontoise, touchant une redevance de blé à Belle-Eglise.

1199. Ego Petrus, Dei gratia Beati Martini de Pontisara abbas, totusque ejusdem loci conventus. Notum facimus universis presentibus pariter et futuris, quod discordia erat inter nos et Matheum comitem Bellimontis, super duobus modiis bladi, quos reclamabamus in molendino de Beleglisa. Ipse autem eos non deberi nobis dicebat. Tandem, habito consilio prudentum virorum, in hunc modum pacis convenimus :

Nos, quicquid juris et redditus habebamus in decima de Parcenc (1) et dimidium modium bladi, quem annuatim in granchia Beleglise (2) de elemosina Philippi, fratris sui, percipiebamus, ei et heredibus suis in perpetuum concessimus. Predictus vero comes, pro sopiendis inter nos et ipsum omnibus querelis, de voluntate et assensu uxoris sue, Elienor, filie comitis Suessionis (3), concessit nobis tres modios bladi hiemalis annuatim percipiendos, jure hereditario inconcusse et in perpetuum possidendos : Unum videlicet in granchia sua de Campaniis, reddendum in festo Sancti Remigii, reliquos vero duos, in molendino de Beleglisa, reddendos inter festum Sancti Andree et Natale Domini, tale bladum quale lucrabitur, in nullo prorsus pejus effectum. Si forte molendinum de Beleglisa quocumque modo ad hoc redactum fuerit quod ad percipiendum prefatum bladum non sufficiat, in molendino suo de Boornel (4) percipietur. Molendinarius vero nobis fidem faciet quod bladum nobis reddendum, nec per se, nec per alium pejorabit.

Quod ut ratum et inconvulsum permaneat, presentem paginam communi assensu, auctoritate sigillorum nostrorum muniri fecimus. Astantibus istis quorum nomina hic subnotata sunt :

Stephanus, prior ecclesie Beati Martini de Pontisara ; Gaufridus Deliescort ; Nicholaus, decanus

(1) Persan, près Beaumont.

(2) Belle-Eglise, près Chambli.

(3) Dans la charte de 1184, elle est appelée fille du comte de Péronne. Ces deux appellations s'appliquent à Raoul IV, comte de Vermandois.

(4) Bornel près Belle-Eglise.

de Sancto Martino ; Erardus, capellanus comitis ; Radulphus de Puisex ; Theobaldus de Ranqueroliis ; Varinus, prepositus.

Actum anno incarnationis dominice M.° C.° nonagesimo nono.

(A. I. *Trésor des Chartes*, *Carton J*, *pièce* 9.) Orig. parch. scellé des sceaux de l'abbé et de l'abbaye.

XXVIII.

Sentence rendue par l'évêque de Senlis, en faveur de l'abbaye de Saint-Denis, contre Mathieu III, comte de Beaumont.

De Comite Bellimontis.

In nomine Sancte et individue Trinitatis, amen.

Ego Henricus, Dei gratia, Silvanectensis dictus episcopus, notum facio tam presentibus quam 1179.
futuris, quod controversiam, que vertebatur inter ecclesiam beati Dyonisii, et Matheum comitem de Bellomonte, dominus Papa mihi terminundam commisit.

Erat autem controversia super quibusdam cartis tenendis, que erant de observanda societate super quibusdam terris et nemoribus et stagnis, et aliis quibusdam possessionibns (1). Carte autem erant sigillo beati Dyonisii et sigillo prefati comitis sigillate (2). Post multas vero allegationes et multorum attestationes, ex parte ecclesie Beati Dyonisii a nobis publice receptas, post interdictum etiam, quod super comitem et totam terram ejus auctoritate apostolica posueramus, facta est compositio inter eos, per gratiam Dei, in presentia nostra in hunc modum :

Recognovit comes, multis astantibus tam clericis quam laïcis, in domo nostra Silvanecti, predictas cartas bonas esse et veras, et de abbatis, ecclesie et hominibus ejus, emendatione, in manu abbatis facta, marcam argenti reddidit. Et si in posterum, comes vel ejus ministeriales, contra predictas cartas fecerint, quod comes emendare non fecerit, et ad aliam justiciam, pro defectu suo, abbatem ecclesie ire fecerit, decem libras paris. De predictis abbatis, que abbas et sui ad quadraginta vel quinquaginta libras numerabant, comes ecclesie persolvet.

Hoc autem totum Comes, tactis propria manu sanctorum reliquiis, se inviolabiter observaturum juravit.

Quod ne valeat oblivione deleri scripto commendavi et sigilli mei auctoritate firmavi et nomina et signa eorum qui mecum his interfuerunt subter annotavi.

Signum Stephani, abbatis Sancte-Genovefe de Monte ; signum Hugonis, abbatis Sancti Vincentii Silvanectensis ; signum Henrici, archidiaconi nostri ; signum Stephani, decani ecclesie Beati Reguli ; signum Bernardi, ejusdem ecclesie precentoris ; signum Huberti, capellani nostri.

Actum hoc publice in domo nostra Silvanecti, anno dominice incarnationis M.° C.° LXX.° VIIII.°, nono kalendas decembris. Regnante Ludovico rege Francorum.

(A. I. *Cartulaire blanc de Saint-Denis*, *L*, 221, p. 701.) Cette charte est imprimée dons Doublet. *Hist. de l'abbaye de Saint-Denis*, p. 885.

(1) Voyez plus haut le n.° XVI (pag. 18.)

(2) L'importance qu'on attachait au scellé des chartes, est ici nettement démontrée.

XXIX.

Charte de franchise accordée par Mathieu III, comte de Beaumont, aux hôtes du prieuré de Saint-Léonor de Beaumont, résidant à Fresnoy-en-Thelle.

Carta de Fresneio.

1184. In nomine Patris et Filii et Spiritus Sancti, amen. Sciant omnes tam presentes quam futuri, quod ego Matheus, comes Bellimontis et dominus Valesie (1), assensu uxoris mee Elienor, comitisse Bellimontis, et assensu Philippi, fratris mei, dedi, concessi, confirmavi hospitibus ecclesie Sancti Leonorii habitantibus Fresneium (2), libertatem talem ; quod in perpetuum erant quiti et liberi de omnibus corveiis, et de omnibus servitiis, de omnibus submonitionibus, excepto quod ubicumque comes Bellimontis ducere poterit homines Cambliaci, poterit etiam ducere hospites Sancti Leonorii de Fresneio, et hoc, submonitione prioris Sancti Leonorii. Ego enim, vel servientes mei, super hospites Sancti Leonorii, infra terminos justicie Fresnei supradicti pertinentis ad Sanctum Leonorium, manus nequaquam mittere poterimus. Ubicumque vero predicti hospites, terras juxta vias appendentes habuerint, majorem meum requirent, ut terris suis metas imponat, et postquam eum requisierint, ante metarum impositionem, in excolendo terras, nichil pro forefacto dabunt ; sed post impositionem metarum, si excolendo terras, metas transierint, pro forefacto v solidos Bellvacensium comiti Bellimontis dabunt et nichil amplius (3). Et ad morem animalium de Beleto (Beleio?) redimentur hospites sepenominati animalia sua, si ad rectum forefactum capta fuerint. Et pro habendis pascuis, sicut antiquitus habuerunt, et pro herbagio, dabunt predicti hospites, comiti Bellimontis, annuatim XII solidos Bellvacensium. Et de hiis XII solidis, habebit comes X solidos, et servientes. II. solidos, eo quod requirant animalia hospitum quocumque capta fuerint. Si vero hospites predicti alia forefacta fecerint, quam illa que in hac carta numeravimus, comiti emendabunt.

Pro hac autem libertate et consuetudine, quam dat comes et comitissa hospitibus Sancti Leonorii, prior et conventus ejusdem ecclesie prima feria IIa quadragesime annuatim unum tricesimale (4) incipient pro anima comitis et pro anima comitisse, et pro animabus omnium antecessorum suorum. Preterea prior Sancti Leonorii antequam festum Omnium Sanctorum pretereat, reddet comiti III. modios avene, uno quoque anno ; et hospites eamdem avenam priori Sancti Leonorii reddent (5).

Hujus rei autem confirmationis testes idoneos astipulamur quorum testimonio hec carta roboratur, et qui ad hanc libertatem datam interfuerunt, scilicet :

Theobaldum de Morangle ; Paganum de Prateriis ; Radulfum de Puiseux ; Radulfum de Belle-

(1) Il s'intitule seigneur de Valois du chef de sa femme, Eléonore de Vermandois, dame de Valois.

(2) Fresnoy-en-Thelle. Il faut entendre par ces *hôtes* des hommes de condition mixte entre le servage et la liberté, et qui dépendaient du prieuré de S. Léonor à raison de leurs habitations ou *hostises*.

(3) Voyez les chartes de commune de Beaumont et de Méru.

(4) C'est-à-dire que les moines diront trente messes pour le comte, à partir du second dimanche de carême.

(5) Ce n'était pas une charge bien lourde pour le prieur de payer au comte ces trois muids d'avoine qu'il reprenait immédiatement sur les hôtes de son prieuré.

fontaine ; Petrum de Roncherolles ; Petrum de Brives? Hugonem de Luci ; Noellum de Baerna ; Do., cordonenarium ; Hugonem, camerarium.

Ut autem hoc inconcussum permaneat, sigillorum nostrorum auctoritate cartam hanc solidamus (1).

Actum est hoc tempore Adæ de Bellomonte, tunc temporis prioris Beati Leonorii, ab incarnatione Domini M. C. LXXXIIII. Regnante Philippo secundo, rege Francorum.

(A. I. *Cartulaire de Saint-Martin-des-Champs*, *L.* 128, fol. 111.)

XXX.

Lettre de saint Louis, de l'an 1228, touchant la vente de quatre muids de vin qui lui est faite par le chapelain de la chapellenie de la Madeleine, dans l'église du prieuré de Saint-Léonor de Beaumont ; ces quatre muids de vin donnés par le comte Mathieu III, par lettres de l'an 1189, ci-incluses.

Carta capellani de Bellimonte.

Ludovicus Dei gratia, etc. Notum, etc. Quos nos litteras Mathei quondam comite de Bellomonte 1189.
inspeximus in hec verba :

Ego Matheus, comes Bellimontis, notum facio universis tam presentibus quam futuris, quod pro salute anime mee et patris mei Mathei, et Matildis matris mee, fratrum quoque et sororum mearum, antecessorum et successorum meorum, capellano meo, altari Beate Marie Magdalene, quod est in ecclesia Beati Leonorii apud Bellummontem, deservienti, dedi in perpetuam elemosinam et concessi, singulis annis, unum modium bladi et dimidium, ad mensuram Bellimontis, in molendino Chambliaci quod est juxta Sanctum Albinum (2); ubicumque translatum fuerit ipsum molendinum, si forte transferri contigerit, in sollempnitate Beate Marie mense septembri percipiendos, et quadraginta solidos parisienses, singulis annis, in censa Asneriarum (3), vel in censibus ejusdem ville, inter festum Sancti Remigii et octabas Beati Dyonisii annuatim suscipiendos, et quatuor modios vini, sine pressuragio (4), tempore vendemiarum annuatim in villa Bellimontis percipiendos. Quam autem, idem capellanus quicumque fuerit capellanus meus est, concessi et volui quod quociens Dominus Bellimontis apud Bellimontem erit, ipse, cum clerico suo, procurationem in curia percipiat. Quod ut ratum et firmum permaneat, presentem cartam conscribi et sigilli nostri auctoritate precepi communiri. Actum anno incarnati verbi M.° C.° LXXX.° IX.°

Dictus siquidem capellanus vendidit nobis predictos quatuor modios vini pro viginti et octo libr. par. De quibus idem capellanus emit de concessione nostra sexaginta solidos in traverso pontis

(1) *Cartam hanc solidamus*, c'est la première fois que je rencontre cette expression dans une formule du sceau.

(2) Saint-Aubin de Chambli, prieuré dépendant de l'abbaye de Saint-Martin de Pontoise.

(3) *In censa Asneriarum*, c'est-à-dire la capitation que payaient les habitants.

(4) Sans le droit perçu sur ceux qui coulaient leur vin. Il se payait en nature.

Bellimontis ad usum suum et successorum suorum singulis annis percipiendos; quos videlicet sexaginta solidos Johannes, quondam comes Bellimontis, dederat Johanni, coco suo, et heredibus suis.

Actum Parisius, anno gratie M.° CC.° vicesimo octavo, mense Junio.

(B. I. *Cart. de Ph.-Aug. Cod. reg.*, n.° 2852, fol. 111 v.°)

XXXI.

Donation faite conjointement par Hugues, abbé de Saint-Denis, et Mathieu III, comte de Beaumont, aux habitants de Mours et de Beaumont, d'un bois appelé le Bois des Rondeaux.

1189. In nomine Sancte et individue Trinitatis, amen. Hugo, Dei gratia Beati Dionysii abbas, et Matheus, comes Bellimontis et Dominus Valesie, universis Dei fidelibus in perpetuum. Noverit universitas fidelium tam presentium quam futurorum, quod nos, hominibus Mori (1) et hominibus Bellimontis infra muros manentibus, nemus de Retondello (2) pro censu avene dedimus. Unaqueque mensura (3) Mori unum arpennum nemoris habebit pro una mina avene. Masura Bellimontis infra muros, unum arpennum habebit pro una mina et dimidia avene. Et si aliquis de hominibus Mori vel Bellimontis, nemoris arpennum demiserit, in eodem valore, in quo recepit, dimittet, nec aliter dimittere poterit. Hec utique avena singulis annis in crastino Sancti Martini in hieme colligetur. Avena Mori, Moro colligetur, et homines Mori deferent eam servientibus nostris. Avena Bellimontis, Bellimonte colligetur, et homines Bellimontis deferent eam similiter servientibus nostris. Quicumque pretaxato termino avenam suam non reddiderit, pro forisfacto II.os solidos Belvacensium dabit, quos equaliter inter partiemur. Forestarii nostri nemus istud custodient, et sacramento astringent, quod nulli parcent, quem in nemore alterius scindentem inveniant, quin eum capiant et forisfactum ante prepositos nostros adducant. Omnes vero illi, qui nemus istud obtinebunt, sacramento astringentur, quod nulli parcent quem ad forisfactum in nemore isto inveniant, quin eum ante prepositos nostros adducant; et prepositi sub sacramento suo conjurabunt eum, quod verum super hoc dicat. Si dixerit: verum est; tenebitur, et per quinque solidos parisiensium emendabit; de quibus ille qui eum in nemore suo invenerit, XII denarios habebit, et quicumque in alterius nemore aliquem ad forisfactum nemoris invenerit XII denarios habebit, et ille cujus nemus fuerit, XII denarios (4). Hec autem forisfacta de Rotondello nemore supradicta, et avena nemoris, inter nos equaliter partiemur. Disrumpator, et omnia forisfacta quocumque modo fiant in nemore Rotondelli, remanent comiti absque parte abbatis.

Ex utraque parte subscribimus testes.

Ex parte abbatis, Petrus de Vilevolde; Odo de Malbussum; Willelmus de Mallion; Petrus de Besonz; Willelmus del Pooncel.

(1) Mours, à un quart de lieue de Beaumont.

(2) Le bois des Rondeaux, comme il se voit par des titres postérieurs.

(3) *Sic*, lisez *Masura*.

(4) Des dispositions semblables se retrouvent dans presque toutes les chartes de commune ou de franchises.

Ex parte comitis : Hugo de Belmont (1) ; Ivo de Belmont (2) ; Radulfus de Puiseiis ; Theobaldus de Morangle ; Hugo de Luci (3).

Quod ut ratum permaneat presentem paginam scribi et sigillis nostris muniri fecimus. Actum est hoc anno incarnati verbi M.° C.° LXXX.° IX.°

(A. I. *Trésor des Chartes. Carton J.* 168, *pièce n.°* 5, *et* 6.) En double original, avec les sceaux de l'abbé et du comte. Cette pièce se trouve aussi au Cartul. blanc de Saint-Denis, p. 700.

XXXII.

Mathieu III, comte de Beaumont, donne au prieuré de Saint-Léonor, 40 livres parisis de revenu annuel, en échange des hôtes que ce prieuré avait au Mesnil-Saint-Denis.

De commutatione hospitum nostrorum Matheo comiti Bellimontis.

Ego Matheus, comes Bellimontis. Universis notum fieri volo presentibus pariter et futuris, 1199.
quod cum monachi Sancti Leonorii Bellimontis, hospites quosdam apud Mesnolium Sancti Dionisii (4) habuissent, prefati monachi, ipsos hospites mihi jure hereditario concesserunt, et ego eis, pro commutatione hospitum ipsorum, XL. sol. parisien. monete, concedente uxore mea Eliennor, et Johanne, fratre meo, assensum suum prebente, dedi et imperpetuum concessi annuatim et [in] transverso pontis apud Bellimontem prima dominica quadragesime percipiendos. Quod ne aliqua posterorum meorum malignitate auferri valeat vel perturbari, presentem cartam, sub hac re confirmanda, conscribi et sigilli mei impressione feci corroborari.

Actum publice, anno incarnati verbi M. C. XC. IX.

(A. I. *Cartul. de Saint-Martin-des-Champs.* L. 128, fol. 114 v.°)

XXXIII.

Mathieu III, comte de Beaumont, renonce à une entrevue qu'il avait demandée à l'abbé de Saint-Denis, pour s'entendre sur leurs différents, et reconnaît qu'il doit se rendre à la cour de l'abbé.

Quitatio assemblationis.

Ego Matheus, comes Bellimontis. Notum facio universis presentibus et futuris, quod cum peterem ab abbate Beati Dyonisii, domino meo, assemblationem apud Spinam de Maflers, super omnibus querelis, que inter me et ipsum emergerent (5), et ipse abbas eam mihi non reco- 1208.

(1) Hugues de Beaumont, deuxième du nom, seigneur de Persan.

(2) Ives de Beaumont, fils du précédent et avoué d'Ully pour l'abbaye de Saint-Denis.

(3) Lacy, près Lusarches ?

(4) Le Mesnil-Saint-Denis, village du doyenné de Beaumont.

(5) Voyez plus haut les n.°s VII et XVI.

gnosceret, tandem sapienti usus consilio, in presentia domini mei Henrici, abbatis Beati Dyonisii, in curia ipsius apud Beatum Dyonisium, ipsi assemblationi in perpetuum renuntiavi, et ipsam quitavi. Et recognovi quod debeo venire in curiam ipsius, ratione homagii, pro recto faciendo, et accipiendo, super omnibus querelis, extra cartas nostras, de rebus moventibus, quas teneo ab ecclesia Beati Dyonisii, et pro ipsarum cartarum nostrarum judicio audiendo, si contentio super eisdem cartis emerserit.

Ad cujus rei perpetuam firmitatem, et posterorum memoriam, presentem paginam sigilli mei karactere confirmavi. Actum apud Beatum Dyonisium, anno Domini M.° CC.° VII.°, mense martio (1).

(A. I. *Cartul. blanc de Saint-Denis*, tom. Ier, p. 703.) La même année, Philippe-Auguste confirme ces lettres à Saint-Germain-en-Laye. — « *Astantibus in palatio nostro, quorum nomina supposita sunt et signa, Dapifero nullo, signum Guidonis, buticularii, signum Mathei, camerarii, signum Droconis, constabularii. Data vacante cancellaria.* » (Ibid. p. 724.)

XXXIV.

Avoise, dame de Monchy, donne à Mathieu III, comte de Beaumont, le fief du Plessis-Godard.

1180. Ad noticiam tam presencium quam futurorum. Ego Edevia, Monciaci domina (2), scripto memorie commendo, quoniam Matheo, Bellimontis comiti, et heredibus suis, in perpetuum do Plesseium-Godardi (3), et quicquid in presenti in eo possideo, vel in futurum possidere expecto, pro quinque solidis parisiensium de censu, in festo Sancti Remigii annuatim reddendis. Denarii autem isti reddentur meo preposito Monciaci, in festo Sancti Remigii. De cetero autem, ego Edevia, Monciaci domina, creanto et concedo Matheo Bellimontis comiti, quod ipse in Plesseio-Godardi, et in Beleio (4), et in Dilugio (5) talem firmitatem faciat, qualemcumque voluerit.

Hec autem mea donatio facta fuit apud Beloi, in domo prenominati Bellimontis comitis, et ut firma et stabilis in perpetuum permaneat, auctoritate sigilli mei corroboro.

Testes ex utraque parte affuerunt:

Ex parte autem mea, Bernardus de monasteriis ; Regnaudus de Nullio ; Regnaudus de Menbovilla (6) ; Ivo de Bellomonte ; Godardus de Vax.

Ex parte vero comitis, Regnaudus Aculeus ; Theobaudus de Moranglia ; Petrus de Borrengo ; Ricardus de Borrengo ; Walterius Rufus.

Anno incarnati verbi M.° C.° LXXX.°

(A. I. *Trésor des Chartes. Carton J. 168, pièce n.° 4.*) Orig. parch. avec le sceau d'Avoise, représentant une fleur de lys avec la légende : SI. EDEVE DE MONCI·

(1) C'est-à-dire mars 1208, l'année 1207 n'ayant commencé que le 22 avril.

(2) Monchy-le-Chatel, entre Beaumont et Beauvais.

(3) Le fief du Plessis-Godard, dans le marquisat de Fresnoy-en-Thelle. (A. I. AR. 1457.)

(4) Le Belay près Fresnoy.

(5) Le Déluge, à l'extrémité nord du doyenné de Beaumont.

(6) Mainbeville, dit Menneville, au N.-E. de Clermont.

XXXV.

Confirmation de la donation précédente, par Philippe-Auguste.

In nomine Sancte et individue Trinitatis, amen. Philippus, Dei gratia Francorum rex. Nove- 1180
rint universi presentes pariter ac futuri, quod domina Eduia da Montiaco, feodum de Plesseio-Godardi et quicquid in eo habebat, vel in eo de jure habere debebat, concessit et dedit Matheo comiti Bellimontis et heredibus suis per annuum censum quinque solidorum, quos comes vel ejus heredes, predicte domine vel heredibus suis, annuatim in festo Beati Remigii aput Montiacum reddent.

Prenominata vero domina nobis supplicavit, affectuose rogans, quatinus pretaxatam donationem in comitem Matheum factam, concederemus et confirmaremus. Quare, ad petitionem jam dicte domine donationem predictam concedentes, presentem paginam sigilli nostri auctoritate, ac regii nominis caractere inferius annotato, precepimus communiri.

Actum aput Senonis, anno ab incarnationione Domini M.° C.° LXXX.°, regni nostri anno primo.

Astantibus in palatio nostro quorum nomina supposita sunt et signa : S. comitis Teobaldi, dapiferi nostri; S. Guidonis, buticularii; S. Mathei, camerarii (1); S. Radulphi, constabularii.

Data per manum secundi Hugonis cancellarii (*avec monogramme*).

(A. I. *Trésor des Chartes*, *cart. J*, 168, *pièce n.°* 3.) Orig. parch. scellé.

XXXVI.

Mathieu III, comte de Beaumont, donne en fief à Lambert, le jongleur, un muid de blé à prendre sur le moulin de Royaumont.

Ego Matheus, comes Bellimontis et dominus Valesie, assensu Alienor comitisse, uxoris mee, 1191
do et concedo Lamberto, joculatori, et heredi suo, in feodum, unum modium bladi, singulis annis in molindino Coclimontis (2), etc.

Testes; Radulphus de Puisex; Ricardus de Boisrengo; Willelmus de Mesniliaco (3); Hugo, camerarius; Bernardus Papions, 1191.

(B. I. *Cartulaire de Royaumont*, n.° 5472, p. 103.) Copie de Gaignières.

XXXVII.

Philippe-Auguste donne à Mathieu III, comte de Beaumont, les fiefs d'Attainville et de Ronqueroles, en accroissement de son fief de Beaumont.

Philippus, Dei gratia Francorum rex, universis ad quos presentes littere pervenerint, salutem 1129.

(1) C'est le donataire lui-même, Mathieu III, comte de Beaumont.

(2) Gaignières met en marge : *Cuimont*. C'est le nom du lieu où fut fondée, en 1227, l'abbaye de Royaumont.

(3) Raoul de Puiseaux, Richard de Boran, Guillaume du Mesnil.

et dilectionem. Noveritis quoniam amico et fideli nostro, Matheo, comiti Bellimontis, dedimus in incrementum feodi Bellimontis, feodum Atenville (1) et feodum de Ranqueroles (2); ita quod sint in dotalicio Alienordis comitisse. Quod ut stabile sit et firmum, sigilli nostri auctoritate precepimus confirmari. Actum Parisius, anno incarnati verbi, M.° C.° nonagesimo primo, mense januario.

(A. I. *Trés. des Ch.*, *cart. J.* 168, *pièce n.°* 8.) Orig. parch. scellé en cire verte.

XXXVIII.

Mathieu III, comte de Beaumont, donne en fief à Angeran, un arpent de vigne situé à Anières.

1205. Ego Matheus, comes Bellimontis. Notum facio quod Angeranno et heredibus suis, in feodum ligium dedi unum arpentum vinee apud Asnerias, quod emi a Hugone de Cingula.

(B. I. *Cart. de Royaumont*, *n.°* 5472, p. 75.) Copie de Gaignières.

XXXIX.

Mathieu III, comte de Beaumont, confirme la donation faite par Philippe de Beaumont, son frère, au moine de Courcelles, de 6 mines de blé, à prendre sur la grange de Belle-Église.

Carta domini Mathei, comitis Bellimontis, de Corcellis.

Ego Matheus, comes Bellimontis. Universis notum fieri volo tam presentibus quam futuris, quod Philippus, frater meus, de voluntate et assensu meo, et Johannis, fratris mei, pro remedio anime sue, et mee, patris mei quondam Mathei, et matris mee Matildis, et Johannis, fratris mei, et Mathei, fratris mei, et sororum mearum, quarum utraque dicta fuit Aelidis, et omnium antecessorum et successorum meorum, dedit in perpetuam elemosinam monacho de Corcellis (3) VI. minas bladi, in granchia Bereglisie singulis annis accipiendum, ad anniversarium suum singulis annis faciendum.

Quoniam autem hanc elemosinam, de consensu meo et Johannis, fratris mei, singulis annis in perpetuum faciendam constituit, ego Matheus, comes Bellomonte (*sic*), eam ratam haberi volens, sigilli, tam mei, quam sui, impressione feci communiri, etc.

Collationné sur le Cartulaire du XIII.° siècle. (L. 138.[2])
(A. I. *Cartulaire de Saint-Martin-des-Champs*. L.)

(1) Attainville, entre Ecouen et Lusarches.

(2) Ronqueroles, près Chambli.

(3) Il y a deux localités du nom de Courcelles dans le doyenné de Beaumont, l'une située près de la forêt de Carnelle, et l'autre, entre Chambli et Méru. L'assignation sur la grange de Belle-Eglise me fait penser qu'il s'agit ici de la seconde.

XL.

Gilles de Hodenc vend tout ce qu'il possédait à Méru, au comte de Beaumont, Mathieu III.

Ego Gilo de Hosdenc (1), notum facio omnibus presentibus pariter et futuris, quod assensu 1205.
Aelidis matris mee, et uxoris mee, et infantum meorum, vendidi Matheo comiti Bellmontis, (*sic*) quicquid habebam apud Meruacum et in ejus castellarietate, in feodum et in dominium, tam in nemoribus, quam in campis et in villis, et in perpetuum hereditarie concessi possidendum. Ut hoc autem ratum et inconvulsum permaneat, munitione sigilli mei roboratur. Hoc actum est anno ab incarnatione Domini, millesimo ducentesimo quinto.

(A. I. *Trésor des Chartes*, *cart. J.* 168, *pièce n.*° 12.) Orig. parch. Est appendu sur queue de parchemin le sceau équestre de Giles de Hosdenc, en cire jaune. Légende SIGILLV. GILE DE HOSDEG.

XLI.

Confirmation de la vente précédente, par Vifamme, sœur de Gilles de Hodenc.

Noverint universi tam presentes quam futuri, quod Matheus, comes Bellimontis, quicquid 1206.
dominus Gilo de Hodenc habebat apud Meru, comparavit. Istam autem comparationem ego Vifamme, soror predicti Gilonis, concessi et in perpetuum quitam et absolutam dimisi. Ut hoc autem firmum et inconvulsum permaneat, sigilli mei impressione feci muniri. Actum anno incarnati verbi M.° CC.° VI.°

(A. I. *Trésor des Chartes*, *cart. J.* 168, *n.*° 18.) Orig. parch. scellé du sceau de Vifamme.

XLII.

Mathieu III, comte de Beaumont, réduit à cinq muids de vin la redevance qu'il se réserve sur les produits d'une vigne donnée par lui à l'abbaye du Val, nommée la vigne des Aubains. Il donne en outre à ladite abbaye, une masure à Chambli.

De vineis albanorum.

Ego Matheus, comes Bellimontis et dominus Valesie. Notum fieri volo tam futuris quam pre- 1192.
sentibus, quod cum ecclesie Sancte-Marie de Valle, totum territorium Albanorum, ad plantandas vineas, excepto quartario uno quod ipsi ecclesie ad pressorium faciendum libere dederam, concessissem, ita quod ipsi monachi Vallis, unam medietatem proventuum vinearum ipsarum et ego alteram annuatim perciperemus; postmodum, super paupertate domus ipsius, et penuria potus quam

(1) On trouve sur la carte de Cassini, un village nommé Hodan, entre Hédouville et le Lay.

conventus Vallis miserabiliter patiebatur, pietate commotus, pro salute anime mee et patris et matris mee, et pro salute Elienor, uxoris mee, et pro salute fratrum, sororum et antecessorum meorum, illam medietatem vini Albanorum que me contingebat, et totum territorium ipsorum Albanorum, sicuti metatum est, conventui prenominate ecclesie dedi, et in elemosinam perpetuam post decessum meum libere possidebam concessi; ita quod vinum ex Albanis ipsis proveniens, ad nullos alios usus sive negotia domus Vallis preterquam ad proprium potum conventus poterit transferri, retentis tamen domino Bellimontis quinque modiis vini, ex ipsis vineis a predictis monachis annuatim persolvendis. Preterea concessi pretaxate ecclesie unam masuram apud Chambliacum, videlicet, vel masuram Petri Cati, vel masuram Ivonis de Sancto Albanio, quamcunque ex hiis duabus ad usus necessarios ecclesie maluerit, salvo jure meo, in perpetuum pacifice possidendam. Hanc autem elemosinam Elienor comitissa, uxor mea, et dominus Philippus et Johannes, fratres mei, concesserunt. Signum Petri, prioris. S. Theoderici, cellarii. S. Rogeri, monachi de Valle. S. Liardi, capellani comitis. S. Radulfi de Peseus (*ou Pesiis*). S. Garini, prepositi. S. Hugonis, camerarii. Quod ut ratum et inconcussum permaneat, presentem paginam, ego et comitissa, uxor mea, sigillis nostris fecimus corroborari. Actum anno incarnationis Dominice M.° C.° XC.° II.°

(A. I. *Cartulaire de l'abbaye du Val. L.* 208, fol. 51.)

XLIII.

Charte de Mathieu III, comte de Beaumont, confirmant et expliquant la précédente.

1194. Ego Matheus, comes Bellimontis. Universis notum fieri volo, presentibus pariter et futuris, quod assensu Johannis fratris mei, pro salute anime mee, patris et matris mee, fratrum, sororum et omnium antecessorum meorum, Deo et Beate-Marie de Valle, et monachis ibidem Deo servientibus, in perpetuam elemosinam possidendam concessi quicquid habebam in vineis Albanorum, exceptis quinque modiis vini, michi quamdiu vixero, et post decessum meum, heredibus meis, et jamdictis fratribus de vino ipsarum vinearum annuatim persolvendis. Tali quidem conditione hoc concessi, quod totum vinum quod provenerit ex vineis illis, exceptis jam dictis quinque modiis, et omne vinum similiter quod provenerit ex clauso de Croisant, quod pater meus eidem ecclesie in elemosinam contulit (1), ad proprium potum conventus et missarum amministrationem cedet, nec ad alia quevis domus ipsius negotia poterit transferri, neque mutari, neque vendi, sed quale provenerit ex vineis ipsis, tale conventui solummodo ad potum apponetur, excepto quod pro reverentia ordinis, in singulis XII.cim sextariis hujus vini, unus sextarius aque imponetur (2). Factura vero vinearum ipsarum, ex ipso vino nec sumetur, nec computabitur. Et sciendum quod singulis annis, anniversario die obitus mei, memoria hujus elemosine, pro salute anime mee, coram conventu in capitulo recitabitur. Hoc autem donum manu propria feci super majus altare in ecclesia Vallis, astantibus, audientibus et videntibus, domno Philippo, abbate, Petro, priore, Theoderico, cellario, Johanne, portario, Laurentio, suppriore, Rerico, vestiario, fratre Rogero, hujus carte scriptore (3), Ansello de Insula, Hugone de Maudestor, Radulpho de Puseolis, Gardo de Valle-

(1) Voy. plus haut le n.° XXII.

(2) Ce détail est curieux.

(3) On peut rendre à ce frère Roger, le témoignage qu'il écrivait fort bien.

Engeugeart, Petro Hisdus et multis aliis. Quod ut ratum et firmum habeatur, presentem cartam sigilli mei impressione, nec non et auctoritatibus sigillorum episcopi Belvacensis et episcopi Parisiensis feci corroborari, quorum auctoritate, quicumque hujus confirmationis tenorem infringere attemptaverit, de assensu abbatis Philippi et conventus, tunc temporis viventium, anathematis vinculo se noverit innodatum. Actum publice apud Vallem Beate-Marie, anno incarnati verbi dominici. M.° C.° XC.° IIII.to

(A. I. *Carton S.* 4194, *pièce n.°* 29.) Orig. parch.

XLIV.

Mathieu III, comte de Beaumont, se porte garant d'une donation faite à l'abbaye de Beaupré, par Pétronille d'Aunai, d'une vigne appelée le Clos Bouchard.

Ego Matheus, comes Bellimontis, universis tam presentibus quam futuris, in perpetuum salu- 1194
tem. Ad noticiam omnium pervenire volumus, quod Petronilla de Alneto, defuncto primo conjuge suo, Buchardo, de eodem Buchardo duos habebat filios ad quos jure hereditatis patris hereditas pertinebat. Cum autem hereditatis illius pars quedam in wagio teneretur (1), in qua parte vinea erat, que de patris nomine, Clausum-Buchardi vocatur, bone opinionis et religiosi nominis monachis Belliprati (2) et fratribus ibidem Deo servientibus, totam vineam illam ex integro, que, ut diximus, Clausum-Buchardi appellata est, redimendam et in elemosinam perpetuo possidendam donavit. Abbas vero et fratres, tante munificentie vicem debitam respondentes, XL.ta libras parisiensis monete ad redemptionem vinee, que in wagio erat pro XX.ti libris parisiensibus, et ad alia debita XI.ti aliis libris solvenda, largiti sunt. Insuper, et filium ejus majorem natu, Adam nomine, in fratrem et monachum, ad matris peticionem, susceperunt. Sed quoniam adhuc immaturus religioni existebat, per IIII.or annos eum in habitu seculari remanere permiserunt, ita ut apud matrem eum abbas, si remanere permiserit, ad procurationem illius (3) C solidos parisienses donabunt hoc modo : tribus primis annis, singulis XX.ti solidos, in quarto vero, quadraginta. Cessit igitur fratri suo, et in presentia nostra concessit predictam vineam, junior Petronille filius, nomine Dyonisius, ut eam prefata ecclesia libere reciperet, et sine reclamatione aliqua in perpetuum possideret. Preterea, post hanc donationem tam fideliter et tam sollempniter factam, quicquid contingat de jam dicto Adam, sive velit religionis habitum, sive nolit, sive vixerit, sive decesserit, nichilominus elemosina ista stabit inviolabilis, et donum tenebitur inconcussum. Addimus etiam quod dilectus noster Hugo de Parcento (4), de cujus feodo est ipsa vinea, elemosinam benigne concessit, et de ipsa vinea in manu ipsius resignata a Petronilla et duobus filiis, per manum suam monachos saisivit et investivit. Ne quis igitur super tam rata et celebri donatione ecclesiam molestare presumat, nos ipsos facte rei testes, et elemosine in perpetuum permansure plegios, et monastice possessionis, pro salute nostra et predecessorum nostrorum, tutores constituimus, totumque negotium

(1) *In wagio teneretur*, c'est-à-dire, que cette portion d'héritage était engagée ou hypothéquée. On lit plus bas que les moines donnent 20 l. p. pour racheter cette hypothéque.

(2) L'abbaye de Beaupré, filiation de celle d'Ourcamp, fondée en 1135 au diocèse de Beauvais.

(3) *Ad procurationem illius*, pour son entretien.

(4) Hugues de Beaumont, deuxième de ce nom, seigneur de Persan.

presenti carta et sigilli nostri auctoritate confirmamus. Testes quoque qui affuerunt duximus annotandos, qui sunt : Radulfus de Puiseus ; Petrus Hisdeus de Chambli ; Girardus de Lis, miles ; Garinus de Campania ; Odo Vacca ; Hugo de la Chanel ; Herveus Boocet ; Noel de Baerne ; Erardus, capellanus comitis. Item, Hugo Li Vissiers, martus (*sic*) Petronille ; Girelmus Cholin. Addimus preterea quod si sepenominatus Adam, filius Petronille, ultra quadriennum prefixum in seculo remanere voluerit, monachi nichil ei ad procurationem conferre tenebuntur. Actum anno incarnati verbi, M.° C.° XC.° III.°, apud Baillolium, mense januario.

(B. I. *Cartulaire de Beaupré. Cartul.* 81, fol. 102 v.°)
Cette charte est précédée de celle de *Hugo de Parcento* sur le même objet ; même teneur et même date, mais passée à Persan *apud Parcentum*. Il y nomme sa femme *Ada*.

XLV.

Mathieu III, comte de Beaumont, confirme à l'abbaye de Beaupré, la donation d'une maison située à Neuville, et l'acquisition de deux pièces de vignes.

1196. Ego Matheus, comes Bellimontis. Notum facio omnibus tam futuris quam presentibus, quod intuitu divine pietatis, monachis de Prato concedo et confirmo in perpetuum tenendam domum et possessionem Noville (1), quam ipsi habent de dono Petri, filii Hermenes, assensu parentum ipsius Petri ; vineam quoque illam quam habent de emptione Odonis Balbi ; set et illam vineam quam habent do emptione Hervei Fabri. Hec autem omnia, sicut prediximus, eis in perpetuum tenenda concedo et jure guarandiam. Quod ut ratum sit, presens hoc scriptum sigilli nostri munimine, et testium subscriptione roboramus. Testes : Herartius, capellanus ; Warinus, prepositas (2) ; Odo Vacca ; Roricus. Actum anno incarnati verbi, M.° C.° XC.° VI.°

(B. I. *Cartulaire de Beaupré*, *cartul.* 81, fol. 104 v.°)

XLVI.

Mathieu III, comte de Beaumont, donne aux Templiers le bois de Verrines.

1199. Ego Matheus, comes Bellimontis. Notum facio omnibus presentibus pariter et futuris, quod ob remedium anime mee, patris ac matris mee, fratrum et sororum mearum, antecessorum et successorum meorum, et ob remedium anime Elienor comitisse, uxoris mee, dedi Deo et Beate Marie et Milicie templi Parisius, totum nemus illud de Verringnes (3) quod emi a femina Alberti Othelini, et assensu Elienor comitisse, uxoris mee, in perpetuam elemosinam possidendum concessi. Hanc

(1) *Noville*. On trouve dans le même cartulaire, (fol. 110 v.°), une charte de l'an 1257, qui indique la position de ce lieu, qui au reste ne se trouve, ni sur la carte du diocèse de Beauvais, ni sur la carte générale de Cassini. « *Widra, relicta Johannis, filii Renoldi de Noevile juxta Bellum montem.* »

(2) Erard, chapelain de Mathieu III, Warin, son prévôt à Beaumont.

(3) Verrines, village du diocèse de Senlis.

autem rem, testium affirmacione conprobamus: Erardus, capellanus; Radulphus de Puisex; Theobaldus de Ranqueroles; Petrus Hidosus; Varinus, prepositus, Odo Vacca; Petrus, filius Renardi. Quod ut ratum et firmum permaneat, presentem paginam auctoritate sigilli mei muniri feci. Actum anno ab incarnacione Domini, M.° C.° nonagesimo IX.°

(A. I. *Carton S.* 5105, *pièce n.°* 7.) Orig. parch., sceau détruit. Se trouve aussi dans un petit cartulaire du Temple. (S. 4993, n.° 14, fol. 56.) C'est un cahier de papier, du XVI.° siècle.

XLVII.

Sentence arbitrale de l'abbaye de Saint-Martin-aux-Jumeaux, de l'archidiacre de Ponthieu et du chancelier de l'église d'Amiens, sur un différent mû entre Mathieu III, comte de Beaumont, et les Templiers, touchant une donation faite à ces derniers par Thibaut et Robert de Vinecel.

Radulfus abbas Sancti-Martini de Gemellis (1), et Radulfus, archidiaconus Pontivensis (2), et 1208.
Manasses, cancellarius Ambianensis, omnibus presentem paginam inspecturis, in Domino salutem.

Noverit universitas vestra, quod super causa, que vertebatur inter fratres Militie Templi ex una parte, et comitem Bellimontis ex alia, coram nobis judicibus a sede apostolica delegatis, super elemosina, quam Teobaldus et Robertus de Vinecel fecerunt fratribus Templi, in feodo de Vinecel, tandem, amicabilis compositio intervenit in hunc modum:

Quod dicti fratres, ad partes domini regis Francorum, reddiderunt totam illam elemosinam Roberto, et Adam, filio dicti Theobaldi, jure hereditario possidendam; ita quod nichil de cetero reclamabunt contra comitem, vel contra heredes ejus, in feodo Roberti, nec in terra Theobaldi de Vinecel, de illis, de quibus contentio fuit inter eos coram nobis judicibus delegatis.

Comes vero jurabit, quod propter aliquid quod factum sit ex hac causa, nec predictis hereditariis, nec hominibus predicte elemosine malum faciet, nec perquiret eorum nocumentum. Et quia, pro bono pacis promiserat dictus comes, coram domino rege Francie, se assignaturum in terra sua quindecim libras reddituum predictis fratribus, in pratis vel molendinis, vel in decimis, habendas et tenendas ab eis in perpetuum libere et quiete, pro assignatione illa dedit dictis fratribus quadringentas et viginti libras parisienses.

Nos vero, ad majorem hujus rei certitudinem, presens scriptum fecimus annotari, et sigillorum nostrorum appensione muniri.

Actum anno gratie, millesimo ducentesimo septimo, mense februarii. Datum Silvanecto, in domo Militie Templi.

(A. I. *Trésor des Chartes*, *cart. J.* 168, *pièce n.°* 16.) Orig. parch., avec les sceaux pendants des trois arbitres. Cette charte est en forme de chirographe, et porte le mot *Cyrographum*, à gauche.

(1) Saint-Martin aux Jumeaux, à Amiens.

(2) Raoul, archidiacre de Ponthieu dans l'église d'Amiens.

6

XLVIII.

Philippe-Auguste accorde un différend mû entre Mathieu III, comte de Beaumont, et Henri de Saint-Denis, touchant une maison fortifiée que ce dernier faisait construire à La Morlaye.

1199. In nomine Sancte et individue Trinitatis, amen. Philippus, Dei gratia Francorum rex. Noverint universi presentes pariter et futuri, quod cum inter Matheum, comitem Bellimontis, et Henricum de Sancto Dyonisio, orta fuisset controversia, pro firmitate, quam idem Henricus apud Morleiam (1) faciebat, demum, consilio nostro et baronum nostrorum, et amicorum utriusque partis, in hunc modum est sopita. Videlicet quod predictus Henricus domum, de qua erat controversia, licite firmare poterit. Ita tamen quod fidem dedit et sacramentum fecit comiti Bellimontis, quod, quacumque hora, prenominatus comes, firmitatem illam habere vellet, ad magnam vim et ad parvam (2), contra omnes gentes, nobis exceptis et aliis regibus Francie, dictus Henricus vel heres ejus, firmitatem jam dictam, comiti vel ejus heredi, redderet, et, transactis octo diebus post negocium comitis, idem comes vel ejus heres, predicto Henrico vel ejus heredi, firmitatem illam in eodem puncto quo sibi tradita fuit, redderet. Quicumque etiam domum et firmitatem tenuerit, fidem et sacramentum tale comiti Bellimontis, vel ejus heredi, faciet, quale jam dictus Henricus, comiti Bellimontis fecit. Quod si dictus Henricus, vel heres ejus, a fide et sacramento et conventionibus predictis resiliret, si comes nos requireret, nos eidem comiti, cum sua vi, vim ad domum destruendam traderemus.

Quod ut perpetuum robur obtineat, sigilli nostri auctoritate et regii nominis karactere inferius annotato, presentem paginam precipimus confirmari.

Actum Vernone, anno incarnati verbi M.° C.° XC.° nono; regni nostri, anno vicesimo. Astantibus in palatio nostro quorum nomina supposita sunt et signa: dapifero nullo, signum Guidonis, buticularii; S. Mathei, camerarii; S. Droconis, constabularii.

Data vacante cancellaria (*avec monogramme.*)

(A. I. *Trésor des Chartes. Carton J.* 231. *Corbie, pièce n.°* 2.) Orig. parch. scellé en cire verte, sur lacs de soie rouge. Au dos est écrit: *Carta regis de Morleia.*

XLIX.

Vente par l'abbé de Saint-Vincent de Senlis à Mathieu III, comte de Beaumont, de terres et de vignes situées à Jouy-le-Comte.

1200. Ego Petrus, Dei patientia Sancti-Vincentii Silvanectensis dictus abbas, totusque ejusdem loci conventus. Notum facimus universis presentibus pariter et futuris, quod communi assensu vendi-

(1) La Morlaye, entre Lusarches et Chantilly.

(2) Rendre un château *ad parvam vim*, c'était le rendre sur une simple semonce; *ad magnam vim*, par force.

dimus Matheo, comiti Bellimontis, tria novalia terre arabilis apud Joiacum (1), et vineam illam qam (*sic*) ibidem habebamus ex dono fratris Ascelini, tunc temporis prioris nostri, et insuper illud quartarium vinee quod ibidem emimus, predicte vinee attingenti; hoc etiam totum prenominato comiti vendidimus, et ipsi et heredibus suis in perpetuum possidendum concessimus quicquid in hoc habebamus.

Actum Silvanecto publice in capitulo nostro. Anno incarnati verbi M.° ducentesimo.

(A. I. *Trésor des Chartes. Cart. J.* 168 *pièce* 10.) Orig. parch. Cette charte était scellée du sceau de l'abbé et de celui de l'abbaye. Il reste un fragment du dernier.

L.

Accord entre Mathieu III, comte de Beaumont, et Mathieu seigneur de Montmorency, touchant les péages de la terre de Montmorency.

Noverint universi presentes pariter et futuri, quod cum quedam contentio orta esset inter Ma- 1202.
theum, comitem Bellimontis, et Matheum de Montemorenciaco (2), super pedagiis terre Mathei de Montemorenciaco, tandem hoc modo pacificata est et sedata:

Omnes advene mercatores, sive homo, sive femina, de terra comitis, qui mercaturas, que sue fuerint et pedagia debeant, ad transversa domini de Montemorenciaco detulerint, vel duxerint, medietatem pedagii dabunt. Si quis autem de terra comitis, homo fuerit, vel femina, conduxerit mercaturam, que non fuerit de terra comitis, medietatem pedagii dabit. Et sciendum quod omnes homines de dominio comitis, de feodis ejus et de elemosinis ejus, que de eo movent et de elemosinis militum suorum et feminarum, qui tenent de eo, ad transversa domini Mathei, de dominatione Montismorenciaci quiti erunt. Omnes autem, tam homines, quam femine, qui quiti sunt secundum hanc cartam, per fidem suam ad predicta transversa quiti transibunt.

Quod ut perpetuam stabilitatem optineat, et prefatus Matheus comes, et prenominatus Matheus de Montemorenciaco, presentem cartam conscribi, et sigillorum suorum impressionibus fecerunt communiri.

Actum anno ab incarnatione domini M.° CC.° II.°

(A. I. *Trésor des Chartes, carton J.* 168, *pièce n.°* 11.) Cette pièce est imprimée dans Duchesne. (Hist. généalog. de Montmorenci, pr., p. 74.)

LI.

Hommage d'Ansel, seigneur de l'Ile-Adam, à Mathieu III, comte de Beaumont.

Noverint universi presentes pariter et futuri, quod ego Ansellus, dominus Insule, quod qui- 1205.

(1) *Tria novalia terra arabilis apud Joiacum.* Cela peut s'entendre ou de *novales*, c'est-à-dire de terres nouvellement défrichées, ou de terres en jachères. L'expression de *tria novalia* semble indiquer trois arpents, de même que plus bas *vinea* paraît indiquer un arpent de vigne, puisqu'on trouve immédiatement après un quartier de vigne *quarterium vinee*. Quant au lieu où étaient situées ces terres et ces vignes, c'est-Joui-le-Comte auprès de l'Ile-Adam.

(2) Mathieu II, dit le Grand, seigneur de Montmorency.

cumque fuerint ejusdem Insule successores, sumus homines ligii Mathei, comitis Bellimontis, et successorum ejus, Bellimontis comitum, contra omnes homines, salva fidelitate domini regis Francie. Hec autem sunt feoda que ab ipsis tenemus: scilicet, Bellecort, cum appendiciis suis, feodum de Hodenc (1), quod Vuillermus de Baerne tenet, feodum Radulphi de Nigella (2), feodum de Praeroles (3), quod dominus Rogerus tenet; et sciendum est quod nullum omnino estagium (4) ipsis debemus.

Item, notum fieri volumus quod comes Bellimontis M., et ipsius in comitatu successores, tenent de nobis, vel successoribus nostris, unum feodum sine homagio et sine estagio, et de hoc feodo debent nobis justiciam et servitium. Quod si nos comitem Bellimontis submonuerimus de predicto feodo, predictus comes veniet contra nos usque ad Pontem-petram, juri pariturus, et transibit petram tantummodo. Ut autem hoc ratum et inconcussum permaneat, presentis scripti paginam sigilli nostri et sigilli prefati comitis, munimine confirmamus.

Actum anno dominice incarnationis, millesimo ducentesimo quinto.

(A. I. *Trésor des Chartes. Carton J.* 168, *pièce n°* 13.)
Orig. parch. auquel sont appendus les sceaux équestres d'Ansel de l'Isle-Adam, et de Mathieu III, comte de Beaumont.

LII.

Accord entre Mathieu III, comte de Beaumont, et Ansel, seigneur de l'Ile-Adam, touchant des droits de travers.

1206. Noverint universi, quod cum, inter M. comitem Bellimontis, et Ansellum, dominum Insule, super multis controversia verteretur, et precipue de tranverso accipiendo in via que est inter Insulam et Nigellam (5), tandem habito prudentum virorum consilio, predicta controversia sedata est in hunc modum:

Homines siquidem domini Anselli, tam de feodo, quam de dimonio (6), euntes, vel venientes per predictam viam, quiti sunt de omni tranverso, et omnes mercatores ementes ad Insulam ab hominibus de Insula. Et de omnibus aliis hominibus euntibus per viam illam, accipiet comes quam debuerit consuetudinem. Comes accipiet tranverssum suum inter crucem predicte vie et Nigellam usque ad Sauserum (7). Si quis vero tranverssum dicti comitis deportaverit inter predictam crucem et Insulam, talem justiciam faciet ei dominus Insule, qualem consequentur apud Sanctum-Dyonisium, vel Parisius, vel Pontisaram. Preterea, si quis homo de Insula participationem habuerit cum homine extraneo in mercatione, pars hominis de Insula quita est: extraneus vero dabit consuetudinem suam in predicta via. Si vero serviens comitis mercatores, ne ad Insulam emerint, suspectos habuit, fide prestita liberi transibunt.

(1) Hodan, entre Hédouville et le Lay, au doyenné de Beaumont.

(2) Nesle, près l'Ile-Adam.

(3) Prérolle, près Presles.

(4) *Estagium*, l'estage, c'est-à-dire, la garde armée du château du seigneur.

(5) L'Ile-Adam et Nesle.

(6) *Tam de feodo quam de dimonio*, pour *domanio*. C'est-à-dire, tant ceux demeurant sur les terres qu'il tenait en fief, que ceux demeurant sur les terres de son domaine propre.

(7) Le Sausseron, petite rivière qui se jette dans l'Oise un peu au-dessous de l'Ile-Adam.

Item sciendum est, quod dominus Ansellus quitavit comiti feodum quod emit a Roberto, vicecomite, et uxore ejus. Comes autem, nec heredes sui, aliquam firmitatem facient apud Messeren (1) vel Wasquinole, nec siccut (2) rivus de Wasquinoles comportat usque ad Messeren, nec exinde usque ad Grineval (3), per domum Hugonis de Marolio, nec de Grineval usque ad Laium (4), nec a Laio usque ad quercum de Bolonvilla, nec de predicta quercu usque ad rivum Joiaci (5), nec inde usque in Ysaram. Siccut rivus fluit infra terminos istos versus terram domini Anselli usque ad Sauserun, nullam facient, comes et heredes ejus, firmitatem. Similiter, dominus Ansellus, nec heredes ejus, inter Sauserun et predictos terminos aliquam facient firmitatem, nisi ad Insulam, ubi, quod voluerit facit. Creantavit quoque dominus Ansellus, comiti, quod jus ejus pro posse suo, sicut hic continetur, bona fide conservabit, nec ad malum tendet. Hoc idem comes domino Ansello creantavit.

Ut autem hoc ratum habeatur, presentis scripti pagina, sigillo comitis et sigillo domini Anselli roborata, et cyrographi atestatione divisa, utrique, in testimonium, sub bona fide est tradita.

Auctum, anno gratie, M.° ducentesimo sexto.

(A. I. *Trésor des Chartes*, *carton J.* 168, *pièce n.°* 15.) Orig. parch., avec le sceau d'Ansel de l'Ile-Adam (un écu portant une fasce) et le sceau équestre de Mathieu III.

LIII.

Sentence définitive rendue par l'abbé et le prieur de l'abbaye du Val et le prieur de Conflans Sainte-Honorine, sur un différend mû entre Mathieu III, comte de Beaumont, et Gervais, prêtre de Saint-Denis de la Châtre, touchant la chapelle de Sainte-Catherine.

Ego frater Philippus, dictus abbas Vallis Beate-Marie, et ego frater P., prior ejusdem loci, 1206.
et ego R., prior de Conflenz, auctoritate domini Celestini pape tercii cognitores cause que vertebatur inter M. comitem Bellomentensem, et Gervasium, Sancti-Dyonisii de Carcere sacerdotem, super capella que est in domo comitis juxta predictam ecclesiam (6), vocato predicto presbitero uno edicto et altero peremptorio, cum postea copiam sui faceret in judicio, lite contestata, eo quod in vocem appellationis prorumpente, cum in litteris domini pape inhibita esset appellatio, demum se contumaciter absentante, eo quod duobus peremptoriis iterum citato, nichilominus in causa procedendum esse ducentes, cum ipse semper absens esset, per contumaciam, freti consilio prudentum virorum et juris peritorum, auditis, cognitis et inspectis diligenter attestacionibus et allegacionibus, prenominato presbitero, auctoritate apostolica, per diffinitivam sententiam perpetuum silentium imponemus super hac capella, ipsum comitem ab hac ipsius presbiteri impeticione, eadem auctoritate penitus absolventes, et sub anathematis in terminacione silentium de cetero imponentes ipsi presbitero.

(A. I. *Trésor des Chartes*, *carton J.* 168, *pièce n.°* 33.) Orig. parch., avec fragments de sceaux.

(1) Sur la carte de Cassini, Messelan.

(2) *Siccut*, dans l'origiual *sicc.* avec un signe d'abréviation.

(3) Sur la carte de Cassini, Grinval.

(4) Le Lay, prieuré de l'ordre de Saint-Benoît.

(5) Petit cours d'eau qui passe à Jouy-le-Comte, et se jette dans l'Oise, près de l'Ile-Adam.

(6) La chapelle de Sainte-Catherine, nommée dans les deux pièces suivantes.

LIV.

Mathieu III, pour se racheter de son vœu de croisé, donne à Eudes de Sully, évêque de Paris, un lieu situé à Paris vis-à-vis l'église de Saint-Denis de la Châtre, appelé la chapelle de Sainte-Catherine.

1206. Ego Matthæus comes Bellimontis universis notum facio presentibus pariter et futuris, quod pro salute animæ meæ, et omnium antecessorum meorum, et pro recompensatione itineris Hierosolymitani dedi, et in perpetuam elemosynam concessi Deo et Odoni episcopo Parisiensi, in honore beati Dionysii locum illum in quo incarceratus dicitur beatus Dionysius, qui dicitur Capella Sanctæ Catherinæ, et ædificium quod in eodem loco situm est, scilicet a pratello exteriore usque ad stratam anteriorem, quæ inter ipsum locum et ecclesiam Sancti Dionysii de carcere ducit, ad ædificandam ecclesiam in qua sacerdotes Deo et beato Dionysio in perpetuum deserviant. Ita quod pratellum et totum residuum ædificiorum mihi et heredibus meis libere ex integro remanebunt. Sciendum autem est, quod episcopus Parisiensis duos sacerdotes ibidem constituet : et ego intuitu salutis animæ meæ in eadem ecclesia, quæ ibidem a predicto episcopo construenda est, de meo proprio unum sacerdotem constituam : cujus beneficium quotienscumque vel quoquomodo vocare contigerit, ego et heredes mei alteri personæ idoneæ libere conferre poterimus. Quam tamen personam episcopo Parisiensi et successoribus suis præsentare tenebimur : quæ jurabit ei residentiam et servitium illius ecclesiæ. Et quod si non fuerit sacerdos, infra annum ordinem sacerdotis recipiet. Duo enim sacerdotes instituti ab episcopo de servitio et residentia similiter juramentum præstabunt. Quod ut firmum et ratum permaneat, præsentem cartham conscribi et sigilli mei impressione feci communiri. Actum publice, anno incarnati verbi M. CC. VI. mense decembri.

(Du Breul. *Théâtre des Antiquités de Paris*, p. 117.)

LV.

Confirmation de la charte précédente par l'évêque de Paris.

1206. Odo, Dei gratia, Parisiensis episcopus. Omnibus presentes litteras inspecturis, in domino salutem. Notum facimus quod cum vir nobilis Matheus, comes Bellimontis, pro salute anime sue et antecessorum suorum, et pro recompensatione itineris Jerosolimitani (1), dedisset et in perpetuam elemosinam concessisset Deo et nobis, in honore beati Dionisii, locum illum in quo incarceratus dicitur beatus Dionisius, qui dicitur Capella Sancte-Catherine, et edificium quod in eodem loco situm est, scilicet a pratello exteriore usque ad stratam anteriorem que inter ipsum locum et ecclesiam Sancti-Dionisii de Carcere ducit, ad edificandam ecclesiam (2) in qua sacerdotes Deo et beato Dionisio in perpetuum deservient. Ita quod pratellum et totum residuum edificiorum

(1) Mathieu III avait pris la croix en 1188.

(2) *Ad edificandam ecclesiam*. On y construisit en effet une église, mais non pas sous l'invocation de Saint-Denis *in honore beati Dionisii*, comme il était projeté dans notre charte. Car, c'est Saint-Symphorien de la Châtre.

suorum, ipsi comiti et heredibus suis libere ex integro remanebunt, concessimus quod nos, duos sacerdotes ibidem instituemus, et ipse comes, intuitu salutis anime sue, in eadem ecclesia, que ibidem a nobis construetur, unum sacerdotem, de suo proprio constituet. Cujus beneficium, quotienscumque vel quoquomodo vacare contigerit, idem comes et heredes sui, alteri persone idonee libere conferre poterunt. Quam tamen personam nobis episcopo Parisiensi et successoribus nostris presentare tenebuntur. Que jurabit ipsi episcopo residentiam et servitium ipsius ecclesie, et quod si non fuerit sacerdos, infra annum ordinem sacerdotis recipiet. Duo etiam sacerdotes qui instituentur a nobis et successoribus nostris, de servitio et residentia simile juramentum prestabunt.

Quod ut ratum permaneat, presentem cartam sigilli nostri fecimus impressione muniri. Actum anno Domini M.° CC.° sexto, mense decembri.

(A. I. *Trésor des Chartes*, *carton J.* 460, *pièce n.°* 6.) Orig. parch., scellé du sceau d'Eudes de Sully. Cette charte est imprimée dans : *Petri Blesensis opera ; append.*, p. 792.

LVI.

Autre confirmation du même évêque.

Odo Dei misericordia Parisiensis episcopus, universis ad quos presentes literæ pervenerint, in 1207.
Domino salutem. Quod pro divini cultus augmentum statuitur, literarum convenit testimonio commendari ne processu temporis valeat in oblivionem adduci. Ad universorum itaque volumus notitiam pervenire, quod cum esset in civitate Parisiensi locus quidam reverentiæ, et religionis antiquæ in qua gloriosus martyr Dionysius in carcere traditur fuisse detentus. Quem etiam Dominus Jesus Christus sua perhibetur præsentia honorasse: cum eidem martiri corporis sui sacramentum propinavit ibidem. Ubi etiam olim devotio fidelium Capellam erexerat, quæ postmodum per incuriam ad solitudinem redacta fuerat et neglectum : tandem inspirante gratia Spiritus Sancti, nobilis vir Matthæus comes Bellimontis, qui tam in capella quam domo adjacente jus patronatus et proprietatis habebat, quicquid juris habebat ibidem in nos et successores nostros pia liberalitate transfudit. Nos itaque locum ipsum ad honestiorem statum reducere cupientes, ibi in memoriam et venerationem Beati Dionysii Capellam solemniorem ereximus, et Capellanos instituimus in eadem ecclesia servituros et residentiam in personis propriis bona fide facturos. Ad eorum igitur sustentationem Elien. Illustris comitissa Viromandiæ, pro salute animæ Dominæ A. Serenissimæ quondam Francorum Reginæ, pietatis intuitu, contulit centum marcas argenti, de quibus comparavimus ab abbate et conventu Montis-Estivi furnum quem habebant Parisius qui dicitur Furnus Inferni, cum omnibus ad eum pertinentibus, pro centum et triginta libris Parisiensibus. De residuo vero, videlicet sexaginta et decem libris Parisiensibus emetur redditus ad opus capellanorum quos prediximus ; cum decima Willelmi Buignole militis redempta fuerit, quæ pro illis sexaginta et decem libris modo tenetur pignori obligata, ad opus ejusdem Capellæ. Garnerus etiam de Sancto Lazaro, civis Parisiensis, et Agnes uxor ejus domum suam sitam ante portam Sancti Juliani pauperis totam, sicut comportat se, usque in magnum vicum liberam ab uno denario censuali et omni consuetudine et jure, quod Simon de Pissiaco miles in eadem domo habebat, et in manu nostra quittavit. Et tres arpennos vinearum in valle Sancti Martini, et unum arpennum et dimidium apud Le Ruel, eidem loco misericorditer contulerunt. Et sciendum quod omnes proventus et redditus

supradicti quatuor sacerdotibus in eadem capella (ut dictum est) servituris portione distribuentur æquali : quorum unus pro anima memoratæ Reginæ, tres vero pro Garnero et Agnete perpetuo celebrabunt. Quorum institutio ad solum episcopum Pariensem pertinebit. Cuicumque autem earumdem capellaniarum, vel aliarum in eadem ecclesia futurarum aliqua conferetur, ipso tempore institutionis suæ jurare tenebitur se facturum in capella residentiam in propria persona bona fide, et quod ordinem sacerdotis, si sacerdos non fuerit recipiet infra annum : ita quod nihil percipere poterit de fructibus ecclesiæ, donec promotus fuerit ad ordinem sacerdotis: sed interim cedent fructus in necessitates ipsius ecclesie. Sciendum etiam quod divina officia solenniter celebrabuntur in prædicta capella in matutinis missa et vesperis, et aliis horis canonicis, et pulsabuntur campanæ, sicut fieri solet in ecclesia præbendali : ita quod omnes missæ, præter conventualem, sine nota et compulsione campanæ celebrabuntur. Concessimus præterea ut dictus comes Bellimontis in eadem capella capellaniam unam constituere possit: et liceat ei et successoribus suis comitibus Bellimontis eam conferre personæ idoneæ, nobis et nostris successoribus præsentandæ, quæ nobis subjecta erit in omnibus. Quotiens vero dictarum capellaniarum aliqua per mortem capellani vacaverit, in quibus nullo alio vacationis modo fieri volumus annuale, medietatem annualis fabricæ et aliis necessitatibus capellæ statuimus deputari, et aliam medietatem percipiet institutus juxta formam prædictam. Quod ut ratum permaneat, præsentem cartam sigilli nostri fecimus impressione muniri. Actum Parisius, anno incarnati verbi 1207, pontificatus nostri anno decimo, mense augusto.

(Du Breul. *Théâtre des Antiquités de Paris*, p. 118.)

LVII.

Mathieu III, comte de Beaumont, présent à un aveu rendu au roi par Gaucher de Châtillon, comte de Saint-Pol.

1207. Ego Gaucherus de Castellione, comes Sancti Pauli. Notum facio universis ad quos littere presentes pervenerint, quod ego in presentia domini mei, illustris Francie regis, Philippi, presentibus eciam Matheo comite Bellimontis, Simone de Monteforti et Matheo de Montemorenciaco, et aliis multis, recognovi quod ego, de eodem domino rege, in capite et principaliter, teneo in feodum Ballolium, et Bofermont, et Boscum Tirelli, cum eorum pertinentiis, neque de hiis alium dominum advoco nisi ipsum. Quod ut ratum habeatur in posterum, sigilli mei munimine presentem paginam confirmo. Actum Parisius, anno gratie M.° CC.° septimo, mense novembri.

(A. I. *Trésor des Chartes*, *carton J. 376*, *pièce n.° 1*.) Orig. parch., avec fragment de sceau.

LVIII.

Mathieu III, comte de Beaumont, et Éléonore de Vermandois, sa femme, prélèvent en faveur du chapelain de l'hôpital de Saint-Michel de Crépy, fondé par eux, onze livres de revenu sur les deux cents livres données aux chanoines de Saint-Thomas de Crépi, par Philippe d'Alsace, comte de Flandre, et Élisabeth de Vermandois, sa femme.

In nomine Sancte et individue Trinitatis. Ego Matheus, comes Bellimontis, et Helienor uxor 1184.
mea, Domina et heres Valesie, filia Radulfi comitis Perone (1), Notum facimus tam presentibus quam futuris, quod ducentas libras, quas Philippus comes Flandrie et Viromandie, et Elizabeth uxor ejus (2) bone memorie, decem canonicis ecclesie Beati-Thome martiris, fundate prope muros Crespeii (3) ibidem perpetuum Deo servaturis, accipiendas, ex traverso et censu et aliis justis redditibus, singulis annis in festo Sancti Remigii pro remedio animarum suarum et antecessorum suorum assignaverint; de quibus ducentis libris hospitale prope edificatum (4), singulis annis, undecim libras recipiet. Omnia etiam illa ad ecclesiam et hospitale pertinentia, sicut in autentico scripto eorum continetur, pro salute animarum nostrarum, et pro anima Radulphi comitis Perone (5) et Petronille comitisse, et Radulphi comitis, junioris (6), et Hugonis (7) et Elizabeth et Godefridi, comitis Henaldi, et Guillelmi, Nivernensis comitis, et Mathei, comitis Bulonie, Henrici, regis Anglie junioris, et Yvonis, Suessionensis comitis, concedimus et in hunc modum facimus. Quod Major et Jurati communie Crespeii, quamdiu communia duraverit, canonicis predicte ecclesie singulis annis in festo Sancti Remigii, ex censu et aliis justis redditibus, centum libras reddent, et ex hoc sufficientem securitatem ecclesie facient. Si autem communia ad nichilum redacta fuerit, predicti canonici, ex censu et aliis justis redditibus, et ex censuariis, in festo Sancti Remigii singulis annis, salva justitia domini terre, centum libras recipient. Quicumque vero traversum ex parte domini terre tenuerit, in quacumque die, vel infra tertiam diem, a dominis terre traversum acceperit, sufficientem securitatem canonicis faciet, quod centum libras in festo Sancti Remigii canonicis solvet. Sciendum est etiam, quod decem modios ad mensuram Crespeii, quos, pro salute animarum nostrarum et antecessorum nostrorum, capellano capellanie Beati Michalis concessimus, ecclesie Sancti-Thome martiris concedimus. Ita quod, eisdem ministris prefati decem modii frumenti, a granchia de Morgnenval ad ecclesiam Sancti-Thome, in festo Sancti Remigii singulis annis adducentur, quibus ministris ad granarium domini terre prius ducebantur. Hoc autem ita factum esse dinoscatur quod, quicumque sacerdos in prefata capella fuerit institutus, erit ecclesie Sancti-Thome canonicus, et sicut alius cononicus et presbiter ecclesie plenariam omnino portionem percipiet, et quicumque fuerit cappellanus institutus, capellam tenebitur in propria persona desservire. Preterea notandum quod predicti canonici, ad petitionem

(1) On remarquera ici que la comtesse Eléonore ne donne à son père que le titre de comte de Péronne, tandis que tous les historiens l'appellent comte de Vermandois.

(2) Philippe d'Alsace, comte de Flandre de son chef, et comte de Vermandois du chef de sa femme Elizabeth, sœur d'Eléonore. Elizabeth mourut à Arras, le 26 mars 1182.

(3) La collégiale de Saint-Thomas de Crépi, fondée en 1181 par Philippe d'Alsace, comte de Flandre, sous l'invocation de Saint-Thomas de Cantorbéri. La collégiale de Saint-Thomas du Louvre, à Paris, était sous la même invocation.

(4) Les hospitalières de Saint-Michel de Crépi, fondées par la comtesse Eléonore et Mathieu III, comte de Beaumont, son mari.

(5) Carlier l'appelle Raoul IV comte de Crépi. Pétronille de Guienne, sa femme.

(6) Raoul V.

(7) Sans doute un autre fils de Raoul IV, que Carlier a confondu avec Raoul V, en disant que le fils de Raoul IV s'appelait d'abord Hugues et prit le nom de Raoul à la mort de son père. Voy. l'*Histoire du duché de Valois*. (Tome 1.er, p. 443.)

nostram, de propriis redditibus suis decem libras singulis annis nobis dederunt, ad instituendum, in eadem ecclesia, quemdam capellanum, qui, singulis diebus quibus licitum fuerit, pro fidelibus defunctis et pro animabus nostris, et pro animabus omnium prescriptorum, plenarium servitium, videlicet vesperas et vigilias, novem lectionum et plenariam commendationem, cum missa mortuorum, celebrabit. Sacerdos vero ad predictum officium institutus, ecclesie Beati Thome erit capellanus, et servicio et capitulo obnoxius. Quod ut ratum et inconcussum permaneat, sigillorum nostrorum auctoritate et subscriptorum virorum attestatione, confirmando roboramus.

Signum Petri, decani; S. Odonis, canonici; S. Gerardi, canonici; S. Guillelmi, canonici; S. Danielis; S. Evrardi; S. magistri Alberti; S. Lamberti, capellani Sancti-Nicholai; S. Prolini de Aci; S. Bartholomei de Thoiri; S. Reginaldi de Noe; S. Theobaldi de Moranglia; S. Thome de Firmitate-Milonis; S. Lamberti Minarii; S. Simonis Faverel; S. Radulphi de Roievilla; S. Balduini Ferrecoc; S. Theobaldi de Ogier.

Actum est hoc anno incarnationis dominice, millesimo centesimo octogesimo quarto, *et scellé.*

(A. I. *Carton K.* 188, *liasse* 4, *n.°* 8.) Copie de 1748. Cette pièce est imprimée dans Duplessis : *Hist. de Meaux*, t. II, p. 72. Dans le carton dont nous la tirons se trouvent des lettres de l'évêque de Senlis de la même année, contenant un accord entre les comte et comtesse de Beaumont, d'une part, et les chanoines de Crépi, de l'autre, au sujet de la fondation de cette chapelle de Saint-Michel (1). Elles sont imprimées dans le *Gall. Christ.*, t. X. p. 440.

LIX.

Éléonore de Vermandois, comtesse de Beaumont, confirme à l'abbaye d'Ourscamp, la donation de la terre de Waescourt, qui avait été faite à cette abbaye par Philippe d'Alsace, comte de Flandre.

1184. Ego Elyenor, Dei gratia comitissa Bellimontis et heres Viromandie. Universis fidelibus, tam presentibus quam futuris, in perpetuum ad universam noticiam volo pervenire, quod illustris comes Flandrie, Philippus, eo tempore quo Viromandiam, que ad me, jure patris hereditario pertinet, in manu sua tenebat, assensu et voluntate mea, dedit in elemosinam viris religiosis in monasterio Ursicampi Deo servientibus, totam terram arabilem de Waescurt et mansum ejusdem loci, cum omnibus appendiciis suis, excepto censu, ut ea perpetua pace et libertate possideant. Dedit autem pro animabus patris et matris hanc elemosinam, simulque pro anima uxoris sue, so-

(1) *Prioratus hospitalarius Sancti Michaëlis apud Crispeium, virginum ordinis Sancti Augustini.* (Hospitalières de Saint-Michel.)

Alienor comitissa Valesia et vir ejus Matthæus comes de Bellemonte, seculo XII extruxerant et dotaverant ecclesiam, seu capellam hospitalem in honorem Sancti Michaëlis, juxta publicam pauperum domum, intra fines ecclesiæ Sancti Thomæ; qua de re conquerentes hujus ecclesiæ canonicos, beneficiumque ejusdem ecclesiæ reclamantes, Henricus Silvanectensis episcopus anno 1184 ita conciliavit cum comitissa, etc.

(Gall. Christ. T. X, col. 1525.)

roris mee, comitisse Elizabeth, et mea, nec non pro animabus Mathei, comitis Bellimontis, mariti mei, Henrici quoque, junioris regis Anglie, consanguinei mei, et maritorum, quos prius habui, sed et omnium antecessorum meorum, ut hujus beneficii fructum percipiant sempiternum Ut autem hujus elemosinam liberalis et pia largitio fratribus inconcussa permaneat, eam scripto commendari volui, et presentem paginam, tam sigilli mei impressione, quam testium subscriptorum assertione muniri. Signum Quintini, capellani mei; S. Petri de Vallibus, dapiferi mei; S. Arnulfi, buticularii mei; S. Gaufridi de Nigella et Hugonis, monachorum Ursicampi, et Warini, conversi.

Actum hoc in presentia venerabilis Rainoldi, Noviomensis episcopi, anno Verbi Incarnati, millesimo, C LXXXIIII, Guidone, tunc temporis abbate Ursicampi.

(B. I. *Collection des chartres*, *cotée CC.*, *boite 72. Copies de Dom Grenier.*)

LX.

Confirmation par Philippe-Auguste d'une donation faite par Éléonore de Vermandois, comtesse de Beaumont, à Robert de Chartres, de cinq arpents et demi de vignes, situés à Paris, sur le territoire de Saint-Étienne-des-Grés.

In nomine Sancte et individue Trinitatis, amen.

Philippus, Dei gratia Francorum rex. Noverint universi presentes pariter et futuri, quoniam 1185.
Elianor, comitissa Bellimontis, filia comitis Radulphi, intuitu servitii quod Robertus de Carnoto ipsi impenderat, dedit eidem Roberto suisque heredibus, imperpetuum habendos, quinque arpentos vinearum et dimidium, sitos Parisius apud Sanctum-Stephanum (1), qui fuerunt comitis Radulphi, patris sui. Nos autem, ad peticionem Elyanor predicte, vineas illas Roberto et heredibus suis confirmamus et guarantiandas concedimus. Quod ut perpetuam et inconcussam sortiatur firmitatem, presentem cartam sigilli nostri auctoritate et regii nominis karactere subtus annotato, communivimus.

Actum apud Fontem Bleaudi, anno ab incarnacione Domini, M.° C.° LXXX.° quinto. Regni nostri anno sexto. Astantibus in palatio nostro quorum nomina supposita sunt et signa:

S. comitis Theobaldi, dapiferi nostri; S. Guidonis, buticularii; S. Mathei, camerarii. S. Radulphi, constabularii.

Data va (monogramme / can) te cancellaria.

(A. I. *Carton K. 26*, *pièce*, *n.° 7.*) Orig. parch., sceau détruit.

LXI.

Don d'un usage de bois dans la forêt de Rets, fait par Éléonore de Vermandois, à Saint-Arnoul de Crépi.

Ego Alienor, Sancti-Quintini comitissa, et domina Valesie (2), tam futuris quam presentibus 1187.

(1) Saint Etienne-des-Grés.

(2) Elle ne prend pas ici la qualité de comtesse de Beaumont, parce qu'il s'agit d'une donation qu'elle fait comme dame du Valois.

notum esse volo, quod pro Dei amore et anime mee remedio, et pro animabus patris et matris mee, et pro animabus predecessorum meorum, dedi et perpetuo in omni libertate possidendum concessi ecclesie Beati-Arnulfi de Crispeio (1), in qua pater meus et mater mea tumulati quiescunt, singulis diebus unam ligatam lignorum per totam forestam de Reth, preter in silvam (2), accipiendam in usus monachorum in eadem ecclesia Deo servientium ; de mortuo scilicet boscho, seu de branchiis sive residuis. Quod ut ratum sit et inconvulsum perseveret, presentem cartam sigilli mei munimine et subter scriptorum testimonio roborari precepi. Signum Petri, decani Sancti-Thome ; S. Philippi de Nantholio ; S. Guidonis, fratris ejus ; S. Bartholomei de Thoiry ; S. Bartholomei, filii ejus ; S. Arnulfi Bugari ; S. Johannis, filii ejus ; S. Auberti de Faiel ; S. Petri de Valz (3) ; S. Stephani de Bonolio ; S. Renardi, prepositi.

Actum est hoc anno incarnati verbi, millesimo, centesimo, octogesimo septimo, regnante Philippo Francorum rege.

(A. I. *Carton* 185, *pièce n.°* 48.) Copie moderne sur papier.

Cette charte se trouve aussi au Cartulaire de Philippe-Auguste (B. I. *Cod. reg.* 9852 [3] fol. 119 v.°): cependant je la donne sur la copie, parce qu'elle contient les noms des témoins qui ne sont point au cartulaire. Cette charte a été imprimée dans l'*Amplissima collectio. etc.*, Tom. 1er, p. 974, et dans le *Gall. chr.* Tom. X, col. 223.

LXII.

Mathieu III, comte de Beaumont, et la comtesse Éléonore de Vermandois, sa femme, concèdent aux moines de l'abbaye de Longpont, la libre jouissance des terres qu'ils avaient défrichées, divers usages dans leurs forêts seigneuriales, et les tiennent quittes d'une redevance annuelle de cinq muids de froment.

1188. Cum, quod juste ab antecessoribus concessum atque sancitum, a successoribus eorumdem violari non possit, res gestas scriptis signare antiquorum patrum decrevit auctoritas. Ego igitur Matheus, comes Bellimontis et dominus Valesie, et ego Elienor, comitissa Bellimontis, legitima progenitorum meorum successione heres et domina Valesie, antiquorum patrum morem subsequuti, notum facimus moderne ac successure generationi, quod nos, religiosis patribus in monasterio de Longo-Ponte (4) divino mancipatis servicio pium prebentes auditum, concessimus in elemosinam, pro animabus antecessorum nostrorum, et pro remissione omnium peccatorum nos-

(1) Ce fut d'abord une collégiale fondée dans le château de Crépi par Raoul 1.er, seigneur de Crépi, l'an 949. Elle fut rebâtie par son fils Gautier II, comte de Valois, qui y mit des moines de l'ordre de Saint-Benoit, vers l'an 1006.

(2) *Forestam de Rest, preter in silvam.* (Var. du Cart.) On rencontre assez fréquemment dans les chartes de cette époque cette distinction établie entre *foresta*, bois de haute futaie, et *silva*, bois taillis.

(3) Pierre de Vaux. On a vu dans la charte de 1184, qu'il était sénéchal de la comtesse. C'était un chevalier du comté de Beaumont.

(4) Longpont, abbaye des Bernardins, filiation de Citeaux, au diocèse de Soissons, dans le Valois, sur la lisière de Villers-Cotterets. Elle fut fondée en 1132 par Richard de Cherisy, de la maison des seigneurs de Pierrefonds. Raoul IV, comte de Crépi, pour se racheter d'une excommunication qu'il avait encourue à cause de son divorce, construisit l'église et le monastère, en 1143

trorum, ut ipsi, novalia (1) que a morte comitis Radulfi, senioris (2), in feodis et forestis meis fecerunt, in bona pace habeant, libere et absque calumpnia, a modo et usque in sempiternum habeant, et usuagium foreste ad pascua animalium sicut tempore comitis Radulfi comitis (*sic*) habuerunt. Concessimus etiam eis de mortuo nemore quantum eis necesse fuerit ad usus suos. Predicta siquidem ecclesia habet nemora sua in foresta nostra, que non licet fratribus neque extirpare, neque dare, neque vendere, neque in eis novalia facere, sine assensu et licentia nostra, neque nos similiter possumus ibi quicquam facere sine assensu eorum. In quibus tamen fratres possunt accipere rationabiliter de vivo nemore quod necesse fuerit ad usus ecclesie. Et quoniam plurimum confidimus in orationibus, firmum prohibemus ne quis successorum nostrorum super hoc ecclesiam gravare intendat, nec quis servientium nostrorum, fratribus in aliquo molestus existat. Sed si neccesse habuerant, pro Dei amore et nostro, consilium suum et auxilium, quod honori nostro attinet, illis devotissime impendat. Preterea remittimus illis quinque modios frumenti, ad magnum modium, quos nobis tota vita nostra se daturos promiserant. Quod [ne] beneficiorum nostrorum oblivione deleatur, nec a posteris nostris aliquando infringatur, presentium litterarum monimento volumus commendari, testiumque subscriptorum attestatione volumus confirmari. Testes sunt : Th. de Moranglia ; Petrus de Vallibus ; Bartholomeus de Toiri ; Arnulfus burgarius.

Anno Domini M.° C.° LXXX.° VIII.°

(B. I. *Cartul. de Philippe-Auguste*, *Cod. reg.* 9852, fol. 119.)

LXIII.

Mathieu III, comte de Beaumont, confirme, comme seigneur du Valois, un don annuel d'un muid de blé, fait aux religieuses de Villarseau.

Ad noticiam tam presentium quam futurorum scripto commendamus, quod moniales Vilacellarii (3), in molendino de Spina unum modium bladi hiemalis habebant ; ego autem Matheus, Bellimontis comes, Valesii dominus, nolens disturbare elemosinam illam quam habuerunt illi qui ante me molendinum jam dictum tenuerunt, volo et concedo ut de cetero predicte moniales in eodem molendino jam sepedicto, modium hibraïcum bladi, singulis annis, mense augusti accipiant. 1190.

Quod ut ratum et firmum teneatur et inconvulsum permaneat, testes apponimus : Theobaldum de Moranglia ; Theobaldum de Campaniis ; Theobaldum de la Boissiere ; Paganum de Praeriis ; Hugonem de Lug ; Girardum, capellanum ; Hugonem, camerarium ; et presentem paginam sigilli mei impressione muniri feci.

Actum est hoc anno ab incarnatione domini 1190.

(B. I. *Cartulaire de Royaumont. Anc. f.° n.°* 5472, *p.* 104.)

(1) *Novalia que.. fecerunt*, les défrichements.

(2) Raoul IV, comte de Crépi.

(3) Il y a un Villerseau ou Villarseau, en Valois, dans la prévôté de Pierrefonds : Carlier ne dit pas qu'il y eut des religieux.

LXIV.

Accord entre Philippe-Auguste et Éléonore de Vermandois, touchant la succession du Vermandois et du Valois.

1191. In nomine Sancte et individue Trinitatis, amen. Philippus, Dei gratia Francorum rex. Noverint universi presentes pariter et futuri, quoniam Alienordis, comitissa Bellimontis, fecit nobiscum firmam pacem de Viromanno et Vallesio, assensu et laude comitis, mariti sui, in hunc modum :

Comitisse remanet Vallesium et quicquid ad ipsum pertinet in feodo et dominio, et Chauniacum (1) cum pertinenciis suis in feodo et dominio, et Reisons (2) cum pertinenciis suis in feodo et dominio, et Laciniacum (3) cum pertinenciis suis in feodo et dominio, et Sanctus-Quintinus cum pertinenciis suis in feodo et dominio, et Ribemont (4) cum pertinenciis suis in feodo et dominio, et Origniacum (5) cum tali jure quale comes Radulfus (6) in ipso habuit et comes Flandrie (7), et ducente libre denariorum nigrorum apud Roiam singulis annis, et quinquaginta marce argenti ad pondus Trecense singulis annis apud Peronam.

Hec autem omnia supradicta tenet ipsa, et comes, a nobis ligie, in feodo, et hec debemus garantizare ei adversus omnes homines et feminas in eo statu et pace in qua nos tenebamus ea, et nos confirmamus helemosinas quas ipsa fecit ; et de terra supradicta poterit comitissa dare in helemosinam usque ad centum libratas reddituum parisiensis monete. Si vero ipsa intraret religionem, haberet trecentas libratas parisiensis monete de redditibus in terra supradicta, preter alias centum libras, et hec trecente libre revenient ad nos, cum alia terra quam tenet, quando morietur.

Hec autem omnia supranominata, Viromannum scilicet, et Vallesium, et Chauniacum, cum pertinenciis suis in feodo et dominio, et Laciniacum cum pertinenciis suis in feodo et dominio, et Sanctus-Quintinus cum pertinenciis suis in feodo et dominio, et Ribemont cum pertinenciis suis in feodo et dominio, et Origniacum cum tali jure quale comes Radulfus in ipso habuit et comes Flandrie, ad nos revenient si contigerit ipsam mori sine herede ex carne sua, filio vel filia.

Preterea ipsa quitat nobis pro tredecim milibus libris, et pro nostro racheto, totam aliam terram quam nos tenemus modo sicut comes Radulfus eam tenebat et Philippus comes Flandrie, scilicet, Peronam cum pertinenciis suis in feodo et dominio, et Roïam cum pertinenciis suis in feodo et dominio, et Montisdesiderum cum pertinenciis suis in feodo et dominio, et totam aliam terram quam nos habemus in Viromanno, preter terram supranominatam quam comitissa habet. Et ipsa quittat nobis totam comitivam Ambianesii cum pertinenciis suis in feodo et dominio, hoc modo, quod si nos moreremur sine herede, filio vel filia ex uxore nostra disponsata, terra supradicta rediret libere et quiete ad comitissam vel ad heredem suum, filium vel filiam ex marito suo, absque pignore et racheto.

Quod ut perpetuum obtineat stabilitatem, sigilli nostri auctoritate et regii nominis caractere inferius annotato, presentem paginam precepimus confirmari.

(1) Chauny, près de Noyon.

(2) Ressons-sur-Matz, près de Montdidier.

(3) Lassigny, près de Montdidier.

(4) Ribemont, près de Saint-Quentin.

(5) Origny Sainte-Benoite, entre Saint-Quentin et Guise.

(6) Raoul IV, comte de Vermandois, qualifié de comte de Péronne dans la charte de 1184.

(7) Philippe d'Alsace, mari d'Elisabeth, fille de Raoul IV.

Actum Parisius, anno ab incarnatione Domini M.° C.° nonagesimo primo (1), regni nostri anno terciodecimo. Astantibus in palatio nostro quorum nomina supposita sunt et signa.

Dapifero nullo, signum Guidonis, buticularii; S. Mathei, camerarii; Constabulario nullo.

Data vacante cancellaria.

(A. I. *Supplément du Trésor des Chartes. Carton J.*, 1044, *pièce* 1.) Orig. parch. avec un fragment du sceau en cire jaune sur lanières de cuir blanc.

LXV.

La comtesse Éléonore donne à l'abbaye de Valseri, une rente de deux muids de blé, à prendre sur la grange de Villers-Cotterets.

In nomine Sancte et individue Trinitatis, amen.

Ego Elienor, comitissa Sancti Quintini et dominia Valesie. Notum facio tam presentibus quam 1194.
futuris, quod pro remedio anime mee et antecessorum meorum, dedi ecclesie beate Marie Vallis-Serene, ad elemosinam perpetuo possidendam, duos modios frumenti, singulis annis in grangia de Vilers-Colderest, in festo Sancti Remigii, accipiendos. Hoc siquidem modo, quod ecclesia prenominata post decessum meum, annuatim, anniversarium meum celebrabit, quamdiu vero vixero, pro anima matris mee, singulis annis, anniversarium faciet. In die autem anniversarii mei, similiter et matris mee, conventus ejusdem ecclesie habebit pitanciam de elemosina prenominata.

Quod ut ratum permaneat, sigilli mei impressione et testium subscriptorum annotatione roborari feci. S. Petri, decani Sancti-Thome; S. Drogonis, clerici mei; S. Barthomei de Thori; S. Stephani de Bonolio; S. Reinaldi, propositi mei; S. Ugonis de Berini. Actum anno Domini incarnationis millesimo centesimo nonagesimo quarto, regnante Philippo rege.

(A. I. *Trésor des Chartes*, *carton* J. 163, *Valois* 1, n.° 1.) Orig. parch., scellé du sceau de la comtesse Eléonore. Elle y est représentée debout, vue de face, coiffée en cheveux; la droite appuyée sur la hanche et tenant un oiseau sur le poing gauche. Légende : SIGILLVM ELIONORE COMITISSE SCI QVINTINI ET VALESIE. Au contre-sceau un écu en cœur, chargé d'un lion. Légende : SECRETVM ELIENOR.

LXVI.

La charte aumônière de la comtesse Éléonore.

In nomine Sancte et individue Trinitatis, amen. Ego Elyenor, comitissa Sancti-Quintini, filia Radulphi comitis Perone, domina et heres Valesie. Notum fieri volo tam presentibus quam successuris, me granchiam meam de Fenix (2) et totam terram arabilem cum omnibus appenditiis, suis, ecclesie Longi-Prati (4) in elemosinam dedisse, in qua granchia, in constructione ejusdem ec-

(1) C'est l'année de la mort de Philippe d'Alsace, comte de Flandre de son chef, et de Vermandois par sa femme Elisabeth.

(2) D'après Carlier ce serait *Feigneux*.

(4) Longpré, près Villers-Cotterets, prieuré de l'ordre de Fontevrault.

clesie, prout alibi in illius scripto continetur autentico, quinquaginta modios frumenti, diu ante pacem factam inter me et Philippum regem Francie de terra Viromandie, pro salute anime mee et predecessorum meorum fratribus ibidem Deo famulantibus in perpetuum recipiendos erogaveram, deinde viginti modios segetis in molendino de Veyo (1) singulis annis inter festa Sancti Remigii et Pascha recepturos, cum vivario ejusdem ville, usagium vero ad edificandum et comburrendum in tota foresta de Rest, excepta silva (2), ad edificandum, de vivo, ad comburendum vero, de mortuo bosco, vel de residuis, sive de branchiis ; panes quoque consuetudinum de Bermiaco, panesque et cannam (3) de Marolio et Choy (4) et panes de Haramonte et de Lergni (5), prenominate dedi et concessi ecclesie.

De cetero ecclesie Longi-Pontis (6) dedi in elemosinam in perpetuum, decem modios segetis ad molendinum de Lerni.

Valli-Serene (7), duos modios in granchia de Vilers.

Loco-Restaurato (8), duos modios in granchia de Bernigniaco.

Ecclesie Beate-Genovefe Parisiensis, duos modios ad molendinum de Choy.

Sancto-Vedasto (9), vivarium quod est prope.

Sancto-Wignelio (10), unum modium in granchia de Firmitate.

Leprosis de Firmitate (11), pratum meum de eodem castro et duos modios segetis in granchia de Marolio, et quadrigatam lignorum in hebdomada.

Leprosis de Huillion (12), duos modios ibidem, et quadrigatam lignorum in hebdomada.

Colonnaciis (13), duos modios frumenti et quinque avene quos eadem ecclesia mihi debebat singulis annis apud Anthilliacum (14) de granchia sua et de terragio triginta trium arpentorum terre.

Leprosis de Crispiaco, duos modios ad molendinum de Crespi.

Hospitali Domus-Dei de Sancto Thoma, quinque modios ad molendinum de Crespi.

Ecclesie Sancti Thome, quinque modios ad molendinum de Crespy, et duobus diebus piscariam in vivario de Anthily.

Ecclesie Sancti Arnulphi, tres modios ad molendinum de Crespi, et duobus diebus piscariam in vivario Pontis-Rotundi.

Sanctimonialibus de Morgnenval (15), duos modios ad molendinum de Morgnenval.

Leprosis de Morgnenval, duos modios ad eumdem molendinum.

Sancte Agathe de Crespi (16), unum modium ad molendinum de Diuri (17).

Monachis de Villers (18), unum modium in granchia de Villers.

(1) *De Veyo*. Vyez d'après Carlier.

(2) *Excepta silva*, à l'exception du bois taillis.

(3) *Et cannam*, dans la confirmation de Philippe-Auguste, qui suit, on lit *cannabum* ; leçon préférable.

(4) Bargny, Mareuil, Chouy.

(5) Haramont, Largny.

(6) L'abbaye de Longpont, de l'ordre de Citeaux, au diocèse de Soissons.

(7) L'abbaye de Valseri, en Valois, au diocèse de Soissons.

(8) Lieu-restauré, abbaye de l'ordre de Prémontré, au diocèse de Soissons.

(9) Saint Waast, près La Ferté-Milon.

(10) Peut-être Sancti Wulgis, fief à Haute-Avesne.

(11) Maladrerie de la Ferté-Milon.

(12) Maladrerie de Houillon, près Mareuil-la-Ferté.

(13) Collinances, prieuré de l'ordre de Fontevrault.

(14) Anthilly, près Collinances, dans la chatellenie de Crépi.

(15) Mornienval, dans la chatellenie de Crépi.

(16) Prieuré.

(17) Peut-être Duvy près Crépi.

(18) C'est le prieuré de Saint-Georges de Villers-Cotterets.

Sancto Leonorio (1), unum modium.

Leprosis de Chambeli (2), duos modios.

Sanctimonialibus de Borreat (3), duos modios; isti quinque modii ad molendinum de Crispeio accipientur.

Templo, decem libras parisienses.

Hospitali, similiter decem libras, ad pedagium Crispeii.

Et canonicis ecclesie Beate-Marie Parisius, tale jus in Viriaco villa quale tempore Radulphi comitis, patris mei, in illa habuerunt, ut singulis annis anniversarium meum faciant, habere concedo.

Ecclesie de Fontanis, sexaginta solidos fortium, ad theloneum de Firmitate-Milonis.

Ecclesie de Charmo, sexaginta solidos fortium, ibidem.

Noefort (4), viginti solidos parisienses, ad predictum Tholoneum.

Hospitali de Firmitate, sex modios frumenti, ad modium Valesie, in granchia de Firmitate.

Ecclesie Sancte-Marie de Chalni, et Sancti Eligii-Fontis (5), viginti solidos parisienses, ad duodenas Calviaci (*sic*).

Sanctimonialibus de Rouvez (6), viginti solidos parisienses, ad duodenas Calviaci.

Canonicis Sancti-Quintini Viromandensis, sexaginta solidos parisienses, ad mensas, pro anniversario meo, ita quod nullus canonicorum inde aliquid habebit nisi qui interfuerunt officio anniversarii mei.

Monialibus Sancti-Johannis-in-Nemore (7), unum modium, ad molendinum de Morgnenval.

Item, hospitali de Firmitate, quatuor quadrigatas lignorum in una quaque hebdomada. Sciendum vero quod omnes ecclesie prenominate anniversarium meum, post meum decessum, annuatim celebrabunt, et quandiu vixero, pro anima matris mee, singulis annis anniversarium facient; in die autem anniversarii mei, omnes predicte ecclesie habebunt pitanciam de pretaxata elemosina. Omnes elemosine iste facte sunt super centum libras parisienses quas, assensu domini regis, poteram dare, et omnes a festo Sancti Remigii usque ad Natale persolventur, exceptis redditus Longi-prati, qui, sicut supra scriptum est, reddentur. Quod ut ratum sit, sigilli mei caractere muniri, et subscriptorum testium annotatione feci corroborari. Et sciendum est, quod quatuor quadrigate boscorum, quas dedi hospitali de Firmitate, sunt de mortuo bosco, vel de residuis, vel de branchiis, in foresta de Rest.

Testes autem sunt : Domina Ala, regina Francie; Theobaldus de Mausni, Druandus, milites regine; Martinus, abbas Loci-Restaurati; Galfridus, prior Sancti-Arnulphi; Petrus, decanus Sancti-Thome; frater Abelinus; Willelmus de Firmitate; Ricardus, capellanus; magister Hetelinus Lebertus; Drogo, clericus noster; Philippus de Crespi; Radulphus Tartus (8); Bartholomeus de Thoiri; Arnulphus Bugarus (9); Robertus de Nuelli; Stephanus de Benolio; Petrus de Vaus; Gilbertus de Coilgloles; Theobaldus de Seri; Ragonellus; Lambertus de Valle; Guiardus, cel-

(1) Le prieuré de Saint-Léonor dans le château de Beaumont-sur-Oise.

(2) La maladrerie de Chambli.

(3) Le prieuré de Boran.

(4) Noefort, canton de Saint-Pathus, près Dammartin.

(5) Chauny et Saint Eloy-aux-Fontaines.

(6) Peut-être Rouvres sous Dammartin.

(7) Saint-Jean-aux-Bois, dans la forêt de Compiègne.

(8) « La comtesse Eléonore nomme Raoul-le-Turc, dans sa charte aumonière, comme le principal officier auquel elle avait confié la défense de son château de la Ferté-Milon. »

(Carlier, hist. du Val. Tom. 1.er, p. 373.)

(9) *Arnoldus Bulgarus* (dans Carlier) le burgare ou le bougre, qui commandait au bourg de Crépi.

larius ; Guido de Brema ; Renaldus, coqus ; Hubertus Garinus ; Johannes de Camera ; Robertus, camerarius.

Actum est hoc anno verbi incarnati millesimo centesimo nonagesimo quarto.

(A. I. *Carton K.* 185, *pièce* 54.) Copie de 1748, sur papier

LXVII.

Confirmation par Philippe-Auguste de la charte précédente.

1195. In nomine Sancte, etc. Philippus, Dei gratia Francorum rex. Noverint, etc. Quod Elyennordis, comitissa Sancti-Quinti et domina Valesie, granchiam suam de Fenix et totam terram arabilem qui ad eandem granchiam pertinet, et campipartem XIIII arpentorum que pertinent ad ecclesiam, Longi-pratis ecclesie in elemosinam dedit. In qua granchia, in constitucione ejusdem ecclesie, prout alibi in scripto comitisse continetur autentico, L modios frumenti, diu ante pacem factam inter nos et comitissa de terra Viromandie (1), pro salute anime sue et predecessorum suorum, ibidem Deo famulantibus in perpetuum percipiendos erogavit. Deinceps eidem ecclesie dedit XX modios segetis in molendino de Veio, annuatim inter festum Sancti Remigii et Pascha percipiendos, cum vivario ejusdem ville. Preterea usuarium per totam forestam de Rest, ad edificandum, de vivo bosco, ad comburendum, de mortuo, vel de residuis sive branchiis, excepta silva ; panes quoque consuetudinum de Betigniaco, panesque et cannabum de Marolio et de Cohi, et panes de Haramonte et de Lergni, prenominate in perpetuum dedit ecclesie et concessit. Item, eidem ecclesie Longi-Pontis dedit in perpetuam elemosinam decem modios segetis in molendino de Lergni. Vallis-Serene, duos medios segetis in grangia de Villers. Loco-Restaurato, duos modios segetis in grangia de Betegniaco. Ecclesie beate Genovefe Parisiensis, duos modios segetis ad molendium de Choi, et panes de Haramonte et de Lergni, in granchia de Firmitate. Leprosis de Firmitate, tres arpentos prati juxta eorumdem domum, et duos modios segetis in granchia de Marolio, et unam quadrigam ligni singulis ebdomadibus de mortuo nemore, sive de residuis vel branchis. Leprosis de Hollou, duos modios segetis in eadem granchia, et unam quadrigam lignorum singulis ebdomadibus de mortuo nemore, sive de residuis vel de branchis. Ecclesie de Colonanciis, duos modios segetis et quinque modios avene, quos eadem ecclesia debebat comitisse singulis annis apud Antilliac, de granchia sua et terragio suo XXXIII arpentorum terre. Leprosis de Crespi, hospitali Domus-Dei de Sancto-Thoma, quinque modios segetis ad molendinum de Crespi, et piscariam in vivario de Antelli per duos dies, annuatim in anniversario suo. Ecclesie Sancti-Arnulfi de Crispiaco, tres modios segetis ad molendinum de Crespiaco, et piscariam in vivario Pontis-Rotondi annuatim per duos dies in anniversario suo. Monialibus de Mornenvalle, duos modios segetis ad molendinum de Mornenvalle. Monialibus Sancti-Johannis-de-Nemore, unum modium segetis ad molendinum de Mornenvalle. Sancte-Agathe de Crispiaco, unum modium segetis ad molendinum de Vilers. Item, Sancto-Leonorio de Bellomonte, unum modium segetis, ad molendinum de Crespi. Leprosis de Chambli, duos modios segetis, ibidem. Monialibus de Bosreno, duos modios segetis, ibidem. Item, hospitalitati de Firmitate, sex modios frumenti in grangia de Firmitate, et quatuor quadrigatas lignorum singulis ebdomadibus de mortuo nemore, sive de residuis sive de branchis. Et sciendum quod supra-

(1) Cet accord est de l'an 1191.

dicti modii, tam segetis, quam avene, tam apud Firmitatem, quam alibi, ad mensuram de Crispiaco reddentur.

Item, in perpetuum dedit comitissa: Templo, decem lib. par., annuatim in pedagio de Crespi. Hospitali, decem lib. par. ibidem. Ecclesie de Noefort, xx s. p. annuatim in teloneo de Firmitate-Milon. Ecclesie de Fontanis, LXª sol. fortium, annuatim ibidem. Ecclesie de Charmo, LXª sol. fortium, ibidem. Item, ecclesie beate Marie de Chauni, et Sancti-Eligii-Fonte, xx sol. par. annuatim in duodenis de Chauni. Monianibus de Roviez, xx sol. par. annuatim in duodenis de Chauni. Canonicis beati Quintini Viromandensis, LXª sol. par. annuatim, ad tabulas ejusdem ville, pro anniversario comitisse.

Item, elemosine reddentur annuatim a festo Sancti Remigii usque ad Natale, exceptis redditibus Longi-Prati, qui sicut supradictum est, reddentur. Et sciendum quod omnes ecclesie prenominate annuatim anniversarium comitisse post ipsius decessum celebrabunt; et quamdiu comitessa vixerit, singulis annis pro anima matris sue anniversarium facient. In die anniversarii comitisse, omnes predicte ecclesie habebunt pitancia de pretaxata elemosina.

Item, ecclesie beate Marie Parisiensis, tale jus in Viriaco villa, quale tempore comitis Radulfi patris sui in villa habuit, ut canonici ejusdem ecclesie singulis annis anniversarium ejus faciant, habendum concedit.

Que omnia concedimus. Ut autem ista omnia in perpetuum inconvulsa permaneant, presentem cartam sigilli nostri auctoritate et regii nominis caractere annotato inferius, communivimus.

Actum Parisius, anno Domini M.° C.° nonagesimo quinto, regni nostri anno sexto-decimo. Astantibus, etc. Data vacante cancellaria.

(B. I. *Cartul. de Philippe-Auguste*, *cod. reg.* 9852, fol. 120.)

LXVIII.

La comtesse Éléonore donne au prieuré de Boran, deux muids de blé, à prendre chaque année sur ses moulins de Crépi.

In nomine Sancte et individue Trinitatis. Ego Elyenor, comitissa Sancti Quintini et domina Va- 119.
lesie, notum facio omnibus ad quos presentes littere pervenerint, quod pro anime mee et antecessorum meorum remedio, sanctimonialibus de Borrenc dedi et concessi in perpetuam elemosinam duos modios segetis ad modium Crispiacensem, in molendinis meis de Crispiaco, inter festum Sancti Remigii et Natale Domini annuatim percipiendos. Predicte vero sanctimoniales, quamdiu vixero, anniversarium matris mee in ecclesia sua facient singulis annis, et post decessum meum, anniversarium meum celebrabunt; et in die anniversarii habebunt pictanciam de dicta elemosina. Quod ut ratum sit et incussum, presentem paginam sigilli mei appositione, et testium annotatione corroborare precepi. Testes sunt, Petrus, decanus Sancti-Thome de Crispiaco; Droco, clericus meus; Petrus de Vaus; Stephanus de Broncho; Theobaldus de Seri, milites mei. Actum Parisius, anno dominice incarnationis, millesimo centesimo nonagesimo quinto, mense decembri.

(A. I. *Carton K.* 185, *pièce* 55.) Copie sur pap. de 1748

LXIX.

La comtesse Éléonore confirme un accord entre le prieuré de Saint-Martin-des-Champs et Barthelémy de Largny, au sujet de la dîme de Largny.

Carta comitisse Sancti-Quintini super decima quadam et censu de Lergni.

1197. Elienor, comitissa Sancti-Quintini et domina Valesie, omnibus imperpetuum. Universitati vestre notum facimus, quod cum controversia diu verteretur inter monachos Sancti-Martini de Campis et Bartholomeum de Lergni et fratres ejus, Wibaudum et Hervicum (*sic*), super decima de Lergni (1) et censibus quos ipsi monachi tenent in eadem villa, sic tandem impresentia nostra terminata est : Ita quidem, quod predictus Bartholomeus et fratres ejus, Wibaudus et Henricus (*sic*), predictis monachis quitaverunt quicquid in prefata decima et censibus de Lergni reclamabant. Et ut pax ista firmius in posterum teneatur, prefatus Bartholomeus et fratres ejus, W. et H., fidei data cautione, plegios constituerunt Hugonem, militem de Walu, et Galterum, militem de Pisseliu, et Odonem de Pisseleu, et, ad ultimum, Johannem de Noe. Ita quod ipse Johannes decem libras solvet ipsis monachis si, tociens nominatus Bartholomeus, et fratres ejus Wibaudus et H., ab hac pace tenenda vellent resilire. Ad majorem igitur hujus pacis confirmationem, prefatam decimam de Lergni et census, auctoritate nostra ipsis monachis confirmamus, et presens scriptum sigilli nostri munimine communimus. Actum anno incarnationis dominice, M.° C.° nonagesimo VII.°

(A. I. *Cartulaire de Saint-Martin-des-Champs.* *L.* 128, fol. 111 v.°)

LXX.

Fondation de l'abbaye du Parc-aux-Dames par la comtesse Éléonore.

1205. Ego Alienor, comitissa Sancti-Quintini et domina Valesii, omnibus præsentes literas inspecturis notum facio, quod ego pro remedio animæ meæ et animarum antecessorum meorum confero et concedo ecclesiæ beatæ Mariæ de Parco, quam de novo a fundamentis ædificavi, et sanctimonialibus inibi Deo servientibus locum ipsum in quo idem monasterium constructum est, circiter duas carrugatas terræ continentem, cum omnibus appenditiis suis, terris, aquis, pratis et nemoribus, et quantum mea interest, firma atque stabili dictum manasterium communio libertate. Quod ut ratum et inconcussum in perpetuum perseveret, præsentes literas sigilli mei auctoritate confirmo. Actum anno gratiæ M. CC. V. (*Sigillatum integro sigillo cum cordulis sericis flavidi coloris et impressione figuræ dominæ seu comitissæ.*)

(*Gall. Christ.*, t. X, pr., p. 226.)

LXXI.

Donation de Philippe de Crépi à l'abbaye du Parc-aux-Dames, de cent sous de revenu sur le tonlieu de la Ferté-Milon.

1209. Ego Philippus de Crispiaco et dominus Nantolii. Notum facio tam presentibus quam futuris, quod

(1) Largny, en Valois, au diocèse de Senlis.

ego assensu et voluntate Adeline, uxoris mee, pro remedio animarum nostrarum et antecessorum nostrorum, ecclesie de Parco juxta Bovillam, in perpetuam elemosinam dedi centum solidos monete currentis in castello Firmitatis-Milonis, ad theloneum Firmitatis assignatos, et in Nativitate Sancti Johannis-Baptiste annuatim recipiendos, quos de domina mea Alienor, comitissa Viromandorum et domina Valesii, in feodum tenebam. Quod ut ratum et inconcussum permaneat, presentem paginam sigilli mei appositione feci communiri. Actum anno Domini, millesimo ducentesimo nono.

(A. I. *Carton K.* 185, n.° 65.) Copie moderne sur papier.

LXXII.

Confirmation de la donation précédente par la comtesse Éléonore.

Ego Alienor, comitissa Sancti-Quintini et domina Valesii. Notum facio tam presentibus quam 1209.
futuris, quod Philippus de Crispiaco et dominus Nantolii, ecclesie de Parco, quam fundavi, in elemosinam perpetuam, assensu et voluntate mea, dedit centum solidos monete currentis in castello Firmitatis-Milonis, quos de me in feodum tenebat ad theloneum ejusdem castelli assignatos et in Nativitate Sancti Johannis-Baptiste annuatim recipiendos. Quod ut ratum sit et inconcussum, ad ipsius Philippi petitionem, presentem paginam sigilli mei appositione feci confirmari. Actum anno verbi incarnati, millesimo ducentesimo nono.

(*Ibid.* n.° 66.)

LXXIII.

Charte de Philippe-Auguste touchant les querelles de la comtesse Éléonore avec le chapitre de sa ville de Saint-Quentin.

Philippus, Dei gratia Francorum rex. Noverint universi presentes pariter et futuri, quod hec 1211.
sunt capitula que proposita sunt coram nobis super discordiis et querelis que erant inter comitissam Sancti-Quintini et capitulum Sancti-Quintini, super quibus pax reformata est in hunc modum.

Arbitratum fuit in curia nostra, quod si decanus et capitulum, de aliquo terreno vellent conquere ipsi comitisse, si capitulum vellet jus capere per comitissam, comitissa eis debet justiciam exhibere, et ipsi se, de hoc, debent justiciare per eam.

Item, si comitissa submonuerit decanum et capitulum pro aliquo, sufficere debet comitisse si decanus venerit ad submonitionem ipsius, cum litteris capituli, et cum tribus vel quatuor canonicis secum.

Item, si de serjanteriis antiquis quas ecclesia Sancti-Quintini habuit temporibus Radulphi et Philippi, quondam comitum Viromandie, ita statutum est, quod si ille qui serjanteriam tenuerit transtulerit se ad religionem, vel ita senex sit, vel impotens, quod suum non possit officium exercere, ille qui propinquior erit ei in genere, succedet ei, in eadem libertate in qua ille prius eam tenuerat, si tamen illam serjanteriam illi dimiserit, et ecclesia poterit eum justiciare sicut predecessorem suum, nec illum qui serjanteriam demiserit, poterit capitulum garantire aut defendere, nisi eum specialiter qui de ea tenens erit et saisitus.

De illis autem communibus servientibus qui serviunt canonicis in propriis personis sine alterius interpositione persone, puta de illis qui serviunt de pane faciendo, de furno calefaciendo, et de buticulariis, et de consimilibus ministrantibus, statutum est ut si fuerint de communia, non erunt immunes ab honore et missionibus communie, nisi in propriis personis servitium suum fecerint.

Item, si pro aliqua suborta querela inter capitulum et comitissam, petat sibi comitissa exhiberi privilegium ecclesie quod de illa querela faciat mentionem, capitulum debet ei ostendere, vel decanus, vel alius nomine capituli, jurare debet quod hujusmodi privilegium nesciunt se habere, nec dolo fecerunt quo minus haberent. Si autem comitissa probare poterit quod tale habeant vel habuerint privilegium, probationes ejus sunt audiende.

Item, de calice aureo de quo conquerebatur comitissa, respondit capitulum quod ipsum in massa conflatum vendidit et exinde bonos redditus emit, et quod adhuc lapides preciosos qui erant in illo habet repositos, et quod capitulum multociens obtulit ipsi comitisse quod si ipsa vellet loculum parare Beato Quintino levando, capitulum redderet, et ad hoc apponeret totum illud aurum et lapides memoratos. Super quo visum est nobis debere sufficere comitisse.

Item, ex parte comitisse propositum est quod burgenses Sancti-Quintini nullam debent emendam pro excommunicatione, nisi pectoris tunsionem et penitenciam. Hoc autem ita diffinivimus quod emendam debent pecuniariam, sicuti fit per totum regnum nostrum, nisi exinde possint se tueri privilegio domini pape, aut nostro.

Item, conquestus est decanus Sancti-Quintini quod comitissa, hominem excommunicatum per annum et diem nolebat compellere ad satisfactionem, et difinitum est a nobis, quod comitissa tenetur ad hoc, et inde potest levare suum forisfactum, si tamen ei decanus legitime ostenderit ipsum juste fuisse excommunicatum.

Item, super hoc quod comitissa petit, ut singuli canonici post investituram suam faciant fidelitatem comitisse, diffinivimus quod ipsa debet esse in possessione illius juris, quia decanus Sancti-Quintini et canonici qui presentes aderant cum eo, recognoverunt coram nobis quod P., decanus de Crispiaco, statim ut investitus fuit de prebenda Sancti-Quintini, requisitus a comitissa presente, ei fidelitatem juravit, decano et capitulo presentibus et non contradicentibus et ita consentientibus.

De querela vero que vertebatur inter decanum et capitulum Sancti-Quintini et comitissam, auctoritate apostolica, coram episcopo Meldensi et conjudicibus suis, decano et thesaurario Meldensibus, super eo quod comitissa dicebat neminem de vicecomitatu suo posse adquirere feodum hereditarium capituli, nisi salva justicia sua quam prius habebat in eodem homine manente in suo vicecomitatu, ita convenerunt inter se, quod Droco Ruffus, burgensis de vicecomitatu, quitavit capitulo feodum capituli quod acquisierat, et reversus est ad justiciam comitisse; et sic renuntiatum est liti a partibus, quantum ad predictum Droconum de quo suborta erat questio, salvo jure ecclesie Sancti-Quintini in posterum, et comitisse, quantum ad alios.

Nos igitur huic rei testimonium in posterum perhibentes, ad petitionem utriusque partis, presentem paginam sigilli nostri munimine precipimus roborari. Actum Parisius, anno incarnationis dominice, M.° CC.° undecimo, mense julio.

(A. I. *Trésor des Chartes*, *carton J.* 232, *pièce* 3.) Orig. parch. scellé en cire verte sur lacs de fil rouge. Cette charte est un chirographe. On lit au haut la partie inférieure des mots : *Cyrogaphum divisum*.

LXXIV.

Sentence arbitrale relative à une guerre survenue entre les bourgeois de Saint-Quentin et le chapitre de cette ville.

In nomine Patris et Filii et Spiritus Sancti, amen. Nos G., abbas Longipontis B. de Ronkeroles, 1213
archidiaconus Belvacensis, ab Alienor, comitissa Sancti-Quintini, ex una parte, D., decano, et capitulo, et R. de Sunvilla, et O. de Sancto-Symone, canonicis Sancti-Quintini, ex altera, electi, et magister R. de Remis, canonicus Parisiensis, et tercium a nobis de communi consensu parcium, prout inter partes convenerat, electus, ad querelas, que orte fuerant occasione puerorum, inter D., decanum et capitulum, et R. de Sunville, et O. de Sancto-Symone, canonicos Sancti-Quintini ex una parte, et burgenses Sancti-Quintini ex altera, dicto nostro decidendas, veritate diligenter inquisita, prout nobis bona fide visum fuit melius, et partes ostendere voluerunt, consideratis circunstanciis, de prudentum virorum consilio, dictas querelas per dictum nostrum decidimus in hunc modum.

Robertus Nasus-Catti (1) qui, tempore quo orte fuerunt prefate discordie, major erat ville Sancti-Quintini, ab omni publica amministratione ejusdem ville in perpetuum amoveatur, et ad dominum papam, cum litteris nostris factum continentibus, infra instans festum Omnium Sanctorum iter arripiat, penitenciam recepturus, ad nos litteras domini pape, vel ejus penitencialis, quod ibi fuerit et litteras nostras ostenderit, reportaturus. Jurati vero qui tempore orte discordie erant in villa Sancti-Quintini, ab omni publico officio illius ville in perpetuum abstineant, nisi de voluntate prefati capituli ad aliquod ex his predictis publicis officiis fuerint assumpti. Dicimus insuper quod Petrus, filius Johannis Musart, et Besarz, filius R. Chocart, infra festum Omnium Sanctorum ad dominum papam iter arripiant, cum litteris nostris factum continentibus, dignam penitenciam pro suo delicto recepturi, et ad nos sue absolutionis litteras reportaturi. Pro universitate vero tocius ville, duo ex eis, infra predictum terminum, cum litteris nostris factum continentibus, ad dominum papam mittantur, ad nos litteras domini pape, vel ejus penitencialis, quod ibi fuerint et litteras nostras ostenderint, reportaturi. Dicimus etiam, quod quocienscumque majores et jurati de novo instituentur, quilibet eorum in capitulo Sancti-Quintini jurabit quod manus violentas illicite non mittet in clericum, et tam clericos, quam res eorum sub potestate sua constitutas, pro posse suo, bona fide, manutenebunt secundum justiciam, et defendant. Dicimus insuper, quod major et jurati, et ceteri omnes qui villam exierunt post majorem, vel qui violentie facte clericis vel rebus eorum interfuerunt, a villa que dicitur Roocort, omnino nudi, preter bracas et camisiam, et discalciati, usque ad ecclesiam Sancti-Quintini venient, et ita in ecclesia Sancti-Quintini sacerdotibus se presentabunt, die scilicet instanti Assumptionis Beate Marie. Dicti vero R. de Aisunvilla et O. de Sancto-Symone, canonici Sancti-Quintini, ab instanti festo Sancti Petri-ad-Vincula in annum, ab ingressu ville Sancti-Quintini penitus abstinebunt, et infra festum proximum Omnium Sanctorum ad curiam Romanam iter arripiant, dignam penitenciam recepturi, et ad nos litteras domini pape, vel ejus penitencialis, quod ibi fuerint, reportaturi. Pro dampnis

(1) A partir d'ici, la pièce est imprimée dans Colliette. (*Mémoires pour servir à l'histoire du Vermandois*, II. p. 548.)

vero et injuriis et emendis, et expensis et aliis, que ex hac causa dicti decanus et capitulum, et R. et O. canonici Sancti-Quintini, petierunt vel petere poterunt a burgensibus, dicimus, bona fide, et volumus, quod dicta universitas burgensium septingentas libras parisiensium, infra octabas Pasce proximo venturas persolvat: quadringentas, infra festum Sancti Remigii, ducentas, infra Natale Domini, residuum, infra octabas Pasce. Tradent autem dictam pecuniam infra predictos terminos, nomine ecclesie, abbatibus Longipontis, Sancti Johannis-in-Vineis et priori Longipontis, vel duobus ex eis, arbitrio nostro, vel duorum ex nobis, ad usus quos, secundum Deum et honorem ecclesie, melius videbimus expedire, de bonorum virorum consilio disponendam. Ab aliis autem omnibus qui partes adversus se invicem petierunt vel petere potuerunt, ex hac causa eas absolvimus.

Actum Parisius, apud Sanctam-Genovefam-de-Monte, in capella, anno Domini, M.° CC.° III.° X.° mense junio IIII.° X.° kl. julii, presentibus abbate Sancte-Genofeve, Ivone, canonico Carnotensi, Alberto de Hangete, Guillelmo de Castellario, militibus. Constituto coram nobis domino Drocone de Melloto, procuratore comitisse Sancti-Quintini ex una parte, ex parte vero altera, magistro N. de Meleduno, canonico Sancti-Quintini, ejusdem ecclesie procuratore.

(A. I. *Trésor des Chartes*, carton *J.* 232, pièce 1.)
Orig. parch. scellé des sceaux de l'abbé de Longpont, de Bernier de Ronqueroles, archidiacre de Beauvais et de Raoul de Reims, chanoine de Paris.

LXXV.

La comtesse Éléonore donne aux moines de Saint-Léonor de Beaumont, un muid de blé, à prendre chaque année sur le moulin de Crépi.

De modio frumenti quem dedit Elienordis comitissa Sancti Quintini ecclesie Sancti Leonorii apud Crispiacum.

Avant 1214 (1). Notum sit omnibus ad quos presentes littere pervenerint, quod ego, Elienordis, comitissa Sancti-Quintini et domina Valesie, pro remedio anime mee et antecessorum meorum, dedi et concessi imperpetuam elemosinam ecclesie Sancti-Leonorii de Bellomonte, unum modium segetis ad modium Crispiciaci, annuatim in molendino Crispiaci, inter festum Sancti Remigii et Natale Domini recipiendum, sub tali conditione quod fratres in predicta ecclesia Deo famulantes, quamdiu vixero, anniversarium matris mee singulis annis facient, et post decessum meum, anniversarium meum celebrabunt; et in die anniversarii mei pitantiam de predicta elemosina habebunt. Quod ut ratum et inconcussum permaneat, presentem paginam sigilli mei appositione corroborari precepi. Hujus elemosine testes, etc.

(A. I. *Cartulaire de Saint-Martin-des-Champs*, *L.* 128, fol. 114.)

(1) Je date ainsi cette charte, qui est sans date, en m'appuyant sur la suivante, qui est de l'an 1214, et dans laquelle la comtesse n'est plus appelée comtesse de Saint-Quentin ou dame de Valois.

LXXVI.

Confirmation par Philippe-Auguste d'une donation de Mathieu III, et d'Éléonore de Vermandois, au chapitre de Saint-Josse-sur-Mer.

In nomine Sanctæ et individuæ Trinitatis, amen. Philippus, Dei gratia Francorum rex. Nove- 1214.
rint universi præsentes prout et futuri, quod Mathæus, quondam, bonæ memoriæ, comes Belli_ montis et de Crispeiaco, et Elienor, uxor ejus, quondam comitissa Viromandiæ (1), dederunt in perpetuam elemosinam ecclesiæ Sancti-Judoci supra mare, decem libras de moneta patriæ Crespiacæ, ad usum luminaris ejusdem ecclesiæ percipiendas singulis annis, in Purificatione beatæ Mariæ, in traverso de Crespiaco. Ita quod quicumque colligeret traversum de Crespiaco, dictam pecuniæ summam redderet. Postmodum vero dicta comitissa dedit et concessit in perpetuam elemosinam dictæ ecclesiæ, centum solidos monetæ Crespiacæ, ad refectionem monachorum, percipiendos annuatim in Purificatione beatæ Mariæ, in traverso de Crespiaco. Dicti vero monachi in die anniversarii dictæ comitissæ, singulis annis servitium solemne celebrabunt, et pro salute anime ejus, ipsa die, tresdecim pauperes saturabunt. Nos ergo predictas elemosinas concedimus, et volumus sicut factæ sunt inviolabiliter in perpetuum, observari. Quod ut perpetuæ stabilitatis robur obtineat, presentem cartam sigilli nostri auctoritate, et regii nominis charactere inferius annotato confirmamus. Actum apud Sanctum-Germanum in Laya, anno Dominicæ Incarnationis millesimo ducentesimo quarto-decimo, regni vero nostri tricesimo-sexto. Astantibus in Palatio nostro, quorum nomina supposita sunt et signa. Dapifero nullo: Signum Guidonis, buticularii; S. Bartholomæi; S. Droconis, constabularii, vacante Cancelleria. *Des archives du chapitre de Crépy en Valois.*

(Colliette. *Mémoires pour servir à l'histoire du Vermandois*, t. II, p. 550.)

LXXVII.

Étienne de Sancerre et Éléonore de Vermandois, sa femme, ci-devant comtesse de Beaumont, donnent au prieuré du Lay une vigne située à Beaumont.

De vinea apud Bellomontem pro anniversario Regine.

Sciant presentes et futuri, quod ego Stephanus de Sacro-Cesare (2), et Alienor, uxor mea (3), 1216.

(1) *Quondam comitissa Viromandiæ.* Carlier et Colliette, trompés par le mot *quondam*, qui en effet se prend souvent dans ce sens, ont cru qu'il signifiait que la comtesse était morte à l'époque de la charte; ce qui n'est pas, comme on le verra par une charte que nous donnons plus bas. L'expression *quondam comitissa Viromandiæ* signifie ici seulement qu'Eléonore n'était plus alors comtesse de Vermandois. Au reste nos deux auteurs auraient pu éviter cette erreur en pesant mieux les termes de la charte. Ils auraient vu que pour Mathieu III, qui, lui, était mort, en 1214, on avait eu soin d'ajouter au mot *quondam*, l'expression *bonæ memoriæ*, qui indique toujours que le personnage dont on parle est décédé.

(2) Etienne de Sancerre, fils d'Etienne de Champagne, comte de Sancerre.

(3) Eléonore de Vermandois, veuve de Mathieu III, comte de Beaumont,

quondam comitissa Bellimontis, dedimus et concessimus in puram et perpetuam elemosinam monachis Beate-Marie de Laio (1), totam vineam nostram quam apud Bellummontem habuimus, de emptione quam Matheus comes Bellimontis et dicta Alienor, emerunt a Theobaldo de Roncheroles, milite, ad faciendum singulis annis anniversarium nostrum et anniversarium regine Ale (2), et patrum nostrorum et matrum. Ut autem hec nostra donatio firma et stabilis permaneat, eam sigillorum nostrorum munimine roboravimus. Actum anno gratie. M.° CC.° XVI.°

(A. I. *Cartulaire blanc de Saint-Denis.* T. I.er, p. 703.)

LXXVIII.

Confirmation par Philippe-Auguste, d'une donation de vignes situées à Paris près de Saint-Etienne des Grés, faite par la comtesse Eléonore à Robert de Chartres.

1219. In nomine Sancte et individue Trinitatis, amen. Philippus, Dei gratia Francorum rex. Noverint universi pariter et futuri, quod cum Thiboudus de Carnoto suscepisset a nobis in feodum et hominagium ligium quinque arpennos et dimidium vinearum, quos comitissa Elyenor Viromandie, de assensu nostro, Roberto de Carnoto, patri dicti Thiboudi et heredibus suis in perpetuum, sitos Parisius apud Sanctum Stephanum (3), nos eidem Thiboudo et heredibus suis dedimus in perpetuum, in augmentum dicti feodi, duas fenestras (4) que sunt subtus Castelletum Parisius, tenendas in perpetuum de nobis et heredibus nostris in feodum et hominagium ligium. Quod ut perpetue stabilitatis robur obtineat, presentem cartam sigilli nostri auctoritate et regii nominis karactere inferius annotato confirmamus. Actum Parisius, anno dominice incarnationis M.° CC.° nonodecimo, regni vero nostri quadragesimo primo; astantibus in palatio nostro quorum nomina subtitulata sunt et signa : dapifero nullo; signum Guidonis, buticularii; S. Bartholomei, camerarii, S. Mathei, constabularii. Data vacante cancellaria.

(A. I. *Carton K.* 27 *pièce* 36.) Orig. parch. scellé.

LXXIX.

Hugues, vicomte de Châteaudun, achète de Philippe de Beaumont tous les fiefs que celui-ci possédait du chef de sa mère.

1189. Notum sit omnibus tam futuris quam presentibus, quod Hugo, Castriduni vicecomes, emi a Philippo de Bellomonte, cognato meo (5), omnes feodos quos habebat de maritagio matris sue, excepto feodo Hugonis de Valeriis, concedente Matheo, comite Bellimontis (6), solvendo in pre-

(1) Le prieuré du Lay, près Ronquerolles, appartenant aux Mathurins.

(2) Alix de Champagne, troisième femme de Louis-le-Jeune, morte en 1206; elle était fille de Thibaut IV, comte de Champagne, et sœur d'Etienne de Champagne, comte de Sancerre, père d'Etienne de Sancerre.

(3) Saint-Etienne-des-Grés.

(4) *Duas fenestras*, deux boutiques.

(5) Philippe de Beaumont, fils de Mathieu II, et de Mahaut de Châteaudun.

(6) Mathieu III, frère de Philippe de Beaumont.

senti XL.ta libras andegavenses de emtione, et statuendo centum solidos monete currentis apud Castridunum, de redditu annuatim reddendo eidem Philippo, in hereditatibus, in magno ministerio meo de Castriduno.

Emtionem illam et adsignationem redditus concessit et voluit Johanna, uxor mea, Gaufridus, filius meus, Paganus, frater meus.

Hujus rei testes subscribuntur:

Teobaldus de Ronqueroliis; Radulfus de Puteolis; Teobaldus de Morangles; Petrus de Vallibus; Hugo, minarius, de Puntelia; Hugo de Valeriis; Jodoinus, ejus frater; Gaufridus, ejus frater; Mauricius Rufus; Stephanus de Manberoliis; Robertus de Codrecel; Graolus de Bapalmis; Garnerius de Langeio; Furclroius de Rocha; Petrus Petrum.

Factum anno incarnacionis dominice M.° C.° LXXX.° IX.° Hec pagina data est per manum Gaufridi, scribe vicecomitis.

(A. I. *Trésor des Chartes, carton J.* 168, *pièce* 7.) Orig. parch. scellé.

LXXX.

Donation de Philippe de Beaumont, à l'abbaye du Val.

Ego Philippus, frater Mathei comitis Bellomontensis. Universis notum fieri volo, tam presentibus quam futuris, quod dedi ecclesie Beate-Marie de Valle, et in perpetuam elemosinam concessi, pasturas et eisiamenta terre mee, et campipartem de VI arpennis quos Adam de Campaniis dedit ecclesie Sancte-Marie de Valle, pro qua reddet mihi predicta ecclesia XII denarios belvacenses, ad festum Sancti Remigii annuatim, et quitantiam pressoragii et rotagii de duobus arpennis et dimidio; de Hemerico, mercennario, arpennum et dimidium, de Galtero, filio Guiardi, unum arpennum et XXti arpennos nemoris apud Corcellas (1), quod vicinum est nemori ipsius ecclesie, et III arpennos prati subtus Campanias, pro salute anime mee, patrisque mei et omnium antecessorum meorum, assensu Johannis, fratris mei. Quod ut ratum et inconcussum permaneat, ne hec elemosina aliqua posterorum malignitate valeat perturbari, vel a juridictione ecclesie ipsius aliquatenus alienari, presentem cartam sigilli mei impressione feci corroborari. Actum publice, anno ab incarnatione Domini M.° C.° XC.° 1190.

(A. I. *Carton S.* 4174, *pièce n.°* 10.) Orig. parch.

LXXXI.

Philippe de Beaumont abandonne à l'abbaye du Val le droit de justice qu'il avait sur une maison donnée à cette abbaye par Adam de Champagne, clerc.

Philippus de Bellomonte dat justiciam domus quam apud Campanias nobis dedit Adam, clericus.

Notum sit omnibus tam futuris quam presentibus, quod ego Philippus, frater Mathei comitis 1190.

(1) Courcelles, entre la forêt de Carnelle et celle de l'Ile-Adam.

Bellimontis, dedi et in perpetuam elemosinam concessi ecclesie Sancte-Marie de Valle, omnem justiciam domus quam Adam, clericus, de Campaniis, eidem ecclesie contulerat, cum masura eidem domui adjacente, et arpenno nemoris in costumiis ad eandem domum pertinente; eo tenore, quod si fratres, vel servientes ipsius ecclesie, homicidium vel furtum, sive crimen aliquod, super quo irretiri debeant, in eadem domo vel in masura sua, quod absit, perpetraverint, tunc abbas omnem justiciam habebit. Si vero alienigena sive adventicius aliquis, qui ad jurisdictionem jamdicte ecclesie non pertineat, aliquid supradictorum facinorum, vel ipsis consimilium, in domo illa commiserit, tunc justicia mea erit. Et sciendum quod pretaxatam domum prefate ecclesie in perpetuum possidendam concessi, liberam a foragio, rotagio, tallis, corveis, omnibus consuetudinibus et exactionibus; tali tamen conditione quod eadem ecclesia XIIII denarios belvacensis monete, nomine census, et unam minam avene, singulis annis, quamdiu vixero, mihi nichilominus persolvet. Qui quidem census, cum mina avene, post obitum meum eidem ecclesie, pro salute anime mee, remanebit. Hujus rei testes sunt : Theobaldus de Ronkeroles; Theobaldus de Campaniis; Balduinus, decanus de Joiaco; Adam, presbiter de Campaniis, et Garinus major. Quod ut ratum et inviolabile permaneat, presentem cartam conscribi, et sigilli mei impressione feci roborari. Actum publice, anno ab incarnatione Domini, M.° C.° XC.°

(A. I. *Cartul. de l'abbaye du Val L.* 208, fol. 34.)

LXXXII.

Philippe de Beaumont, frère de Mathieu III, donne aux moines de Saint-Léonor dix sous parisis de rente pour une réfection annuelle.

In nomine Patris et Filii et Spiritus Sancti, amen. Ego Philippus de Bellomonte, notum facio omnibus, tam futuris quam presentibus, quod assensu Mathei, comitis de Bellomontis, fratris mei, et Johannis scilicet fratris mei, dedi et concessi Deo et monachis ecclesie Beati-Leonorii, x. sol. p. ad refectionem monachorum, singulis annis accipiendum, in festo S.[ti] Johannis-Baptiste, de censu Campaniarum. Sciendum autem quod monachi ibidem Deo servientes, uno quoque anno anniversarium meum et anniversarium matris mee pro hac elemosina facient, etc.

(A. I. *Cartul. de Saint-Martin-des Champs, L.* 128, p. 115.)

LXXXIII.

Confirmation de la donation précédente par Mathieu III, comte de Beaumont.

De X sol. quos Philippus, frater Mathei comitis Bellimontis, dedit ecclesie Sancti-Leonorii.

1209. Ego Matheus, comes Bellimontis. Universis notum fieri volo, tam presentibus quam futuris, quod, de voluntate et assensu meo, Philippus, frater meus, et assensu Johannis, fratris mei, pro remedio anime sue et mee, patris quoque mei Mathei, et matris mee Mathildis, et Johannis fratris mei, et Mathei fratris mei, et sororum mearum, quarum utraque dicta fuit Aelidis, et omnium antecessorum et successorum meorum, dedit imperpetuam elemosinam monachis Leonarii de Bellimonte, x. sol. parisiensium, ad refectionem monachorum singulis annis in festo beati Johannis-Baptiste, in censu Campaniarum accipiendum. Sciendum est autem quod pro hac elemosina prefati monachi anniversarium prenominati Philippi et anniversarium matris mee, unoquoque anno facient. Quum autem hanc elemosinam de consensu meo et Johannis fratris mei singulis annis impertuum faciendam idem Philippus constituit, ego Matheus, comes Bellimontis, eam ratam haberi volens sigilli, tam mei quam sui, impressione feci communiri, etc.

(A. I. *Cartulaire de Saint-Martin-des-Champs. L.* 128, fol. 114 v.°)

LXXXIV.

Robert, prieur de Saint-Martin-des-Champs, approuve un échange fait entre le prieur de Saint-Léonor de Beaumont et le cellerier de Saint-Martin, touchant des biens situés à Goussainville.

Ego frater Robertus, prior (1), et humilis conventus Sancti-Martini de Campis. Notum fieri vo- 1184.
lumus omnibus ad quos presens scriptum pervenerit, quod commutationem illam quam habuerunt inter se dilecti fratres nostri A., prior de Bellomonte (2), et H., cellarius Sancti-Martini, concedimus; et hanc eamdem commutationem in hunc modum factam, videlicet quod prior de Bellomonte habebit quicquid ecclesia Bellimontis habebat apud Gonsenvillam, quia ratam et firmam volumus haberi, sigillo capituli nostri confirmamus et communimus.

(A. I. *Cartul. de Saint-Martin-des-Champs*, fol. 91 r.°)

LXXXV.

Adam, seigneur de l'Ile (Adam), donne aux moines de Saint-Léonor de Beaumont deux hôtes habitant à Nogent.

Carta de elemosina Adam de Insula.

Noverint universi tam presentes quam futuri, quoniam ego Adam, de Insula dominus, filiis meis 1186.
concedentibus, Anselmo, Theobaldo, Adam, pro anima Aelidis, sororis Mathei comitis Bellimontis (3), que maritali copula Anselmo predicto filio meo conjuncta fuit, et pro animabus antecessorum meorum, duos hospites in Nongento (4) manentes, eorumdemque hospitatus, scilicet Regnoudum Grimbolle et Angotum Ducem, quicquid in eis, sive in redditibus, sive in corveis, possidebam, excepto mouturam, quam mihi retineo libere et absolute, ecclesie Beati-Leonorii de Bellomonte in elemosinam do imperpetuum et concedo. [Testes affuerunt : Signum Lancelini, Sanctæ Belvacensis ecclesiæ decani, fratris predicti Adæ domini de Insula; S. Mathei, comitis

(1) Robert I.er, prieur de Saint-Martin-des-Champs, de 1180 à 1200.

(2) Adam était prieur de Saint-Léonor en 1184.

(3) Alice de Beaumont, fille de Mathieu II, et sœur de Mathieu III.

(4) Nogent, près l'Ile-Adam.

Bellimontis et Valesiæ domini ; S. Pagani de Prateriis; S. Theobaldi de Moranglia; S. Anculphi de Flaellu; S. Walterii de Ullete. Ut autem hoc ratum et inconcussum in perpetuum permaneat, sigilli mei authoritate corroborari feci. Anno incarnati verbi, M. C. LXXX. VI.] (1)

(A. I. *Cartul. de Saint-Martin-des-Champs*, fol. 115.)

LXXXVI.

Ives de Beaumont, avoué d'Ully, donne à l'abbaye de Saint-Denis deux hôtes et un étang à Ully.

De vivario Ulliaci.

1203. Ego Ivo de Bellomonte, advocatus Ulliaci. Notum facio universis presentem paginam inspecturis, quod ecclesie Beati-Dyonisii in elemosinam dedi et in perpetuum habendum concessi, quicquid juris habebam in duobus hospitibus apud Ulliacum, et stagnum meum. Ita quod quamdiu vixero, potero in ipso stagno piscari. Post decessum vero meum nullus in stagno sine licentia et permissione abbatis Beati-Dyonisii piscari valebit. Calciatam quoque stagni altam fieri et augmentari, ac stagnum, quantum abbas voluerit, de terra que ipsi stagno coheret, concessi. Hoc totum feci, uxoris mee Matildis, et Theobaldi filii mei, et Aelidis filie mee, voluntate pariter et assensu, et me ita fecisse in presenti domini Philippi, Belvacensis episcopi, presentibus predictis uxore mea et filiis et assentientibus, recognovi. Quod ut ratum sit et in perpetuum robur obtineat, paginam hanc inde conscriptam, sigilli mei caractere communivi. Actum anno domini M.° CC.° secundo, mense martio (2).

(A. I. *Cartulaire blanc de Saint-Denis*, t. I.er, p. 732.)

LXXXVII.

L'abbé et le prieur de Froimont constatent que Thibaut de Beaumont a garanti la donation précédente.

1214. Frater Henricus, dictus abbas de Fresmont, et frater Nicholaus, ejusdem loci dictus prior, et magister Petrus, decanus de Harniis, omnibus hec visuris in perpetuum.

Noveritis quod Theobaldus, filius Ivonis, militis de Bellomonte, in nostra presentia constitutus, laudavit et concessit quamdam elemosinam quam pater ipsius fecerat ecclesie Sancti-Dyonisii jure perpetuo possidendam, sicut in cartis quas inde habet eadem ecclesia continetur, videlicet duos hospites et stagnum unum et terram ei adjacentem ad calciatam altam fieri et ad augmentationem ejusdem stagni quantum abbas voluerit ; fidem quoque corporaliter prestitit idem Theobaldus quod hanc elemosinam, a patre suo pie et liberaliter factam, garandiet, nec illos pro hac re deinceps in causam trahet.

(1) Ce qui est imprimé entre crochets, se trouve écrit à la marge dans le cartulaire, et d'une main du XVI.e siècle.

(2) C'est-à-dire mars 1203, l'année 1202 n'ayant commencé que le 14 avril.

Quod ut inviolabile robur obtineat, nos ad preces ejus, presentem cartam inde scribi fecimus, et sigillorum nostrorum ad majorem rei certitudinem munimine roboramus. Actum anno gratie M.° CC.° XIIII.°

(A. I. *Cartulaire blanc de Saint-Denis, t. I.er, p. 738.*)

LXXXVIII.

Hugues de Beaumont, constate qu'en sa présence, et en présence de Mathieu III, comte de Beaumont, un nommé Adam, le clerc, a amendé à l'abbaye de Beaupré le tort qu'il lui avait fait au sujet d'une vigne nommé le Clos-Bouchard.

Ego Hugo de Bellomonte. Notum volo fieri tam presentibus quam futuris, quod Adam, clericus, filius Petronille de Alneto, in presentia domini Mathei, comitis de Bellomonte (1), et nostra constitutus, recognovit quod injuriosus existerat domino abbati et conventui de Prato, super vinea que vocatur Clausum-Buchardi, quam vindemiare violenter voluit; et injuriam factam coram nobis recognoscens, mihi et predicto abbati digna satisfactione emendavit. Et ut ratum in perpetuum hoc habeatur, et in posterum nulla super hoc oriri possit calumpnia, presens scriptum sigilli mei impressione et testium subnotatione roboravi. Testes: frater Arnulfus; Mercator de Briostel; Ricardus, miles de Bosrenc; Henricus, miles de Braichol; Petrus le Hisdous de Chambli. Actum anno incarnati verbi M.° CC.° VI.° 1206.

(B. I. *Cart. de Beaupré, Cartul.* 81, fol. 103.)

En 1236 *Adam dictus de Valle, de Bellomonte, Isabellis*, sa femme, *Leonoria* et *Willelmus*, leurs enfants, renoncent à leurs prétentions sur cette vigne. (*Ibidem.*)

LXXXIX.

Jean de Beaumont approuve la vente d'une pièce de terre au territoire de Fontenay, faite par les lépreux de Lusarches à l'abbaye du Val.

Ego Johannes de Bellomonte. Universis notum etc., quod cum leprosi de Lusarchiis quamdam petiam terre in territorio Fontaneti apud Pomereth, pacifice possedissent, ipsam fratribus Beate-Marie pro 23 lib., assensu Guidonis de Toreta et Radulphi de Vario (Vari, *en marge*), ad quorum censivam eadem terra spectare dinoscitur, vendiderunt, illam in proprium possidebit. Sigilli mei, 1190. 1190.

(B. I. *Cartulaire de l'abbaye du Val anc. f.s n.° 5462, p.* 158.) Copie de Gaignières.

XC.

Jean de Beaumont, seigneur de Lusarches, concède aux moines de Chaalis la faculté de prendre autant de terre à tuiles qu'ils voudront, sur le territoire de Lusarches.

Ego Johannes de Bellomonte, dominus Lusarcharum. Notum volo fieri tam futuris quam pre- 1198.

(1) Mathieu III, comte de Beaumont.

sentibus, quod fratribus Karoliloci dedi in elemosinam et concessi, ut in costumis de Lusarchiis, libere et quiete in perpetuum accipiant terram quantum voluerint ad tegulas faciendas. Si quis vero predictos fratres super hoc molestare vel inquietare voluerit, ego, per omnia garandire, quantum ad jus meum pertinet, manucepi. Memorati vero fratres dederunt mihi, de caritate ecclesie sue, pro hac concessione, tredecim libras parisiensium. Ut igitur hoc ratum et inconcussum permaneat, presentem paginam exinde factam, feci sigilli mei patrocinio communiri. Actum anno verbi incarnati, millesimo centesimo nonagesimo octavo.

(A. I. *Trésor des Cartes*, *carton J.* 741, *pièce* 1.)
Orig. parch. sceau détruit.
Nota. Sont attachées à cette pièce des lettres de l'évêque de Senlis qui réclame ce droit en faveur desdits religieux, à Thibaut seigneur de Luzarches. — Chaalis 21 mars 1228.

XCI.

Jean de Beaumont approuve, comme seigneur féodal, une donation faite à l'abbaye du Val par Gachon de Goussainville.

1199. Ego Johannes de Bellomonte. Universis notum etc., quod Gacho de Gonseinvilla concessit ut ecclesia Vallis B. Marie habeat peciam terre, que data fuit ipsi ecclesie pro salute anime Willelmi, patris sui, assensu Elizabeth et Aelesie, sororum suarum; peciam etiam 4 arp., quam Agnes de Gentiliaco pretaxate ecclesie in elemosinam contulerat, concessit. Testibus: Roberto, canonico Parisiensi, ejusdem Gachonis patruo, et Adam, milite de Dohumont, qui plegios se constituunt. Quum de feodo meo, etc., confirmavi sigilli mei impressione. An. 1199.

(B. I. *Cartul. de l'abbaye du Val.* Anc. f.°, n.° 5462, p. 152.)
Copie de Gaignières. Le sceau de Jean de Beaumont y est dessiné; il porte un lion sur son écu.

XCII.

Jean de Beaumont approuve, comme seigneur féodal, la vente faite au chapitre Notre-Dame de Paris, par Gachon de Goussainville, de tout ce que ce dernier possédait sur la dîme de Goussainville.

1200. Ego Johannes de Bellomonte. Notum facio universis tam presentibus quam futuris, quod Gaco, filius Willelmi militis de Gunseinvilla, vendidit ecclesie Beate-Marie Parisiensis quicquid habebat in decima de Gunseinvilla, pro XVI^{xx} libris parisiensibus (1), scilicet partes quas ipse tenebat, et partem quam mater ejus, nomine dotalitii, possidebat. Ita tamen quod post mortem matris ipsius, nullo medio ad ecclesiam Beate-Marie devolvetur. Cum autem predicta decima de feodo

(1) Cette dîme de Goussainville était d'un revenu considérable, comme on peut le voir par ce prix de 320 livres parisis qu'en donne le chapitre de Notre-Dame. Il existe aux Archives de l'Empire un mémoire curieux sur cette dîme.

meo sit, predictam venditionem volo, laudo et approbo, et sigilli mei munimine confirmo, et feodum istum ecclesie Beate-Marie in perpetuum quito.

Actum anno incarnati verbi, M.° CC.°

(A. I. *Carton L.* 678.) Orig. parch., auquel est appendu le sceau de Jean de Beaumont. Il porte un lion sur son écu. Cette charte se trouve aussi dans un des cartulaires de l'église Notre-Dame de Paris, intitulé : *le Petit Pastoral*. (*Ibid.* Reg. L. 44, fol. 331. charte 220.)

XCIII.

Jean, comte de Beaumont, constate qu'en faisant son hommage à l'abbé de Saint-Denis, il a traité avec lui de gré à gré pour les droits de relief.

De racheto.

Ego Johannes, comes Bellimontis. Notum facio tam presentibus quam futuris, quod quando homagium feci venerabili Henrico, abbati Beati-Dyonisii, finavi cum eo de relevamento suo ad voluntatem suam. In cujus rei testimonium, ad noticiam posterorum paginam hanc inde conscriptam, sigilli mei karactere communivi. Actum anno Domini M.° CC.° nono, mense martio (1). 1210.

(A. I. *Cartulaire blanc de Saint-Denis. T. I.*er, p. 703.)

XCIV.

Composition entre l'abbaye de Saint-Denis et Jean, comte de Beaumont, touchant certaines villes et certains bois.

Henricus, Dei gratia Beati-Dyonisii abbas, et capitulum, omnibus presentes litteras inspecturis, salutem. Universitati vestre notum facimus, quod cum inter nos et comitem Bellimontis, super quibusdam querelis orta esset contentio, in hanc compositionis formam convenimus : 1210.

Videlicet quod nemus de Luath est commune nobis et comiti, sicut districta de Mafflers (2). Quicquid est intra metas de Mor (3), villa, de meta ad metam, et de metis versus Isaram recte usque ad Isaram Beato-Dyonisio remanet omnino liberum, exceptis tribus feodis que tenent a comite, Thomas, major de Mor, Ansoldus de Campengnes, Willelmus de Lormesons (4); et, in quamcumque manum deveniant, salva erunt ipsi comiti. Salva etiam eidem comiti una corveia, pro qua habet annuatim a singulis hominibus ville ejusdem qui integrum redditum solvunt, tres

(1) En 1209, Pâques tombait le 29 mars. Il y a donc doute sur l'année sous laquelle on doit placer cette charte. Cependant je la mets sous l'année 1210, parce qu'il semble plus probable qu'elle appartient aux vingt-huit premiers jours du mois, qu'aux trois derniers.

(2) Le Luath, bois situé auprès de ceux qu'on appelait Les détroits de Mafflers.

(3) Mours, village à un quart de lieue de Beaumont.

(4) Thomas, maire de Mours, Ansoulde de Champagne, Guillaume de Lormaison.

denarios belvacenses ; ab illis qui dimidium redditum solvunt, tres obolos belvacenses (1). Si vero plusquam integrum redditum aliquis, aliquid, vel minus tenuerit, secundum hoc augmentabitur vel minuetur ipsa corveia. Et hec corveia in media Quadragesima reddetur apud Mor servienti ipsius comitis; et si aliquis defecerit, hoc per duos belvacenses solidos comiti emendabit.

Preterea, in villis scilicet de Praeres et de Praerolos et de Corcellis (2), ballivus Beati-Dyonisii redditum queret Beati-Dyonisii ; si habere non potuerit, de eo qui de redditu ipso reddendo vim fecerit, clamabit ipsi comiti, aut ejus preposito, et ipse comes, vel ejus prepositus, faciet ei reddi ipsum redditum, cum emenda ejusdem comitis, et cum emenda ipsius ballivi Beati-Dyonisii, si curia Beati-Dyonisii decreverit quod eam debeat ipse ballivus habere.

Nemus quod dicitur Li Faiz Beati-Dyonisii super Fontem, de, Buhu (3), comes quitavit Beato-Dyonisio ad faciendum quod voluerit, salva ipsius comitis viatura.

Per hanc autem compositionem, nos augmentavimus feodum ejusdem comitis de triginta arpennis nemoris de Roondel (4), super partem hominum de Bellomonte, juxta forestam suam.

Concessimus quoque ei ut faciat fossatum quadraginta pedum in latitudine a poncello de Praeres usque ad boscum de Insula (5), inter campos et pascua, sine detrimento aque ad molendinum nostrum et aversione cursus ipsius aque. Et ballivi, servientes, homines Beati-Dyonisii, aut eorum animalia, non capientur, aut emendam facient, occasione illius fossati. Super quod fossatum idem comes faciet et reficiet poncellos ad transitum animalium quot et quotiens opus fuerit, ad arbitrium ballivi Dyonisii terre illius.

In cujus rei testimonium et in posterum firmitatem, paginam hanc inde conscriptam, sigillis nostris munivimus.

Actum anno Domini, millesimo ducentesimo decimo, mense augusto.

(A. I. *Trésor des Chartes*, *carton J.* 168, *pièce n.*° 17.) Orig. parch., scellé. Le même accord, mais émané du comte Jean, se trouve au Cartulaire blanc de Saint-Denis, tom. Ier p. 702. Il est tout à fait de la même teneur. Nous avons donné la préférence à la charte originale.

XCV.

Jean, comte de Beaumont, constate qu'il tient en fief de l'abbaye de Saint-Denis une maison sise à Crouy.

1210. Ego Johannes, comes de Bellomonte. Notum facio universis quod domum de Croio (6) ab abbate Beati-Dyonisii teneo in feodum, cum aliis meis feodis que ab ipso teneo. In cujus rei firmitate, presens scriptum sigillo meo communivi. Actum anno Domini M.° CC.° decimo.

(A. I. *Cartulaire blanc de Saint-Denis. Tom. I.*[er] *p.* 737.)

(1) Cette mention de corvées payées en argent est à remarquer.

(2) Presles. Prérolles et Courcelles.

(3) Le Fai-Ridel, près Fontaine-Behu, dans des titres postérieurs.

(4) Le bois des Rondeaux. Il en est question dans une charte précédente. Ce qu'on appelle ici la forêt du comte, est la forêt de Carnelle.

(5) Depuis le ponceau de Presles jusqu'à la forêt de l'Ile-Adam.

(6) Crouy en Thelle, au doyenné de Beaumont.

XCVI.

Jean, comte de Beaumont, reconnaît qu'il n'a aucun droit sur certains prés appartenant à l'abbaye de Saint-Denis.

Ego Johannes, comes de Bellomonte. Notum facio universis, quod in pratis Beati-Dyonisii de Ponte-petre, neque censum, neque dominium, neque jus aliquod habeo. In cujus rei firmitatem presens scriptum sigillo meo communiri. Actum anno Domini M.° CC.° decimo. 1210.

(A. I. *Carton L.* 1400.) Orig. parch.

XCVII.

Jean, comte de Beaumont, reconnaît qu'il doit comparaître devant l'abbé de Saint-Denis, au sujet d'un différent relatif au bois de Saint-Martin du Tertre.

Quod debet comparere coram abbate, Johannes comes Bellimontis.

Ego Johannes, comes Bellimontis. Notum facio omnibus presentes litteras inspecturis, quod cum citatus fuissem a domino abbate Beati-Dyonisii, Henrico, pro excessibus quos dicebat dominus abbas me fecisse in nemore Sancti-Martini-in-Colle (1), et comparuissem coram eo juri pariturus quantum deberem, placuit domino abbati, ad preces nobilium virorum, domini Mathei de Montemorenciaco, domini Guillelmi de Garlanda, domini Manasse de Melleto, et domini Roberti de Pissiaco et aliorum, differre negotium in eo statu in quo tunc erat, salvo utrique parti juri tunc ei competenti. Et quando dominus abbas vel ejus successor me citare voluerit, ego comparebo coram ipso, facturus quod justum fuerit. 1212.

Actum anno Domini M.° CC.° XII.°, mense martio (2).

(A. I. *Cartulaire blanc de Saint-Denis. Tom. I.er*, *p.* 703.) Cette charte est imprimée dans Doublet. *Hist. de l'abbaye de Saint-Denis*, p. 898.

XCVIII.

Accord entre Jean, comte de Beaumont, et Henri, abbé de Saint-Denis, touchant les coupes de bois de la Châteigneraie à Saint-Martin du Tertre.

Super venditione Le Chasteingnorerie.

Ego Johannes, comes Bellimontis. Notum facio universis presentem paginam inspecturis, quod cum contentio esset inter me et venerabilem virum Henricum, abbatem Beati-Dyonisii, et ejusdem ecclesie conventum, super venditione nemoris sui quod est apud Sanctum-Martinum-in-Colle, 1217.

(1) Saint-Martin du Tertre.

(2) En 1212, Pâques tombait le 25 mars, par conséquent notre charte peut appartenir à l'année 1212 ou à l'année 1213.

quod vocatur La Chasteingnoreie, et super advocatione de Chaveillon, et piscatione vivarii ipsorum de Ulliaco (1), quam piscationem petebam nomine Ivonis de Bellomonte, militis (2), qui eam ad vitam suam retinuerat, ut ego asserebam. Tandem post multas altercationes, ego et dictus abbas et conventus, bonis viris mediantibus, composuimus in hunc modum.

Videlicet quod dictus abbas et conventus prenominatum nemus totum vendent (3), exceptis quinque arpennis qui remanebunt circa domum meam ibidem sitam, usque ad viginti annos, et de venditione abbas et conventus habebunt medietatem precii, et ego aliam, et de cetero ipsi cum voluerint memoratum nemus vendent, et de venditionibus ipsi medietatem precii habebunt, et ego aliam. Ego vero, sive heredes mei, venditiones a predicto abbate et conventu factas impedire seu differre non poterimus ad vendendum. Cum autem ipsi dictum nemus bona fide vendiderint, mihi significabunt se ipsum nemus vendidisse, et ab ipsa die qua mihi significaverint computabuntur quindecim dies infra quos, si ego invenero qui venditioni eorum centum solidos vel amplius velit super addere, illos emptores ipsis mittam, quibus vendent; et de pretio ipsi emptores mihi, de mea medietate, et ipsis abbati et conventui, de sua medietate, plegios dabunt. Si vero post quindecim alios dies alii emptores coram ipsis comparuerint, qui super illam jam secundo factam venditionem, centum solidos, sicut predictum est, vel amplius voluerint addere, dictus abbas et conventus vendent eisdem, et illi emptores, sicut superius dictum est, me et dictum abbatem et conventum, de mea et ipsorum parte, per bonos plegios securos facient, et ego et dictus abbas et conventus, emptori a quo venditio retrahitur, propter suum laborem, de ipso incremento quadraginta solidos communiter persolvemus. Elapsis autem viginti annis, illos quinque arpennos qui remanebunt circa domum meam similiter dictus abbas et conventus, cum voluerint, vendent, et de facta venditione ego medietatem pretii habebo et ipsi aliam, et deinceps illos quinque arpennos sicut aliud dictum nemus, quando voluerint vendent, et de venditione medietatem pretii ego habebo et ipsi aliam, nec amplius ego, sive heredes mei, in nominato nemore, seu quinque dictis arpennis, habebimus, nisi facta venditione, excepta forisfactorum medietate, que mihi et heredibus meis ab ipso abbate et conventu propter ipsius nemoris et suorum ibidem fructuum custodiam est concessa. Ego siquidem sepedictum nemus custodiam, et de forisfactis que in eodem evenient nemore medietatem habebo, et dictus abbas et conventus aliam, et serviens, quem ad custodiam nemoris posuero, dicto abbati et conventui faciet fidelitatem quod nemus suum et fructus suos et suorum forisfactorum medietatem ipsis custodiet bona fide. Si vero ad custodiendum nemus, forisfacta et fructus suos, servientem suum ponere voluerint, ipsis licebit, et idem serviens eorum mihi fidelitatem faciet sicut serviens meus facere ipsis tenebitur. Si autem ex sepenominato nemore, vel ex quinque dictis arpennis, pro vetustate vel casu aliquo aliquid cadere contigerit, in suos usus cadet, nec amplius de lignis, ratione sui usuarii, percipient. Omnes siquidem fructus, tam dicti nemoris, quam quinque dictorum arpennorum, predicti abbatis et conventus erunt, nec ego, vel heredes mei, sive alius nomine meo vel heredum meorum, in eisdem fructibus poterimus aliquid reclamare,

Ego siquidem J., comes Bellimontis predicto abbati et conventui in elemosinam contuli quicquid

(1) Le bois de la Châteigneraie à Saint-Martin du Tertre, l'avouerie d'Ully-Saint-Georges et la pêche du vivier de Cavillon.

(2) Ives de Beaumont, avoué d'Ully.

(3) *Prenominatum nemus totum vendent.* C'est-à-dire qu'ils pourront faire des ventes ou coupes dans ce bois.

habebam vel habere debebam in advocatione de Chaveillon (1), et in piscatione vivarii eorumdem de Ulliaco.

In cujus memoriam et in posterum firmitatem, presentem paginam inde conscriptam, sigilli mei duxi munimine roborandam.

Actum anno Domini M.° CC.° XVII.°, mense maio.

(A. I. *Cartulaire blanc de Saint-Denis*. Tom. Ier p. 703.)

XCIX.

Accord entre Jean, comte de Beaumont, et Henri, abbé de Saint-Denis, touchant les bois de Fai-Ridel et Mafliers.

Henricus, Dei gratia Beati-Dyonisii abbas, et capitulum, universis presentes litteras inspecturis, salutem in Domino. Universitati vestre notum facimus, quod nos, et nobilis vir Johannes, comes Bellimontis, pro nostra et ipsius utilitate ita ordinavimus : quod nos et ipse comes ab usuario nostro quod habemus in nemoribus nostris de Fai-Ridel et in districtis de Maflers abstinebimus usque ad duodecim annos, nec ibi interim, ratione usuarii, aliquid capere poterimus. Sed infra eundem terminum vendentur ipsa nemora, et de vendicionibus factis, comes medietatem precii habebit, et nos aliam. Elapsis vero duodecim annis, predictis nemoribus, tam nos, quam comes, utemur, secundum tenorem antiquarum cartarum inde confectarum, videlicet tempore Ivonis, bone memorie, abbatis Dyonisii, et venerabilis viri Mathei, comitis Bellimontis (2). Quod ut ratum sit, paginam hanc inde conscribi, et sigillorum nostrorum munimine fecimus communiri. 1217.

Actum anno Domini, M.° CC.° septimo decimo, mense maii.

(A. I. *Trésor des Chartes*, *cart. J.* 168, *pièce n.°* 20.) Orig. parch., scellé des sceaux de l'abbé et du couvent de Saint-Denis.

C.

Jean, comte de Beaumont, confirme la vente faite par Jean de La Boissière, chevalier, à l'abbaye de Saint-Denis, de tout ce qu'il possédait à Cavillon.

De Cavillon.

Ego Johannes, comes Bellimontis. Notum facio universis presentes litteras inspecturis, quod Johannes de Boisseria (3), miles, et Isabel uxor ejus, et Theobaldus eorumdem filius, in presentia mea constituti, vendiderunt ecclesie Beati-Dyonisii quicquid habebant apud Covillon, in villa et extra villam. Videlicet in hospitibus, terragio, campipartibus, et feodo quod Willelmus de Folenges, miles, de dicto Johanne tenebat apud dictam villam sive extra, ubicumque sit. Hanc 1219.

(1) L'avouerie de Cavillon.

(2) Voyez plus haut le n.° XVI.

(3) La Boissière, au nord du doyenné de Beaumont.

autem venditionem factam coram me, bona fide tenendam, et contra quoslibet contradictores debitam garantiam laturos, fide data promiserunt dictus Willelmus et Isabel et Theobaldus filius eorumdem. Philippus autem de Sendelcort (1), frater dicte Isabel, eandem venditionem coram me absolute quitavit. Nominate siquidem campipartes, site sunt inter Cavillon et Moleincort et Bosmorel (2). In cujus rei firmitatem, quia supradicta movent de nobis, ad petitionem memoratorum, presentem paginam inde conscriptam, sigilli mei caractere confirmavi. Actum anno Domini M.° CC.° XVIII,° mense martio (3).

(A. I. *Cartulaire blanc de Saint-Denis.* T. Ier, p. 741.)

CI.

Fondation d'une chapellenie à Beaumont, par le comte Jean.

1210. Johannes, comes Bellimontis. Pro salute anime mee, et patris, et matris, et fratrum meorum, et aliorum antecessorum, apud Bellummontem capellam constitui, et redditus dedi capellano 2 modios bladi in molendino de Quymont, etc. Et quicumque jure hereditario dominium Bellimontis obtinebit, in capella capellanum ponet, et predicta ei persolvet. 1210. *Et dat adhuc capellano 1221 m. sept.*

(B. I. *Cartulaire de Royaumont. N.*° 5472, p. 97.)

CII.

Jean, comte de Beaumont, donne en fief à Adam de Villiers dix livres de revenu, à prendre sur le travers de Conflans-Sainte-Honorine (4).

1214. Notum sit tam presentibus quam futuris, quod ego Johannes, qomes Bellimontis, assensu Johanne ucsoris mee, dono et concedo Ade de Vilers, suisque heredibus, in feodum et hominaginm ligium, salva fidelitate Matei de Muntemoriciaci, et qomitis Niverniensis, decem libras parisiensium, in tranverso Confluenti, annuatim in octavas Natalis accipiendas. Ut hoc autem ratum abeatur, communicione sigilli mei precepi corroborari. Anno inqarnati verbi, M.° II.° XIIII.°, mense setembri.

(A. I. *Carton S.* 4203, *pièce* 1.) Orig. parch. sceau perdu. Se trouve aussi au *Cartulaire de l'abbaye du Val* conservé à la B. I. (Anc. f.° n° 5462, p. 33.)

CIII.

Jean, comte de Beaumont, s'avoue homme lige de Thibaut IV, comte de Champa-

(1) Sandricourt, au doyenné de Beaumont.

(2) Cavillon, Moulincourt et Bois-Morel, trois localités voisines d'Ully-Saint-Georges, qui appartenait à l'abbaye de Saint-Denis.

(3) L'année 1218 n'ayant commencé qu'au 15 avril, notre charte appartient à l'année 1219, suivant notre manière de compter.

(4) L'écriture de cet original répond à la barbarie de l'orthographe.

gne, pour soixante livres de terre qu'il a reçues en compensation de vingt-cinq livres qu'il prenait sur le péage de Rebais.

Quod J., comes Bellimontis, de LX libratis terre quas tenet de B. comitissa et Th. comite, filio ejus, est homo ligius eorumdem, salva ligeitate domini regis Francie et salvo ballio comitisse (1).

Ego Johannes, comes Bellimontis. Notum facio tam presentibus quam futuris, quod karissi- 1214.
mam dominam meam B., comitissam Campanie (2), et venerabilem dominum meum, filium ejus comitem Th. (3), conveni super quodam feodo viginti quinque librarum, quas inclite recordationis pater meus, Matheus comes Bellimontis (4), tenuit apud Rechbacum (5), de comite Henrico patre in pedagio Rechbaci assignatas. Pro illo autem feodo dederunt mihi dicti comitissa et filius ejus sexaginta libratas terre (6), de quibus ego sum homo ligius predicti comitis Theobaldi, salva ligeitate domini regis Francie, et salvo ballio dicte comitisse (7).

Actum anno gratie M.° CC.° quarto decimo mense januario.

(A. I. *Cartul. de Champagne, intitulé : Liber principum.* Reg. K. 915, fol. 24 v.°) Se trouve aussi au carton J. 768. (C'est une copie collationnée en 1564.) Cette pièce est imprimée dans Chantereau Lefèvre. *Traité des fiefs, pr. p.* 50.

CIV.

Jean, comte de Beaumont, constate le jugement de la cour des pairs qui maintient Blanche, comtesse de Champagne, et son fils Thibaut, dans la possession du comté de Champagne, que leur disputait Erard de Brienne.

Littere J. comitis Bellimontis, quod Th. comes, antequam compleverit XXI annum, non debet trahi in causam de aliquo quod pater ejus in pace tenuit quando decessit.

J., comes Bellimontis, universis ad quos presens scriptum pervenerit, in domino salutem. Nove- 1216.
rit universitas vestra quod cum karissima domina nostra Blancha, comitissa Campanie, citata esset per ducem Burgundie, M. de Monte Maurenciaco, et W. de Barris (8), ut iret in curiam domini regis juri paritura super querela quam Erardus de Brena et Philippæ, que dicitur uxor ejus, contra eandem comitissam et Th. filium ejus proponebant, et super eo quod idem Erardus et eadem Philippa petebant a domino rege, ut ipse rex reciperet homagium ejusdem Erardi de comitatu Campanie, sicut inde tenens fuerat quondam comes Henricus (9), quem ipsa Philippa patrem

(1) Voyez plus haut le n.° XXIII, p. 25.

(2) Blanche de Navarre, veuve de Thibaut III, comte de Champagne.

(3) Thibaut IV, le Posthume.

(4) Mathieu II.

(5) Rebais, en Brie.

(6) *Sexaginta libratas terre.* L'expression *livrée de terre* peut s'entendre, soit du produit d'une terre en argent, soit d'une certaine étendue de terre. Je crois qu'il faut l'entendre ici dans ce dernier sens. Sirmond évalue à un arpent, la livrée de terre ainsi comprise. Voyez Du Cange, au mot *Libra.*

(7) Thibaut IV n'avait alors que 14 ans et se trouvait sous le *bail* ou tutelle noble de sa mère, Blanche de Navarre.

(8) Mathieu de Montmorenci et Guillaume des Barres.

(9) Henri II, comte de Champagne.

suum esse dicebat. Tandem apud Meledunum, in presentia domini regis, constituti predicta comitissa Campanie et Th., filius ejus ex una parte, et predicti Erardus de Brena et Philippa ex altera, requirentes super hoc sibi fieri judicium, judicatum est a paribus regni Francie, videlicet a venerabile patre nostro A., Remensi archiepiscopo, a venerabilibus viris Willelmo Lingonensi, Willelmo Cathalaunensi, Philippo Belvacensi, Stephano Noviomensi episcopis, et ab Odone duce Burgundie, et a multis episcopis et baronibus regni Francie videlicet (1): Altissiodorensi, R. Carnotensi, G. Silvanectensi, et J. Lexoviensi episcopis, coram nobis (2) et Willelmo, comite Pontivi, R., comite Drocarum, P., comite Britannie, G., comite Sancti-Pauli, Willelmo de Rupibus, senescallo Andegavensi, Willelmo, comite Jovigniaci, et R., comite de Alenchon, audiente domino rege et judicium approbante, quod homagium Erardi et Philippe supradicte de comitatu Campanie nullatenus recipere debebat quamdiu B. comitissa et Th. filius ejus vellent jus facere in curia domini regis et prosequi. Quia usus et consuetudo Francie talis est, quod ex quo aliquis saisitus est de aliquo feodo per dominum feodi, dominus feodi non debet alium recipere in hominem de eodem feodo, quamdiu ille qui saisitus est de feodo per dominum feodi, velit et paratus sit jus facere in curia domini feodi et prosequi; et quia comitem Theobaldum, patrem istius Th., per assensum baronum regni Francie, nullo contradicente, recepit dominus rex in hominem de comitatu Campanie et Brie, sicut pater ejusdem comes Henricus inde tenens fuerat, et post decessum dicti comitis Th., recepit Blancham comitissam de eodem comitatu in feminam suam, sicut de ballio, et postea Th., filium ejus, salvo ballio matris sue, de eodem comitatu in hominem recepit, nullo contradicente, de jure non debebat dominus rex dissaisire B., comitissam Campanie, vel Th., filium ejus de comitatu Campanie et Brie, quamdiu parata esset jus facere in curia ipsius regis et prosequi. Et ipsa comitissa coram domino rege et coram baronibus regni Francie idem semper obtulit.

Hoc autem judicium predictum concesserunt predicti Erardus et Philippa; et ea die qua istud judicium factum fuit, nichil amplius quesierunt a dicta comitissa Campanie et ejus filio, et sic sine die recesserunt.

In cujus rei testimonium presentes litteras fieri fecimus, sigilli nostri munimine roboratas.

Actum apud Melodunum, anno domini M.° CC.° XVI.°, mense julio.

(A. I. *Cartulaire de Champagne*, intitulé : *Liber principum*. Reg. K. 915, fol. 71 v.°) Cette pièce est imprimée dans Chantereau Lefèvre. *Traité des fiefs*, pr. p. 84.)

CV.

Jean, comte de Beaumont, constate qu'Erard de Brienne a concédé à Blanche de Navarre, comtesse de Champagne, un délai pour poursuivre son droit devant la cour du roi, au sujet de la succession au comté de Champagne.

Littere J. comitis Bellimontis, quod Erardus de Brena, fide prestita, dedit treugas B. comitisse et T. nato ejus, de se et suis quandiu vellent jus prosequi in curia domini regis (3)

1216. J., comes Bellimontis, universis ad quos presens scriptum pervenerit, in Domino salutem. No-

(1) Un blanc, au texte.

(2) *Coram nobis*, nous Jean, comte de Beaumont.

(3) Erard de Brienne revendiquait le comté de Champagne, au nom de Philippine, sa femme, tante de Thi-

verit universitas vestra quod Erardus de Brena et Philippa, que dicitur uxor ejus, cum essent in presentia domini regis Francie constituti, petentes sibi jus fieri ab ipso de comitatu Campanie, nuntii autem B., comitisse Campanie petierunt dari a predicto Erardo et ejusdem coadjutoribus, rectas treugas dicte comitisse et Th., filio ejus, et suis et terre sue, quamdiu eadem comitissa vellet us facere et prosequi in curia ipsius domini regis. Predictus vero Erardus, in presentia ipsius regis Francie, in manu venerabilis patris nostri G., Silvanectensis episcopi, treugas illas de se et suis fiduciavit et dedit. Die autem qua judicium factum fuit in curia domini regis inter B., comitissam predictam et Th., filium ejus ex una parte, et ipsum Erardum et Philippam, que dicitur uxor ejus, ex altera, promisit idem Erardus se servaturum treugas predictas quamdiu sepedicta comitissa parata esset jus facere et prosequi coram domino rege. In cujus rei testimonium presentes litteras fieri fecimus sigilli nostri munimine roboratas.

Actum Meleduno, anno Domini M.° CC.° XVI.°, mense julio.

(A. I. *Cartulaire de Champagne. K.* 915 fol. 62.)
Cette pièce est imprimée dans Chantereau-Lefèvre, *Traité des fiefs, pr.*, p. 84.

CVI.

Philippe-Auguste règle les droits qui seront dûs à Jean, comte de Beaumont, pour les bateaux chargés de bois passant l'Oise à Beaumont.

Carta comitis Bellimontis.

Philippus, Dei gratia Francorum rex. Noverint universi presentes pariter et futuri, quod nos 1216.
concessimus dilecto et fideli nostro Johanni, comiti Bellimontis, quod mercatores transeuntes per aquam de Bellomonte ei reddent de quolibet baco lignis onerato (1), viginti et quinque denarios, pro gubernaculo, duos denarios, et pro qualibet via, unum denarium ; et reddent eidem comiti, de cocheto (2), quatuor denarios, et duos denarios pro gubernaculo, unum denarium pro qualibet via. Si vero contineatur in baco, vel in cocheto, merrenum ad dolia facienda, reddent pro quolibet miliario, quatuor denarios ; et si ibi contineantur essaune (3) ad claves, reddent pro quolibet miliario quatuor denarios ; et si ibi fuerint asseres quercini secatici, pro quolibet miliario reddent quatuor denarios ; et omnia alia merrenia que erunt in baco, erunt quitta pro predictis viginti quinque denariis et duobus denariis de gubernaculo, et excepto merrenia ad quatuor lineas et similiter omnia merrenia que erunt in cocheto, excepta essanna et merrenio ad quatuor lineas, erunt quitta pro supradictis quatuor denariis, et duobus denariis pro gubernaculo. Si autem contingat quod bacus oneratus sit de merrenio ad quatuor lineas et de essanna, mercatores reddent quatuor solidos tantum, et ita erunt quitti de navigio illo, nisi quod reddent de gubernaculo pro qualibet via unum denarium. Si vero cochetus oneratus fuerit de essanna et de merrenio ad qua-

baut IV, le Posthume, fils de Blanche de Navarre, veuve de Thibaut III. Blanche força Erard de Brienne à se désister de ses prétentions, par un traité conclu au mois de novembre 1221.

(1) De chaque bac chargé de bois.

(2) *Cochetus*, coche d'eau.

(3) *Essaune*, esseau, ou échandole, ais de bois pour couvrir les toits.

tuor lineas, reddent.... (1) solidos, et pro gubernaculo duos denarios, sicuti de baco. Et si in baco, vel in cocheto, contineatur merrenium, vel essanna mixta cum lignis, per fidem gubernatoris quittabuntur.

Quod ut perpetue stabilitatis in perpetuum futuris temporibus robur obtineat, sigillum nostrum presentibus litteris duximus apponendum. Actum Compendii, anno Domini millesimo ducentesimo decimo sexto, mense septembris.

(*B. I. Cartulaire de Philippe-Auguste. Codex reg.* 9852 f. 144.)

CVII.

Tarif des marchandises passant par eau, à Beaumont.

Carta mercatorum aque Bellimontis.

Sciendum est quod controversia erat inter comitem Bellimontis (2) et mercatores aque, et de illis rebus que non erant esbonate et determinate, de quibus contentio erat, sic est :

Navis ad lignum, ad fenum, ad escamnas, ad minutum merrenium de quo frustrum non valebit duos solidos, dabit octo decem denarios, tam magna navis, quam parva ; et frustrum ligni quod valebit duos solidos et amplius, dabit obolum ; et si de illis frustris contentio fuerit, in sacramento gubernatoris navis erit. Pressorium totum fornitum dabit sex denarios, dimidium pressorium, tres. Miliare merreni ad vinum, quatuor denarios. Navis ad carbonem nihil dabit. Navis ad fructum, dabit sex denarios.

(*Ibid.* fol. 146.)

CVIII.

Partage de la succession de Guillaume de Garlande entre ses gendres, Jean, comte de Beaumont ; Henri, comte de Grandpré, et Gui le Boutillier de Senlis.

1217. Ego Johannes, comes Bellimontis. Notum facio omnibus presentes litteras inspecturis, quod Henricus, comes Grandiprati, michi quitat omnes exitus et proventus quos ego, vel mandatum meum, levavimus anno nuper preterito usque ad diem presentem, de terra Rareii, Conflans et Parisius, et de escheeta que nobis evenit de domino Guillelmo de Gallandia (3). Ego autem comes Bellimontis volo et concedo, quod dictus comes Grandiprati habeat omnes redditus et exitus, tam in blado, quam in vino, et aliis omnibus hujus anni, de tercio eschaete de domino Guillelmo de Gallandia, et de tercio unde tenens erat quando dominus Guillelmus de Gallandia decessit. De particione autem inter me et dictum comitem Grandiprati, et Guidonem, buticularium, facienda de

(1) Le nombre est omis au texte.

(2) Jean, comme à la pièce précédente.

(3) Guillaume de Garlande, v.e du nom. Il eut trois filles : Jeanne, qui épousa Jean, comte de Beaumont, Marie, qui épousa en premières noces Henri V, comte de Grandpré, et Elizabeth, qui épousa en premières noces Gui le Boutillier de Senlis, et en secondes noces Jean de Beaumont, chambrier de France.

eschaeta de domino Guillelmo de Gallandia, taliter pronunciatum est per judicium curie domini regis : quod nos tres, ego scilicet Johannes, comes Bellimontis, et Henricus comes Grandiprati, et Guido Buticularius, reportabimus in commune quicquid habuimus in maritagio, sive in mobilibus, sive non mobilibus, et quilibet nostrum pro porcione sua habebit tercium de omnibus rebus, tam in feodo quam domanio. Ita tamen, quod ego comes Bellimontis, qui habeo uxorem majorem natu, in porcione mea habebo melius herbergagium (1) cum fortericia, ubicumque sit, sive in Francia, sive in Normannia. Dictus vero comes Grandiprati, qui habet secundam natu, habebit melius herbergagium post illud, similiter cum fortericia. Predictus autem Guido Buticularius, qui habet terciam, habebit melius herbergagium post illa duo, similiter cum fortericia. Reliqua vero herbergagia venient in communem partitionem, cum aliis rebus, sicut predictum est. Actum Compendio, anno Domini M.° CC.° XVII.°, mense augusto.

(A. I. *Trésor des Chartes. Carton* J. 168, *pièce* 21.) Orig. parch., scellé du sceau du comte de Beaumont avec cette légende : + S. IOHIS : COMITIS : BELLIMONTIS. Sous le même numéro se trouvent des lettres semblables d'Henri, comte de Grandpré, et de Gui le Boutillier, avec leurs sceaux.

CIX.

Vente du bois de la Seuve, faite par Payen de Franconville, à Jean, comte de Beaumont.

Noverint universi presentes pariter et futuri, quod ego Paganus de Francorvilla, vendidi, as- 1218.
sensu Regine uxoris mee, et assensu filiorum meorum, scilicet Radulfi, et Petri et Ade et Johannis, et filiarum mearum, scilicet Clemencie et Aalis et Mathildis, fide mea et fide omnium prenominatorum interposita, Johanni, comiti Bellimontis, totum meum nemus de la Seuve. Hoc autem ut ratum et incussum permaneat, cartam istam sigilli mei munimine corroboravi. Anno verbi incarnati M.° CC.° XVIII.°

(A. I. *Trésor des Chartes, carton* J 168, *pièce n.°* 19.) Orig. parch. scellé du sceau de Payen de Franconville. Ecu échiqueté à une croix brochant sur le tout. Légende : + SIGILLVM PAGANI DE PRAIERS.

CX.

Charte de Jean, comte de Beaumont et seigneur du château de Lusarches, sur la manière dont l'un et l'autre des deux seigneurs de Lusarches, celui du Château et celui de la Motte, pourront occuper la maison fortifiée de Mareuil.

Noverint universi presentes et futuri, quod si quis ex duobus dominis Lusarcharum, Castri et 1220.

(1) L'hébergement ou manoir.

Mote (1), acceperit domum Marolii (2) pro suo negocio, in tali statu quo eam acceperit et ita munitam, eandem reddet Domino domus. Quod ut ratum permaneat, ego Johannes, comes Bellimontis et dominus Castri Lusarcharum, presens scriptum sigilli mei testimonio confirmavi. Actum anno Domini millesimo ducentesimo vicesimo, mense junio.

(A. I. *Trésor des Chartes*, *carton J.* 168, *pièce n.°* 25.)
Orig. parch.

CXI.

Jean, comte de Beaumont, confirme une donation de vingt sous parisis de rente, faite par la comtesse Jeanne, sa femme, au prieuré de Gournai-sur-Marne.

1220. Ego Johannes, comes Bellimontis. Universis notum facio presentibus pariter et futuris, quod Johanna comitissa, uxor mea, pro remedio anime sue et omnium antecessorum suorum, de assensu et voluntate mea, dedit monachis Beate-Marie de Gornaio supra Maternam (3), xx solidos parisiensis monete, singulis annis, in octabis Sancti Dionisii, ab eisdem monachis percipiendos in censu de Mostariolo. Quod autem ut perpetuam stabilitatem obtineat, ego et prefata uxor mea, presentem cartam conscribi, et sigillorum nostrorum munimine fecimus roborari. Actum anno Domini M.° CC.° vicesimo.

(A. I. *Carton S.* 1417, *pièce* 122.) Orig. parch., avec fragments des sceaux du comte et de sa femme. On lit au dos de la charte, et d'une écriture du même temps : *III kl. decembris ob. Johanna comitissa Bellimontis.* Ce qui s'accorde parfaitement avec le *Necrologium Bellimontense.* Cette pièce se trouve aussi au Cartulaire de Gournai. (A. I. Reg. L. 1378. fol. 34.)

CXII.

Jean, comte de Beaumont, confirme une donation de vingt sous de rente, faite par la comtesse Jeanne, sa femme, à l'abbaye de Saint-Victor.

1220. Ego Johannes, comes Bellimontis. Notum facio presentibus pariter et futuris, quod Johanna comitissa, uxor mea, dedit pro remedio anime sue et omnium antecessorum suorum, de assensu et voluntate mea, in puram et perpetuam elemosinam, ecclesie Sancti-Victoris Parisiensis, viginti solidos parisiensis monete, in censu de Mosteroel (4) in octabis Beati Dyonisii singulis annis percipiendos. Quod ut perpetuam stabilitatem etc. Actum anno gracie M.° CC.° vicesimo.

(A. I. *Cartulaire de Saint-Victor L.* 142, fol. 59 r.°)

(1) L'abbé Lebeuf, qui a connu cette distinction entre le Château et la Motte de Lusarches, dit que la Motte était près de l'église.

(2) Mareuil en France; Mareuil sur la carte de Cassini.

(3) Prieuré de l'ordre de Saint-Benoit, dépendant de Saint-Martin-des-Champs.

(4) Montreuil. Je crois que c'est Montreuil près Vincennes, fief appartenant aux Garlande. La comtesse Jeanne était fille de Guillaume de Garlande.

CXIII.

Jean, comte de Beaumont, confirme une donation de trente sous parisis de rente, faite par la comtesse Jeanne, sa femme, à l'abbaye de Saint-Antoine-des-Champs près Paris.

Ego Johannes, comes Bellimontis. Universis notum facio presentibus pariter et futuris, quod 1220.
Johanna comitissa, uxor mea, pro remedio anime sue et omnium antecessorum suorum, dedit, de assensu et voluntate mea, in perpetuam elemosinam monialibus de Sancto-Antonio triginta solidos parisiensis monete in censu de Musteroel, in octavis Beati Dionisii singulis annis percipiendos. Quod ut perpetuam stabilitatem obtineat, ego et prefata uxor mea, presentem cartam conscribi, et sigillorum nostrorum impressionibus fecimus communiri. Actum anno gratie millesimo cc.° vicesimo.

(A. I. *Carton S.* 4360, *pièce n.°* 37.) Orig. sur parch., auquel reste encore le sceau de la comtesse. Il est ogival, en cire jaune, sur double queue de parchemin. La comtesse y est représenté debout, vue en face, en robe et en manteau, tenant une fleur de lys de la main droite et ayant la gauche posée sur la poitrine.

Légende : S. CHOMETISSE GENSENE D' BELLOMVN'. (*Sigillum chometisse Gensene de Bellomunte.*)

CXIV.

Jean, comte de Beaumont, donne une vigne à l'abbaye de Marcheroux, en Vexin.

De elemosina quam dedit nobis Johannes, comes Bellimontis

Notum sit omnibus tam futuris quam presentibus, quod ego Johannes, comes Bellimontis, di- 1221.
vine pietatis intuitu et pro remedio anime mee, dedi in perpetuam elemosinam ecclesie de Mercato-Radulfi (1), vineam quam extorsi de manu Henrici, militis de Monceout. Quod ut perpetuam stabilitatem obtineat, presentem paginam sigilli mei munimine roboravi. Actum anno Domini M.° CC.° XX.° I.°, mense setembris.

(A. I. *Cartulaire blanc de Saint-Denis.* Tom. I.er, p. 705.)

CXV.

Jean, comte de Beaumont, donne à Henri Le Flamenc, en reconnaissance de ses services, quatre muids d'avoine et deux arpents de pré.

Notum sit omnibus tam presentibus quam futuris, quod ego Johannes, comes Bellimontis, dedi 1221.

(1) Marcheroux, dans le Vexin Français, au diocèse de Rouen. Il y avait dans ce lieu une abbaye de l'ordre des Prémontrés, fondée en 1122. C'est d'elle qu'il est question ici. Seulement il y a une faute dans la rubrique de notre charte, qui est tirée du cartulaire de Saint-Denis. Il n'y fallait pas le mot *nobis*, puisque c'est à l'abbaye de Marcheroux et non à celle de Saint-Denis, que la donation est faite.

Henrico le Flamenc, divine pietatis intuitu, et pro servicio suo, quatuor modios avene in decima de Borrenco singulis annis in festo Sancti Dyonisii percipiendos, cum duobus arpentis prati in Cuimont (1), quos ei jam dudum contuli, et quos diu ex dono meo percepit. Quod ut ratum et inconcussum permaneat, presentem cartam sigilli mei munimine roboravi. Actum anno Domini M.° CC.° vicesimo primo. Mense septembri.

(B. I. *Cartulaire de l'abbaye de Royaumont coté* 5472, *p.* 64.) C'est une copie de Gaignières.

CXVI.

Jean, comte de Beaumont, donne à Pierre de Champagnes, en reconnaissance de ses services, plusieurs arpents de terre.

1221. Notum sit omnibus tam presentibus quam futuris, quod ego Johannes, comes Bellimontis, dedi Petro de Campaniis (2), pro servitio suo, et heredibus suis, octo arpennos terre quos faciebat de me ad medietatem (3), et sex arpennos terre qui fuerunt domini Garneri Magni, et unum arpennum vinee in Chaucon. Ita videlicet quod proinde faciat homagium domino fundi, quicumque fuerit. Quod ut ratum et inconcussum permaneat, presentem cartam sigilli mei munimine roboravi. Actum anno gratie M.° CC.° XXI.° mense septembris.

(B. I. *Cartul. de Ph.-Aug.*, *Cod. reg.*, *n.°* 9852/2, fol. 207 v.°) Il est du XIII.° siècle.

CXVII.

Jean, comte de Beaumont, inféode sa mairie de Champagne, à Pierre de Champagne, son sergent d'armes.

1222. Ego Johannes, comes Bellimontis. Omnibus presentes litteras inspecturis, notum facio quod ego dedi et concessi Petro de Campaniis, servienti meo, in feodum, et heredibus suis, majoriam meam de Campanis et omnia jura ipsius majorie in perpetuum possidenda. Quod ut ratum et inconcussum permaneat, presentem cartam sigilli mei feci munimine roborari. Actum anno gratie M.° CC.° XX.° secundo, mense marcio.

(B. I. *Cartulaire de Philippe-Auguste.* Cod. reg. 9852/2, fol. 207 v.°)

(1) Cuimont. C'est le nom du lieu où quelques années plus tard S. Louis fonda l'abbaye de Royaumont. C'est une prairie que baigne l'Oise. Et, pour le dire en passant, on voit combien on serait sujet à se méprendre, en inférant de leur étymologie la position de certains lieux. Ce n'est pas de sa situation que l'abbaye s'est appelée *Regalis Mons*, mais de ce premier nom de *Cuimont.*

(2) Pierre de Champagne. On voit par la charte suivante qu'il était sergent d'armes du comte.

(3) *Quos faciebat de me ad medietatem.* Ces mots désignent un bien tenu en métairie.

CXVIII.

Jean, comte de Beaumont, nomme ses exécuteurs testamentaires.

Ego Johannes, comes Bellimontis. Omnibus presentes litteras inspecturis, notum facio quod 1221.
ego constitui exequtores testamenti mei : venerabilem patrem et dominum Guillelmum, Dei gratia Remehsem archiepiscopum, apostolicæ sedis legatum, karissimum nepotem meum, et priorem Sancti Leonorii de Bellomonte, Theobaldum de Cormeliis, Johannem de Charcio, Petrum de Caumontel, Theobaldum de Seugi, milites; et dedi eis potestatem addendi et corrigendi ea quæ addenda fuerint et corrigenda, prout melius mihi viderint expedire. Quod ut ratum et inconcussum permaneat, presentes litteras sigilli mei munimine roboravi. Aotum anno gratiæ millesimo ducentesimo vincesimoprimo, mense septembri.

(A. I. *Carton S.* 1410 n.° 46.) Copie moderne *ex autographo.*

CXIX.

Jean, comte de Beaumont, confirme une donation de dix livres de revenu, faite par la comtesse Jeanne, sa femme, à l'abbaye du Val.

Ego Johannes, comes Bellimontis. Notum facio, quod Johanna comitissa, uxor mea, dedit, de 1220.
voluntate mea, pro remedio anime sue et omnium antecessorum suorum, in elemosinam, ecclesie Vallis B. Marie, 10 liv. in censu de Munsteroel, singulis annis. Signorum nostrorum. 1220.

(B. I. *Cartulaire de l'abbaye du Val*, anc. fonds., n.° 5462, p. 333) Copie de Gaignières. Ne se trouve pas dans le cartulaire original des archives.

CXX.

Jean, comte de Beaumont, lègue à l'abbaye du Val deux arpents de vigne et cent sous de rente sur le travers de Conflans-Sainte-Honorine.

Elemosina nobilis viri Johannis comitis Bellimontis, duo arpenni vinearum et centum solidos parisiensium conventui.

Ego Johannes, comes Bellimontis. Universis notum facio presentibus pariter et futuris, quod 1221.
cum gravi egritudine laborassem rebus meis disposui, et testamentum faciens meum, legavi ecclesie Vallis-Beate-Marie et fratribus ibidem Deo servientibus, et in perpetuam elemosinam dedi pro salute anime mee et omnium antecessorum meorum, duos arpennos vinee sitos in clauso meo de Quarreria juxta territorium de Moschecort, et centum solidos pariter monete in transverso meo de Confluentio, in octabis Natalis Domini annuatim percipiendos, qui singulis annis in die anniversario obitus mei ad refectionem et pittanciam conventus ejusdem loci cedent. Quod ut perpetuam

stabilitatem obtineat, presentem cartam conscribi, et sigilli mei impressione feci communiri. Actum anno gratie M.° ducentesimo vicesimo primo.

(A. I. *Grand Pastoral*, p. 190.) C'est un manuscrit du XIII.° siècle.

CXXI.

Jean, comte de Beaumont, donne à l'abbaye de Mortemer, deux arpents de vigne situés au Clos-l'Evêque, à Paris.

Johannis comes (sic) *Bellimontis de duobus arpennis vinee in Clauso Episcopi.*

1221. Ego Johannes, comes Bellimontis. Notum facio omnibus presentibus pariter et futuris, quod intuitu pietatis, et pro remedio anime mee et omnium antecessorum meorum, dedi Deo et ecclesie Beate-Marie Mortui-Maris duos arpennos vinee in Clauso-Episcopi sitos (1). Quod ut firmum et stabile fiat, presentem cartam conscribi et sigilli mei auctoritate feci confirmari. Actum anno incarnationis dominice M.° CC.° XX.° primo.

(A. I. *Cartul. blanc de Saint-Denis*, tom. 1er, p. 705.) En 1225, l'abbé de Mortemer cède ces deux arpents de vigne à l'abbaye de Saint-Denis. (*Ibid.* p. 709.)

CXXII.

Jean, comte de Beaumont, donne à l'abbaye de Beaupré, un arpent de terre au territoire appelé Le Ringuet.

1221. Ego Johannes, comes Bellomontis. Universis notum facio presentibus pariter et futuris, quod pro salute anime mee et omnium antecessorum meorum, dedi in puram et in perpetuam elemosinam ecclesie Beate-Marie de Prato et fratribus ibidem Deo servientibus, unum arpentum vinee situm in territorio quod vocatur Ringuet (2). Quod ut ratum permaneat, presentem cartam conscribi et sigilli mei impressione feci communiri. Actum anno Domini. M.° CC.° XXI.°

(B. I. *Cartulaire de Beaupré*, *cart.* 81, fol. 106.) Cartulaire de la fin du XIII.° siècle.

CXXIII.

Jean, comte de Beaumont, confirme à l'abbaye de Beaupré, une donation de quatre

(1) Le clos l'Evêque, dont il est ici question, était situé sur le territoire de Noisy sur Oise. En avril 1225, Vital abbé de Mortemer vendit à l'abbaye de Saint-Denis, pour le prix de quinze livres parisis, ces deux arpents de vigne qu'il tenait de la libéralité du comte Jean, *apud les Aubeins in Clauso-Episcopi*, est-il dit dans la charte.

(2) Sur le chemin de Noisy à Beaumont.

arpents et demi de terre à Bernes, et une vente d'un arpent de vigne au territoire de Nointel.

Ego Johannes, comes Bellimontis. Notum facio presentibus et futuris presentem paginam inspecturis, quod benigne volui simul et concessi, ecclesie et conventui Beate-Marie de Prato, Cisterciencis Ordinis, ut libere et pacifice in perpetuum possideant, salvo jure meo et alieno, closum juxta pressorium meum apud Baernam situm, IIII.or arpennos et dimidium, tam in terra quam in vinea, continentem, quem Noe de Baerna et Johannes filius ejus, dicte ecclesie dederunt, ut dicitur, in puram elemosinam, quittam et liberam in perpetuum possidendam. Concessi etiam dicte ecclesie unum arpennum vinee apud Bussum, in territorio de Noientello, quem Michael Govrey et Eremburgis uxor ejus, et Sainta, soror dicte Eremburgis, supradicte ecclesie vendiderunt. Ad majorem hujus rei confirmationem, presentem paginam sigilli mei munimine confirmavi. Actum anno gracie. M° CC.° XXII.°, mense maio. 1222.

(A. I. *Cartulaire de Beaupré*, *cart.* 81, fol. 106 v.°)
Cartulaire de la fin du XIII.e siècle.

CXXIV.

Jean, comte de Beaumont, permet aux moines de Saint-Léonor d'établir un pressoir en quelqu'endroit qu'ils voudront de leurs terres.

Johannes, comes Bellimontis, universis presentibus pariter et futuris, salutem. Noverit universitas vestra, quod ego divine karitatis intuitu, et ob remedium anime mee et parentum meorum, concessi ecclesie et monachis Sancti-Leonorii de Bellomonte habere pressorium in terra sua ubicumque voluerint ad proprios usus vinearum suarum et censariorum suorum. Quod ut perpetue stabilitatis robur obtineat, presentem paginam sigilli mei auctoritate confirmavi. Actum anno incarnationis dominice, millesimo ducentesimo vicesimo primo, mense septembri. 1221.

(A. I *Cart. S.* 1410, *pièce n.°* 51.) Orig. parch., avec fragment de sceau équestre du comte Jean.

CXXV.

Jean, comte de Beaumont, tient les moines de Saint-Léonor quittes d'une redevance annuelle de deux muids d'avoine à Fresnoy en Thelle.

Ego Johannes, comes Bellimontis. Notum facio, etc. Quod ego quitavi in perpetuum et remisi monachis S. Leonorii de Bellomonte duos modios avenæ quos michi reddebant singulis annis apud Fresneium pro tensamento hominum suorum de Fresneio (1). Quod ut ratum et inconcussum permaneat, presentes litteras fieri et sigilli mei feci munimine roborari. Actum anno gratiæ. M.° CC.° vicesimo secundo, mense maio. 1222.

(A. I. *Carton S.* 1410.) Copie moderne *ex veteri apographo*.

(1) Ici le *tensamentum* s'applique bien à un droit dû pour une protection accordée par un seigneur, tel qu'il est défini dans Du Cange.

CXXVI.

Jean, comte de Beaumont, donne aux moines de Saint-Léonor, une hostise située à Bernes.

1223. Ego Johannes, comes Bellimontis. Omnibus ad quos presentes littere pervenerint notum facio, quod ego dedi et concessi monachis Sancti-Leonorii de Bellomonte hostisiam Norberti More, integram, de Baerna, pro commutacione cujusdam hostisie que fuit Gervasii, carnificis, de Bellomonte. Quod ut ratum et inconcussum permaneat, presentem cartam sigilli mei munimine roborari feci. Actum anno gracie millesimo ducentesimo vicesimo secundo, mense marcio.

(A. I. *Carton S.* 1410, *pièce n.°* 49.) Orig. parch., scellé du sceau équestre du comte Jean.

CXXVII.

Lettres des exécuteurs testamentaires de Jean, comte de Beaumont, touchant une charte de ce dernier en faveur du prieuré de Saint-Aubin de Chambli.

1223. Omnibus ad quos presens scriptum pervenerit, G. dictus prior Sancti-Leonorii de Bellomonte (1), Theobaldus de Cormeliis, Johannes de Charz et Theobaldus de Seugi, milites, executores testamenti domini Johannis, comitis Bellimontis (2), in Domino salutem.

Noveritis quod dominus Johannes, comes Bellimontis, reddidit et concessit, pro remedio anime sue, priori Sancti-Albini de Chambliaco, anno ab incarnatione domini, millesimo ducentesimo quinto (3), torcular, quod constructum est infra muros habitationis monachorum de Chambliaco, in perpetuum libere et pacifice possidendum, ad pressorandas proprias vineas monachorum et censariorum suorum, sicut continetur in cartula ipsius comitis, super hoc et aliis confecta, que sumatur in ecclesia Beati-Leonorii de Bellomonte (4).

(B. I. *Papiers de Dom Grenier*, 10.ᵉ paquet, n.° 6. *Ex autographo in archivis S. Mart. de Pontisara.*)

CXXVIII.

Confirmation par Adam de Beaumont et Isabelle, sa femme, d'une donation faite à Saint-Antoine de Paris, par Agnès de Cressonssart.

1211. Noverint presentes pariter et futuri, quod ego Adam de Bellomonte, de assensu et voluntate

(1) Girard, prieur de Saint-Léonor, au moins dès 1221.

(2) Thibaud de Cormeilles en Vexin, Jean de Chars, Thibaut de Seugi. La charte n.° CXVIII nomme un quatrième chevalier, Pierre de Chaumontel.

(3) Il faut lire sans doute 1215. En 1205, Jean n'était pas encore comte de Beaumont.

(4) Cette dernière phrase nous apprend que les chartes des comtes de Beaumont se conservaient dans leur prieuré de Saint-Léonor, compris, au reste, dans l'enceinte du château.

Isabellis, uxoris mee, laudavi, concessi et approbavi donationem illam quam domina Agnes de Cressun-Assardi fecit domui Beati-Antonii Parisiensis, scilicet totam emptionem illam quam fecit ab Andrea Ternel apud Savigniacum. Quod ut ratum et inconcussum permaneat, ad majorem hujus facti firmitatem presentem paginam sigilli mei munimine roboravi. Actum anno Domini M.° CC.° XI.°, mense octobri.

(A. I. *Carton S.* 4366, *pièce* 27.) Orig. parch., avec fragment du sceau d'Adam de Beaumont. Ecu portant un gironné de douze pièces.

CXXIX.

Adam de Beaumont se constitue plège, vis-à-vis de Philippe-Auguste, pour Robert de Courtenai.

Ego Adam de Bellomonte. Notum facio universis ad quos littere presentes pervenerint, quod 1217.
dominus Robertus de Corteniaco, creantavit fidele servicium domino meo, Philippo, illustri regi Francorum, contra omnem rem terrenam, et de hoc firmiter tenendo erga eundem dominum regem me posuit plegium de ducentis marcis argenti, tali modo quod si dictus Robertus contra hoc iret, infra quadraginta dies ex quo a domino rege essem super hoc submonitus, gratum ejus facerem de ducentis marcis; quod si non facerem, dominus rex propter hoc posset assignare ad omnes res meas sine meffacere. Actum anno Domini M.° CC.° XVII.°, mense novembri.

(A. I. *Trésor des Chartes*, *carton J.* 394, *pièce n.°* 63.) Orig. parch. sceau perdu.

CXXX.

Adam, seigneur de Beaumont, chevalier, demande à Blanche, comtesse de Champagne, de recevoir l'hommage d'Ebrard de Villepreux, pour le fief de Colemares.

Quod A., dominus Bellimontis, mandavit B., comitisse, ut ipsa Ebrardum de Villaperor in hominem reciperet de feodo de Colemariis, et quod E., malus-nidus, frater ejusdem Ebrardi ei quitassset.

Karissime domine sue et quam plurimum dilecte, nobili comitisse Campanie Palatine, A., do- Sans date.
minus Bellimontis, miles, ad omnia suus, salutem, reverentiam et honorem.

Presentibus litteris vobis notifico quod dominus E., Malus-Vicinus donavit et concessit Ebrardo de Villaperor fratri suo et heredibus suis, feodum suum de Colemariis, quod de nobis tenebat. Ego enim vobis mando quatinus predictum E., de Villaperor de jam dicto feodo in hominem recipiatis, quia ego et Ysabella, uxor mea, donationem istam volumus et concedimus, et illam gratam habemus et acceptam.

(A. I. *Cartulaire de Champagne*, K. 915 fol. 138.)

CXXXI.

Jean de de Beaumont, chevalier, donne à l'abbaye de Saint-Antoine de Paris, un muid de blé de revenu.

1214. Ego Johannes de Beamont, miles. Notum facio universis presentes litteras inspecturis, quod de assensu et voluntate Aelidis, uxoris mee, dedi et concessi in puram et perpetuam elemosinam ecclesie Sancti-Antonii Parisiensis unum modium bladi, medium videlicet ybernagii, et medium mazagii, in grangia mea, que est inter Parisius et Montem-Martirum, in festo Omnium Sanctorum semper accipiendum. In cujus rei memoriam et testimonium, presentes litteras fieri feci, et sigilli mei munimine roborari. Actum anno dominice incarnationis millesimo ducentesimo quarto decimo, kal. aprilis.

(A. I. *Carton S.* 4375, *pièce n.°* 14.) Orig. parch., scellé. Ecu portant un gironné brisé d'un lambel.

CXXXII.

Jean de Beaumont approuve la donation faite aux Templiers par Raoul Arondel, de vignes situées entre Rosny et Villemonble.

1215. Ego Johannes de Bellomonte. Notum facio tam presentibus quam futuris, quod vineas, que site sunt inter Rooni et Villemunde (1), quas Radulfus Arundel tenebat a me ad tres solidos censuales annuatim michi persolvendos, et ad decimam et pressoragium, fratribus militie Templi Salomonis quiete et pacifice, salvo jure meo et salvis predictis redditibus atque dominio meo, laudo et imperpetuum concedo. Et hoc ut ratum et inconcussum perhenniter permaneat, presentem cartam sigilli mei munimine corroboravi. Actum est hoc anno ab incarnatione domini M.° CC.° quinto decimo, mense octobri.

(A. I. *Carton S.* 5097, *pièce* 8.) Orig. parch., sceau perdu.

CXXXIII.

Confirmation par Jean de Beaumont, chevalier, et Isabelle la Boutillière, sa femme, d'une donation de deux arpents de pré, faite aux moines de Sainte-Marie de Gournai par feu Guillaume de Clichy, chevalier.

1236. Ego Johannes de Bellomonte, miles. Omnibus presentes litteras inspecturis notum facio, quod ego, de assensu et voluntate Isabellis, uxoris mee, dedi et concessi in puram et perpetuam elemosinam ut monachi Beate-Marie de Gornayo supra Maternam, ibidem Deo et Beate-Marie servientes, teneant et possideant imperpetuum, in manu mortua, sine aliqua coactione vendendi sive

(1) Rosny et Villemonble, près de la forêt de Bondy.

alienandi seu ponendi extra manum suam, duo arpenta prati apud Gornayum, sita ut dicitur sub Noa, que movebant de feodo meo ex parte Ysabellis uxoris mee; que videlicet duo arpenta dominus Guillelmus de Claciaco, quondam miles, in infirmitate positus, contulit ecclesie Beate-Marie de Gornayo. Quod [ut] autem ista concessio rata et inconcussa imperpetuum permaneat, ego Johannes de Bellomonte, miles, et Ysabellis, uxor mea, que istam concessionem et donationem voluit et laudavit, dicta duo arpenta prati predictis monachis de Gornayo confirmavimus, et presentem paginam sigillorum nostrorum impressione fecimus roborari. Actum anno Domini M.° CC.° tricesimo sexto, mense junio.

(A. I. *Carton S.* 1417, n.° 133.) Orig. parch., scellé. Le sceau de Jean de Beaumont porte, sur la face, un gironné de douze pièces, brisé d'un lambel, et, au contre-sceau, un losangé.

CXXXIV.

Jean de Beaumont, chambrier de France, et Isabelle la Boutillière de Senlis, sa femme, donnent aux Frères de l'ordre de la Trinité et des Captifs, la maison de Pontarmé.

Omnibus presentes litteras inspecturis, Johannes de Bellomonte, Francie camerarius, Isabellis, uxor ejus, Buticularia Silvanectensis, salutem in Domino. Universitati vestre notum facimus, quod nos, ob remedium animarum nostrarum et antecessorum nostrorum, dedimus et concessimus, et hac presenti carta nostra confirmavimus viris religiosis fratribus ordinis Sancte Trinitatis et captivorum, domum de Ponte-Hermeri (1) in feodo nostro situm, cum omnibus pertinentiis suis, in puram et perpetuam elemosinam, libere et quiete et pacifice in perpetuum possidendam, in quantum ad nos pertinet, et in eodem statu quo alii predecessores dictorum fratrum tenuerunt. Et ut hec donatio nostra rata et grata permaneat, presentem cartam sigillorum nostrorum munimine dignum duximus roborari. Actum anno Domini M.° CC.° quadragesimo primo, mense maio. 1241.

(A. I. *Carton S.* 4264, n.° 24.) Orig. parch. Il reste un fragment du sceau d'Isabelle, qui la represente debout un oiseau au poing. Au contre-sceau un écu chargé d'une gerbe.

CXXXV.

Guillaume et Jean de Beaumont, chevaliers, confirment un legs fait par Adam de Beaumont, leur père, aux religieuses de Sainte-Antoine-des-Champs, de soixante sous de revenu à Mitry.

Omnibus presentes litteras inspecturis, Guillelmus et Johannes de Bellomonte, milites, salutem in Domino. Noverint universi, quod nos volumus et concedimus legatum quod, bone memorie, Adam, pater noster, legavit monialibus Sancti-Antonii Parisius, videlicet sexaginta solidos 1248.

(1) Pontarmé, prieuré de Mathurins, entre Louvres et Senlis.

annui redditus apud Mintriacum (1) in suis redditibus, annis singulis in perpetuum percipiendos, pro anniversario ipsius A., in earumdem ecclesia annuatim faciendo. Actum anno Domini M.° CC.° XL.°, mense julio.

(A. I. *Carton S.* 4374, n.° 22.) Orig. parch., sceaux perdus.

CXXXVI.

Jean de Beaumont, chambrier de France, et Isabelle la Boutillière, sa femme, confirment une donation de neuf livres de revenu, faite par leurs ancêtres au prieuré de Gournai-sur-Marne.

1248. Universis presentes litteras inspecturis, Johannes de Bellomonte, Francie camerarius, et Ysabellis Buticularia, uxor ejus, salutem. Notum facimus quod nos, elemosinam quam predecessores nostri ecclesie Beate-Marie de Gournaio super Maternam fecerunt super novem libris par. in pedagio nostro de Gournaio annuatim percipiendis, videlicet medietatem infra octabas Beati-Johennis (*sic*) Baptiste, et aliam medietatem infra octabas Purificationis Beate-Marie, volumus et concedimus quod prepositus noster de Gournaio predicto qui pro tempore fuerit, dictas novem libras terminis prenotatis priori et conventui predictis reddere teneatur. Quod ut perpetuum robur obtineat, presenti pagine sigilla nostra duximus apponenda. Datum anno Domini M.° CC.° XL.° octavo, mense junio.

(A. I. *Cartulaire du prieuré de Gournai.* Reg. L. 138. fol. 25 v.°)

CXXXVII.

Guillaume de Beaumont, maréchal de France, engage au roi Saint Louis toute sa terre en garantie d'une somme de deux cent trente livres tournois dont ce prince avait répondu pour lui à Pierre le chambellan.

A Saint-Jean d'Acre. Juin 1250.

1250. Ego Guillelmus de Bellomonte, Francie marescallus. Notum facio universis, quod cum excellentissimus dominus meus, Ludovicus, rex Francie illustris, ad preces et instantiam meam promiserit se redditurum pro me domino Petro, cambellano, vel certo mandato ejus, ducentas triginta libras turonenses si ego in solutione earum deficerem infra octabas instantis Purificationis Beate-Marie, ego pro dicta pecunia, obligavi eidem domino meo regi totam terram meam; volens et concedens, quod si in solutione dicte pecunie deficerem, ipse ad dictam terram meam, sine se mesfacere, posset assignare, et proventus ac exitus ejusdem capere, donec de dicta pecunia esset

(1) Mitry, canton de Gonesse.

eidem plenarie satisfactum. In cujus rei testimonium, presentes litteras sigilli mei munimine roborari. Actum Acon, anno Domini M.° CC.° quinquagesimo, mense junio.

(A. I. *Carton J.* 441, n.° 10.) Orig. sur parch., avec fragment de sceau en cire jaune sur double queue. A la face, un écu gironné de douze pièces. Il reste au haut du champ une fleur de lys et une autre à dextre. *Légende.* . . . . . FRACIE. *Au contre-sceau*, écu à trois fasces très-petites. *Légende.* + S WLLI D' BLLO MOTE.

CXXXVIII.

Jean de Beaumont, chambrier de France, engage au roi Saint Louis, toute sa terre en garantie d'une somme de quinze cents livres tournois dont ce prince a répondu pour lui à Rosso Confili et ses associés, marchands Siennois.

Au camp devant Césarée. Juin 1251.

Universis presentes litteras inspecturis, Johannes de Bellomonte, camerarius Francie, salutem 1251.
in Domino. Notum sit omnibus, quod cum dominus rex a Rosso Confilii, pro se et Scoto Dominici, Bonencontre Guiton, Renero Guicarini, Ventura Furnarii, Martino Guillelmi, Bona-gracia Ardemen et Bonencontre Escot, sociis suis, mercatoribus Senensibus, michi fecit haberi mutuo mille et quingentas libras turonenses, quas ipsis mercatoribus reddere tenetur pro me idem dominus rex ad Pascham proximo venturam, ego de debito illo in partibus Francie reddendo eidem ad instantem Purificationem Beate Marie ante dictam Pascham, totam terram meam et omnia bona mea mobilia et immobilia specialiter obligavi, volens et concedens quod ego et heredes mei, si opus fuerit, compellamur per captionem et detencionem terre mee et omnium bonorum meorum predictorum, ad dictum debitum in dicto termino Purificationis persolvendum. In cujus rei testimonium, sigillum meum duxi presentibus apponendum. Actum in castris juxta Cesaream, anno Domini M.° CC.° quinquagesimo primo, mense junio.

(A. I. *Trésor des Chartes*, *carton J.* 441, *pièce* 5.) Orig. parch., avec fragment de sceau, en cire jaune, sur simple queue. On y distingue encore à la face un écu gironné brisé d'un lambel, et au revers un écu losangé.

Il est fait mention dans une charte de l'an 1208 (J. 460, n.° 7) d'Isabelle le Boutillier, femme de Jean de Beaumont, chambellan du roi, et fille de Guillaume de Garlande d'Alix, sa femme.

CXXXIX.

Don de deux cents livres parisis de revenu fait par saint Louis à Jean de Beaumont, chambrier de France.

Au camp devant Césarée. Mars 1252.

Littere de donatione facta Johanni de Bellomonte.

Ludovicus Dei gracia Francorum rex. Notum facimus quod nos dilecto et fideli nostro Johanni 1252 de Bellomonte, Francie camerario, dedimus et concessimus ducentas libras parisienses annui redditus, quamdiu vixerit, in festo Ascensionis Domini percipiendas, in feodum et homagium ligium, annuatim in coffris nostris. Ita quod post ejus decessum, idem redditus ad nos et heredes nostros libere revertatur. In cujus rei testimonium, presentes litteras sigilli nostri fecimus impressione muniri. Actum in castris juxta Cesaream Palestinam, anno Domini M.° CC.° quinquagesimo primo, mense marcio.

(B. I. *Cartul. de Philippe-Aug. Cod. reg.* 9852, fol. 191 v.°)

CXL.

Confirmation de saint Louis, d'un don de vingt livrées de terre, fait par Jean de Beaumont, chambrier de France, à Jean de Chauny, chevalier, en considération de ses services Outre-mer.

Au camp devant Césarée. Mars 1252.

Littere Johannis de Cauny militis de dono facto eidem a Johanne de Bellomonte camerario.

1252. Ludovicus, Dei gratia Francorum rex. Universis presentes litteras inspecturis salutem. Notum facimus quod nos litteras dilecti et fidelis nostri Johannis de Bellomonte, Francie camerarii, scriptas in gallico, et sigillo suo sigillatas, verbo ad verbum inspeximus, in hec verba :

Je Johan de Beaumont, Chamberier de France, faz à savoir à toz ceus qui sont et seront que en ma santé et ma bone mémoire je ai doné et otroié e confermé à toz jorz en fié et en homage lige à Johan de Cauny chevalier, à lui et à ses heirs de sa fame espousé, vint livrées de terre à parisis de rente à chescun an por le bon service que il ma fet en la sainte terre d'outre-mer. E l'en assenne des hores, lui et ses hoirs, à prendre et à recevoir les devandites vint livrées de terre, sur totes mes rentes que je ai à Mesenguo-vile et ès apartenances dicele devantdite vile, sauf mon manoir. E vueil que ices devandites vint livrées de terre soient assises à lui et à ses heirs en terre assise à drète assise par les us et par les costumes do pais où cele terre siet, dedenz les quarante jorz que il, ou si heir, auroient requis moi ou mes heirs. E je et mi heir, somes tenu à lui et à ses heirs, à garantir et à mantenir et à defendre totes les choses de sus dites de tote chalonge et de toz contenz. E par ce fié que je li ai doné, si com il est de sus dit, il ma fet homage lige, sauve la foeute de ses seigneurs, à cui il estoit hom devant moi, en tel maniere que li homages de lui et de ses heirs apres mon décès, sanz niel méen, vendra à mon seigneur le Roi de France et à ses heirs. E seront tenu, e il e si heir, qui ce fié tendront, de fère homage lige au Roi et à ses heirs. E por ce que je vueil que totes ces choses de sus dites soent tenues fermes et estables, ne que aucun n'i puissent aler à l'encontre, je ai fet fère ceste présente chartre, séeler de mon seel. Ce fu fet en l'an de l'incarnacion de nostre seigneur Jhesucrist, M. CC. et cinquante un, ou mois de septembre, en l'ost devant Cesaire Palestine, ou reaume de Jherusalem.

Nos autem ad requisicionem dicti Johannis de Bellomonte donacionem predictam secundum quod superius continetur, volumus et ratam habemus, et, salvo jure alieno, confirmamus. Ita tamen, quod post decessum prefati Johannis de Bellomonte, dictum homagium ad nos et heredes nostros immediate ac libere revertatur secundum quod superius est expressum. Quod ut ratum et stabile permaneat, ad peticionem ejusdem J. de Bellomonte presentes litteras sigilli nostri fecimus impressione muniri. Actum in castris juxta Cesaream Palestinam, anno Domini M.° CC.° quinquagesimo primo, mense marcio.

Littere de dono facto Simoni de Foilleuse, militi, ab eodem (1), in eadem forma, de XX libratis ad turonenses, in eodem loco.

(B. I. *Cartul. de Philippe-Aug. Cod. reg.* 9852_{3}, fol. 191.)

CXLI.

Quittance d'une somme de quarante livres donnée par Guillaume de Beaumont, chevalier, fils de Jean de Beaumont, à Archambaud, sire de Bourbon.

Ego Guillelmus de Bellomonte miles, filius domini Johannis de Bellomonte militis. Notum facio 1247.
universis presentes litteras inspecturis, quod ego recepi a karissimo domino meo Archambo, domino Borbonii, per manum magistri Hugonis, clerici sui, quadraginta libras fortes, de redditu meo, de quibus denariis habeo me pro pagato quantum ad hunc annum presentem; et quia sigillum meum pre manibus meis non habebam, presentes litteras sigilli karissimi patris mei domini Johannis de Bellomonte feci sigillari (2). Datum apud Pontisaram, anno Domini, millesimo ducentesimo quadragesimo sexto, die jovis post octabas Epiphanie Domini.

(A. I. *Section domaniale, reg. coté P.* 1369, *cote* 1689, *Bourbonnois.*) Orig. parch., sceau détruit.

CXLII.

L'official de Beauvais constate que Jean, fils de feu Jean de Beaumont le chambrier de France, a vendu au roi une place sise à Senlis.

Universis presentes litteras inspecturis, magister Thomas, dictus de Sancto-Marcello, canoni- 1262.
cus et officialis Belvacensis, salutem in Domino. Notum facimus universis, quod in presentia nostra constitutus Johannes, filius quondam domini Johannis de Bellomonte, Francie camerarii, voluntate spontanea quittavit et concessit omnino in perpetuum domino regi Francie, ad suam voluntatem faciendam, quicquid juris, ratione donationis vel legati, seu alia quacumque ratione, habebat vel habere poterat aut debebat in quadam platea que olim vinea fuisse dicitur, inter domum ipsius domini regis et domum Buticularii Silvanectensis, promittens, fide data corporali, quod in eadem platea nichil de cetero, per se, vel per alium reclamabit. Super estimacione autem

(1) Jean de Beaumont.

(2) Ces emprunts de sceaux sont assez fréquents au XIII.° siècle.

precii seu valoris ejusdem platee, omnino se supposuit ordinationi seu dicto Petri, cambellani ipsius domini regis Francie, et domini Guillelmi de Nangisio, capellani ejusdem (1), sub ejusdem fidei religione promittens se ratum habiturum pariter et acceptum quicquid iidem G. et P. super hoc ordinandum duxerint dicendum seu etiam faciendum. In cujus testimonium presentes litteras sigillo curie Belvacensis fecimus communiri. Datum anno Domini, M.° CC.° sexagesimo secundo, mense apprillis (2).

(A. I. *Trésor des Chartes*, *carton J.* 160, *Senlis I*, *pièce* 9.)

CXLIII.

Vidimus donné par Jean de Beaumont, chevalier.

1272. Universis Johannes de Bellomonte miles, filius viri bone memorie et nobilis Johannes de Bellomonte quondam militis, defuncti, ab Ysabella, quondam uxoris ipsius defuncti procreatus — vidi die dominica Brandonum 1271 (3) litteras viri nobilis et bone memorie Petri de Gerberreyo quondam militis, in hec verba : Sciant universi quod ego Petrus de Gerberreyo, etc. In cujus retestimonium sigilli mei.

(B. I. *Cartulaire de l'abbaye du Val*, *anc. fonds*, n.° 5462, fol. 77.) Copie de Gaignières.

CXLIV.

Accord entre Jean de Beaumont, chevalier, et l'abbaye du Val.

1272. Universis Johannes de Bellomonte, miles, Johanna, ejus uxor, Reginaldus de Tonloier et Johannes de Crievecuer, milites, salutem. Noverint quod cum nos, dominusque Johannes de Flavacuria, miles, et abbas et conventus Vallis Beate-Marie participes essemus et communes pro indiviso in boscis et fundo boscorum que vocantur *Les calenges* sitorum inter domaignium de Ons et boscum dictorum religiosorum — nos sic convenimus etc. — 1271, mense marcii.

(B. I. *Ibid.*, fol. 63.)

CXLV.

Ives de Beaumont, chevalier, se porte garant de la vente faite par Thibaut de Mellencourt, son neveu, à l'abbaye de Saint-Denis, de tout ce que ce dernier possédait à Cavillon.

Super hoc quod Theobaldus de Mollencort vendidit quicquid habebat apud Cavellons.

1213. Ego Ivo de Bellomonte (4), miles. Notum facio universis presentem paginam inspecturis, quod

(1) C'est le chroniqueur Guillaume de Nangis.

(2) En 1262, Pâques étant tombé le 9 avril, cette pièce peut également appartenir soit à l'année 1262, si elle est des huit premiers jours du mois, soit à l'année 1263, dans le cas contraire.

(3) 22 février.

(4) Ives de Beaumont, avoué d'Ully, fils de Hugues I.er de Beaumont, seigneur de Persan, et cousin germain du comte Jean.

Theobaldus de Mollencort, nepos meus, quondam advocatus de Cavellons, advocationem suam ville ejusdem, et justiciam in nemore et in plano, et quicquid habebat apud Cavellons (1), vendidit ecclesie Beati Dyonisii et in perpetuum omnino quitavit. Et istam venditionem et quitationem dicti Theobaldi factam ecclesie Beati Dyonisii, de qua movent predicta, concessi, volui et laudavi, et ad petitionem ejusdem Theobaldi, de ista venditione et quitatione tenenda dicte ecclesie, ego et Theobaldus filius meus, nos plegios per fidem constituimus; ita quod debemus tenere prisioniam in villa Beati-Dyonisii intra quatuor portas, infra octo dies, quotiens fuerimus requisiti ab abbate vel monachis Beati Dyonisii, et se dixerint esse vexatos super venditione predicta, donec hoc per jus fuerit emendatum (2).

In cujus rei testimonium et in posterorum firmitatem, testimoniales has litteras sigilli mei karactere communivi. Actum anno Domini, M.° CC.° XIII.°, mense augusto.

(A. I. *Cartulaire blanc de Saint-Denis*, t. I.er, p. 737.)

CXLVI.

Hugues de Beaumont, chevalier, confirme la vente faite par Thibaut de Mellencourt, son neveu, à l'abbaye de Saint-Denis, de l'avouerie de Cavillon.

Condicio facta ecclesie Beati Dyonisii a Theobaldo de Mollencort de advocatione de Cavellons.

Ego Hugo de Bellomonte (3), miles. Notum facio universis presentem paginam inspecturis, quod Theobaldus de Mollencort, nepos meus, quondam advocatus de Cavellons, advocationem suam ville ejusdem, et justiciam in nemore et in plano, et quicquid habebat apud Cavellons, vendidit ecclesie Beati Dyonisii et in perpetuum omnino quitavit; et quia Johannes, frater ejusdem Theobaldi, a me ista tenebat, ipse Johannes me requisivit atque rogavit ut istam venditionem et quitationem dicti Theobaldi, fratris sui, factam ecclesie Beati Dyonisii, de qua movent predicta, concederem et laudarem. Ad cujus Johannis petitionem, et ipsius Theobaldi, qui a dicto Johanne dicta tenebat (4), hoc concessi, volui et laudavi, et feodum meum et dominium dicti Theobaldi ipsi ecclesie prorsus quitavi. Hoc etiam concesserunt, voluerunt et laudaverunt, Ada, uxor mea, et filie mee, Beatrix et Margarita, et dicta dicte ecclesie penitus quitaverunt. Et in hujus rei testimonium et in posterorum firmitatem, testimoniales has litteras sigilli mei karactere communivi. Actum anno Domini M.° CC.° XIII.°, mense Augusto. 1213.

(A. I. *Cartulaire blanc de Saint-Denis*, t. I.er, p. 738.)

CXLVII.

Etienne de Sancerre confirme un accord entre le chapitre de Saint-Germain-l'Auxerrois de Paris, et Pierre, fils de Noël, touchant la mairie de Bernes.

Littera domini Stephani de Sacrocesariis super majoria de Berna.

Ego Stephanus de Sacrocesariis. Notum facio omnibus presentes litteras inspecturis, quod cum 1213.

(1) Cavillon, près d'Ully-Saint-George, sur les limites du doyenné de Beaumont.

(2) Cette clause de l'applégement est à remarquer.

(3) Hugues II, de Beaumont, seigneur de Persan, fils de Hugues I.er, et cousin germain du comte Jean.

(4) Par conséquent Thibaut de Mellencourt tenait en arrière-fief tout ce qu'il possédait à Cavillon, de son oncle Hugues de Beaumont.

contencio verteretur inter canonicos Sancti-Germani-Autisiodorensis Parisiensis, et Petrum filium Noeli, super majoria quam idem Petrus dicebat se habere in terra predictorum canonicorum apud Baernam et in vicinis locis, ubi predicti canonici redditus percipient, tandem sepedictus Petrus, in mea presencia, predictis canonicis quittavit quicquid dicebat se habere in illa majoria, salvis sibi terris et pratis quas tenebat ad medietatem, vel ad campipartem, et aliis terris quas ad censum tenet de predictis canonicis. Hanc ejus quitationem, quam fecit et abjuravit pro se et heredibus suis, concessit et voluit frater ejusdem Petris (*sic*), et Galterus, filii ejusdem Petri. Et hoc factum est apud Ballolium, in mea et multorum aliorum presencia, anno Domini M.° CC.° XIII.°, mense octobri. In cujus rei testimonium, ad petitionem utriusque partis, sigillum meum aposui.

(A. I. *Cartulaire de Saint-Germain-l'Auxerrois*, L. 149, fol. 49 v.°)

CXLVIII.

Ives de Beaumont, avoué d'Ully, donne à l'abbaye de Saint-Denis, tout le droit qu'il avait sur deux hôtes d'Ully, et un étang au même lieu.

1215. Ego Ivo de Bellomonte, advocatus Ulliaci. Notum facio presentem paginam inspecturis, quod cum ecclesie Beati Dyonisii in elemosinam dedissem et habendum in perpetuum concessissem quicquid juris habebam in duobus hospitibus apud Ulliacum, et stannum meum ita quod quamdiu viverem possem in ipso piscari, calceatam quoque stanni altam fieri, et augmentari ac stannum, quantum abbas vellet, de terra que ipsi stanno coheret, et hoc totum fecissem uxoris mee Mathildis, et Theobaldi, filii mei, et Aelidis, filie mee, voluntate pariter et assensu; tandem piscationem, quam ad vitam meam retinueram in stanno predicto, dimisi predicte ecclesie et omnino quittavi, assentientibus atque volentibus predictis uxore mea et filiis, et, tam ego quam ipsi, fidem dedimus quod contra concessionem, dimissionem et quittationem meam predictam, nunquam deinceps veniemus. Quod ut ratum sit et perpetuum robur obtineat, paginam hanc inde conscriptam, sigilli mei caractere communivi. Actum anno Domini M.° CC.° quinto decimo, mense junio.

(A. I. *Carton S.* 2234, n.° 24.) Orig. parch., scellé du sceau d'Ives. On y voit un écu portant un taureau passant, accompagné en pointe de trois merlettes. Légende: S. IVONIS DE BELLOMONTE.

CXLIX.

Jean de Beaugency délaisse à Philippe-Auguste tout ce qu'il pouvait prétendre sur le Valois et le Vermandois, cédés au roi par Éléonore, jadis comtesse de Vermandois.

1215. Ego Johannes de Baugenciaco. Notum facio omnibus presentes litteras inspecturis, quod domino meo Philippo, illustri Francorum regi, et heredibus suis, concedo donationem illam, quam Alienor, quondam comitissa Veromandie (1), fecit ei, de terra quam habebat in Valesio et Veroman-

(1) *Quondam comitissa Veromandie*. Voy. la note n.° 1 de la pag. 65.

dasio, pro tribus rachatis, que ibi dominus rex habebat, et pro magnis expensis et misis quas ibi fecerat et in firmitatibus et in aliis; et si quid deberem habere jure hereditario in illa donatione, illud, ei et heredibus suis, concedo in perpetuum, et hoc firmiter tenendum fiduciavi. Hujus rei testes sunt: G., Silvanectensis episcopus, Herveus, comes Nivernensis, Bartholomeus, Francie camerarius, G. Juvenis, Guillelmus Manerius, Guillelmus de Capella et Hugo de Atheiis, Galterus Cornutus, Lebertus, decanus Jargolli, prior Sancti-Amandi in Bituresio, et Robertus, miles de Calvo-Monte. Actum Parisius, anno Domini M.° CC.° quinto decimo, mense julio.

(A. I. *Trésor des Chartes. Carton J.* 229, *n.°* 3.) Orig. parch., sceau disparu.

CL.

Hommage lige de Hugues de Beaumont à Thibaut IV, comte de Champagne.

Quod Hugo de Bellomonte devenit homo ligius B. comitisse et Th., nati ejus, salva ligeitate Ducis Burgundie, et comitis Stephani de Ultra-Seonnam.

Ego Hugo de Bellomonte. Notum facio universis tam presentibus quam futuris, me esse hominem ligium karissimi domini mei Theobaldi, comitem Campanie et Brie, salva ligeitate domini Ducis Burgundie, salva etiam ligeitate comitis Stephani de Ultra-Seonnam. Juravique ipsi comiti, super sanctis, quod ipsum juvabo, bona fide, contra dominum Erardum de Brena et contra filias quondam comitis Henrici, et coadjutores suos, hoc retento quod non intrarem terram domini Milonis de Noeriis ad malefaciendum, neque terram domini de Vergiaco, similiter ad malefaciendum. Actum anno gratie M.° CC.° XVI.°, mense maio. 1216.

(A. I. *Cartulaire de Champagne*, *intitulé :* Liber Principum, K. *Reg.* 915, fol. 128.)

CLI.

Bouchard, doyen de Boran, constate une donation faite par M.° Lambert de Beaumont à l'abbaye du Val.

Ego Buchardus, decanus de Borreg. Omnibus notum facio presentibus pariter et futuris, quod constitutus in presentia nostra, magister Lambertus de Bellomonte, dedit in perpetuam elemosinam pro salute anime sue, ecclesie Vallis Beate-Marie et fratribus ibidem Deo servientibus, quicquid habebat in planta apud Machecort sita (1), quam emerat et acquisierat, libere et pacifice possidendum in perpetuum. In cujus rei testimonium presentes litteras conscribi, et sigilli mei impressione feci communiri. Actum anno gratie millesimo ducentesimo vicesimo. 1220.

(A. I. *Carton S.* 4194, *pièce* 23.) Orig. parch.

(1) Un verger à Machecourt. C'était un territoire situé sous Beaumont, comme on le voit par une charte de l'an 1293, qui se trouve au cartulaire de Beaupré (fol. 112 v.°) *Ou territoire de Machecourt de jouste Biaumont entre Oize et les prés.*

CLII.

Girard, prieur de Saint-Léonor de Beaumont, donne à l'abbaye de Beaupré deux pièces de vigne, moyennant un cens annuel de quatorze deniers.

1220. Ego frater Girardus, ecclesie Sancti-Leonorii Bellimontis dictus prior, universis Christi fidelibus presens scriptum visuris, eternam in Domino salutem. Ad omnium noticiam pervenire volumus, quod nos, pro bono pacis et concordie, concessimus fratribus ecclesie Beate-Marie de Prato, duas vineas que dicuntur Noelet et Boielvaus, quas tenent de nobis libere et pacifice, in perpetuum possidendas, pro XIIII[cim] denariis parisiensibus de censu, singulis annis in octavis Sancti-Dyonisii nobis solvendis. De quibus videlicet vineis jam dicti fratres de Prato septem denarios belvacenses de censu antea nobis solvebant. In cujus rei testimonium presentes litteras sigilli nostri munimine roboravimus. Actum anno gratie M.° CC.° XX.°

(B. I. *Cartulaire de Beaupré. Cartul.* 81, fol. 106.)

CLIII.

Girard, prieur de Saint-Léonor de Beaumont, donne à l'abbaye de Beaupré un clos de vigne à Bernes, moyennant vingt-deux deniers de cens annuel.

1222. Ego frater Girardus, humilis prior Sancti-Leonorii de Bellomonte totiusque ejusdem loci conventus. Omnibus presentes litteras inspecturis, notum facimus quod nos concessimus monachis de Belloprato, Cisterciensis Ordinis, clausum vinee quod fuit Natalis de Baerna, in perpetuum possidendum, pro XX.[ti] denariis belvacensis monete censualibus in festo Sancti-Remigii singulis annis reddendis. Quod ut ratum et inconcussum permaneat, presentem cartam sigilli nostri munimine roboravimus. Actum anno gracie M.° CC.° XXII.°

(B. I. *Cartulaire de Beaupré. Cartul.* 81, fol. 107.)

CLIV.

Jugement de la cour du roi, touchant la succession au comté de Beaumont.

Judicium factum Vernoni de eschaeta comitatus Bellimontis.

1223. Johannes, comes Bellimontis, habuit unum consanguineum germanum, Ivonem nomine, et duas consanguineas germanas, sorores ejusdem Ivonis, Beatricem, et Mariam. De Ivone exivit, Theobaldus de Uilliaco. De Beatrice exierunt, Guido de Andelli, Hugo, Radulphus et Adam. De Maria, Johannes de Buxeria, et Theobaldus. Mortuo dicto Johanne comite, nullo herede relicto de uxore sua, Theobaldus de Uilliaco dicebat totam eschaetam dicti comitatus cum pertinentiis sibi accidisse jure hereditario et successionis, quia filius erat masculi, qui, si supervixisset, totus comitatus cum pertinentiis ad ipsum devolutus esset, predictis Maria et Beatrice, sororibus, exclusis omnino a successione hereditatis dicti comitatus, secundum usus et consuetudines Francie. Prefati vero Guido de Andelli et fratres ejus, Johannes et Theobaldus de Buxeria, asserebant e contrario, quod comitatus ille cum pertinentiis debebat equaliter dividi ipsis sex, et dicto Theobaldo, quia eschaeta illa invenerat illos in eodem sexu et in eodem gradu consanguinitatis. Theobaldus vero de Uilliaco, dicebat quod idemtitas gradus nichil in hoc operabatur; nam, si pater ejusdem Theobaldi et matres predictorum viverent, matres eorum, in predicto comitatu, nichil perciperent secundum consuetudinem Francie, sed totus comitatus ad patrem suum, jure successionis, devolveretur. Super predictis autem petiit utraque pars sibi judicium in curia domini regis. Judicatumque fuit in curia domini regis, apud Vernonem, ab ipso domino rege et ab archiepiscopo Turonensi, episcopo Andegavensi, et episcopo Silvanectensi, domino Ludovico et domino Philippo, filiis domini regis, B. de Roia, camerario Francie, Matheo de Montemorenciaco, constabulario Francie, Ingerranus de Cociaco, Archembaude de Borbonio, Guidone, comite Sancti-Pauli, Drocone de Melloto, Radulfo, vicecomite Bellimontis et Sancte-Susanne, Guillelmo de Dampetra, Galcherio de Nantolio, Alberto de Hangest, Johanne de Roboreto, Teobaldo Macro, Henrico, thesaurario Belvacensi, Roberto Balbo, Jacobo de Dinant, Milone de Crociaco, clericis, Roberto de Bova, Giliberto Louet, Milone de Lyunes, Ursione Cambellano, Petro Barone, et pluribus aliis.

Judicatum que fuit concorditer ab hiis omnibus, quod ad dictum Theobaldum de Ulliaco, quia est filius masculi, scilicet Ivonis de Bellomonte, ad quem tota eschaeta, si viveret, devolveretur, debebat totus comitatus cum pertinentiis devolvi, et in eundem comitatum succedere tanquam rectus heres, omnibus aliis, scilicet Guidone de Andelli et fratribus suis, Johanne de Buxeria et Theobaldo fratre suo, exclusis ab hereditate dicti comitatus cum pertinentiis, et in nullo participantibus cum predicto Theobaldo de Ulliaco, preterquam in censivis et in terris provenientibus de villenagio, in quibus communiter participabunt omnes, tam dictus Theobaldus, quam alii sex predicti (1).

(B. I. *Cartulaire de Philippe-Auguste*, *Cod. reg.* 8952, fol. ix.) Cette pièce est imprimée dans l'*Amplissima collectio* de Dom Martène, t. I.er, col. 1163.

CLV.

Vente du comté de Beaumont au roi Philippe-Auguste, par Thibaut d'Ully, fils d'Ives de Beaumont, avoué d'Ully.

Carta Theobaldi de Ulliaco, filii Ivonis de Bellomonte.

Philippus, etc. Notum, etc., quod nos dilecto et fideli nostro Theobaldo, filio quondam Ivonis 1223.

(1) Cette pièce, si importante pour l'histoire du comté de Beaumont, est sans date, mais il est facile de démontrer que le jugement qu'elle contient fut prononcé entre le 15 mars et le 30 avril de l'année 1223. En effet, d'une part, la succession au comté de Beaumont s'ouvrit le 15 mars 1223 par la mort du comte Jean, arrivée ce jour-là même; d'un autre côté, la charte par laquelle Thibaut d'Ully vendit à Philippe-Auguste ses droits sur le comté de Beaumont, est datée du mois d'avril 1223, ce qui ne peut s'entendre qu'à partir du 23, jour où a commencé cette année 1223. Je ferai observer encore que le jugement qui nous occupe fut rendu à Vernon; qu'on a une charte de Philippe-Auguste confirmative de la commune de Chambli, également datée de Vernon,

de Bellomonte, et heredibus suis, dedimus in perpetuum et concessimus, pro quictancia parcium et villarum comitatus Bellimontis inferius descriptarum, facta nobis et heredibus nostris in perpetuum ab ipso Theobaldo, partes ejusdem comitatus inferius annotatas. Theobaldo igitur prefato dedimus et assignavimus has villas, scilicet : Joiacum villam (1), que est [inter] Insulam-Adam et Campanias, Corbellessart, Hodevillam (2), maioriam, conductum, minutos redditus et talliam de Borranc (3), decima vini de Borranc et residuo decimarum bladi de Borranc, deductis elemosinis Johannis quondam comitis Bellimontis; et domo de Borranc, que fuit ipsius comitis, cum clausura ejusdem domus, remanentibus in perpetuum dilecto et fideli nostro Miloni episcopo, et decano et capitulo Belvacensibus, pro quittancia feodi, quod dictus comes et ejus antecessores, de dictis episcopo et capitulo Belvacensibus tenuerant; pedagio vero de Borranc, quod ad Bellummontem pertinet, nobis et heredibus nostris in perpetuum remanente. Item dedimus et assignavimus eidem Theobaldo, Pressiacum, Boonel, Bellam-Ecclesiam, et Meru (4), cum quatuor feodis militum. Preterea dedimus et assignavimus eidem Theobaldo nemora de Boonell., de Pressiaco, et de Meru, et insuper quatuor vivaria apud Joiacum antedictum. Hec omnia sepedicto dedimus et assignavimus Theobaldo et heredibus suis in perpetuum, cum omni eorumdem justicia et expletis. Si vero ipse Theobaldus, aut ejus heredes, in prescriptis partibus suis, sibi aliquo justo modo, aliquid possent acquirere, aut aliquid eisdem per aliquod forisfactum accideret, id, in perpetuum suum esset. Et hec omnia prescripta tenebunt de nobis et heredidus nostris ligie, ipse Theobaldus et ejus heredes, per servicium, se tercio militum. Preterea hec autem omnia, dedimus eidem Theobaldo, pro predicta quitancia, septem milia libr. par. Ipse vero Theobaldus, nobis et heredibus nostris, ut dictum est, in perpetuum quitavit omnes has partes et villas comitatus Bellimontis inferius scriptas, scilicet : Bellummontem, Chambliacum, Asnerias, Campanias, Ballolium, Montegniacum, Croy, Joi juxta Baenne, et Baenne (5), et alias villas que sunt inter Borranc et Bellummontem. Item, Sanctum-Martinum-in-Colle, Nervillam, Pratellas, Mafflers et Baalay (6), et quod nobis remanet apud Masnil (7), cum omnibus ipsarum parcium et villarum justiciis et universis earumdem pertinenciis, in planis, boscis, et aquis, et aliis quibuscumque rebus pertinentibus ad easdem. Sciendum autem quod omnia feoda comitatus Bellimontis nostra sunt et heredum nostrorum in perpetuum, exceptis illis quatuor feodis que dicto assignavimus Theobaldo apud Meru. Et similiter vivarium de Soigneru (8), et omnia alia vivaria comitatus Bellimontis, pertinencia ad predictas partes et villas, nobis et heredibus nostris remanent in perpetuum, exceptis quatuor vivariis, que nos, apud Joiacum villam, que est inter Insulam-Adam et Campanias, eidem Theobaldo assignavimus. Insuper sciendum, quod dictus Theobaldus, feoda et elemosinas dictarum

à la vérité de l'année 1222 ; mais comme elle ne porte pas de date de mois, on peut fort bien la rapporter à l'année 1223, et je n'hésite pas à le faire. L'année 1222 (V. S.) s'étendait du 3 avril 1222 au 23 avril 1223, suivant notre manière de compter. Cette confirmation de la commune de Chambli aura donc été donnée du 23 au 30 avril 1223, et, sans doute, après la charte de Thibaut d'Ully.

(1) Jouy-le-Comte, entre l'Ile-Adam et Champagne.

(2) Corbellessart, Hédouville.

(3) Boran.

(4) Pressy, Bornel, Belle-Eglise et Méru.

(5) Beaumont, Chambli, Anières, Champagne, Baillet, Montagny, Crouy, Jouy près Bernes et Bernes. Ce Jouy près Bernes ne se trouve pas sur les cartes. Il y a deux Montagny : Montagny-la-Poterie et Montagny-Prouvair.

(6) Saint-Martin-du-Tertre, Nerville, Presles, Maffliers et le Belay.

(7) Le Menil-Saint-Denis.

(8) *Alias* Gorgnerru.

villarum, quos ipsi et ejus heredibus assignavimus et dedimus, illis quibus debentur, persolvet in perpetuum annuatim. Actum apud Sanctum-Germanum in Laia, anno dominice incarnationis M.° CC.° vicesimo tercio.

CLVI.

Charte de Thibaut d'Ully, touchant la vente du comté de Beaumont.

Carta quam habet dominus rex de Theobaldo de Ulliaco super predicta quitancia comitatus Bellimontis.

Ego Theobaldus, quondam filius Ivonis de Bellomonte. Notum facio universis presentes litteras 1223.
inspecturis, quod ego, reverentissimo domino meo Philippi, illustrissimo Francorum regi, et ejus heredibus, in perpetuum quitavi omnes has partes et villas comitatus Bellimontis inferius designatas, scilicet: Bellummontem, Chambliacum, Asnerias, Campanias, Ballolium, Montigniacum, Croy, Joi juxta Baennam et ipsam Baennam, et alias villas que sunt inter Borranc et Bellummontem. Item, Sanctum-Martinum-in-Colle, Nervillam, Pratellas, Maffers, et Balay, et quod ipsi domino regi remanet apud Masnilium, cum omnibus ipsarum parcium et villarum justiciis, et universis earumdem pertinenciis, in planis, boscis et aquis, et aliis quibuscumque rebus pertinentibus ad easdem. Et sciendum, quod omnia feoda comitatus Bellimontis domini regis sunt et heredum suorum in perpetuum, exceptis IIII.or feodis que apud Meru, michi et heredibus meis assignat, et similiter vivarium de *Coignoiru* (1), et omnia alia vivaria comitatus Bellimontis, pertinencia ad domini regis partes predictas et villas, domino regi et heredibus suis remanent in perpetuum, exceptis IIII.or vivariis, que apud Joiacum villam, inter Insulam-Adam et Campanias sitam, mihi et heredibus meis, dominus rex donat et assignat. Ipse vero dominus rex, pro predicta quitancia, partes ejusdem comitatus inferius annotatas, scilicet : Joiacum villam, que est inter Insulam-Adam et Campanias, Corbelessart, Hodevillam, majoriam, conductum, minutos redditus et talliam de Borranc, decimam vini de Borranc, decima bladi de Borranc, et residuum decimarum bladi de Borranc, deductis elemosinis Johannis, quondam comitis Bellimontis; et domus de Borranc, que fuit ipsius comitis, cum clausura ejusdem domus, remanebunt in perpetuum episcopo et capitulo Belvacensibus, pro quitancia feodi, quos dictus comes et ejus antecessores, de ipsis episcopo et capitulo Belvacensibus tenuerant. Et pedagium de Borranc, quod ad Bellummontem pertinet, domino regi et heredibus suis in perpetuum remanebit. Item, dedit mihi et assignavit, Pressiacum, Boonel, Bellam-Ecclesiam, et Meru, cum IIII.or feodis militum. Preterea dedit et assignavit michi et heredibus meis, nemora de Boonel, de Pressiaco et de Meru, et insuper quatuor vivaria apud Joiacum antedictum. Et hec omnia mihi et heredibus meis dominus rex in perpetuum assignavit, cum omni eorumdem justicia et expletis. Et insuper dedit mihi dominus rex, pro quitancia predicta, septem milia libr. paris. Et sciendum quod ego et heredes mei, tenemur reddere feoda et elemosinas dictarum villarum mihi assignatarum. Si autem ego et heredes mei, aliquid in nostris prescriptis partibus, poterimus, aliquo justo modo, acquirere, aut aliquid

(9) *Alias* Goignoru.

nobis per aliquod forisfactum acciderit, totum erit meum et heredum meorum. Ego autem et heredes mei, tenebimus hec omnia ligie de domino rege et heredibus suis, per servicium trium militum. Actum anno Domini M.° CC.° vicesimo tercio, mense aprili.

(B. I. *Cartulaire de Philippe-Auguste*, *Cod. reg.* $8402_{2\,2}$, fol. 222 r.°) Se trouve aussi dans un autre cartulaire de Philippe-Auguste. *Cod. reg.* 9852_{3}, fol. 179.

CLVII.

L'évêque de Beauvais et son chapitre cèdent au roi tout ce que Jean, dernier comte de Beaumont, avait tenu d'eux en fief, dans le comté de Beaumont. En récompense le roi leur donne la dîme du vin et du blé de Boran, avec une maison audit lieu.

1223. Milo, Dei gratia episcopus, Gaufridus, decanus, et capitulum Belvacenses, universis presentes litteras inspecturis, salutem in omnium Salvatore.

Noveritis quod nos, reverentissimo domino nostro, Philippo, illustrissimo Francorum regi, et heredibus suis, in perpetuum quitamus penitus totum feodum quod de nobis et ecclesia nostra, bone memorie Johannes, comes Bellimontis, et ejus antecessores, tenuerunt, et quicquid, ratione illius feodi, reclamare et petere poteramus in toto comitatu Bellimontis, tam in justiciis et emendis, quam serviciis et aliis quibuscumque rebus que possent et solent peti feodi ratione. Ita quod in domibus fundatis et factis usque ad hanc diem in cimiteriis comitatus Bellimontis, non poterimus aliquod servicium vel emendam petere, aut capere, sicut nec in aliis domibus villarum comitatus ejusdem.

In cujus rei recompensationem, dominus rex nobis et ecclesie nostre Belvacensi dedit in perpetuum et concessit decimam vini de Borranc, cum domo et clausura ejusdem domus, quam habebat apud Borranc comes predictus, ita quod non poterit ibi fieri fortericia; et totam decimam bladi de Borranc, deductis elemosinis comitis memorati. Quod si, datas in elemosinam vel alio modo alienatas ab eodem comite decimas de Borranc per jus poterimus revocare, dominus rex vel sui heredes se non opponent. Preterea si per emptionem, vel redemptionem, vel donationem, vel alio justo modo, infra comitatum Bellimontis, aliquas decimas poterimus nobis acquirere, dominus rex, vel sui heredes, se non opponent, nec aliquid requirent a possessore decime vel a nobis, occasione feodi, pro acquisitione illa decimarum comitatus Bellimontis.

Ad hoc donavit nobis episcopo in proprium dominus rex, feodum Auberti de Buri, sicut ipse Aubertus idem feodum tenebat a domino Theobaldo de Cressonessart apud Buriacum.

Sciendum ad ultimum quod si contingeret quod dominus rex Teobaldo de Ulliaco, filio quondam Ivonis de Bellomonte, donaret terram in comitatu Bellimontis, pro comitatus ejusdem quitancia, nos nullum possemus rachatum, aut homagium, vel servicium capere vel petere a Teobaldo prefato, set totam terram teneret ligie a domino rege ipse Teobaldus, quam dominus rex assignaret eidem.

Quod ut perpetue firmitatis robur obtineat, presentem paginam fecimus sigillorum nostrorum munimine roborari.

Actum apud Belvacum, in nostro capitulo, anno Domini millesimo ducentesimo vicesimo secundo, mense aprili.

(A. I. *Trésor des Chartes, carton J.* 168, *pièce* 23.) Orig. parch., scellé.

CLVIII.

Lettres de Philippe-Auguste sur le même sujet.

Philippus, Dei gratia Francorum rex. Noverint universi presentes pariter et futuri, quod di- 1223.
lecti et fideles nostri Milo, episcopus, G., decanus, et capitulum Belvacense, nobis et heredibus nostris in perpetuum quittaverunt totum feodum quod Johannes quondam comes Bellimontis et ejus antecessores tenuerant ab episcopis, et quidquid ratione illius feodi reclamare et querere poterant in tota comitate Bellimontis, tam in justitiis et emendis, quam servitiis et aliis quibuscumque rebus que possunt et solent feodi ratione; ita quod in domibus fundatis et factis usque ad hanc diem in cimiteriis comitatus predicti, non poterunt aliquod servitium aut emendam capere vel petere, sicut nec in aliis domibus villarum ejusdem comitatus. In cujus rei compensationem, nos, prefatis episcopo, decano, et capitulo Belvacensi, dedimus in perpetuum et concessimus decimam vini de Borrano, cum domo quam apud Borranum habebat prefatus comes et clausura ejusdem domus, ita quod non poterit ibi forteritia fieri, et totam decimam bladi de Borrano, deductis elemosinis comitis memorati. Si vero datas in elemosinam, vel alio modo alienatas ab eodem comite decimas, et Borrano per jus poterunt revocare dicti episcopus et capitulum vel ejus successores, nos aut heredes nostri nos non opponemus. Preterea si per emptionem, vel redemptionem, vel donationem, vel alio modo justo infra comitatum Bellimontis aliquas decimas potuerint sepedicti episcopus, decanus, et capitulum Belvacense sibi acquirere, non opponemus nos eisdem, nec aliquid, nos, aut heredes nostri, occasione feodi pro concedenda acquisitione illa decimarum comitis Bellimontis requiremus, vel a possessore, vel ab episcopo et capitulo sepedictis. Adhuc donavimus prefato episcopo et ejus successoribus in perpetuum, feodum Auberti, sicut illud tenebat idem Aubertus a Theobaldo de Cressonassart. Si vero contingeret quod nos Theobaldo de Huilliaco, filio Yvonis de Bellomonte, donaremus terram in comitatu Bellimontis pro quittantia ejusdem comitatus, predicti episcopus vel capitulum Belvacense nullum possent rachaptum, vel homagium, vel servitium ab eodem capere Theobaldo, sed totam terram de nobis ligie teneret Theobaldus quam assignaremus eidem. Sciendo autem quod feodum illud quod Aubertus de Bury tenebat de Theobaldo de Cressonassart, quod nos donavimus dilecto et fideli nostro M., Belvacensi episcopo et ejus successoribus, situm esse apud Bury.

Quod ut perpetue firmitatis robur obtineat, presentes litteras sigilli nostri munimine fecimus roborari. Apud Sanctum-Germanum in Laia. Anno gratiæ, millesimo ducentesimo secundo, mense aprili. *Et scellé du grand sceau de cire verte en lacs de soye rouge et verte.*

Collationné par nous conseiller maitre à ce commis.

Frémin.

(A. I. *Carton coté K.* 192, *liasse* 2, *pièce* 7.) Copie moderne.

CLIX.

Lettres de Miles, évêque de Beauvais, à Philippe-Auguste, pour le remercier de ce qu'il lui a donné en compensation de l'abandon de droits féodaux sur le comté de Beaumont.

1223 (1). Excellentissimo domino suo, Philippo, Dei gratia illustrissimo Francorum regi, M., ejusdem dignatione Belvacensis ecclesie minister humilis, se ipsum ad omnia, cum salute presenti pariter et eterna.

Excellencie vestre grates referimus quantumcumque possumus ampliores, eo quod serenitas vestra dignata est nobis et ecclesie Belvacensi recompensationem facere de feodo Bellimontis, gratam et acceptam Deo et ecclesie et nobis. Non tantum autem super hoc excellencie vestre sumus obnoxii, sed de omni eo quod sumus et possumus, vobis sumus in perpetuum debitores.

(A. I. *Trés. des Ch.*, *cart. J.* 168, *pièce n.°* 32.) Orig. parch. scellé. Se trouve aussi au *Cartul. de S. Louis.* (Ibid. J. Reg. 31, f.° 52 v.°)

CLX.

Le chapitre de Beauvais s'engage vis-à-vis de G., évêque de Senlis, de ratifier tout ce que le roi aura ordonné touchant l'hommage du comté de Beaumont.

1223. Reverendo patri ac domino in Christo et karissimo G., Dei gratia Silvanectensi episcopo, G., decanus et capitulum Belvacenses, salutem et paratam ad obsequia voluntatem, cum reverentia et honore.

Noveritis pater, quod nos ratum habebimus et habemus quicquid de hommagio comitis Bellimontis per voluntatem domini regis fuerit ordinatum super recompensatione facienda domino epispo et ecclesie Belvacensi pro dicto hommagio in rebus immobilibus, et sigillabimus quod super hoc in domini regis litteris videbimus sigillatum.

Actum anno Domini M.° CC.° vicesimo secundo, mense aprili.

(A. I. *Trésor des Chartes*, *carton J.* 168, *pièce n.°* 22.) Orig.

CLXI.

Le chantre et l'official de Beauvais constatent qu'Adèle de Persan, veuve d'Hugues de Beaumont, et Emmeline d'Ernencourt, veuve de Guillaume de Beaumont, frère du précédent, ont délaissé à l'abbaye de Saint-Denis tout ce qu'elles avaient au territoire de Nully, en Thelle.

(1) Entre avril 1223, époque de la vente du comté de Beaumont, et le 14 juillet de la même année, jour de la mort de Philippe-Auguste.

Super hoc quod domina Ada de Parcenc, et domina Emelina d'Ermencort, quitaverunt quicquid habebant in territorio de Nulliaco.

Magistri P. Cantor et G. officialis Belvacenses, omnibus litteras istas inspecturis in Domino salutem. Noverint universi, quod constitute in presentia nostra, domina Ada de Parcenc, relicta domini Hugonis de Bellomonte, et domina Emelina de Ernencort, relicta domini Willelmi fratris predicti Hugonis, coram nobis, in nullo coacte, ut coram nobis recognoverunt, sed mera atque spontanea voluntate, quicquid dotis vel cujuscumque juris habebant in territorio de Nulliaco, et in nemore de Auleu, et in nemore de Aulluel, et in nemore de Desere, ecclesie Beati Dyonisii Ariopagite in Francia in perpetuum quitaverunt, et in manum nostram resignaverunt, et fidem prestiterunt corporalem de non reclamando in perpetuum, vel per se, vel per alios. Et nos, ad petitionem predictarum mulierum, presentes litteras sigillo curie Belvacensis fecimus communiri, et de assensu earum litteras istas prefate ecclesie tradidimus in testimonium predictorum et munimen. Actum anno Domini M.° CC.° XX.° III.°, mensio martio. 1224.

(A. I. *Cartulaire blanc de Saint-Denis*, t. I.er, p. 743.)

CLXII.

L'abbaye de Saint-Denis cède au roi tout ce que Jean, comte de Beaumont, tenait d'elle; en récompense le roi donne à l'abbaye la maison de Saint-Martin-du-Tertre, avec un verger et des bois.

Petrus, Dei gratia Beati Dyonisii abbas, totusque ejusdem loci conventus, universis presentem paginam inspecturis, salutem in Domino. 1224.

Noveritis quod karissimo Francorum regi, et heredibus suis, quitavimus in perpetuum omnia feoda et domania, advocationes, fortericias, et omnes censivas, et omnes justitias, et garennas, et grierias que Johannes, quondam comes Bellimontis, et ejus antecessores tenuerunt de nobis in universis locis quibus comites Bellimontis ea habuerunt. Ita quod de censivis nobis reddent Dominus rex et heredes sui, censum debitum, sicut reddere solebant comites predicti.

Dominus autem rex propter quitantiam rerum omnium predictarum, dedit et concessit nobis in perpetuum domum Sancti-Martini-in-Colle, cum virgulto et quinque arpennis bosci qui sunt circa domum eamdem, sicut sunt mensurati et signati, et quicquid comes Bellimontis habebat in villa Sancti-Martini-in-Colle. Et sciendum quod in sexaginta quinque arpennis castenarie Sancti-Martini-in-Colle, vel pluribus, si plures sint ibidem arpenni, qui communes erant nobis et comiti Bellimontis, habebit Dominus rex et heredes sui unam medietatem et nos aliam, et insuper habebimus castaneas dicte castenarie. De forisfactis autem de quibus forisfactores capientur ad presens forisfactum de bosco cindendo in dicta castenaria, habebit Dominus rex et heredes sui unam medietatem et nos aliam. Servientes vero qui ex parte Domini regis vel heredum suorum custodient castenariam predictam tenebuntur facere nobis fidelitatem, et similiter servientes nostri, dicte castenarie custodes, tenebuntur facere Domino regi et heredibus suis fidelitatem. Dominus autem rex totam aliam justitiam habebit in castenaria predicta et similiter heredes sui. Nobis autem abbati licebit facere piscari in duobus stagnis de Beu, quotiens jacebimus apud Sanctum-Martinum-in-Colle.

Universis vero cartis et munimentis que habemus sigillis comitum Bellimontis et aliorum sigillata, que possent facere aliquo modo contra compositionem istam, penitus abrenuntiamus quantum pertinet ad Dominum regem et heredes suos in proprium, volentes et concedentes, ut nullo unquam tempore munimentis et cartis illis liceat nobis uti contra Dominum regem vel ejus heredes. Nec eedem carte vel munimenta contra Dominum regem vel ejus heredes aliquid firmitatis obtinebunt.

Si vero contigeret quod Dominus rex vel heredes sui, advocatiam rerum predictarum mitteret extra manum suam vel heredum suorum, ille cui advocatia conferretur, teneretur nobis abbati facere hominagium, sicut comites Bellimontis fecisse noscuntur.

Que omnia ut perpetue stabilitatis robur obtineant, presentem paginam sigillorum nostrorum munimine fecimus confirmavi.

(A. I. *Trésor des Chartes*, *cart. J.* 168, *pièce n.°* 26.)
Orig. parch. scellé des sceaux de l'abbé et du couvent de Saint-Denis en cire verte sur lacs de soie rouge et verte.
On trouve dans le Cartulaire blanc de Saint-Denis (t. I.er, p. 705) une charte de Philippe-Auguste, datée de Paris, l'an 1223, la 44.e de son règne, qui est absolument de la même teneur que celle-ci, et qu'il est inutile dès lors de donner ici. Cette charte de Philippe-Auguste se retrouve encore dans le *Cartul. de Ph. Aug.* conservé à la Bibl. Imp. (*Cod. reg.* 9852, fol. 125.)

CLXIII.

Guillaume de Joinville, archevêque de Reims, abandonne à Louis VIII et à Thibaut de Beaumont, tout ce que le feu comte Jean, son oncle, avait acquis au comté de Beaumont.

1225. Guillermus, Dei gratia Remensis archiepiscopus (1), apostolice sedis legatus, universis presentes litteras inspecturis in Domino salutem.

Noverit universitas vestra, quod nos benigne quitavimus karissimum dominum nostrum, Ludovicum, illustrem Francorum regem, et dominum Theobaldum de Bellomonte et ejus heredes, super omnibus que, bone memorie, Johannes, comes Bellimontis, advunculus noster, adquisivit in comitatu Bellimontis. Accipimus etiam in manu quod nos predicta adquisita a fratribus nostris quitari fatiemus.

In cujus rei testimonium, presentibus litteris sigillum nostrum duximus apponendum. Actum apud Sanctum-Dyonisium, anno Domini M.° CC.° vicesimo quarto, mense februario.

(A. I. *Trésor des Chartes*, *carton J.* 168, *pièce* 27.)
Orig. parch.

(1) Guillaume de Joinville, d'abord archidiacre de Châlons, puis évêque de Langres, et enfin archevêque de Reims, était fils de Geoffroi IV sire de Joinville, et d'Helvide de Dampierre.

CLXIV.

Thibaut de Beaumont, chevalier, prend à ferme, du roi, les moulins de Baillet.

Ego Theobaldus de Bellomonte, miles. Notum facio universis, quod de karissimo domino meo 1224.
Ludovico, rege Francorum illustri, suscepi pro me et heredibus meis omnia molendina de Ballolio (1) ad annuam modiationem quadraginta quatuor modiorum bladi ad mensuram Bellimontis. [Ita quod] (2) omnes elemosinas et feoda que in molendinis illis [debent] capi de moltura molendinorum [reddam] ego et heredes mei, illis quibus debentur et ad terminos ad quos debentur. Residuum autem quod ultra feoda et elemosinas remanebit, reddam, ego et heredes mei, Domino regi et heredibus suis, per quatuor terminos in anno, quartam videlicet partem in festo Beati Remigii, quartam in Nativitate Domini, quartam in Pascha, quartam in festo Beati Johannis Baptiste. De blado autem illo Domino regi et heredibus suis reddendo, teneor ego et heredes mei reddere duas partes, de blado medietaneo, et terciam partem, de moltura, qualem dicta molendina lucrabuntur. Dominus autem rex [retinuit] sibi et heredibus suis piscariam, et in aqua sua. Si vero [contingeret] quod Dominus rex vel heredes sui venderent vel creparent vivarium Balloli, tantum caderet de mediatione, quantum dampni sustinerem ego et heredes mei de molta, occasione [vendicionis vel crepacionis.] De hac autem modiacione reddenda posui Domino regi et heredibus suis in assignamentum dicta molendina, et molendina [mea] de Bella-Ecclesia et de [Boenel], si de modiacione reddenda deficerem ego vel heredes mei. Et sciendum quod ego et heredes mei tenemur reparare dicta molendina et tenere in tali puncto et in tali statu, vel meliori, in qua modo sunt. Actum apud Sanctum-Germanum in Laya, anno Domini M.° CC.° XXIIII.°, mense aprili (3).

(A. I. *Trésor des Chartes*, *carton J.* 160, *pièce n.°* 2.) Orig. parch., troué et piqué; sceau perdu. Se trouve aussi au Cartulaire de S. Louis (J. reg. 31 fol. 91.) On trouve au Cartulaire de Philippe-Auguste, une charte de Louis VIII, sur le même sujet et de la même teneur. (B. I. *Cod. reg.* 9852 3 fol. 181 v.°)

CLXV.

Marguerite de Persan donne au prieuré de Saint-Léonor cinq sous de rente.

Ego Margareta de Persenco, filia Hugonis, vicecomitis Bellimontis. Notum facio omnibus tam 1224.
futuris quam presentibus, quod ego, pro remedio animæ meæ, assensu et voluntate domini Galcheri de Torota, mariti mei, et dominæ Beatricis, sororis meæ, et domini Guillelmi de Torota, mariti sui, dedi et concessi in perpetuam elemozinam monachis Sancti-Leonorii de Bellomonte quinque solidos par., in censu de Persenc, singulis annis, in festo Sancti-Remigii, percipiendos. Quod ut ratum et inconcussum permaneat, ego dominus Galcherus, miles, et ego dominus Guillel-

(1) Baillet, près de la forêt de l'Ile-Adam.

(2) Les mots imprimés entre crochets ne se trouvent pas dans la charte originale, qui est trouée à ces endroits-là. Ils sont pris au cartulaire de saint Louis, qui contient la même pièce.

(3) Après le 14 du mois.

mus de Torota, miles, presentem paginam sigillorum nostrorum munimine fecimus roborari. Actum anno gratia M.° CC.° XXIIII.°, mense aprilis (1).

(A. I. *Carton S.* 1410, *pièce* 15.) Copie de Dom Pernot.

CLXVI.

Jean de Presles, chevalier, et son frère Gérard, vendent à l'abbaye du Val deux arpents de terre situés près du château de Mathieu, comte de Beaumont, nommé le Valpendant.

1227. Ego Johannes de Praeriis, miles. Omnibus notum fieri volo presentibus pariter et futuris, quod ego et Gerardus, frater meus, assensu et voluntate Huidre, uxoris mee, et Isabel, uxoris sue, et Michaelis, fratris nostri, vendidimus ecclesie Vallis Beate-Marie et fratribus ibidem Deo servientibus, duos arpennos terre sitos juxta viam que est supra domum Mathei quondam comitis Bellimontis, que appellatur Vallis-pendens, liberos et immunes, a fratribus dicte ecclesie quiete et pacifice imperpetuum tenendos et possidendos. Voluimus etiam tam ego, quam prefatus Girardus, frater meus, ut si quis forte huic venditioni contravenire, et dictam terram reclamare et redimere attemptaret, pro ipsa, sex libras parisienses monete, sepedicte ecclesie persolvere teneretur. Ego vero, quia tota illa terra de feodo meo erat, presentem cartam conscribi, et sigilli mei impressione feci communiri. Actum anno Domini M.° CC.° vicesimo sexto, mense februario.

(A. I. *Carton S.* 4169, *pièce* 13.) Orig. parch.

CLXVII.

Jean de Trie, chevalier, approuve la vente de l'avouerie d'Ully faite à l'abbaye de Saint-Denis par Guillaume de Thorote, chevalier, et Béatrice de Beaumont, sa femme.

1223. Noverint universi presentes pariter et futuri, quod ego Johannes de Tria, miles, concedo, volo et approbo elemosinam illam et vendicionem quam fecerat Willelmus de Thorota, miles, et Beatrix ejusdem W. uxor (2), abbati et conventui Beati Dyonisii, de advocacione Ulliaci, quam a me tenebant in feodo, et etiam de omnibus integre que habebant in dicta villa Ulliaci, sicuti defunctus Ivo miles de Bellomonte (3) ea antea tenuit et possedit; et feodum illum ecclesie Beati Dyonisii omnino quito, et tenendum libere et quiete et habendum in perpetuum concedo, absque mei et meorum reclamacione, et teneor eis guarantizare contra omnes qui in hoc possunt vel debeant reclamare. In cujus rei testimonium et memoriam, presentes litteras meo sigillo feci communiri. Actum anno Domini M.° CC.° vicesimo tercio, mense decembri.

(A. I. *Carton S.* 2234, *pièce* 20.) Copie de Dom Pernot.

(1) En 1224, Pâques étant tombé le 14 avril, il s'ensuit que notre pièce peut également appartenir à cette année, ou à la suivante.

(2) Béatrice de Beaumont, fille d'Hugues II de Beaumont, seigneur de Persan.

(3) Ives de Beaumont, frère d'Hugues II.

CLXVIII.

Miles, évêque de Beauvais, confirme la vente faite par Ermengarde, abbesse du Paraclet, à Jean des Vignes, prévôt de Paris, d'une maison sise entre Viarmes et Anières, laquelle avait été donnée par Jean, comte de Beaumont, au prieuré de Boran, dépendant du Paraclet.

M., Dei gracia Belvacensis episcopus, omnibus ad quos presentes littere pervenerint, salutem et 1225.
dilectionis plenitudinem. Noverint universi quod nos litteras Ermenjardis, abbatisse de Paraclito, tociusque ejusdem ecclesie conventus, vidimus in hac forma :

Ermenjardis, abbatissa ecclesie de Paraclito, totusque ejusdem ecclesie conventus, omnibus presentes litteras inspecturis, salutem. Noverint universi quod nos, ex assensu conventus nostri, pro utilitate ecclesie nostre facienda, concurrente dilecto et familiari amico, Johanni de Vineis, tunc temporis Parisiensi preposito (1), et ejus heredibus, vendidimus domum nostram inter villam de Wirmes et villam de Asnieres sitam, com terra et vineis et pratis et omnibus eidem domui appendentibus, quam vir venerabilis, bone memorie, Johannes, comes Bellimontis (2), nobis ad domum nostram de Borrenc in elemosinam contulit libere tenendam et ab omni censuali debito et justicie secularis subjectione prorsus absolutam, sicut in carta dicti Johannis comitis, quam dicto Johanni de Vineis pro octoginta lib. parisiensium, quas de eodem per vendicionem recepimus, reddidimus, plenius continetur, in perpetuum jure hereditario possidendam. Volumus etiam, et communi assensu rogantes petimus dominum nostrum dominum regem Francie Ludovicum, et venerabilem patrem nostrum, Milonem, Belvacensem episcopum, quod ipsi quantum pertinet ad ipsorum dignitates et autoritates, vendicionem domus dicte, quam dicto Johanni pro commodo ecclesie nostre fecimus, litteris suis super hoc ei datis, velint confirmare, ne ipsum, vel heredes ejus, super hoc valeamus molestare. Nos autem, ad dicte venditionis confirmationem, presentem cartam ei tradidimus, sigillo nostro roboratam.

Nos vero, visis abbatisse et conventus litteris, pro commodo ecclesie, sicut predictum est, confectis pro commodo ecclesie, benignissime peticioni sue consentientes, presentem cartam dilecto Johanni tradi fecimus, sigillo nostro roboratam. Actum anno Incarnacionis dominice, millesimo ducentesimo vicesimo quarto, mense februario.

(A. I. *Carton S.* 4093, n.° 32.) Orig. parch. sceau disparu.
— Tiré des papiers de la Commanderie d'Ivri-le-Temple.

CLXIX.

Saint Louis échange avec la prieuresse de Boran, une grange à Royaumont contre divers revenus à Bernes.

Ludovicus Dei gratia Francorum rex, omnibus hoc scriptum inspecturis, salutem in Domino. 1228.

(1) D'après Brussel, Jean des Vignes était prévôt de Paris en 1207. Dans d'autres chartes il est appelé bailli du roi.

(2) Par conséquent, cette charte de l'abbesse Ermengarde est postérieure au 15 mars 1223, époque de la mort du comte Jean.

Universitati vestre notum facimus, quod H. priorissa de Bosrent et ejusdem loci conventus, vendiderunt nobis granchiam suam cum omnibus pertinentiis suis que erat juxta locum qui tunc dicebatur Cuimont, et modo dicitur Regalis-moris (*sic* : lisez *montis*) in usum abbatie, quam nos pro anima felicis memorie Ludovici, patris nostri in loco predicto edificavimus, convertendam. Pertinentie autem granchie, et que cum illa venduntur, sunt hec : quater-viginta jornaria terre juxta granchiam ; duo arpenta terre apud Sanctum-Martinum de Colle ; campipars quatuor arpentorum terre, scilicet trium apud Beeloy, unius apud Sanctum-Martinum de Colle ; quinque arpenta et dimidium pratorum ; tria arpenta bosci in Bornesio ; tres modios et dimidium bladi ad mensuram Bellimontis in molendinis dicti loci ; dimidium quaterne terre apud Asnerias, que erat ad medietatem ; una masura que est juxta monasterium Asneriarum ; esaementa herbagiorum que moniales habebant in parcho. Pro omnibus supradictis, tam pro venditione, quam pro excambio, dedimus dicte priorisse de Borrenc et ejusdem loci conventui, assensu utriusque partis, totam terram arabilem quam habebamus apud Baernam, scilicet triginta duo arpenta, et quinque modios avene annui redditus super redditum quem habemus in eadem villa ad festum Sancti-Remigii persolvendos ; ad pontem Bellimontis septem libras et sex solidos parisienses annui redditus, ad dictum terminum persolvendos. Et de dictis hiis omnibus debemus eis portare legitimam garendiam. Pro pretio vero edificii domorum dedimus eis quater-viginta libras et quindecim solidos parisienses pro redditibus ad opus dicti prioratus de Borrent, de concilio episcopi Belvacensis emendis. Hanc venditionem et hoc excambium abbatissa Paracliti et ejusdem loci conventus, et priorissa et conventus de Borrent, voluerunt, concesserunt et laudaverunt. In cujus rei testimonium, presentem paginam sigilli nostri munimine fecimus communiri. Actum anno Domini, millesimo ducentesimo vicesimo octavo, mense septembri. *Et scellé.*

(A. I. *Carton K.* 189, *pièce n.°* 109.) Copie collationnée en 1734.

CLXX.

L'abbé d'Hérivaux vidime une charte par laquelle Saint Louis donne à Adam de Champagne, neveu de Jean, comte de Beaumont, soixante sous à prendre sur le péage du pont de Beaumont, en échange de quatre arpents de pré à Royaumont.

1229. Arnulphus abbas Beate-Marie Herivallis — Ludovicus Francorum rex, — nos in excambium 4 arpentorum prati que Ado de Campaniis, miles, nepos quondam Johannis comitis Bellimontis, habebat de dono ejusdem comitis apud Cuimont, qui modo Regalis-mons nominatur, que dedimus abbati et fratribus ejusdem loci, damus ipsi Adoni 60 sol. ad pontem Bellimontis, etc.

Apud Asnerias, 1229, mense sept.

(B. I. *Cartulaire de Royaumont*, n.° 5472, p. 103.) Copie de Gaignières.

CLXXI.

Thibaut de Beaumont, chevalier, se constitue plège envers le roi pour Simon, comte de Ponthieu.

1231. Ego Theobaldus de Bellomonte, miles. Notum facio omnibus ad quos presentes littere pervenirınt, quod ego erga karissimum dominum meum Ludovicum, regem Francie illustrem, et heredes ipsius, pro Simone, comite Pontivi, plegium et debitorem me constituo in quinque centum marchis argenti. Tali modo quod si dictus Simon, comes Pontivi, a conventionibus vel aliqua earum, quas cum eodem domino rege iniit et juravit pro habenda pace cum ipso, sicut in litteris quas idem dominus rex habet ab eodem Simone et M. uxore ejus, plenius continetur, aliquo tempore resiliret, ego de predictis quinque centum marchis argenti sepe dicto domino regi tenerer, fide prestita super hoc corporali, sicut debitor, integre facere gratum suum eidem domino regi; propter hoc obligans omnia bona mea, tam mobilia quam immobilia. Ita quod propter istam plegiationem et debitum ad ea predicta, sine se meffacere, posset assignare. In cujus rei testimonium, presentes litteras eidem domino regi tradidi, sigilli mei munimine roboratas. Actum anno Domini M.° CC.° tricesimo, mense marcio (1).

(A.I. *Trésor des Chartes. Carton J.* 395, *piece n°* 123.)
Orig. parch.

CLXXII.

Thibaut de Beaumont, seigneur de Lusarches, vend à l'abbaye de Royaumont, tout ce qu'il possédait à Belle-Eglise.

Ego Theobaldus de Bellomonte, miles, dominus de Lusarchiis (2). Notum quod ego et Hermengardis, uxor mea (3), vendidimus abbati et conventui Regalis-Montis pro mille et quinquaginta libris par., septem libras par., quas habebamus in villa nostra Belle-Ecclesie (4), tres modios avene in dicta villa, et duo pressoria, et totam terram nostram in eadem villa. Item vendidimus molendinum nostrum ejusdem ville. Preterea concessimus ut de mariscis nostris quociens necesse habuerint, possent tollere sine alterius necessitate ad meliorandum vineas (5). Quod ut ratum. — Actum anno gratie M. CC. trecesimo primo, mense junio. 1231.

Lesdites lettres ratifiées et confirmées par le roy au mois de janvier 1231 *(*1232*)*. Thibaut porte un lion sur son écu. (Note de Gaignières.)

(B. I. *Cartulaire de Royaumont. Anc. fonds* 5472, p. 72.

CLXXIII.

Thibaut de Beaumont, seigneur de Lusarches, et Ermengarde, sa femme, élisent leur sépulture dans l'abbaye de Royaumont.

Notum sit tam presentibus quam futuris quod ego Thobaldus de Bellomonte, miles, dominus 1231.

(1) L'année 1230 n'ayant commencé que le 7 avril, c'est ici le mois de mars 1231.

(2) C'est ce Thibaut qui vendit au roi Philippe-Auguste ses droits sur le comté de Beaumont.

(3) *Quondam domina de Meruaco*, dans un titre de l'an 1275 (A. I. Carton Q. 855). Cependant, dans un titre de l'an 1261, que nous donnons plus bas, elle est dite *quondam domina de Lusarches*.

(4) Belle-Eglise, au nord du doyenné de Beaumont.

(5) On remarquera ici cette méthode d'assoler les vignes avec les dépots des marais.

Lusarchiarum, et Hermengardis, uxor mea, in monasterio Beate-Marie de Regali-Monte, Ord. Cist. nostram eligimus sepulturam, et ad dictum monasterium post finem nostram, a fratribus ejusdem domus, sine alicujus contradictione, volumus deportari, ut multiplicatis intercessoribus per misericordiam Dei peccatorum nostrorum veniam percipere mereamur. Quod ut ratum et stabile in perpetuum permaneat, presentes litteras monachis dicti monasterii dedimus, sigilli nostri munimine roboratas. Actum anno gratie millesimo ducentesimo tricesimo primo, mense decembri.

(B. I. *Cartul. de Royaumont*, n.° 5472, p. 96.)

CLXXIV.

Charte par laquelle Saint Louis reporte sur le travers du pont de Beaumont une rente de douze livres, octroyée par le comte Jean au prieuré de Saint-Léonor, sur la grange de Berne.

1235. Ludovicus, D. G. Francorum rex. Notum facimus quod nos litteras bonæ memoriæ Johannis, quondam comitis Bellimontis, vidimus in hec verba : Ego Johannes, comes Bellimontis, etc. (1) Quia vero prædictas duodecim libras annui redditus assignatas super granchiam de Baerna et in torculari de Baerna, sicut superius est expressum, ibi percipere non poterat ecclesia memorata eo quod monialibus de Borrenc concesseramus grangiam supradictam; idcirco dictas duodecim libras eidem ecclesie Bellimontis permutavimus et assignavimus in transverso pontis Bellimontis, singulis annis ab ipsa ecclesia ad festum Sancti Remigii percipiendas. Super grangiam autem prædictam, vel in torculari præfato, de eisdem duodecim libris nichil de cœtero percipiet præfata ecclesia Bellimontis. In cujus rei testimonium, sigillum nostrum præsentibus litteris duximus apponendum. Actum apud Bellummontem, anno Domini M.° CC.° XXX quarto, mense januario.

(A. I, *Carton S.* 1410, *pièce* 43.) Copie de Dom Pernot.

CLXXV.

Accord entre Marie, comtesse de Grandpré et dame de Montréal, d'une part, et l'abbaye du Val, d'autre part, au sujet d'une aumône de dix livres de revenu faite à ladite abbaye par Jeanne, comtesse de Beaumont.

1236. Noverint universi presentes pariter et futuri, quod cum inter religiosos viros abbatem et conventum Vallis Beate-Marie ex una parte, et nobilem mulierem Mariam, comitissam Grandisprati et dominam Montis Regalis ex altera, questio verteretur, super decem libris parisiensibus quas Johanna quondam comitissa Bellimontis (2), soror ejusdem, pro remedio anime sue, predicte ecclesie Vallis Beate-Marie legaverat, et in censibus de Mosterolis (3) assignaverat, sicut in litteris dicte Johanne continetur; tandem bonorum virorum consilio in hunc modum amicabiliter pacifi-

(1) La charte du comte Jean est du mois de septembre 1221. On la trouvera plus loin au petit cartulaire de Saint-Léonor.

(2) Jeanne de Garlande, femme de Jean, comte de Beaumont.

(3) Montreuil près Vincennes.

caverunt : Quod dicta ecclesia Vallis debet percipere annuatim centum solidos parisienses in censibus de Huirines, in festo Beati Remigii, quamdiu dicta Maria, comitissa Grandisprati, vixerit, et post ejus decessum, integras decem libras, annuatim, eodem die et eodem loco superius assignato, et sic erit summa xx^ti librarum par., tam de decem libris quas ecclesia Vallis percipit et percipere consuevit quiete et pacifice pro legato matris dicte comitisse Grandisprati, quam de decem libris pro legato dicte Johanne sororis ejusdem, sicut expressum est, superius assignatis. Quod ut ratum et inconcussum permaneat, ego Ansericus, dominus Montis Regalis, et predicta Maria, comitissa Grandisprati, uxor mea, presentem paginam sigillorum nostrorum munimine duximus roborandam. Actum anno Domini M.° CC.° XXX.° sexto, mense maio.

(A. I. *Carton S.* 4203, *pièce n.°* 38.) Orig. parch. avec fragment de sceau.

CLXXVI.

Les frères de l'Hôtel-Dieu de Beaumont confirment la vente d'une pièce de vigne à Machecourt, faite par Pierre de Luci et Laurence, sa femme, à l'abbaye du Val.

Omnibus tam presentibus quam futuris presentes litteras inspecturis, Nicholaus, presbiter, 1237.
Alardus et Acelinus, fratres et procuratores Domus-Dei de Bellomonte, salutem in Domino. Notum facimus quod Petrus de Luci, et Laurentia, uxor ejus, communi assensu et unanimi voluntate vendiderunt ecclesie et fratribus Vallis Beate-Marie, Cirterciencis Ordinis, pro triginta et duobus libris parisiensibus, quamdam petiam vinee, circiter unum arpentum, que sita est in territorio de Machecort, que vocatur Rosa-in-pede, que movet de nobis ad duodecim denarios censuales in octabis Beati Dyonisii persolvendos. Nos vero, communi assensu et voluntate omnium fratrum domus nostre, predictam venditionem laudamus, volumus, et concedimus ut predicta ecclesia et fratres Vallis Beate-Marie predictam vineam quiete et pacifice in perpetuum possideant, salvo predicto censu nostro, nobis ad predictum terminum persolvendos. Ita quod predictam ecclesiam ad vendendum eamdem vineam, vel extra manum suam ponendum, non compellemus in futurum. Quod ut ratum et inconcussum perpetuo permaneat, presentem cartam sigilli nostri munimine fecimus confirmari. Actum anno Domini M.° CC.° tricesimo septimo, mense maio.

(A. I. *Carton S.* 4194, *pièce* 43.) Orig. parch.

CLXXVII.

Ermengarde, veuve de Thibaut de Beaumont, seigneur de Méru et de Lusarches, confirme aux frères de l'ordre de la Trinité du Fay, une donation de cinq arpents de bois dans la forêt de Méru, faite par son mari.

Notum sit omnibus, tam presentibus quam futuris, quod bone memorie vir nobilis, Th. de 1237.
Bellomonte, miles, dominus Lusarchiarum et Meruaci, ob remedium anime sue legavit fratribus Ordinis Sancte-Trinitatis de Fayaco quinque arpenta nemoris, sita in foresta sua apud Meruacum, inter viam de la Sabloniere et viam de Celario, versus suam ecclesiam, in perpetuum possidenda;

ego autem Ermengardis, ejusdem Th. relicta, de cujus consensu et voluntate hujusmodi legatum factum fuit, et nos G. decanus de Preeres (1), Belvacensis diocesis, C. presbiter de Lusarchiis (2), Parisiensis diocesis, testamenti predicti Theobaldi exequtores, qui legato predicto com fieret interfuimus, presentem paginam sigillorum nostrorum munimine fecimus roborari. Actum anno Domini M.° CC.° XXX.° VII.° mense augusti.

(A. I. *Carton S.* 4266, *n.*° 34.) Orig. parch. avec trace de trois sceaux perdus.

CLXXVIII.

Testament de Jean de Ronqueroles en faveur des abbayes du Val et de Royaumont, et du prieuré de Boran.

1237. In nomine Patris et Filii et Spiritus-Sancti, amen. Ego Johannes de Ronkeroles, sciens nichil morte certius et nichil incercius hora mortis, de consensu et voluntate dilectissime matris mee, et Hugonis, fratris mei, et sororum mearum, do, lego, post decessum meum, Valli Beate-Marie, duas hostisias apud Asnerias sitas, quarum tenet unam Guiardus de Atrio, et aliam Hugo Anglicus, et pro eis reddunt quilibet decem solidos parisienses annuatim in festo Beate-Marie in septembri. Item do, lego, eidem abbatie, unum arpentum vinee site sub parco Asneriarum. Item, unum arpentum prati apud Asnerias, quod a me tenetur ad medietatem. Item, quatuor arpenta terre, de quibus duo sedent juxta pontem de Theve, et alia duo in guarenna. Item, sanctimonialibus de Borrenc, do, lego, similiter post decessum, tria arpenta terre site sub domo earumdem supra aquam Ysare. Item, abbatie Regalis-Montis, quinque arpenta nemoris sita inter nemora Asneriarum, juxta nemora Regalis-Montis, do, lego, similiter post decessum meum habenda pariter et possidenda. In cujus rei memoriam, presentibus litteris sigillum meum apposui. Actum anno Domini M.° CC.° XXX.° septimo.

(A. I. *Carton S.* 4194, *pièce* 26.) Orig. parch.

CLXXIX.

Joscion de Beaumont, chanoine de Senlis, donne à l'abbaye du Val des terres labourables à Mour, et des vignes à Beaumont.

1249. Noverint universi presentes et futuri, quod ego magister Joscio de Bellomonte, canonicus Silvanectensis, dedi et concessi in puram et perpetuam elemosinam, ob remedium anime mee et parentum meorum, abbati et conventui ecclesie Beate-Marie de Valle, terras meas apud Mor sitas, et vineas meas de Bellomonte sitas in tribus peciis, videlicet ad gardinum Sarranin, ad Douconpierre, et ad rogum de Mor, promittens quod contra donationem predictam, per me, vel per alium,

(1) G., doyen de Presles.

(2) C., curé de Lusarches.

non veniam in futurum, nec in terris et vineis antedictis de cetero aliquid juris reclamabo, vel faciam reclamari. Actum anno Domini M.° CC.° XL.° octavo, mense marcio.

(A. I. *Carton S. 4194, pièce n.° 14.*) Orig. parch. scellé. La même donation se trouve répétée en 1252, (Ibid. *pièce 42*) avec cette clause: *nec aliquid in eis michi retineo preter solummodo usumfructum.*

CLXXX.

Amortissement concédé par le chapitre de Notre-Dame-des-Champs de Beaumont à l'abbaye du Val.

Universis Christi fidelibus presentes litteras inspecturis, canonici totumque capitulum Beate-Marie-de-Campis Bellimontis, salutem in Domino. Notum facimus quod nos, communi assensu et voluntate, volumus et concedimus, salvo censu nostro et dominio, quod ecclesia Vallis Beate-Marie, Cisterciensis Ordinis, et fratres ibidem Deo servientes, tenent et possideant imperpetuum libere, pacifice et quiete, sine coactione vendendi vel extra manum suam ponendi, quicquid in censiva et dominio nostro usque ad presentem diem sunt adquisiti. Promittentes quod contra predictam concessionem, per nos vel per alios, non veniemus in futurum. In cujus rei testimonium presentes litteras sigilli nostri munimine fecimus roborari. Actum anno Domini M.° CC.° quinquagesimo secundo, mense januario. 1253.

(A. I. *Carton S. 4194, pièce 11.*) Orig. parch. scellé sur double queue d'un sceau rond de cire jaune représentant la Vierge avec l'Enfant-Jésus vue à mi-corps. Légende: S. BEATE MARIE BELLIMONTES.

CLXXXI.

Barthelémy et Thibaut de Méru, chevaliers, et Guiot de Méru, écuyer, leur frère, donnent à l'abbaye de Royaumont trente-et-un sous parisis de revenu pour l'anniversaire de leur mère, Ermengarde, jadis dame de Lusarches.

Nos Bartholomus et Theobaldus, milites, et Guiotus, armiger, fratres dicti de Meruaco, filii quondam domini Theobaldi dicti de Bellomonte, militis, ob remedium anime karissime matris nostre bone memorie, Ermengardis, quondam domine de Lusarches, dedimus abbatie Regalis-Montis 31 s. par. redditus, pro anniversario predicte matris nostre annuatim. Hec concessit domina Aelidis, uxor dicti domini Bartholomei. 1261, mense decembri. 1261.

(B. I. *Cartulaire de Royaumont, n.° 5472, p. 90.*)

CLXXXII.

Barthelémy et Thibaut de Méru, chevaliers, et Guiot de Méru, écuyer, confirment la vente faite à l'abbaye de Royaumont, par Jean, seigneur de Sainte-Geneviève, de l'hommage d'un fief sis à Belleglise.

1268. Nos Bartholomeus et Theobaldus, milites, et Guyotus, armiger, fratres dicti de Meruaco, filii quondam domini Theobaldi dicti de Bellomonte militis, notum [facimus], quod nos vidimus litteras domini Johannis, domini de Sancta-Genovefa et domine Johanne, uxoris ejus, in hec verba:

Nos Johannes de Sancta-Genovefa, miles, et Johanna, uxor ejus. Notum quod nos, pro communi utilitate, vendidimus in perpetuum abbati et conventui Regalis-Montis, pro xv liv. par., quoddam homagium quod habebamus de quodam feodo in villa Belle-Ecclesie quod tenebat Petrus le Haubergier de nobis. Et quia dictum homagium nos Johannes et Johanna tenebamus a dominis Bartholomeo et Theobaldo militibus, et Guioto, armigero, fratribus dictis de Meruaco, filiis quondam domini Theobaldi dicti de Bellomonte militis, rogavimus ipsos quod dictos abbatem et conventum permitterent dictum homagium in manu mortua possidere. Actum anno Domini M. CC. sexagesimo octavo, mense decembri.

Nos volumus quod dicti abbas et conventus dictum homagium in manu mortua teneant. Actum anno Domini M. CC. LXVIII. mense decembri.

(B. I. *Cartulaire de l'abbaye de Royaumont*, n.° 5272, p. 72.) Copie de Gaignières qui a ajouté ce qui suit : *Dessin du premier sceau qui restait.—Un lion sur la face et au contre-sceau.*

CLXXXIII.

Philippe-le-Hardi rachète à son chambellan, Pierre de Chambli, divers revenus que celui-ci prenait sur Beaumont et Méru, et lui donne en récompense diverses terres situées au comté de Beaumont.

1275. Philippus, Dei gratia Francorum rex. Notum facimus universis tam presentibus quam futuris, quod cum Petrus de Chambeliaco, dilectus cambellanus et fidelis noster, haberet et perciperet quinquaginta duas libras et decem solidos parisienses annui et perpetui redditus, in locis inferius annotatis; videlicet triginta libras in prepositura nostra Bellimontis-super-Isaram. Item, duodecim libras et decem solidos in eadem prepositura, de triginta libris reddituatibus quas dudum emit defunctus Petrus, quondam avus suus, a Baldoino de Bellovidere. Item, decem libras in duobus locis, scilicet centum solidos in transverso pontis de Bellomonte, et centum solidos in censibus de Meru, quas vendidit Theobaldus d'Ardelli, miles. Ac prefatus Petrus de Chambeliaco, cambellanus noster, nobis et successoribus nostris in perpetuum predictas quinquaginta duas libras et decem solidos parisienses reddituales concesserit, quittaverit et remiserit omnino. Nos, tam in recompensationem ipsius redditus nobis ab eodem Petro quittati, ut dictum est, penitus et dimissi, quam in remunerationem sui grati et accepti servicii nobis ab eo hactenus prompte et devote impensi, ipsi Petro et suis heredibus ac successoribus in perpetuum damus, concedimus et quittamus domum nostram seu manerium de Croy prope Bellummontem, cum suis pertinentiis et appendiciis universis. Item, pressorium nostrum de Baerna. Item, quandam peciam bosci qui dicitur l'Aunoi, siti in territorio de Montigniaco-le-Prouvoire, et quicquid habebamus vel habere possumus aut debemus apud Croy, Bleincourt, Baernam, Montigniacum-le-Prouvoire et Menilium-Sancti-Dyonisii prope Bellummontem, ac in territoriis earum villarum, sive sit in nemoribus, pratis, aquis, vineis, terris, campipartibus, furnis, hostisiis, censibus, redditibus bladi, avene, panis, vini, caponum, gallinarum, et aliarum rerum quocumque nomine censeantur, theloneis, mensuris, vendis, emendis, expletis, feodis et homagiis, sive sit in aliis obventionibus, redibentiis, rebus vel juribus quibuscumque, cum suis omnibus meliorationibus et augmentis, cumque tota justicia viarie et quavis alia, quam in rebus et locis predictis habebamus, tam in domaniis nostris, quam in terris aliorum terram habentium ibidem; alta dumtaxat nobis et nostris successoribus justicia retenta in rebus et locis memoratis. Ac, in terra hominibus seu hospitibus ecclesie Beati-Dyonisii-in-Francia, qui in dictis locis consistunt, omnimodam, tam altam, quam bassam justiciam et coertionem, sicut nobis antea in eis competebant, retinemus. Concedimus preterea, quantum in nobis est, quod predictus Petrus, heredes ac successores sui, duos modios bladi annui redditus, quod dictus Petrus in molendinis de Bellomonte percipit, ut dicitur; item, feodum suum de Baillolio; item, boscos suos de Ambleincourt; item, illud quod habet in teloneo de Chambeliaco; insuper, octo arpenta et unum quarterium, octodecim perticas et octodecim jugera terrarum arabilium, duo arpenta tria quarteria et undecim perticas prati sitas prope Campaniam et Bellummontem, in diversis peciis, que idem Petrus a fratribus Sancti-Mauricii Silvanectensis, ut dicitur, olim emit, teneant cum omnibus aliis supradictis ad unum feodum et unum homagium, eisdemque modis et conditionibus, de cetero, a nobis et successoribus nostris, solvendo nobis vel mandato nostro et nostris successoribus, pro servicio feodi et homagii hujusmodi, unum par calcarium deauratorum, ad festum Nativitatis Domini, annuatim in castro nostro Bellimontis-super-Isaram; nullo alio servicio, auxilio, vel redibencia ab ipso Petro vel ejus heredibus aut successoribus, per nos, vel per nostros successores, racione predictorum, in posterum exigendis. De quibus omnibus idem Petrus homagium ligium nobis fecit. Quod ut ratum et stabile permaneat in futurum, presentibus litteris nostrum fecimus apponi sigillum. Actum apud Ebroicas, anno Domini millesimo ducentesimo septuagesimo quinto, mense octobri.

(A. I. *Carton J.* 208, *Chambli*, n.° 1.) Magnifique original sur parch. scellé du grand sceau de cire verte.

CLXXXIV.

Philippe-le-Hardi donne à son fils Charles le comté de Valois, et à son fils Louis, celui de Beaumont-sur-Oise.

Ph., par la grace de Dieu rois de France. Nous fesons à savoir à touz ceus qui sunt et qui seront, que Nous, désirant que nostre enfant, après notre décès, soient en amor et en concorde, et que toute manière de contenz et de rancune soit ostée d'entreux, tant comme nous le poons fère quant à nos ores, quar par ce meismes entendons nous à porveoir à la pès et au repos de noz sougiez et au bon estat de nostre reaume, donnons à noz deus filz meinsnez, por toute porvéance que il doivent, ou devroient, ou porroient demander ou avoir en nostre terre ou en noz biens après nostre décès, c'est à savoir à Charle, nostre fill (1), le conté de Valois et toutes les apartenances, 1285.

(1) Charles, fils de Philippe-le-Hardi et d'Isabelle d'Aragon, comte de Valois et père de Philippe de Valois.

et dèsorendroit li assenons en tel manière que nostre hoirs, rois de France, li soit tenu à parfère et à asseoir en terre jusques à la value de dis mile liv. par., contée premièrement en ceste somme la value dou conté et des appartenances devant dites. A Looys, nostre fill (1), le conté de Biaumont-seur-Aise et toutes les apartenances, en tel manière que nostre hoirs, rois de France, li soit tenuz à parfère et à asseoir en terre jusques à la value de dis mile liv. de par. par an, contée premièrement en ceste somme la value dou conté de Biaumont et des apartenances desus dites. Et volons et commandons que li devant diz nostre hoirs soit tenuz à noz deus filz desus nommez, ou à leur hoirs de leur cors, parfére et asseoir terre ou reaume de France, en baronnies et en fiez, à chascun, jusques à la value desusdite, se nous meismes n'avions ce fait avant que nous trespassissions de cest siècle. Et il, et leur hoir, en seront tenu à fère tiex redevances et tiex servises comme les baronnies et li fié devront. Ce ajousté, que se li devant dit nostre fill, ou aucuns d'eux, trespassoient sanz hoir de leur cors, que cèle porcion de terre, qui assise seroit si comme il est dit à celui ou à ceus qui einsi trespasseroient, retornast enterinement à nostre successeur Roi de France, qui de nous seroit descenduz. Encore, en ajostant à ces choses, retenons à nous plain pooir, tant comme nous vivrons, d'ajouster, d'amenuisier et de muer ce que nous plera en toutes les choses desus dites et en chascunes. Et à tenir et acomplir tout ce qui est dit devant, nos obligeons nostre hoir qui sera rois de France, et nostre terre, et toz noz biens. Et avec tout ce, nous enjoingnons et commandons à celui nostre hoir que il marit noz filles qui demorront à assener après nostre décès, si comme il verra que sera à fère, Et pour ce que ce soit ferm et estable, nous avons ces letres fet sceller de nostre seel. Ce fut fet à Paris, le mercredi devant mi-quaresme, en l'an Nostre-Seigneur, mil deus cens quatrevinz et quatre, ou mois de février.

(A. I. *Trésor des Chartes*, *carton J.* 390, *pièce* 6.) Orig. parch. scellé en cire verte.

CLXXXV.

Jean de Montfort, comte de Squillace et camérier du roi de Sicile, et Marguerite de Beaumont, sa femme, confirment à l'abbaye de Saint-Antoine un legs de Pierre, seigneur de Beaumont.

1290. Nos Johannes de Monteforti, Squillacii et Montiscanosi comes, ac regni Sicilie camerarius, et Margareta, uxor mea, tenore presencium, notum facimus universis, quod confitemur et recognoscimus nos debere singulis annis abbacie Sancti-Anthonii prope Parisius, septem libras parisienses, quas in ultimis suis legavit eidem abbacie quondam dominus Petrus, dominus Bellimontis, karissimus socer noster, et pater prefate Margarete, pro anniversario suo; quas septem libras volumus eidem abbacie, in festo Omnium Sanctorum, singulis annis solvi de redditibus terre nostre de Alneto, per ballivum nostrum ejusdem terre, qui pro tempore fuerit, nullo inde alio nostro super hoc expectato mandato, nisi tantum inspecto tenore presencium per ballivum eundem. In cujus rei testimonium, et ejusdem abbacie cautelam, presentes testimoniales litteras exinde fieri

(1) Louis, fils de Philippe-le-Hardi et de Marie de Brabant, sa seconde femme, tige des comtes d'Evreux.

fecimus, sigillis nostris munitas. Actum Parisius, anno Domini M.° CC.° nonagesimo, die veneris post Exaltationem Sancte-Crucis (1).

(A. I. *Carton L.* 1601.) Orig. sur parch. avec fragment de sceau de Jean de Montfort, en cire rouge, sur lacs de soie rouge. Son écu chargé d'un lion rampant au lambel à 5 pendants. Le sceau de Marguerite de Beaumont est ogival. Sur la face elle est représentée debout, en robe et manteau vairé. Dans le champ, à dextre, l'écu de son mari, à senestre, le sien, qui est un gironné. *Légende* : S. (Margarete) DE BELLOMOTE. UXOR DNI. IOHIS. (de Monte forti) MLITIS. — Au contre sceau, un écu gironné de douze pièces. — *Légende* : † SECRETUM MEUM.

CLXXXVI.

Philippe-le-Bel confirme à l'abbaye de Royaumont quarante sous de revenu provenant d'une donation faite jadis par Mathieu III, comte de Beaumont, à Lambert le Jongleur.

Littera pro abbate et conventu monasterii Regalis-Montis, super declaratione quadraginta solidorum annui redditus eisdem concessorum.

Philippus, etc. Notum, etc. Quod cum abbas et conventus monasterii Regalis-Montis conquererentur de ballivo nostro Silvanectensi, dicentes quod cum ipsi ab antiquo consuevissent supra Nos annuatim, in festo Ascensionis Domini, percipere quadraginta solidos racione robe defuncti Johannis Anquetin, qui dicto monasterio dederat omnia bona sua, et quam robam Matheus quondam comes Bellimontis, et Alienordis, ejus uxor, Lamberto Joculatori et ejus heredi donaverant, cujus Lamberti dictus Johannes dicitur fuisse heres, Nos, visis tam donacionum predictarum, quam aliis dictorum religiosorum litteris, volumus quod dicti religiosi in saisina percipiendi dictum redditum conserventur, illumque habeant et percipiant, modo, forma et termino, quibus illum hactenus consueverunt percipere et habere, salvo in aliis jure nostro, et in omnibus quolibet alieno. Quod ut firmum, etc. Actum Silvanectensi, anno Domini M.° CCC.° undecimo, mense julii. 1311.

(A. I. *Registre du Trésor des Chartes*, *coté J.* 46', *pièce n.°* 57.)

CLXXXVII.

Charles VI comprend les comtés de Valois et de Beaumont-sur-Oise dans le ressort du bailliage de Senlis.

Charles, par la grace de Dieu Roy de France. Savoir faisons à tous présens et avenir, que comme les contez de Valois et Beaumont, et une grant partie de la conté de Clermont, aient an- 1412.

(1) Le 15 septembre.

ciennement esté du ressort et bailliage de nostre ville de Senliz, et depuis iceulx contez, tant par appanage, comme autrement, aient esté baillez par nous, ou par aucuns noz prédécesseurs, Roys de France, à plusieurs de nostre sang et lignage, dont soient advenues et escheues à Charles (1), nostre nepveu, d'Orléans, lesdictes contez de Valois et de Beaumont, et à Jehan, nostre cousin, de Bourbon, le conté de Clermont en Beauvoisis, et plusieurs terres et acquisitions par eulx et leurs prédécesseurs acquises esdictes contez, lesquelles, ou partie dicelles, sont assises oudit bailliage de Senliz et soubz le ressort dicellui ; lesquelles contez de Valois, de Beaumont et de Clermont, autres terres et acquisitions, qui appartenoient audit Charles d'Orleans et Jehan de Bourbon, pour raison et occasion des trèsgrans et énormes crimes, delicz, rebellions et désobeissances commises par eulx et chacun d'eulx et leurs aidans, adhérens, aliez et complices, oultre et par dessus noz inhibicions, criz, proclamacions et deffenses à eulx sur ce faictes par plusieurs noz lettres patentes, et ambaxadeurs à eulx envoyez et autrement, telement que nul d'eulx, ne de leurs diz adhérenz, aliez et complices, n'en povoit ou devoit prétendre aucune ignorance, nous aions, comme avons, forfaites, acquises et confisquées pour raison de ce que dit est, appliqué et auny à nostre couronne, domaine et seignourie, Nous, ces choses considérées, et eu trèsgrant advis et meure délibération sur ce avec plusieurs de nostre sang et lignage et autres de nostre Grant Conseil, et pour le bien et prouffit de noz subgiez desdiz pais, avons ordonné et ordonnons de nostre plaine puissance et auctorité royale, par manière de constitucion et editz perpetuelz, que doresenavant lesdictes contez de Valois et de Beaumont, et aussi la partie dudit conté de Clermont et autres terres et acquisicions qui appartenoient ausdiz d'Orléans et de Bourbon, enclavées èsdictes contez ressortissans anciennement oudit bailliage, doresenavant seront et ressortiront à icellui bailliage de Senliz. Et icelles contez de Valois et de Beaumont et autres dessus dictes, et par la manière que dit est, avons remis et réuny, remettons et réunissons aux sièges et ressors anciens dudit bailliage de Senliz, en la manière que d'ancienneté elles estoient. Et en oultre, avons voulu et ordonné, voulons et ordonnons que doresenavant les subgiez diceulx contez de Valois et de Beaumont et autres terres dessus dictes, soient convenuz et évocquez, en cas de ressort, aux sièges dudit bailliage, et d'illec soubz le souverain ressort de nostre court de parlement, ainsi et par la fourme et manière que noz autres subgiez dudit bailliage de Senlis sont et ont acoustumé d'estre de toute ancienneté. Cest assavoir les subgiez d'icelle conté de Valoiz et ceulx de la chastellerie de Crespy, pardevant nostre dit bailly ou son lieutenant, à son siège de Crespy en Valois, les subgiez de la chastellenie de Pierrefons, les subgiez de la Lafferté-Milon audit lieu de Lafferté, et ceulx de Béthisy audit lieu de Béthisy, et les subgiez de la conté de Beaumont pardevant icellui bailli ou son lieutenant à son siège dudit lieu de Beaumont, et les subgiez de la partie dudit conté de Clermont estans d'ancienneté dudit bailliage, pardevant nostredit bailli de Senliz ou son lieutenant à Clermont. Et aussi les subgiez des autres terres et acquisicions, chacun au plus prouchain siège du lieu là ou ilz sont et seront demourans. Esquelx lieux et places de Crespy et de Beaumont et autres dessus déclairées, nous voulons et ordonnons estre commis et substituez lieuxtenans de par ledit bailli, qui pour icellui et de par nous doresenavant tendront iceulx sièges, jugeront et appointeront de tous cas criminelz et civilz au regard des subgiez d'iceulx lieux et des contendans et délinquans en iceulx, et que doresenavant ledit bailli en sa personne ou son lieutenant, tiengne et face tenir les assises ainsi et par la fourme et manière que l'en y faisoit et

(1) Charles, duc d'Orléans, fils de Louis, duc d'Orléans.

avoit acoustumé de faire anciennement. Et n'est pas à oublier que s'aucuns d'iceulx subgiez d'icelles contez et terres estoient premièrement convenuz pardevant nostredit bailli ou son lieutenant, à son siège de Senliz, par vertu de noz lettres causees, (*sic; lisez : lettres clauses*), de committimus, ou autrement, pour cas de délit, que ledit bailli en aura la préeminence, prérogative et congnoissance, nonobstant que sesdiz lieuxtenans y soient commis et ordonnez par la manière que dit est. Et aussi avons voulu et ordonné, voulons et ordonnons que doresenavant en chascun d'iceulx sièges soient faiz et ordonnez seaulx à noz armes, soubz lesquelx se passeront doresenavant les contraulx, marchiez et obligacions, et que iceulx soient baillez en garde à certaines bonnes personnes et souffisans, par devant lesquelx et chascun d'eulx lesdiz contraulx seront passez et receuz, qui, en approbacion de ce, scelleront les lectres qui sur ce seront faictes par les tabellions et notaires de chascun d'iceulx lieux. Et avec ce avons mis, et par ces présentes mettons toutes commissions et gouvernemens desdiz pais baillés à autres, au néant, et leur deffendons que d'icelles commissions et gouvernemens ne usent en aucune manière. Si donnons en mandement à noz amez et féaulx conseillers les gens tenans et qui tendront nostre parlement, aux gens de noz comptes et trésoriers à Paris, au bailli de Senliz, et à tous noz autres justiciers et officiers, présens et avenir, ou à leurs lieuxtenans, et à chascun deulx, si comme à lui appartendra, que nostre présente ordonnance, establissement et constitucion, ilz tiennent, gardent, entérinent et acomplisent, et facent tenir, garder, entériner et acomplir de point en point, selon leur fourme et teneur, sans faire ou attempter, ne souffrir estre fait ou attempté aucune chose au contraire ; laquelle chose, se faicte estoit, ilz ramenent et remettent, ou facent ramener et remettre tantost et sans délay au premier estat et deu. En ostant tous autres commissaires et gouverneurs qui par nous aroient esté, par provision ou autrement, mis esdiz pais. Et affin que ce soit ferme chose et estable à tousjours, nous avons fait mettre nostre séel à ces présentes, sauf en autres choses nostre droit, et l'autruy en toutes. Donné à Paris, ou mois de janvier, l'an de grace mil quatrecens et unze, et de nostre règne le XXXII.e

Ainsi signé Par le Roy, à la relacion du Conseil, ouquel Vous, l'évesque de Tournay, le chancelier de Guienne, le premier président de Parlement, maistre Eustace de Lattre, maistre Nicole D'Orgemont, et plusieurs autres, estoient.
Collation faicte.

J. MILET. *Visa.*

Au doz de la dicte. *Lecta et publicata die XXVI.a februarii, anno Domini millesimo CCCC.o XI.o in Parlamento.*

BAYE.

Similiter in Camera compotorum Domini nostri regis Parisius lecta et publicata anno et die supradictis.

BEGUE.

(A. I. *Trésor des Chartes. Carton* J. 160, *pièce* 63.)
Copie du temps, sur papier.

CLXXXVIII.

Henri VI, roi d'Angleterre, donne à Robert, seigneur de Willugby, le comté de Beaumont-sur-Oise, avec les terres et seigneuries d'Anières et de Lusarches.

Henri, par la grace de Dieu roy de France et d'Angleterre. Savoir faisons à tous présens et 1431.

avenir, comme par noz autres lettres scellées en laz de soie et cire vert, Nous, par l'advis des gens de nostre Grand Conseil estant devers nous, ayons donné, cédé, transporté et délaissié à nostre amé et féal chevalier, Robert, sire de Wilughby, la conté de Beaumont-sur-Oise et les terres et seigneuries d'Asnières et de Lusarches, avèques les cens, rentes, maisons, revenus, héritages, forfaictures, fiefz, arrière-fiefz, eaues, molins, bois, forestz, forteresces, seigneuries, justices, possessions, appartenances et appendances quelzconques, que nagaires tenoit et possédoit nostre très chier et très amé oncle, Jehan, duc de Bedford, et lesqueles nous avions mis et tenions derrenièrement en nostre main, pour en joir et user par ledit sire de Wilughby et ses hoirs masles venans de lui en directe ligné et par vray et loyal mariage, à tousjoursmais, perpétuelement et héréditablement comme de leur propre chose, jusques à la valeur de deux mil livres parisis de rente annuelle et perpétuele, eu regard à ce qu'elles valoient au temps de l'an mil cccc et dix, pourveu qu'elles ne soient de nostre ancien domaine, ne joinctes, unies, incorporées et réservées à icelui; ainsi que tout ce et autres choses sont plus à plain contenues et déclairées en nosdictes autres lettres, desqueles la teneur sensuit :

Henri, par la grace de Dieu roy de France et d'Angleterre. Savoir faisons à tous présens et advenir, que, pour considéracion des bons, grans et notables services que nostre amé et féal chevalier, Robert sire de Wilughby, a faiz ou temps passé à feu nostre très chier seigneur et père, cui Dieu pardoint, et à Nous, ou fait de nos guerres et autrement, fait encore, et espérons que face ou temps advenir, à iceluy sire de Wilughby avons, par l'advis et délibéracion des gens de nostre Grant Conseil estant à présent par devers nous, donné, cédé, transporté et délaissié, donnons, cédons, transportons et délaissons par ces présentes, la comté de Beaumont-sur-Oise, les terres et seigneuries d'Asnières et de Lusarches, avecques les cens, rentes, maisons, revenues, héritages, forfaictures, fiefz, arrière-fiefz, eaues, molins, bois, forets, forteresces, seigneuries, justices, possessions, appartenances et appendances quelzconques, que nagaires tenoit et possédoit nostre très chier et très amé oncle, Jehan, duc de Bedford, et lesqueles nous avions mis et tenions derrenièrement en nostre main. Pour, d'icelle conté de Beaumont-sur-Oise, terres et seigneuries d'Asnières et de Lusarches et autres choses dessus dictes, joir et user par ledit sire de Wilughby et ses hoirs masles venans de lui en directe ligne et par vray et loyal mariage, à tousjoursmais, perpetuelment et hereditablement, comme leur propre chose, jusques à la valeur de deux mil livres parisis de rente annuelle et perpétuele, eu égard à ce quelles valoient au temps de l'an mil cccc et dix. Pourveu toutes voies que lesdiz conté de Beaumont, terres et seigneuries d'Asnières et de Lusarches et autres choses dessus dictes, ne soient de nostre ancien demaine ne jointes, unies, incorporées et réservées à icelui, ne données à autre par feu nostre très chier seigneur et père ou Nous, par l'advis et délibéracion des gens de nostre Grant Conseil estans par devers nous, paravant la date de ces présentes; que nostredit chevalier et sesdiz hoirs masles, en paieront les charges et drois et feront les autres devoirs acoustumez; seront tenuz de faire résidence ès lieux à Nous obéissans en nostre Royaume de France, et qu'ilz ne se porront obligier à service d'aultruy sans l'exprès congié de Nous. Si donnons en mandement par ces présentes à noz ames et féaulx gens de noz comptes et trésoriers à Paris, aux prévost de Paris et bailli de Senliz, et à tous noz autres justiciers et officiers de nostre Royaume de France et à leurs lieuxtenans, présens et advenir, et à chascun d'eulx, si comme à lui appartendra, que ledit sire de Wilughby et sesdiz hoirs masles légitimes, venans en directe ligne, facent, souffrent et laissent joir et user de noz présens don, cession, transport et délaissement, à tousjoursmais, perpétuelment et héreditablement, plainement et paisiblement, par la manière dessusdicte, sans leur faire, mectre ou donner, ne souffrir estre faict, mis ou donné, aucun destourbier ou empeschement au contraire, en quelque manière que ce soit, non obstans quelzconques autres dons de terres, seigneuries, héritages et possessions quelzconques à lui autrefois faiz par nostredit feu seigneur et père et par Nous. Et afin que ce soit chose ferme et estable à tousjours, nous avons fait mectre à ces présentes nostre séel ordonné en l'absence du grant, sauf en autres choses nostre droit, et l'autruy en toutes. Donné en nostre ville de Rouen, le IIII.e jour d'octobre, l'an de grace mil CCCC et XXX, et de nostre règne le XIII.e Ainsi signé : Par le roi, à la relacion du Grant Conseil estant à présent par devers lui. *L. Calot. Visa. Contentor E. Lombart.* Et au dos estoit escript *Registrata.*

Ce nonobstant, ledit sire de Wylughby nous a fait exposer que pour ce que les dictes conté, terres, seigneuries et autres choses dessusdictes, ou aucunes d'icelles, sont de nostre ancien domaine ou joinctes à icelui par noz amez et féaulx les gens de nostre chambre des comptes et trésoriers à Paris, ont fait et font reffuz de expédier en icèle nosdictes lettres cy-dessus transcriptes, qui est en son grant préjudice, si comme il dit. Pourquoy nous requiert et supplie humblement que ad ce qu'il puisse joir de nostre dit don, et icelui don avoir et sortir son plain effect, nous lui veuillons pourveoir de nostre remède gracieux ; pour ce est-il, que Nous, pour considéracion des bons, grans et notables services que ledit Robert, seigneur de Wylughby, a faiz ou temps passé à feu nostre très chier seigneur et père, cui Dieu pardoint, et à Nous, ou fait de noz guerres et autrement, fait encore un chascun jour, et espérons que face ou temps advenir, à icelui, par l'advis et délibéracion des gens de nostre Grant Conseil estans à présent par devers Nous, avons de nostre plus ample grace, donné, cédé, transporté et délaissié, donnons, cédons, transportons et délaissons par ces préseutes, la Conté de Beaumont-sur-Oise, terres et seigneuries d'Asnières et de Lusarches, avecques les cens, rentes, maisons, revenues, héritages, forfaictures, fiefz, arrière-fiefz, eaues, molins, bois, forests, forteresces, seigneuries, justices, possessions, appartenances et appendances quelzconques, que nagaires tenoit et possidoit nostre très cher et très amé oncle, Jehan, duc de Bedfort, et lesquelles nous avions mis et tenions derrenièrement en nostre main ; pour, d'iceles conté de Beaumont-sur-Oise, terres et seigneuries d'Asnières et de Lusarches et autres choses dessus dictes, joir et user par ledit sire de Wilughby et ses hoirs masles venans de lui en directe ligné et par vray et loyal mariage, à toujoursmais, perpétuelment et héréditablement comme de leur propre chose, jusques à la valeur de deux mil livres parisis de rente annuelle et perpétuele, eu regard à ce quelles valoient au temps de l'an mil CCCC et X, non obstant qu'elles, ou aucunes d'iceles, soient ou aient esté de nostredit ancien domaine, ou jointes, unies, incorporées et réservées à icelui, laquele ordonnance ne voulons préjudicier à ce présent don. Pourveu toutesvoies qu'elles n'aient esté données à autre par feu nostre très cher seigneur et père, ou Nous, par l'advis et délibéracion des gens de nostre Grant Conseil estans pardevers nous, paravant la date de ces présentes ; que ledit sire de Wilughby et sesdiz hoirs masles en paieront les charges et drois, et feront les autres devoirs acoustumez ; seront tenuz de faire résidence ès lieux à nous obéissans en nostre royaume de France, et qu'ilz ne se pourront obligier à service d'autruy sans l'exprès congié de Nous. Si donnons en mandement par ces présentes à noz amez et féaulx gens de noz comptes et trésoriers à Paris, aux prévost de Paris et bailli de Senliz, et à tous noz autres justiciers et officiers de nostre royaume de France et à leurs lieutenans, présens et advenir, et à chascun deulx, si comme à lui appartendra, que ledit sire de Wylughby et sesdiz hoirs masles légitimes venans de lui en directe ligne, facent, seuffrent et laissent joir et user de noz présens don, cession, transport et délaissement, à tousjourmais, perpétuelment et héreditablement, plainement et paisiblement, par la manière dessus dicte, sans leur faire, mectre ou donner, ne souffrir estre fait, mis ou donné aucun destourbier ou empeschement au contraire, en quelque manière que ce soit, non obstant quelzconques autres dons de terres, seigneuries, héritages ou possessions quelzconques à lui autresfois faiz par nostredit feu seigneur et père et par Nous. Et afin que ce soit chose ferme et estable à tousjours, nous avons fait mectre à ces présentes nostre séel, sauf en autres choses nostre droit, et l'autruy en toutes. Donné en nostre bonne ville de Paris, le XII.e jour de décembre, l'an de grace mil CCCC trente et ung, et le dixiesme de nostre règne. *Ainsi signé:* Par le Roi, à la relacion de son grant conseil, ouquel monseigneur le cardinal d'Angleterre, Vous (1), les évêques de Beauvais, de Noyon, et de Paris, le conte de Warrewik, le premier président, les abbez de Fescamp et du Mont S. Michiel, le sire de Crosmwell (2), le sire de S. Pierre, le prévost de Paris, le trésorier de l'ostel, maistre Guillaume Lindewode, et autres estoient.

L. Calot.

(A. I. *Registre du Trésor des Cartes*, *coté J.* 175, *pièce* 15.)

CLXXXIX.

Lettres de rémission accordées par Henri VI, roi d'Angleterre, aux habitants de Beaumont-sur-Oise.

Remissio pro habitantibus Bellimontis-sur-Oize.

1434. Henry, par la grace de Dieu roy de France et d'Angleterre. Savoir faisons à tous présens et advenir, nous, avoir reçeu l'umble supplicacion des bourgois, manans et habitans de la ville de Beaumont sur Oise, contenant :

Que comme après ce que Lahire et noz autres ennemis et adversaires se feussent derrenièrement boutez en ladicte ville de Beaumont, et fortifié le chastel d'icelle ville, prins les biens desdiz supplians, abatu leurs maisons, efforcé et ravy plusieurs femmes; plusieurs desdiz habitans se départirent de ladicte ville, et les autres qui y demoureront, quant ilz apperçeurent que lesdiz ennemis widerent de nuit ledit chastel pour eulx enfouir quant ilz virent approucher nostre très chier et amé cousin le sire de Talbot pour y mectre le siège, se départirent avec lesdiz ennemis et alèrent demourer, les aucuns ça et les autres là, en l'obéissance desdiz ennemis, pour ce que doubtans rigueur de justice pour avoir conversé avec nosdiz ennemis, ilz n'oserent demourer ne venir en nostre obéissance, en laquelle, et mesmement en ladicte ville de Beaumont, ilz ont grant voulente et désir de retourner et d'estre nostre noz bons et loyaulx subgez, se de nostre grace nous plaist leur remectre et pardonner ce quilz povoient avoir commis envers nous à cause de l'obéissance faicte à nos diz ennemis. Pour ce est il, que Nous, pour pitié et compassion d'iceulx supplians, et en contemplacion de nostre trèschier et amé cousin le sire de Willeby, conte de Beaumont, sei-

(1) *Vous* c'est-à-dire le chancelier.

(2) On remarquera ce nom de Cromwell.

gneur desdiz supplians, tous cas, faiz, crimes et délicts advenuz et par eulx commis et perpétrez à cause de ladicte obéissance faicte ausdiz ennemis, et de la guerre qui s'en est ensuie, avons quictié, remis et pardonné, quictons, remectons et pardonnons à iceulx et à chascun d'eulx, restituons à leurs biens, meubles et héritages non donnez, de nostre plaine puissance, auctorité royale et grace espécial, par ces présentes excepté au prieur de ladicte ville (1), et à tous autres qui ont esté cause et occasion de faire venir lesdiz ennemis audit Beaumont et de faire remparer ledit chastel. Pourveu que ceulx desdiz supplians qui vouldront demourer en ladicte ville soient tenuz d'y venir dedens quinze jours prouchainement venans, à compter du jour de la date de ces présentes, et de faire le serment d'estre doresenavant noz bons et loyaulx subgez. Et sur ce imposons silence perpétuel à nostre procureur. Si donnons en mandement au prévost de Creilg ou à son lieutenant, et à tous noz autres justiciers et officiers et à chascun d'eulx, si comme à lui appartendra, que les diz supplians et ung chascun d'eulx, facent, seuffrent et laissent joir et user plenement et paisiblement de nos présentes rémission, pardon, et restitucion, par la manière dessus dicte, sans empeschement quelzconques, et se leurs corps ou leurs biens sont jà, ou estoient pour le temps advenir pour ce prins, saisis, arrestez ou empeschiez, si les mectent ou facent mectre sans délay à pleine délivrance. Et afin que ce soit chose ferme et estable à tousjours, nous avons faict mectre nostre séel à ces présentes, sauf en autres choses nostre droit, et lautruy en toutes.

Donné à Creilg, le XXVIII.e jour de juing, l'an de grace mil CCCC XXXIII, et de nostre règne le XII.e *Ainsi signé:* Par le Roy, à vostre relacion. E. Lombart.

(A. I. *Registre du Trésor des Chartes, coté J.* 175, *pièce n.°* 312.)

CXC.

PETIT CARTULAIRE DU PRIEURÉ DE SAINT-LÉONOR DE BEAUMONT.

La pièce que l'on donne ici sous ce titre, forme un long rouleau de parchemin, actuellement conservé aux Archives de l'Empire (Section domaniale, carton S. 1410). C'est une transcription faite en 1501 d'un certain nombre de chartes d'époques différentes, mais concernant toutes le prieuré de Saint-Léonor de Beaumont. Elles furent copiées, ainsi que nous l'apprend le document lui-même, sur deux cahiers de parchemin, dont l'un, composé de quatorze feuillets, comprenait les chartes en question, et l'autre, de quatre feuillets et demi, un état des revenus du prieuré. Le premier est donc à proprement parler un petit cartulaire, et l'on a dû lui conserver ici ce titre. Comme la pièce la plus récente qu'on y trouve est de l'année 1293, on peut croire avec toute vraisemblance que ce petit cartulaire de Saint-Léonor, était de la fin du XIII.e siècle.

A tous ceulx que ces présentes lettres verront, Gérault Simon, bourgois de Beaumont-sur-Oize et garde du scel de la chastellerie de ce mesmes lieu pour le Roy nostre sire, salut. Savoir faisons que cejourd'hui dacte de ces présentes, nous, à la requeste de religieuse et honneste personne damp Jehan de Berchère, prestre, prieur de l'église et prioré monseigneur Saint-Léonaire, fondé ou chasteau dudit Beaumont, et ès présences de Antoine Lespert et Jehan Karoteau, auditeurs jurez, commis et establiz de par le Roy nostre dit seigneur en ladicte chastellenie, avons veu, re-

(1) C'est un fait digne de remarque et que l'on trouve à toutes les époques, que cette aversion du clergé français contre la domination anglaise.

gardé et visité ung petit livre en parchemin, lequel livre contient deux cayers, dont le premier desdiz deux cayers contient quatorze feuilletz, et en est la teneur telle:

Confessio domini Johannis, comitis de Bellomonte, de omnibus elemosinis et donacionibus quas predecessores sui ecclesie Sancti-Leonarii dederunt.

1221. In nomine Sancte et individue Trinitatis, amen. Johannes, comes Bellimontis, universis presentes litteras inspecturis, salutem.

Accedentes ad nos monachi Bellimontis, humiliter supplicarunt ut ego donaciones meas et predecessorum meorum, in terris, vineis, censsibus, denariis, bladis et avenis, et aliis quibuscumque redditibus, que in cartis suis, sigillo meo et sigillis predecessorum meorum sigillatim continebantur, in unam cartam redigi facerem, et sigilli mei munimine roborari. Et ego, peticionem benigne ac liberaliter annuens, presentem paginam super predictis donacionibus confici volui, et sigilli mei munimine roborari.

Ego igitur in primis, caritatis intuitu et ob remedium anime mee et parentum meorum, concedo pariter et confirmo ecclesie Beati Leonarii et monachis ibidem Deo servientibus, de dono patris mei bone memorie Matthei, quondam comitis Bellimontis (1), usuariam consuetudinem in nemoribus meis de Bellomonte (2), quantum quidam asinus ad usus eorum singulis diebus afferre potuerit, et quindecim belvacenses assignatos ad reffectionem in tribus festivitatibus sanctorum Calixti Cunualdi et Etrualdi quorum denariorum, duodecim solidos, carnifices de Bellomonte, de stalis suis persolvent annuatim; tres vero solidi assignati sunt in censu quem pater meus emit ab Hugone de Cingula. Et pro haras jumentorum meorum cum suis sequentibus, unum modium bladi et unum ordei in decima de Borrent singulis annis. Item, de dono ipsius patris mei, decima decime de Borrent quod vulgariter redicimum dicitur. Item, de dono patris mei, centum solidos belvacenses in transverso pontis de Bellomonte annuatim percipiendos, et decem minas salis annis singulis: ad Edictum (3), xx solid.; in Assumptione Beate Marie, xx solid.; in octabas Sancti-Dionisii, xx solid.; infra octabas Nativitatis, xx solid.; in Annuntiatione Beate Marie, xx solid. Sal etiam reddetur in terminis pretaxatis. Item, ex dono patris mei et concessione, aream molendini apud Parcenc sitam, quam Garnerus, miles de Baerna, predictis monachis vendidit. Insuper pratum de Tuebeuf, quod predicti monachi emerunt ab Adam de Buxeria. Ex dono patris mei, bone memorie, Mathei, quondam comitis Bellimontis, xl^ta solid. par. annuatim percipiendos in transverso pontis Bellimontis, prima dominica xl^e, pro commutatione hospitum suorum quos apud Mesnillium-Sancti-Dionisii habebant, quos eciam dicti fratri (*sic*) meo jure hereditario concesserunt. Item, ex dono ejusdem fratre (*sic*) mei libertatem hospitibus ecclesie Sancti-Leonorii apud Fresneium, talem scilicet quod in perpetuum erunt quiti et liberi de omnibus corveiis, de omnibus serviciis, de novis subvencionibus, excepto quod, ubicumque comes Bellimontis ducere poterit homines Chambliaci, poterit eciam ducere homines Sancti-Leonorii de Fresneio, et hoc sub monitione prioris Sancti-Leonorii; comes eciam Bellimontis, vel servientes ejusdem, super hospites Sancti-Leonorii infra terminos justicie Fresneii supradicti pertinentes ad Sanctum-Leonorum,

(1) Mathieu II.

(2) Cet usage était considérable, car on verra plus bas dans une charte de 1293, qu'en récompense on donna aux moines de Saint-Léonor 618 mòles de blé par an.

(3) *Ad edictum*, au Landit.

manus nequaquam injicere poterunt ; ubicumque vero predicti homines terras juxta vias appendentes abvenerint, majorem comitis requirent ut terris suis metas imponat, et postquam eum requisierunt, ante metarum imposicionem in excolando terras nichil pro forefacto dabunt ; sed si, post imposicionem metarum, in excolendo terras metas transierint, pro forefacto quinque solidos belvacenses comiti Bellimontis dabunt, et nichil amplius ; et ad morem animalium de Belleio redimeat hospites sepenominati animalia sua, si ad rectum forefactum capta fuerint ; et pro habendis pascuis sicut antiquitus habuerunt et pro herbagio dabunt predicti hospites comiti Bellimontis annuatin duodecim solidos belvacenses ; et de hiis duodecim solidis habebit comes decem solidos, et servientes duos solidos ; et quod requirent animalia hospitum quacumque capta fuerint. Pro hac autem libertate et consuetudine, prior et conventus ejusdem ecclesie, prima feria quadragesime, annuatim, unum tricenale incipient pro anima comitis et pro anima comitisse uxoris sue, et pro animabus omnium antecessorum suorum. Preterea, prior Sancti-Leonorii, antequam festum Omnium Sanctorum pateat, reddet comiti duos modios avene, quam dicti hospites priori annuatim persolvent. Ex dono bone memorie Philippi de Bellomonte, fratris mei, decem solidos parisienses ad reffectionem monachorum, singulis annis capiendos in festo S. Joh-Bapt. de censu Campaniarum ; monachi vero singulis anniversarium facient pro animabus dicti fratris mei et mulieris sue. Item, ex dono dicti Philippi fratris mei, sex minas bladdi in grangia de Belle-Eglise singulis annis a monacho de Courcellis accipiendas, pro anniversario suo faciendo. Ex dono fratris mei, bone memorie, Mathei, domini Lusarchiarum, sex solid. par. in theloneo de Lusarchiis, singulis annis, quarta feria post festum Omnium Sanctorum, reddendis. Ex dono meo, viginti solid. par. pro animabus mulieris mee Aales, et Mathei comitis, fratris mei, singulis annis in diebus anniversariorum suorum in transverso Bellimontis, decem solid. in crastino Sancti Clementis, et decem solid. tercia die post Epiphaniam. Item, ex dono meo, et pro anima mea et Johanne comitisse, uxoris mee, viginti solid. par. singulis annis in vigiliis Sancte-Andree apostoli percipiendos, in transverso Bellimontis.

Quod ut perpetue stabilitatis robur obtineat, presentem paginam sigilli mei munimine feci roborari. Actum anno Incarnacionis Domini M.° ducentesimo vicesimo primo.

Item concessio Comitis Mathei de libertate hospitum de Fresnoio. 1184.

(Voir plus haut page 30.)

De viginti tribus libris tur. de Petro Hisdeus.

Philippus, Dei gratia Francorum rex. Notum facimus universis tam presentibus quam futuris, 1277. quod cum dilectus cambellanus et fidelis noster, Petrus de Chambliaco, haberet et perciperet super nos in prepositura de Bellomonte-super-Ysaram, titulo empcionis sibi facte a Johanne de Campaniis, milite, Henrico, dicto de Bella-Ecclesia et Roberto de Campaniis, armigeris, fratribus et heredibus in solidum defuncti Theobaldi de Campaniis, militis, olim clare memorie [Alphonsi] Tholose comitis, carissimi patrini nostri, ex concessione et confessione a nobis factis juxta ordinacionem executorum domini dicti patrini nostri, sexaginta solid. tur. similiter annui et perpetui redditus ex causa consimili ; et predictas viginti tres libras turon. annui et perpetui redditus, priori et prioratui de Bellomonte-super-Ysaram, et ejus successoribus qui pro tempore fuerint, idem Petrus perpetuo dederit in excambbium seu permutacionem, et quitaverit pro omnibus hiis et singulis que dictus prior seu prioratus habet et percipit, et habere et percipere debet et potest modo quolibet, apud Bruerias juxta Baernam, comitatus Bellimontis, et in ejusdem ville de Brueriis territorio, in quibuscumque rebus et locis consistant et quocumque nomine censeantur, prout idem Petrus asseruit coram nobis, Nos, hujusmodi excambium seu permutacionem, ad peticionem et supplicacionem dicti Petri concedimus, volumus et approbamus quod dictus prior et sui successores qui pro tempore fuerint, predictas viginti tres libras turon. annui redditus in dicta prepositura, sine aliqua coactione vendendi vel extra manum suam ponendi, habeant et percipiant in futurum. Precipientes tenore presencium, ut quicumque pro tempore fuerit prepositus Bellimontis predicti, dictas viginti tres libras annui redditus in festo Omnium Sanctorum priori dicti prioratus de Bellomonte et ejus successoribus reddat annuatim, et sine difficultate persolvat, nulum aliud mandatum super hoc expectans in hac parte. Et promisit idem Petrus coram nobis se, bona fide, viginti tres libras annui redditus, ut dictum est, percipiendas, garantizaturum et deffenssurum dicto priori et ejus successoribus, quociens opus fuerit, contra omnes. Quod ut ratum et stabile permaneat in futurum, presentibus litteris nostrum fecimus apponi sigillum, salvo jure in omnibus alieno. Actum apud Courciacum in Lagio, anno Domini M.° CC.° septuagesimo septimo, mense julio.

1226. *Confirmacio domini Milonis Belvacensis episcopi, de uno modio bladi et uno ordei apud Borrencum et de redecima decime.*

Milo, Dei gracia Belvacensis episcopus, universis Christi fidelibus presentes litteras inspecturis, in Domino salutem. Universitati vestre notum facimus, quod bone memorie Matheus, quondam comes Bellimontis, divine pietatis intuitu et pro remedio anime sue dedit et concessit monachis Sancti-Leonorii de Bellomonte, in perpetuam elemosinam, unum modium bladi et unum modium ordei in decima de Borrenc, singulis annis ab ipsis monachis percipiendos in festo Sancti-Remigii. Preterea notum facimus quod, bone memorie, Matheus quondam comitis Bellimontis, pater prenominati Mathei, pro salute anime sue dedit et concessit predictis monachis Sancti-Leonorii de Bellomonte, similiter in perpetuam elemosinam, decimam decime sue de Borrenc, quod vulgariter redicimum appellatur, sicut in cartis memoratorum comitum plenius continetur. Nos vero donacionem et concessionem elemosine supradicte, site apud Borrenc in feodo nostro, ratam et gratam habentes, caritatis intuitu, ad peticionem virorum religiosorum prioris et conventus Sancti-Martini de Campis, Parisiensis, presentes litteras, racione dominii feodi, sigilli nostri fecimus impressione muniri ut liberam et inconcussam obtineant in posterum firmitatem. Actum anno gratie M.° CC.° XXV.°, mense januario.

1186. *Concessio duorum hospitum de Nongento.*

(Voir plus haut p. 69.)

Testamentum T h.de Bosco, de quatuor solidis.

Nous avons le testament Thibaut du Bois, séellé de nostre scel et du scel au curé de Saint-Laurens, auquel il est contenu, entre les autres lais, que il laissa à l'église de Saint-Liénoire, II s. sur une pièce de vigne qui fut Pierre le Cordier, par l'accord et la voulente de Ysabel sa femme. Item, il nous laissa XII d. sur sa grant maison. Item, XII d. sur la maison qui fut Pierre Baillier.

De justicia de Baerna.

Nous avons la lectre, scéllée du scel au doien de Beaumont, d'une enqueste qui fut faite de nostre justice de Baerne, de nostre terre; et fut trouvé par bonnes gens que nous avions justice en cas de meslée, et que en tel cas il ravoit eue la court de ses hostes de Baerne, qui estoient et qui ont esté en prison à Champaignes par le commandement le prévost de Beaumont. Item, l'enqueste qu'il avoit usé de la justice de rapt et en banisson homme de sa terre sur la hart. Item, il fut trouvé par enqueste que nous soulions avoir une prison à Baerne que on appelloit la Fosse, où nous mettions prisonniers pour tous meffais.

De cinq s. sur la maison qui fut Jehan le Charpentier.

A tous ceulx que ces présentes lettres verront et orront, Guillaume de Villiers, prévost de Beaumont, salut en nostre Seigneur. Nous faisons assavoir à tous, que pardevant nous vint Aelis la Merciere, bourgeoise de Beaumont, et congnut en droit, par devant nous, qu'elle a donné et aulmosné à ceulx de l'église de monseigneur Saint-Liénoire de Beaumont, v s. de cens cotier que elle avoit sur la maison Jehan le Charpentier, en la rue du Bois. Laquelle maison meult de Saint-Liénoire, etc. Item, il est contenu en ceste charte que le père à ladite Aelis donna en aulmosne à la devant dicte eglise, v s. sur sa vigne de Bouguart, qui estoit adonc de liès la terre Jehan Hollant, etc.

Concessio et confirmacio nemoris de Quarnelle.

Philippus, Dei gratia Francorum rex. Notum facimus universis tam presentibus quam futuris, 1293.
quod cum prior et monachi prioratus de Bellomonte-super-Ysaram, Cluniacensis Ordinis, ex dono predecessorum nostrorum, comitum Bellimontis predicti, nec non ex confirmacione regum Francorum antecessorum nostrorum, prout in eorum patentibus litteris plenius continetur, perciperent et haberent in nemoribus nostris de Bellomonte, scilicet in foresta Quarnelle, usuariam consuetudinem quantum quidam asinus ad usum eorumdem singulis diebus afferre poterat, gentes predecessorum nostrorum regum Francie predictorum, et post modum nostre, previdentes per hoc dictam forestam recipere non modicum detrimentum et tanto cicius annullari et quam penitus devastari, volentes in hiis pro nostra et dictorum monachorum evidenti utilitate remedium efficax adhibere, statuerunt et eciam ordinaverunt ut prefati Prior et monachi, in recompensacionem consuetudinis usuarie, sexcentas decem et octo mollas lignorum ad ardendum, in vendis foreste nostre Quarnelle, per liberacionem forestariorum nostrorum ejusdem foreste nostre qui pro tempore fuerint, percipiant et habeant annuatim. Nos ordinacionem et statutum hujus modi grata et rata habemus, volumus, concedimus et laudamus, statuentes ut Prior et monachi, tam pro se quam pro posteris suis, in restitucionem consuetudinis usuarie memorate, dictas sexcentas decem et octo molas lignorum pro ardere suo, per deliberationem forestariorum Quarnelle in vendis ipsius foreste nostre, in quibus sibi placuerit et maluerint capiendum, deinceps percipere et habere possint et perpetuo possidere pacifice et quiete. Dantes tenore presencium in mandatis, ut quicumque qui pro tempore fuerint forestarii foreste nostre predicte, eisdem monachis aut eorum man-

dato presentes litteras differente, dictas sexcentas decem et octo mollas lignorum singulis annis prout superius continetur, absque difficultate quacumque deliberent et assignent, nullo alio mandato super hoc a nobis aut nostris successoribus expectato; salvo tamen in aliis jure nostro, et jure quolibet alieno. Quod ut firmum et stabile permaneat in futurum, presentibus litteris nostris fecimus apponi sigillum. Actum apud Asnerias, anno Domini M.° CC.° nonagesimo tercio, mense novembri.

D'une masure de Fresnoy.

Nous avons une lettre scéllée du prévost de Beaumont, que pardevant lui vindront damoiselle Mabille du Mesnil et Jehan son filz, et congnurent en droit que comme ilz eussent eschangé à Eustace Bolotier, de Fresnoy, trois journaulx de terre pour une masure qui fut Guiot Bouteiller, séant en la ville de Fresnoy mouvant du prieur de Beaumont, ilz fiancèrent de leur main en la main le prévost que ilz tendroient la masure aux us et aux coustumes quelle a esté tenue tousjours, et quilz ne lairoient, ne pour clergie, ne pour gentillesse, qu'ilz ne paient audit prieur les reddevances que ladicte masure doit, et s'il ne le faisoient, le prieur pourroit assener au lieu.

Confirmatio domini regis Philippi suplicantis concessis a comitibus Bellimontis.

1222. Philippus, Deï gracia Francorum rex. Notum facimus universis tam presentibus quam futuris, quod nos litteras domini Johannis quondam comitis infrascriptas vidimus in hoc verba :

In nomine Sancte et Individue Trinitatis amen. Johannes comes Bellimontis universis presentes litteras inspecturis salutem. Accedentes ad me monachi Bellimontis.....

(C'est la même pièce que la précédente, en tête de ce cartulaire. Voir p. 130.)

Actum anno gracie M.° CC.° vicesimo secundo, mense maio.

Et nos, in hujusmodi testimonium, sigillum nostrum litteris presentibus fecimus apponi. Actum apud Bellummontem-super-Ysaram, anno Domini M.° ducentesimo septuagesimo nono, mense octobri.

Cy est l'enqueste que Robert de Champaignes, jadis prévost, fist au temps qu'il en estoit prévost, quel blé Saint-Liénoire devoit prendre aux moulins.

1277 Je Robert de Champaignes à Mathieu Beauluies? prévost de Beaumont, salut. Comme vous
(au texte). m'eussiez mandé de la besoingne d'endroit le prieur de Saint-Liénoire de Beaumont, pour la cause du mounier qui tenoit les moulins Nostre seigneur le Roy, qui vouloit paier mains souffisant blé qu'il ne devoit, du blé que ledit prieur doit avoir sur lesdiz moulins, nous vous faisons à savoir que moult de fois s'en est-on conplaint à nous, et feismes enquerre par les mouniers qui devant y avoient esté; et trouvasmes par l'enqueste d'eulx et d'autres bonnes gens, que on devoit mesler le bon blé avec le mauvais par le tesmoignage de bonnes gens; je le feis mesler, et de ce blé meslé, je feis ledit prieur paier. Et devant bonnes gens je feis la huche ouvrir, et mesler bon et mauvais ensemble. Et fut le prieur paié en la forme et en la manière dessus dicte. Et en la cause de cest tesmoignage, nous avons mis nostre seel en ceste présente lectre. Nostre Sire vous garde.

Carta de centum solidis belvacens. accipiendis in traverso pontis, et de decem minas salis. 1160.

(Voir plus haut p. 13.)

De XL solidis par. in transverso pontis percipiendis prima dominica XL. 1199.

(Voir plus haut p. 33.)

De XIII.cim d. in terra de vado de Praeres.

Ego G., miles de Torota, omnibus presentes litteras inspecturis. Notum facio quod, pro remedio anime mee et divine pietatis intuitu, concessi monachis Sancti-Leonorii de Bellomonte tresdecim denarios censuales, omnimodam justiciam super terram que dicitur du Gue, ad festum Sancti-Remigii annuatim persolvendos. Et ut hoc ratum et inconcussum permaneat, sigilli nostri munimine roboratur.

Le don messire Pierre de Chambli, de la Sengle. 1278.

Je Pierre dit Hideus, de Chambli, chambellan le Roy de France. Fais savoir à tous ceulx qui ces présentes lectres verront et orront, que j'ai donné par l'octroy de Marguerite ma femme, à l'église de monseigneur Saint-Liénoire de Beaumont et aux moines Dieu servant en ce lieu, tout ce que j'avoie achecté aux hoirs de Pompone, séant en la Sengle de Beaumont, à tenir à tousjours franchement et quitement en main morte. Et pour ce don, les devantditz moines m'ont acueilly, moy et Marguericte ma femme, ès prieres de leur église. Et doivent, les devantditz moines, chascun an une messe propre du Saint-Esperit célébrer pour moy et pour Marguerite ma femme, tout le cours de nostre vie. Et après nostre décès, les devantditz moynes doivent célébrer chascun an une messe de feeus Dieu pour nous. Et nous Pierre et Marguerite ma femme devantditz, promectons ce don à garantir envers toutes gens. Et pour ce que ceste chose soit ferme et estable à tousjours, je Pierres devantdit ay scéllées ces présentes lectres de mon seel. Ce fu donné en l'an de l'Incarnacion Nostre Seigneur, mil cc et LXXVIII, ou mois de mars.

De l'eschange d'une maison que messire Jehan Poucin avoit en la Sengle. 1279.

Je Jehan Poucin, chambellan du roy et sire de Bailluel. Fois savoir à tous ceulx qui ces présentes lectres verront et orront, que j'ay donné et octroyé en nom de pur eschange ou de permutacion, à homme religieux et honneste, au prieur de la prioré Saint-Martin-des-Champs de Paris, une maison laquelle je tenoie, avoie et poursieuoie à Beaumont, en une piece qui est appellée La Sengle, derrière les murs de ladite ville de Beaumont, pour une hostisse avec les appartemens d'icelle, que ledit prieur avoit, tenoit et poursuivoit, ou nom de ladite prioré, à Bailluel. En icelle manière que ledit prieur, ou nom de ladite prioré, ladite maison, si comme elle se comporte, aura, tendra et poursievra délivrement, paisiblement, sans contredit et sans nul rappel de moy ne de mes hoirs desoresenavant. Et promectz audit prieur, ou nom de ladite prioré, la maison dessus dite, si comme elle se comporte en long et en lè, garandir, defendre et délivrer contre tous et en toutes choses aux us et aux coustumes du païs, ou de France. Et promectz par mon loial créant, que contre l'eschange ou la permutacion dessusditz, par moy ne par autre, ne vendray, ne feray venir ou temps advenir. Et en tesmoignage de ce, j'ay mys en ces présentes lectres mon séel propre, l'an de grace mil cc.e LXXIX, le mardi v jour de la feste Saint-Martin en esté.

Carta concessionis Mathei comitis de nemore Quarnelle.

(Voir plus haut, p. 13.)

1222. *Quedam permutacio facta a Johanne comite.*

Ego Johannes, comes Bellimontis. Omnibus ad quos presentes litteras pervenerint, notum facio, quod ego dedi et concessi monachis Sancti-Leonorii de Bellomonte, hostisiam Norberti (1) de nemore de Baerna pro commutatione cujusdam hostisie que fuit Gervasii carnificis de Bellomonte, quam cepi in manu mea ad augmentendum forum meum de Bellomonte. Quod ut ratum et inconcussum permaneat, presentem cartam sigilli mei munimine roborari feci. Actum anno gratie M.° CC.° vicesimo secundo, mense marcio.

1224. *De quinque solidis in censude Percenco.*

Ego Margareta de Percenco, filia Hugonis vicecomitis Bellimontis. Notum facio omnibus tam futuris quam presentibus, quod ego, pro remedio anime mee, assensu et voluntate domini Galtheri de Torota, mariti mei, et domine Beatricis, sororis mee, et domini Guillelmi de Torota, mariti sui, dedi et concessi in perpetuam elemosinam monachis Sancti-Leonorii de Bellomonte quinque solidos par. in censu de Persenc singulis annis in festo Sancti-Remigii percipiendos. Quod ut ratum et inconcussum permaneat, ego dictus Galtherus miles, et ego dominus Guillelmus de Torota, miles, presentem cartam sigillorum nostrorum munimine fecimus roboravi. Actum anno gracie M.° CC.° XXIIII.° mense aprilis.

1221. *De decem libris recipiendis in traverso pontis.*

Ego Johannes, comes Bellimontis. Notum facio universis presentibus pariter et futuris, quod ego, divine pietatis intuitu, et pro remedio anime mee, dedi ecclesie Sancti-Leonorii de Bellomonte, in perpetuam elemosinam, decem libras par., singulis annis percipiendas in transverso pontis Bellimontis, centum scilicet solidos in Natali Domini, et alios centum solidos in Natali Sancti-Johannis-Baptiste, et unum arpentum vinee apud Hernoncort situm, et XII libras par. ad procuracionem unius monachi qui singulis diebus, ad altare Sancte-Marie missam celebrabit de Beata-Virgine, alta voce, post evangelium misse capellani de Magdalena, super grengnagium de Baerna. Quod ut ratum et inconcussum permaneat, presentem paginam sigilli mei auctoritate confirmavi. Actum anno gratie M.° CC.° XX.° primo, mense septembri.

1222. *Carta de torculari vel pressorie* (sic.)

(Voir plus haut, p. 89.)

1200. *De duobus modiis et decem minas bladi cum moltura in molendinis.*

Ego Matheus, comes Bellimontis. Omnibus presentes litteras inspecturis, notum facio, quod cum prior et monachi Sancti-Leonorii de Bellomonte molendinum habuissent apud Percenc, et

(1) L'original porte au lieu de ces mots, ceux-ci : *Norberti More integram de Baerna*. Voy. plus haut, p. 90.

pater meus Matheus, bone memorie, comes, summarium unum eis concessisset ad opus dicti molendini, quod vulgariter appellatur molendinum Merenjoye ; item, quod banerios aliorum molendinorum nullatenus reciperent. Dicti monachi prefatum Merenjoye spontanea voluntate mihi jure hereditario concesserunt possidendum. Ego siquidem dictus comes, divine pietatis intuitu, et in recompensacionem tanti doni, concedo et dono dictis monachis, duos modios et novem mynas bladi, singulis annis in ipso molendino percipiendas, unum modium in festo Sancti-Johannis-Baptiste, alterum modium et novem mynas in Natali Domini. Concedo eciam eis molturam suam integram, liberam et immunem ab omni farinagio et omni servicio, et summarios molendinorum meorum ad ducendum bladum ad ipsum molendinum et reducendum farinam libere et quiete. Quod ut ratum stabilitatis robur obtineat, presentem cartam sigilli mei munimine roboravi. Actum anno gratie M.° CC.°, mense septembri.

De decem solidis in censu Campaniarum.

In nomine Patris et Filii et Spiritus Sancti, amen. Ego Philippus de Bellomonte, notum facio omnibus tam futuris quam presentibus, quod assensu Mathei comitis de Bellomonte, fratris mei, et Johannis scilicet fratris mei, dedi et concessi Deo et monachis ecclesie Sancti-Leonorii decem solidos par. ad refectionem monachorum, singulis annis recipiendos in festo Sancti-Johannis-Baptiste, in censu Campaniarum. Sciendum est autem, quod monachi ibidem Deo servientes, unoquoque anno anniversarium meum et anniversarium matris mee pro hac elemosina facient. Ut autem hoc ratum et inconcussum permaneat, presentem paginam sigillo meo muniri feci. Actum anno ab incarnacione Domini M.° C.° X.° (1).

De viginti solidis par. in transverso Bellimontis. 1221.

Noverint universi tam presentes quam futuri, quod ego Johannes, comes Bellimontis, pro remedio anime mee, et Johanne comitisse, uxoris mee, et omnium antecessorum meorum, dedi monachis Sancti-Leonorii Bellimontis in perpetuam elemosinam, viginti solid. par. monete, singulis annis ab eisdem fratribus percipiendos in vigiliis Sancti-Andree apostoli in transverso de Bellomonte. Quod ut perpetuam stabilitatem obtineat, presentem cartam sigilli mei munimine roboravi. Actum an o gratie M.° CC.° vicesimo, mense januarii.

De quatuor sextariis bladi ybernagii annuatim recipiendis in granchia decimaria de Francovilla. 1238.

Universis presentibus pariter et futuris ad quos littere iste pervenerint, Radulfus de Francovilla, miles, salutem in Domino. Universitate vestre notum facio, quod Petrus de Beelai, miles, pro salute anime sue et parentum suorum, dedit et concessit in perpetuam elemosinam Deo et ecclesie Beati-Leonorii de Bellomonte, quatuor sextarios bladi hybernagii, et Prior de Corcellis, duos sextarios, accipiendos annuatim in granchia decimaria apud Francovillam, infra festum Omnium Sanctorum. Ego vero Radulfus et heredes mei tenemur dictam elemosinam garandisare

(1) Il y a ici une faute évidente du copiste, l'année 1110 ne pouvant en aucune manière s'appliquer aux personnages dont il est ici question. Il semblerait naturel de lire 1210, mais en 1210, Mathieu III, comte de Beaumont, dont il est ici question, était mort. Je crois qu'il faut lire 1199.

contra omnes, et annuatim reddi facere ad prefixum terminum integre et quiete. Et ut hoc ratum et stabile in perpetuum habeatur, presentem paginam sigilli mei testimonio roboravi. Actum anno Domini M.° CC.° tricesimo octavo, mense novembri.

1287. *D'un compromis qui fut jadis entre le prieur de Beaumont et les ostes de Fresnei.*

A tous ceulx qui ces présentes verront et orront, Pierre dit Soucel, garde de la prévosté de Beaumont-sur-Oize de par le roy de France, salut en Nostre-Seigneur. Nous faisons savoir à tous, que comme contens fust meu par devant nous entre religieux homme frère Roulant, prieur de l'église de monseigneur Saint-Liénoire de Beaumont, ou nom de son église d'une part, et les hommes de Fresnoi, hostes et justiciables du devant dit prieur, d'autre part, sur ce que le devant dit prieur demandoit à avoir corvées de bras de aucunes personnes de ses hostes de Fresnoy dessusditz qui chevaulx n'avoient. Item, de ce quil demandoit à avoir corvées de chevaulx de tous ses hostes qui avoient chevaulx tramus en la ville de Fresnoy. Item, sur ce que le devant dit prieur vouloit que tous ceulx qui tenoient ou tienneroient vignes de lui à cens ou à rente, ou terrouer de Fresnoy, fussent tenuz à venir pressoirer leurs aines qui viendroient des devant dites vignes, à son pressouer de Fresnoy, et par ban. Item, sur ce que le devant dit prieur vouloit que les hommes de Fresnoy devant ditz aportassent et paiassent la dîme à son pressouer devandit. Ausquelles choses faire, disoient li homme de Fresnei quilz n'y estoient pas tenus, et par plusieurs raisons. A la parfin, pour bien de paix et par le conseil de bonnes [gens] les parties devant dictes s'accorderent par devant nous à paix et à accort, en la forme et en la manière qui ensuit :

C'est assavoir que tous les hostes au prieur dessusdit, manans à Fresnoy, paieroient les corvées de bras et de chevaulx en la manière qu'ilz ont usé et acoustumé à Fresnoy de paier. Item, il fut accordé entre les parties dessusdictes, que tous les hostes dessusdits yroient pressoier en quel pressoir quilz vouldroient, et sans ban. Item, il fut accordé que tous les hostes devantditz apporteroient ou feroient apporter la disme au prieur, de leurs vins, à son pressoir, à Fresnoy, ou ès hostisses qui de lui mouvent en icelle ville, là où il lui plaira mieulx des lieux devant nommez. Item, il fut accordé que les hostes devants dits seront ajournez pour meubles et pour chatelz en la ville de Fresnoy par le commandement au prieur dessusdit, par devant luy, ou par devant son commandement, et s'ilz congnoissent la demande que on leur fera, li prieur ou son commandement leur fera commandement de paier, et le mectra ou fera mectre à exécucion en la ville de Fresnei. Item, et s'il advenoit riens mie, ou fait, par quoy il convint tesmoings amener ou autre preuve, ou aucune barre fut proposée en aucun errement en quoy il convenist avoir conseil, on leur asseneroit jour à Beaumont, et seroit illecques la querelle terminée par devant le prieur ou par devant son commandement, et y seroient tenus les hommes de Fresnei à venir. Item, et se li homme de Fresnei seroient adjornez à Beaumont de meubles et de chatelz et sur nouvel clam, se il ne venoient à l'ajournement, il ne paieroient point d'amende. Item, il fut accordé que se les hostes de Fresnei devantdits avoient mestier de chartres que li prieur dessusdits a en la prioré de Beaumont, ou d'aucunes d'icelles, pour aucunes de leur franchises qui y pevent estre contenues, li prieur leur feroit porter aux propres coutz d'iceulx hostes de Fresnei, aux lieux où il en auroient mestier; et il sont tenus de faire les sauves au prieur ou à l'esglise. Et nous, en confermement de ces choses dessus dites tenir toujoursmais perdurablement, avons scellées ces présentes lectres du scel de la prévosté de Beaumont dessusdicte, à la requeste dudit prieur de Beaumont, procureur establi quant ad ce souffisamment par les lectres pendans scellées des seaulx des religieux hommes le prieur et le couvent de Saint-Martin-des-Champs de Paris, et à la requeste des hostes de Fresnei dessusditz, et de Pierre Lembert, Colart de Morangle et Pierre Godebour, procureurs pour iceulx establiz, et de leur assentement, si comme il apparoit par leurs lettres bonnes et suffisantes, scellées du scel de nostre prévosté dessusdicte; lesquelles nous avons veus, leues et tenues. Donné en l'an de l'incarnacion Notre-Seigneur, mil cc quatrevingt et vii, le jour de jeudi devant la feste des apostres saint-Simon et saint-Jude, u mois d'octobre.

De sex solidis in transverso de Lusarchiis.

(Voir, plus haut, p. 26.)

De XVIII denariis censualibus apud Praerias. 1222.

Noverint omnes tam presentes quam futuri, quod ego paganus de Praeriis, miles, divine pietatis intuitu et pro remedio anime mee et omnium antecessorum meorum, assensu uxoris mee, Regine, et filii mei, Radulfi, militis, dedi et concessi monachis Sancti-Leonorii de Bellomonte, in perpetuam elemosinam, decem et octo denarios censuales, cum omni justicia, super terram de Cana, quod Laurencius, filius Christiani, majoris de Praeriis, tenet, in octabis Sancti-Dionisii singulis annis reddendos. Quod ut ratum et inconcussum permaneat, presentem cartam sigilli mei munimine roboravi. Actum anno gracie M.° CC.° visesimo primo, mense marcii.

Concessio de redecima decime de Borrenco.

(Voir. plus haut, p. 23.)

Transmutacio Ludovici regis de.... (sic) *in transverso pontis Bellimontis.* 1235.

Ludovicus, Dei gratia Francorum rex. Notum facimus quod nos litteras bone memorie Johannis quondam comitis Bellimontis vidimus in hec verba:
Ego Johannes comes Bellimontis, etc.

(Ce sont les lettres du mois de septembre 1221, imprimées ci-dessus p. 136)

Quia vero predictas duodecim libras annui redditus assignatas super granchiam de Baerna et in torculari de Baerna, sicut superius est expressum, ibi percipere non poterat ecclesia memorata, eo quod monialibus de Borrenc concesseramus grangiam supradictam, idcirco dictas duodecim libras eidem ecclesie Bellimontis permutavimus, et assignavimus in transverso pontis Bellimontis, singulis annis ab ipsa ecclesia ad festum Sancti-Remigii percipiendos, super grangiam autem predictam, vel in torculari prefato. De eisdem duodecim libris nichil de cetero percipiet prefata ecclesia Bellimontis. In cujus rei testimonium, sigillum nostrum presentibus litteris duximus apponendum. Actum apud Bellummontem, anno Domini M.° CC.° XXX.° quarto, mense januarii.

Carta hujus quod habemus apud Morum.

Noverint omnes tam futuri quam presentes, quod Willermus Gaillart, armiger domini comitis Bellimontis, dedit in perpetuam elemosinam, pro remedio anime sue, ecclesie Sci-Petri de Bellomonte, viginti solidos belv. censuales cum omnimodo justicia, in censiva de Moro. Nomina autem censariorum qui tenent censivas de dicta ecclesia inferius annotantur : Auberta, uxor Terrici Grossin, debet duos sol. belv. de vinea de Curcella, in octabis Sancti-Dionisii XII d., et in Ramis Palmarum XII d. Fulco D'auvers I. b. de vinea Bellicampi. Petrus Martini, V. b., de vinea Bellicampi, Arnulfus le Flamens, III b., de vinea de Sancto-Petro. Hugo Faber, III b., de vinea apud Sanctum-Petrum. Anselinus malus miles, VII b., de vinea apud S. Petrum, et quinque b., de vinea Bellicampi. Herveus Boot, unum panem et unum caponem, et tres belvacenses, de masura Domus-Dei. Cathildis, uxor Galteri Rufi, unum panem et unum caponem et IIII.or belvacenses. Droco de Lusarchiis, unum belvacensem, de fossa de Moro. Herveus Pasquier et Mate, sa serorge, III belvacenses, de vinea Bellicampi. Beatrix, filia Radulfi Bonet, VIII belvacens., de vinea Bellicampi. Ligardis Bovaria, IIIIor belvac., de vinea de Valle. Robertus Rex, sex b., de vinea de Valle. Milo de Rua, IX b. et ob., de vinea de Moschet. Bericus, sororius ejus, IX belvac. et ob., de vinea de Moschet. Radulfus de Capite-ville, III b., de vinea de Moschet. Balduinus de Cultura, I. b., de vinea de Moschet. Herveus Pasquier, II. b., de vinea de Moschet. Baduinus Charete, IIII b. de vinea de Moschet. Gilla, uxor Adam, IIII b., de vinea de Moschet. Maingondus li charrons, VIII b., de vinea de Moschet. Alardus de la Mollaie, II b. et ob., du Sablon de Corru. Haymardus de Becherel, VIII b., de terra de Corru. Aszo de Poissi, II b., de terra de Corru. Robertus Lupus, II b., de terra de Corru. Willelmus Gaichart, VIII b., de vinea de Chantonlieu. Hebertus Desbans, V b., de vinea Bellicampi. Willelmus li Vaous, VIII b., de vinea de Capelle. Laurencius, filius Salomonis, VIIII b., de vinea de Capella. Johannes Cornille, VII b., de vinea de Cappella. Bartholomeus de Noitel, XI b., de vinea de Capella. Eremburgis de Porta, II b. et ob., de terra de Pere. Gaufredus Ceintarius, II b. de vinea de Capella. Helois de Porta, II b. et ob., de terra de Perei. Leprosi de Chambly, I b., de vinea de Coline. Robertus Rex, II b., de terra de Valle. Hugo Bovarius, V b., de Monschet.

Et finit ledit cayer par ce mot: GILEBERTUS.

Et le second et dernier cayer contient cinq feuilletz et demi de parchemin, dont y en a quatre et ledit demy qui sont escriptz, et le dernier n'est aucunement escript, et est seulement riglé. Et se commence icelluy cayer : *Terminis*.

Terminis Sancti-Remigii.

Anno Domini M.° CCC.° Census ecclesie Beati-Leonorii de Bellomonte recipiendus, singulis annis, quatuor terminis.

Primo, apud Bellummontem, in festo Sancti-Remigii.

In festo Sancti-Remigii circa XXXVIII s. census.

Apud Preciacum, in dicto festo, XIIII s., cum omnimodo justicia alta et bassa.

Apud Fresnayum, in dicto festo, circa L s.

Apud Chambliacum, in dicto festo, XXII s.

Apud Noisiacum, in dicto festo, circa XXXV d., cum roagio et foragio in hosticiis nostris de Vigneto.

It. III census pro duobus arpentis terre super Amblaincort.

Summa VI liv. VI s. et XI d.

In octabis Beati-Dyonisii de eodem termino.

Habemus apud Bellummontem, in octab. B. Dionisii, circa xxviii liv.
Isti census de Mour et de Morenci numerantur in predicta summa.
Apud Morum, ix s. ii d. ob.
Item, apud Morenciacum, iiii s. ob. mains.

In festo Sancti-Martini hyemalis de eodem termino.

Habemus in dicto festo, xx s., pro domo domini Johannis de Turre-Quantenz.

In festo Sancti-Andree apostoli de eodem termino.

Habemus apud Fresnaium, in festo Sancti-Andree, circa iiii s. viii d.

Summa pro octabis b. Dionisii et pro festo Sancti-Martini et pro festo Sancti-Andree, xxix liv. iiii s. viii d.

De transverso pontis de Bellomonte.

Nos habemus in transverso pontis de Bellomonte, annuatim, lii liv. p. et ii s. in tribus terminis.
Item, in eodem transverso, x minas salis.
In Natali Domini, in eodem transverso, unum modium bladi.
Item, in eadem villa de Bellomonte, nos habemus sexcentas decem et octo molas lignorum.
In dicta villa nos habemus roagium et foragium in omnibus hostisiis nostris, que valent circa xv s. tur.

Terminus Natalis Domini.

Habemus apud Bellum Montem, in Natali Domini, circa xix redditus.
Apud Chambliacum, in dicto festo, viii redditus.
Apud Bernam, in dicto festo, circa ix redditus, in villa de Bellomonte reddendos.
Apud Fresnaium, in dicto festo, circa xlii redditus. Valent circa xlviii liv. quando bladum valet ix s. et avena vi s. et capones decem denarios.
Apud Noisiacum, in dicto festo, circa duos modios avene in redditu.
Apud Preciacum, duo sextarii avene, cum duabus gallinis, ad mensuram de Melloto, in dicto festo.

In medio marcio de eodem termino.

Habemus apud Fresnaium, circa xxii s. census.
Apud Morenciacum, iii d. ob. cum duobus sextariis avene.
Apud Noisiacum, circa xiii gallinas.

Summa xxiii s. iii d. ob.

Terminus Natalis Sancti Johannis-Baptiste.

Nos habemus apud Bellummontem, circa xix d. census.

In festo Beati-Leonorii, III s. VIII d. ob. vel. circa, in dicta villa.
Apud Fresnaium, in dicto festo, circa VI, sol. II d.

Summa XI sol. VI d. ob.

Hic continentur alii redditus bladi et avene predicti prioratus.

In molendino de Toussac, unum modium bladi et IX minas.
Item, mouturam nostram, quitam et liberam ab omni farinagio et servicio.
Item, in magno molandino unum modium bladi.
Item, apud Franconvillam IIII.or sextar. bladi.
Item, apud Praelias unum sextarium bladi.
Item, apud Mediam-Curiam circa XII modios et VIII sext. tam bladi quam avene.
Item, apud Monteginarum unum sextar. bladi.
Item, apud Condreium circa XVIII minas tam bladi quam avene.
Item, apud Miliacum (Nuliacum?) unum sextarium bladi.
Item, apud Bouconvalcin unum sextarium bladi.
Item, apud Croiacum circa XI sextarios bladi et XI avene.
Item, apud Morangliam XI sextarios bladi et unum modium avene.
Item, apud Borreacum unum sext. bladi in granchia domine de Huille.
Item, IIIIor mynas, talis grani quale portant duo diunarlia terre que tenentur ab ecclesia nostra.
Item, II d. de poles pro dictis diunarlis apud Borrencum.
Item, apud Bernam in granchia relicte Nicolai Burne, VI sext. avene et IIIIor capones.
Item, in granchia decimaria ejusdem ville, unam minam bladi.
Item, in dicta villa, in granchia de Tibonville, VI sext. bladi et VI sext. avene.
Item, apud Menelium-Sancti-Dionisii, in granchia de Layo, VI sext. bladi et VI sext. avene.
In dicta villa quandam decimam valentem circa XXIII mynas bladi tam quam avene.
Item, in Domo-Dei de Chambliaco, III mynas talis grani quale portant unum diunarle terre quod tenent ab ecclesia nostra.
Item, apud Nongentum duos hospites, unum debet unum sextarium avene et II capones et II panes, et alter unum sextarium avene et duos panes et duas gallinas, et quilibet XII d. pro censu.
Apud Morenciacum VI sext. bladi et III sext. avene in domo Vicenti.
Item, in dicta villa habemus roagium et foragium in hosticiis nostris cum parva justicia.
Item, apud Bernam VI diunarlia terre ad campipartem que valent circa IX minas bladi et avene.

Summa de redditibus XXI modii bladi et avene.

Item, redecima de Borrenco valet circa XV liv. vel IIII.or modios grani.
Item, in domo de Mortemer XVI sext. vini de redditibus.
Item, in domo Vallis Domine-Nostre XII sext. vini de redditibus.

Hec sunt prata Ecclesie predicte.

Primo.

Nos habemus in villa Bellimontis et in aliis locis, XXI arpenta pratorum.

Hec sunt vinee.

Nos habemus in villa Bellimontis et in aliis locis, circa XX arpenta vinee.

Hec sunt terre.

Nos habemus apud Fresnaium VI.^{xx} diunarlia terre arabilia.

Apud Bernam XII.^{xx} diurnalia terre arabilia.

Campipartes et decime dicte Ecclesie.

Apud Fresnaium, circa c diurnalia terre ad campipartem.

Item, in duobus temporibus decimam valentem cum campiparte, circa IX modios, in eadem villa.

Item, in eadem villa, circa XXII arpenta nemorum.

Item, duas partes minute decime in eadem villa.

Apud Bernam, minutam decimam valentem VIII s.

Apud Menelium-Sancti-Dionisii, quamdam decimam, valentem circa XXIII minas tam bladi quam avene.

Item, redecima de Borrenco, valentem circa XV liv. vel IIII modios grani.

Prior de Bellomonte habet corveyas equorum ab illis qui habent masuras quocumque se divertant, si habent equos, in villa Fresnaii.

Isti sunt census quos Prior de Bellomonte debet.

Primo.
In festo Sancti-Johannis-Baptiste.

Magistro Guillermo Dercins, II s. pro prato de Tuebuef.

Priori de Conflans, x d. pro vinea du Nefflier.

Domino abbati Sancti-Dionisii, XXXIII d. pro vinea de Flaeles? et pro planta.

Et finist le second et dernier caier *et pro planta.* En tesmoing de ce, nous garde dessus nommé avons mis ledit séel à ce présent transcript ou vidimus, deuement collationné mot après autre. Ce fut fait audit Beaumont, l'an de grace, mil cinq cens, le vendredi XIIe jour du mois de février.

LESPART. KARROCAY.

CXCI.

NECROLOGIUM BELLIMONTENSE (1).

[JANUARIUS.]

Kalend. Jan. MATHEUS COMES (2), qui ecclesiam istam cum appenditiis suis dedit monachis Sancti-Martini de Campis. Refectorium, claustrum, de proprio edificavit, corpora sanctorum in

(1) C'est un cahier de papier de neuf pages, de la main de dom Pernot, archiviste de Saint-Martin-des-Champs. Nous avons seulement ajouté, entre crochets, les noms des mois. Ce nécrologe se trouve aux Archives Impériales ; *Carton S.* 1410, *pièce n.*° 1.)

(2) Mathieu Ier, comte de Beaumont. (Note de D. Carnoi.)

eadem ecclesia quiescentium, altare scilicet S. Leonorii, auro argento et gemmis decoravit; ipsum vero templum, palliis, capis, infulis, et diversis ornamentis, et variis utensilibus, argenteis et aureis, adornavit. Ante mortem monachus factus, cum monachis quatuor annis feliciter vixit; hoc termino plenus dierum in pace quievit. Officium plenum fiat. Capa in Choro. Respons. et tractus in capis. III pauperes reficiantur. Generale facit de piscibus Prior habundanter.

IIII.° Non. Albercus, qui dedit 11 den. in sabulo de Lalo. Nicolaus de Baernia debet S. Leonorio 8 den. censuales.

Non. Radulfus de Brueriis, qui dedit alodios in eadem villa.

VI.° Idus. Obiit AALES, mater Johannis comitis Bellimontis. Pro ea habemus X solid. reddendos in die anniversarii sui, in transverso pontis.

Theobaudus, prior S. Martini et episcopus Parisiensis.

Fulcardus, præpositus, qui dedit VI den. de censu in vinea Galcheri.

V.° Idus. Robertus, prior S. Martini de Campis.

Giraldus, monachus, prior hujus loci et abbas Fossatensis (1).

IIII.° Idus. Ob. Petrus, miles de Roncheroles, de quo habemus XII den. censuales.

IIII.° Idus. GAUFREDUS COMES (2), qui magnis muneribus ditavit ecclesiam istam.

Id. Ob. Bernoni abbas.

XVII.° K. febr. Galterius Boisart. Beatrix de Cingula, quæ dedit nobis unam minam bladi in decima de Baerna.

XV.° Guillelmus, episcopus. Garnerius de Toiri. Stephanus de Parcenc.

XII.° K. Avelina, de qua habemus unum hospitem a Baluel. Odo Vacca, qui dedit nobis arpentum vineæ et dimidium terræ arpentum, sub capella S. Petri.

XI. K. Pater et mater Johannis de Luci.

X. K. Balduimus, Ivo, Hugo, Odelina, Gerardus, filii Hugonis de Luci, pro quorum animabus prædictus Hugo de Luci unum arpennum vineæ. Off. (*sous entendez* dedit.)

[Ob. Johannes, prior B. Martini de Campis (3).]

IX.° Officium pro omnibus parentibus nostris.

VIII.° K. Tesza, mater Huberti sacerdotis. Obiit Boro de Novilla, de quo habemus IIII.or solid. et VI denarios.

VII.° K. Hildeardis de Mesnil, de qua habemus unum arpentum prati sub Toiri, et XVI den. de censu (4).

Gaufredus, suprior hujus loci. Odo, prior hujus loci (5).

V.° Kal. Obiit domina Margareta, uxor domini Philippi regis Francorum, pro qua habemus Cingulam? Prior istius loci debet facere pitanciam bonam fratribus. Off. plenum fiat.

III. k. Heymardus de Baerna, qui dedit nobis III sol. et IX den.

Odo, abbas S. Medardi et prior S. Martini de Campis.

II.° k. ob. Odo du Curpalayo, prior hujus loci (6).

(1) Prieur de Saint-Léonor de Beaumont et abbé de Saint-Maur des Fossés.

(2) Geoffroi, comte de Beaumont. (Note de D. Pernot.)

(3) Saint-Martin. Prieur, Jean I.er, C. 122. vel 3. (Note de D. Pernot. Les crochets ici, comme dans toute la suite du document, se trouvent dans le texte.)

(4) C. 125. (Note de D. Pernot.)

(5) Ode, prieur. C. 11.. (Note de D. Pernot.)

(6) Ode, prieur de Beaumont, C.a 1240. (Note de D. Pernot.)

[FEBRUARIUS.]

Kalend. febr. Guillelmus, qui dedit duos arpennos terræ.

IIII.ᵉ Non. Ob. Odo abbas, prior S. Martini (1).

VIII.ᵉ Idus. Rogerius, hujus ecclesiæ major et conversus ; de quo habemus x arpennos terræ apud Freneium.

Arelina de Praeriis (2).

IIII.ᵉ Idus. Gaufredus, qui dedit II arpennos.

II.ᵉ Id. Obiit frater Adam de Cerrent, istius loci prior, anno Domini M.ᵉ CC.ᵉ nonagesimo octavo. Off. fiat (3).

XV.ᵉ Kal. Martii. Ob. Petrus, presbiter de Sancto-Laurentio de Bellomonte, qui dedit ecclesiæ S. Leonorii de Bellomonte IIII.ᵒʳ solidos super domum Petri Barat que movet de censiva monachorum S. Leonorii.

Anno Domini millesimo quingentesimo vigesimo obiit Domnus Michael Marc, doctor in theologia, bursarius collegii Cluniacensis, deinde prior hujus prioratus S. Leonorii de Bellomonte, Ord. Clun. Quiescit autem in eodem collegio Cluniacensi.

X.ᵉ K. martii. Matheus, qui dedit S. Leonorio unum hospitem. Symon, prior de Creciaco (4).

VII.ᵉ K. mart. Freherius, abbas Sancti-Audoeni.

VI.ᵉ K. Hilduinus, miles, qui dedit IIII arpennos terræ apud Baernam.

Stephanus, decanus Carnot (5). Frater Euvrardi prioris. S. M. Off. f.

II.ᵉ K. Laurentius, abbas. Simon, prior hujus loci (6).

[MARTIUS.]

Kal. martii. Adam de Praeriis, qui dedit huic ecclesie annuatim, unum modium frumenti in decima de Brueriis, et VI denar. in censu Prateriarum. Martinus, presbyter, qui dedit II calices, unum aureum et alterum argenteum, et missale, et IIII.ᵒʳ albas paratas.

[Noverint tam presentes quam futuri, quod dominus Hugo capellanus, divino nutu commonitus, vineam quam a Garnerio filio Mascendis, uxore sua et filio concedentibus, emit, B. Leonorio ab omni querela libera et absoluta concessit.]

IIII.ᵉ Non. Ivo de Prateriis.

II.ᵉ Non. Ob. Odelina, mater Hugonis capellani. Off. f.

Non. Avelina, mater Gilleberti de Campaniis.

VIII.ᵉ Id. Henricus de Novavilla, q. ded. nob. VI den.

VII.ᵉ Id. Hugo, de quo habemus VI den. de censu.

VI.ᵉ Id. Philippus, camerarius Sancti-Martini.

V.ᵉ Id. Ricardus, abbas; Radulfus, capelanus B. M. Magdalenæ; dedit nobis quadraginta solidos.

(1) Idem qui supra. (Note de D. Pernot.)

(2) Domina. (Addition de D. Pernot.)

(3) Adam, prieur de Beaumont en 1298. (Note de D. Pernot.)

(4) Crecy. Paulo post 126.... (Note de D. Pernot.)

(5) Chartres. C. 125. (Note de D. Pernot.)

(6) Beaumont. Simon, prieur. (Note de D. Pernot.)

IIII.° Id. Thomas, monachus, supprior S. Martini de Campis (1).

III.° Id. Hugo, abbas. Eremburgis, qui dedit nobis arpannum terræ.

II.° Id. Aia, filia Odonis Larache. Petrus, filius Galseri de Noyntel, de quo habemus II.°° arpannos terræ apud Baernam.

Id. Guillelmus Golardus, qui dedit Sancto-Petro, XX solid. de censu. Off. f. ad Sanctum Petrum.

[JOHANNES COMES BELLIMONTIS. Off. plen. fiat; qui dedit nobis in transverso pontis Bellimontis X libr. parisienses singulis annis, et XII libr. paris. super terras de Baerna, et II.°° modios avenæ in perpetuum, et unum arpennum vineæ apud Hernoncourt; et alia multa bona contulit nobis anno M.° CC XX secundo, mense martio. Unum torcular in nostra terra (2).]

Ob. Ysabax regina, prima uxor Philippi regis, mater Ludovici regis (3).

XVI.° K. Aprilis. [Noverint universi presentem paginam inspecturi, quod Herveus de Castello, et Luciana, uxor ipsius, divina inspiratione compuncti, dederunt ecclesiæ B. Leonorii de Bellomonte, II.°° arpennos prati quos tenebant ab ipsa ecclesia sub censu duorum solid. et trium denariorum. Et dederunt eidem ecclesiæ IIII.°r solid. et III obol. paris. super vineam de Garda, quam vineam uxor defuncti Roberti Crassi possidet. Et de hac elemosina uterque, Herveus videlicet et Luciana jam dicti, offerentes super altare B. Leonorii sollempne donum coram multis fecerunt.

XIIII.° K. Hugo, supprior de Bellomonte.

XII.° K. April. Nicholaus de Belloco, qui dedit nobis LX sol.

Eugenia, uxor Hugonis militis, de Cengula, pro ea habemus XII den. censuales quos debet Jobertus Papellard, de terra quæ est apud castellum de Toyri.

VIII.° K. Ob. Symon de Campaniis, qui dedit ecclesiæ Sancti-Leonorii unum modium frumenti in decima sua de Maynil, XVIII minas pro se, et VI minas pro Guillelmo filio suo.

VII.° K. Basilia de Prateriis, qui dedit VI den. censuales. [Petrus, sacrista S. Martini (4).]

VI.° K. Robertus Boncelli (Roucelli), prior de Insula (5).

V.° K. Ob. Hugo filius Odonis præpositi, pro quo habemus V solid. de censu annuatim in vinea de Mar....urt. Off. f. et generale.

[Depositio fratris Petri, prioris S. Martini (6).]

III.° K. Symon, prior S. Martini.

[APRILIS.]

Kal. Aprilis. Galterius, abbas. Beatrix de Toiri.

IIII.° Non. apr. Ob. PHILIPPUS frater comitis Bellimontis, qui dedit nobis X solid. apud Campanias persolvendos.

Non. Galfridus abbas.

VIII.° Idus. Arnulfus de Vallibus, qui dedit duos arpennos vinearum in marterinolge. Ob. dominus Bortholomeus de Ronqueroles, presbyter.

(1) C. 128. (D. Pernot.)

(2) Paulo recentiori scriptura. (D. Pernot.) Il s'agit des cinq derniers mots.

(3) Isabelle de Hainaut, première femme de Philippe-Auguste.

(4) C. 129.. (D. Pernot.)

(5) 12.... L'isle Adam. (D. Pernot.)

(6) Pierre, pr. Saint-Martin 12..... (D. Pernot.)

VII.° Id. Girardus sacerdos. [Frater Petrus, quondam prior de Langniaco] (1).

VI.° Id. Garnerius, vicecomes. Multum dedit huic ecclesie. Off. fiat. ADELEDIS COMITISSA BELLIMONTIS.

IIII.° Id. Gerardus, thesaurarius. Ob. dominus Herveus, sacerdos, qui dedit ecclesie S. Leonorii IIII libr.

II.° Id. Ivo COMES, FUNDATOR ECCLESIE S. LEONORII (2).

Id. Gaufredus, vicecomes.

XVIII.° K. maii, Hunoldus, sacerdos, qui dedit III arpennos terræ in Alodio qui vocatur Sascia Vesolia.

XVII.° K. Hugo, sacerdos.

XIIII.° [Margareta de Percenc, quæ dedit nobis V sol. census apud Percenc, in festo S. Remigii (3).]

XIII.° K. Beatrix de Freneio, quæ dedit nobis campipartem terræ de Latrona (4).

Ob. Reginaldus, miles de Mesnilio, qui dedit nobis quinque sol. annuatim.

XII.° K. Robertus, prior hujus loci (5). Helvydis de Petrosomonte, quæ dedit hospitem I apud Toriacum.

IX.° K. Robertus, decanus. [Frater Matheus de Berna.]

VII.° K. Petrus, miles. Radulfus de Asneriis. Adam, filius ejus, q. ded. n. IIII minas in campiparte de Borrench, et unum hospitem integrum.

III.° K. Ob. Balduynus, sacerdos de Baerna q. ded. S. Leonorio XII denar. belvac. annuatim in masura quæ est in vico carnificum.

[MAIUS.]

Kal. maii. HUGO, VICECOMES, frater comitis Bellimontis.

II.° Non. Petrus, miles de Baerna, qui dedit nobis II diurnales terræ A la fosce Morangle.

VI.° Id. [Maria de Oiri, q. ded. S. Leonorio XII den. de censu super granchiam que fuit Guillelmi Pile-avene, et I den. de chief cens.]

[Ob. Trecia de Bosco et Elisabeth, filia Garnerii de Granchiâ, pro quibus habemus II sol. super vineam S. Petri.]

V.° Id. Robertus, capellanus.

[Simon Dourmiaus, prior hujus loci (6).]

XVII.° K. junii. Gerardus, abbas.

XVI.° K. Ricardus, miles de Borrengo, et Adelina, pro quibus habemus II sextar. bladi ivernagi, et II solid. censuales, et I oblie.

[Evrardus, prior S. Martini de Campis Paris. Off. fiat.]

XIII.° K. [Acelinus, magister, VI den. belvac. super vineam quam tenet dominus Nicholaus de Belvac.]

(1) Ligny. C. 129. (D. Pernot.)

(2) Ives, comte de Beaumont, fondateur de Saint-Léonore. (Note de D. Pernot.)

(3) Eod. ferme tempore. (D. Pernot.)

(4) Latrone. (D. Pernot.) 12..

(5) Beaumont. Robert, prieur. (D. Pernot.)

(6) Simon, pr. de Beaumont 12.. (D. Pernot.)

XII.e K. Ob. Maria, mater Nicholai...... dans S. Leonorio vi den. de censu super vineam de Martevinole (1).

XI.e K. [Ingerrannus, suprior S. Martini.]

[Junius.]

IIII.e Non. junii. Renerius, comes, qui dedit S. Leonorio vii arpennos terræ (2).

[Aales de Poissy, castellana.]

Non. Fulco, prior hujus loci (3). Hugo de Insula.

VII.e Id. [Obiit Johannes de Aquabona, monachus, sacerdos et professus, quondam prior de Merroles (4).]

III.e Id. Teobaudus de Morangle.

XV.e K. julii. Hivo, qui dedit nobis molendinum.

XIIII.e K. Hugo clericus, Canonicus B. Mariæ, qui dedit Sancto-Leonorio annuatim x solid.

XIII.e K. [Elienor comitissa Bellimontis et domina Valesiæ (5).]

XI.e K. ob. de Baerna p. domini Ecardi, capellani comitis, pro quo habemus domum domini Erardi post ejus decessum, etc.

VII.e K. ob. Hermannus, miles, de Nulliaco, qui ded. nobis decimam quam habebat in campo de Teble.

[Ob. Agnes, uxor Guillelmi de Silvaneto, qui dedit priori xx sol. par. et sociis xx sol. par.; et jacet juxta capellam B. Mariæ Magdalenæ, in introitu ecclesiæ.]

V.e K. Ob. Martildis comitissa (6).

IIII.e K. [Ob. anno m.o ccc.o, dominus Theobaldus de Nantolio, Belvacensis episcopus, qui dedit ecclesiæ Beati-Leonorii decem libras paris. Off. fiat sollempniter.]

III.e K. Hugo capellanus, q. ded. nob. i vineam et omnia quæ habebat.

[Petrus Portefleur, prior hujus loci (7).]

[Julius.]

Kal. julii. Ob. Matheus II comes (8) qui dedit nobis usuarium in nemore et multa alia bona. Off. f.

II.e Non. julii. Rocia, filia Symonis Camberlani, qui dedit nobis vi denarios super le re de Mor.

[Ob. fr. Johannes, prior de Ligniaco super Canchiam] (9).

VIII.e Idus. Heymardus de Parcent, qui dedit nobis iiii.or minas segetis ad molendinum de Cheveroul.

Joibertus de Brueriis, qui dedit nobis viii d. de censu.

VII.e Idus. Hugo II, abbas Cluniacensis. Johannes de Meru, qui dedit x denar. de censu.

(1) Pour le mot *Martevinole*. Voy. au *VIII*e. *Idus aprilis*.

(2) 12.. (D. Pernot.)

(3) Foulque, pr. de Beaumont. (D. Pernot.)

(4) Maroles. (D. Pernot.)

(5) Eléonore, comtesse de Beaumont et de Valois. (D. Pernot.)

(6) Mahaut, de la maison des vicomtes de Châteaudun, première femme de Mathieu II.

(7) Pierre, prieur de Beaumont. C. 12.. (D. Pernot.)

(8) Mathieu II, comte de Beaumont. (D. Pernot.)

(9) Ligny 13.. (D. Pernot.)

V.° Idus. Eustachius, clericus de S. Dyonisio, qui dedit S. Leonorio unum arpennum terræ subtus S. Petrum.

[Ob. Adam, prior de Marnoa] (1).

II.° Idus. [ob. Philippus rex Francorum. Off. f.] (2).

[Anno Domini millesimo, quingentesimo duodecimo, obiit domnus Johannes Berchere, prior hujus prioratus S. Leonorii, Ord. Cluniac., in quo quiescit (3).]

Id. Hugo, frater M. comitis; Agnes, soror ejus.

XV.° K. Aug. Renaudus de Pompona, qui dedit nobis unum modium annonæ apud Baernam.

XIII.° K. Odo de Cengle; dedit v solid. de censu.

XII.° K. Reynoldus, episcopus Noviomensis qui dedit unam casulam et albam pretiosam. Emma comitissa.

[Ob. Fulbertus, prior istius loci (4).]

XI.° K. Galterius Rosetus, qui dedit S. Leonorio capellam Sancti-Petri.

IX.° K. Ivo de Vallibus, qui dedit x denar. de censu.

[Augustus.]

Kal. aug. Robertus, clericus.

III.° Non. Ada de Vaux, quæ dedit nobis xvi den.

II.° Id. Stephanus, abbas, pro quo generale fit ad S. Martinum.

Id. [Obiit magister Nicholaus de Luci, decanus Silvanectensis, qui dedit nobis centum solid. ad emend. redditus.]

XVII.° K. sept. Isabel, præposita. Off. fiat.

XVI.° K. Garnerius, filius Theobaldi, qui dedit S. Leonorio dimidium modium frumenti in decima de Brueriis, singulis annis.

XII.° K. [Ob. fr. Guibertus, quondam prior de Cannis.]

IX.° K. Ob. Petrus de Vallibus, qui dedit nobis decimam quamdam apud Croi.

VIII.° K. Beatrix de Marolio, quæ dedit nobis ii sol. belv.

VII.° K. Gila filia Galterii, pro eâ habemus ii arpennos terræ apud Baerniam.

VI.° K. Aalina, mater Odonis Buticularii.

V.° K. [Obiit Petrus monachus, S. Martini de Campis sartrinarius. Off. fiat.]

IIII.° K. Aia, uxor Radulfi de Choia, quæ dedit nobis ii solid. de censu in prato quod est super Ysaram.

III.° K. Rericus miles, qui dedit nobis iii arpenta prati.

[September.]

K. septembris. Guydo.

Non. Petrus magister, qui dedit nobis ii den. de censu, etc.

[Ob. Eranburgis de Marliaco, quæ dedit S. Leonorio centum solid. ad opus monasterii (5).]

(1) Marnoue 12..... (D. Pernot.)

(2) Philippe-Auguste, mort le 14 juillet 1223.

(3) Jean, prieur de Beaumont, 1512. (D. Pernot.)

(4) Beaumont 12..... (D. Pernot.)

(5) 13.. (D. Pernot.)

Non. [Petrus de Furno, qui dedit S. Leonorio LX.ª solid. ad opus ecclesiæ, et XX sol. ad refectionem fratrum, et XL.ta sol. conventui S. Martini de Campis Parisiensis.]

XV.° K. octob. Herveus Barba-laudata, qui dedit XX denar. Joibertus miles, qui dedit VIII denarios de censu apud Baernam.

XII.° K. Ludovicus, rex Francorum.

X.° K. [Notum sit quod Matheus comes Bellomontis dedit nobis granchiam de Berna, et justitiam viatorum et pluribus locis, Deus velit absolvere (1).]

VIII.° K. Arnulfus comes, et major de Brueriis, qui dedit nobis unum arpennum terræ apud Le Flas. Off. fiat.

VII.° K, Serlo abbas.

IIII.° K. Off. fiat pro fratribus et sororibus nostris.

Ob. [Robertus de Frelleu, monachus et professus.]

[OCTOBER.]

V.° Non. octob. Ob. Fulco, filius Gilleberti, pro anima cujus et patris et matris eorum, Odo Vaca et magister Lambertus, fratres ejus, dederunt S. Leonorio dimidium modium vini in vinea de marterignore (2), quam possidebat Radulfus de Nemore.

[Jacobus, prior S. Martini, qui destruit arbores gardini (3).]

Ob. Guillelmus de Villari-Sicco, dictus Larchevesque, pro cujus obitu celebrando habemus quandam vineam de Matro.., pro se et Emmelina, uxore sua; quæ vinea tradita est pro 6 sol. par. an. redditus.

VIII.° Idus. [Bernardus, prior de A neri is (4).]

VII.° Id. Varinus, episcopus.

VI.° Id. Gamo, prior de Gornaio. Garinus, abbas. Anculfus, subprior S. M. de Campis.

[Ob. domicella Matildis de Feukeroles, quæ dedit conventui S. Leonorii VI solid. par. annuatim reddendos in pitancia monachorum in festo S. Dyonisii, etc. (5).]

V.° Id. Ob. Reynaldus, præpositus, dans S. Leonorio II arp. vineæ.

Ob. Adam, prior hujus loci (6).

IIII.° Idus. Depositio domni Ursi, prioris S. M. (7) [Theobaldus de Ronqueroles miles, qui dedit nobis decem solidos censuales.]

III.° Id. Beatrix la Pestre, pro qua habemus XII den. quos Willelmus, filius ejus, tenetur reddere in die anniversarii sui.

II.° Id. Beatrix de S. Martino, quæ dedit ad opus ecclesiæ 60.ta solidos.

[Ob. Girardus, pro cujus anima XII den. nobis infra omnium sanctorum debentur, et Lisia, uxor ejus, duos solid. post ejus decessum similiter nobis dedit ad anniversaria eorum celebranda.]

XV.° K. Novemb. Petronila, mater Adæ de Valle.

Elysabeth, uxor Azonis de Brueriis.

X.° K. Henricus, suprior. Hugo de Gornayo.

(1) Hoc super additum circa 13.. (D. Pernot.)
(2) Voy. au XII.° K. Julii.
(3) Jacques, pr. de Saint-Martin. C. 1299. (D. Pernot.)
(4) Anières. C. 13.. (D. Pernot.)
(5) 12.. (D. Pernot.)
(6) Beaumont. Adam, prieur. (D. Pernot.)
(7) Saint-Martin. Ursion. p. 12.... (D. Pernot.)

IX.°. K. Maria, conversa de Baerna.

[Petrus, quondam sacerdos Magdalenæ, qui dedit nobis dimidium arpennum vineæ (1).]

VIII.° K. Hugo, miles de Bacengliis, qui dedit S. Leonorio I hospitem apud Brueres; IIII jornales terræ, et XII den. census.

[Ob. magister Thierricus de Bellomonte, qui dedit S. Leonorio dimidium arpennum vineæ in Machecour, XX solid. in pitancia, cuilibet socio octo solid., Sancto-Calixto XXX sol., Priori XL sol. cum culcitra picta, item quemdam librum de Quatuor Evangelistis.]

V.° K. Ob. Godefredus de Campaniis, qui dedit Sancto-Leonorio VI minas frumenti in decima de Praeriis.

III.° K. [Frater Rollandus, prior hujus loci, qui clausit cingulam et fecit in ea pressorium (2).]

[NOVEMBER.]

IIII.° Non. Ob. [Avelina de Poissi, quæ dedit nobis XXX.ta denar. censuales super stallum suum de pellisaria Chambliaci.]

III.° Non. Aalina, soror Adam prioris, quæ dedit S. Leonorio III sol. de censu in orrea de Puteo. Off. fiat.

[Petrus de Monte, armiger, qui dedit nobis prata de Moranglio (3). Off. f. sicut de Prioribus nostris.]

Non. nov. Ob. Sarracena de Dilugio, quæ dedit S. Leonorio VI minas frumenti in decima de Beele.

[Ob. Petrus de Folio.]

VIII.° Id. Ob. [Ludovicus illustris Francorum rex. Off. plane fiat] (4).

[Ob. Bertrandus de Bulis.]

VII.° Id. Ob. [magister Gaufredus, qui ded. nobis quamdam domum. Solempniter off. fiat.]

VI.° Id. nov. MATHEUS DE LUSARCHIIS, frater comitis Bellimontis. Hugo de Laune, qui dedit nobis V den. belv. apud Asnerias.

XVII.° K. decemb. Petrus de Brueriis, de quo habemus II arp. terræ, et VI nummos belv.

XIIII.° K. [Ob. Gila la Hermande, q. dedit nob. XII den. censuales in censu quem dedit Petro, nepoti suo, filio Mathei de Parcent, quos ipse tenetur reddere in de anniversarii sui.]

XIII.° K. [Hodierna, quæ dedit nobis XII denarios censuales super censu quem Fulco de Avers tenet a Guillelmo filio dictæ Hodiernæ.]

[Ob. frater Johannes de Templo, quondam prior hujus loci, monachus, sacerdos et professus] (5).

XII.° K. Depositio domni Alberici, Hostiensis episcopi.

XI.° K. [Emelina, soror Joannis prioris ejusd. loci.] Guillelmus de Novo-Molendino, monachus.] [Petronilla, uxor Jacobi de Chambliaco.]

X.° K. Mater magistri Alberti.

VIII.° K. Galo, miles de Sirbli, qui dedit nobis quartam partem decimæ apud Coldroel.

MATHEUS, comes tertius Bellimontis, qui hanc ecclesiam variis ditavit ornamentis, qui dedit nob. X solid. super pontem, reddendos in die obitus sui (6).

(1) 12.. (D. Pernot.)

(2) Beaumont. Rolland. C. 1288. (D. Pernot.)

(3) 13.. (D. Pernot.)

(4) Louis VIII, le 6 nov. L'*Art de vérifier les dates* met sa mort au 8 novembre 1226.

(5) Beaumont. Jean, prieur. C. 1270. vel 8. (D. Pernot.)

(6) Mathieu III, comte de Beaumont. (D. Pernot.)

VIII.° K. Guilermus, prior hujus loci (1).

VII.° K. Domina Aalis et fratres et sorores ejus dederunt nobis duos hospites apud Nogentum, pro quibus concessit eis Adam, prior hujus loci et monachi, singulis annis, tricenarium unum pro anima ipsius Adalaidis et omnium fidelium Dei defunctorum.

[Baudoinus, prior S. Martini de Campis.]

V.° K. [Ob. Petrus de Luci, qui dedit huic ecclesiæ II denarios censuales in festo S. Callixti super vineam suam de Amplemus.]

IIII.° K. Guymerus de Croi, qui dedit nobis I minam annonæ in terra de Veveliis.

III.° K. [JOHANNA COMITISSA Bellimontis, quæ dedit nobis XX solid. censuales in transverso. Off. fiat (2).]

[DECEMBER.]

K. Decembris. Ob. Hemardus et Stephana, uxor ejus, et Petrus, filius eorum, qui dederunt nobis IIII.or arpen. terræ et dimidium, etc. Off. fiat.

IIII.° Non. Garinus, monachus ad succurrendum (3) qui dedit nobis vineam de Cressant.

III.° Non. Gaufredus, episcopus.

[Dominus Godefridus de Praeriis, qui dedit S. Leonorio XXI denar. annuatim, super closum retro jardinum (4).]

II.° Non. AALIS DE INSULA, soror comitis Bellimontis.

VI.° Id. Petrus, miles de Beeloy, monachus ad succurendum.

V.° Id. Guillelmus de Foco, qui dedit nobis unum arpentum terræ, et XX sol.

II.° Id. Hic obiit Aliaumus de Dologio, miles, qui dedit ecclesiæ S. Leonorii de Bellomonte granchiam de Media Curiâ, et totam decimam pertinentem ad dictam granchiam, et novem hospites cum totâ justiciâ ipsorum, et totam justiciam quam habebat inter rivum et magnam ulmum quæ est in via de Chambliaco.

XIX.° K. Jan. Odois, mater Adam, prioris, qui dedit nobis IX denarios de censu.

XII.° K. Guillelmus, succentor.

VIII.° K. Jan. Depositio domini Petri, Cluniac. abbatis (5).

Depositio domini Mathei, episcopi, qui fuit prior S. Martini de Campis.

V.° K. Nicholaus, sacrista S. M. Gilla de Baerna, pro qua habemus. I sext. bladii.

IIII.° K. Depositio Pontii, Cluniac. abbatis. Mathildis, matris Haymardi.

II.° K. Ob. Matheus, miles de Frenoy.

Finis.

F. P. PERNOT.

1735.

(A. I. *Carton* 1410.)

(1) Guillaume, prieur. (D. Pernot.)

(2) Jeanne, comtesse de Beaumont 12.. (D. Pernot.)

(3) *Monachus ad succurrendum.* On donnait ce nom à ceux qui prenaient l'habit monastique, lorsqu'ils étaient à toute extrémité.

(4) 12.. (D) Pernot.)

(5) Pierre le Vénérable. (D. Pernot.)

EX MARTYROLOGIO BELLIMONTIS (1).

II.° Idus maii. Ordinatio S. Eligii episcopi.
XV.° Junii. Dedicatio S. Salvatoris Villa-Lupæ cœnobii.
XIII.° Translatio S. Theodoræ virginis.
XII.° K. junii. Natalis B. Romani abbatis, qui dudum in Italia sub Adeodati patris regula degens, Beato monachorum scema tradidit, et in pago Autisiodorensi, loco qui dicitur Fons-rogi cœnobium edificavit.
III.° Idus junii. Dedicatio Sancti-Martini episcopi in Campis, in honore apostolorum Petri et Pauli.
VII.° K. julii. Translatio Sancti-Eligii episcopi et confessoris.
K. julii. In portu Valentianas Sancti Salvii confessoris.
Eodem die : Natalis Sancti-Leonorii episcopi et confessoris, cujus sanctissimum corpus [e] partibus Britanniæ delatum, in castro Bellimontis divino nutu mansionem accepit, qui ab incolis loci illius honorifice susceptus, affectu magnæ devotionis excolitur.
Nota. Hæc ad marginem rejecta sæculo ut videtur 13.° sed altera manu.
XV.° K. aug. Sancti-Arnulfi, episcopi et martyris.
VI.° K. aug. Autissiodoro, depositio Etherii episcopi.
III.° K. aug. Ursi, episcopi Autissiodorensis.
VIIII.° K. septemb. Nivernis, Patricii abbatis.
VIII.° K. In pago Lemovicino, S. Aredii, abbatis.
[Adjectum] eodem die Sancti-Ludovici regis sed recentiori scriptura.
III.° K. septemb. Resbacho monasterio cognomento Jerusalem gloriosissimi Agili abbatis et confessoris.
IV.° Idus octob. Castro Bellimontis : dedicatio Ecclesiæ S. Leonorii confessoris.
XII.° K. decemb. In territorio Silvanectis, Sanctæ Maxentiæ virginis.

CXCII.

Etat des revenus et des charges du prieuré de Saint-Léonor de Beaumont-sur-Oise au milieu du XIV.e siècle.

Ce document est tiré d'un manuscrit curieux ayant appartenu au prieuré de Saint-Martin-des-Champs de Paris, et conservé aujourd'hui aux Archives de l'Empire. C'est un traité très-complet et très-détaillé de tous les offices, de tous les revenus et de toutes les charges, tant du prieuré principal de Saint-Martin-des-Champs, que des nombreux prieurés qui en dépendaient en France et à l'étranger. Ce manuscrit précieux s'appelle Le Bertrand, du nom du prieur de Saint-Martin-des-Champs, qui le composa vers l'an 1340. Nous en avons tiré intégralement tout ce qui concerne le prieuré de Saint-Léonor de Beaumont.

BELLUS MONS.

Prioratus de Bellomonte-supra-Oysiam habet in dicto loce de Bellomonte, in octabis Sancti-Dyonisii, XXIII lib. de minutis censibus.
Item, ibidem, in festo beati Johannis-Baptiste, viginti denarios.

(1) Sur une feuille détachée, copie de la main de D. Pernot.

Item, in festo Sancti-Leonorii, xxv denarios.

Item, in festo Omnium Sanctorum, pro transverso Bellimontis, xli lib. xvii s.

Item, in festo Ascencionis Domini, pro dicto transverso, x lib. v s.

Item, in festo Nativitatis Domini, decem redditus valentes septem libras et decem solidos.

Item, in festo Ascencionis, x minas salis.

Item, in territorio Bellimontis habet decem arpenta vinearum, que valent communiter, xx lib.

Item, in eodem territorio, duo arpenta terre arabilis, que valent par annum iiii sextarios grani.

Item, habet in praeria dicti loci, quatuor arpenta pratorum, que valent per annum, vi lib.

Item, percipit super molendina pontis dicti loci, unum modium bladi.

Item, in festo Omnium Sanctorum percipit annuatim, in foresta de Carnella, vi c. xviii molles lignorum.

Item, habet unum manerium cum grangia vocatum Berne, et in territorio dicti loci, vi^{xx} arpenta terrarum arabilium.

Item, in dicto territorio habet campipartus sex arpentorum terrarum arabilium.

Item, ibidem, quamdam minutam decimam, que valet per annum, circa viii s.

Item, ibidem supra hospites suos, foragium et rotagium.

Item, percipit in grangia decimaria, unam minam bladi.

Item, in grangia domini de Thibouvilla, sex sextarios bladi et sex sextarios avene.

Item, supra hospicium quondam Stephani Berart, in festo Nativitatis Domini, sex sextarios bladi, et sex capones, et pro dictis juribus, una cum quatuor arpentis pratorum supranominatorum, redduntur, quando traduntur ad firmam, xviii modii grani.

Item, habet ibidem, ultra predicta, supra omnes hospites suos, justiciam fonsariam.

Item, in terrorio dicti loci, habet xiiii arpenta pratorum, que valent, preter fenum quod expenditur in prioratu, par annum, xv lib.

Item, habet ibidem in festo Sancti-Remigii, viginti octo solidos de censu.

Item, ibidem in festo Sancti-Martini Yemalis, novem libras de censu.

Item, ibidem in crastinum Pasche, xxx s. de censu. Et portant omnes predicti census ventas, saisinas et emendas, que valent communiter per annum cum aliis ventis et emendis censuum supranominatorum, decem libras.

Item, habet ibidem in festo Nativitatis Domini, sex redditus, valentes iiii s. iiii d.

Item, habet dictus prioratus apud Frenaium, unum manerium cum grangia, et ibi juridictonem altam, mediam et bassam.

Item, in territorio dicti loci, habet iiii^{xx} arpenta terrarum arabilium.

Item, campipartem et decimam lx arpentorum.

Item, ibidem, in festo Sancti-Remigii, ix lib. iii d. ob. de minutis censibus.

Item, in festo Sancti-Andree, iiii s. viii d.

Item, in festo Sancti-Leonorii, vi s. ii d.

Item, in festo Nativitatis Domini, xlii redditus, valentes xxviii lib.

Item, ibidem, in medio mensis martii, xxxi s. vi d. ob. de censu.

Item, omnes hospites dicti loci habentes equos, debent eis corveias.

Item, habet ibidem decimam vini, que valet communiter viginti modios.

Item, habet ibidem, unum arpentum cum dimidio quarterio vinee.

Item, xxii arpenta parvi nemoris. Et pro predictis bonis et juribus existentibus et debitis in loco de Fresnaio et ejus territorio, reddentur per annum, quando traduntur ad firmam, VIII^{xx} lib. parisienses.

Item, habet in territorio de Chambilliaco, decimam grani et vini, que valet octo modios grani et tres caudas vini.

Item, ibidem in festo Sancti-Remigii, XXII s. de censu.

Item, in festo Nativitatis Domini, VIII redditus, valentes CVI s.

Item, pro duobus journalibus terre Domus-Dei, tres minas grani.

Item, habet in loco de Borrent, in grangia episcopi Belvacensis, unum modium bladi et I modium ordei.

Item, in dicta grangia percipit causa redimacionis unum modium cum dimidio grani.

Item, in pressoriis dicti loci percipit decimam vini, que valet quatuor modios vini.

Item, in grangia que fuit domini Guillelmi de Canaberiis, unum sextarium bladi.

Item, habet ibidem, in octabis Sancti-Dyonisii, VI s. de censu.

Item, apud Preciacum, in festo Sancti-Remigii, XXVIII s. de censu.

Item, in festo Nativitatis Domini, IIII sextarios avene, et quatuor gallinas, et habet justiciam bassam super hospites suos dicti loci.

Item, habet apud Noisiacum prope Belvacum, XXXV d. de censu, in festo Sancti-Remigii.

Item, in medio mensis martii, III d. de censu, et in medio quadragesime, IIII d., et in medio mensis maii, XIII gallinas.

Item, in festo Nativitatis Domini, XXII sextarios avene, et in vico dicto le Vigneron, habet foragium et rotagium super hostes suos.

Item, habet in praeria de Asneriis, tria arpenta pratorum, que valent IIII libras.

Item, apud Morencium prope Preci, in octabis Sancti-Dyonisii, IIII s. de censu.

Item, in Nativitate Domini, duos solidos.

Item, ibidem, sex sextarios bladi et tria avene, de decima.

Item, duo sextarii avene, in medio marcii, et habet justiciam fonsariam supra hospites suos.

Item, habet in loco de Croy, decimam, que valet sexdecim sextarios grani.

Item, apud Meynelium-Sancti-Dyonisii, campipartem et decimam, valentes octo sextarios grani.

Item, in grangia prioris dicti loci, unum modium grani.

Item, apud Coudrayum habet decimam, que valet quatuor sextaria avene.

Item, apud Morangel., in grangia capituli Belvacensis percipit IX sextaria grani et unum modium avene.

Item, apud Franconvillam, in grangia dicti capituli, quatuor sextaria bladi.

Item, apud Percant, in festo Nativitatis Domini, habet dimidium redditus, valet VII s. VIII d.

Item, percipit supra census domini dicti loci V s. in dicto festo, et supra molendinum ipsius domini, unum modium bladi.

Item, supra molendinum regis ibidem, unum modium bladi.

Item, apud Nogentum habet, in Nativitate Domini, duos redditus, valentes XXXII s. VIII d.

Item, apud Champignes, in dicto festo, dimidium redditus, valet VII s. IIII d.

Item, apud Nulliacum, pro decima, I sext. bladi.

Item, apud Montigny, in grangia Ade Turbot, unum sextarium bladi.

Item, habet in loco dicto Aviovi, in octabis Sancti-Dyonisii, XIIII s. de censu.

Item, habet jus piscandi in riparia Oysie ab hora none vigilie festi Sancti-Leonorii usque ad horam meridiei dicti festi.

Summa pecunie III c. XXIII liv. IX s. XI d.

Summa grani XLI modii X sext. cum mina.

Item, VI c. XVIII molles lignorum ; VI minas salis.

Item, II dolia cum cauda vini, et XVII gallinas.

Item, habet ad presentationem suam curam de Fresnayo, que solvit pro decima XLIIII s.

Onera prioratus de Bellomonte.

Primo. Solvit pro decima XXXVII lib. X s. t. Et sunt ibi prior et sex socii, pro quibus, eorum familia, elemosina et hospitibus, expenduntur communiter X modii bladi et sex avene, ad mensuram dicti loci, et circa XV dolia vini.

Item, pro generali et aliis minutis et munitionibus hospicii, circa LXXII lib.

Item, habet prior pro se et dictis sociis, de vestiario, ac pro familia, de loguerio providere, nec non supradicta jura ad predictum prioratum spectantia procurare, domosque, grangias et maneria sustinere, et juridicionem deffensare.

Item, debet nobis pro censu XL lib. p., et procurationem duobus diebus, causa visitationis.

Item, conventui et cantori, LXXVI s. sex denarii, et pro pensione scolarium, LIX s.

Item, curato de Frenayo, unum modium bladi et unum modium avene.

Item, domino Johanni de Frenayo, militi, unum modium avene.

Item, semel in anno, per unum diem, episcopo Belvacensi, domino Cluniacensi, et archiepiscopo Remensi, de trienno in triennium, procurationem, si declinent personaliter ad dictum prioratum.

(A. I. Livre des revenus du prieuré de Saint-Martin-des-Champs appelé *Le Bertrand*. L. 129, fol. 79 et 80.)

CXCIII.

Etat du revenu du prieuré de Saint-Léonor de Beaumont.

Le Prieuré de Beaumont est situé dans la ville de Beaumont, à 7 lieues de Paris, dans le château.

Etat du Revenu.

La seigneurie de Frenoy, qui est un village à une lieue de Beaumont, dont le prieur est seigneur : consistante en la justice haute, moyenne et basse, 60 arpents de terres labourables, 12 liv. de rente en bled, 10 liv. en avoine, les censives en argent, le tout affermé à Antoine Roger, dud. lieu, moyennant 1050 liv. par an, cy	1050 l.	» s.	» d.
Les dimes dudit lieu, affermez au s.r Cousin, curé de Fresnoi, moy.t 400 liv., ci.	400	»	»
La ferme de Berne : consistante en 70 arpents de terres et 9 arpents de prez, affermez à Ferri, dud. lieu, moyennant 1000 liv, cy	1000	»	»
Une portion des dimes de Chambli, affermez à Hilaire Josse, laboureur demeurant à Persan, moyennant 900 liv., cy.	900	»	»
A Reporter.	3350	»	»

REPORT.	3350 l. » s. » d.
Une portion des dismes de Mesnil-Saint-Denis, affermé à Pierre des Moreaux, cabartier dud. lieu, moyennant 20 liv., cy	20 » »
Douze à treize arpents de terre à Morangle, affermez à Pierre Godard, laboureur dud. lieu, moyennant 175 liv., cy	175 » »
Quatre arpents de prez séparés de ceux dont joui Ferri, affermez aud. Godard, moyennant 100 liv., cy	100 » »
Est deu au prieuré par le domaine de Beaumont la somme de 102 livres, sept sols, six deniers par chacun an, cy	102 7 6
Est deu au prieuré une rente foncière de bail d'héritages de six livres par an, par Louis le Meri, vigneron de Beaumont, cy	6 » »
Est deu six livres de cens en argent à prendre sur plusieurs maisons, terres, vignes et prez, scis tant à Beaumont, Persan, Mesnil-Saint-Denis que Morangle, cy	6 » »
	3759 l. 7 s. 6 d.
Plus, les lods et ventes en cas de vente desd. héritages.	
Six arpents de pré, en deux pièces, dans la prairie de Persan, affermez à la veuve Cousin, m.[e] de la Grosse Teste, moyennant 50 bottes de foin, 50 bottes de paille et 120 liv. par an, cy.	120 » »
	3879 l. 7 s. 6 d.

Pour 9 ans qui commenceront au 1.er janv. 1715, par bail sous sein privé du 27 déc. 1714.

Rentes en bled.

Est du au prieuré par le prieur du Lai, quatre septiers de bled, quatre septiers d'avoine, à prendre sur les petites dismes de Chambli, cy rente

Bled . . . . . 4 sept.
Avoine 4

Est deu par le chapitre de Beauvais, sept septiers seigle et huit septiers avoine à prendre sur les dismes de Morangle, cy

Bled . . . . . 7 sept.
Avoine. 8

Est deu sur les deux moulins sciz sous le pont de Beaumont, appartenant au s.[r] Lamiraut et autres, héritiers du s.[r] Salvat, quatre sept. de bled mouture, cy

Bled mouture . . . . . 4 sept.

Est deu par M. l'évesque de Beauvais, huit septiers de bled petit méteil, et huit septiers d'orge, à prendre sur les dismes de Boran, cy

Bled méteil . . . . . 8 sept.
Orge 8

Est deu par plusieurs particuliers, neuf mines de grain de moison, les deux tiers bled de moison, un tiers avoine, paiaible à la Saint-Martin, sur dix journaux de terre sciz au finage de Chambli, lieu dit le Val, cy

Bled de moison . . . . 9 mines.
Avoine . . . . 3 mines.

Est deu deux solz parisis de cens et trois mines d'avoine de rentes seigneuriales, à la mis mars, à prendre sur cinq arpents de terre sciz à Boran, cy

Avoine . . . . 3 mines.

Est deu à Morangle trois mines de bled sur quelques héritages possédez par plusieurs particuliers, cy Bled . . . . . 3 mines.

Somme total des grains.

Bled	27 sept. une mine.
Orge	8
Avoine	15

(A. I. *Section Domaniale, carton S.* 1410.)

CXCIV.

Charte de coutumes octroyées aux habitants de Bonvilliers par Mathieu III, comte de Beaumont.

1180. In nomine Sancte et individue Trinitatis, amen. Ad notitiam tam presentium quam futurorum, ego Matheus, Bellimontis comes, et Alienor comitissa, uxore mea, et Philippo, fratre meo, annuentibus, scripto memorie commendo, quoniam do in perpetuum et confirmo hominibus in Buviler (1) mansuris, libertatem ad bonos usus et bonas consuetudines.

Hec sunt autem consuetudines :

I. Illi qui in Buviler mansionem fecerint, annuatim mihi reddent unusquisque dimidium modium avene in festo Beati Remigii, et quatuor capones proxima die prius Natale Domini.

II. Et si, pretaxatis terminis, predictos redditus non reddiderint, pro forefacto mihi duos solidos belvacencium reddent, et nichil amplius.

III. Pro predictis vero redditibus, unusquisque ad faciendam mansionem suam, unum quartarium terre in villa obtinebit, et unum arpentum terre in campis, et alium arpentum ad campipartem.

IV. Et si forte aliquis alicui sanguinem fecerit, et malefactor sanguinem negaverit, ille qui injuriam sustulerit, si per se, et per unum hominem qui hoc viderit et audierit, probare poterit, per quinque solidos belvacenses michi emendatum fuerit, et nichil amplius.

V. Et si probare non poterit, alius, sua sola manu, jurejurando liberabitur.

VI. Preterea, si aliqua dissensio inter eos surrexerit, sicut est : de capillis extractis, seu de dictis quod ad verecundiam et despectum versi possunt, si negatum fuerit, et ille, per se, et per unum hominem qui hoc viderit et audierit, probare poterit, per duos solidos belvacenses michi emendabitur, et nichil amplius.

VII. Et si probare non poterit, alius, cui malefactum imponebatur, in pace remanebit.

VIII. Et unicuique terras juxta vias ville appendentes obtinuerint, majorem meum requirent

(1) On lit en marge : *Tiroer de Bonviller.*

ut terris, infra VIII dies, metas imponat; et si metas imponere noluerint, ante metarum impositione nichil forefacient, scilicet priusquam mete terris imposite fuerint.

IX. Si, in excolendo terras metas preterierint, pro forefacto quinque solidos belvacenses michi reddent, et nichil amplius.

X. Equi, asini, vacce et cetera magna animalia, a medio marcio si ad forefactum intercipiuntur, pro forefacto unumquodque animal michi duos denarios belvacenses reddet, et nichil amplius. Pro porco, unum denarium. Pro bidente, unum denarium. Pro capra, unum denarium.

XI. Et quicquid meus serviens pro predictis forefactis recipiendis extiterit, sacramento astringet, quod scienter nullum forefactum nisi ad rectum ceperit, et de forefactis nichil amplius scienter acceperit, nisi quod karta dictaverit.

XII. Latro, si infrangendo domum, pro equis seu pro quibuslibet aliis animalibus, seu pro quibuscumque pannis furandis, seu pro frumento et qualibet alia annona de nocte furanda, captus et probatus fuerit, meus erit.

XIII. De parvis autem latrociniis, qui, die vel nocte fient, sicut est de tunica furanda, vel de pallio et de cappa, vel de ense et de lancea, vel de gladio et de arcu, et de vicia et de guernee, et de paele vel de rostee, et de anseribus et de caponibus et de gallinis, si, per interrogationem ecclesie reddita fuerint, in pace dimittentur.

XIV. Si quis in his parvis latrociniis interceptus et probatus fuerit, pro forefacto duos solidos belvacenses michi reddet, et nichil amplius.

XV. Quicumque vero multrum fecerit, vel incendium domorum, vel feminam vi violaverit, si inde probatus fuerit, meus erit.

XVI. Predicti homines in Buviler manentes, pro aliquo placito et pro aliqua justicia ad me pertinente, de Buvileir non exibunt, donec ad vadimonia belli; et ego illa infra dominium Bellimontis, quacumque voluero, deducam.

XVII. Si quis homicidium perpetraverit, per decem libras belvacenses michi emendabitur, et nichil amplius.

XVIII. Ad supradictas consuetudines addo, quod predicti habitatores de Buviler ad molendinum meum inter *Leue* et *Caumontel*, tres minas cujuslibet annone pro uno bussello raso, et quatuor minas pro pleno bussello, imperpetuum molent, prius illum quem molentem invenerint.

XIX. De cetero, si vinum suum ad tabernam vendere voluerint, majorem meum requirent pro metreta, et major eis tradet, et, pro data metreta, obolatam vini recipiet, et nichil amplius.

XX. Et si aliquis de falsa metreta interceptus fuerit, si juramento astringere poterit quod major ei talem tradiderit, inde quietus remanebit. Et si jurare non poterit, michi per quinque solidos belvacenses emendabit, et nichil amplius.

XXI. Major quoque meus, mensuram annonarum hominibus de Buvilers, ad mensuram Bellimontis, absque ulla commutatione, incidet et tradet. Et omnes mensure annonarum seu vini, qui currunt Bellimontis, in villa de Buvilleir current.

XXII. Et quocumque homines Cambliaci ducere possum, homines de Buvilleir ducere potero.

XXIII. Si aliquis ex illis submonitus fuerit ut mecum in equitatum proficiscatur ad quem proficisci debuerit, et remanserit, si jurare poterit quod submonitionem inde non audierit, vel legitimum exonium monstrare poterit, per quinque solidos belvacenses michi emendabit, et nichil amplius.

XXIV. Omnes autem homines qui in Buvileir, pro mansione facienda venerint, recipientur,

Exceptis meis hospitibus et filiis meorum hospitum, et exceptis illis qui de suo corpore sunt mei homines.

XXV. De transverso meo et theloneo meo, in tota terra mea, liberi et quieti in perpetuum remanebunt; nisi mercatores extiterint.

XXVI. Et si in aliquo istarum ipsi mercatores intercepti et probati fuerint, pro forefacto, unusquisque, quinque solidos belvacenses michi reddet, et nichil amplius.

XXVII. Et si homines de Buviler, pro rotagio meo intercepti et probati fuerint, pro forefacto quinque solidos belvacenses michi reddent, et nichil amplius.

XXVIII Pro his vero redditibus et consuetudinibus qui in hac karta enumerantur, do eis omnem libertatem, et sint quieti et liberi de omnibus arveriis, et de omnibus corveis, et de omnibus interrogationibus, et de omnibus taliis. Ita quod nichil amplius ab eis exigere potero, nisi quod michi retineo et quod karta dicit.

XXIX. Omnibus etiam hominibus in Buvileir manentibus si quis injuriam intulerit, ego auxilium meum pro jure suo rehabendo, eis impendam, sicut est communie Cambliaci.

XXX. Omnibus quoque hominibus qui in Buvileir pro mansione facienda venerint, ego Matheus, Bellimontis comes, sacramento astringam, quoniam predictam libertatem et predictas consuetudines eis libere et integre conservabo. Hoc idem sacramentum faciet quicumque rectus heres Bellimontis extiterit, et, illud idem sacramentum, suum heredem compellet facere priusquam ad etatem legitimam sacramenti faciendi venerit. Et hoc quod juro, Elienors comitissa, uxor mea, jurabit, et Philippus, frater meus. Ex precepto autem meo sex de meis militibus sacramento astringent, quod ad predictam libertatem de Buviler et consuetudines infringendas, nec consilium, nec auxilium, adhibebunt. Et si forte contigerit, quod rectus heres Bellimontis, predictam libertatem et predictam consuetudinem infringat, jurati milites, pro posse suo, et bona fide et verbis et precibus ad hec conservanda reducent. Si quis autem ex juratis militibus obierit, homines de Bervillier, rectum heredem Bellimontis requirent ut loco mortui, ad suam laudem, cui juret, alium substituat; et ipse eis tradet.

Hec sunt nomina militum juratorum: Regnaudus Aculeus; Petrus de Borrango; Petrus de Roncherolles; Theobaudus de Moranglia; Petrus de Vals; Ricardus de Borrango.

Ut autem hec inconvulsa permaneant, sigillorum nostrorum auctoritate pari assensu roborari fecimus.

Actum est hoc anno Incarnati Verbi millesimo centesimo octogesimo.

(Scellé de deux sceaux en cire blanche sur lacs de cuir.)

(B. I. *Cartulaire de l'abbaye de Royaumont coté 5472*, n.° 25.) C'est une copie de Gaignières.

CXCV.

Confirmation de la commune de Chauni, par Mathieu III, comte de Beaumont-sur-Oise, et Éléonore de Vermandois, sa femme.

1186. In nomine Patris et Filii et Spiritu Sancti, amen. In rebus gestis quas tenaci memorie commendare disponimus ne vento oblivionis distrahantur, scripti munimine non imprudenter opponimus. Hinc est quod ego M., comes Bellimontis et Crespei, et Elionor, uxor mea dilecta, hominibus Calniaci communiam concedentes, quam prius concesserant eis Ph., comes Flandrie et Viromandie, et Elizabeth uxor ejus, ad usus et consuetudines communie Sancti-Quintini, auctoritate sigillorum nostrorum corroboramus. De generalibus autem placitis et corveis, eos liberos clamamus, et de habentibus partem in placitis et corveis, pacem eis facimus. Ea propter Calniacenses, de singulis domibus in quibus familia manserit, infra xx^{ti} dies Natalis Domini xii den. proventus nobis solvere assuescunt. In adventu vero nostro, major communie, culcitras ad usum nostrum sufficienter amministrabit. Exercitum quoque et equitationem, qualem in tempore comitis Radulfi debuerant, talem nobis persolvent. Injungimus etiam eis, ut balivio nostro respondeant de his que audire et tractare tenemur, sicut apud S. Quintinum fit. Minutas autem querelas ante justiciarum castelli terminari concedimus, sicut ante justiciarium S. Quintini fit. Ut autem communia ista firma et rata permaneat, eam stabilire juravimus, presentibus istis : S. Ernulfi, Calniaci, S. Johannis, prioris, Fulconis, Balduini, presbiterorum, S. Renaldi de Coci, S. Arnulfi Bulgaris, S. Theobaldi, S. Martelli, S. Gaufridi de Flavi, S. Radulfi de Abbecurt, S. Symonis de Cosci, S. Radulfi de Calloe, S. Roberti majoris, S. Roberti filii sui, S. Adam de Viri, S. Bartholomei de Thori. Actum anno Dominice incarnationis. M. C. LXXXVI.

(B. I. *Copie signée au bas D. Grenier*, CC. boîte 74.)

CXCVI.

Chartes des coutumes octroyées aux habitants de Méru par Mathieu III, comte de Beaumont-sur-Oise.

Noverit universitas fidelium tam futurorum quam presentium, quod ego Matheus, comes Bellimontis, et Elienor, uxor mea, et fratres mei Philippus, Johannes, salva fidelitate nostra, et salvis redditibus nostris, et salvo jure vavasorum nostrorum, hominibus de Meru, omnibus illis qui jam amplius in censam eorum intraverint, fideliter ad bonos usus et bonas consuetudines, remotis omnibus malis consuetudinibus, censam et libertatem in perpetuum donamus et confirmamus. 1191.

I. In hac autem censa recipient omnes illos qui advenerint, et qui legitimi homines fuerint, de cujuscunque terra sint, exceptis hominibus nostris et filiis hospitum, et exceptis hospitibus fratrum nostrorum et filiis hospitum.

II. Hec omnia eis donamus absque communia et banlia.

III. Omnes illi quibus hec censa et libertas donatur, singulis annis jurabunt, quod forifacta nec jura nostra celaverint, quin nobis vel justiciario nostro notificent, et si scire possent quod justiciarius forifacta non caperet, nobis dicerent.

IV. De omnibus forifactis que facta fuerint Meru, justiciario nostro clamor dirigetur..

V. Forifacta nostra talia sunt :

De parvis forifactis, ut est : percutere aliquem, vel capere per capillos, vel vituperare, vel vestem laniare, ad justiciarium nostrum clamor dirigetur. Et si forifactum comprobatum fuerit, per v sol. belvacenses nec amplius, nobis emendabitur. Comprobatio est, si habuerit II.^{os} homines qui probare valeant. Si testes vero non habuerit, et forte dixerit : ille homo de juratis vidit; justiciarius rogabit eum sub sacramento suo, quod verum super hoc dicat; et si dixerit : verum est; tenebitur per v sol. belvacenses, nec amplius nobis emendabitur. Et si dixerit :

nichil est; ad nichilum remanebit. Et si sine testibus clamaverit, ille contra (1), per sacramentum suum deliberabitur.

VI. Bella nostra sunt:

De vadiis datis habebimus xv sol. b. De obsidibus, [x] xx.ta (2) sol. b.

De victo bello LX.ta et VIIem et dimidium sol. b., nec amplius.

VII. Si quis vi violaverit feminam, et inde comprobari poterit per juditium [vel] per cognitionem, quam ille faciat, ipse et possessio ejus tota in misericordia nostra erit.

VIII. Quicumque fecerit traditio[nem, vel m]urtrum, vel domus combustionem, et inde comprobari poterit, in misericordia nostra erit; et si jurati nostri de eo saisiti fuerint, eum nobis reddent.

IX. Latro captus et probatus noster erit.

X. Parva latrocinia, ut est: furari tunicam, vel pallium, vel cappam, vel patino[s, vel l]igni pedes, vel frustum operis, si per interrogationem ecclesie reddita fuerint, satis erit. Et si latro negaverit, et postea comprobatus fuerit, per VII.tem sol. et dimidium, nec amplius, nobis emendabitur.

XI. Alia vero latrocinia, ut est: lacerare domum vel arcam, vel equum furari, die vel nocte, si latro comprobari poterit, ipse et possessio ejus in misericordia nostra erit.

XII. Si aliquis vero de falsa mensura reprehensus fuerit, et non poterit jurare quod justiciarius noster ei talem tradidisset, per VII.tem sol. et dimidium, nec amplius, nobis emendabitur. Et si jurare poterit quod justiciarius noster ei talem tradidisset, per sacramentum suum deliberabitur.

XIII. Omnes vero legales mensure, quales erant ante datam censam, tales remanebunt.

XIV. De terris autem, quas jurati nostri habent in viaria nostra, vel quas acquirere quocumque modo poterint, viatorem vel justiciarium nostrum requirent ut ponat metas. Et postquam requisierint, nullum forifactum inde, ante metarum impositionem habuerimus. Sed postquam metė posite fuerint, et ad justiciarium nostrum ostensum fuerit, justiciarius faciet scire juratis nostris, et convenient simul super forifactum. Et si forifactum ibi fuerit, per v sol. b. nec amplius, nobis emendabitur.

XV. De animalibus juratorum nostrorum, ubicumque fuerint in hospitiis suis, per bannum ville custodientur. Et si ad forifactum capta fuerint, dabunt pro equo, VI d., pro asino, VI, pro vacca, VI, pro capra, II, pro bidente, I, pro porco, I, pro homine capto, VI sol., de quibus ille qui capiet, habebit XII d., nos habebimus v sol. Et omnes denarii de hoc banno, proveniensis monete (3) erunt.

XVI. De animalibus que jurati nostri ad villas, in terra nostra, ad medietatem mittent, mediatori dicent quod bene custodiat, quia si forifecerint, eis non respondebunt; et pro forifacto quod faciant non tenebuntur per eos nec per clientes nostros. De forifacto ad custodem capiemus.

XVII. De ceteris autem forifactis: si scienter homini insidietur, vel invadatur homo in dominatione nostra Meru; si sanguis ibi factus fuerit de armis molutis vel de clava, et comprobari poterit, per LXta sol. b., nec amplius, nobis emendabitur.

(1) Suppléez: *quem clamor fuerit depositus*, comme dans la charte de Beaumont.

(2) La charte originale est rongée dans l'un des coins de ses plis. Nous suppléons entre crochets ce qui en manque.

(3) *Proveniensis*, lisez: *pruviniensis*. Monnaie de Provins ou provinoise.

XVIII. Et in quocumque loco, in dominatione nostra Meru forifactum factum fuerit, ad justiciarium nostrum clamor dirigetur.

XIX. Et quocumque modo homo occidatur, ille qui occiderit et tota ejus possessio in misericordia nostra erit.

XX. De cetero, jurati nostri, quibus hec censa et libertas datur, de debitoribus suis in omnibus locis capient, excepto in die mercati Meru. Et postquam nobis ostensum fuerit, vel justiciario nostro, et xvme dies transierit quod debitor non satisfecerit, capient in foro et extra forum.

XXI. Homines Meru, pro guerra nostra, et ad defensionem nostre terre, et ad invadendum inimicos nostros, in dominatione nostra Meru et Bellimontis per fidelem nuntium nostrum ducemus. Et alibi, ubicumque eos infra regnum Fran [cie] ducere voluerimus, per nos, vel per IIII.or milites terre Bellimontis, ducemus. Et qui remanserit, si submonitionem audierit, vel legitimum obsonium (1) non habuerit, per v sol. nobis, nec amplius, emendabit. Et si jurare poterit quod submonitionem non audierit, delibe[ra]bitur.

XXII. Quicumque de juratis nostris Meru nobis forifecerit, nec placitare habeat de re aliqua que ad justiciam nostram pertineat, diem ei, infra castellariam Bellimontis, ante nos vel ante justiciarium nostrum assignabimus ; et ibit ut rectum faciat et capiat, et placitum suum, prout placitum debet deduci, deduxerit et jure.

XXIII. Si vero pro forefacto nostro submonitus fuerit, et submonitionem non audierit, vel obxonium legitimum habuerit, si jurare poterit, per sacramentum suum deliberabitur usque ad aliam diem ; et si jurare non poterit, per v sol.. b., nec amplius, nobis emendabit.

XXIV. Panes furnagii et molture, quales erat (*sic*) ante datam censam, tales jure in perpetuo remanebunt ; et ad molendina nostra, ab Bella-Ecclesia usque Meruacum ibunt. Omnes illi quibus hec censa et libertas datur, qui non sunt de alterius banno, per bannum ad furnos nostros, et ad molendina nostra, et ad pressoria nostra ibunt, et ad quartam ollam.

XXV. Si quis extraneus, vel homo, vel femina, qui nostri sunt de suis corporibus, in hanc censam vel libertatem intraverit, si requisierimus, vel ego, vel heres noster, jurati nostri dimittent eum abire ; nisi ille nobis satisfecerit.

XXVI. Et si quis eorum erat non liber de corpore, in die qua hec censa et libertas data fuit, liber de corpore fuit et in perpetuum erit.

XXVII. Bannum vendendi vinum nostrum in castello Meru, per VI septimanas habemus. Per xv dies inter Natale Domini et Carniprivium, et in crastinum post octabas Pasche per xv dies, et post octabas Beati-Leonorii, per xv dies.

XXVIII. Omnes illi qui apud Meruacum hospitati erant die qua hec censa et libertas data fuit, sive teneant masuram, sive medietatem masure, sive quadrantem masure, sive quantumcumque terre tenuerint, ita quod in ea hospitati sint, reddent singulis annis Comiti, v sol. b. pro hac censa et libertate, et talem censum et talem redditum, qualem prius reddere solebant.

Et masure que jam amplius dabuntur, ad XII den. b. dabuntur; nec poterit cresci, nec minui, nec prout date fuerint jam rescindentur. Set ubicumque poterit vicus scindi, si terram ceperimus, pro illa, commutationem alterius terre vel nummorum, illi, cujus terra fuerit, reddiderimus, et de hortis hominum, si ceperimus, commutationem terre vel nummorum reddemus.

(1) Lisez : *exonium*, essoine, excuse.

XXIX. Quicumque de juratis nostris masuram suam tenuerit de nobis, non poterit eam rescindere, nec dare alicui, nisi recto heredi suo, quin ex ea v sol. b. pro censa habeamus.

XXX. Jurati nostri arma habebunt: capellos ferreos, et gambesones, et gladios, vel arcus, et qui habere non poterit, ad laudem IIII.or juratorum habuerit.

XXXI. Omnes Meru carnifices, et regretarii, et piscatores, et bulengarii, et tabernarii, et fabri, et discorum et ciforum venditores, ad creditionem usque ad XL dies nobis facient, et tunc adcredita eis persolvemus. Et nisi tunc adcredita reddiderimus, nichil amplius nobis accrederent, usque dum accredita redderentur.

Omnes isti prefati venditores singulis annis sub juramento astringent, quod nec vendere, nec emere, propter nos dimiserint, nec cibos, nec vinum celaverint. Et omnes alii, singulis annis jurabunt, quod propter nos, ea que sunt victui necessaria vendere non dimittent. Et si aliquis super hoc comprobaretur, per v sol. b., nec amplius, nobis emendaret. Et si subito Meruacum venerimus, et cibi ad vendendum defecerint, nuntius noster, ad homines qui jura nostra Meru servabunt, veniet, et dicet eis, quod non potest victui nostro ad vendendum necessaria invenire, et nobis querent si ad vendendum in villa inveniri poterint, secundum pretium adpretiatorum nostrorum ad sufficientiam illius noctis, et si cibi in villa Meru inveniri ad vendendum non poterint, nullam inde emendationem nobis fecerint.

XXXII. Singulis vero annis IIIIor burgenses et tres piscatores, ciborum nostrorum adpreciatores sub juramento suo, quos voluerimus, accipiemus.

XXXIII. De unaquaque masura v sol. b. singulis annis pro censa habebimus, de omnibus illis qui modo sunt, et qui jam amplius in hanc censam et [libertat]em intraverint, exceptis aliis red[diti]bus nostris, pro omni tallia, et pro omni corvea, et pro omni interrogatione, et pro omni mala consuetudine, pro omni submonitione; et sub eodem theloneo, sub quo sunt homines Cambliaci, remanebunt.

Hec autem censa tercio die post festum [S.ti Remi]gii, singulis annis reddetur.

XXXIV. Et eodem die, juramenta superius divisa, nobis fient. Qui vero ad hanc diem ut juramentum faciat interesse non poterit, vel propter obxonium sui corporis, vel qui extra villam fuerit, infra XV dies postquam redierit, [et] de infirmitate sua convaluerit, juramentum suum nobis faciet, et justiciario nostro offerret.

XXXV. Si aliquis censam suam pretaxata die non reddiderit, hoc, quod de nobis tenet, capiemus et in manu nostra per annum unum et unam diem tenebimus. Et si infra annum et diem, censam et censum, et emendationem v sol. non reddiderit, velle nostrum de masura faciemus.

XXXVI. Qui autem de alio censu vel redditu nostro reprehensus fuerit quod terminus transeat, per v sol. b., nec amplius, nobis emendabit, et nichil ab eis amplius capere, potuerimus, exceptis forifactis nostris, qui in karta declarantur.

XXXVII. De omnibus forifactis super divisa forifacta nostra, jurati nostri suam justiciam secundum deliberationem suam facient. Et quicquid de suis forifactis accipient, ad laudem nostram in villam firmandam mittent.

XXXVIII. Et quicumque rectus heres fuerit comes Bellimontis, fidelitatem illis quibus hec censa et hec libertas datur, fecerit, et illi, ut naturali domino suo.

Hanc censam et libertatem ego Matheus, comes Bellimontis, et Elienor comitissa, uxor mea, et fratres mei Philippus et Johannes, ad tenendum juravimus. Hoc autem ut rata et inconvulsa permaneant, autoritate sigillorum nostrorum confirmavimus.

Actum publice Meruaci, astantibus viris quorum nomina subtitulata sunt :

S. Hugonis, vicecomitis; S. Ivonis de Bellomonte; S. Radulphi de Puiseiis; S. Theobaldi de Champaneis; S. Petri de Borrenc; S. Guillermi del Mesnil; S. Willelmi Bodin; S. Petri de Larderiis; S. Anculphi de Larderiis; S. Gervasii de Freisneio.

Hii testes juraverunt quod si ego Matheus, comes Bellimontis et Elyenor, uxor mea, hanc censam et libertatem infringeremus, bona fide, precibus et verbis, nos, ad hoc tenendum reducerent, et si aliquis ex istis militibus obierit, jurati nostri nos requirent ut, loco mortui, alium ponamus, et quemcumque voluerint de terra Bellimontis ponemus.

Anno incarnati verbi, millesimo centesimo nonagesimo primo.

(A. I. *Carton J.* 740, *pièce n.*° 1.) Orig. parch., sceau perdu. J'ai publié cette pièce dans la *Bibliothèque de l'Ecole des chartes* (t. 1.er, 2.e série, p. 58).

CXCVII.

Confirmation par Philippe-Auguste de la charte de commune octroyée en 1173 aux habitants de Chambli, par Mathieu II, comte de Beaumont.

Philippus, etc. Notum, etc., quod nos, salva fidelitate nostra, salvis redditibus nostris, salvo 1222.
jure ecclesiarum et vavassorum nostrorum remotis omnibus malis consuetudinibus, libertates et immunitates subscriptas in hac carta, hominibus manentibus in communia Chambliaci, infra banleugam ipsius communie inferius divisatam, qui communiam ipsam juraverunt, concedimus et donamus.

I. Dicta vero banleuga infra metas inferius expressas consistit; a capite videlicet Campaniarum quod est versus Bellummontem, per petram Perciaci usque ad ulmum de Marchesbarnei, et inde per veterem viam Belvacensem usque ad spinam de Rolleval, et inde usque ad spinam de Landrimont, et inde usque ad nemora Morelli de *Houdenc* (1) militis, et usque ad predictum capud (2) ville Campaniarum.

II. In hac autem communia, ejusdem communie homines poterunt recipere omnes illos qui intrare voluerint, et qui legitimi homines erunt, de cujuscumque terra sint, exceptis hospitibus nostris et filiis hospitum, et exceptis hominibus et feminis nostris de corpore, et hominibus et feminis aliarum communiarum nostrarum et abbatiarum nostrarum regalium, quarum homines debent exercitum et equitatum nobis.

III. Major vero et pares ejusdem communie Chambliaci, qui erunt pro tempore, singulis annis coram ballivo aut preposito nostro apud *Cambliacum* (3) jurabunt, quod nostra non celabunt forisfacta, de quibus clamor aut querela pervenerint ad eosdem.

IV. Sciendum igitur quod forisfacta ab hominibus communie Chambliaci facta extra prescriptam banleugam in viaria nostra et in districtu nostro infra comitatum Bellimontis, si effusio sanguinis ibi fiat absque homicidio, emendabuntur, datis nobis tantum sexaginta solidis pro emenda a convicto super maleficio perpetrato; ita tamen quod si in maleficio illo intervenerit mehengeium, meheingiato emendabitur competenter.

(1) *Var. de la ch. impr.* Hosdenc.

(2) *Var.* Caput.

(3) *Var.* Chambliacum.

V. Si autem infra banleugam dictam ab hominibus communie prefate forisfactum fiat in quo sit sanguinis effusio absque homicidio, quindecim tantum solidos habebimus pro emenda, et si mehengeium intervenerit, erit inde sicut dictum est prius.

VI. Quod si malefactor qui sanguinem effuderit infra banleugam, effugerit, quicquid habuerit capiemus, preter domum ejus que remanebit paribus.

VII. Et, si quod a nobis captum fuerit non sufficiat pro nostra emenda, homines communie non recipient illum, qousque nobis satisfecerit competenter.

VIII. De parvis autem forisfactis, ut est percutere aliquem cum manu, sine sanguinis effusione, vel capere per capillos, vel conviciari alicui, vel vestem disrumpere : si querela ad majorem aut pares communie venerit, et probatum fuerit forisfactum, quinque solidos habebimus pro emenda.

IX. Probatio autem *pavorum* (1) forisfactorum talis erit : si videlicet clamator, qui sit de communia Chambliaci, habuerit duos homines de eadem communia, per quos injuriam hujus (2) sibi illatam probare, satis erit ; quod si testes non habuerit et forte dixerit : homo ille de communia forisfactum *michi* (3) factum vidit, aliquem nominatim exprimendo vel certam monstrando personam, ille nominatus vel monstratus adjurabitur sub juramento communie, quod super hoc verum dicet, et si adjuratus dixerit se vidisse forisfactum illud, detinebitur malefactor, et nobis dabit quinque solidos pro emenda; et si adjuratus dixerit, se non vidisse dictum forisfactum, accusatus super hoc quitus remanebit.

X. Et si clamator sine testibus clamorem fecit, accusatus per suum juramentum liberabitur.

XI. Duella vero nostra sunt tali modo : de datis vadiis habebimus quindecim solidos ; de obsidibus datis propter hoc, triginta solidos ; de duello victo, sexaginta septem solidos et dimidium, si duellum fuerit de fundo terre, vel pecunia.

XII. Si quis tamen de dicta communia, per raptum feminam violaverit, si fuerit super hoc convictus, eam desponsabit, vel si desponsare non potuerit aut debuerit, ad nostre curie judicium emendabit.

XIII. Quod si non emendaverit, prout est predictum, pares si de eo saisiti fuerint, nobis eum reddent ; et si forte diffugerit quicquid habuerit capiemus, preter domum malefactoris, que remanebit paribus communie, salvis redditibus nostris.

XIV. Et si inde non habuerimus totam emendam nostram, homines communie non recipient eum, quousque nobis de nostra emenda satisfactum fuerit competenter.

XV. Quicumque autem de eadem communia fecerit proditionem, vel mulctrum, vel homicidium, vel domum combusserit, vel furtum perpetraverit, et inde fuerit convictus, ad nostre curie judicium punietur, et in nostra misericordia erit possessio ejus tota, preter domum, que remanebit *paribus* (4), salvis nostris redditibus.

XVI. Parva vero latrocinia, ut est furari tunicam, vel pallium, vel capam, vel patinos, vel lignipedes, vel aliquam partem operis aut panni lanei vel linei, si per bannum ecclesie reddita fuerint, satis erit.

XVII. Si vero latro super his impetitus negaverit, et postmodum fuerit convictus, possessio ejus tota in misericordia nostra [erit] (5) et ipse punietur per nostrum prepositum aut ballivum. Et si domum in villa Chambliaci habuerit, paribus remanebit, redditibus nostris salvis.

(1) *Sic* au Cartul. de Ph.-Aug. Dans le Recueil des Ordonnances, on a rétabli *horum parvorum*.

(2) Le mot *hujus* ne se trouve pas dans la ch. impr.

(3) Dans la ch. impr. *mihi*.

(4) Dans la ch. imp. *pariter*.

(5) Le mot *erit* est omis dans le Cartul. de Ph. Aug.

XVIII. Si autem aliquis de communia Chambliaci de falsa mensura convictus fuerit, et non poterit jurare quod ei major talem tradiderit, septem solidos et dimidium nobis dabit pro emenda. Et si poterit jurare quod ipsi tradiderit talem major, per suum liberabitur juramentum.

XIX. Omnes vero mensure legales invente in villa Chambliaci eo tempore quo confecta fuit presens carta, in perpetuum remanebunt.

XX. Item. De terris quas homines de communia Chambliaci habent in viaria nostra vel districtu nostro, infra comitatum Bellimontis, vel quas quocumque legitimo modo acquirent, ballivum nostrum aut prepositum requirent, vel eum qui loco ejus erit, ut ponat metas. Qui ad requisitionem eorum tenentur infra octo dies venire vel mittere, propter metas ponendas, illo de communia requisito primitus et vocato, ut ad ipsas metas ponendas veniat qui eos requisierat de dictarum positione metarum.

XXI. Quod si ballivus aut propositus noster, vel ille qui loco ejus erit, non venerit infra octo dies postquam super hoc fuerit requisitus, et qui requisierit positionem metarum interim forte interceperit arando vias vel semitas publicas, ad occasionem exinde nullatenus capietur. Si vero post metarum positionem, interceperit arando viam vel semitam communem, nobis hoc quinque solidos emendabit.

XXII. Item. Animalia hominum communie Chambliaci que habebunt in suis hospitiis, per bannum ville custodientur. Et si ad forisfactum capta fuerint, nobis dabuntur pro emenda : de equo, sex denarii : de asino, sex denarii : de vacca, sex denarii, et de bove similiter : de caprâ, duo denarii; de bidente, unus denarius; de porco, unus denarius; nisi forte animal illud interfecerit hominem vel feminam, quia tunc ipsum animal erit propinquioris interfecti.

XXIII. Pro homine autem capto forisfaciente in vineis, dabuntur nobis sex solidi pro nostrâ emendâ, de quibus ille qui capit eum, habebit duodecim denarios, et nos quinque solidos.

XXIV. Animalia vero communie que homines Chambliaci extra ad villas comitatus Bellimontis ad medietariam mittent, sic custodientur. Medietario dicitur quod bene [et] (1) diligenter, ea custodiat, et hoc dicto, et quo ea recepit (2) ad medietariam, de forisfactis receptorum ab ipso animalium, nos ad ipsum, et non ad tradentem hominem de communia Chambliaci, de cetero quamdiu ipsa in medietaria sua habuerit, capiemus.

XXV. Preterea homines communie Chambliaci, in omnibus locis comitatus Bellimontis qui sint in nostro districtu, preterquam in sacro loco, de rebus debitorum suorum manentium in eodem comitatu capere potuerunt nisi debitores illi forte veniant in exercitum aut equitatum nostrum, vel nisi fuerint in nostro conductu, vel nisi sint clerici aut religiose persone.

XXVI. In die autem mercati Chambliaci debitorem suum arrestare non poterunt homines prefate communie pro debito suo, aut de rebus debitoris sui capere; set super suo debito querelam ad ballivum nostrum aut prepositum deferent, si voluerint. Qui, si forte conquerentibus deessent de jure faciendo, ex tunc elapsis quindecim diebus post querelam depositam, capient in foro et et extra forum ubicumque poterunt in districtu nostro infra comitatum Bellimontis, de rebus suorum debitorum, exceptis tamen personis et locis que paulo ante excepimus.

XXVII. Item. Querimonie ille que ad majorem communie Chambliaci per presentem cartam debent deferri, si de eis rectum fecerit, satis erit, salvis emendis nostris, si non fecerit, per pares emendabuntur, salvis similiter nostris emendis.

(1) La conjonction *et* omise dans le Cartul.

(2) Dans la ch. impr. *receperit.*

XXVIII. Quod si pares non emendaverint, nostrum erit emendare, majoribus criminibus, nobis penitus reservatis, prout est superius intersertum.

XXIX. Item. Homines de communia Chambliaci, in exercitum et equitatum nostrum ire tenentur in suis expensis, quandocumque et quocumque illos ire voluerimus.

XXX. Quicumque autem dicte communie remanebit de exercitu aut equitatu nostro postquam fecerimus bannum exercitus vel equitatus nostri edici, hoc ad nostre curie judicium emendabit, nisi probare possit legitimum essonium.

XXXI. Homines autem communie Chambliaci manentes infra banleugam descriptam superius, pro placito quod habeant inter se ad invicem, non dimittent ire ad nundinas vel mercata infra comitatum Bellimontis, set placitum contramendabunt quibus de sua communia existentibus contramandare debebunt, et postquam redierint, si submoneantur ad placitum, infra quindecim dies ibunt, et in eodem puncto placiti erunt in quo prius erant.

XXXII. Item. Si quis homo vel femina de communia Chambliaci erat servilis conditionis die qua data fuit hec communia, scilicet anno Incarnationis Dominice M.° C.° septuagesimo tercio, volumus ipsos et eorum heredes, liberos in perpetuum remanere.

XXXIII. Masure vero date prescripto tempore concesse communie Chambliaci, sub eo censu et redditu quibus erant ante datam communiam remanebunt, masure vero dande de cetero, ad duodecim censuales denarios nobis annuatim reddendos in festo Sancti Remigii, concedentur.

XXXIV. Set sciendum quod de singulis masuris factis et faciendis ab hominibus communie Chambliaci, pro talliis, corveis et demandis, habebimus quinque solidos annuatim in festo Sancti Remigii, preter censum prescriptum, et forisfacta nostra et emendas nostras, que superius exprimuntur.

XXXV. De dicto vero censu et redditibus memoratis, quos homines communie Chambliaci pro communia et libertate sua nobis per annum tenentur reddere, sic erit: quod si dictos censum et redditus nobis non reddiderint in festo Sancti Remigii, de singulis viginti libris nobis reddent quinque solidos pro emenda singulis diebus quibus census vel redditus tenuerint ultra terminum prenotatum.

XXXVI. Quod si ad opus nove masure, vel pro ruâ novâ faciendâ, de terra vel orto alicujus hominis de communia Chambliaci ceperimus partem aliquam, tenebimur ei dare commutationem terre, vel quantitatem pecunie competentem.

XXXVII. Item. Panes furnagii qui nobis debentur ab hominibus communie Chambliaci, ad certum pondus fient, et ad illud pondus perpetuo remanebunt.

XXXVIII. Moltura molendinorum nostrorum de Chambliaco sic capietur ab hominibus ejusdem communie. Ipsi namque homines communie hujus bossellum pro sextario reddent de moltura, et si plus aut minus molatur, reddent plus aut minus, secundum racionem prefatam.

XXXIX. Bannum vini in villa Chambliaci ad vendendum uno mense per annum habebimus, scilicet quindecim diebus inter Natale et Pascha, et quindecim diebus inter Pascha et festum S. Remigii; sed octo diebus ante significabitur paribus communie bannus ponendus.

XL. Item. Homines communie Chambliaci per bannum ibunt ad furnum et molendinum nostrum.

XLI. Homines etiam ejusdem communie, qui non sunt de alterius banno, et qui vineas habent infra banleugam Chambliaci, ad pressorium nostrum ibunt ad quartam ollam.

XLII. Item. Quicumque de communia Chambliaci judicio parium ejusdem communie se opponet injuste, pares legitimam justiciam facient de corpore suo et de rebus suis, et domum ejus diruent si voluerint, salvis nostris redditibus.

XLIII. Et quicquid homines de communia Chambliaci de forisfactis suis recipient, ad consilium et voluntatem nostram in ville sue tenentur ponere firmitatem.

XLIV. Universi autem homines de communia et singuli, jurabunt quod alter alteri secundum estimationem suam rectum faciet, et pro posse suo in eis que recta fuerint adjuvabunt.

XLV. Quicumque vero de comitatu Bellimontis fecerit injuriam hominibus communie Chambliaci, nos eis de injuriatoribus illis absque dilatione plenam justiciam faciemus fieri, nisi fuerint clerici aut religiose persone.

XLVI. Ad ultimum sciendum quod omnes denarii pro banno nostro predicto et pro quibuslibet nostris redditibus, censibus et emendis solvendi, nobis ad monetam paris. de cetero persolventur.

XLVII. Preterea major et pares communie Chambliaci, pro se et tota eadem communia, singulis annis et infra viginti dies Natal. tenentur coram ballivo ac preposito nostro apud Chambliacum nobis fidelitatis facere juramentum : quod videlicet sicut prescriptum est, non celabunt nobis forisfacta et emendas nostras, et pro posse suo defendent et custodient nos et honorem nostrum et regnum nostrum et jura nostra et heredum nostrorum in perpetuum, bona fide.

XLVIII. Sciendum preterea quod omnes census et redditus nostri predicti solventur nobis de cetero ad monetam paris. sicut prescriptum est; set secundum valorem monete belvacensis, quam de eisdem censibus et redditibus sepedicti homines communie Chambliaci solebant reddere *comiti Bellimontis*. Forisfacta vero nostra et emende nostre nobis, sicut dictum est, ad monetam parisiensem et n onad pruvin. monetam de cetero persolventur.

Ut autem prescripta omnia perpetue stabilitatis robur, etc.

Actum Vernon anno domini M.° CC.° vicesimo secundo, regni vero nostri quadragesimo tercio.

(B. I. *Cartul. de Ph. Aug. Cod. regius* 9852 *fol.* 87 v.° Cette charte est imprimée dans le Recueil des Ordonnances, t. XII, p. 303.

CXCVIII.

Philippe-Auguste afferme au maire et aux jurés de Chambli le produit de leur commune pour 700 livres parisis par an.

Carta eorumdem hominum Chambliaci (1).

Philippus, etc, notum, etc. Quos omnes redditus et proventus terre quos habemus apud Chambliacum, sicut in carta communie quam habent de nobis major et jurati Chambliaci continetur, domumque nostram Chambliaci, et totam justiciam infra banleucham Chambliaci, exceptis villis que nobis remanent, preter justiciam raptus et multri et homicidii, et defectus de jure faciendo, que nobis et heredibus nostris in perpetuum retinemus, tradidimus majori et juratis Chambliaci ad perpetuam firmam pro VII^{c} lib. par. nobis et heredibus nostris annuatim reddendum ad terminos prepositarum nostrarum. Ita quod preter dictas VII^{c} lib. reddent annuatim major et jurati Cham- 1223.

(1) Rubrique du Cartulaire.

bliaci feoda et elemosinas que ibi sunt solvenda. Et sciendum quod in eadem villa nichil nobis et heredibus nostris retinemus, nisi exercitum et equitationem nostram, et justiciam raptus et multri et homicidii, ac defectus de jure faciendo, sicut predictum est. Et sciendum quod pagas dictarum VIIe lib. debent facere major et jurati apud Parisios, terminis constitutis. Quod ut ratum etc. Salvo jure alieno confirmamus. Actum apud Sanctum-Germanum in Laya, anno domini M.° CC.° XXIII.° mense aprilis, regni nostri XL.° IIII.

(B. I. *Cartul. de Ph. Aug.* ibid. fol. 89.)

CXCIX.

Charte de commune octroyée aux habitants de Beaumont-sur-Oise par Louis VIII.

1223. In nomine Sancte et individue Trinitatis amen. Ludovicus, Dei gratia Francorum rex. Noverint universi presentes pariter et futuri, quod nos salva fidelitate nostra, et salvo jure ecclesiarum et vavassorum nostrorum, donamus communiam et libertates subscriptas hominibus Bellimontis, tam illis qui modo sunt, quam omnibus aliis qui in communiam istam intrare poterunt, secundum tenorem presentis carte ad bonos usus et bonas consuetudines, remotis omnibus malis consuetudinibus.

I. In hac autem communia recipientur omnes illi qui in eadem venire voluerint, qui legitimi homines fuerint, de cujuscumque terra sint, exceptis hospitibus nostris et filiis hospitum nostrorum, et hominibus et feminis nostris de corpore, et hominibus et feminis communiarum nostrarum et abbatiarum, quarum homines nobis debent exercitum et equitationem, et exceptis omnibus illis qui nobis debent exercitum et equitationem.

II. De omnibus forisfactis que fient in parrochia Bellimontis, clamor fiet majori et paribus communie Bellimontis.

III. De parvis forisfactis que facient homines hujus communie, ut est, percutere aliquem sine sanguinis effusione, vel capere per capillos, vel vituperare, vel vestem laniare, clamor fiet majori et paribus communie.

IV. Et si forisfactum fuerit per duorum legitimorum hominum juramenta, ipsi quinque solidos tantum inde habebunt pro emenda.

V. Si vero testes non habuerit qui clamorem fecerit, et dixerit : ille homo de juratis hujus communie vidit forisfactum, major adjurabit illum per juramentum suum ut dicat super hoc veritatem. Et si dixerit quod verum est, communia quinque solidos tantum inde habebit pro emenda. Et si dixerit : nichil est, ad nichilum remanebit. Et si sine testibus clamorem deposuerit, ille contra quem clamor fuerit depositus, liberabitur per juramentum suum.

VI. Si quis autem de hac communia fecerit sanguinem alicui et inde fuerit convictus vel confessus, communia sexaginta solidos tantum inde habebit pro emenda. Et similiter, si mahegnaverit aliquem, ita tamen quod de sanguinis effusione vel mahegno satisfaciet leso sufficienter ad judicium majoris et parium.

VII. Duella sunt communie, preter illa que fient de raptu, mulctro et homicidio, et proditione.

VIII. De vadiis duelli datis infra banleugam, habebit communia quindecim solidos tantum; de hostagiis, triginta solidos; de duello victo, sexaginta septem solidos et dimidium, si duellum fuerit de fundo terre, vel pecunia.

IX. Si quis de hac communia vi feminam violaverit et inde convictus fuerit per judicium vel per recognitionem suam, ipse et possessio ejus tota erit in misericordia nostra.

X. Similiter, si quis de hac communia fecerit proditionem, homicidium, multrum, vel raptum, et inde convictus fuerit vel confessus, in misericordia nostra erit, ipse et possessio ejus tota. Et si jurati dicte communie de aliquo tali malefactore fuerint saisiti, eum nobis reddere tenebuntur.

XI. Si quis hujus communie reprehensus fuerit de falsa mensura, nec jurare potuerit quod major communie talem ei tradiderit, communie solvet inde septem solidos et dimidium pro emenda; et si juret super sacrosancta, quod major talem mensuram ei tradidit, per suum liberabitur juramentum.

XII. Omnes legales mensure de parrochia Bellimontis, quales erant ante concessionem hujus communie, tales in perpetuum remanebunt. Ita tamen quod sextarii, dimidii sextarii, quarte, et dimidie quarte, fiant, cum quibus vina vendantur.

XIII. De terris, quas homines hujus communie habent infra comitatum Bellimontis in viaria nostra vel in districto nostro, extra banleugam, vel quas, quocumque modo legitimo acquirent, ballivum nostrum aut propositum, vel eum qui loco ejus erit, requirent ut ponat metas. Qui, ad requisitionem eorum tenetur infra octo dies venire vel mittere propter metas ponendas, illo, qui requisierat metas poni primitus requisito et vocato ut veniat ad suas metas ponendas. Et si ballivus aut prepositus noster, vel ille qui loco ejus erit, non venerit infra octo dies postquam fuerit super hoc requisitus, qui requisierit metas poni, si forte arando, vias vel semitas publicas interim interceperit, ad occasionem exinde nullatenus capietur. Sed si post metarum positionem predictis modis interceperit, nobis inde reddet quinque solidos pro emenda.

Et infra banleugam ponent metas suas coram majore vel paribus communie.

XIV. Animalia hominum hujus communie que habebunt in suis hospitiis, per bannum ville custodientur, et si capta fuerint ad forisfactum extra banleugam, nos habebimus pro emenda, de equo, sex denarios, de asino, sex denarios, de vacca, sex denarios, de bove, sex denarios, de capra, duos denarios, de bidente, unum denarium, de porco, unum denarium. Nisi forte animal illud interfecerit hominem vel feminam, quia tunc ipsum animal erit propinquioris interfecti.

XV. Animalia vero que homines hujus communie mittent ad medietariam extra ad villas comitatus Bellimontis extra banleugam, sic custodientur : medietario dicetur quod bene et diligenter ea custodiat, et, hoc dicto, ex quo ea recipit ad medietariam de forisfactis receptorum ab eo animalium nos capiemus ad ipsum quamdiu ea tenebit in sua medietaria, et non ad illum qui animalia tradiderit ad medietariam.

Infra vero banleugam, hujusmodi forisfacta communie erunt.

XVI. De homine hujus communie capto extra banleugam ad forisfactum vinearum, habebimus sex solidos pro emenda; de quibus habebit duodecim denarios ille qui eum ceperit ad forisfactum.

XVII. Homines hujus communie in omnibus locis infra banleugam, preter quam in sacro loco, poterunt capere de rebus debitorum suorum manentium in eadem banleuga, nisi debitores illi forte veniant in exercitum, ad equitationem nostram, vel nisi fuerint in nostro conductu, vel nisi sint clerici aut religiose persone.

XVIII. In die autem mercati Bellimontis homines hujus communie debitorem suum arrestare non poterunt pro debito suo, aut de rebus ipsius debitoris capere, sed super debito suo querelam ad majorem et pares deferent, si voluerint; qui, si forte conquerentibus deessent de jure faciendo, extunc, elapsis quindecim diebus post querelam depositam, possent capere creditores in foro et extra forum, ubicumque, infra banleugam, de rebus debitorum suorum, exceptis tamen personis et locis que paulo ante excepimus.

XIX. Homines hujus communie in exercitum et equitatum nostrum ire tenentur ad expensas suas quandocumque et quocumque illos ducere voluerimus in regno nostro. Et quicumque eorum remanebit de exercitu nostro, aut equitatu nostro, postquam fecerimus edici bannum exercitus vel equitatus nostri, hoc ad curie nostre judicium nobis emendabit, nisi probare possit legitimum essonium.

XX. Si quis hujus communie nobis forisfecerit, vel nos adversus eum querelam habeamus, diem competentem faciemus eidem assignari, infra castellaniam Bellimontis, ubi juri parebit coram nobis, vel ballivo nostro; et si submonitus, submonitionem non audierit, vel legitimum essonium habuerit, et hoc jurare possit, per juramentum suum liberabitur usque ad aliam diem; et si hoc jurare non potuerit, quinque solidos nobis reddet pro emenda.

XXI. Panes, furnagii et molture, quales erant ante presentis carte confectionem, tales in perpetuum remanebunt. Et omnes homines hujus communie qui non sunt de alterius banno, ibunt per bannum ad furnos nostros et ad molendina nostra, reddendo furnagium et moltam, sicut reddere consueverunt; et ibunt ad pressoria nostra, ad quartam ollam.

XXII. Si quis homo vel femina hujus communie erat servilis conditionis die que Matheus, quondam comes Bellimontis, fecit hominibus Bellimontis franchisiam, sicut vidimus contineri in carta sua confecta anno dominice incarnationis M.° C.° octogesimo septimo, volumus ipsos et heredes eorum liberos in perpetuum remanere.

XXIII. Masure vero date ante terminum incarnationis prescripte remanebunt sub eo censu et redditu quibus erant prius.

XXIV. Pro singulis autem masuris que sunt date post terminum incarnationis predicte, et pro singulis masuris qui de cetero dabuntur, communie reddentur annuatim duodecim denarii censuales, in octabas Beati-Remigii.

XXV. Et sciendum quod de singulis masuris, tam factis quam faciendis ab hominibus hujus communie, pro talliis, corveiis et demandis, et malis consuetudinibus, habebit communia quinque solidos annuatim, in octabas festi Sancti-Remigii, preter censum prescriptum, et preter forisfacta et emendas que superius exprimuntur. Nec servientes ballivorum vel propositorum nostrorum poterunt ab eis aliquid extorquere occasione submonitionis.

XXVI. Quicumque de juratis hujus communie masuram suam tenuerit de nobis, non poterit eam rescindere, nec dare alicui, nisi recto heredi suo, quin ex ea quinque solidos pro censa habeat communia.

XXVII. Si quis autem eorumdem hominum censam suam termino prenotato non reddiderit, major et pares, hoc quod tenet de communia, tenebunt in manu sua per unum annum et unam diem, et si infra annum et diem, censam et censum, et emendam quinque solidorum majori et paribus non reddiderit, velle suum de masura facient.

XXVIII. Si quis autem hujus communie reprehensus fuerit, quod censum, vel alium redditum nostrum detinuerit ultra terminum quo debet reddi, communie reddet quinque solidos pro emenda, et censum ac redditum detentum reddet.

XXIX. Quod si ad opus nove masure, vel pro rua nova facienda, de terris vel ortis alicujus hominis hujus communie ceperit communia partem aliquam, tenebitur ei dare commutationem terre, vel quantitatem pecunie competentem.

XXX. Homines hujus communie remanebunt sub eodem teloneo sub quo sunt homines Chambliaci. Nos autem apud Bellum-montem nobis accipiemus, singulis annis, quatuor burgenses et tres piscatores, quos voluerimus, ciborum nostrorum appreciatores per juramenta sua.

XXXI. Homines hujus communie tenentur habere arma in domibus suis, capellos videlicet ferreos, gambesones, gladios et arcus, vel que habere poterunt, ad laudem proborum hominum ville.

XXXII. Statuimus ut, nec per nos, nec per alium, fiat garenna leporum, vel cuniculorum, vel perdicum, apud Bellum-montem et circa ; ita videlicet, quod omnes qui voluerint venari, poterunt, ad lepores vel cuniculos, et aucupari, per totum in haiis et dumis, ab aqua Ysare sicut via Noisiaci vadit per ante Trembleel, usque ad forestam *Quarnelle* (1) et exinde per totum, excepto in foresta usque ad calceiam molendini de Curcellis, et exinde sicut rivus vadit per mediam villam de Mour usque ad aquam Ysare. Et si forte contigerit quod aliquis capiat porcum, vel cervum, vel cervam, vel dammulam, vel capreolum, nobis, vel mandato nostro, reddet sine forisfacto.

XXXIII. Si vero aliquis hujus communie in supradictis locis venaretur, et forte canis suus in nemoribus nostris curreret, nos ad aliquid inde capere non possemus, nisi ad canem.

XXXIV. Si vero aliquis detulerit bestias, qui sit de communia ista, exceptis bestiis illis quas superius nobis retinuimus, et serviens noster extra nemora nostra deferentem invenerit, et eum in causam traxerit, per juramentum suum liberabitur, et in pace remanebit.

XXXV. Et si serviens noster dixerit quod aliquem hominem hujus communie invenerit venantem in nemoribus nostris, et super hoc in causam traxerit, se tercio proborum hominum, per juramentum liberabitur. Si jurare noluerit, emendabit.

XXXVI. Et sciendum quod omnes redditus et census nostri predicti, majori et communie solventur, ad parisienses, secundum valorem monete qua homines hujus communie Matheo quondam comiti Bellimontis solvere tenebantur.

XXXVII. Forisfacta autem nostra de cetero solventur ad monetam parisiensem. Si quis autem de communia captus fuerit in foresta nostra ad presens forefactum, emenda de ipso levabitur ad opus nostrum pro tali forefacto, sicut consuetum est in aliis forefactis nostris.

XXXVIII. Preterea donamus hominibus hujus communie banleugam, ab aqua Ysare sicut via Noisiaci vadit per ante Trembleel, usque ad forestam Quarnelle, et exinde per totum, excepto in foresta, usque ad calceiam molendini de Corcellis, et exinde sicut rivus vadit per mediam villam de Mour, usque ad aquam Ysare, et ultra aquam Ysare usque ad banleugam Chambliaci, salvo jure ecclesiarum et militum, et quorumcumque habentium justiciam ibidem ; et hoc salvo quod nos retinemus ibidem proditionem, raptum, mulctrum et homicidium, et justiciam Campaniarum, et aliarum villarum. Ita tamen, quod si infra banleugam istam ab aliquo fieret mesleia, dicta communia exinde haberet justiciam, salvo, sicut dictum est, jure ecclesie et militum, et justicia raptus, mulctri, et homicidii, et proditionis, quam nobis retinemus.

XXXIX. Et sciendum quod nos hominibus communie supradicte ascensivimus redditus nostros Bellimontis, videlicet piscariam aque Bellimontis, furnos, molendinum pontis, et molendina de

(1) Il y a au texte : Qrnelle.

Parcenc, censam, foragium, bannum vini, theloneum, census Bellimontis, insulam nostram et jardinum nostrum, pressoria nostra, avenam de Roondel, vinagia, prata, salvis elemosinis noviter factis, redditus Noville, et tensamentum Bellimontis. Pro quibus omnibus, nec non et pro communia et banleuga supradictis, et propter justiciam eis concessam, salvo, sicut sepe dictum est, nobis, raptu, multro et homicidio, et proditione, et pedagio nostro cum justicia ipsius, reddent nobis et heredibus nostris, singulis annis, Parisius, quadringentas libras et centum solidos parisienses, ad terminos prepositurarum nostrarum.

XL. Si quid autem vetustate, incendio, vel aliis modis defecerit in piscaria, furnis, molendinis et pressoriis memoratis, illud tenetur communia reficere de suo quotienscumque opus fuerit et in bono statu tenere.

XLI. Hec autem omnia supradicta dicte communie concessimus tenenda in perpetuum, infra banleugam, cum omni incremento et melioratione, que in eis poterunt facere certis modis, salvis feodis, justicia, et jure nostro in omnibus, et ecclesiarum et militum, sicut est supradictum.

XLII. Et sciendum quod major et pares solvent feoda et elemosinas quas debebamus, de blado molendinorum Bellimontis, et nos computabimus et reddemus eis feoda et elemosinas quas ipsi solvent, in denariis illis quibus debentur.

XLIII. Est preterea notandum quod nos in predicta banleuga, nullam justiciam retinemus, nisi tantummodo justiciam raptus, mulctri, homicidii et proditionis, et justiciam pedagii, sicut est superius expressum.

Que omnia ut perpetue stabilitatis robur obtineant, presentem paginam sigilli nostri auctoritate et regii nominis karactere inferius annotato, precepimus roborari.

Actum Parisius, anno dominice incarnationis M.° CC.° vicesimo tercio, regni vero nostri primo. Astantibus in palatio nostro quorum nomina supposita sunt et signa :

Signum Roberti, buticularii; Signum Bartholomei, camerarii; Signum Mathei, constabularii.

Data per manum Garini, Silvanectensis episcopi, Francie cancellarii.

(A. I. *Trésor des Chartes*, *Carton J.* 168, n.° 24.) Orig. parch. scellé en cire verte sur lacs de soie rouge et verte. Cette pièce se trouve aussi au *Cartulaire de Philippe-Auguste.* (B. I. n.° 9852 fol. 89) (1).
3

CC.

Charte des coutumes octroyées aux habitants d'Asnières-sur-Oise, par Louis VIII.

1223. Ludovicus, etc. Noverint universi presentes pariter et futuri, quod nos, salva fidelitate nostra,

(1) On trouve dans le tome XII du Recueil des Ordonnances p. 298, une charte de franchises pour la ville de Beaumont sur-Oise, octroyée par Philippe-Auguste et datée du mois d'avril 1222. Cette charte est entièrement semblable à celle que nous donnons ici, si ce n'est que la charte de Ph. Auguste n'étant pas une charte de commune, au lieu du mot *communia*, on y lit constamment celui de *franchisia*. De même partout où, dans la charte que nous donnons, il est question du maire, on trouve dans l'autre le bailli du roi. Il faut encore remarquer que la charte de Philippe-Auguste s'arrête au n.° 37 de celle que nous imprimons ci-dessus.

salvis redditibus nostris, salvo jure ecclesiarum et vavassorum nostrorum, remotis omnibus malis consuetudinibus, concedimus hominibus manentibus in villa Asneriarum libertates et immunitates subscriptas.

I. Poterunt igitur homines hujus franchisie in suam recipere franchisiam omnes illos qui eam intraverint qui legitimi erunt homines, de cujuscumque terra sint, exceptis hospitibus nostris et filiis hospitum nostrorum, et exceptis hominibus et feminis nostris de corpore et hominibus et feminis communiarum nostrarum, et abbaciarum nostrarum regalium quarum homines nobis debent exercitum et equitacionem.

II. Major vero et pares hujus franchisie qui erunt pro tempore, singulis annis coram ballivo vel preposito nostro apud Asnerias, jurabunt quod nostra non celabunt forisfacta de quibus clamor aut querela pervenerit ad eosdem. Sciendum quod forisfacta facta infra metas hujus franchisie (cujus termini sunt hii : scilicet, de fossa Medii Pratelli usque ad metam bosci Asneriarum, et inde usque ad rivum de Urmes, deinde usque ad domum Simonis de Bosco-Clerici, et inde usque ad portam de Noisiel extra parcum, et inde usque ad viam de Noisiaco ubi banleuga Bellimontis terminatur) sic emendabuntur.

III. Si effusio sanguinis ibi fiat sine homicidio, quindecim tantum solidos dabit malefactor nobis pro emenda; ita tamen quod si mahegneium intervenerit in maleficio illo, mahegnato emendabitur competenter.

IV. Quod si malefactor qui sanguinem effuderit infra dictas metas, fortassis effugerit; quicquid habuerit capiemus, preterquam domum ejus que remanebit hominibus dicte ville; et si quod a nobis captum fuerit non sufficiat pro emenda nostra, homines hujus franchisie non recipient illum ad eos venire volentem, quousque nobis satisfecerit competenter.

V. De parvis autem forisfactis, ut est percutere aliquem cum manu, sine sanguinis effusione, vel capere per capillos, vel conviciari alicui, vel vestem disrumpere : si querela ad majorem aut pares hujus franchisie venerit, et probatum fuerit forisfactum, quinque solidos dabit nobis malefactor pro emenda.

VI. Probatio autem parvorum forisfactorum talis erit : si videlicet clamator qui sit de hac franchisia, habuerit duos homines hujus franchisie per quos possit malefactum probare, satis erit; quod si testes non habuerit passus injuriam, et forte dixerit : homo ille de franchisia vidit forisfactum aliquid, nominatim exprimendo, vel certam personam monstrando, ille nominatus vel monstratus, adjurabitur sub juramento franchisie, quod super hoc verum dicet; et si adjuratus dixerit se vidisse malefactum illud, detinebitur malefactor, et dabit nobis quinque solidos pro emenda; et si adjuratus dixerit se non vidisse malefactum, accusatus quitus inde remanebit, et si clamator sine testibus clamorem fecerit, accusatus per suum liberabitur juramentum.

VII. Homines autem Asneriarum sequuntur traversum sicut solebant illud sequi tempore comitis Johannis Bellimontis.

VIII. Duella vero nostra sunt tali modo : de datis vadiis habebimus quindecim solidos, de duello victo, sexaginta septem solidos et dimidium, si duellum fuerit de fundo terre vel pecunia.

IX. Si quis autem de hac franchisia, de falsa mensura convictus fuerit, et non poterit jurare quod major ei talem tradiderit, septem solidos et dimidium dabit nobis pro emenda; et si poterit jurare quod major ei talem tradiderit, per suum liberabitur juramentum.

X. Omnes vero mensure legales invente in villa Asneriarum eo tempore quod presens carta fuit confecta, tales in perpetuum remanebunt.

XI. Forisfacta autem animalium emendabuntur per legem ville hactenus observatam.

XII. Homines hujus franchisie in omnibus locis comitatus Bellimontis qui sunt de nostro districtu, preterquam in sacro loco, de rebus debitorum suorum manencium in eodem comitatu capere poterunt, nisi illi debitores veniant in exercitum aut equitatum nostrum, vel nisi fuerint in nostro conductu, vel nisi fuerint clerici aut religiose persone.

XIII. Item. Querimonie ille que ad majorem hujus franchisie debebunt deferri, si de eis rectum fecerit, satis erit, salvis emendis nostris; si non fecerit, per pares emendabuntur, salvis similiter nostris emendis.

XIV. Quod si pares non emendaverint, nostrum erit emendare, majoribus criminibus nobis reservatis, raptu videlicet, multro, homicidio, furto, et incendio; set parva latrocinia, ut est furari tunicam, vel pallium, vel capam, vel patinos, vel lignipedes, vel aliquam partem operis, vel panni lanei vel linei, si per bannum ecclesie reddita fuerint, satis erit.

XV. Si vero latro super hiis impetitus negaverit, et postmodum convictus fuerit, possessio ejus tota in nostra misericordia erit, et ipse punietur per nostrum prepositum vel ballivum nostrum; et si domum in villa Asneriarum habuerit, paribus hujus franchisie remanebit et hominibus, redditibus nostris salvis.

XVI. Item. Homines hujus franchisie tenentur ire in exercitum et equitatum nostrum cum suis expensis, quandocumque et ubicumque illos ire voluerimus.

XVII. Quicumque autem hujus franchisie remanebit de exercitu aut equitatu nostro, postquam fecerimus bannum exercitus vel equitatus nostri edici, hoc ad nostre curie jndicium emendabit, nisi probare possit legitimum essonium sue remanencie.

XVIII. Item. Si qui de hac franchisia erant servilis conditionis die quâ presens carta fuit facta, volumus tam ipsos quam ipsorum heredes, liberos in perpetuum remanere.

XIX. Bannarii vero venient ad molendina Asneriarum sicut venire solebant tempore comitis Johannis Bellimontis.

XX. Nos igitur adcensavimus hominibus Asneriarum supradictas emendas et dicta vadia duelli, et duella de fundo terre et de pecunia, censivam ville, prepposituram, traversum, furnum et boscum qui ei pertinet, justiciam boscorum suorum, bannum vini, parvum censum, censum granchie Fabri, panem redditnum, avenas ville, capones, torcularia ville, vinagium et avenam de Lys, avenam de alnetis de Borreno, bladum molendinorum de Quimont, prata de Asneriis et de Quimont, pro ducentis et viginti libris nobis annuatim reddendis Parisius ad terminos prepositurarum nostrarum, preter elemosinas que ibi reddi solebant a comite Johanne Bellimontis, quas homines de Asneriis reddent et pagabunt quibus debentur, et feoda si que debentur ibidem sicut dictum est.

XXI. Multrum vero, raptum, furtum, homicidium et incendium, nobis et heredibus nostris in perpetuum retinemus in villa predicta.

XXII. Habebunt etiam homines hujus franchisie usuagium suum ad Rosellum, et herbam vivarii et alneti de Quimont pro suis domibus retegendis.

XXIII. Omnes homines hujus franchisie et singuli, jurabunt quod alter alteri secundum estimacionem suam rectum faciet, et pro posse suo in hiis que recta fuerint adjuvabit.

XXIV. Jurabunt etiam quod pro posse suo defendent et custodient nos et honorem nostrum et regnum nostrum et jura nostra et heredum nostrorum in perpetuum bona fide.

XXV. Et notandum est quod abbatia Sancte-Marie de Victoria, sita juxta Silvanetum, a pie recordacionis Philippo genitore nostro quondam illustri rege Franc. fundata, habebit in perpetuum apud Asnerias unum pressorium ad pressorandum marcum vinearum suarum tantummodo ; nec licebit vineas dicte abbatie sitas apud Asnerias per partes dividi ; set unus solus eas habebit et tenebit.

Quod ut, etc.

Actum Compend. anno Domini M.° CC.° XXIII.° regni nostri anno primo.

(Recueil des Ordonnances, t. XII, p. 312.)

CCI.

Lettres de Louis IX, par lesquelles il vidime et confirme celles de Louis VIII, accordées aux habitants d'Asnières, en y ajoutant quelques clauses en faveur de l'abbaye de Royaumont.

Noverint universi presentes pariter et futuri, quod cartam clare memorie Ludovici genitoris 1228
nostri regis quondam Franc. illustris inspeximus sub hac forma.

In nomine, etc. (et inseritur hec eadem carta totaliter, verbo ad verbum, a primo usque ad ultimum, et in fine additur sic :)

Quia vero abbatie Regalis Montis que dicebatur Cuimont, Cisterciensis Ordinis, quam ob remedium anime patris nostri clare memorie Ludovici quondam regis Franc. illustris, fundari fecimus de bonis ejusdem patris nostri, molendina dicta de Cuymont cum blado et banneria concessimus, salvo tamen hominibus hujus franchisie, quod ad ipsa molendina hiisdem possent consuetudinibus molere quibus temporibus Mathei et Johannis, quondam comitum Belli-Montis, solebant ad ea molere ; et quoniam usuagium quod habebant ad Rosellum eis subtraximus, atque herbam vivarii et alneti et pratorum et pasturagia predictorum, que omnia predicte dedimus abbatie. Nos in repensationem istorum omnium, de supradicta firma annua ducentarum et viginti librarum, centum et decem libras relaxavimus hominibus supradictis, et de nostris denariis ducentas libras parisienses fecimus insuper eis dari. Illis etiam qui in loco dicto de Cuimont prata possidebant in domanio, septuaginta solidos pro uno quoque arpento dari fecimus ; que prata in usus et proprietatem jam dicte convertimus abbatie. Dicti autem homines de Asneriis omnia que ad sedem sepedicte abbatie pertinent, cum omnibus que per presentem paginam a supradicta carta subtrahenda duximus, et dicto monasterio cessimus, ipsius abbatie monachis et eorum successoribus libere in perpetuum quitaverunt ; ita etiam quod fratres ejusdem abbatie animalia sua tam grossa quam minuta in communia ville pasturagia libere et sine contradictione mittere poterunt sicut et homines communie memorate ; et sciendum quod sepedicti fratres, feoda et elemosinas de jam dictis molendinis debita que reddebant predicti homines, de cetero solvere tenebuntur illis quibus eadem feoda et elemosine antea reddebantur. Que omnia ut perpetue stabilitatis obtineant firmitatem, presentem paginam sigilli nostri auctoritate et regii nominis karactere inferius annotato confirmamus.

Actum apud Sanctum-Germanum in Laia, anno dominice incarnationis M.° CC.° XXVIII.° mense aprili, regni vero nostri anno secundo, astantibus in palatio quorum nomina supposita sunt et signa : Dapifero nullo. Signum Roberti, buticularii. S. Bartholomei, camerarii. S. Mathei, constabularii. Data vacante cancellaria.

(Recueil des Ordonnances, Tom. XII, p. 320.)

CCII.

Recettes et dépenses de la ville de Beaumont-sur-Oise (1).

Valor ville Bellimontis.

1259 ou 1260. Molendina valent LXXVII l. x s.. Furni XXXVII l. x s.. Prata et gardinum XLV l.. Majoria Noville XX l.. Vinagium VIII l.. Mensure cum quibus vina venduntur LX s.. Theolonium VI l. x s.. Insula XL s.. Foragium XVI l. x s.. Foresta aque XVIII l.. Averia nemoris x l.. Torcularia LXIIII l.. Censa Sancti Remigii c l.. Census de Natali Domini et Sancto Johanne XXXVII l.. Banni XX l.; ista valent aliquando magis aliquando minus.

Summa IIII c. LXIIII l. (2)

De ista summa villa reddit domino regi IIII c. l. v s. et majori x l. clerico x l. servienti ville c s. receptori c s. pro torcularibus, molendinis renovandis XX l. aliquando minus. Pro redditu ad vitam XLVI l.

Thomas Maucion cepit, de Johanne Bercario, villam ad M et v c. l.; de ce on devoit à la vile II^{c} l. Et Thomas Maucion a lessié la vile à II M. et IIII^{xx} l. LXVII s. v d.; de ce Thomas a paié III c. l. d'usure, et por fermiers qui ne porrent paier, c l., et de despens II c. X s.; dont vez ci les parties.

Majori, receptori, clerico et famulo, XXX l. Pro domo ville augenda, L l. Pro torcularibus et molendinis renovandis, XX l. Pro salicibus emptis et pro planter, XV l. Pro gardino claudendo, XXV s. Pro presentibus regis Anglie et comitis Pictavis, et aliis presentibus, XXX l. Pro tribus paus ville facturis, in expensa et cambio, VIII l. v s. Pro via Latiniaci et pro corratier, c s. Pro tribus viis de Crespeio, VI l., in expensa et cambio. Pro duabus viis Attrebati, in expensa et pro corratier, VII l. Pro quatuor viis de Compendio, in expensa et cambio, VII l. Por requierre I nostre borgeis qu'on

(1) En 1259, Saint Louis envoya dans les provinces des commissaires chargés de constater l'état des revenus des principales villes appartenant au roi. Il y a dans le *Trésor des Chartes* tout un carton rempli de ces pièces d'une haute importance. Nous n'en n'avons extrait que ce qui concerne notre sujet, c'est-à-dire ce qui se rapporte à Beaumont, Chambli et Asnières. Cependant nous donnerons ici, en note, celle de ces pièces qui contient la liste des villes en question.

Etat des villes de commune ayant rendu leurs comptes aux commissaires du roi, en 1259.

Anno Domini M.° CC.° sexagesimo, die Exaltacionis Sancte-Crucis, reddiderunt ville communiarum regni compotos villarum suarum et status, magistro Odone de Lorrisco, decano Sancti-Aniani, et magistro Johanne de Nemosio presentibus de mandato domini regis, de anno quinquagesimo nono.

Meduntà debet V^{c} XXVII l.

Ambian. debet VI^{m} IIII^{c} LVII l. II s. VI d. Item, pro dono domini regis XVI^{c} LXVI l. XIII s. IIII d. et XVIII^{c} et XL l. de redditu ad vitam; et Johannes de Croi tradidit Fremino Ruffo ad predictum.

Pontisara debet IX^{c} IIII^{xx} l. CXV s.

Meullant. IIII^{c} LXVI l. XI s. VI d. Johannes de Aubergenvilla tradidit Bertino la talle.

Bellaquercus; Corbia; Dorlans; Capiacum; Perona; Athies in Viromandia; Bray super Sommam, Chambliacum; Mons Desiderii; Compendium; Roya; Belvacum; Crispiacum in Valesio; Noviomum, Rothomagum; Bellus Mons super Ysaram; Poissiacum; Chaudardre; Pons-Audomeri; Silvanectum; Mosterolum super Mare; Asnerie; Sanctus-Quintinus; Chauniacum super Ysaram; Crispiacum in Laudunesio; Velliacum super Ausonam; Conde; Serniacum in Laudunesio; Craindelain; Nova-villa in Belvasio; Sanctus-Richarius in Pontivo.

(A. I. *Carton J.* 385, n.° 1.)

(2) 465 et non 464.

apeloit Dauverre, par iiii feiz, vi l. Pro viis Belvacensibus occasione litigandi, in advocatis et expensa, c s. Pro equis locatis, vii l. x. s. Pro via Senonis, l s.

Summa ii c. l. x s.

De ce en doit à la vile iiii c. l., dont li quens d'Angou doit iiii xx l.

(A. I. *Trés. des Ch. Carton J.* 385, *pièce* 27.) Orig. parch. Cette pièce fait partie d'une liasse relative aux dettes des villes, dont les pièces sont datées des années 1259, 1260 et 1261. — L'écriture de celle-ci est du temps.

CCIII.

Recettes et dépenses de la ville de Chambli.

Excellentissimo domino suo L., Dei gratia illustri regi Francorum, major et pares de Cham- 1259.
bliaco, totaque communitas ejusdem ville, salutem et servicium, cum omni honore et reverencia, sue voluntati modis omnibus debitum et devotum.

Majestati vestre regie notum facimus, quod cum Johannes Fecart, successit majoriam ville Chambliaci, recepit coram omni communia a precedenti majore compotum ville Chambliaci. Ita quod villa debebat tunc temporis, xiii^{cc} l. lxxviii l. iiii s. et i d. Scilicet : Primo, pro dono vestro, v^{cc} l. iiii xx l. lxvi s. et viii d. post pro elemosinis xi l. xv s. Pour renchirissemenz bailliarum ville, xxvii l. Pro minutis debitis, x l. Roberto Fovetel xi l. ii s. et v d. Pueris Petri d'Orgemont de Chambliaco, iiii^{xx} l. et xv l. Petro Flori de Claromonte, iiii cc l. et pro bonitate, xl l. et pro redditu suo, l l. Petro Davernes, Remensi, xxx l. ad vitam, ad brandones annis singulis persolvendas. Marie dicte Latripière, Remensi, xx l. ad vitam, ad dictum terminum persolvendas. Evrardo, mercatori Remensi, l l. ad vitam, ad predictum terminum persolvendum. Renaudo de Sancto-Vincencio, civi Silvanectensi, l l. ad vitam, ad augustum medium persolvendum.

Quando autem dictus Johannes exivit de majoria ville Chambliaci, reddidit compotum coram omni communia. Ita tamen quod villa debet ad presens xv^{cc} l. xxxiii l. Scilicet, pro dono vestro iii cc l. l l. Pueris Petri Dorgemont, de Chambliaco, iiii^{xx} l., et xv l. pro bonitate. Johanni Fovetel, de Chambli, viii^{xx} l. Guillelmo dicto le Blaetier, civi Silvanectensi, xxxiiii l., et vii l. pro bonitate. Henrico dicto Lechat, civi Silvanectensi, iiii^{xx} l., et vii l. pro bonitate. Roullando dicto Bridoul, burgensi de Crespeio, ii cc l., et xxx l. de bonitate. Hugoni de Laferte, burgensi de Crespeio, c l., et xv l. pro bonitate. Milloni dicto Leblanc, Remensi, ii^{cc}, et xxx l. de bonitate. Renaudo de Sancto-Vincencio, civi Silvanectensi, l l. ad vitam. Petro Flori de Claromonte, lxxv l. ad vitam. Evrardo Marcheant, civi Remensi, l l. ad vitam. Marie dicte Latripière, Remensi, xx l. ad vitam. Petro Davernes, Remensi, xxx l. ad vitam.

Et notandum est quod summa debiti ville Chambliaci augetur in tempore dicti Johannis de vii xx l. et xviii l., de concensu et voluntate tocius communie nostre ville ; et ecce ratio quare inferius agnotata : Primo, pro bonitatibus antedictis ciiii l., quas centum quatuor libras successor in majoria post dictum Johannem solvet. Item, pro ecclesia Beate-Marie de Chambliaco, xl s. Pro domo ville, lx s. Pro la bancloche, lxv s. Item, pro cursibus aquarum patendis, xxxi l. Pro canbiatione denariorum, lv s. Pro furnis et pontibus, et eciam molendinis, reparandis, xii l.

Summa facta vii^{xx} l. xviii l.

Item, dictus Johannes recepit de firmis ville, IIII XX l. desuper firmam vestram quam vobis annuatim nos pagamus, et ecce inferius ubi apposuit nominamus. Primo, pro presentibus, XVII l. Pro renchirissemenz bailliarum ville, XVII l. Pro denariis querendis, et negociis nostre communie procurandis, XII l. Pro clerico et servientibus ville, XXIII. Pro tribus pagamentis vestris, ad Templum faciendis, VII l. Expensis pro placitis in assisiis et in aliis locis, VI l.

Summa facta IIII^{xx} l. et XL s.

Debetur nobis secundum nostram opinionem, II CC l. de bono debito, cum debito comitisse Flandrensis, que nobis debet VIII^{xx} l. pro comite Andegavensi, et nos habemus litteras dicte comitisse sigillo suo sigillatas.

Actum anno Domini M.° CC.° LX.°, die sabbati ante festum Beati-Michaelis.

(A. I. *Trés. des Chartes. Cart. J*, 385, *pièce* 16.) Orig. parch.

CCIV.

Recettes et dépenses de la ville d'Asnières-sur-Oise.

1260. Omnibus Christi fidelibus ad quorum noticiam presentes littere pervenerint, major et jurati communie Asneriarum, salutem in Domino. Notum facimus quod Hugo dictus Serranus, major communie Asneriarum, anno Domini M.° CC.° LIX.°, secundum quod in presenti scripto continetur, recepit villam Asneriarum a Nicol Forestario, majore precedente.

Debebat villa burgensibus de Silvanectis, VI^{xx} l. et VII, et XXX pro usura, L s. ex altera parte, et XVI l. de minutis debitis.

Summa debitorum receptorum VIII^{xx} l. et XVI.

Hoc fuit receptum dicti Hugonis, de firmis ville : de magna firma, IIII^{xx} l.; de furno, XX lib. Item, de traverso, XXV lib. Item, de quatuor pressoriis, XX lib. Item, de chareagio, C s.

Summa valoris firmarum VII^{xx} lib. et X.

Item, de arreragiis minutorum debitorum, XXVIII lib. Item, de denariis mutuo receptis a burgensibus, VIII^{xx} lib.

Summa tocius recepte Hugonis antedicti, veterum firmarum et mutui, XVI^{xx} lib. et XVIII.

He sunt expense Hugonis Serrani, anno Domini M.° CC.° LIX.°

Pro firma ville, C et X lib. Item, cuidam clerico pro redditu ad vitam, XXX lib. Item, majori et clerico, pro stipendiis eorum, VIII lib. Item, duobus clavigeris et tribus servientibus qui custodiunt villam, VII lib. Item, burgensibus de Silvanectis, VI^{xx} lib. et VIII. Item, in expensis ad querendum denarios superius dictos apud Leygni, XL s. Item, in expensis ad faciendum III pagamenta, LX s. Item, pro minutis querelis exequendis coram preposito Bellimontis, XL s. Item, abbati et conventui Regalis-Montis, XX s., redditus eorum. Item, pro expensis decani Sancti-Aniani Aurelianensis quando venit ad inquisitionem faciendam pro placito Regalis-Montis, L s. Item, in expensis ad tria parlamenta pro monachis Regalis-Montis, IIII lib. Item, in expensis pro placito Regalis-Montis, VIII lib. et V s. et VIII d. Item, in expensis hominum qui venerunt de villis vicinis ad inquisitionem faciendam coram decano et in exhenniis proborum hominum, IIII lib. et V s. Item, in pressoriis reparandis, VII lib. Item, in reparatione domus-ville, XXXVII s. Item, in solutione minutorum debitorum de tempore Nicolai Forestarii, xii lib. et ii s. et iiii d. Item, in conductione equorum ad negocia ville exequenda, iiii lib. Item, in reparatione pontis de Tever., lx s.

Summa expensarum xvi^xx lib. et xviii.

Hic est status ville in quo tradidit eam Hugo Serranus Theobaldo de Salicibus, majori, anno Domini, m.° cc.° lx.°

Debebat villa burgensibus viii^xx lib., et xxviii pro usura. Item, lx s. ex altera parte apud Silvanectum. Item, viii lib. et xv s. in minutis debitis.

Summa debiti ix^xx lib. et xix et xv s.

Hoc est quod debetur ville. Comitissa Flandrie debet lx et sex lib. et tresdecim s. et iii denarii turonenses.

He sunt firme ville tradite Theobado a predicto Hugone : Magna firma ad iiii^xx lib. Furnus ad xx lib. Traversum ad xxv lib. Quatuor pressoria ad xx lib. Carchagium ad c s.

Summa valoris firmarum, vii^xx lib. et x.

(A. I. *Trésor des Chartes*, *carton J.* 385, *pièce* 20.) Orig. parch. scellé du sceau de la commune d'Asnières, représentant le maire debout, vu de face, tenant un bâton sur l'épaule droite et une fleur de lys de la main gauche. Dans le champ du sceau, deux ânes. Légende : SIGILL. COMMVNIE DE ASNIERES.

CCV.

Serment de fidélité de la ville de Beaumont-sur-Oise à S. Louis.

Excellentissimo domino suo Ludovico, Dei gratia Francorum regi, et Blanche, domine sue, 1228.
Francorum regine, major et pares communie Bellimontis (1), salutem et tam debitum quam devotum in omnibus famulatum.

Noverit excellentia vestra, quod nos ad mandatum vestrum per vestras litteras patentes factum, coram Johanne de Vineis, ballivo vestro (2), fidelitatis fecimus sacramentum. Ita videlicet quod nos, mandato vestro et servicio vestro, in omnibus et per omnia, contra omnes homines et feminas qui possint vivere vel mori, semper obediemus et serviemus, et vos, et dominam reginam, matrem vestram et filios ejus, contra omnes, pro posse nostro, servabimus et deffendemus, quia a juridictione et dominio et servicio vestro nullatenus discederemus.

Actum anno domini m.° cc.° xx.° viii.° mense octobri.

(A. I. *Trésor des Chartes. Carton J.* 167, *piece* 8.) Orig. parch., sceau détruit.

(1) La commune de Beaumont-sur-Oise fut octroyée par le comte Mathieu III, en 1187. Nous n'en avons pas la charte originale, mais seulement deux confirmations, l'une de Philippe-Auguste, l'autre de Louis VIII.

(2) Jean des Vignes. Brussel le met au nombre des prévôts-baillis de Paris, en 1227.

CCVI.

Serment de fidélité de la ville de Chambli à S. Louis.

1228. Excellentissimo domino suo, Ludovico, Dei gratia Francorum regi, et Blanche, domine sue, Francorum regine, major et pares communie Cambliacensis, salutem et paratum semper in omnibus famulatum.

Noverit excellentia vestra, quod nos ad mandatum vestrum per vestras litteras patentes factum, coram Johanne de Vineis, ballivo vestro, fidelitatis fecimus sacramentum, ita videlicet quod nos mandato vestro et servitio vestro in omnibus et per omnia adherebimus, et vobis et domine regine, matri vestre, contra omnes homines et feminas qui possunt vivere vel mori, semper serviemus et obediemus, et quod, vos, et dominam reginam et filios ejus, pro posse nostro serviemus et custodiemus, et quod propter hujus mondi (*sic*) homines de juridictione vestra et domino (*sic*) nullatenus discederemus.

Actum anno Domini M.° CC.° XX.° VIII.° mense octobri.

(A. I. *Trésor des Chartes. Carton J.* 250, *pièce* 15.)
Orig. parch., sceau détruit.

CCVII.

PRISÉE DU COMTÉ DE BEAUMONT-SUR-OISE (1).

1375. Ci après ensièvent lez rentes et revenus de la conté de Beaumont-sur-Oise en toutes choses, prisiées par le conseil, advis et déposition par serment, tant des coustumes de Senlis, duquel bailliage et ressort ladicte conté estoit ainchois que baillié fust à monseigneur le duc d'Orliens, comme des coustumiers de la ville et conté de Beaumont et d'ailleurs, et de plusieurs autres bonnes personnes oyes sur les singulières parties, dont les noms et surnoms ont esté bailliés aux procureurs Madame, eu regard et considération à toutes choses servans audit fait et sur les autres terres et chasteleries, et au consentement fait par les gens et procureurs de madame d'Orliens à Chauni, et as comptes des receveurs de Valois et de Beaumont, et as comptes et rapport de plusieurs églises et autres bonnes gens, sur anciens cas, sur la manière qui sensuit :

Primo. Par le consel et advis dessus dis, tant pour le demaine, que pour les fiés et arrièrefies, eu regart à ce que blés et avenez, chapons, poulles et vins ont valut en X anneez au devant de la mort de feu monseigneur le duc, et de ce faire 1 pris et une année commune :

Le muy de blé commun à le mesure de Beaumont, qui fait XII setiers, le setier, II minez, le mine, II pichès, le pichet, II quartes, et le quarte, II boisseaux. . . . . . prisié VI l. p.

Le muy d'avène à ledicte mesure, faisant autant de setiers, minez, pichès, quartes et boisseaux comme au blé . . . . IIII l. IIII s.

(1) Ce document est tiré d'un registre in-4.° intitulé : Prisiée et Assiette des comtés de Valois et de Beaumont-sur-Oise. (Pour le douaire de la duchesse d'Orléans.) En 1375. (A. I. *Reg. coté KK.* 300.)

Le mui de blé, mesure de Pons-S.te-Maxence, qui fait VI setiers, le setier II minez, le mine II pichès, et quartes et boisseaux comme dessus . . . . LVIII s. p.

Le muy d'avène, à ledicte mesure, faisant de setiers, mines, pichès, quartes et boisseaux comme le blé . . . . LII s. p.

Le mui et demi d'avène, à le mesure de Clermont, fait le mui d'avène dudit Pons-S.te-Maxence à mesure et à pris d'argent.

Le chapon de rentes prisié à XXII d. p., et le poulle ou gueline, XIIII d. p.

Le tonnel de vin, au tonnel de Beaumont qui fait III muis, et le muy, XXIIII setiers, et le setier, III los, le lot, II pintes, et le pinte, II chopines, prisié . . . . VI l. VIII s. p.

Et pour ce que les forteresces sont les plus nobles possessions de toutes tenemens, tant pour le habitation et seurté des seigneurs des lieux et que par ycelles sont fais seigneurs de leurs subgiez et voisins moult souvent, et tant plus sont grans, nobles et fors, et sur grans pas de grosse rivière, tant plus doivent valoir, et estre prisiée la forteresce dudit Beaumont, qui est très noble et fort, et sur grosse rivière, eu considération aux choses dessus dites, à le deposition des coustumiers de Senlis, et à le prisié des forteresces de le conté de Valois, qui se prisent selon le viès prisié de Valois, et en considération à toutes autres choses qui faisaient à considérer, et par le consel et ordenance de Nosseigneurs des comptes, prisié valoir par an. . . . . C l. p.

Item, pour XXII fiés tenu de la chastelerie et de la conté de Beaumont, qui par leurs dénombremens ou adveus ont toute et haulte justice, vallans aux vassaux qui les tiennent, avalués selon leur dénombremens et les pris dessus dis . . . . . XIIIc XLVIII l. XII s. IIII d. poit. p.

Dont les fiés, et ceux qui les tiennent, et la valeur d'iceuls, sont ci-dessous escrips, prisié selon la coustume de ladicte chastellerie et conté de Beaumont, à VIII l. p. les C l. de rente, et du plus et du moins à l'avenant, valent, pour estre baillet en assiète à Madame comme à seigneur souverain. . . . . CVII l. XVII s. VIII d. p. et poit.

Item, pour XXIX fiés tenu de la chastelerie et de la conté de Beaumont qui n'ont pas haulte justice, vallans as vassaux qui les tiennent, avaluez selon leur dénombremens et les pris dessus dis, IIIc IIIIxx XV l. VI s. III d. ob. p.; dont les noms de ceuls qui les tiennent et le valeur, sont ciaprès escrips, prisié selon et par ladicte coustume de Beaumont, à VI l. de rente par an les cent livres de rente, du plus ou moins à l'avenant, pour estre bailliet en assiète à Madame valoir par an . . . . XXIII l. VIIII s. IIII d. p.

Item, pour C et XV arrièrefiés premiers tenus des fiés dessus dis, tant de ceulz qui ont haulte justice, comme sans haulte justice, c'est assavoir LX s. p. de rente, ou plus, quoy quil vaillent, prisié par ladicte coustume les LX s., V s. p. de rente, valent à ce pris, pour estre baillié à ma dicte Dame en assiète de rente, par an. . . . . XXVIII l. XV s. p.

Item, pour XXXVI petis arrière fiés premiers tenus des fiés dessus dis, qui ne valent pas LX s. de rente, mais valent au dessous, prisié selon ladicte coustume à l'avenant et au pris de ce quil valent au dessous de LX s. de rente, pour et de LX s., V s. p. pour estre bailliés en assiète de rente par an à madicte Dame. . . . . IIII l. XVII s.

Somme IIc LXV l. IIII s. p. et poit. t.

Item, s'ensuivent les rentes non muables de ladicte ville et Chastellerie de Beaumont.

Primo. Le grant isle dessous le pont de Beaumont, que tient messire Oudart Paisant, prestre, vaut par an. . . . . XL s. p.

La petite isle dessous ledit pont, que tient le chappelain de la capelle S. Jacques en l'église S. Léonore, arentie par an . . . . II s. p.

Item, du pressoir de la Chengle, qui doit LX s. par an ; du pressoir du marquiet au jeudy (1), qui doit XLVIII s.; du pressoir devant la maison Miquiel Estevenart, qui doit XXXII s. ; et du pressoir devant l'Ostel-Dieu, qui doit vin : menc ci, car il en sera parlé ci-après aveuc les vinages.

Les II accroissemens sur le maison Pierre de Pressy, qui fu, et ore est Jehan le Picart, doit par an . . . . II s. p.

Item, l'erbage de Fresnoy que tient ladicte ville à rente, par an, parmi. . . . . X s. p.

Le tauxement de Hédouville, que tient ycelle ville à rente, parmi . . . . XV s. p.

Item, de XII d. par an deus sur le vivier d'Aunoy et autres choses données à messire Philippe de Chambli, et de XII s. p. sur une pièce de terre acensié à l'Ostel-Dieu de Pontoise dont mencion est faicte ès comptes le Roy de le bailli de Senlis del Ascencion et Toussaint mil CCC XLVII, n'en est rien trouvé paiet du temps monseigneur le Duc ; et pour ce, y mis en pris . . . . XII s. p.

Item, les cens que doit le chastel de Valpendant, séans dalez Beaumont, valant à le Toussaint . . . . II s. p.

Le motelle soubs Champaigne, séans en l'yaue d'Oise, que tient à rente le Robin le boucher dit Creel, parmi . . . . III s. p.

La maison que tient Guillaume Burnel audit Beaumont doit par an, audit terme. . III s. p.

La motelle en l'yaue d'Oize, séans à la sablonniere de Pressy, que tient à rente Petit Deveri, audit terme, parmi. . . . . II s. p.

Les cens en deniers deus audit Beaumont et environ, vérefiés présent le receveur de Madame à Beaumont, par Jehan Aubert, qui les tient à ferme, Mahieu le Roy et Jehan de Villers, qui les ont tenus à ferme par avant, sans compter avaines, pains, chapons et vinages, dont les lieux ou les persones sont solvens. Valent par an, et a, Jehan Aubert, les parties, il les a bailliés et recolées par ledit Jehan et Mahieu le Roy, C une livre VI s. II d. ob. poict et demy poit. p.

Et pour XI sestiers et II quartiers d'avaine dépendens des dis cens, recolés par les dessus dis, au pris de VII s. le sestier, comme dessus est dit, valent . . . . LXXVIII s. IX d.

Item, pour un chapon dépendent des dis cens, vaut au pris dessus desclairé . . XXII d. p.

Et, des vinages qui estoient de ladite ferme aveuc les dis cens, sera parlé ci-après aveuc les pressoirs.

Item, pour le prouffit des ventes des lieux dessus dis, qui doivent les dictes rentes, dont on paie XII d. quand on les vent, et les amendes des deffaux sont prisées en la prevosté, prisées par les présents coustumiers du lieu, pour ce que ce sont gros cens de IX d., valoir le X.e d. par an, mis le prouffit des rentes premiers dictes. Valent . . . . XII l. p.

Item, le mairie de le Neufville de lez Beaumont, qui autrefois fu prisié à XXIIII l. par an ; et y avoit pressoirs, et plus de tous revenans quil n'y a à présent, et sont les pressoirs destruis, et le donna monseigneur le Duc à Picart, à sa vie, en février l'an mil CCC LXXIIII, et Madame le conferme depuis le translation, pour ce yci mis en assiète, desquelz cens de ladicte mairie solvens à présent, les commissaires ont baillet les parties audit Picart, prisié, au pris devant esclarchi, valoir par an XII l. VIII s. VI d. ob. poit. et VIII.e de poit.

(1) Le marché du jeudi.

Item, le prouffit des ventes des lieux quant on les vent, qui doivent les dictes rentes, pour ce que les lieux sont de petit pris, prisié valoir par an . . . . IIII s. p.

Item, pour les cens et rentes venus au roy du temps feu monseigneur le Duc par la forfaiture de Jehan de S.te-Geneviève, dont le receveur Madame a les parties, prisiés valoir par an selon le pris devant escript . . . . XXXIIII s. IIII d. ob. et III quarts de ob. p.

Et le pourfit des ventes des dis lieux, qui sont moult chargés et de petite valeur, prisié valoir quant elles eschent. II s. VI d. p. par an.

Somme VIxx XVI l. VIII s. XI d. et demi p.

Item, s'ensuit le pris et valeur des rentes et revenus non muables en toutes choses.

Primo. Le paage de Beaumont par yaue et par terre, prisié par ordenance de Nosseigneurs des comptes valoir par an et pour cause, le pris quil est baillié de nouvel le terme de III ans, pour ce . . . . IIc l. p.

Item, le ban, le forage ou siège des vins de Beaumont et les avaines des Rondyaux, prisié valoir par an, tout veu par consail et ordenance de nos dis seigneurs . . . . . . XII l. XVI s. p.

Les II fours de Beaumont et le tonnelieu du pain, prisié comme dit est, valoir par an XLV l. p.

Le forest ou le deffors de l'yaue d'Oize, qui est la peescherie ou deffors le roy, prisié comme dit est, valoir par an . . . . XLV l. p.

Item, les II molins de Beaumont, que Adam le Besgue, mannier, qui les tient, pour ce qu'il les a tous remis sus et doit rendre tout le travellant comme noef, et les maisons bien retenues, sans paier aucunes rentes à rentiers qui prendent fiés et aumosnes à héritage sur les molins, et sans riens paier à monseigneur le duc, fors une ennée, dont Madame joy une ennée entière depuis le trespas monseigneur le Duc que elle fut entrée en son doaire, qui li bali et en rechut franchement sans riens paier as rentiers, ne retenir, parmi ledit traitié, XII muis de blé à la mesure de Beaumont. Et après ce, en doit encore joir ledit Adam jusques à la Saint Martin d'yver l'an LXIX. Lesquelz molins ont esté prisiez par ledit Adam et plusieurs autres manniers et autres à ce sermentez, tout compensé, valoir par an, euls retenus XI muis à le mesure de Beaumont; dont il chiet, qui est deu pour fiefs et aumosnes à monseigneur d'Ivetot, pour fief qu'il tient de monseigneur Tristan de Chambli et en arrières fiez de Beaumont, IIII muis de blé: à l'Ostel-Dieu de Beaumont, par lettres du conte Mahieu données mil C IIII.xx XVIII, I muy de blé: au prieur de Beaumont, dont il est en possession d'ancienneté, si qu'il est tesmoignet, I mui de blé: as malades de Chambli, par lettres dudit conte Mahieu, données mil C LXIIII, I muy de blé; et aux religieuses de Borrenc, que on dist que elles y prindent, I mui de blé: à maistre Jehan de Crégi, que on y dist prendre, VIII setiers et IIII boisseaux de blé, XVI boisseaux pour l'estier, et ainsi le certefie-il par sa lettre signée de son signet. Reste, lesdites rentes paiées, franc pour mettre en assiette à Madame, II muis III setiers et les II pars d'un setier de blé, qui valent, audit pris de VI l. le muy, si qu'il est devant dit . . . . XIII l. XVII s. VI d. p.

Et doit oultre Madame, et devera à paier une fois la paie de le dicte revenue depuis l'entrée de son doaire jusques à la dicte Saint Martin d'yver, parmi ladicte ennée, valant XII muis, dont elle a joy francement sans paier rentes, le blé avalué au pris dessus dit . . XIII l. X s. II d. ob. p.

Item, le tonnelieu de toutes denreez vendues à Beaumont, sans le pain, et le droit que on dist des mesureurs, ou le pris sur le vin, prisié valoir par an . . . . C s. p.

Item, les expliois de LX s. et au dessoubz de le prevosté de Beaumont, prisié tout veu et par le consel, comme dit est, valoir par an . . . . CX l. p.

Le clergie de ladicte prévosté, comme dit est, prisié valoir par an . . . . XXV l. p.

Le tabellionnage de Beaumont, comme dit est, prisié valoir par an . . . . . . XXIIII l. p.

Item, les prés que on dit le Roy, à Toiri et à Tubeuf, contenant en tout XI arpens à l'arpent du roy par apointement des mesureurs fait aveuc le receveur Madame à Beaumont, l'arpent prisié XX s.; valent . . . . XI l. p.

Item, les sans en sommiers d'environ le chaussié de Beaumont, prisié valoir par an XXV s. p.

Item, tous les conduis des villes ci-après escriptes, prisiés valoir par an ainsi quil sont bailliet à ferme et que ledit receveur de Beaumont en fait recepte. C'est assavoir, le conduit de Moyence-la-ville, IIII s. le conduit de Fresnoi, II s., le conduit de Montegni, Maisnilet et Hemecourt, III s. le conduit de Maisnil Saincte-Honorine, II s. le conduit de Bailleul, II s. le conduit de Gaudricourt et Landrimont, XII d. le conduit de Morangle, II s. le conduit de Berne, XII d.; vaut tout XVII s. p.

Le change de le monnoie, nient mis à pris et pour cause, mais demeure au roy par ordenance de Nosseigneurs.

Item, les II molins que le roy soloit avoir à présent, l'un à Tousac, et l'autre à Quiquempoist, celui de Quiquempoist est ruinez et destruis, et celli de Tousac fu laissiés as rentiers pour les rentes pieça, lesquels rentiers en rendent, si comme on dist, à la recepte de Senlis, XL s. ne monseigneur le Duc n'en joy onques, et pour ce ci nient mis en pris.

Item, le jaiolage ou tourage de Beaumont n'est point mis à pris pour ce que par le déposition de Jehan de Villers, Pierre Guigot dit Poirus, Jehan Maillet et autres sergenz dudit lieu, tous jurez, ledit jaiolage ne fu onques vendu de leur temps, et qu'il ne vaut que le charge et péril de le garde des prisonniers ; et pour ce nient mis à pris.

Item, les explois de haute justice au dessus de LX s., c'est assavoir les amendes ordinaires de LX l. extraordinaires, arbitraires et volontaires, contrevengemens et telz choses, prisiées par moitié des explois de ladicte prevosté, ainsi quil est fait alleurs, pour plusieurs causes, pour ce . LV l. p.

Item, les confiscations et forfaitures de meubles et d'iretages, de mortes mains, de bastars, espaves, aubains, usuriers, escraières et telz choses, en considération à ce que fait à voir et considérer sur cesti cas, et qu'il fu fait à Chauni du consentement des procureurs Madame et aillieurs, prisié valoir par an . . . . VIII l. p.

Item, les explois de le maitrise des yaues parmi ledicte contée de Beaumont durant la juridiction Madame, ainsi que feu monseigneur le Duc en joissoit ou devoit joir, prisié valoir par an IIII l. p.

Et quant as patronages des bénéfices de Nostre-Dame-des-Camps (1) et ailleurs, en la conté, les commissaires l'ont remis à l'ordenance de Nosseigneurs des comptes, et aussy ont-il, de le garde des églisez.

Somme V^{c} XXV l. XV s. VI d.

Item, senssuit le pris des revenues des vinages et pressoirs de ladicte conté de Beaumont.

Primo. Si comme il est dit devant ès rentes non muables en devoirs devers de Beaumont, valent les vinages solvens, ou qui les pevent estre par bonne diligence, vérefiés devant le receveur de

(1) Notre-Dame-des-Champs près Beaumont, collégiale fondée par Mathieu III.

Beaumont par les dessus dis Jehan Aubert qui les tient à ferme, Mahieu le Roy et Jehan de Villers, qui par avant les ont tenus à ferme par lonc temps, IIII^xx I setiers II tiers de setier et II pintes de vin, qui font à la gauge de Beaumont, XXIIII setiers pour le muy, III muis, IX setiers, II tiers de setier et II pintes de vin de Beaumont.

Item, vaut le pressoir devant l'Ostel-Dieu, IIII muis de vin arenti audit Hostel-Dieu parmi les IIII muis dessus dis, XX s. paiant pour le mui, dont on leur en doit III muis qu'il rabatent tout premiers, si qu'il appert assés par les comptes le roy et le duc : reste, euls paiet qu'il samble a eulx estre avesne (abesne?) par les dis comptes, XX s. pour le muy, pour ce . . . . I muy.

Item, valent parmi les dis III pressoirs si qu'il est dit devant, c'est assavoir le pressoir de la Chengle que tient Penucle de Senlis, LX s.; le pressoir devant le maison Michiel Estevenart, que tient Pierre Clochart de par sa femme, XXXII s. p.; et le pressoir du Marchiet au Jeudi, que tient à présent Gieffroy de Senlis, XLVIII s. p.; valent ces III pressoirs . . . . VII l. p.

Somme IIII muis, II setiers, II tiers de setier, II pintes de vin et VII l. pour les III pressoirs dessus diz.

Dont sur ces vinages et pressoirs, vignes ou cheliers du conté à Beaumont, n'est trouvé autre vigne, chelier, ne chose qui rende ou doie rendre vin, que les dis vinages et pressoirs, car il n'y a vigne, ne chelier, où il ait autre vin à mectre des rentes d'icelle conté, sont deux les rentes qui senssuivent :

C'est assavoir, à l'un des chappelains ou chanoines de Nostre-Dame-des-Champs de Beaumont, si qu'il est trouvé tant par chartres données du conte Mahieu de Beaumont, mil C IIII^xx VI, à prendre sur ses vinages, dont il n'en n'y a aucunes que les dis vinages et pressoirs comme par les comptes le roy et le duc, estre deu IIII muis de vin; et dist maistre Pierre de Loncviller que c'est à li comme chanoine de ladicte église Nostre-Dame-des-Champs (1).

A le maladrerie de Chambli, par II titres rendus sur le travers de Beaumont, VII muis de vin, et as religieus de Roialmont, II muis, et au prieur d'Asnierez et de Baaillon, I mui; valent ces parties, oultre III muis de vin rabatus audit Hostel-Dieu sur leur pressoir . . X muis de vin.

Et pour ce que les commissaires ont veu les dites charges surmonter ladicte recepte, n'y ont mis les commissaires aucun pris pour bailler à Madame en assiette, mais sont à li laissiez pour parer ce que l'en porra as dis rentiers, sauf le plus valeur au roy si le cas y eschiet; et aussy Nosseigneurs des comptes les porront assigner ailleurs, ou autres d'eaux ainsi quil verront qu'il sera à faire de raison.

Item, senssuit le pris et valeur de le forest de Crenelle, en laquelle a si comme il a esté tesmoigné et relaté par plusieurs dignes de foy, quil y a VIII c. arpens de gros bos, et IIII c. et XLVII arpens de menu bois, et n'a autrement esté mesurée pour cause de briesté pour eschiéver le frait. En laquelle forest ont esté prisié par le verdier, sergens et les plus notables marchans de ladicte forest, si comme l'on disoit, dont les noms et surnoms ont este baillié as procureurs de ma dicte Dame, XVI arpens en II tailles chascun an, de gros bos de l'age de L ans ou environ, et laissier à chascun arpent X estalons de l'age du bos prins au chois du verdier, et en II ans et en II tailles, XXXII arpens à commencier au lieu que on dit Le Selve, et tousdis en poursuiant, et se puet bien tousdis faire et poursuir, car c'est bos de regrest, sans en plus copper, vendre ni donner, ardoir ne autrement

(1) Cet article est barré dans l'original.

aliéner, que dedens lesdictes tailles, car le forest ne le porroit souffrir; prisié chascun arpent dudit gros bos, ainsi estalonné que dit est, x l. p. avent greffe et cire, dont on paie à chascune taille ou vente, LI s. pour greffe, et pour chascune livre p. du principal, xv d. pour le cire. Valent les XXXII arpens du gros bos devant dit, à copper et paier en II ans et à IIII paiemens et en II tailles, avent la greffe et cire dessusdictes, pour chascune taille . . . . VIII^{xx} XII l. XI s. p.

Item, sont prisié ou dit menu bos à copper et paier et widier en II ans et à IIII paiemens, LXIIII arpens de l'age de XIII ans en II tailles, c'est à chascune taille, XXXII arpens, à commencher et poursuir sur les tailles après le taille Flourent Bournel et Leurent Cordelle, et se puet continuer, car c'est bos de regrest, sans en plus ne ailleurs que ès dictes tailles prendre pour vendre, donner, ne autrement aliéner, et sans copper autres anchiens estallons où il sont ; prisié chascun arpent dudit menu bos, LX s. par avant la grefe pour chascune taille, et la cire, comme dit est; valent les dis LXIIII arpens pour chascun an de revenue à copper en II tailles et à widier et paier en II ans et à IIII paiemens pour estre bailliés en assiette à ma dicte Dame, et se pevent tousdis continuer les dictes II tailles de l'age dessus dit, car cest bos de regrest . . . . . . CIIII l. XI s. p.

Somme C. LXXVII l. II s. p.

Et ne sont mie comprins en ceste assiette les II touffes de hault bos en ladicte forest, où le roy fait son petit disner quant il va chassier en ladicte forest.

Item, et pour ce, et pour che que le verdier et les sergans de ledicte forest ont acoustumé à prendre pour leurs drois, si qu'il est apparu par une cédule baillié aux commissaires par Jehan de Villiers, lieutenant du verdier de le dicte forest, sur les marchans, pour chascune taille, tant de gros boz comme du menu sans amenrir le pris des dictes tailles, x l. t., les drois ou coustumez sont retrais as dis verdier et sergans, et apliqués pour demourer au roy et au demainne par les ordenances royaulx derrainement faictes et jurées sur le fait des forez du royaume. Et que si qu'il appert dessus sont ordoneez à faire en le dicte forest, de II ans en II ans, II tailles de groz bos et II tailles de menu bois, qui monteroient pour II ans pour les dictes IIII tailles, tant du gros bos comme du menu, XXXII l. p., c'est pour chascune à bailler à Madame en assiette . . . . . XVI l.

Et parmi ceste assiette ne porra Madame plus ne ailleurs copper pour vendre, ardoir ou donner comment que soit, fors ès tailles dessus dictes quant elles seront mesurées pour leur temps ou saisons, et feront par ordenances de Nosseigneurs, les verdier, sergent et arpenteur, serment au roy comme à Madame, de loyalment garder et faire tenir l'ordenance dessus dicte, sans enfraindre.

Item, ne porra ma dicte Dame copper ès dictes tailles ordenées, si qu'il sera dit ci-après, jusques après le Toussains l'an LXXIX, pour commencher le premier paiement à l'Ascencion mil CCC IIII.^{xx}

Item, le pasnage ou paisson du parch d'Asnières prisié pour ce qu'il n'y a aucunes bestes encloses, car le parc est tout dérompu en grant plante de lieux, si comme les priseurs dirent, prisié valoir par an, tant que le parc sera en ce point, avec le panage de la forest tant pou qu'il y a . . . . x l. p.

Et se le parc estoit refait et y eust bestes encloses, le Roy nostre sire li seroit tenu de récompenser ainsi qu'il appartiendroit.

Item, les explois et amendes de la dicte forest, prisié valoir par an . . . . x l. p.

Item, les rouptes et revenus des tailles, et les chablis, oultre les drois du verdier et des sergans ne valent que les frais du laier et de l'arpenter les tailles, si comme les priseurs affermerent par leurs sermens, mais pour che que par les dictes ordenances royaulx derrainement faictes sur les forez qui sont jurées à tenir, sont telz drois de revenus des tailles, des marchans, et chablis retrais as dis verdier et sergans et reservés pour le Roy, seront à Madame, dont chi mis en pris pour estimacion les dis gastes, revennus ou chablis, pour estre baillés en assiète valoir par an à ma dicte Dame. . . . . IIII l. p.

Item, quant à la garesne des grosses bestes, elle est demourée sans pris pour le Roy.

Et quant au parc d'Asnières, pour le bos, dont Madame ne puet rien copper comment que ce soit.

La maison et jardin du Roy ou Madame, à Asnières, et le garesne à pré ront de la dicte forest et ailleurs où elle est, les commissaires le remectent à l'ordenance de Nosseigneurs à prisier ou laissier sans pris ainsi qu'il verront que bon sera.

Somme XL livres.

Or appert par ce que dit est, que la revenue des tailles ordeuées en ladite forest, sans compter le panage et les explois pour ce qu'il se continue, boin an mal an, puet valoir par an . . . . IIc LXXVII l. II s p.

Et les dis commissaires et procureur du roy ont trouvé à faire ceste assiette, tant par les escrips que le receveur de Beaumont leur a bailliet, comme autrement, il en est escheu depuis le trespas monseigneur le Duc des ventes ordonnées à son temps, si comme les gens Madame porront voir par le compte dudit receveur de Beaumont, pour le VIII.e paiement de le vente Pierre Gaudri, et le darrenier IIII.e paiement d'une vente de menu bos vendu à plusieurs personnes, pour tout, au terme de Toussains, l'an LXXV (1), C VI l. XVIII s. X d. ob. p. Et de Ligier Courtonne et Colart de Mons, pour trois termes de la vente de V arpens dessoubz le Niefflier, commencé à le Toussains LXXV, dont chascun vaut VIII l. V s., valent les III termes en somme, XXIIII l. XV s.; et aussi ont esté vendu à Madame depuis le trespas monseign. le Duc, II ventes de gros bos et une de menu bos, dont les II ventes de gros ont éte vendues : l'une a esté vendue à Jehan le Pere et Henry le Gois, contenant XIX arpens et demi de plein bos, et l'autre à Jehan Aliaume, contenant XXV arpens de plein bos, tous deux aveuc grefe et cire, à copper, widier et paier à IIII ans et VIII paiemens, commencans, le premier à l'Ascencion, l'an mil CCC LXXVI; qui valent, à tout grefe et cire, en toute somme pour tous les IIII ans et VIII paiemens, le darrenier finissant à le Toussains LXXIX, VIII C. LI l. XVIII s. III d. p. Et l'autre vente du menu bos, contenant LII arpens de plein bos, séant sur Beaumont et Nientel, vendue à Laurent Cordelle, à copper, widier et paier à III ans et VI paiemens, le premier commenchant à l'Ascencion LXXVI, valent pour tous les III ans et VI paiemens, aveuc la grefe et cire VIIxx VI l. IIII s. p. Par ainsy, valent les dictes ventes trouvées vendues à faire ceste assiette, tant du gros comme du menu, pour termes passés et advenir, depuis le trespas mons. le Duc que Madame entra en son doaire, le dernier à le Toussains LXXIX . . . . XIc XIX l. XVI s. I d. ob. p.

Item, a esté trouvé à faire ceste assiette, si comme les gens Madame sèvent ou pèvent savoir, que Madame a fait copper hors les dictes tailles depuis ledit trespas, VI arpens de bos, à tous les viès estalons, vendus à Leurin Barnage et Jehan le Pere, XXIIII.e moles de buche pour son chaufage conduis en son hostel d'Asnières, prisié XIIII d. p. le mole, valent VI.xx l. p. Item, a vendu XII viez castiniers XXII frans, valans XVII l. XII s., et donné V quartiers d'arpent de bos au receveur et Jehan du Mouchel, pris en la forest, prisiés valoir tout, XXV l. p. Et vendu, pour avoir charbon

(1) L'an 1375.

pour son hostel, I arpent et demi, aveuc III viez estalons, XVIII muids de charbon, le muy prisié valoir IX s. valent VIII l. II s. p. Item, a entrepris et fait copper pour son chaufage VI arpens que elle fait ouvrer en sa main, esquelz VI arpens elle a vendu VII castigniers des viez, vendus à Simonnet Noureteur tous deffraies, XIIII frans, qui valent XI l. IIII s. et les VI arpens sont prisés sans plus copper des vieux estalons, et yceulx VI arpens laissier estalonnez comme il est dit par dessus XXIIII l. p. Valent toutes ces partie s . . . . IIc XV l. XVIII s. p.

Somme des ventes des dis bos pour tous termes escheus et à escheir depuis que elle entra en son doaire, dont le premier commencha à le Toussains LXXV, et li darrenier des termes dessus dis sera à le Toussains LXXIX inclus, et aussi pour les autres bos par pièces que elle a prins pour son chaufage, et donné, et des viex estalons vendus . . . . XIIIc XLV l. XIIII s. I d. ob. p.

Et le revenu de ladicte forest des dictes ventes ordenées du gros bos et du menu ne monte pour IIII ans et demi, pour IX termes, le premier commenchant à le Toussains LXXV, et le darrenier finant à le Toussains LXXIX inclus, ne monte, si qu'il puet apparoir par dessus, que . . . . XIIc XLVI l. XIX s. p.

Par ainsy appert que ma dicte Dame est et sera paié de la revenue de ladicte forest, des dessus dis IIII ans et demi, par IX termes, comme dit est, sans rien copper ès tailles du gros bos ne du menu de ladite forest, ordenées par les dis commissaires, jusques après le Toussains, l'an mil CCC LXXIX, pour commencer à paier le premier paiement à l'Ascencion, mil CCC IIIIxx.

Et devra encore Madame au Roy, à payer une fois IIIIxx XVIII l. XV s. I d. ob.

Et ne devra copper ès tailles à li assises par les commissaires, jusques après le Toussains LXXIX, comme dit est.

Somme toute de la revenue par an de le conté de Beaumont, toutes choses mises à pris d'argent, sans les vinages et pressoirs, comme dessus est dit, qui sont laissiés à prisier pour les charges . . . . XIIc XLIIII l. X s. V d. ob. poitev. 1/2 p.

Dont il chiet pour rentes, fiés et aumosnes, et dons de bos à héritage, assignés tant sur le travers comme ailleurs, et sur la recepte, et pour gages d'officiers à volonté, ce qui s'enssuit:

Et premiers. Sur le travers de Beaumont par yaue et par terre:

Au prieur de Beaumont, par lettres du conte Mahieu de Beaumont, données mil CLX, à prendre sur ledit travers, C s. de biauvoisiniens, et X mines de sel à payer par égualles porcions à le édit, ou au ban, à l'Assumpcion N.e D.e, as octabes S. Denis, as octabes des Innocens, à l'Annunciacion N.e D.e; et paie-on par les comptes le Duc XX s. pour mine de sel, et par les comptes le Roy, de l'Ascencion XLVII (1), on paie pour mine de sel, XII s. et par les comptes le Roy de Toussains XLVII, il samble que l'en paie pour XX s. bevesiniens XXV s. ou plus, et le prieur du lieu dit que on li paie tousdis de XII d. b. XIII d. p. Et pour ce, sera content par ordenance de Nos dis seigneurs des comptes, de XX s. beauvesins pour XXI s. VIII d. p. Valent . . . . C VIII s. IIII d.

Et pour mine de sel de XVI s. valent VIII l. par an vaut tout . . . . XIII l. VIII s. IIII d. p.

Audit prieur encore, par lettres dudit conte, données mil C IIII.xx XIX, à prendre sur ledit travers le premier dimanche de Quaresme . . . . XL s. p.

Audit prieur encore, par lettres du conte Jehan de Beaumont, données mil CC XVII, à prendre sur ledit travers, lendemain de S. Climent et au tiers jour des Rois . . . . . . XX s. p.

(1) Par les comptes royaux de l'Ascencion 1347.

Audit prieur encore, par lettres dudit conte Jehan, données mil cc xx, à prendre sur ledit travers, la veille St André . . . . xx s.

Audit prieur encore, par lettres dudit conte Jehan, confermées du roy Louis en II parties, pour dire chascun jour messe en le prioré, en le chapelle N.e D.e, et tout à prendre sur ledit travers . . . . xxII l. p.

A Péronelle la Renarde, qui se dit avoir cause de mons. Aioul ou Adulphe de Puiseus, chevalier, par lettres du conte Jehan de Beaumont, données mil cc xx, à prendre sur ledit travers, et les tient en fief de Beaumont . . . . x l. p.

As malades de Chambli, à prendre sur ledit paage, par lett. du conte Jehan, données mil cc xxi. le premier dimanche de quaresme . . . . xx s. p.

As dis malades, aveuc I muy de blé sur les molins, et III muis de vin sur les pressoir ou en ses cheliers, IIII s. beauvesins, à prendre sur ledit travers, à le S. Remi. Valent au pris dessus dit . . . . IIII s. IIII d. p.

As dis malades, par lett. du conte Mahieu et de Alienor, sa femme, aveuc IIII muis de vin sur les pressoirs en vendanges, IIII s. beauves., à prendre sur ledit paage par leurs lett. données, mil c IIII.xx xx, valent . . . . IIII s. IIII d. p.

Et pour ce que les autres rentes en deniers dessus dits deus ausdis malades sont assignées sur ledit travers, le mettent sur le travers yci les commissaires, sauve l'ordenance de Nosdis seigneurs.

Aux religieux du Lay, par lett. du conte Mahieu de Beaumont et Alienor sa femme, données, mil c. IIII.xx XIX, confirmées par lettres du roy Louis, données l'an mil cc. XXXIII, aveuc autre argent et autres choses assignées sur les fours, xx l. p. à prendre sur ledit travers, pour ce yci . . . . xx l. p.

Au chapellain de Campaignes, par lettres du conte Jehan données II c. XXI, et confirmées du roy Louis par lettres données, mil cc. XLV, aveuc autre rente de grain sur le molin de Cuimont (1), et vin que le dit rois Louis li restitua en vignes à prendre en le Pentecouste et à le S. Remi sur ledit travers. . . . . IIII l. p.

Audit chapellain, oultre les dictes IIII l. si qu'il appert par les comptes le roy et le duc, à II termes, pour robe . . . . LX s. p.

Aux religieux de Roiaumont, par lettres du roy Louis données mil cc et XXVIII, à prendre sur ledit travers au Noël et à le St.-Jehan . . . . LVI l. p.

Aux dis religieux, par autres lettres du roy pour les enfans Anquetin, pour pré et fain, à prendre sur ledit travers . . . . XVI s. p.

Aux dis religieux encore, par lettres dudit roy Louis, données mil c LXXV (2) XL s., à prendre sur ledit travers au lieu de messire Pierre de Muiteri qui leur vendi aveuc autres choses, pour ce . . . . XL s. p.

Aux dis religieux encore, est trouvé estre deu pour robe Anquetin, par les comptes le roy du terme de Toussains et Ascencion XLVII, et par les comptes le duc, que on leur paie à chascun des dis termes, XL s. p. Valent . . . . IIII l. p.

Aux religieux de Borrenc, par lettres du roy Louis données mil cc XXVIII, aveuc autres choses à prendre sur ledit travers . . . . VII l. VI s. p.

(1) C'est sur ce territoire de Cuimont que fut fondée l'abbaye de Royaumont.

(2) Il y a ici une erreur de date.

A l'abéie de St Denis de France, bailliet de par eux par cédule sans autre title, si qu'il samble par les comptes du roy du terme d'Ascencion XLVII, à prendre sur ledit travers XXVIII mines et demie d'avène, qui font XIII setiers et I quart de setier à Beaumont, chascun setier prisé VII s. p. si qu'il est dit en la recepte de le dicte prisié, valent . . . . IIII l. XIX s. IIII d.

A le dicte abéie encore, pour I chierge ardant tous dis devant le corps saint, et pour une chapelle en leur dicte église, et appert aussi par les comptes le duc se paie-on pour chierge à II termes XVI l. p., et pour le chapelle, VIII l. Valent . . . . XXIIII l. p.

Item, bailliet par une cédule scellée du scel d'Asnières par ceulx d'Asnières, à prendre sur ledit travers, et aussi est il trouvé estre paié par les dis comptes, V s. à S. Remi d'Asnières, et XXX s. pour le commune, vaut . . . . XXXV s. p.

Au prieur de Baaillon et d'Asnieres, par I mandement qu'il a de mons. d'Orliens donné en juing LXIX, aveuc I muy de vin qu'il se dit prendre sur les vinages, etc. . . . . LII s. p.

A l'Ostel-Dieu de Beaumont, sans title, fors par mémoire baillié par le dien du lieu, aveuc I mui de blé sur les molins, et III muis de vin sur les pressoirs, V s., à prendre sur le travers pour la chaiene du pont qui ferme en leur maison . . . . V s. p.

Au prieur de Morangles, etc. XL s. p.

A Jehan le Bouteillier et Regnault de Marolles, qu'il adveuent tenir en fief de Beaumont, etc. LX s. p.

Item, à l'église et aux chanoines de N.[e] D.[e] des Champs, le premier dimanche de Quaresme par lettres du conte Jehan de Beaumont, données mil CC XXI . . . . XL s. p.

Somme des charges sur ledit travers IX[xx] VIII l. X s. IX d. p.

Item, s'ensuivent autres charges à héritage assignées ailleurs que sur ledit travers et sur la recepte, tant par titles, montres, comme autrement sans titles.

Primo. Pour le prieur de Beaumont, par lettres du conte Mahieu, sans date, XV s. p., à prendre les XII s. sur le boucherie, et les III s. sur les cens de Beaumont, à paier V s. à le Sainte Calixte, V s. à le S. Cunal, et V s. p. à le S. Tival, aveuc l'usage ès bos dont il sont recompensé par autres lettres en buche de maule, dont il sera parlé ci-après, pour ce . . . . XV s. p.

Audit prieur encore, par lettres de Philippe données mil CC LXXXVII, XX l. t. pour Thiebaut de Campaignes, et LX l. t. pour Jehan de Hale, à prendre sur le prevosté de Beaumont à le Toussains, valent . . . . XVIII l. VIII s. p.

A la Maladrerie de Chambli, par lettres du conte Mahieu données mil C IIII[xx] VI — X s. p., à prendre sur les fours de Beaumont, le premier jour de l'Advent, pour ce . . . . . X s. p.

A l'un des chapellains ou chanoines N.[e] D.[e] des Champs de Beaumont, par lettres du conte Mahieu, données mil C IIII[xx] VI, à prendre sur les fours de Beaumont le lendemain de S. Remy, LX s., et pour l'ole d'une lampe, X s.; tout . . . . LXX s. p.

Et a baillé par escript Me Raoul Robe, clerc madame d'Orliens, chanoine de ledicte église, que ledit argent est à li.

A l'église de Morangle, par lettres du conte Jehan de Beaumont, données mil CC XXI, à prendre sur les cens de Beaumont, lendemain de Noel . . . . XX s. p.

Au curé de S. Laurent de Beaumont, par lettres du conte Jehan de Beaumont, données mil CC XXI, à prendre sur les cens de Beaumont. . . . . XX s. p.

As religieux du Lay, par lettres dudit conte Jehan données mil cc xxi, aveuc et outre les xx l. a eulx données, à prendre sur les fours de Beaumont . . . . xx l. p.

A l'Ostel-Dieu de Paris, du lais du conte de Poitiers, par lettres du roy Philippe, données l'an mil cc LXXV, tant pour une chapelle, que pour le sustentacion des povres, à prendre sur la prevosté de Beaumont, moitié le Toussains et l'autre moitié à l'Ascencion, L l. t. valent . XL l. p.

A une chapelle de Saint Cosme et Saint Damiens de Lusarches, du lais le conte de Poitiers, par lettres du roy Philippe, données l'an mil cc LXXVI, à prendre sur la prevosté de Beaumont, à le Toussains et Ascencion, xv l. t. qui valent . . . . XII l p.

Au curé de Beaumont, qu'il a bailliet par cédule à li estre deu, sans title, et ne scet l'assignation, fors sur la recepte, pour faire l'obit du conte de Beaumont . . . . v s. p.

A l'ospital S. Jehan Jaques *(sic)* de Paris, par don fait ayans, par Michiel le Flamant et Juliane, sa femme, li ou aiant cause de Robert de Caours de Gonnesse, du lais le conte de Poitiers, au terme de l'Assention, sur la prévosté de Beaumont, IIII l. t. Et par autel cause, par don ayans fait, de Pierre des Essars, aiant cause de Lucas, le keujadis audit conte de Poitiers, IIII l. t. audit terme, par title rendu ychi, aussi sens les hoirs dudit conte, et les lais paiés ès comptes le Roy . . . . VI l. VIII s. p.

Item, à maistre Pierre de Loncville, l'un canoines ou chappelains Nostre-Dame-des-Champs de Beaumont, pour IIII muis de vin assignés à sadicte canesie ou chappellenie par lettres du conte Mahieu de Beaumont, données mil C IIII^xx I, à prendre sur des vignes d'Asnières, et le roy a depuis transporté tout le domaine d'Asnières as religieux de Roialmont; pour che ychi déduict sur la recepte pour les IIII muis de vin dessus dis, au pris de VI l. VIII s. pour le tonnel, et les III muis faisans le tonnel, si qu'il est dit dessus. . . . . VIII l. IX s. VII d. p.

Item, s'ensuivent plusieurs autres rentes deues, si qu'il semble, et qui ont esté paiés par les comptes du Roy et de Mons. le Duc, qui n'ont apporté aucuns titles, autre ce qui est contenu cidessus.

Primo. A XIII curés dudit conté, pour une procession qu'il font le jour S. Liénore, par lesdis comptes, du terme de Toussains, à chascun v s. valent . . . . LXV s. p.

Au prieur de Bourneul, par lesdis comptes, au termes de Toussains . . . . . v s. p.

Au chapellain de la Tour, au dit terme, par lesdis comptes, pour tout . . . . c s. p.

A Saint Fiacre, pour tout, à ce terme, par les dis comptes. . . . . xx s. p.

Au curé de Champaignes, pour tout, à ce terme. . . . . v s. p.

Au chapelain de la Magdalène, pour tout, à ce terme, par les diz comptes . . . c s. p.

Le chapellain de Champaignes est trouvé ès dis comptes que l'en l'y a paiet pour tout c s., et par le title qu'il a aporté on ne li doit que IIII l. qui sont ci-dessus assignés sur les travers.

A l'Ostel-Dieu de Sainte-Geneviève, ou lieu de la demoiselle de Bratheul, par les comptes le duc, à le Toussains, c s. p. Et par les comptes le roy, il est mis à le demoiselle de Bratheul à le dicte somme. Item, au terme de l'Ascencion.

Aux religieux de la Victoire, par les comptes le roy et le duc, leur est trouvé estre deu c s. p.

Au dyen et chapitre Nostre-Dame de Paris, par les comptes le duc, XLVIII s. et par les comptes le roy sont trouvé estre deu à Roger de la Chambre ladicte somme, pour ce XLVIII s. p.

Item, il est dit ès comptes le duc au prieur de Noïentel, et ès comptes le roy audit terme, il dist au prieur de Monthel. . . . . xx s. p.

Item, au chapellain de la Magdalène, par les comptes le roy et le duc, au terme de l'Ascencion . . . . xl s. p.

Item, ès dis comptes, il est dist à l'abéye de Roiaumont, pour Thiébaut de Rueul, xl s. audit terme; et ès comptes le roy, il est dit, audit terme, ledit Thiébaut, pour ledicte somme, pour ce . . . . xl s. p.

Item, as chanoines Nostre-Dame-des-Champs de Beaumont, par les comptes le roy et le duc, audit terme: *Nichil hic sed supra transversum, per titulum supra dictum redditum.*

Item, au chapellain de la Tour, par les comptes le roy et le duc, audit terme . . xl s. p.

Item, s'ensuivent dons de bos à héritage sur le forest de Crenelle qui doivent estre déduit de le dicte recepte.

Primo. Au prieur de Beaumont, pour l'usage qu'il avoit en le dicte forest, mué et eschangié par lettres du roy Philippe, données l'an mil iie iiii^xx xiiii, vi^c xliiii moles de buche à prendre ès ventes de le dicte forest par livraison de ses gens. Et à l'ospital de Pontoise, par lettres du roy Philippe données mil ccc xxxix, cent cartées de buche, chascune contenant iiii moles, valent iiii^c moles. Item, à demoiselle Marie de Morangle, fille demoiselle Marie de Lusarches, à lequelle et as hoirs qui descendèrent de son propre corps par loial mariage, le roy Philippe donna, si qu'il appert par ses lettres données l'an mil ccc et xx, c moles de buche. Somme pour tout xi^c xliiii moles, chascun mole pris ès tailles des marchans de le dicte forest, comme dit est, prisié par les seremens de tous les dis marchans, bordier et sergens dessus dit, qui prisèrent ledicte forest tout d'un accord, valoir par an communément x d. le mole; vaut tout. . . xlvi l. xi s. viii d. (1)

Item, chiet pour gages à volenté du verdier et des sergens de le dicte forest, dont il y a iiii sergens, et a acoustumé le verdier à prendre ii s. de gages par jour et c s. pour robe l'an; et à chascun sergent vi d. par jour. Et de présent, le dicte forest est de plus bas pris les ii pars et plus, qu'elle ne soloit par ledicte vies prisié; et si est le garenne de nul pris; et si soloit-on compter pour le garde de le porte du parc, xii d. par jour, dont il samble qu'il n'y en faille point, car le parc est tout dérompu en plus de xl lieux, et s'il estoit entier, si le garderait bien l'un des sergens, et si se passeroit-on bien de iii sergens, dont l'un porroit estre cargiet dudit parc. Pour ce, par ordenance de Noss. des comptes, pour les gages dudit verdier et de iii sergens, dont l'un gardera la porte du parc, quant il sera refait, valent au pris dessus dit . . . . lxviii l. xvii s. vi d.

Et les gages du bailli et du receveur sont pour ceste contée et toutes les autres chasteleries du doaire Madame, sont descomptés sur le conté de Valois.

Toute somme dudit déchiet, tant sur le travers comme ailleurs, sans les vinages et pressoirs . . . . iii^c. l l. ix s. vii d. p.

Et la revenue de la dicte conté toute avalué à deniers, monte xii^c. xliiii l. x s. v d. poitev. 1/2.

Ainsi demeure franc pour mettre en assiette a ma dicte Dame, toute charge rabatue . . . . vii^c. iiii.^xx xiiii l. x d. poitev. 1/2 p.

(1) On lit en marge: *Ista summa debet ascendere ad* xlvii *l.* ix *s.* vi *d., et sic est deffectio de* xviii *s.*

C'est la valeur des fiés et arrière fiés tenus du chastel de Beaumont.

Primo. Jehan de Vienne, escuyer, seign. de Persent, I fief séant à Persent, à Croy, Berne et environ, qui vaut, déduit le charge . . . . VII^{xx} X l. VI s. VII d. p.

Et sont tenus de lui XIIII arrière fiés qui valent leur pris et plus, et II arrière fiés qui ne valent que L s., et I autre arrière fié qui ne vaut que le service.

Item, Ernoul de Gaures, I fief seant à Renouval, qui vaut par an. . . . . XVI l. VI s. p.

Et sont tenus de lui III arrière fiés qui ne valent que. . . . . XLIIII s. p.

Item, mons. Jehan de Blecourt, ou mes^{e} Guill. de Tallecoc, sire de Flouricourt, I fief séant à Ronquerolles, vaut. . . . . XXXVII l. V s. X d. poit. p.

Et sont tenus de lui IIII arrière fiefs qui ne valent tout ensemble que. . . . . . IIII l. p.

Item, messire Jehan de Gaillonel, seig. de Villiers Adam, I fief qui est audit lieu et qui est abrégié si comme dit le dénombrement parmi une espingle dor pesant une ob. d'or par an, et vaut ledit fief par an . . . . VIII.^{xx} XV l. XII s. VI d. p.

Aveuc ledite maille d'or prisié XIIII s. p.; et n'en sont tenus aucuns arrière fiés.

Item, messsire Charle de Chambli, seigneur de Louveri et de Houdencourt, I fief séant à Houdencourt, qui vaut. VII^{xx} V l. VIII s. p.

Et sont tenus de lui VIII arrière fiefs qui valent leur pris.

Item, le fief messire Bertaut du Fresnoy, chevalier, ou quel a et adveue toute justice, prison, dénombrement, combien que on li débate, et vaut . . . . XIX l. XV s. VI d. p.

Et sont tenus de lui V arrière fiefs, les IIII valent leur pris et le Ve vaut. . . . . . X s.

Item, le fief messire Philippe de Pressi, séant à Pressi, n'est mie ci mis à pris comme haut justicier pour ce que l'en li débat et ne le treuve-on par le vies prisié qu'il ait haute justice.

Item, le fief ma dame Marie le Boutelliere de Senlis, séant à Baaillon, dont il ne dépend aucun arrière fief, et vaut. . . . . XX l. IIII s. X d. p.

Item, le fief ma dame Marguerite de Clermont, dame de Montgoubert, séant à Chambli, vaut . . . . XVIII l. XIX s.

Et sont tenus de lui III arrière fiés dont un vaut son pris, et les autres II, environ C s. par estimation.

Item, le fief Regnault de Maroles par moitié pour indivis contre Jehan le Boutellier, séant à Noisi, vaut a se part . . . . XXI l. VII s. V d. ob. p.

Item, le fief Jehan le Bouteillier, ou monsieur de Tournebu, son bail, pour l'autre moitié dudit fief . . . . XXI l. VII s. V d. ob. p.

Et ne deppend des dis II fiés aucuns arrière fiés.

Item, le fief Gervaise de Fresnoy escuier, séant à Fresnoy et environ, qui vaut LXV l. XIX s. X d. p.

Et sont tenus de lui XIIII arrièrefiés qui valent leur pris et V arrièrefiés de non pris, qui ne valent tous V que. . . . . VIII l. X s. p.

Item, le fief Guillaume de Chantemelle, séant à Mortefontaine, et à la Lande qui vaut . . . . LXI s. VII d. ob. p.

Et sont tenu de lui II arrièrefiés qui valent leur pris.

Item le fief Jehan de Blaincourt, séant au Plessiet, vaut. . . . . . . VII l. XVIII s. p.

Et sont tenu de lui III arrière fiés qui valent leur pris.

Item, ledit Jehan encore, I autre fief séant à Blaincourt, qui vaut CXIX l. XIII s. VI ob. et ts. de d. p.

Et en sont tenu III fiés qui valent leur pris, et autres III, qui valent tous III . . . CX s. p.

Item, le fief messire Pouchin, chevalier, I fief séant à Bailleul, et dist par son dénombrement que son fief ne doit redevance ou service aucun, fors une paire d'esperons dorez portés au chastel de Beaumont le jour de Noel. Et nientmoins les commissaires l'ont mis à pris comme les autres pour ce qu'il ne samble pas que pour ce il soit quitte de paier plain relief ne vente, de communt denier, se li cas s'i eschiet, fors d'ost, de chevance, de court, de plait.

Et vaut ledit fief, aveuc le dit esperons dorez prisies XVI s. p. . . . . . II C. LX l. XVI s. p.

Et sont tenu de lui XIIII arrière fiés qui valent leur pris, et II, qui valent pour tout. LIIII s. p.

Item, le fief Huet de Dampont, séant à Lesche et à Licourt, qui vaut LXVIII l. XIX s. I d. p.

Et sont tenu de lui V arrière fiés qui valent leur pris.

Item, le fief Gille de Gaillonnel, séant à Nointel sur Beaumont, qui vaut LIIII l. XVIII s. IIII d. p.

Et sont tenu de lui III arrière fiés dont l'un vaut son pris et les autres II ne valent tout que LX s. p.

Item, le fief messire Philippe de Beaumont seant à Méru, vaut IIII.XX II l. VII s. VIII d. ob. poitev. p.

Et sont tenu de lui XXII arrière fiés qui valent leur pris.

Item, le fief messire Tristram de Chambli, seigneur de Wirmes, séant à Périères en bos et ailleurs, vaut . . . . XXXII l. II s. p.

Et est tenu de lui I arrière fief qui vaut son pris.

Item, tient ledit messire Tristram un autre fief séant à Bruières, qui vaut. . . . VIII l. p.

Et en sont tenu III arrière fiés qui valent leur pris.

Item, le fief messire Henri, seign. de Lihus, séant à Croicy et ou terroir, qui vaut, et n'en deppend aucun arrière fief. . . . . VI l XIIII s. II d. ob. p.

Item, le fief Jehan de Gouveri, à cause de Jehanette sa fille, séant à Houdencourt, qui vaut par an . . . . XXX l. XVIII s. X d. et II ts. de d. p.

Et en deppent II arrière fiés dont l'un vaut son pris, et l'autre vaut par an . . . . L s.

Item sensuivent les fiés et arrière fiés de Beaumont qui n'ont point de haulte justice fors de LX s. et dessoubz, ou nient, dont les noms et surnoms de ceuls qui tiennent les fiés selon leur dénombrement baillés, et par le pris de toutes choses mis à deniers selon le procès dudit Beaumont, et le nombre des arrière fiés sont ci après escript.

Primo. Le fief Guiot de Trenel, séant à Fresnoy, qui vaut . . . . CXV s. p.

Et sont tenu de lui IIII arrière fiés qui valent leur pris.

Item, le fief messire Pierre Domont, chevalier, chambellent du roy, tient I fief séant à Aniecourt, qui vaut . . . . XXIX l. II s. III d. p.

Et est tenu de lui I arrière fief qui vaut son pris.

Item, le fief Guillaume Burnel, séant à Beaumont, dont il ne deppend aucun arrière fief, et vaut . . . . LXXII s. p.

Item, ledit Guillaume tient encore I autre fief séant en rente sur le molin de Tousac et ailleurs, tout mis à deniers, dont il ne deppend aucun arrière fief, et vaut . . . IIII l. III s. VI d. p.

Item, le fief messire Jehan Derbecourt, chevalier, séant à Ronqueroles, et vaut XXVI l. XVII s. X d. p.

Et est tenu de lui I autre fief qui vaut son pris.

Item, le fief Baudet Dyvort, escuyer, ayant le bail de Colette sa fille, séant à Chambli, qui vaut. . . . . xiiii s. iiii s.

Et est tenu de lui i arrièrefief qui vaut . . . . xl s. p.

Item, le fief Jehan Aillenaud, séant à Campaignes, dont il ne deppend aucun arrière fief, et vaut. . . . . ix l. ii s. vi d.

Item, messire Philippe de Pressi, jasoit ce que il plaide de le haute justice toutefois est-il ci mis aveuc ceulz qui ne l'ont pas pour le cause devant dicte, et tient i fief séant à Pressi dont il ne deppent aucun arrièrefief, et vaut. . . . . xix l. iiii s. v d. p.

Item, le fief madame Marguerite de Clermont, séant au Maisnil, vaut. xli l. xiiii s. iii d.

Et en sont tenu v arrière fiés qui valent leur pris et i autre fief qui ne vaut que . xl s. p.

Item, le fief Regnault de Marolles, que on dist le Val Dampierre, qui vaut, dont il ne deppend aucun arrière fief . . . . xix l. xv s. ix d. p.

Item, le fief Jehan de Villers, séant à Beaumont, que l'en apelle le Maison hideuse, dont il ne deppend aucun arrière fief, et vaut. xxx s..

Item, le fief de Gervaise de Fresnoy, séant à Warville, vaut . . . . ix l. p.

Et en est tenu i arrièrefief qui vaut son pris.

Item, le fief Gassot de Chaumont, escuier, séant à Leurmaisons, vault. . . . vii l. xiii s. p.

Et en sont tenu iii arrièrefiés, tout du prix de . . . . vi l. p.

Item, le fief Guillaume de Bruières, séant à Bruières, dont il ne deppend aucun arrièrefief, et vaut . . . . xiii l. p.

Item, le fief Jehan Foulechat, séant à Chambli, sur les fours, vaut . ix l. v s. vii d. ob. p.

Et en est tenu i un autre fief qui vaut son pris.

Item, le fief Jehan de Fresnoy dit Breton, séant à Fresnoy. . . . . . . xii l. iiii s. p.

Et en sont tenu ii arrièrefiés, dont l'un vaut xl s. p. et l'autre lvi s. valent . . iiii l. xvi s.

Item, le fief Pierre Mares, boucher de Beaumont, séant à Beaumont, dont il ne deppend aucun fief, vaut . . . . lxii s. p.

Item, le fief Marguerite de Paci, dame de Heudonville, séant audit lieu, qui vaut . xx l. p.

Et en sont tenu iiii arrièrefiés qui valent leur pris et i arrièrefief qui ne vaut que. . xxx s.

Item, le fief Pierre Crochart de Beaumont, séant à Beaumont, dont il ne deppend aucun arrière fief, vaut. xxvii s. vii d. p.

Item, le fief Symon Achin demourant à Amblaincourt, séant en le paroisse de Chambli, dont il ne deppend aucun arrière fief, et vaut . . . . xxx s. p.

Item, le fief Guillaume de Gaillonnel, que l'en apelle le Fief des arbalestriers, vaut, et n'en deppend autre arrièrefief . . . . xxx s. p.

Item, le fief Peronelle la Renarde, séant à Beaumont, sur le travers, et n'en deppend aucun arrièrefief, et vaut . . . . x l. p.

Item, le fief Girart le Normant, séant à Beaumont, dont il ne deppend aucun arrièrefief, vaut . . . . iiii l. p.

Item, le fief Pierre Gigot dit Portus, sergent huetier de Beaumont, comme hoir ou ayant cause de Willaume Potin, c'est assavoir le *Fief de le sergenterie*, dont il ne deppend aucuns arrièrefiés, et vaut . . . . viii l. p.

Item, le fief messire Philippe de Beaumont, à Boulonville, vaut . lx l. ix s. i d. ob. poit. p.

Et sont tenu de lui IIII arrièrefiés dont les II valent leur pris et les II autres valent ensemble IIII l. p.

Item, le fief Jehan de Palemont, séant à Chambli, dont il ne deppend aucun arrièrefief, vaut. . . . . XXIIII s. p.

Item, le fief messire Jehan de Valengougart, chevalier, seigneur dudit lieu, séant à Haraville, vaut. . . . . XLVII l. VI s. VIII d. p.

Et en est tenu I arrière fief qui vaut . . . . XXX s. p.

Item, le fief Pierre dit Boort Pouchin, escuier, séant au Plessis Godart, et n'en deppend aucun arrièrefief, vault par an. VI l. X s. p.

CCVIII.

Tableau du comté de Beaumont (1).

Anserville, p. le fief de la Chaudrelle.
Beaumont, chef-lieu, à M. le Prince de Conty.
Le fief d'Andel au même lieu.
Le fief de Sergenterie fieffé audit lieu.
Le Prieuré de S. Léonore au chateau dudit lieu.
Belléglise, à l'abbaye de Royaumont.
Bernes, à M. Doublet.
Beaussan, fief à Noisy, à M. Massonnet.
Boranc, à M. le marq. de la Chastre.
Bornel, à Me la maréchale de Lamothe.
Boulonville.
Bournonville près Champagne, à M. le prince de Conty.
Bruyères, à M. de Maupeou, évêq. de Castres.
Champagne, à M. le prince de Conti.
Fief de Beauvais audit lieu.
Fief de Compiègne audit lieu, à M. de Mongras.
Fief de Haillevaux audit lieu, à M. de Perthais.
Fief de l'Hotel-Dieu de Pontoise audit lieu.
Fief de Vaux audit lieu.
Fief de Montier audit lieu.
Chanlay près Belléglise.
Coursselles près Fosseuses.
Crouy, à M. Doublet.
Des Vosseaux, à M. Picart.
Ercuis, en partie.
Esches et les 4 hameaux en dép.t, aux héritiers de M. du Perron.

(1) Copie d'une note écrite vers 1750, et appartenant à M. Borel de Bretizel, au château de Bachivilliers.

Fercourt, en partie.
Fosseuses, à Me la maréchale de Lamothe.
Fresnoy en Thel, à M. le marq. de Fresnoy.
Fresnel audit lieu, au prieuré de Beaumont.
Grainval, parroisse de Fosseuse, à Me la maréchale de Lamothe.
Houdancourt, proche Pont, à Me la maréchale de Lamothe.
Jouy le Comte proche l'Ile Adam.
Landrimont à M. Raflée.
Maflée.
Mesnil S. Denis.
Mesnillet, à M. Bachelier.
Morancy, à Me de la Chastre, au lieu de S. Denis.
Morangles, à M. de Belloy.
Mours, à l'excèption de ce qui est de Senlis.
Nointel, à M. de Turmenies
Noisy, à M. de Maupeou.
Neuilly en Thel, excepté ce qui est de Senlis, à M. de Fresnoy.
Parmin près l'Ile Adam.
Persang, à M. Doublet.
Plessier Gonnefray près Crespy.
Petitval près l'Ile Adam.
Précy, en partie, à M. le duc de Luxembourg.
Presles, à M. de Turmenies.
Presrolles.
Puisieulx, à M. le marq. de S.t Remy.
Renouval, à M. Doublet.
Ronquerolles, à M. Doublet.
Le fief du Petit Caillou audit lieu.
Valpendant proche Presles, à M. de Turmenies.
Vignon, fief.
Villers, fief à Belléglise.

Devant Jourdain et son conf. not. au Chatelet de Paris 19 septembre 1747.

Contrat d'échange entre les commiss. du roi d'une part, et Louis Fr. de Bourbon, prince de Conty, d'autre part.

M. le prince de Conty cède au roy les terres d'Ivry et Garennes, mouv. du roi à cause de son duché de Normandie, affermées 43,090 l.

En contréchange les comm. cèdent à M. le comte de Conty à perpétuité :

Le comté, domaine, terre et seigneurie de Beaumont s. Oise, d'un revenu de 16500 l.

Le cté. domaine, terre et seigneurie de Chaumont en Vexin, d'un revenu de 4,285 l., etc. etc.

CCIX.

Chambly (1).

« Sous la première race de nos rois, ces princes avoient un palais royal à Chambly (*vicus publicus*) ; sous la deuxième race il portoit le litre de *Mallum publicum*, un de ces principaux tribunaux où l'on rendoit la justice.

Chambly fut un des grands arsenaux de la France ; il reçut le surnom de Hauberger des armes qui s'y fabriquoient (*Chambliacus loricatus*).

Il est fait mention de Chambly sous Clotaire, en 625, dans les Gestes de Dagobert ; on en parle dans une ordonnance de Charles-le-Chauve, datée de Chelles, dans la 20.e année de son règne ; il en est question dans les lettres patentes de Clovis II données en faveur de l'abbaye S. Denis.

Suger, dans la vie de Louis-le-Gros, met le château nommé *Cameliacum* au nombre des biens possédés par Matthieu, comte de Beaumont.

Il existe une confirmation faite par Clovis et Notilde sa mère, de la donation de Cotirac-sur-Oise, dans le territoire de Chambly, par Dagobert II.

Chambly fut un comté sous les rois de la deuxième race (*Cambliacensis comitatus*) ; les états s'y tenoient trois fois l'an, suivant les capitulaires de Charles-le-Chauve de l'an 8.e de son règne, c'est-à-dire que les commissaires du roi y jugeoint *in mallo* avec les échevins.

Cette ville fut assiégée par Louis-le-Gros, en 1103, et secourue par Matthieu, comte de Beaumont, gendre de Hugues, comte de Clermont.

Hector et Philippe de de Saveuse, qui n'avoient pu prendre Beaumont, pillèrent Chambly en 1409.

L'église paroissiale de Chambly paroit avoir été, suivant Hermant, une abbaye ; il en juge par sa forme et par sa vieille structure.

Chambly est située au milieu d'une plaine terminée à l'ouest par des montagnes très-pittoresques dans les parties qui touchent à la vallée ; elles offrent aux voyageurs ces vallons incertains, boisés, ces vergers, ces riantes prairies, où l'on voudroit fixer sa demeure.

Le bourg est bien bâti ; les rues sont larges : la promenade qu'on trouve au midi du bourg est vaste, aérée, plantée de belles allées d'ormeaux.

Des maisons assez considérables, enrichies de jardins et de propriétés terriennes, sont placées dans le bourg, et jouissent des agréments de la campagne et de la société. Les maisons des plus petits cultivateurs, entourées de vergers et de petits jardins, convertes de vignes, ornées de fleurs, sont d'un aspect très-agréable ; on ne voit pas un pouce de terrain sans culture.

Chambly n'est qu'à une lieue de Beaumont ; on s'y rend par la route de Beauvais à Paris. En approchant Beaumont, on aperçoit à droite le château de *Sersau* (2), orné de vastes allées et du luxe de bâtiments qui parent une grande propriété.

Beaumont, sur la montagne, ornée de ses vieilles tours, de pavillons, de jardins en terrasses, dont les *écors* (3) si bien boisés descendent jusqu'à la rivière, se présente de la manière la plus pittoresque.

(1) Extrait de la *Description du département de l'Oise*, par le citoyen Cambry, in-8.º Paris, 1803. t. II, p. 76.

(2) Lisez *Persan*.

(3) Ecarts.

Les plaines du canton de Chambly sont belles et fécondes; on y cultive toute espèce de grains et de légumes.

L'habitant du canton y vit mieux que le reste du département ; il se nourrit d'un très-bon pain, de viande de boucherie, de lard, de pois, de fèves, etc. Le panet et le navet sont les seuls légumes qu'on n'y cultive pas, ou qui y réussissent mal.

On n'y néglige pas les prairies artificielles, les luzernes, le trèfle, les sainfoins; ils produisent de 500 à 550 bottes de dix à douze livres par arpent.

Le citoyen Pejot a fait planter depuis vingt ans plus de quinze cents arbres fruitiers tous en rapport.

Il y a dans ce canton 230 arp. de vigne d'une qualité médiocre, 830 arp. de bois taillis, et 100 arp. de prés d'une qualité inférieure.

La petite rivière d'Esches, qui prend sa source dans le vallon de Méru, entre Lardières et Lormaison, traverse Chambly, le chateau de Sersau, et se jette dans l'Oise.

Il y a une tuilerie à Chambly ; celui qui la fait valoir envoie chercher les terres qu'il emploie à une demie lieue, sur une montagne très élevée, nommée la tour Declay: il vend à présent 80 milliers de tuiles ; il en vendoit 160 milliers avant la révolution.

Sur cent vieillards, il n'y en a pas dix de 80 à 86 ans.

Quelques vieilles femmes croient encore que l'eau de la fontaine de S. Lubin, à une lieue de Chambly, guérit les maladies auxquelles les enfants sont sujets ; on les plonge dans la fontaine, on leur fait boire de ses eaux: on aime à retrouver ces traces des usages de nos aïeux.

On célébroit encore, il y a quelques années, dans la commune de Chambly une fête nommée le Bois ourdy ou la Folie. Le premier dimanche de carême, des jeunes gens, montés sur des chevaux chamarrés de rubans, se rendaient dans un bois de soixante perches, donné il y a cent ans pour cet usage par un des partisans de cette fête; on y coupoit des bois qu'on portoit sur la place de Chambly, on y mettoit le feu, on buvoit, on dansoit, et on s'égayoit jusqu'à la foire du lendemain.

L'hospice de Chambly a 3 ou 4000 l. de revenus ; il entretient quatre lits pour les malades indigents, et donne des secours à domicile.

On remarque une telle avarice, peut-être une telle insouciance de la vie chez les habitants de ce canton, que dans leurs maladies ils ne peuvent se décider à faire la moindre dépense pour revenir à la santé.

M. de Belloy, ce prélat respectable, ancien évêque de Marseille, vivoit à Chambly avant d'être nommé à l'archevêché de Paris.

Le Mesnil-S.-Denis est entouré de terres argilleuses, mêlées de quelques sables, et très fertiles.

Les terres de Morangles, situées sur une hauteur, sont de la même nature.

Les territoires de Crosny, de Fresnay-en-Thel, de Neuilly-en-Thel, sont productifs.

La plus grande partie des habitants de Neuilly et de Crosny s'occupe, pendant l'hiver surtout, à faire des boutons de soie et de poil de chèvre ; quelques femmes dans toute l'étendue du canton font des dentelles.

Puiseux, situé sur la grande route de Paris à Beauvais, est placé sur un territoire coupé par des coteaux de terre craieuse et généralement mauvaise.

Par l'industrie du citoyen Carrier, grand cultivateur, depuis peu maître de poste, ses terres produisent de belles récoltes ; il a placé dans les terrains les plus ingrats de cette commune de 8 à 900 pieds d'arbres fruitiers dont plus de la moitié est en plein rapport. Il ne fait planter aucun arbre sans défoncer le terrain de cinq à six pieds, et sans remplacer par des engrais une grande partie des terres qu'il vient d'enlever. Il fit défricher, il y a vingt ans, trente arpens de terres qui sont aujourd'hui d'un grand produit : depuis 25 ans qu'il cultive plus de 150 arp. de terres à Puiseux, tous les habitants du voisinage ont profité de son exemple et de ses connaissances en agriculture.

Le citoyen Carrier, à l'aide d'un seul bélier et de quelques brebis espagnoles, s'est fait un troupeau de 250 moutons, qui ne sont qu'à la quatrième génération, et dont les laines sont aussi belles que celles de Rambouillet. Il a cédé quelques brebis pleines à des cultivateurs, qui, charmés par le superbe troupeau qu'ils voient à Puiseux, veulent imiter leur modèle : ils sont convaincus à présent que ces beaux moutons espagnols sont aussi faciles à nourrir que les petits moutons qu'ils entretiennent, qu'ils naissent un mois avant ceux de France, que leurs toisons sont plus chargées et qu'elles se vendent beaucoup plus cher.

Le citoyen Carrier mérite toute espèce d'hommages et d'encouragements de ses compatriotes reconnaissants.

Belle-Eglise, au nord-ouest de Chambly, est située sur la rivière d'Esches, au confluent du ruisseau de Gapette, qui prend sa source à Dieudonné : une partie de ses domaines est exposée aux inondations; d'autres, situées sur des coteaux de terres craïeuses, ne produisent que peu de seigle et d'avoine ; le reste, argilleux et sablonneux, mais fécondé par des engrais, est assez productif.

Boran est fertile, surtout en grains de mars.

Chambly, Belle-Église et Boran ont partagé leurs marais communaux.

Chambly a eu la sagesse d'en conserver trente arpents pour les besoins de la commune.

Le Mesnil-S.-Denis est placé au nord-est de Chambly et dans la même plaine; il touche aux montagnes boisées qui bornent l'horizon au levant.

CCX.

Prisée des châtellenies de Beaumont, d'Asnières et de Chambli (1).

1331. Ce sont les fiez, justices, ressors, et gardes d'églises de la ville, chastel et chastellerie de Beaumont, d'Asnières, de Chambli et des appartenances. Et premiers les fievez.

Ci après s'ensuient li nom et seurnom de touz ceus qui tiennent en fié du roy nostre sire pour cause du chastel et chastellerie de Beaumont, la valeur de ce que chascun y tient et comment, et le nombre des arrièrefiez du roy, liquel se relièvent chascun de LX s., soient grant ou petit, quant il eschiet.

Premièrement. Regnaut de Morengle, escuier, tient du roy en ladicte chastellerie, à Morangle et ou terrouer, en toutes choses, XVIII livres de terre, et XII s., et III arrièrefiez.

Guillaumes de Bruières, l'aisné, tient du roy en ladite chastellerie, à Bruières, VIII l. de rente par an.

(1) Tiré d'une évaluation générale des fiefs et des domaines du roi, de l'an 1331. (Arch. imp. Reg. P. 26, cote 34.) C'est un registre original sur parchemin. Cette évaluation générale se retrouve dans ce registre sous les cotes CLI et CLII, d'une plus belle écriture, mais moins complète.

Jehan de Fresnoy, escuier, tient du roy en ladicte chastellerie XIX liv. de terre, et II arrièrefiez.

Damoiselle Aalis, fame feu Philippes de Lardières, tient en fié du roy, XL livres de terre par an, et IIII arrièrefiez.

Mons. Adam de Galonnel, sires de Villers-Adam, tient en fié du roy, VIII^{xx} livres de terre, et VII arrièrefiez.

Thomas Croy, de Croy, tient en toutes choses, IIII l.

Madame Perrenelle de Baillon et de Loiche, jadis fame de feu Mons. Poucin, tient en fié du roy III arrièrefiez.

Item, ladicte dame tient en fié du roy, IIII l.

Item, I autre fié de Chambli, et II^{c} et IIII^{xx} l. t. sur le Temple à Paris.

Guillaume le Machecrier, VI l. XVIII s., et I arrièrefié,

Madame de Neaufle, tient du roy nostre sire en fié, VII^{xx}X l., duquel fié il y a environ XXV arrièrefiez qui meuvent des fiez de Beaumont.

La demoiselle de Bracuel tient du roy nostre sire en fié, II s. de cens et C s. de rente.

Robert Bernart, tient du roy en fié, X l. p. de rente.

Bertaut du Méru, escuier, pour cause de sa fame, tient à Chambli, X livres de terre en fié.

Jehannin d'Auviller tient V s. du roy sur une maison à Beaumont, et I arrièrefié.

Jehan de Heudonville tient du roy en fié XL l. de terre par an.

Robert Héron, escuier, tient en fié du roy CV s. de terre.

Hues d'Asnières, escuier, tient en fié du roy LX livres de terre, et VI arrièrefiez.

Regnaut de Méru, escuier, tient en fié du roy VIII^{xx} livres de terre, et VI arrièrefiez.

Dreue de Sequeuses, escuier, tient du roy en fié XXX s. de rente.

Regnaut le Conte, de Heudonville, escuier, tient du roy en fié XX livres de terre, et II arrière fiez.

Mons. Robert de Mortefontaine, chevalier, tient du roy en fié LX s. de rente, et I arrièrefié.

Jehan d'Anserville, escuier, tient du roy en fié, à Lardières, LX l. de rente, et I arrièrefié.

Il nous faut savoir les fiez qui estoient tenuz du seigneur de Chambli avant la révocation faite des dons qui faiz li avoient esté du roy Philippe-le-Bel, li quel furent trouvez arrière fié du roy quant l'autre prisiée fut faite par Mons. Adam Bouli, chevalier, et Jehan Loncle, adonc bailli de Caen, dont li nom s'ensuient, sont venu ès fiez le roy, nu à nu. Et faut savoir la valeur de ce que chascun en tient.

La dame de Bailleul.
Les hoirs Jehan Poucin.
Jenequin de Ladoutre.
Mons. Robert de Mortefontaine.
Mons. Guillaume de Fours.
Mons. Jehan de Vinay.
Mons. Philippe de Précy.
Mons. Adam de Gaillon.
Nicolas Valaon.
Jacques le Machecrier.
Drouet de Croy.
Les hoirs Adam de Moustiers.
Symon le Charimbus.
Jehan Cassort.
Marie fame feu Vincent le Tilleel.
Jehan de Charny.
Guillaume de Bruieres l'ainsné.
Perrin, fil Perrot de Bruières.
Thibaut de Buçay.
Philippe du Mesnil.
Regnaut de Morangle.
Jaques Bequet du Mesnil S. Denys.
Pierre Mouton.

Damoiselle Aaliz, fame feu Philippe de Lardières, tient du roy. Faut savoir quoy et ce que vaut, et le pris. Et x arrièrefiez.

Gillot de Montcevrel, escuier, tient du roy en fié VIII livres de terre, et II arrièrefiez.

Mons. Pierre de Noientel, chevalier, tient du roy en fié XL livres de terre, et IIII arrièrefiez. Ouquel fié il a toute justice haute et basse.

Philippe du Mesnil tient du roy en fié IIII^xx livres de terre, et XIII arrièrefiez.

Mons. Gervaise du Fresnoy, chevalier, tient du roy en fié IIII^xx livres de terre, et VIII arrièrefiez.

Jehan de Lusarches, escuier, tient du roy I fié qui vaut XI^xx livres de terre, et II arrièrefiez.

Item, ledit Jehan tient du roy I fié à Méru, qui vaut C livres de terre, et III arrièrefiez.

Mons. Guillaume de Vallengeugart, chevalier, tient du roy IIII livres de terre, et III arrièrefiez.

Guiot le Bouteiller tient du roy en fié, XIIII l.

Mons. Adam le Bouteiller, XLIIII livres de terre.

Madame Perrenelle de Leur-mesons, tient en fié VIII livres de terre.

Mons. Symon de Guyencourt, chevalier, tient en fié du roy LX s. de rente.

Mons. Mouclou le Bossu, de Sailleville, tient du roy en fié IIII l. VIII s., et VII arrièrefiez.

Jehan d'Anserville tient du roy en fié XL livres de terre, et VI arrièrefiez.

Mons. Gasse de Lille, chevalier, tient du roy nostre sire LX livres de terre, et II arrièrefiez.

Guillaume de Beaumont tient du roy, pour cause de sa fame, VII^xx l. de terre, et VIII arrièrefiez.

Item, ledit Guillaume tient du roy en fié XII livres de terre.

Guillaume du Plessie tient du roy en fié XII livres de terre, et III arrièrefiez.

Guillaume de Beaumont, pour cause de sa fame, tient du roy IIII livres de terre.

Item, ledit Guillaume tient, pour la cause dessus dicte, LX sols de terre, et III arrièrefiez.

Mons. Philippe de Trye, chevalier, tient du roy un fié qui vaut x livres de terre.

Guillaume de Beaumont tient du roy un fié qui vaut VII^xx livres de terre, et I arrièrefié.

Jehan de Dampont tient du roy I fié qui vaut XVI livres de terre, et II arrièrefiez.

Mahi d'Abencourt, escuier, tient du roy I fié qui vaut XL livres de terre, et I arrièrefié.

Mons. Guillaume Caltot, chevalier, tient du roy en fié XL livres de terre, et V arrièrefiez.

Agnès, dicte La Championne, de Beaumont, tient du roy en fié C s.

Pierres de Lusarches tient du roy en fié LX sols de terre.

Les enfans Jehan le Forestier, le Joenne, tiennent en fié du roy x s.

Marie du Temple tient, en Champaignes, en fié, du roy, XXX s.

Mons. Jehan de Houdencourt, chevalier, tient en fié, du roy, C livres de terre, IX arrièrefiez.

Madame de Wirmes tient en fié du roy, à un hommage, en la prévosté de Beaumont, VI^xx IIII l. XII s. II d. ob. et XXVI arrièrefiez.

Jehan le Hideus tient du roy en fié, sus le travers de Beaumont, x livres.

Mons. Raoul Burel tient du roy en fié LXX livres de terre, et XII arrièrefiez.

Philippe de Lardières tient du roy XXIIII livres de rente.

Contesse de Heudeville tient du roy XIII livres, et III arrièrefiez.

Payen de Heudenc tient en fié LX livres.

Jehan de Bracheul tient en fié CII livres.

Jacques de Meleun tient en fié XXX s.

Jehan Payen, autrement Poucin, tient en fié du roy nostre sire, IIII livres VII s.

Guillaume du Plessie tient du roy nostre sire, en fié, LX s., et III arrièrefiez.

Cy après s'ensuient les noms de toutes les villes de la prévosté et chastellerie de Beaumont-sur-Oyse, et le nombre des feus de chascune des dictes villes, et qui y a haute justice, et qui l'a basse, et qui le ressort diviséement de chascune des dictes villes.

Premièrement. La ville de Beaumont; où il y a IIII c. feus; et y a li roys toute justice, haute et basse.

Berne; il y a LXX feus, et y a le roy justice, haute et basse.

A Leur-mesons a XI feus, qui sont de la prévosté de Beaumont, où li rois a justice, haute et basse.

Au Mesnil S. Denys a XXIII feus, où li rois a justice, haute et basse.

A Morency-la-Ville a li rois justice, haute et basse, et y a environ XXXV feus.

A Praieres, li rois a toute justice, haute et basse, et à Courcelles aussi, qui est de la parroisse; et y a II c. et IX feus.

A Nerville, qui est de la parroisse de Praières, a VII feus; et y a le roy toute justice, haute et basse.

A Précy a XXXVIII feus, appartenans à la prévosté de Beaumont, dont il en y a XIII feus souz mons. Philippe de Précy. Item, XVI, souz Hue d'Asnières. Item, IX feuz, souz S. Lienoire; et y a le roy toute justice, haute et basse.

Au Mesnil S. Denys a VI^xx feus, dont il en y a XXXIII où li roys a toute justice, haute et basse, et dessouz, et XXXV feus où il a justice, haute et basse, de chastel.

Au Plessie a environ X feus, sur les quiez li roys nostre sire a haute justice et basse.

Au Mesnillet a VI feus, et y a le roy justice, haute et basse.

Item, à Asincourt-lez-Méru a VII feus, et y a le roy justice, haute et basse.

Item, Andeville a XXI feus, et y a le roy justice, haute et basse.

A Anseurville a XII feus, et y a le roy justice, haute et basse.

A Lardières a L feus, et y a le roy justice, haute et basse.

A La Lande et à Lyecourt a VI feus, et y a le roy justice, haute et basse.

A Boulonville a XXXII feus, et y a le roy justice, haute et basse.

A Croy a IIII^xx feus, et y a le roy haute justice et basse; et de ce doit-on oster XIII feus qui sont hostes S. Denys.

A Borrenc a environ II^c et II feus, sur les quiex li roys a justice haute, et basse, l'abbesse.

A Ablaincourt a LIIII feus, et a le roy justice, haute et basse.

A Montigny-la-Patière a environ XVI feus, et y a le roy justice, haute et basse.

A Haraville a environ XXIIII feus; si tient la dicte ville Jehan de Bailleguegart en fié de Mons. Guillaume de Baillengeugart (1), chevalier, dont ledit chevalier est homme le roy, et y a le roy justice, haute et basse.

A Nully, le prieur de Bornel y a III feus, sur lesquiex li roys a justice, haute et basse.

A Verville a XI feus de la prevosté de Beaumont, sur lesquiex li roys a justice, haute et basse.

A Bornel, le prieur de Bornel a XX feus, et cognoissance de meuble et de chatel, et li roys y a haute justice.

A Bailleul a LV feus, dont Guillaume de Beaumont en a XLVII s., et Guiart de Ravenel VIII feus, sur lesquiex li roys a toute justice, haute et basse.

(1) Guillame de Valiangoujart.

Au Plessie-Godart a XII feus, sur lesquiex li roys a toute justice, haute et basse.

A Hamecourt a XXV feus, sur lesquiex li roys a justice, haute et basse.

A Praierolles, l'église S. Denys a de la prévosté de Beaumont XXIIII feus, sur lesquiex li roys a justice, haute et basse ; et ne sont pas prisiez pour ce qu'ils sont hostes de S. Denys.

A Morency-la-Ville a XXXV feus, sur lesquiex li roys a toute justice, haute et basse, et l'église S. Denys et Philippe de Morency y ont la cognoissance jusques à V s. ; et ne seront pas prisiez pour ce qu'ils sont hostes S. Denys.

A Champaignes a environ CX feus, où le roy a justice, haute et basse.

Ce sont les villes ou le roy nostresire a haute justice, et sur quans feus, et autres segneurs le dessouz.

A Asnières a IIC. X feus où li roys a haute justice, et la commune d'Asnières le dessouz, excepté l'exécucion de larron qui au roy appartient quant li cas si offrent, et en tiennent plusieurs possessions pour lesqueles il paient chascun an au roy CX l. p.

Au Mesnil S. Denys a environ LXII feus sur lesquiex le roys a haute justice, et Philippe dou Mesnil, Philippes de la Mote, les hoirs madame de Wirmes, mons. Gervaise de Fresnoy, damoiselle Perrenelle de Fresnoy, mons. Jehan, curé de S. Martin-le-Nuef, et Pierre de Berne, seigneurs communex, ont en la dicte ville sur les diz feus la basse justice.

A Mortefontaine a environ L feus sur lesquiex li roys a haute justice, et y ont mons. Robert de Mortefontaine, Pierre Maillart, Symon de Mort ? (1), Pierre de Berne, à cause de sa fame, damoiselle Ysabel fille mons. Raoul de Mour, justice basse.

A Goducourt a environ XV feus, des quiex Regnaudin de S. Pol en a VIII, et l'ospital madame Aalis et autres segneurs en la dite ville, ont les autres, sur lesquiex le roy nostre sire a haute justice, et les diz segneurs la basse.

A Ronquerolles a XXIX feus sur lesquiex mons. Mahy de Trie et autres segneurs ont la basse justice, et le roy la haute.

A Renouval a XX feus où li rois a haute justice, et Jehan de Dampont, la basse.

A Morangle a XXIIII feus sur lesquiex li roys a haute justice, et Regnaut de Morangle, la basse.

A Chambli, ou fié des Mares, à XLI feus où li rois a haute justice, et li sires dudit lieu, la basse.

A Viez-Liz a XXI feus où li roys a haute justice, et li sires du Liz, la basse.

A Fresnoy a II feus où li roys a haute justice, et Mons. Gervais du Fresnoy, la basse.

Item, Villes où li roys n'a que le ressort.

A Percent a XXXI feus, où la dame de Neauffle et les hoirs de Wirmes ont justice haute et basse, et le roy le ressort.

A Maineco urt a VIII feus, où la dame de Neauffle a justice haute et basse, et le roy le ressort.

A Bruières a IIe feus, où la dame de Ronquerolles a justice haute et basse, et le roy le ressort.

A Franconville a XXXVIII feus, où Mons. Guy d'Angleure, chevalier, a justice haute et basse, et le roy le ressort.

A Villers-Adam a C feus, où Mons. Adam de Gaillonnel a justice haute et basse, et le roy le ressort.

1) *Sic*, sans doute *Mortefontaine*.

A Leiche a xl feus où la dame de Bailleul a justice haute et basse, et le roy le ressort.

A Noisy a lxx feus où mons. Adam le Bouteiller a toute justice, et li roys le ressort.

A Borrenc a xviii feus où Sainte-Geneviève de Paris a toute justice, et le roys le ressort. Item, en ladicte ville a vii^{xx} et xviii feus où la dame de Gaucourt et autres segneurs ont justice haute et basse, et le roy le ressort.

A Nanteul lez Beaumont a l feus où mons. Pierre de Noyentel a toute justice, et le roy le ressort.

A Montigny le Prouvaire a xiiii feus où les hoirs la dame de Wirmes ont justice haute etbasse, et le roy le ressort.

A Courcelles a xvi feus où mons. Philippe de Trye a justice haute et basse, et le roy le ressort.

A Corbellessart a xx feus où la dame de Milecent a toute justice, et le roy le ressort.

A Crievecuer a xviii feus où Adam de Méru a toute justice, et le roy le ressort.

A Méru a ix^{xx} feus où Regnaut de Méru et autres segneurs ont toute justice, et li roys le ressort.

Au Mesnil S. Oniere (ou Omere) a xlviii feus où les hoirs la dame de Wirmes et autres segneurs ont toute justice, et le roy le ressort.

A Beloy a l feus où l'Ospital a toute justice, et le roy le ressort.

A Fresnoy a lxx feus où le prieur de Beaumont a toute justice, et le roy le ressort.

A Bornel a iiii^{xx} feus où la dame de Valangogart a toute justice, et le roy le ressort.

A Belleglise a lii feus où ladicte dame a toute justice, et le roy le ressort.

A Baillon a xvi feus où Guiot le Bouteiller a toute justice, et le roy le ressort.

A Joy a xxiiii feus où Jehan de Lusarches a justice haute et basse, et le roy le ressort.

Somme des feus de la chastellerie de Beaumont où li roys a haute justice ii^{m} ii^{c} lxviii feus. Et les domaines tant du roy comme des autres segneurs de ladicte chastellerie montent iiii^{m} viii^{c} iiii^{xx} l. xv s. x d.

Somme des feus de la chastellerie de Beaumont où li roys n'a que ressort xiii^{c} i feu, et li domaines en vaut xii^{c} lxiii l. xiii s. ii d. ob. C'est par an xxv l.

Toute la haute justice de la chastellerie de Beaumont, excepté la basse qui est comprise en le prévosté, est prisée à vii^{xx} l. par.

Ce sont les églises qui sont en l'espécial garde du roy, et ce qu'il tiennent tout admorti, et la value de ce qu'il ont en la prévosté de Beaumont.

Premièrement. En l'église S. Leu, de l'ordre de Cluigny, tient en ladicte chastellerie du roy nostresire pour toutes choses, xxxvi l.

L'église S. Vincent de Senliz, à Nuilly, vi^{xx} livres de terre admortie, et en la garde espécial du roy si comme il dient.

A Morangle, l'abbaye de S. Just tient iiii^{xx} livres de terre en la garde espécial du roy, si comme il dient.

Au Mesnil S. Honorine, l'église S. Honorine tient lxx livres de terre en l'espécial garde du roy, par chartre, si comme il dient.

A Bornel, l'église de la Magdeleine de S. Anthoine lez Paris a en toutes choses xxxiiii l. p., et en l'espécial garde du roy, si comme il dient.

A Belléglise et à Chambli, l'église S. Martin de Pontoise tient en toutes choses cl l., et en l'espécial garde du roy, si comme il dient.

A Borrenc, l'église S. Geneviève a lv livres de terre admortie.

A Houdenc, a une priouré qui vaut, au xe, L livres de terre.

A Bourqueroles *(sic)*, S. Martin de Pontoise a une priouré.

A Goudencourt les Hospitaliers ont terre admortie en l'espécial guerre du roy qui vaut..... (1).

A Berne, Mons. Oudart de Maubuisson doit tenir le cours de sa vie ce que les Templiers y avoient, tout admorti, et vaut VII^{xx} livres de terre.

A Beaumont, l'église de Cluigny a une priouré sous S. Martin-des-Champs, qui vaut au xe, III^{c} livres.

A Noyentel, l'église de Molesmes a une prioré qui vaut, au disime, IIII^{xx} livres de terre.

L'église de Bechéluin a une priouré que on appelle le Lay, qui vaut II^{c} livres au xe.

L'église de Conches en l'éveschié d'Evreus *(sic)* a Ablancourt une prioré, qui vaut, LX livres de terre.

Saint-Martin de Borrenc a une prioré de nonnains qui vaut II^{c} livres de terre.

L'église Nostre-Dame-des-Champs-lez-Beaumont, VII^{xx} IIII livres.

Somme XII^{c} LXXIX livres. C'est pour garde, XXV livres XI s.

CCXI.

Estimation des domaines de Beaumont-sur-Oise et Asnières (2).

BEAUMONT-SUR-OISE ET ASNIERES.

1332. Et après nous venismes (3) à Beaumont-sur-Oyse, le jeudi après la Magdelene, l'an XXXII; auquel jour nous avions mandé par noz lettres au bailli et receveur de Senlis, qu'ils venissent à Beaumont-sur-Oize pour nous aidier et conseillier à nous enformer quiex rentes et revenues li roys nostre sire a en la ville et chastellerie de Beaumont, et pour nous aidier à prisier les dictes rentes. Lequel bailli ne fu pas trouvé en sa dicte baillie, et ledit receveur s'excusa pour maladie. Et avions pris en la chambre des comptes à Paris les rentes et revenus que li roys a à Beaumont et en la chastellerie, et aussi les charges à héritages qui sont deus sus par an. Et après ce, nous mandasmes le prévost de Beaumont et Jehan de Senliz, lieutenant du receveur de Senliz, et les requisimes que il nous nommassent plusieurs personnes de la dicte ville des plus saiges et des plus convenables pour nous adviser quiex rentes et revenues li roys nostre sire a en la ville et chastellerie de Beaumont, et aussi pour nous aidier à prisier les dites rentes à valeur de terre, par pris commun, et non à pris ancien. Lesquiex prévost et lieutenant nous nommèrent les personnes qui s'ensuivent : c'est assavoir, Philippe de Pons; Gautier de la Croiz; Garnier du Puis; Pierre le Clerc; Pierre de Laictre; Jehan le Potier; Jehan de Fresnay, sergent; Frémin de Berne; Jehan le Cordier, clerc; Thomas le Begue; Guerin Biaumez, visconte de Evreus; Jehan le Chandelier. Et avec eulz furent Henry Goudemant, prévost de Beaumont, et ledit Jehan de Senliz, lesquelles personnes présentes devant nous feismes jurer sur Saintes-Evangiles que bien et loyalement il nous

(1) Le montant n'y est pas.

(2) Tiré d'une *Assiette du douaire de la reine* Jeanne de Navarre, troisième femme de Charles-le-Bel, de l'an 1332. (*Arch. Imp. Reg. P.* 26 *cote CXIV.*) En double sous la cote LXXXX du même registre.

(3) Les commissaires Iehan des Prez et Nicole de Cailloue, clerc du roi.

aviseroient et diroient à povoir, quels rentes et revenues li roys a en ladite ville et chastellerie de Beaumont, et qu'il nous aideroient à prisier les dictes rentes justement à valeur de terre par pris commun. Et ainsi le promistrent à faire. Et après ce que nous leur baillasmes par escript particulièrement les rentes et revenues dessus dictes en la manière qui s'ensuit.

C'est assavoir la grant ylle dessouz le pont, XL s. par an.

Item, la petite ylle, II s.

Item, le pressouer devant la Maison-Dieu, mais qu'il soit mis en estat, L s.

Item, le pressouer de la Cengle, LX s.

Item, le pressouer du Marchié, XLVIII s.

Item, le pressouer de la maison Michiel Estruenart, XLVIII s.

Item, l'accroissement de la maison de Pierre de Pressy, XII d.

Item, l'accroissement nouvel de celle maison, XII d.

Item, la rente que la commune d'Asnières doit chascun an, CX s.

Item, la cense de Heudeville, XV s.

Item, l'erbage de Fresnay, X s.

Item, la cense de Méru, XV livres par an.

Et avec ce prent sus, Mons. Philippe de Pressy, du don du roy, X livres p. Et est assavoir que les rentes dessus dites ne croissent, ne apeticent.

Item, le paiage du pont de Beaumont par yaue et par terre (1).—IIII^c L l.

Item, le ban et le forage.—XX l.

Item, les II fours de Beaumont et le tonnelieu du pain.—XXVIII l.

Item, le vinage.—IX l.

Item, le forest de l'yaue d'Oise (2).—X l.

Item, les II molins dessouz le pont—paiez fiez et aumosnes et eulz soustenir,—XIIII l.

Item, les avaines de Rondeaus.—LX s.

Item, la coustume des mesures à vin.—XX s.

Item, le tonnelieu de Beaumont.—VI l.

Item, les cens et les ventes—les cens de la ville de Beaumont C l.—Item, les ventes d'iceulz cens et sur les héritages qui les doivent à assigner grans sur cens sans congié du roy, si en sont les ventes moins prisiées. Par an XX l.

Item, le seel et l'escripture de Beaumont—l'émolument du seel de Beaumont L l. Item, l'escripture LX l.

Item, les explois de la prévosté des amendes de LX s. et au dessouz—IIII^xx X l.

Item, l'escripture du clerc au prévost qui onques mais ne fut vendue—par an XXX l.

Item, IX arpenz et demy de prez que li roys a à Thory et en Tuebuef—XX l.

Item, II molins que li roys a à Parcent—paié XI muis de grain qu'il doivent par an d'aumosnes, et eulz soustenuz (3), XII l.

(1) Dans le texte, cet article et les suivants n'ont point les quotités de produit, mais ils se répètent un peu plus loin avec ces quotités. Pour éviter cette répétition, nous avons fondu les deux passages du document en un seul, mettant après un tiret les quotités qui se trouvent seulement dans le second de ces passages du texte.

(2) C'est-à-dire le droit de pêche dans l'Oise. Dans l'origine, le mot *Foret* signifia le droit de couper du bois et celui de pêcher. C'est ce qui fait qu'il n'y avait qu'une seule juridiction pour les eaux et forêts.

(3) *Et eulz soustenuz*, c'est-à-dire réparés.

Item, la voierie de Morency — xxx s.

Item, la tonture des saux (1) du pont de Beaumont — LX s.

Item, les fiez et arrièrefiez.

Item, la haute justice et le ressort.

Item, la garde des églises.

Item, IIII arpenz de prez séanz à Tory tenanz au pré du roy, qui sont venu au roy par la mort Pelerin de Laon — VIII l.

Et quant il orent oy et veu les parties dessus dites il nous dirent par leurs serements que il ne savoient que li roys eust autres rentes, revenues et appartenances, en la ville et chastellerie de Beaumont. Et pour nous aidier justement à prisier les rentes dessus dites nous demandèrent délay et délibéracion pour eulz aviser; lequel nous leur octroiasmes. Et après ce, eulz bien avisez, tout d'un accort, si comme il disoient, nous rapportèrent la prisiée des rentes dessus dites en la manière qui s'ensuit qui croissent et appeticent (2).

Item, les fiez mouvans du roy pour cause du chasteau de Beaumont prisiez jadiz par maistre Jehan de Ceres, trésorier d'Orléans, et Fremin de Coquerel, quant la terre de Beaumont fu ballié à la royne Jehanne, si comme il appert ès escrips de la chambre des comptes, par an, IX^{xx} XI l. VIII s. p. (3).

[Ce sont les parties des rentes de la chastellerie de Beaumont jadis balliés à ma dame la royne Jehanne, et non balliés à présent à ma dame la royne, pour ce que li roys les a mis hors de sa main. Premièrement, la cheriseroie de Beaumont (4) de la value de C s. par an donnée par le roy à Jacques de Chambli, à héritage. Item, les prez le roy senz ladite cheriseroie donnez audit Jaques, à héritage, prisiez X l. Item, la mairie de Nueville, prisiée XIIII l., laquelle tiennent du roy les enfans Mal-en-grene. Item, les rentes de Bernes, de Cray (5), et Mesnil-Saint-Denys tient la contesse de Sanceurre et par arrest de la cour, si comme on dit. Item, les trois arpens de terre que on dit qui sont à Bruières, et toutes les rentes que li roys soloit tenir à Bruières et ès appartenances, tient la dame de Rouvray par lettres du Roy, si comme nous a dit le lieutenant du receveur de Senliz. Item, la dame de Rouvray tient les dismes de Beeloy et de Villainnes.]

Item, pour les arrièrefiez appartenanz audit chastel, prisiez si comme dessus est dit, LVI l. II s.

Item, pour la haute justice que li roys a en ladite chastellerie, tant en son domaine, comme sus les bas justiciers, prisiée jadis par les personnes dessus dites, rabatu III^{c} feus pour la ville de Chambli qui ne sont mie en ce pris, VI^{xx} V l.

Item, pour le ressort que le roy a en ladite chastellenie sur les haus justiciers, prisiée par les personnes dessus dites, XXV l.

Item, pour la garde des églises en ladite chastellerie, prisiée par les personnes dessus dites, XXV l., sanz les églises de S. Denys, de Clugny, de Beaumont et de Maubuisson, qui demeurent devers le roy.

(1) *La tonture des saux*, c'est-à-dire la coupe des saules.

(2) Ici se trouve au texte le second passage que nous avons fondu avec le premier.

(3) On lit en marge: *Sumantur partes istorum feodorum et retrofeodorum hic à tergo.* C'est ce que nous imprimons ici entre crochets.

(4) *La cheriseroie*, c'est-à-dire un verger planté de cerisiers.

(5) *De Cray* (*Sic*) lisez : de Crouy.

Item, pour la geole, lui soustenue (1), par an xxiiii l.

Somme des parties dessus dites xve xii l. xv s.

Et est assavoir que nous n'avons pas mis en prisiée, ne assis à ma dame la royne, plusieurs rentes qui furent jadis prisiées et baillées à madame la royne Jehanne. Car depuis li roys les a mis hors de sa main, si comme nous avons veu par lettres, et par information de Jehan de Senliz, lieutenant du receveur de la baillie de Senliz, dont les parties et les noms de ceulz qui les tiennent sont au doz de ce rolle (2).

Et des rentes dessus dites doit-on rabattre par an à héritage les parties qui s'ensuient.

Premièrement. Aux prestres de la doyenné, lxv s.

Item, à l'église de Beaumont, au jour de feste S. Trutaut, v s.

Item, au prieur de Beaumont, au jour de l'assumption Nostre-Dame, xxv s. vi d.

Item, audit prieur, au Noël, xxxii s. vi d.

Item, audit prieur, à la S. Jehan, c s.

Item, audit prieur, à la S. Pierre-aux-Liens, x s.

Item, audit prieur, au banc, xxv s.

Item, audit prieur, à la feste S. Remy, xii s.

Item, audit prieur, à la feste S. Denys, xxvi s.

Item, audit prieur, à la feste S. Calice (3), v s.

Item, audit prieur, pour les hoirs Thibaut de Champaigne, xvi l.

Item, ledit prieur, pour Jehan de la Halle, xlviii s.

Item, ledit prieur, à l'Ascencion, en la somme de xiii l. ii s. qui sont acoustumez à estre prins en une somme par le compte de la baillie de Senliz, entre les charges à héritages, sur la prévosté de Beaumont, si comme il appert par les parties au dos dudit compte de l'Ascencion, c s.

Somme audit prieur par les parties dessus dictes, xlvi l. xii s.

Item, audit prieur, x mines de sel, la mine prisiée iiii s. valent xl s.

Item, à S. Fiacre, xx s. l'an.

Item, aus moines du Lay, xl l.

Item, au prieur de Bourneel, v s.

Item, au chapelain de la tour, iiii l., et pour robe, lx s.

Item, à l'église de S. Lorenz (4), xx s.

Item, au chapelain de N. Dame des Champs, lx s.

Item, à l'abbaye de Royaumont, pour la robe Anquetin, xl s. l'an, et pour le pré dudit Anquetin, xvi s. l'an.

Item, pour le fils dudit Anquetin, ii muys de vin, prisié le muy xx s., xl s.

Item, au prestre de Champaignes, v s.

Item, au prieur de Morengle, xl s.

Item, audit prieur, xx s., à l'Ascencion, encloz ès xiii l. ii s. dessusdis.

Item, à Thibaut de Cormelles et Jehan de Crespy, pour leur fié, c s.

(1) C'est-à-dire pour la prison, à la charge des réparations.

(2) Voyez ce qui est imprimé plus haut entre crochets.

(3) S. Calixte.

(4) C'est la paroisse de Beaumont.

Item, aus nonains de Borrenc, VII l. XVI s.

Item, à Oudart de Lusarches, LX s.

Item, au chapellain de la Magdalene, à l'Ascencion, encloz esdiz XIII l. II s., et pour robe, C s.

Item, aus chanoines de N. Dame des Champs, IIII muys de vin, prisié le muy XX s., valent IIII l.

Item, aus moines de la prieuré du chastel d'Anières, à l'Ascencion, encloz ès XIII l. II s. dessus dis, XX s.

Item, à yceulz, I muy de vin, prisié XX s.

Item, au chapellain de Champaignes XL s.; et pour robe LX s.

Item, à l'oyr mons. Jehan Poucin, chevalier, pour la rente que soloit penre Jehan, filz Pierre Louvet, sur la prévosté de Bons-Molins, XIII l. IIII s. Et pour la rente que prenoit l'oir Aleaume dit le Keu, à Beaumont, XLVIII s.

Item, à l'abbaye de la Victoire, C s.

Item, aux chanoines de Beaumont, LXX s.

Item, à Hue de Crespières, X l.

Item, à Thibaut de Ruel, XL s.

Item, à S. Remy d'Asnières, V s.

Item, au prestre de S. Lorenz de Beaumont, V s.

Item, au prieur de S. Liénoire, en II parties, CV s.

Item, au prieur de Noyentel, à l'Ascencion, enclos ès XIII l. II s. dessus dis, XXXII s.

Item, les lays le conte de Poitiers à l'abbaye de S. Remy en France, pour un cierge ardant devant le corps S. Denys, XVI l., et pour une chapelle illec, VIII l.

Item, à l'église S. Cosme et S. Domien (*sic*) de Lusarches, XII l.

Item, à la Maison-Dieu de Paris, pour le soustenance des povres et une chapellenie illeuc, X l. l'an.

Item, aux hoirs Robert de Caours, de Gounesse, LXIIII s.

Item, à Jehan de Gounesse, XLVIII s.

Item, aux hoirs de Jehan A-l'Espée, IIII l.

Item, aux hoirs Pierre de Hérouville, XXXII s.

Item, aux hoirs Lucas le Keu, LXIIII s.

Item, aux hoirs Roger de La Chambre, XLVIII s.

Item, à l'église de S. Denys en France, XXVIII mines et demie d'avaine, prisiée la mine par les dictes bonnes gens à II s. VI d., valent LXXI s. III d.

Item, aus chanoines de N. Dame de Beaumont, XL s.

Item, pour les cenz de la chanoinie le roy, V s.

Item, à l'église de Royaumont, LVI l.

Item, à la Maison-Dieu de Chambly, XX l.

Item, à Malengrene, I muy de fourment prisié VI l.

Item, à mons. Philippe de Pressy, chevalier, XXII l. par.

Somme par an des déchiez dessus diz, III^{c} IIII^{xx} XIIII l. XV s. III d. par.

Le pris des demaines de Beaumont, sanz la forest de Crenelle, XV c. XXII l. XV s. p. Du verdier et des sergens de la dicte forest, III^{c} IIII^{xx} XIIII l. XV s. III d. p.

Le déchié sanz les assignez sur la dicte forest et sanz les gages.

Reste franc, quant à ce, XI c. XXVII l. XIX s. IX d. p.

CCXII.

Estimation des coupes de la Forêt de Carnelle (1).

La Forest de Quernelle.

Et pour savoir quantes ventes et de quanz arpenz chascun an l'en porroit faire en la forest de Quernelle et combien le pays en porroit délivrer sanz essillier la dicte forest, nous mandasmes (2) Regnaut d'Aumont, escuier, verdier à présent de ladicte forest; Jehan de Senlis, Pierre de Latre, bourgois de Beaumont, marchans en ladicte forest; Oudart Gounin, mesureur le roy; Hemery de Beeloy, mesureur, et Guillot d'Augi demorant à Bailleval, clerc, lesquelz nous feismes jurer sur Saintes-Evangiles que bien et loyalement à leur pover ilz nous aviseroient quantes ventes et de quanz arpenz l'en porroit faire en ladicte forest et combien le pays en porroit délivrer sans essillier ladicte forest. Et ainsi le promistrent à faire, et nous demandèrent délay pour eulz aviser et pour visiter ladicte forest. Et nous leur octroiasmes à leur volente. Et quant ilz oront visité la dicte forest et alé parmi, de lonc et de [lé], il retournèrent par devers nous et nous rapportèrent touz d'un accort et par leur serement, que il avoit en ladicte forest si grant quantité de bois que on y povet bien faire chascun an II ventes, l'une ès haut bois, de XII arpenz de plain bois chascun an, à tailler de l'aage d'entre XL anz et L, l'arpent prisié quant on le taillera XXX l., à commencer ou lieu que l'on dit le Val-Bernart et d'illec en l'assene. Somme pour le XII arpenz dessus diz, chascun an, III^{c} XL l. Et avecques ladicte vente se fera une autre vente ès petiz bois de l'age d'entre XVI ans et XXIIII, à coupper chascun an XXVIII arpenz de plain bois, l'arpent prisié quant on le taillera X l., à commencer ou Trembleel et ès ventes que Colart Bertrand et Symon Maignet usèrent, premièrement entre les Fontaines Berart et la Grande Toufle. Somme pour les XXVIII arpentz dessus diz, II^{c} IIII^{xx} l. par. chascun an. Somme pour les II ventes dessus dictes, chascun an, jusques à LX anz, VI^{c} XL l. Item, les personnes dessus dictes prisièrent les exploiz de ladicte forest chascun an, IIII l. Et est assavoir que nous avons retenu pour le roy les II touffes de grant bois où le roy a acoustumé de faire son petit disner, sans faire couppe; et les arbres fruit portanz. Et ma dame la royne aura sanz pris le parc d'Asnières, et à son coust le garnira de bestes, et soustendra de closture. Et li avons lessié la chasce aus grosses bestes en ladite forest, sanz pris. 1332.

Somme par an pour la dicte forest et exploiz, VI c. XLIIII l.

Et de la somme dessus dicte déchéant pour les assignez, qui s'ensuient:

Premièrement. Au prieur de Beaumont, VI c. XVIII moles de buche, XVI d. pour molle, valent XL l. IIII s.

Item, aus frères et suers de la Meson-Dieu de Pontoise, IIII c. molles de buche, XVI d. pour molle, valent XXVI l. XIII s. IIII d.

Item, au maire de Lusarches, C molles de buche, XVI d. pour molle, valent VI l. XIII s. IIII d.

Somme XI c. XVIII molles, valent à argent LXXIIII l. X s. VIII d.

(1) Tiré d'une *Prisée des forets du douaire de la reine*. Le commencement manque, mais le document doit être du même temps que le précédent. (*Arch. Imp. Reg. P. 26 cote CXVIII.*)

(2) Ce sont les mêmes commissaires que dans le document précédent : Jehan des Prez et Nicole de Cailloue.

Item, pour les gages du verdier de ladicte forest II s. par jour et c s. pour robe, valent pour l'an XL l. X s.

Item, pour IIII sergenz de pié à garder ladicte forest, VI d. par jour pour chascun, valent pour l'an, XXXVI l. X s.

Somme pour les gages des sergens de ladicte forest, LXXVIII l.

Somme pour tous les dechiez, VII^{xx} XII l. X s. VIII d. par.

Demeure franc par an, IIII c. IIII^{xx} XI l. IX s. IIII d.

CCXIII.

Mathieu II, comte de Beaumont-sur-Oise donne aux Hospitaliers de Chateaudun vingt sous de rente pour l'obit de la comtesse sa femme, Mahaut de Chateaudun.

1158. In nomine Sancte et individue Trinitatis. Ego Matheus, comes Bellimontis, notum facio tam futuris quam presentibus, quod Mathildis comitissa, uxor mea, VI kal. julii migravit a seculo. Igitur, pro remedio anime ipsius et mee, et pro remedio animarum predecessorum nostrorum, ego et filii mei, domui sancti Hospitalis Castriduni damus XX solidos, annuatim possidendos in festo Omnium Sanctorum, de redditu nostro de Novo-Burgo, quicumque noster ministerialis sit. Ut hoc autem donum firmum et inviolabile in perpetuum maneat, sigilli mei auctoritate firmatum est et roboratum. Auctum est autem hoc donum Coctomonte (1), in domo mea, quibusdam de militibus meis astantibus et laudantibus, videlicet Petro de Borrenc et Petro de Ronceroles, et de servientibus quoque meis, scilicet Lamberto, cubiculario, Gisleberto, corbubenario, Nicolao de Belvaco, nothario meo, cujus manu hec carta scripta est, Ermenfrido, coquo. Anno Incarnati Verbi M.° C.° L.° VIII°.

(*A. I. Carton S*, 5243, *pièce* 8.) Orig. parch. sceau perdu.

CCXIV.

Charte de Barthelémy, évêque de Beauvais, touchant une restitution faite au prieur de Nointel, de la dîme de Beaumont.

1170. Bartholomeus, Belvacensis episcopus, universis fidelibus in perpetuum. Notum fieri volumus presentibus et futuris, quod cum ecclesia beatæ Mariæ Molismensis et monachi ejus apud Mustellum Deo servientes, decimam Bellimontensem benigna donatione antiquorum diu libere ac quiete possedissent, Ansculphus de Haimonis-Villa eam violenter et injuste occupavit, ac sibi usurpavit. Unde, cum ex mandato venerabilis domini Rotroudi, Rothomagensis archiepiscopi, in cujus parrochia manebat, semel, secundo ac tertio super hoc a nobis citatus venire contempsisset, anathematis vinculo innodatus fuit. Denique sui pœnitens erroris, in ecclesia Beati-Laurentii (2) Bellimontensis sub frequentia populi, super tanto excessu satisfecit, atque in manu Pagani, decani nostri de Meru, qui vices nostras agebat, decimam prædictam reddidit; quicquid in ea cla-

(1) *Cuimont.* C'est le nom primitif du lieu où fut bâtie plus tard l'abbaye de Royaumont.

(2) En surligne: *Leonorii.*

maverat, sive tenuerat, cum Simone et Mathildi, pueris suis, ecclesiæ prænominatæ et monachis de Mustello, assensu Mathei comitis, et filiorum ejus, Mathei, jam militis, et alterius Mathei, ac Philippi, et Simonis de Campaniis, ad cujus feodum decima ipsa ab antiquo spectaverat, libere et quiete perpetuo possidendum concessit. Actum apud Bellum-montem, anno Incarnationis Dominicæ, MCLXX.

(B. I. *MSS. Duchesne*, vol. 60, pag. 17.) Copie.

CCXV.

Adèle, dame de Gournai et jadis comtesse de Beaumont, donne un demi-arpent de vigne au prieuré de Gournai, pour son anniversaire.

Notum sit omnibus tam presentibus quam futuris, quod Adaléidis, comitissa quondam de Ap. 1174.
Bellomonte (1), nunc autem de Gornaio domina, dedit ecclesie beate Marie de Gornaio et monachis ibidem Deo servientibus, pro salute anime sue et antecessorum suorum, dimidium arpentum vinee, que est in territorio Canolii, quam emit a Galtero Fibiot. Sed postquam supradicta comitissa de hoc mundo migraverit, et certi fuerint monachi de morte ejus, in crastinum tricenale suum incipient, et sic singulis annis, redeunte tempore anniversarii ejus, tricinale facient. Testes: Ricardus, supprior, Galterius, Hildierius, Johannes de Combeels, Gervasius, Morinus, Godardus. De laïcis: Matheus et Johannes, filii predicte comitesse, Guido de Pissecoc, Radulfus de Turre, Simon, prepositus, Garinus, presbiter.

(A. I. *Carton S*, 1417, *pièce* 105) Org. parch., auquel reste le sceau du prieuré de Gournai, représentant la Vierge assise et vue de face.

CCXVI.

Mathieu III, comte de Beaumont, promet à Philippe-Auguste d'embrasser son parti dans le cas où le pape voudrait forcer ce monarque à faire la paix avec le roi d'Angleterre (2).

Ego Matheus, Comes Bellimontis. Notum facio universis ad quos presentes littere pervenerint Août 1203
quod ego domino meo Philippo, illustri regi Francorum, consului, ut, neque pacem, neque treugam faciat regi Anglie, per violentiam vel coactionem domini pape, vel alicujus cardinalis. Quod si dominus papa eidem domino Regi super hoc faceret violenciam vel coactionem, concessi domino regi, tanquam domino meo ligio, et creantavi super omnia que ab eo teneo, quod ego ei super hoc essem in auxilium toto posse meo, et quod cum domino papa nullo modo pacem facerem, nisi per dominum regem. Quod ne possit aliquatenus irritari, sigillo meo litteras presentes confirmo. Actum Medunte, anno ab Incarnatione Domini, millesimo ducentesimo tercio, mense augusto.

(A. I. *Trésor des Chartes Carton J*, 628, *pièce* n.° 3[11].) Orig. parch. avec le sceau équestre de Mathieu III.

(1) Adèle, deuxième femme de Mathieu II.

(2) C'est l'année où Philippe-Auguste enlevait à Jean-sans-Terre la plupart de ses places de la Normandie, qu'il soumit entièrement l'année suivante.

CCXVII.

Semblable promesse de la Comtesse Eléonore.

Ego El., comitissa Sancti-Quintini et domina Valesii. Notum facio universis ad quos littere presentes pervenerint, quod ego, domino meo, Philippo, illustri regi Francorum, consului, ut neque pacem, neque treugam faciat regi Anglie, per violentiam vel per coactionem domini pape, aut alicujus cardinalis. Et si dominus papa eidem domino regi Francie super hoc aliquam faceret violentiam, aut coactionem, concessi domino regi, tamquam domino meo ligio, et creantavi super omnia que ab eo teneo, quod ego super hoc essem ei in auxilium toto posse meo, et quod cum domino papa nullo modo pacem facerem, nisi per dominum regem. Quod ne possit aliquatenus irritari, sigillo meo litteras presentes confirmo. Actum Medonte, anno Domini M.° CC.° tercio, mense augusto.

(A. I. *Tr. des Ch. J.* 628, n.° 3[8]) Org. sceau perdu.

CCXVIII.

Confirmation par Jean, comte de Beaumont, d'une inféodation faite par Hugues de Wignori à Hémery de Jouy.

1211. Notum sit omnibus tam presentibus quam futuris, quod ego Hugo de Wignouru dedi et concessi Hemerico de Joiaco et heredibus suis, assensu Johannis, comitis Bellomontis, ad cujus feodum hoc spectat, et assensu Richeudis, matris mee, et sororum mearum, in feodum et homagium ligium jure hereditario possidendum, quicquid pronominatus Heimericus et mater sua, de me possidebant. Ita tamen quod vinee feodi istius venient ad pressorium meum ad terciam urnam. In toto autem tempore vindemiarum, curia dicti Heimerici, portis apertis, exposita erit omnibus qui venient ad pressorium memoratum causa pressorandi. Et si aliquis vineam vendiderit, in tempore vindemiarum, in curia sepedicti Heimerici, roagium, salvis vinis dicti Heimerici, ad manum meam libere devolvetur. Transacto siquidem tempore vindemiarum, tota jurisdictio ad pretaxatum Heimericum revolvetur. Sciendum est etiam, quod si Heimericus vina mea hospitari voluerit, exinde vina mea libere et immuniter asportabuntur. In curia vero predicta quedam platea metis signata est, que in jure meo remanet, et si in platea illa hospes advenerit, non habebit usum dicte curie, sed per viam que non est in jure prepredicti Heimerici, exibit. Preterea vindemia vinee, quam uxor Odonis Rose et Ricardus de Insula tenent, per posticium Heimerici in tempore vindemiarum afferetur, si voluerint. Ego autem Johannes Bellomontis, salvo jure meo, predictum feodum tanquam de feodo ligio teneor garandire. Quod ut ratum et inconcussum permaneat, presentem cartam sigilli mei munimine feci roborari. Actum anno Incarnati Verbi, millesimo ducentesimo undecimo.

(A. I. *Carton M.* 573.) Orig. parch. auquel est appendu le sceau équestre du comte Jean.

CCXIX.

Confirmation par Adam de Beaumont, d'une donation d'Agnès de Cressonsart à l'abbaye de Saint-Antoine.

Noverint presentes pariter et futuri, quod Ego A., de Bellomonte dominus, concessi, volui 1211.
et approbavi donationem illam quam domina A. de Cressum-Assardi fecit domui beati Antonii Parisiensis, videlicet viginti arpennos bosci quos dominus R. (1) Malus-Vicinus dedit ei in octava parte quam emit a Hildeburge de Corcellis. Quod ut ratum et stabile permaneat, presentem cartam sigilli mei munimine confirmavi. Actum Domini anno M.° CC.° undecimo.

(A. I. *Carton L*, 1601). Orig. avec frag. de sceau. — A la face, il reste un écu gironné de 6 pièces. Au contre-sceau, un écu portant 3 jumelles. Légende: ACTVM MILO. CC XI.

CCXX.

Confirmation par Adam de Beaumont et Isabelle, sa femme, d'une donation de Robert Mauvoisin pour la dotation d'une chapelle.

Noverint universi quod Ego A., dominus Bellimontis, de assensu et voluntate Ysabelle, 1211.
uxoris mee, concessi, volui et approbavi donationem illam quam dominus R. Malus-Vicinus, fecit pro quadam capella constituenda ubicunque voluerit, et si forte eum decedere contigerit antequam capella constituatur, secundum voluntatem et assensum dispositorum suorum ubicumque voluerint, fabricetur. In donatione ista continentur unum modium bladi in campiparte de Alneto, residuum pratorum de ponte dd : post qinque (*sic*) arpenta que dictus R. dedit domui beati Antonii, viginti solidos in censu de Corberun. Quod ut ratum sit et firmum, presentem paginam sigilli mei sigillatam offero? (*ou* effeci). Actum anno Domini M.° CC.° undecimo. (2)

(A. I. *Carton L.* 1601). Orig. parch. sceau perdu.

CCXXI.

Donation d'Étienne de Sancerre à l'abbaye de Fontaine-Jean, faite du consentement d'Éléonore de Vermandois, sa femme.

Ego stephanus de Sacrocesaris, Castellionis dominus (3). Notum facio presentibus et futuris, 1219.
quod de assensu et voluntate Alienor, uxoris mee (4), dedi pro salute anime mee et predecessorum meorum, monachis de Fonte-Johannis, septuaginta quinque solidos sanc., annui redditus ad luminare ecclesie sue, cum sex libris et quinque solidis, quas, bone memorie comes Stephanus, magnificus pater meus, eisdem contulit perpetuo possidendos. Has autem decem libras sanc. singulis annis percipient predicti monachi, de censibus meis apud Castellionem-super-Lupam in perpetuum, in festo Johannis-Baptiste, post decessum meum. Actum anno gratie M.° CC.° nonodecimo, mense maio.

(A. I. *Carton M.* 574). Orig. parch., sceaux perdus.

(1) Robert Mauvoisin.

(2) Dans une charte de 1236, Gautier d'Aunay parle de ce Robert Mauvoisin comme étant décédé ; et non pas Adam de Beaumont.

(3) Étienne de Sancerre, seigneur de Châtillon-sur-Loing, bouteiller de France, troisième fils d'Étienne I.er, comte de Sancerre.

(4) Éléonore de Vermandois, veuve de Mathieu III, comte de Beaumont.

CCXXII.

Jean, comte de Beaumont, donne aux religieuses de l'abbaye Saint-Antoine deux arpents de vigne à Paris.

1221. Notum sit omnibus tam futuris quam presentibus, quod ego Johannes, comes Bellimontis, divine pietatis intuitu et pro remedio anime mee, dedi in perpetuam elemosinam monialibus de Sancto-Antonio Parisiensi II. arpennos vinee Parisius sitos. Quod ut perpetuam stabilitatem obtineat, presentem paginam sigilli mei munimine roboravi. Actum anno gratie, M.° CC.° vicesimo primo, mense septembris.

(A. I. *Carton S*, 4366 pièce 1.) Orig. parch. avec frag^t. de sceau équestre du comte Jean. Au contre-sceau, écu chargé d'un lion rampant.

CCXXIII.

Vente faite par Gaucher de Thorote à l'abbaye de Saint-Denis, d'une vigne qui lui était échue de la succession de Jean, comte de Beaumont, au Clos des Moines de Saint-Denis à Beaumont.

1225. Ego Galcherus de Thorota, miles. Notum facio tam presentibus quam futuris, quod vineam quam habebam de caduco comitis Bellimontis in Clauso monachorum beati Dyonisii apud Bellummontem, vendidi eisdem monachis pro undecim libris par., jam inde receptis; quam vineam teneor eisdem per fidem meam guarentire contra omnes qui possent vel vellent contra hoc aliquid reclamare. Quod ut ratum sit et firmum, presentem paginam inde conscribi feci, et sigilli mei caractere communiri. Actum annno Domini M.° CC.° XX.° V.° mense novembri.

(A. I. *Cartul. blanc*, t. 1er, p. 710.)

CCXXIV.

Déclaration de Thomas Maucion, bourgeois de Beaumont, touchant la mairie de Machecourt, tenue par lui de l'abbaye de Saint-Denis.

De majoria de Machecourt quam tenet Nicholaus ad vitam suam.

1240. Omnibus presentes litteras inspecturis, officialis curie Belvacensis, salutem in Domino. Notum facimus quod constitutus in presentia nostra Nicholaus Maucion, burgensis Bellimontis, recognovit quod in majoria de Machecourt, quam tenet ab abbate et conventu sancti Dyonisii in Francia ad vitam suam tantum, nihil aliud habet, vel habere debet, nisi bonnagia et saisinas. Ita tamen, quod in villa illa nullam potest, vel debet, facere saisinam, sine assensu et voluntate dictorum abbatis et conventus, vel eorum mandati. Quod si faceret, predicti abbas et conventus possent ad dictam majoriam assignare. Et de hoc tenendo et firmiter observando fidem in manu nostra prestitit corporalem. Predicta vero majoria, post decessum ipsius, ad memoratos abbatem et conventum libere et pacifice revertetur. In cujus rei testimonium, presentes litteras, ad peticionem dicti Nicholai, sigillo curie Belvacensis fecimus communiri. Datum anno Domini M.° CC.° XL.°, die veneris ante festum beate Marie-Magdalene, mense julio.

(A. I. *Cartul. id.*, t. 1, p. 753.)

CCXXV.

Jean du Temple, prieur de saint Léonor de Beaumont, promet de célébrer l'anniversaire de la reine Isabelle d'Aragon.

Universis Christi fidelibus, presentibus pariter et futuris, J., humilis prior de Bellomonte, 1277.
salutem in eo qui est salus fidelium et salvator. Noverint universi quod nos, ad peticionem excellentissimi Domini nostri Ph., regis Francorum, concedimus, nos, in ecclesia nostra anniversarium clare memorie I., quondam regine Francorum et uxoris Domini regis (1), ob ipsius anime remedium, in posterum, quolibet anno, die obitus sui solempniter celebrare. Et ne istud in posterum deleri valeat, presentes litteras sigillo nostro fecimus roborari. Datum anno Domini, M.° CC.° LXX.° VII.°, die mercurii in vigilia beati Calixti, pape et martiris.

(A. I. *Trés. des ch. J.*, *carton 462*, *pièce* 27[54]). Orig. parch. sceau perdu.

CCXXVI.

Adhésion de la ville de Beaumont-sur-Oise à l'appel au futur concile général contre le pape Boniface VIII.

Universis presentes litteras inspecturis, Aubericus, dictus le Barbier, prepositus de Bello- 1303.
monte, Balvacensis (*sic*) dyocesis, salutem. Cum plurima enormia et horribilia crimina, quorum aliqua heresim immanem continent manifeste, contra B., nunc sedi apostolice presidentem, ex parte plurium personarum illustrium, et quorumdam militum, fervore dilectionis sancte matris ecclesie, ac zelo fidei catholice accensorum, significata, dicta, propositaque fuerint, presente excellentissimo principe, Domino nostro, Philippo, Dei gratia Francorum rege, et nullis prelatis, pro suarum ecclesiarum negociis congregatis, juramentaque assertive prestita ab ipsis illustribus ac nobilibus personis, ipsa crimina proponentibus et significantibus, prout in instrumentis super hoc confectis plenius continetur. A quibus prefatus, Dominus rex et prelati, instanter et pluries fuerunt requisiti, ut ad honorem Dei, fidei catholice, ac ecclesie sancte matris, super convocatione generalis concilii convocandi Parisius, quod faciendum fuerit ad veritatem inquirendam et sciendam super ipsis et aliis, loco et tempore proponendis, cum ad ipsum regem, tanquam ad ecclesie pugilem precipuum, et ad prelatos, tanquam ecclesie columpnas, pertinet laborare, operam dare studerent efficacem. Quod, deliberacione diligenti prehabita, necessario debere fieri visum fuit, et ne ad impedimentum convocationis predicti

(1) Isabelle d'Aragon, première femme de Philippe-le-Hardi, morte en Calabre, au retour de Tunis, le 28 Janvier 1271.

concilii contra dictum Dominum regem, regnum suum, sibi adherentes, contra ipsos prelatos, ecclesias suas, vel sibi adherentes, predictus B., per se, vel per alium, sua vel quavis alia auctoritate procederet, vel procedi faceret, excommunicando, suspendendo, interdicendo, statusve eorum deprimendo, vel alias quocummodo colore quocumque quesito ad idem concilium, summum que futurum proximum pontificem catholicum, tamen ex parte ipsorum appellatum extiterit ac etiam provocatum, nos nolentes, sicut nec decet, ab ipsorum vestigiis deviare, ad majorem etiam provisionem dicte ville et subditorum ipsius preposilure, fecimus propter hoc magnum universum personarum majorum et melius apparentium convocari et congregari, inter quos a nobis requisiti presbiteri, cunctus et dicte ville capellanus (*sic*), personaliter interfuerunt. Qui certificati super predictis, tam nos, quam predicti omnes congregati, unanimiter et sine contradictione, pro nobis et dicte ville ac preposilure subditis, consentimus, et predicti consenserunt, et illud fieri, prout nos et ipsos tangit, per presentes supplicamus, et supplicarunt, prefatis appellationibus et provocationibus adherentes, et nichilominus ex eisdem causis et sub eisdem formis ad ipsum concilium, summumque futurum proximum pontificem, et ad illos ad quos faciendum est in hiis scriptis, pro nobis et nostris subditis et dicte preposilure, et nobis adherentibus, appellamus et eciam provocamus. Predicti eciam congregati appellarunt et provocarunt. Nos et ipsi nobis subditus, et dicte preposilure, et adherentes, et adherere nobis et ipsis volentes, proteccioni Dei, sancte matris ecclesie, dicti concilii et aliorum quorum faciendum est, in quantum spiritualitatem tangit, et nostram et ipsorum defensionem supponentes. Protestantes nos et ipsi, appellacionem et procuracionem hujusmodi innoncturos, ubi, quando et quociens viderimus expedire. In quorum testimonium, sigillum dicte preposilure de Bellomonte presentibus duximus apponendum. Datum anno Domini, M.° CCC.° tercio, die mercurii, in vigilia sancti Arnulphi.

Au dos : Belvacensis diocesis.
Bellomons super Aysiam.

(A. I. *Trés. des Ch., cart.* J., 485, *pièce* 349.) Orig. parch. scellé du sceau de la prévôté de Beaumont-sur-Oise, en cire verte sur double queue. A la face un petit chateau à trois portes et à trois tours, accosté de deux fleurs de lys. Au contresceau un écu chargé de trois fleurs de lys.

CCXVII.

Fiefs tenus de l'évêque de Paris par les comtes de Beaumont.

Comes Bellimontis defunctus, erat homo episcopi Parisiensis; tenebat ab episcopo in feodum, medietatem traversi de Confluentio, et prata et terras apud Confluentium.

Item, aliam medietatem traversi tenet comes Montisfortis a Domino Matheo de Montemaurenciaco, de qua medietate idem Matheus erat homo comitis Bellimontis, et comes Bellimontis erat, ex hac, homo episcopi Parisiensis.

Item, due munitiones sive forterecés de Confluentio sunt de feodo episcopi Parisiensis, et quicquid appendet vel pertinet ad castellaniam de Confluentio, est de feodo episcopi Parisiensis.

Item, quicquid dominus Robertus de Pisciaco, defunctus, tenebat apud Domos, tenebat a comite Bellimontis, et ipse comes ab episcopo Parisiensi; sed et Confluentium et illud de Domibus, tenebat idem comes ab episcopo, ad unum feodum.

Item, medietas castellanie de Lusarchiis et fortericia, movet et est de feodo episcopi Parisiensis, qui comes Bellimontis illud tenuit a comite Clarimontis, et comes Clarimontis ab episcopo Parisiensi; hoc dicit dominus Hugo de Baillolio.

Cum autem decessisset comes Clarimontis, et comitatus devenisset ad regem Philippum, comes Bellimontis defunctus, ad regem accessit et obtulit ei homagium de medietate de Lusarchiis; cui rex dixit quod non reciperet homagium ejus, quia nollet esse homo episcopi Parisiensis; dicens insuper ipsi comiti ut iret ad episcopum et faceret ei de hoc homagium de Lusarchiis et quicquid ad eam pertinet. Aliam medietatem tenet Buticularius Silvanectensis ab episcopo Parisiensi.

(A. I. *Gr. Pastoral*, pag. 978).

CCXXVIII.

Aveu et dénombrement des fiefs tenus dans le comté de Beaumont-sur-Oise par Marguerite de Clermont, dame de Montgobert.

C'est le dénombrement des fiefs que je, Marguerite de Clermont, dame de Montgoubert, tieng 1376.
et adveue à tenir en deux fois et II. hommages, à cause du chastel et chastellerie de Beaumont sur-Oise, de très haulte, noble et très puissante dame, Madame la duchesse d'Orliens, contesse de Valois et de Beaumont, si comme cy-après s'ensuivent :

Premièrement. Mon manoir de Chambli que on appelle l'ostel de Wirmes, avec toutes les libertez et appartenances, le jardin et vignes derriere, hors demi arpent qui est en sensive, qui vault par an à présent, pour ce qu'il fu destruit ou temps des commocions, LX s. p. ou environ, de rente.

Item, le quart des foraiges des vins qui sont vendus par an en taverne en ladite ville de Chambli, que on dit *les choppines*.

Item, le quart du tonnelieu du pain que on vent par an, au jour du lundi au marchié, qui, souloit bien valoir par an IIII l. p., qui ne rent présentement que X s. p. par an, ou environ.

Item, deux arpens de prez ou environ, séant à Percent, qui valent par an environ XXX s. p.

Item, LXX journiex de terre en plusieurs pièces, séans environ Chambly et Mesnil-Saint-Denis, qui valent, à arpens, environ XLVII arpens, dont l'arpent, au pris de terre, vault V s.; ainsi valent les XLVII arpens, environ XI l. XV s. p.

Item, à Baillel-sus-Lesche, en rentes et en autres choses souloit avoir IIII l. de terre, qui n'est baillé présentement que pour XXIIII s. p. par an.

Item, la haulte moyenne et basse justice sur ledit fief et les appartenances, XXI s.

Item, III fiez qui sont tenues de moy, qui sont arrière fiez à madicte Dame, dont les hoirs messire Jourdin du Mesnil en tient un, qui ne vault pas son pris.

Item, les hoirs messire Gervaise de Bournel l'autre, qui vault son pris; et les hoirs Philippe de Pons l'autre, qui ne vault pas son pris, quand ils eschéent.

Item, I autre plain fief que je tieng en domaine, assis audit Mesnil-Saint-Denis et environ, si comme il s'en suit :

Premièrement. Une maison, jardin, vigne et pressouer, si comme tout se comporte, contenant ii arpens ou environ, séans audit Mesnil, qui est prisié par an environ LX s.

Item, LX arpens de bois ou environ, séans à Monperreux, qui se coupent de IX ans à autres, avecques la garanne de congnins en yceulz, laquelle est de petite valeur, prisié par an environ VIII l.

Item, XXIII arpens de terre ou environ, chascun arpent prisié v s., valent VII l. p.

Item, la champart de LXIII journiex de terre ou environ, dont la plus grande partie est en désert, valant présentement par communes années, pour ce qu'ils ne se champartent que II fois en III ans, en ce qui est en labour, demi mui de grain, les deux pars blé, le tiers avoine, qui est prisié, pour ce que c'est petit grain, que XXX s.

Item, XIIII rentes, dont chacune rente doit une mine de blé, IIII mines d'avoine, II chappons et II corvées en mars, dont on ne prise la mine de blé que II s. VI d., l'avoine III s. le septier, le chappon XVIII d., la corvée XVIII d.; vault la rente XIII s. Ainsi les XIIII rentes IX l. II s., desquelles rentes on ne peut avoir présentement que le tiers au plus pour ce que les terres et masures sont en désert; ainsi ne valent présentement que LX s. VIII d. pour an.

Item, IIII l. de menu cens, qui sont bien decheuz de la moitié.

Item, XX s. de menuz cens et rentes à Beaumont, qui sont bien decheuz à moitié.

Item, V fiés qui sont tenuz de moy arrière fiés à madicte Dame, dont messire Guy de Méry, chevalier, en tient un au Plessis de Corveffroy, ou prix de XX l. de terre, ou environ. Messire Conrrat de Trufferel, chevalier, un, qui souloit valoir XV l. p. ou environ. Les hoirs Jehan de Guisencourt, un, qui vault environ VI l. de terre par an. Les hoirs Estienne Cousin et Loys de Bruières, un, qui vault environ VI l. de terre par an. Et les hoirs Favier de Berne, un autre, qui vault par an environ XL s. Et valent leur pris quant ils eschéent, excepté le V.e

Item, j'ay sur tout ledit fief audit Mesnil, justice moyenne et basse, prisié à XL s.

Tous yceulx fiefs et arrière fiés aux us et coustumes de la dicte conté de Beaumont, qui est telle, que se un arrière fief valoit XX l. ou plus, n'en pourroit, ne ne puet le seigneur souverain, quant il eschet, prendre pour relief en ligne collatéral que LX s., et se il valoit moins de LX s., la valeur d'une année et non plus. Or y en a il cy-dessus qui valent leur pris, et autres qui ne le vallent pas. Et s'aucune chose y avoit qui ne feust cy-dessus escript, qui peuvent venir à congnoissance, si l'adveue je à tenir de madicte Dame. En tesmoing de ce, j'ay sellé ces lettres de mon propre seel, duquel je use. Le premier jour de septembre, l'an de grace mil trois cens soixante et seize.

(A. I. *Reg. coté P*, 1803, fol 211 v°.)

CCXXIX.

Liste des feudataires du comté de Beaumont-sur-Oise, du temps de Philippe-Auguste.

Hec sunt nomina eorum qui tenent feoda in comitatu Bellimontis.

Guill. de Bleencort.
Guill. de Vallibus.
Hugo de Wagnouru.
Philippus de Fresnai.
Johannes de Tria.
Odo de Ronqueroles.
Johannes de Borriz.
Hugo de Pomponia.
Walterus de Marines.
Guillelmus de Leur-Mesons.

Godoinus de Sancta-Genovefa.
Renf. de la Boce.
Petrus Hisdeus.
Guill. del Fai.
Galterus li Rous.
Robertus del Marois.
Thomas d'Autre-Voisin.
Margarita de Bruieres.
Adam de Campaniis.
Petrus de Croy.
Robertus de Buschoi.
Renaudus de Lestree.
Simon de Genet.
Bernerus de Sancto-Lupo.
Atho de Bruieres.
Hugo de Bovilla.
Guill. Poadras.
Simon de Pissiaco.
Adam Clericus de Bacerna.
Philipus de Phaiel.
Radulphus de Plessiaco.
Robertus de Gondecort.
Theobaldus de Roulleval.
Hugo de Mortuofonte.
Droco de Lardieres.
Galterus de Leumeisons.
Th. de Andevilla.
Joh. de Houdencort.
Adam Choisiaus.
Filius Pagani Mauclavel.
Guill. de Thorote.
Radulp. de Francovilla.
Girardus de Deloge.
Radulp. de Lardieres.
Petrus de Bailleul.
Girardus de Val-Angeniart.
Ansellus de Insula.
Ren. Toellez.

Morellus de Hodenc.
Petrus de Ronqueroles.
Guill. Theotonicus.
Johannes de Fresneio.
Gualterus de Mesnelio.
Bartholomeus de Brueriis.
Richier de Boranc.
Petrus de Marisc.
Johannes de Assi.
Davi de Javernel.
Simon de Bosco.
Ausquetinus de Asneriis.
Thomas de Mor.
Thomas de Nuistel.
Guill. de Beelai.
Matheus de Lileste.
Agnes de Ateignevilla.
Guilelmus Batel.
Robertus Malus Vicinus.
Filius Gauteri Tirelli.
Hugo de Conflans.
Henricus de Paleseull.
Droco de Meri.
Radulphus de Buri.
Angonus de Conteignicort.
Galterus de Flaancort.
Adam li Chevaliers.
Gervasius Tristan.
Thomas de Maldestor.
Robertus de Fresnes.
Droco de Moi.
Adan de Vilers.
Petrus Hisdeus de Chambli.
Gualterus del Perier.
Robertus de Pommereus.
Thomas de Saugi.
Johannes filius Thome.
Matheus de Tria.

Bartholomeus de Bruieres est homoligius et tenet de dom. rege quicquid habet apud Chambeli, et feodum et domanium, et XL jornalia tam terre quam vinee apud Bruerias, et quicquid Henricus de Palaio tenet de eo, et hominagium filium (*sic*) Henrici de Monasterio aput Baernam et id quod Goudoinus de Sancta-Genovefa tenet de ipso.

Petrus Hisdeus homoligius de feodo Baldoini de Bellovidere quod habebat idem Bald. in vicecomitatu Bellimontis, scil. de XXX libratis terre, quas habebat in pedagio pontis Bellimontis.

(B. I. *Cartul de Ph. Aug.*, n.° 9852-5, fol. 49 v.°).

CCXXX.

Liste des feudataires du comté de Beaumont-sur-Oise (1).

LA CHASTELLENIE DE BIAUMONT.

Ce sont les noms de ceulx qui tiennent les fiefs en le contée de Biaumont.

Guillaume de Bletencourt.
Guillaume de Vauls.
Hue de Wagnouri.
Philippe de Fresnay.
Jehan de Trie.
Eude de Fouquerolles.
Jehan de Berciz.
Hue de Pomponnes.
Gautier de Marines.
Guillaume de Leu-Meisons.
Godon de Saincte-Geneviève.
Renaud de la Boce.
Pierre Hideux.
Guill. de Fay.
Gautier le Rons.
Robert du Marais.
Thomas d'Autre-Voisin.
Margarite de Bruières.
Adam de Champigni.
Pierre de Croy.
Robert de Buschi.
Renaud de Estrée.
Simon de Genes.
Bernier de Saint-Leu.
Atho de Bruières.
Hue de Bovillier.
Guillaume Bohadras.
Simon de Poissy.
Adam Leclerc de Baterne.
Philippe de Faiel.
Raoul de Pleisseiz.
Robert de Gondecourt.
Thomas de Ronseval.
Hue de Mortefontaine.
Girart de Cergi.
Dreue de Lardières.
Gautier de Leu-Meisons.
Thomas de Andeville.
Yvon de Houdencourt.
Adam Choisians.
Le filz Payen Mauchavel.
Guillaume de Torote.
Gautier de Thorote.
Raoul de Francorville.
Girard de Deloge.
Raoul de Lardières.
Pierre de Bailleul.
Thomas Bocart de Bailleul.
Girart de Val-Angeuiart.
Ansel de l'Isle.
Renaut Trellex.
Morel de Houdenc.
Pierre de Rocquerolles.
Guill. de Tioys.
Jehan de Fresnoy.
Gautier du Mesnil.
Barthélemy de Bruières.
Richart de Borranc.
Pierre de Mariste.
Jehan de Assy.
Adam de Javerel.
Simon Duboys.
Anquetin de Asnières.
Thomas de Mor.
Thomas de Noistel.
Guillaume de Beelay.
Mahi de Lileste.
Agnès de Ataigneville.
Guill. Barel.
Robert Mauvoisin.

(1) C'est la même liste que la précédente, mais en français, et prise sur un manuscrit du xv.e siècle. Nous avons jugé utile de l'ajouter ici, pour aider à fixer l'orthographe des noms propres.

Le fils Gautier Tirel.
Hue de Conflans.
Henry de Palesel
Dreue de Mery.
Raoul de Buri.
Agon de Contrignicourt.
Gautier de Flavacourt.
Adam li Chanloiers.
Gervais Tristan.
Thomas de Maldestor.
Robert de Fresnes.
Dreue de Moi.
Adam de Villers.
Pierre Hideus de Chambli.
Gautier du Perrier.
Robert de Pom̃ons.
Thomas de Cangi.
Jehan le filz Thomas.
Mahi de Trie.

Thomas de Outrevoisin est homme lige du Roy et tient de lui Outrevoisin avec ses appartenances et ce qu'il a à Hamencourt et à Montigny. Et ce que Pierre Hideux tient de luy à Chambli et à Maenecourt.

Barthélemy de Bruières est homme lige du Roy et tient du Roy ce qu'il a à Chambli et fief et domaine, et XL journees, tant de terre comme de vigne, à Bruières. Et ce que Henry de Palay tient de luy et l'ommage le filz Henry Dumoustier à Baierne. Et ce que Goudon de saincte Genevièvе tient de luy.

Pierre Hideux est homme lige du Roy du fief Baudoyn de Biauvoir que ledit Baudouyn avoit en la viconté de Biaumont. Cest assavoir de XXV livres de terre que il avoit en paiage du pont de Biaumont.

(B. I. F° *Colb.* $9841\frac{2}{3}$). Extrait d'un MS. intitulé : *Ce sont les fiefs et les services extraits des registres anciens du Roy, l'an* 1346. L'écriture est du XV.e siècle.

CCXXXI.

Chartes concernant le comté de Beaumont-sur-Oise, qui se trouvaient, du temps de Philippe-Auguste, entre les mains du Concierge du Palais, à Paris (1).

Adam consergius habet Parisius, de comitatu Bellimontis, has cartas.

Cartam abbatis beati Dyonisii et Mathei, comitis Bellimontis, super concessione facta hominibus de Mory et Bellimontis, de nemore Retondelli, pro censu avene (*Vid. supra*, page 32.)

Cartam beati Dyonisii super nemoribus districti de Mafflers et Leffai-Ridel, et commutatione nemorum ipsorum inter abbatem et comitem, et super nemore de Reondello. (*Vid. supra*, page 18.)

Cartam abbatis beati Dyonisii, et comitis et (sic) Domini Valesie, de concessione nemoris de Retondello hominibus de Mory et de Bellomonte infra muros manentibus, pro censu avene (2).

Cartam abbatis beati Dyonisii de commutatione nemoris de Luath inter ipsum et comitem ; et

(1) Cet ancien inventaire, qui a dû être dressé immédiatement après l'acquisition du comté par Philippe-Auguste, est tiré du cartulaire de la Bibliothèque impériale portant le numéro 9852³ (au fol. 10). Nous indiquons, à la suite de chaque article, celles de ces pièces que nous avons retrouvées et que nous donnons dans nos Preuves.

(2) C'est une répétition de l'article premier.

de nemore de Fay, et de nemore de Reondello, de Praelles et de Praeroles, et de Corcellis. (*Vid. supra*, page 73.)

Cartam abbatis beati Dyonisii de contentionibus inter ipsum et comitem super terra de Fonte-Bohodii, et super XIII sol. et VIII d. censualibus apud S. Dyonisium. (*Vid. supra*, page 10.)

Cartam abbatis beati Dyonisii de ordinatione inter ipsum et comitem super nemore de Fay-Ridel in districti de Maffliers. (*Vid. supra*, page 77.)

Cartam abbatis Sancti Martini Pontisarensis super excambio doni quod Philippus, frater comitis fecerat ecclesie S. Martini.

Cartam abbatis S. Vincentii Silvanectensis super terra et vinea quam vendidit comiti. (*Vid. supra*, page 42.)

Cartam de platea S. Dyonisii de Carcere, Parisius, ubi est ecclesia S. Simphoriani, inter Odonem, episcopum Parisiensem, et comitem. (*Vid. supra*, page 46.)

Cartam quorumdum judicum delegatorum a domino papa super dicta capella S. Simphoriani. (*Vid. supra*, page 45.)

Cartam domini regis de feodo Plessei-Godardi quod domina Edevia accensivit comiti. (*Vid. supra*, page 33.)

Cartam Edeve de Monciaco super donatione quam fecit de Bosco-Godardi. (*Vid. supra*, page 34.)

Cartam domini regis de sacramento quod Henricus de Sancto-Dyonisio fecit comiti de feodo de Atheinvilla et de Fonqueroles. (1)

Cartam Gilonis de Houdanc super venditione quam fecit comiti de omnibus que habebat apud Meru, tam in boscis, quam in campis. (*Vid. supra*, page 37.)

Cartam Eufemie, sororis Gilonis de Houdanc,, super concessione venditionis quam idem Gilo fecerat comiti de eo quod habebat apud Meru. (*Vid. supra*, page 37.)

Cartam Anselli de Insula super recognitione quam fecit comiti de feodo quod de eo tenebat. *Vid. supra*, page 43.)

Carta (*sic*) Radulphi, comitis Suessionensis, super compositione facta inter comitem Matheum et dominum Montismorenciaci super eo quod neuter eorum potest facere forterícias inter Bellummontem et Montemmorenciacum.

Cartam comitis, et Anselli de Insula, super transverso capiendo inter Insulam et Nigellam. (*Vid. supra*, page 44.)

Cartam vicecomitis Castridunensis super XLV libratis redditus ad Andegavum, quas comes habebat apud Castrum Dunensem, pro excambio feodorum maritagii matris sue. (*Vid. supra*, page 66.)

Cartam de compositione facta inter fratres Templi et comitem, super elemosina quam faceret eis Rob. et Th. de Vignoel. (*Vid. supra*, page 40.)

Cartam de compositione facta inter comitem et dominum Montismorenciaci super pedagiis. (*Vid. supra*, page 43.)

Cartam de compositione facta inter comitem et Guill. de Anet, super boscis de Valle S. Germani.

Cartam Johannis de Houdanc super quitatione quam fecit comiti, de eo quod habebat in nemoribus de Meru, et in molendinis.

(1) Fonqueroles *(sic)*, leg : Ronqueroles.

Cartam Guidonis Buticularii Silvanectis super particione inter ipsum et comitem, de nemore de Coya et de terra ejusdem nemoris.

Cartam Pagani de Francorvilla super venditione quam fecit comiti de bosco de Lascivie.

Cartam Guillelmi de Melloto super quitatione quam fecit comiti, de grueritate et alio dominio de Coya.

Cartam comitis, de dono quod fecit Pagano de Pratheriis super fugatione in Rotheio.

Cartam Symonis de Aneto, de eo quod comes habet terciam partem in bosco Vallis S.-Germani.

Cartam Guidonis Buticularii super excambio molendinorum de Coya.

Cartam Johannis comitis, super eo quod si quis dominorum Lusarchiarum ceperit domum Marolii pro suo negotio, eam reddet domino domus in puncto in quo eam ceperit. (*Vid. supra*, page 83.)

Apud Vallem-Nostre-Domine sunt iste carte.

Due, de fortericiis non faciendis.
Due, de compromessione in IIII.^{or} milites.
Una, de venda feodorum maritagii matris comitis.
Una, de XIII processionibus in festo S.^{ti} Leonorii.
Item, due alie, vel tres.

(B. I. *Cartul. de Ph. Aug.* n.° 9852/3 fol. 10.)

TABLES.

TABLE CHRONOLOGIQUE

DES PIÈCES.

TABLE

DES

NOMS DE PERSONNES ET DE LIEUX [1].

(1) Les noms de personnes sont imprimés en petite capitale, et les noms de lieux, en italique. L'astérisque indique les noms qui sont tirés des pièces rédigées en français.